地方自治之研究
【大正15年初版】

及川安二 編輯

地方自治法研究
復刊大系〔第三六一巻〕

地方自治之研究

〔大正十五年初版〕

日本立法資料全集 別巻 1571

信山社

地方自治之研究

美殊筆
山均

彭華

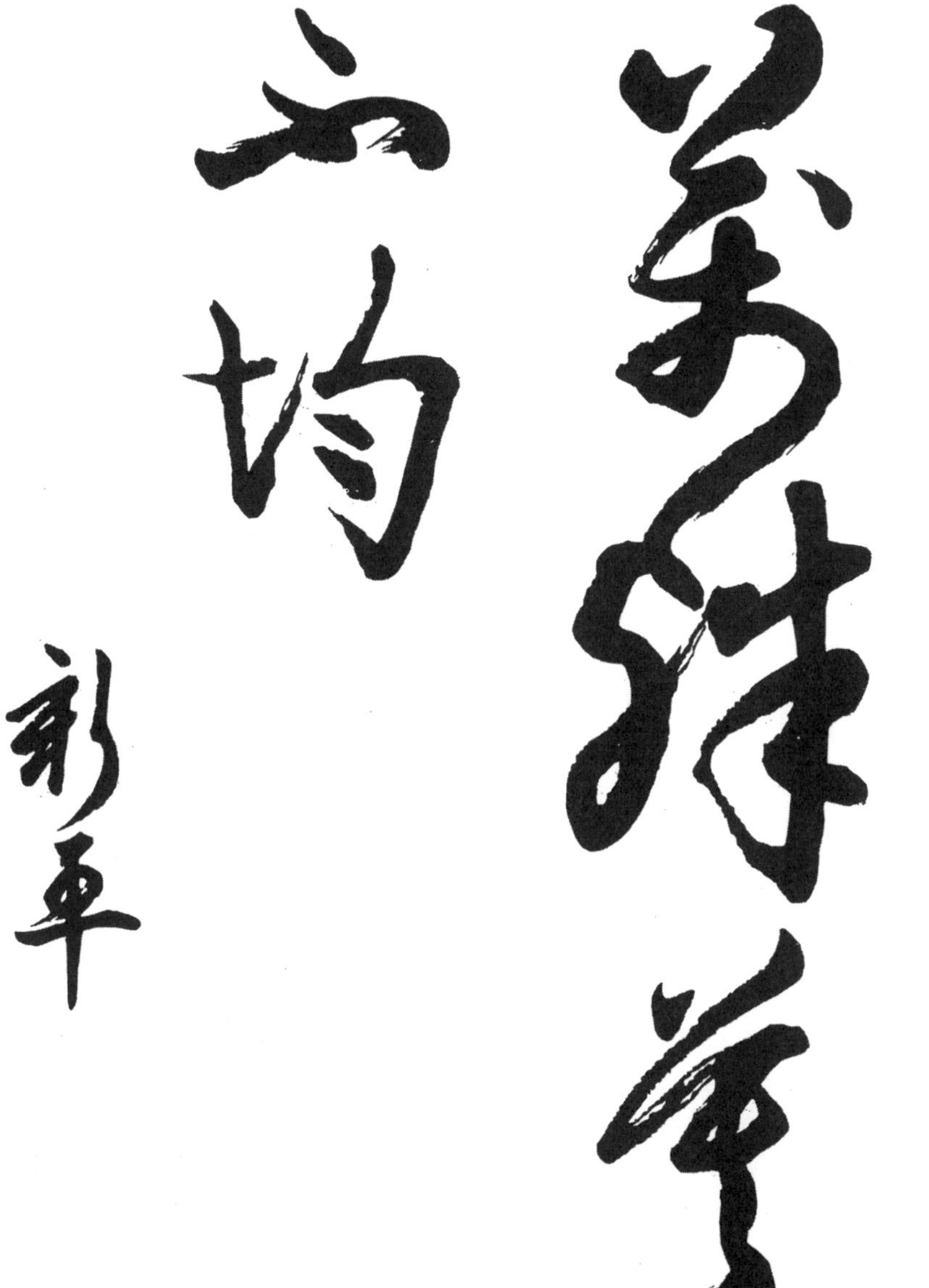

地方自治之研究　目次

第五編

地方自治之研究

第一編　總說

第一章　自治行政の研究

自治行政の消長振否は直に國家の盛衰隆昌に至大の關係を有するものであるから自治行政は速かに開發し達成しなければならぬとは朝野の識者が夙に高唱する處である、抑我邦地方自治制度を實施して以來既に三十有餘年を經過する、其歲月敢て短かしと云ふを得ないが地方自治行政の實況を視るに其開發進步の頗る遲々として見るべきの成績少なく前途遠くして日既に暮るゝの感なくんばあらずとの念を禁することを得ない、是は我國政上大に憂慮すべきことである、何故に自治行政が斯くの如くであるか其の理由は素より少かならざるも或は曰く國民が一般に共同一致の精神を缺き公共心の乏しきが故に政府當局如何に指導誘掖するも地方自治行政は其進步を見るを得ないと或は曰く政府は地方行政に對し其干捗する處細に入り微に至り殆んど餘す處なき故に國民の自治的覺識は之を用ゆるの餘地なし之れ地方自治行政の開發せず進步せざる主因なりと兩者の說一理なきにあらさるも孰れも一方面のみの觀察にして事の要諦を得ない加之も孰れも手段方法の方面即ち形式上より觀察したるの說であつて、地方自治行政の開發進步せざる根本原因に想到しないものである、惟ふに地方自治行政を開發進步せしめんとするには根本的基調を闡明しなくてはならぬ。

地方自治行政の開發進步の遲々たる根本的原因を研究し之が對策を攻究しなければ我國政の一大伸暢を期することは出來ない、吾人が夙に自治行政の研究に怠らざる所以のもの實に茲に存するのである、第一に吾人は當局が地方自治行政の開發を促進する爲に從來如何なる政策を採りたるかを知るを要する、而して其政策の實績を知らんとすれば直接監督の任に當る內務大臣の政策を研究しなければならない。

內務大臣は地方自治行政に對して其の制度施行の際より約二十年間は殆んど消極的方針に出でたるのみで地方自治行政は只法令に因て命ぜられたる範圍內の事務を處理するに止まり、社會の進步に伴ふ行政は如何に之を開發すべきかに付ては省みる處が少なかつた、日露戰爭勃發の前後に渉り漸く歐西各國の自治の狀態を調査して我國に於ても自治事務を積極的に進捗せしめねばならぬことに着眼し始めた。即ち時の兒玉內務大臣が三模範村なる千葉縣下山武郡源村外二ヶ村を選び其の治績を和文及英文に綴り之を印刷に附して國の內外に配付し且大臣親しく源村を視察せられた、斯くて市町村の優良なる治績を擧ぐるものを賞揚することとなつた、降て日露戰爭後國力の充實が戰後經營の一大政策として唱道せらるゝに及び、愈々地方自治行政に對しても積極的監督方針を樹て國政の伸暢に伴ひ、諸般の事業を經營せしむる事とし、一面優良なる實績を擧げたる地方自治團體を推奬し、一面歐米諸國に於ける經營の實例を示して地方自治行政開發の資料を供給するに至つた、爾來此の方針政策は變更さるゝことなく今日に及んだが又其傍ら內務當局は公有財產の整理を企て、地主會、戶主會、處女會、婦人會等諸團體を造り或は青年會の統一的設定を促し、以て地方自治行政を助成せしむるの方策を講じ、地方自治團體の進步開發を奬勵したが容易に其の成績を擧ぐるの境域に達しない、斯くの如き監督政策は素より有益なるものたるは明かなるも之れが爲めに或は形式を具備するを以て足れりとする風を生じ、却て自治行政の眞正なる進步開發を來さしむるの實效あるを疑はしむるものがある。

然るに世界大戰の影響は我が國勢をして隔世の感有らしむるに至つた、內務當局は從來の方策は唯だ形式に流るゝの弊あるを認め更に實質的成績を擧げざるべからざることに着眼し、民力涵養の政策を採るに至つた、其の實績如何は未だ之を見ることが出來ない。

政府當局の政策は大約右に述べるが如きものであるか、翻て地方當局者又は民間有志者は如何なる覺悟を以てせるか吾人は之を觀過してはならぬことである、地方當局者及有志者は夙に地方自治行政の開發進步の眞諦を得んと欲し、之が爲めに努力を惜まざりし者もあつた、即ち內務當局が尙消極的政策を脫せざりし時代に於て既に積極的方針を樹て以て地方自治行政を開發せしめた、彼の源村當局の如き其一である、然れども如斯先覺者は眞に曉星の如く稀であつた、一般には唯內務當局に追隨し其指示する處に背かさらんことに之れ努め、地主會戶主會の設定を促さるれば直に之れが爲めに奔走し、青年會の統一的設定を訓示せらるれば速に之れが趣旨に副はんことに努力し、優良町村の選奬を發表せらるれば競て之れが選奬に預らんことを圖り、内務當局の監督政策は毫末も之を忽諸に付せざらんことを希ひ、また以て自己の屬する地方自治團體をして進歩開發せしむるの途は唯一に内務當局の政策に出づるの外なきものと思惟し、之れに依りて以て官民一致能く地方自治行政をして進歩開發せしむるものと認めたるかの感あらしめた。

地方自治行政の進歩開發に關する政府當局の政策地方當局者及有志者の覺悟夫れ如斯なるを以て政府當局の調査研究の結果に俟つの外殆んど採るべきの途なきが如きことゝなつた

然れども自治行政は畢竟國民思想の歸趨する處に副び、國民の實生活上の安定を得せしめねば其有終の功を期することは出來ない、之に反する時は寧ろ自治の衰退を來たし、延ひては國家行政の根帶を減耗することゝなる、故に國民をして能く自治行政に對する理解を得せしめ以て自治行政の進歩開發を圖らねばならぬ、獨り政府當局者のみの觀察と研究とに依て之が達成を圖らむとするは未だ以て其眞諦を得たるものと云ふを得ない、要は國民一般が自治行政に關し徹底的理解を得ねばならぬことに存する。

自治行政とは如何なるものを謂ふか、吾人を以てすれば現今我國に於ける自治行政の眞意義は理解せられざるものゝ如く思はる、通常自治行政を國の法律に從ひ地方公共團體が自己の選擧したる機關に由りて其團體の事務を處理するものであると云ふのである、尤もグナイストの如きは地方の租税を以て其費用を支辨し國の法律に從ひ名譽職によりて行ふ處の郡市町村の行政であると說きラバントは官廳によりて國家の直接に行ふ行政にあらずして國家の下に成立する地方團體に依りて處理せらるゝ行政であると說いてある、要するに自治行政は地方の行政團體が獨立自存の精神に基調しなければならないものである、學者は自治行政に對して官治行政の存在を說くのであるが、官治行政とは蓋し國家が官廳によりて直接に行ふ行政を指すのであるから此の二種の行政を區劃するには第一目的　第二範圍　第三機關　第四機關の職權　第五効用　の五箇の點に付比較することに依て其區劃は判明するのである。

第一　目　的

行政の目的は國家の存立に關する政務の一であつて、立法司法に屬するものを除きたる部分の政務を云ふのである、學術上の說明としては通例モンテスキユーの三權分立論に基因して憲法國に於ける行政の觀念を說明するのである、行政の目的が國家の存立に在ることは敢て謂ふを俟たないが、立法をも司法をも皆國家の存立を目的とするものであるから特に行政の目的として說明を加ふる上に國家の存立と云ふ用語にては明瞭を缺くのである、夫れで其の目的に付て國民の福利增進を目的とする作用なりと云ひ、或學者は或はは法規の執行に外ならすと說き或は自由裁量の處分なりと述べ、事實の事件に關する作用なりと論じて居る、其の說明區々に渡るのであるが一言にして云へば行政の目的は帝國議會及び司法裁判所を除きたる國家の機關に委任して行ふ統治權の作用に依りて國家の存立を圖かることであると謂はなければならぬ、之れが官治行政の目的である、然からば地方自治行政の目的とは何を謂ふか、地方自治行政も復た國家の存立を前提として地方自治團體の團員の福利の增進を目的とするものである、國家行政の目的を貫徹するが爲めには時に一地方團體の團員の福利を犧牲に供することがある、之は第一義の目的として國家の存立の爲めに必要とするが故である、然るに地方自治行政は常に第一義としても地方自治團體の團體員の共同福祉を無視することは出來ない、其團員の福祉の增進を達成することに依て國家存立の基調を爲すものである、此の點が目的より見たる區別であつて前に國民思想の歸趣する處に副はす、其實生活の安定を得せしめない時は自治行政が發達しないと述べたる所以のものは斯くせざれば實に自治行政の目的を達することが出來ないことゝなるからである、官治行政と自治行政との目的を同一視して之を說明し唯だ一は國家と謂ふ廣き地域に對し一は地方と云ふ狹き地域に對する區分なりと見、又は其行政を行ふ機關の國家に屬すると自治團體に屬するとの區別により之を論ずるが如きは之を完全なる說明として吾人の贊意を表す能はざる處である素より國民と云ひ、地方自治團體員と謂ふも決して別人を指したるものではないが、地方自治團體員としては特に國民の地位よりのみ之を見ることが出來ない、然らば國民であり團體員であるものとして常に之を同一視すべきものとの觀念より見るときは殆んど地方自治團體員としての價値を認むることが出來ないこととなる、故に同一人格者を國家と地方自治團體との兩方面を區別して論ずる時は官治行政に對立して自治行政の存立を說くことが其價値を有することとなり、地方自治行政の目的が官治行政の目的と同一でなきことを認識するのである。

若し官治行政と自治行政とは其行政の行はるゝ地域の廣狹人民の數の多少及之を行ふ機關の種別によりてのみの區別であるとし、其の目的に於ては何等異なる處なきものとして尙自治行政の開發進步を圖からんとするが如きは之れ土偶を抱へて生人となすものゝ類にあらざるか、彼の獨帝國が世界大戰の初めに當り聯合國をして恐怖せしめたる所以のものは其の軍國主義の設備實力を有したるにあるも一面に於て官治行政の目的とする所に對し克く地方自治行政の目的を徹底的に表現したることに存するのである．然るに其の大戰の終りに於て大敗を招ぎ今日の窮境に陷りたるは一は軍國主義の衰微と經濟力の耗弱とに基因するものであるか一面に於ては開戰以來官治行政の目的を達する爲に地方自治行政の目的を無視するに至つたことも敗戰の二因と認めねばならぬ、換言すれば國家あつて自治體なく官治行政存して自治行政滅し國家の存立の爲めに自治團體の活動を阻止したるの狀態に陷りたる狀勢が其一大敗因となりたるものと云ふも敢て不當の觀察ではあるまい。

第二　範　圍

行政の範圍は如何なるものであるかと云ふに、行政の意義が統治權の作用中立法司法を除きたる以外の作用であると云ふことに依り見るときは此の立法及司法に關する國家行爲を除きたる以外の統治權の發動を其の行政の範圍と云はなければならない、尙ほ此の外戰爭行爲なるものは又た行政に屬しない行爲である、卽ち戰爭は實力の作用で有つて法律上の作用でないからである、其他大權の作用は我が政體に於ては之亦行政に屬しないものである、此の大權作用と行政とを混同して見ることは許すべからざることである、何となれば

大權は君主親裁專斷の權力行爲の直接の作用である、憲法上大權の外に別に行政權なるものは存在せざるも大權が他の國家の機關に委任せられたる後、其機關の作用として現はるゝ場合は之を行政として見るべきものである、大權の作用か直接に君主の親裁に出でたる作用は之れ機關の作用にあらざるを以て之を行政の範圍外に置かなければならない、要するに統治權中立法司法大權作用戰爭行爲を除きたる統治權の作用の部分を行政の範圍と認めて可なるものである、然からば官治行政は如何なる範圍であるかと云ふに國家直接の機關に據ての行政の作用を云ふのである、之に對して地方自治行政の範圍は官治行政の範圍を超越することを許さないことは自

明の理てある、必ずや官治行政の範圍より狹からざるを得ない即ち國家の法律命令に依て與へられたる行政及國家の行爲の範圍内に於て其自治團體員の福祉を增進する目的を以てする獨立自尊の權限により處理する作用である、一言にして云へば官治行政の範圍内に於て、官治行政を浸犯せざる限度に於て地方自治團體の權力の發動する範圍であると云はなければならない、要するに官治行政の範圍は法令に依て制限せられざるも地方自治行政は常に法令に依て其範圍を制限せらるゝのである、又た官治行政の範圍は國家統治權の內立法司法の作用を除きたる其他の作用なるが故に極めて廣汎なる目的に出づるも自治行政の範圍は然らず其地方自治團體員の福祉增進の目的以外に亘ることを許されないものである。

第三　機　關

行政機關と云ふは法律上人格を有せず、唯だ行政作用を爲す權限を有する組織である。從て官治行政の機關は官廳であつて統治者の委任により國家の行政に付て其意思を決定し之を執行するの權限を有する機關である。其官廳は或は一人を以て組織せらるゝことがあり又は數人を以て組織せらるゝこともある。其官廳にあつて事務を分任するの位置にある自然人を官吏と云ふ官治行政の機關の種類を區別すると

一、形式上よりすれば行政官廳司法官廳となり
二、組織上より區別すれば單獨官廳及合議官廳となり
三、編成上より區別すれば普通官廳及特別官廳となり
四、管轄區域上より區別すれば中央官廳即ち內閣總理大臣及各省大臣、內閣、樞密院、行政裁判所、會計檢查院、國勢院、拓殖局の如き、地方廳即ち府縣知事、北海道廳長官臺灣總督、朝鮮總督、關東都督又は郡長、島司、支廳長關東民政署長、地方警察署長等の類其他市町村長、鹽務署長、稅務署長、大林區署長の類である。

地方自治行政の機關は其の自治團體の作用に依り組織せられたる機關である、其機關は之を意思機關又は議決機關と執行機關とに分別せらる、意思機關又は執行機關と云ふは地方自治團體員に依て選擧せられたる會議體の機關である、之は府縣會又は市町村會、區會と稱する類であつて、地方自治團體の意思を決定するものである、執行機關とは其意思機關に依て選擧せられ監督官廳の承認に依て成立する機關である、即ち市町村長の如き類である、然れども此の執行機關は法律に依つて官治行政の機關即ち官廳をして自治行政の機關とな

すものがある即ち府縣知事である、要するに原則として官治行政は國家に依て設定せられたる機關即ち官廳に依て執行せられ自治行政は地方自治體に依て選定せられたる自己の機關に依て執行せらるゝものである。

第四　機關の職務權限

官治行政の權限は法令に依らず、各官廳に付て定められたる事務の範圍があつて其範圍に屬する事務は必ず之を遂行しなければならない、官治行政の機關たる官廳の權限は其の事務の性質、土地の區域及人を標準として之を定むるものである即ち事務の管轄土地の管轄人の管轄である。而して官廳は原則として官治行政を處理するの權限を有す、即ち權限より見るときは國家の機關である。自治行政の機關は執行機關即ち理事者と意思機關とに分かれて其の意思機關に依て決定せられたる事件を執行するの權限を存するものが執行機關である、意思機關は執行機關の準備に基き又は自己の發案により議決する權限を有するものである、原則として此の二の機關は自治行政の機關であるが又た一面官治行政の機關たるの權限を有するものである即ち法令に依て國家の行政事務を掌理し又は決定する權限を有するものである、尤も自治行政主體の或種のもの即ち府縣に在りては官治行政の機關を以て自治行政の機關たる權限を有せしむるのである、要するに權限上より見るときは官治行政の機關たる官廳は國家機關としての權限を有し、自治機關としての執行機關及議決機關は復た其の官治行政の機關たるの權限をも有するものである。

第五　効用

官治行政は國家の統治事務を國家の直接機關即ち官廳によりて行ふものである故に絕體的に國家を核心として作用する即ち國家以外に其核心を求めない、之を各種行政に徵するに消極的に公共の安寧秩序を保持する警察行政積極的に國家の發達及國民の幸福增進を圖る助長行政、外國との交際に伴ふ軍務行政、司法作用に伴ふ司法行政、國務を行ふ爲めに要する財源及び支出に關する財務行政は悉く國家を核心としての行政作用である自治行政に在りては固より國家の存立を前提としての作用に外ならないが決して國家を其の核心とするものではない、國家の部分たる地方自治團體の存立を核心として作用するものである、ラバントは「社會は權利の主體又は客體たるものにあらず法律上の關係なきものなり故に自治制度は國家と社會との中間連絡物にあらずして寧ろ國家と人民との間に立つものと認むるを至當とす、蓋し自治團體は一方に於て國家に服從すると共に他の一方に於て國家の委任を受け人民に對し命令權を行ふものなればなり」云へるが之れは單に法律上より概念したる議論に過ぎない、グナイストは「社會をして其自然の趨勢に放任せしむるときは富者は益々富み貧者は益貧に社會組織の權衡を失ひ兩者の衝突を來すの虞あり故に富者には重き債務を課し其力に應ずる公共の勤務を爲さしめ强を挫き弱を扶け各種の社會階級を密接に結合して一團となし其衝突を避くるもの卽ち自治制度の效用なり」と云ひて自治行政を以て國家と社會との連鎖卽ち中間連絡物なりとして論じて居る、此の說は自治を政治上より觀察して述べたる意見である、之に依て見るに自治行政が地方行政上人民の幸福を增進するの效用甚だ大なるを見るのである、更に自治行政の效用を列記すれば(一)各地方には各地特種の事情がある故に地方團體をして其の行政を自治せしむるときは各地方の實情に適應する行政上の實績を擧ぐることを得(二)自治は直接利害關係を有する人民をして其の行政事務に參與せしむるを以て熱心誠意を以て其成績を擧げんことに努め假令多少の失敗あるも人民は不滿の念を生ずること少なく且つ經濟的に行政を爲さしむることを得(三)人民をして奉公の精神を養はしめんとするには自から公共事務に參與せしむるを最善の方法とす公共事務に參與する機會なきときは人民が往々國家に倚賴し自己の利益を圖るに專らにして公益を顧みざるに至る(四)民は之を知らしむべく且賴らしむべしとは自治の精神である、故に自治行政は實質上人民の了解を得て行はねばならぬ其結果として各種の社會階級を實際に結合して一團となし相互の衝突を避くることを得(五)人民をして直接間接に自治に參與せしむるときは公務に慣熟し立憲國の民として一國の政務に參與するの資格を養成することを得(六)敎育普及し人民の智識發達したる時代に於て若し政治上の意見を絕對に發表するの機會なからしむるときは民情鬱塞して意外の變を生ずることなきを保せず、自治制度は專ら其の安全瓣として其變を豫防緩和することを得るのである、官治行政は政黨政派の勢力の盛衰に伴ひ內閣の交迭を見るに伴ひ其影響を蒙ること多きも自治行政に在りては必ずしも然らず、常に公平に的確に行政の成績を擧ぐることを得るのである。

第二章　歐州に於ける自治團體の沿革

第一節　英國地方制度の沿革

自治行政の効用著しきを以て名ある英國に在つては人種的衝突を調和し、公平なる施政に依て國内の平和を維持するの政策として十八世紀前已に治安判事なるものを設け、行政及司法の職權と地方官吏を指揮監督するの權限とを與へたのである、此の治安判事は直接又は間接に中央政府の任命に依るも元來名擧職であつて、其の管轄地内の富裕なる階級の國民中から選任せられた、故に宛然中央政府に對し獨立の地歩を占めたのである、之が即ち地方自治の基礎となつた、而して之れが爲めに中央政府の監督が行はれ難く、地方行政の不統一を來すに至つた。

如斯治安判事は地方行政の實際を總攬し、國會議員も多く治安判事より選出せられた、素より代議的性質を有するものではない、西歴千八百三十年頃地方税の增加は納税者に幾分の發言權を與へねばならぬ情勢となり、同時に商工業の發達は動產所有者たる中等社會の地歩の上進を來たし、從前の貴族又は富豪の專有物たりし政治的權力は漸次に中等社會に轉移する事となつた、然し其當時市府の行政は國王及貴族等の選擧干渉の爲めに蹂躙せられ、國民は救貧税の課徵に苦しみ從て種々の弊害を惹起した、其の弊を匡正せんが爲めに千八百三十四年救貧法改正條例を公布したのである、即ち從來の貧民救區たる寺區を連合して連合區を置き、區內の人民より選擧したる貧民監督を以て監督局を組織し、貧民救助の費用を議決せしめ、且つ從來名譽監督官及治安判事の管掌に屬した救貧行政の事務の大部分は之を有給の專任官吏の職務に轉じた、この有給官吏及監督局は倫敦にある中央救貧法事務局の嚴重なる監督を受くる事となつた、此の條例の實施は從來の面目を一新して調査委員中の大家ハリエツト、マルチノーをして新法實施の結果は從前要したる七百萬磅の救貧費を四百萬磅に減少し、寺區の救助する私生兒の數又た一年殆ど一萬人を減少したりと言明したるの好成績を呈するに至つた。

更に西歴千八百三十五年ミユニシパル、コウボレーシヨンス、アクト(市府條例)を制定し、實に二百六十九條に亘る大法典を以て市府の制度を劃一にし、之れによつて從來行はれた特許狀の惡弊を一掃した、蓋し英國に於ては國會制度早く行はれ、地方團體を利用して中央政權を保護するの弊に陥り君主は市府に特許狀を與へ其代償として自已の政策を遵奉すべきことを要求した、從て各地政治運動盛に行はれ、賄賂は公行せられ、背德的自治の爲めに人民は其の害毒に堪ゆること能はざる狀態となつた、市府條例の制定は此の狀態を一新し、英國地方行政の改良上重大なる關係を有するものと謂ふべきである。

英人コッセンは「法律上の混沌界」と云ふ用語を以て英國の法治狀態を形容して居るか、英國人は有名なる保守主義であつて形式を尙はす、實用を重んじ古來の法令を尊重し、必要に應じて其一部を改廢するを以て立法の例とするが故に英國の地方制度は多岐雜多であつて、秩序と統一とを缺くのである、立法上より見れば英國地方制度は慣例を基礎とし、法制の形式に於て獨佛二國の制度に及ばざるものである、然れども獨立自存の精神は英國人の最も重んずる處である故に制度整はざるも其の實績に於て自治行政は見るべきものが少なくない、英國の地方制度は各地同じからざるを以て玆には英倫及ワエールスの現行制度を概說するに止める。

第一　州

英倫及ウェールスには六十二州がある、州の制度は千八百八十八年の地方政務條例の制定に依て各洲に大守知事及治安判事があつて行政事務の執行に當り、州會ありて人民の選擧により州の立法及行政を監督す。

(一)　大守及知事

大守は終身官と州中の治安判事の任免を具申す、兵事に付ては君主を代表するの職權を有するも大概州內の大地主中より任命せられて居る、今日では其地位は重視せられない知事は州會の任命に係り任期僅に一年であつて、國會議員の選擧及上等裁判所の宣告を執行する職務を有するに過ぎない。

(二)　治安判事

治安判事は千八百三十五年市府條例實施以來其價値を減じたるも今尙司法行政の事務を管掌する土地所得百磅以上の地主中より任命せらると名譽職行政官であつて、民兵の編入地方稅の賦課寺區の監督治安警察行政上の警察及裁判民事商事の小事件に關する裁判違警罪の裁判を爲す職權を有する。

(三)　州　會

州會は通常議員、州參事會員議長を以て組織する、州會議員の選擧權は家屋を所有し又は每年十磅以上の純收入ある土地を占有する州の人民之を有するのである、州會議員の被選擧權は國會議員又は州會議員の選擧權を有し又は州內に住居せざるも州の十五哩以內に居住し、每年州內に於て五百磅乃至千磅の財產を有し若くは十五磅乃至三十磅の救貧稅を納付する者之れを有す、通常議員の任期は三年であつて同時に其の全數を改選する、州參事會員の任期は六年で三年目每に其の半數を改選す參事會員の數は通常議員の三分の一で州會の選擧に依る、議長は州會之を選擧す、其任期は一年である、規定の上より見れば通常議員の被選擧資格を有する者は參事會員又は議長たる事を得るも實際に於ては通常會員のみ參事會員となり、參事會員のみ議長となる慣例となつてゐるのである、州會は州の官吏を任命し其の組織及俸給額を定め、其の官吏を指揮監督す、其他州の財政に關する事務、財產及營造物の管理維持、國會議員選擧に關する事務を管掌する、州の警察行政は州會と治安判事との中より聯合常任委員を設けて處理することとして居る、要するに英國の地方政務條例は從來地方官廳に屬したる權限を奪ふて州に與へ、州會及人口に二萬以上の市の市會をして實際上地方官廳とするに至つた。

第二　區

(一)　村部區及市部區

州內を大別して村部區及市部區とする、村部區は其數六百七十二、市部區は其數八百十一である、村部區は皆各區會を有し、區內に更に衛生組合、區、學校組合區等特殊の小區を設置す、村部區は寺區を以て單位とす、村部區は元と宗敎上の敎區たる性質を有したが今は救貧區の意義を有するのである、現今英倫及ウエルースに於ては其數約一萬三千に近き寺區を有す、此の寺區は我國の村に相當す、千八百三十四年の條例に依つて貧民救助の爲め寺區連合して連合區を設けた普通區と稱するは卽ち此聯合區のことで其數六百七十餘である。

(二)　寺　區

寺區は市部及町村部に普及する重要な區劃であつたが、町村部に於ては聯合區たる町村區、市部に於ては衛生區の設立に依り大に其重要の度を減した、寺區會は寺區管理者の任命行政費の賦課徵收慈惠救濟其他公共事務に關する權限を有する。

(二)　聯合區

聯合區は千八百三十四年の條例に依り貧民救助の爲め救貧寺區と聯合して設置したものである、其の上に貧民監督局があつて治安判事と地方人民の選擧したる議員とを以て組織する、各寺區内選出議員の定數は聯合區組織の際各寺區内の人口に比例して之を定めた、其權限は救貧法施行の事務及町村部衞生及道路區等の事務をも管掌する。

第三　市

(一)　市

舊ボローの組織は千八百三十五年の市府條例に依り全く改造せられ、全國一樣の制度となつた、市は元國會議員の選擧の爲めに州内に設置したる區劃であつたが大都市は特別市と稱し、行政上殆んど州行政廳の管轄から獨立し、別に一州の組織を有す、市廳を以て州廳とし、其の法人たる權限は國王の認するによりて取得す、千八百卅五年の法律及爾來市に關し制定せらた種々の法令を編成し、千八百八十二年に編成して市府條例として發布した、之れか卽ち現行の都市制度である、市の市會は州會の如く市長市參事會員及議員より成り議員は市公民卽ち納稅に依り特權を有する者之を選擧する、市公民及市内に財產を有し又は一定の財產を有して一定の稅額を納むる者で市外十五哩以内に住居する者は議員の被選擧權資格を有す、議員の任期は三年であつて每年其の三分の一を改選する、併し殆んど再選せらるゝを常として復た之を以て政治生活の踏石とすることなき故議員は能く事情に通し、其の職に忠なるは英國自治體の美風である、市會は衞生、警察、學校に關する事務及市稅に關する財務を議定するの權限を有す市會は每年第一に市長を選擧す、市長たるの資格は市會議員長老又は其資格者である、市政に經驗を積める長老又は市會議員中より選擧せらるゝを常とす、英國に於ての特徵は市に長老なるものを設くることである、長老の數は市會議員の三分の一で市會議員の被選擧資格を有する者の中より市會に於て選任す任期は六年で其の權限は分擔する選擧區を代表するの外一般市會議員と同樣市會の一員として活動す、此の制度は市會に專門的智識經驗を入るゝ効あるも實際に於ては市會議員中より之を選任すること一般の習慣である、法律上長老は特別の權限を有しないか多くは市會議員として老練家となり、且つ其多數は各委員會の議長である故に實際上大なる勢力を有して居る。

（二）　市部衛生區又は地方改良區

千八百七十二年の條例に依り州内に町村部及市部の衛生區を置き後千八百七十五年編成公共衛生條例を發布し今尚ほ之を實施する。

（三）　倫敦市

倫敦市は英帝國政治的中心地として又世界商業の中央市場として世界第一の大都會たるに拘はらす其の市政は市の膨脹と伴はす、全く他の市と獨立なる制度及び沿革を有する千八百八十八年の條令により倫敦の州と稱する特別の州を設置し倫敦及他の二十三市を以て組織したか千八百九十九年の法律に依り倫敦舊市及二十八の市を以て組織することとなつた、倫敦市内には種々歷史的地方行政區劃が存在する、其の行政機關を擧くれは縣會、首都救濟局、首都警察委員、首都水道局、テームス及沿岸地保護委員會、舊市及廿八の新市三十一の救貧事務委員會、二病院委員會、市救貧委員會の類である、倫敦市の市政の實權は市長、長老會、市會に在る、市長は交際官であつて宏壯なる廳舍に住居し、市の賓客を接待し、義式に際しては市を代表するを主たる職務とす、年一萬磅の俸給も到底其の出費と償ふに足らさる狀態である、其の他市長は裁判官としての權限を有するも市行政に關しては權力なきものである。長老は市長を加へて廿六名である、市内に住居する家屋所有者又は住所に關係なく借地料年十磅以上の家屋の全部又は一部を占有する者により廿六の選擧區より選擧せらる、市會は二百六名の議員と市長及長老とを以て組織す市會の事務は委員に依りて之を行ふ、其委員の重なるものは警察委員てある、蓋し舊市は首都警察委員の權限外に在て特別の警察隊を有し、其の管理は此の委員の權限に屬するが故である、又二十八の新市は從來の數區會、其の他の地方委員會に代りて行政を統一した、其の行政は一般の市の例に從ひ市長老及市會議員より成る市會の手に依て統一せられて居る。

第二節　佛國に於ける地方制度の沿革

佛國の地方制度の沿革を見るに之を四期に區分して說明するを便なりとする、卽ち第一期を革命以前の狀態とし、第二期を革命後の狀態とし、第三期をナポレオン帝政以後の狀態とし、第四期を第二帝政以後の狀態とし、以て現行制度に說き及ぼす順序とする。

第一期　革命以前の狀態

世界中常に治者と被治者との間の軋轢に富む歴史を有するを佛國の特徴とす、佛國の封建時代に於ては諸侯の專政甚だしく其の權力を以て市邑の財產を橫領する者もあつた。明相コルベール出で諸侯を抑制し、市區の窮狀を救ひ國王の任命したる官吏嚴重なる監督の許に其行政事務に從事したので、君主專政中央集權の基礎を確立した、此の時代に於ても勿論從來特權を有する地方に於てはペイデターと稱す地方議會が存立して居つた、又た大都市に於ては人民が其の吏員を選擧するの制度も存在したとは謂へ、地方行政制度は全く中央集權的專政に在るの狀態であつた、此の狀態の下に於て千七百八十九年の革命が生したのである。

第二期　革命後の狀態

千七百八十九年の革命は一時の封建時代の餘弊を一掃して特權を有する社會的階級を滅亡し、專政君主政治の根本を斷絕したが之れと共に地方自治制度を確立し複雜なる從來の地方制度を整理一統した、元來佛國最下級の地方團體は都府市邑の大より寺領地及散在部落の小に至るまで其數四萬を算し、且つ古き沿革を有するがために容易に之を改革することが出來ない、故に上級地方行政區劃に付ては悉く之を改定した、卽ち從來三十二の州に州知事有て之を管轄し、其の下に郡長ありて共に中央政府を代表して、絕大の權力を有した、革命に依つて制定せられたる制度は此の州知事を全廢して、全國を八十九の縣に分ち、更に之を郡に分ち、郡の下に多數の市町村を包含せしめたものである、縣郡共に公選の議員を以て組織する、議決機關と議員中より選擧せられたる執行機關とを以て行政組織とし、最下級の團體たる市町村には簡單にして劃一したる自治制度を施行し、市と町とを區別せず、總て之を市邑として取扱つた大市と小市とを問はず、全く同一なる複雜の制度を施行し合理的制度としては比類なく又自治制度の基礎を確立したか其實績に於ては充分なることを得ない。

三期　ナポレオン帝政以後の狀態

千七百九十五年第一共和政府は縣其他の行政機關の民選主義なりしものを官選主義とし、地方分權を變じて中央集權と爲した、ナポレオンが第一議政官となり、佛國の政權を掌握して諸般の革正を爲すに當り、地方制度も又た中央集權主義となした、即ち千八百年の立法に依り國內の市邑を以て全然之を中央政府の一行政區とした、當時行政吏員の任免は專ら政府の掌握する處となつて、自治行政の活動は全く中央集權の爲めに退歩することゝなつた、即ち縣郡市等の地方團體は法人と爲さず、一の行政區とし、市長、助役、議員等も皆な中央政府に於て任命することゝしたのである斯如き絕對的中央集權の制度はナポレオンの失權後も依然として千八百三十年迄繼續した、然るに千八百三十一年に至り法律を以て再び地方團體の議會を組織する議員の公選制を設けて、玆に再び地方分任の主義を採用することゝなり、地方自治の上に一大進歩を來した、次で千八百四十八年制限選擧制を廢して普通選擧制を採用し、都市の市長助役の如き市會の選擧に一任するに至つた。

第四期　第二帝政以後の狀態

前期に於ては漸く地方自治に一段の進歩を來したが、千八百五十二年にはナポレオンが帝位に即き第二帝政を開始した、其時地方制度は更に一時期を形成した、即ち地方分權主義を廢して中央集權主義を回復し、地方の政務に當る者は悉く中央政府の任命する官吏となし、地方議會は唯だ名ありて實を失ふことゝなつた、此の主義は第二帝政亡びて第三共和政府となり、諸般の制度を革正したが獨り地方自治に對する政策は之を革新するに至らなかつた、其後共和政府が愈々發達して基礎の强固を加ふるに從ひ、地方に於ける自治的精神は自然に發達して政府も輿論の後援を籍るの必要を感じ市長助役の公選主義を認め、自治の觀念漸く振興するに至つた、即ち佛國の地方自治は政府の助長政策に依らずして國民の自發的觀念に基因するものと謂ふべきである

右述ぶる如く佛國の地方自治制度は幾度か種々の變遷を經て遂に現行制度を產出したのである、現行地方制度は八十四縣三百六十二郡二千八百九十九鄉及三萬六千百九十一市町村を以て組織する、縣及市町村は自治體なるも郡及鄉は純乎たる行政區である、而してセーヌ縣に於ける巴里市とリオン市は特別の制度を施行して居る、左に普通の制度を概說する。

第一　縣

縣は中央行政に關する行政區域で有ると共に亦た地方自治團體である。

一、「縣知事」縣知事は內務大臣の推薦により大統領が任免す

る有給官吏である、其の職權は縣に於ける中央政府の代表者であると同時に縣なる地方自治團體の執行機間たることに於て我國に於ける府縣知事と同一である。

二、「縣評議會」縣評議會は大統領の任命する職員を以て組織する、議員は有給の專務職で官吏の性質を有す知事の諮問機關であると同時に行政裁判所である。

三、「縣會常置委員」縣會常置委員は千八百七十一年の制度により設けられたるものであつて、知事の行政を監督し兼ねて從來其の職權に屬せる一部の事務を行ふものである、即ち主として會計の審査土木事業の經營等を監視する。

四、「縣會」縣會は公選に依る無給の議員を以て組織する、其選擧は普通選擧法に依り各鄕一人を選出す、選擧資格を有する二十五歲以上の者にして縣内の市町村に六ヶ月以上住居する者は縣會議員の被選擧資格を有す、此の議員の任期は六年で三年毎に其半數を改選す、縣會の職務權限は縣の財産財政及租稅の監督、國道以外の道路の設備監督公共的救恤公債の募集直接國稅の分賦、選擧區の決定市町村政の監督に關する事項である。

第二　郡

郡は地方自治團體にあらずして、單純なる行政區である、郡の行政の機關は即ち郡長と郡會である。

一、「郡長」郡長は大統領の任免する官吏で、主として知事の命令を郡内に施行する職務を有する。

二、「郡會」郡會は公選に依る議員を以て組織す、其の選擧は縣會議員と同一の方法に依る郡會の職務は郡長と共に中央行政の施行を爲すに止まる。

第三　鄕

鄕「區」は平均十二市町村を以て一區域とす、縣會議員及郡會議員の選擧並に治安裁判所の爲めに設けられたるものである。

第四　市町村

市町村は郡鄕の下にある最下級の行政區劃である、市も町村も區別を立てず同一の法律を適用せらるゝ地方自治團體である、縣の如く革命當時の人爲的設置に係るものでなく自然的に發達したる地方團體である、市町村には市町村長、市町村會及助役を以て其事務を處理する事として居る、市町村長は自治行政の執行機關であると同時に中央政府の行政機關である。

第五　特別の制度

巴里市及里昂市並セーヌ縣は特別の制度を施行す即ち巴里市は外二郡と共に特別市制に依る特別自治體を組織す、巴里市には選擧せられたる市長を置かないでセーヌ縣知事が市長の職務を行ふ、此の巴里市長たるセーヌ縣知事に對しては千八百五十九年の府令に依て普通の市長よりも廣き、職權を與へて居る、又た巴里市に於ける一切の警察行政はセーヌ縣知事の外に大統領の任命に依る警視總監ありて之が執行の職務を司る、巴里市會議員は公選に限る議員である、市會議員は同時にセーヌ縣會議員であるに依り兩議員の資格を有する、市會の權限は普通の市會の權限よりも狹きものである、里昂市も又た特別の制度を適用せられた即ちローン縣知事は市の保安警察を司り市會に於て選擧せられたる市長は保安警察以外の一般行政の事務を司るのである、セーヌ縣は一國の首府巴里市の所在地にして全國の中樞に當り其治安は全國の命脈に關するが故に歷史上及政治上の必要に基き特別の制度を施行す即ちセーヌ縣には縣知事及警視總監を置き警察に關する行政は警視總監之に當り、其他の行政は縣知事之を司る、セーヌ縣の縣參事會は特別の規則に依り組織せらる、縣參事會は二部に分ち各部に議長を置くセーヌ縣會は公選に依る縣會議員で組織する其の議員は亦た巴里市の市會議員である、此の縣會は大統領の命令に依り縣知事の召集にて開會せられ、縣會自ら開會するの權を有しない、縣會は公開せす又た縣會は他の郡會又は縣會と通信する事を得ざるも千八百八十六年に其議事を公開することとなつた、セーヌ縣內の市町村は他の縣の市町村と異りて警察行政に關しては警視總監の命令に從はなければならぬ、要するにセーヌ縣及其の縣內の市町村は普通の縣及市町村に適用せらるゝ制度と異なる制度を適用せらる。

以上の如く佛國の地方自治團體及其の行政は國民の民權自由の思想に基き發達したものであるが、唯だ往々危激なる民主主義の勃起するものがあつて、地方の民衆は屢々之に迎合し徒らに公共の資産を消費して墮眠を助求するの弊を生ずることがある、制度としては獨逸に及ばず、實績より見れば英國に劣るは蓋し故なきに非ずである、唯だ米國に比して其秩序聊か整然たるものある點は專問の吏員を選ぶに當り最も嚴格なる試驗の制度を採用する結果である、此點は政治上の變動多き佛國に在りては寧ろ異數の事と謂はなければならぬ。

第三節　プロイセンに於ける地方制度の沿革

獨逸聯邦中地方制度の優秀なるものをプロイセンの地方制度とす、我國地方制度は實に此のプロイセンの地方制度を母法として制定せられた、固よりプロイセンと雖とも昔時より完備したる地方自治の制度を制定したものではない幾多の變遷を經て現行制度を見るに至つた、今其の沿革を述ぶるに當り便宜の爲め之を三期に分つて說述する、即ち第一期をスタイン及ハルテンベルクの改革第二期を社會階級の紛爭時代第三期をグナイストの改革及現行の狀態の三期に區分する

第一期　スタイン及ハルテンベルグの改革

十二世紀以來普國の地方團體特に市府は市會を設け、市長を置き種々の特權及自主權を得て自治團體の基礎を爲したるも、十五世紀以來諸候の專權壓制に反對したる農民の運動は失敗に歸し、益々其の團體の勢力を失墜した加之歷代の國王は市府の權力の抑壓に努め、時に極端なる官治制度の下に人民は漸次政治的能力を失ふた而かも一部階級の利益の爲めに下級人民の自由は妨害せられ多數民の福利は犧牲となつた、從て千八百六年佛國の侵略に逢ふて封建の基礎は意外にも迅速に動搖して瓦解滅亡に歸せんとするの有樣となつた、此の時に當り有名なるスタイン男爵出でゝ行政の首長となり、銳意國難の救濟に當り諸般の制度を設けたるも僅かに一年有餘の後ナポレオンの勢力に壓せられて其の地位を去つた、然れどもスタインの行政改革の理想は實に地方自治制度の基本となつた、卽ち其の理想とする所は官職の世襲制度を廢し同時に警察を國王の任命する官吏の管掌に委し且つ立法部を組織して有產の民をして國家の立法及行政に參與するの權利義務を有せしめんとするにあつた、此の理想は充分に實現することを得なかつたが、千八百八年の市制の如きは實に獨逸地方制度の基礎を建立したるものである、スタインは地方制度を改革し全國を分ちて洲となし、洲を分ちて縣となし縣は更に郡に分たれた、洲には洲知事あり縣に縣廳と稱する合議體の官廳があつて縣の行政事務を司る、郡には郡長を置き大地主の中より任命するのであるスタインに次で政權を採りたる者をハルデンベルクと云ふ、同氏は人民に自治權を與ふるに先だちて、貧民を救濟し以て經濟上獨立の地位を得せしめ又た佛國の如く强固なる中央集權主義の行政部を設立して自由思想を有する人物を擧げて其任に當らしむるの必要を認めたのである、又スタイン男の創始したる社會的經濟改革は着々其

實績を現はして大に國家の福利を增進することとなつた。

第二期　社會階級の紛爭時代

千八百二十二年ハルデンベルグが死し其の改革また成就せざるに已に之に對する反動が起つた、則ちハルデンベルグの改革の爲めに特權を削減せられた大地主等は地方政治を中央政府の管掌より獨立せしめ、地方立法部を設けて自から其の局に當り地方の代表者を以て國會を組織せんと企てた、然るに商工業に屬する階級は更に反動的改革を企て千八百五十年憲法を制定し、選擧權は土地所有者のみに限らず總て財產を有する者にも之を與ふることとし、其の他種々の方法に依り土地所有者の權力を削減せんことを力めたるに依り、土地所有者はまた更に反動を起して之に當つた、千八百五十年より爾後十年間は保守黨及土地所有者が行政の全權を握り、自己の利益の爲めに其權力を濫用したのである、以上の如く千八百二十二年より千八百六十年に至る約四十年間は普國は全く社會階級の軋轢紛爭を以て充たされたのである。

第三期　グナイストの改革

千八百六十年の頃彼の有名なる宰相ビスマークは伯林大學敎授グナイスト博士が深く英國地方制度を研究して自ら郡制案を起草し、地方制度の改革を主張せるの意見を採用し、多數の反對者あるに拘はらず其案を實行し、千八百七十二年郡制として一の法律を公布したのである、之れより先き千八百五十三年已に市制を施行し、尋で千八百五十六年町村制を施行したが、今また此の郡制を發布して玆に地方制度を完備したのである、卽ち州縣郡の舊區劃を保存し、之に新たに治安判事區を加へ以て行政區劃と自治團體の區域とを同一ならしめんことを力めたのである、又た此の改革の目的は一は地方自治を擴張し人民をして政治的能力を訓練せしむる爲めに地方自治行政に其の地方民をして參與せしむると共に將來政黨又は一部社會階級の利益の爲めに行政權の濫用せらるゝ事を豫防するの希望を以て行政官吏の行爲に裁判所の監督を加へる事とした。

現行地方制度の狀況

玆に述ぶるが如く幾多の變遷を經て現行地方制度の制定を見るに至つたが彼のスタイン男爵及グナイスト博士の功績は實に大なるものである、是等人士の理想考案は遂に普國地方制度をして宇內に比類なきの成績を擧ぐるに至らしめた、世界大戰後の地方自治行政の狀態は果して如何なるものなるや之を記述するの資料を得さるを以て之を知るに由なきも戦前に於けるプロイセンの地方自治行政は深く我國の模範となつたのである。

普國の地方制度は伯林市ポーセン州及ホーヘンツヲルヘルンの特別の地方を除く外全國を州に大別し、州の下に縣を置き、縣は郡市を包括し、更に郡を市町村及私領區とする、縣は純然たる行政區劃たるも州郡市は各々行政區劃たると共に又自治團體である、然して其の他は單なる自治團體である。

第一州　全國は十二州に分たれ、各州に州知事州評議會ありて國政事務を司り、州會州參事會及州長ありて自治事務を司る、此の洲は歴史上昔より存續する區劃で最大なる地方自治體である。

（一）　州知事　州知事は官吏にして洲行政の州長となり、中央政府の代理權を有すること、我邦府縣知事と同一である又た州評議委員會州學務會衛生會の議長となり且つ治安判事を任命する權限を有す。

（二）　州評議委員會　州評議委員會は州知事を以て議長とし内務大臣の任命する一人の高等行政官及五人の名譽評議委員により組織す、名譽評議委員は議會議員の被選資格を有する者より州參事會に於て任命す、其の任期は六年であつて、州知事の行爲を監督し、州知事の命令案の議決を爲し、縣參事會の裁判に對しては控訴裁判所となり、市場道路等に關する行政訴願を裁判するの權限を有する。

（三）州會　州會は州の自治行政に關する議決機關であつて郡會及市會より選出せられたる議員を以て組織する、其の被選資格は州内に住所を有し、又は一年以上土地を所有する公民であつて、而かも善良の品性を有する事を條件とす議員の任期は六年である、其の權限は一般の州に屬する地方事務を議決するにある。

（四）　州參事會　州參事會は州長と共に州の自治行政の執行機關であつて、議長一人議員七人乃至十三人を以て組織する、其被選資格は州會に於て州會議員の被選資格を有する者より選擧するのである、任期は六年で三年毎に其の半數を改選す、州參事書の權限は州會議決に付準備執行し、州の財産及營造物を管理し、州吏員を任免指揮監督し又た上級官廳の諮問に對し答申するのである。

（五）　州長　州長は有給吏員で、市會に於て選擧せられ、國王の認可を得て就職するものである、其の任期は六年乃至十二年である、州參事會に隷屬して其の議決に係る州行政事務を執行す、又た外部に對し諸般の事務に付き州民を代表する、州の機關はに右述ぶる如くであるが、行政は中央行政官廳の監督を受け、其の經費は之を郡に分賦するものである。

第二縣　縣は全國に三十五ある、各州は二乃至六の縣に分たる、縣は純然たる行政區劃であつて縣知事縣廳縣參事會の機關を有する。

(一)縣知事　縣知事は州知事と相兼ぬることを許されない縣行政の常置機關の一である、縣知事は縣參事會の監督を受けて縣行政に付き獨立の處分權を有すると同時に縣參事會の議長である、又た一面縣廳と稱する會議體の議長である。

(二)縣廳　縣廳は縣知事議長となり縣廳の各課長參事官及試補を以て組織する合議體の官廳である、其の權限は千八百八年始めて縣廳として設けられたる以來次第に減少せられ、現今では宗敎及學務官有地、森林直稅に關する事務を議決するに止まる。

(三)縣參事會　縣參事會は縣知事議長となり、六人の參事會員を以て組織する、其の六名中二名は終身官であつて、司法官又は高等行政たる者より各一名を國王が任命する、縣參事會の權限は縣知事の行爲を監督し、また下級官廳及地方團體を監督す且つ行政及司法の上訴に付管轄權を有するのである

第三郡　郡は行政區劃たると同時に自治團體である、然れとも州の如く二種の機關に依つて各別に其の事務を執行せず唯た一種の機關に依て郡の事務を管理す、即ち郡參事會治安判事及郡會が即ち其の機關である。

(一)郡長　郡長は國王の任命する專務職官吏である、郡長たるの資格は一年以上郡內に居住し郡內の住民となり若くは一年以上郡內に於て土地を所有し且つ四年間郡書記若くは他の自治行政廳の吏員だりしもの又は裁判官若くは高等行政官吏たる資格を有するものに限るのである、縣知事の下に屬し郡に係はる國政事務を司ると同時に郡の自治行政に關して獨立の職權を有し又た郡參事會の議長となり、其の議決を執行するの職權を有す。

(二)郡參事會　郡參事會は中央行政官廳として一定の職權を有し且つ郡長の行爲を監督する、自治行政機關としては郡會の議決に從ひ之を執行する權限を有す、其の組織は議長たる郡長及郡會の互選に係る名譽職參事會員を以てす、其の任期は六年である、職務權限は郡の行政郡會の議案審査及議

決の執行を司る、又郡吏員を任命し、下級自治體の監督に當り且つ第一審裁判所職務を行ふものである。

(三)郡會　郡會は郡行政の議決機關たるのみならず、州會議員を選擧し、一切の州税を徴收する機關である、故に其の權限は重大にして且つ其の組織は頗る複雜である、普國の郡は人口二萬五千以下の市及町村を包括す、其の郡會議員選擧資格を有するものは

(イ)郡內に住居する自然人

(ロ)郡內に住居せざるも土地を所有し又は一定の營業を爲すもの

(ハ)郡內に住所を有する法人

の三種である、之等選擧人は三種の選擧階級に分たる、而かも各選擧階級毎に　の資格及効力を異にす、即ち第一級は地租及家屋税二百廿五碼を納むる大地主又は同額以上の營業税を納むる營業者にして獨立の生計を營み刑の宣告によりて公民權を剝奪せられさる者である、又法人無能力者又女子にして前段の資格あるものは代理人によりて投票を爲すの權を有す、但し其の納税額は各郡富の程度に等差あるを以て州會の決議に依り四百五十碼に增加し又は百五十碼に減少することを得るのである、第二級は町村の代表者、町と同一視せらる、私領地の所有者第一級以下の營業者の代表者である、第三級は郡內に於て市邑の市會を代表する者である、以上の三級より選擧せらるべき郡會議員は人口に從ひ市及其の他の地方に分配せらる、但し市の數一個以上なるも市部議員の數は總數の過半數たることを得ない、又市の數單に一個なるときは其の選擧すべき議員數は總數の三分の一以上たるを得ない、市部議員以外の議員數は一級二級に於て各々其の半數を選擧す、其の選擧の方法は各階級に於て相異なるのである。

郡會の權限は郡行政の經費を定め事業を議定し、郡吏員の職務規程を制定し、郡に對する分賦金を賦課徴税す、其の他敎育慈善に關する新制度を設定し、道路鐵道の敷設の如き亦郡會の議定する處である。

(三)市治安判事　普國に於ては地方警察の如き久しく大地主の管掌に歸し、其の弊習ありたるを以て英國の治安判事の例に倣ひ地方の富裕にして智識あるものを擧げ行政に參與せしむる爲め全國を五千六百五十八區に分ち、其の區に治安判事を置き郡會の推薦に依り州知事國王の名を以て任命するものとした、治安判事は名譽職である、其の任期は十二年である

職務は主として地方警察事務であるが、其の他衞生、敎育、道路、治水、土地、森林、漁獵、商業、旅店、家屋、學校等に關する事務を處理するものである、而して此の治安判事の管轄する區を治安判事區と稱するのである。

第四市町村及獨立私領地　市町村は最下級の自治團體である又獨立私領地は封建地主制度の遺物であつて町村に準じ一個人に屬する自治區である、市は總て市政の適用を受く、但し人口二萬五千以上を有する市は市郡と稱し、郡に屬せずして郡と對等の位置を有す、自治團體たると同時に國の行政區劃である、市は重要なる自治團體で、其の機關は市長及市會並に市參事會である、市長は市の行政及警察事務を執行し、市行政に就きて市會の監督を受く、市會は法律に依り極めて廣大なる權限を與へらる即ち市會の有する自治權は頗る大なるものである、町村は其の區域狹小にして地方行政の重要なる職務は郡及州の司る所に係り町村としては共同の牧畜及耕作に關する農業的事務、小なる道路、學校及敎會に關する事務なるに過ぎない、村長は書記と共に村會の選擧に依り郡の認可を得て就職する、其の職務は村會の議決を執行し、國の警察權を行使す獨立私領地は全く私人の所領する地區である、其の領主は普通地主たる主權に加ふるに反政治的性質の權利を有し、全く町村以外の特別自治區を爲す、領主は村長として其の所有地內の事務を處理し、治安判事の監督を受くるのである。

第五　伯林市　伯林市は又た一の市郡なるも獨逸帝國の首府なるを以て種々の特例を設けて居る、其の異なる點は

（一）府知事　卽ちフランテンブルグの州知事は同時に伯林府知事であつて、他の地方の縣知事の如く伯林府の自治行政を監督し、州評議會の事務を處理し、州評議會は知事及國務大臣を以て組織す。

（二）警視總監　警察事務の爲に特に警視總監を置きフランテンブルグ州及伯林府の警察事務並に伯林府の宗教事務を司る。

（三）地方租稅局及直稅監理局　此の兩局共に大藏省に直屬し、地方租稅局はフランテンブルグ州及伯林府の間稅事務を司り、直稅管理局は伯林府の直稅事務を司る。

（四）市府參事會　府參事會は他の地方の縣參事會と等しきも其の議長は勅任の專務職である、其の他の參事會員は市長を會長とする市會の選擧會に於て選擧す、而して市會議員

及市吏員は被選擧資格を有せず、府參事會の權限は行政訴訟事務及決議處分の事務の執行である。

右の外學務會　醫事會　總理委員及農業銀行管理局等ありフランテンブルク州及伯林府に於ける關係事務を司る。

普國の地方自治の沿革及制度の概要叙上の如し、由來二十年間孜々として年一年行政の發達をなし、延いて國力の振張を見たるは一は地方自治に對する概括委任の主義が然らしめたる事である、其の他地方自治發達の一大原因は普佛戰爭の後國家戰捷の勢ひに伴ない市民擧げて其の國力を進むるの必要を自覺し、地方行政に於ても此の精神を其の事業に注ぎたる事と、社會公共の利益に關する事業は個人の經營に待たず寧ろ團體の力に依りて之を行はんとするの傾きありし事である、然して普國地方團體が其の事業の經營を爲すに當り獨特の長所と認むべきものまた二あり、即ち一は其の公益事業を企たつるや學理の力に依りて先づ其の經營の方法に付き最も周到なる研究を遂げ、毫も遺算あることなく、一度其の成算を信じて之を疑はざるや又た群議を排して之を斷行し住民が自治團體の經營に信頼して之を疑はざる事其の一である、又た才能尊重の主義に依り地方自治行政の局に當るものは專問の技能を有する人物を尊び普く適材適所に配置したる事其の二である。

第三章　我邦地方自治制度の沿革

明治維新後諸般制度の革新を有すに當り時の要路者特に故山縣有明公深く獨逸の地方制度の功績者たるスタイン男爵に私淑し、地方自治制度の制定を主張して、普國其の他歐洲諸國地方制度を模範とし、遂に現行制度を制定するに至つた、故に現行制度は專ら歐洲諸國より輸入したるものと謂ふも不可なきものである、然しながら我國に於ては其の制度としては見るべきに足らざるも往昔に於て夙に自治制度の萌芽を發生し、地方自治團體の淵源は頗る古き時代に在りと謂ふべきである其の沿革を述ぶること又た以て現行地方制度の精神を知るの資料と爲すに足る、之が叙述に當りては三期に分つを便宜とす。

第一期　地方自治制度の濫觴時代

第二期　明治維新前の自治時代

第三期　明治維新後の自治時代

とす。

第一期　地方自治制度の濫觴時代

我が國は建國の初めより君主政體である、君主は最も高き民族の長として全國の氏族を統治したるものであつて、實に氏族制度は我國の組織上政治的及社會的に其の基礎を爲すものである、此の氏族は一の血統に基く公法上の團體であつて其の團體員及國體に附屬せる部局の民及奴婢は朝廷の直接支配を受けず其の氏族の長たる氏の上に依て統治せられたものである、即ち氏族制度とは國民が血統を同うする多數の氏族に分れた、各氏族に族長があつて其の氏に屬する人民を支配した、此の族長を氏の上と云ふ。

奈良朝及平安朝　至　て中央政府の權力衰へ、地方に及ばず、國主にして任地に赴かさる者多く、國主郡主は殆んど有名無實の官職となり、權門勢家の私領たる莊園漸く獨立の形を爲すに至つた、其の後源頼朝覇府を鎌倉に建て諸國に守護を置き、莊園に地頭を設け、各其家人を以て之に任した、茲に於てか此の制度は封建制度の濫觴となつた、足利、織田、豊臣の時代を經て徳川時代に至り、封建制度は益々其の完成を見るに至つた、要するに上古にあつては、氏の上氏族を治め莊園は莊園の地頭其の莊園内に於ては不入不輸の特權を認められて實に司法權行政權をも行ふの狀態であつた、是れ恰も普國に於ける私領主に類似するものである。

徳川時代に於ては幕府の直轄の官廳を設け一般領地に郡代代官、勘定奉行を置き江戸、京都、大阪には町奉行、所司代城代を置き其の下に町年寄數人を置き、各町内の行政事務を司らしめた其の町年寄の下に江戸に於ては町名主、組頭、京都に於ては町代、大阪に於ては總年寄があつた主として選擧に依りて就職し、管内町民の利害を代表し、町民の爲めに行政の便宜を取扱つたのである。

第二期　明治維新前の自治時代

此の時代に於ては文化發達するに從ひ、氏族の制度は漸く社會組織の單位たる地位を失ひ、戸を以て之に代ふるに至つた、蓋し氏族の制の衰へたるは佛敎の流行に依り個人主義を重んずる風の生じたる結果に外ならない、而して戸は餘りに小なるを以て周代五家の制に倣ひ五戸を以て一團體を組織する五保の制を採るに至つた、此の五保制は其の一團體内に於ては内部の行政を處理して、國家に對し共同の責任を負擔した、然るに社會の進歩、人口の增加は五保の制を變じて五家の制を採るに至らしめた、之れ即ち徳川時代の自治制度として有名なる五人組制度である。

五人組の制度は素より五保の制を繼承したるものなれとも其の改制の直接原因は耶蘇敎其の他禁制の宗敎を信仰する者及犯罪人、賭博を爲す者、寺社を犯す者を取締り、官有の山河林野を保護し、爭論訴訟を防止し、道路、橋梁、水利等を維持し、農業を作興し、勤儉貯蓄を勵行せしむるに在つた、此等の事項に關しては五人組は連帶して其の責任を負擔する、五人組には版頭を置く、其版頭は組頭、筆頭、又は伍長と稱し其の多くは組合の互選する處である、五人組の管掌する主たる行政事項は組合内の警察、勸業、土木納税等の事務であつて其の全部又は一部は自治行政と謂ふへきものである。

第三期　明治維新後の自治時代

前述の如く徳川時代に於ける五人組制度は不完全ながら一種の自治を爲し、其の外村に置きたる名主、庄屋の如きものが有つて明治維新後まで存在したので有る、然るに明治維新の改革は舊來の制度を根本的に革新し、行政組織も一旦全く官治組織に變じたりしが後遂に自治制度の制定を見るに至つた即ち明治四年七月廢藩置縣と共に從來殆んど地理的名稱に

過ぎなかつた郡區町村を區域として大小區とし、同五年四月庄屋以下の名稱を改めて戸長副戸長となした次て同九年十月布告第三十號を以て政府は各區町村金穀公供、共有地取扱、土木起工規則を定め、一方に於ては區町村が公共事業を起共有の地所建物を隨意に處分し、金穀を公供し得る事を認めた、他の一方に於ては人民に地方行政に參與することを認めた、同十一年七月大政官布告第十七號を以て郡區町村編成法を制定した、此の法に依て從來の大小區を改め、三府五港其の他全國中人口の密集せる都會地を區と爲し、全國に三十二區を置き、其の他を郡となし全國を八百三九郡となした、北海道沖繩縣は之を除く）且つ此の郡區の下に町村を設け、各郡に郡長各區に區長、町村又は數町村に戸長を設け、區内の町村は區長を以て戸長の事務を兼ねしめた、此の戸長には區町村民の總代たるの資格を與ふるの精神であつた、それか漸次自治制の基礎となつたものである、明治四十三年四月に至り區町村會法を發布し、同十七年更に之を改正したが、此の法に依れは區に區會、町村に町村會を設け區町村費を以て支辨すべき公共事業及其の經費の支出徴收を決議するの權を與へた區町村會の議決は區長戸長之を執行したのである、此の區町

村會法は自治制度としては甚だ不完全なるを免かれない、當時伊藤公等は主として憲法を制定せんことを主張したりしも故山縣公は憲法政治實行の準備として、先つ地方自治制度を制定し之を施行したる後に憲法を實施するを順序なりと主張した山縣公が參事院議長より內務卿に轉せらるゝに及ひ、部下に命して自治制度の法案を起草せしめたのである、其の案は明治十七年町村法案として公にせられた、大書記官村田保氏より山縣內務卿に提出したる法案の調査報告を見るに、此の町村法草案を篇成するや本邦古今の法規慣例を攻究し並に歐洲各國の法令を蒐集し之を取捨折衷して以て各條を設立し且つ之に理由と參照を付せり、今其新に創立を爲せる處の要領は即ち第一章に總則を設けて町村自治制を明にし第二章に五人組を置き第四章に戶長に規則を設くるの權を委し又た用掛總代人を設け第七章に町村費の性質を定め第八章に町村の出納役を設け第九章に町村債を及第十章に町村財產を定め以て合計十二章二百二十條と爲せり然るに此の草案たるや僅かに數日にして成りたるものなれば其攻究の至らさる搜索の盡きさること亦た尠からさるべし殊に水利土功規則行政警察規則行政權限法及郡編成法は此の草案と大なる關係を有すれば是等の法律も亦同時に成らされは獨り此の町村法のみを以てはまた完全なるものと謂ふことを得ず然れども急を要するを以て敢て別册五綴を進呈して高覽に供すと

今ま該草案を見るに全編十二章より成る卽ち第一章は總則として町村の區域名稱分離合併町村組合等を規定し、以て町村の自治制を明にす、第二章は町村人民の權利義務を定め、第三章は五人組制度に關する規定を爲し、第四章は町村吏員並に總代人に關し規定す即ち戶長の選任、任期及懲罰給料及賞與其の他用掛筆生總代人の規定である、第五章は町村會及其の組織選擧及開閉議題議決及執行に付規定し、第六章は町村連合に就き規定し第七章は町村費第八章は出納第九章は町村債第十章は町村財產の事を規定し第十一章に區卽ち三府五港及人口三萬五千以上の都市に關する規定を設け、第十二章に雜則を定めた、更に同十七年の末に至り山縣內務卿は內務省に町村法調査委員を置き調査せしめたが其の草案は翌年六月之を完了した此の案には五人組及總代を置かす町村長年寄及委員を置くことゝ爲した、當時獨逸人顧問ロエスレル及モッセの兩氏に斯案を示し其意見を求めたがモッセ氏は法案の綱要を定むる爲め、特に機關を設くるの必要を答申した茲に

於て地方制度編纂委員を設けモッセ氏を委員の一人に加へたが氏は先づ地方制度編纂綱領を起草し之れと共に市町村制を起案し、以て市町村制理由を作成した市町村制は閣議法制局及元老院の議を經て確立したのである是れより先き府縣に關しては明治十三年第十五號布告を以て府縣會規則を發布し、又更に同十三年第十六號布告を以て地方税規則(後に掲ぐ)を發布したのである、之れに依りて府縣の下郡區町村あり區町村は稍や自治の體を存するもまた完全なる自治の制を見ない郡の如きは行政區劃たるに過ぎずして府縣も亦た行政の區劃なるの狀態であつた、府縣の自治行政に付ては明治二十三年法律第三十五號を以て府縣制を發布し、郡に付ては同年第三十六號の法律を以つて郡制を發布したのである、如斯にして茲に我國に於ける府縣、郡、市、町村の地方自治團體の完全なる設立を見自治制度として一大進歩を見るに至つた。

我國地方制度は以上述ぶるが如き沿革により府縣、郡、市町村に亘りて夫々法律を以て其の制度を定めたが、府縣制にあつては明治二十三年公布して以來同三十二年法律第六十四號同四十一年法律第二號、大正三年法律第卅五號及び同十一年法律第五十五號を以て屢改正を加へた現行の府縣制は即ち其の法律である而して北海道に關しては明治三十四年法律第二號を以て北海道會法を制定し府縣制に對する特例を設けた、其の他樺太に付ては府縣に準すべき地方公共團體を認むるに至らず、郡制は亦た明治二十三年法律第三十六號を以て發布せられ大正七年法律第三十三號を以て改正を加へたるが郡をして地方自治團體として存置することに關しては或は其の無用の長物にして徒らに國民の負擔を增すに過ぎさるの制度なりとし之れが廢止を主張する者を生じた茲に於て屢々政府當局の提案を見たるも容易に貴族院の容るゝ處とならさりしが遂に大正十一年春其の廢止案に付き帝國議會の協贊を得たのである左に廢止の理由を述ぶることゝする、

郡制施行せられて既に三十年歲月を閱みする必しも短しと謂ふべからず而かも其の施設事業の實況を檢するに成績の觀るべきもの甚だ寡し

之を統計に徵するに大正九年度郡費歲出總豫算總額は三千百八十六萬餘圓にして之を同年度道府縣歲出豫算總額(北海道及沖繩縣を除く)二億六百三十八萬餘圓に比すれば其の一割五分强同年度市區町村歲出豫算總額(北海道沖繩縣を除く)五億四千七百八十六萬餘圓に比すれば僅に其の五

分強に過ぎす以て郡事業の府縣市町村に及ばさること甚だ遠きを知るに足るへし。

加之郡費の中事務費補助費の類を除算し眞に郡の事業として目すへきものを擧れば大正九年度に於て一千八百八十七萬圓を算ふるに過ぎず之を五百三十七郡に分つ時は一郡平均三萬五千圓のみ之を町村事業費の四、五萬圓に上るもの其例少からさるに觀れば即ち一郡の經營する所一町村にも加かさるもの多きを知るへし今日全國の郡に於て經營する事業は土木、敎育、勸業、衛生等各種の方面に亘りて多種多様なりと雖とも之を各郡に就き見るときは事務費補助費の外事業費としては經營費支出總額僅かに五千圓未滿に止まり、事業としては殆んど見るへきものなきもの全國五百三十七郡中百二十七郡あり彼の府縣又は大なる市町村が敎育に勸業に土木其他各般の事業に亘りて之を竝び行ひ其の費用各々數萬乃至數十萬圓の多きに上り歪然として自治體の實を現せるが如きは郡に於て殆ど之を見る能はさるなり如斯は抑も何に職由するか是れ蓋し郡が我國自治制度の沿革上其の基礎甚だ薄弱なるのみならす本來の性質上自治體として能く發達伸暢を爲すの素質を缺陷せるの致す所ありと謂はさるへからす我自治制度の沿革を按するに維新の前既に存したる郷村は今日に於ける市町村の淵源にして當時既に共存の實輯睦の風を存し夙に一の自治體たる素質を具存したり明治四年廢藩置縣と共に大小區を設けられ翌五年庄屋以下の名稱を改めて戸長副長となし更に明治九年區町村金穀公債共有地取扱土木規則を制定して區町村の公共事業同經營共有地所建物の隨意處分金穀の公債を認むると共に人民の地方行政に參與するの途を開きたり最も不十分ながら區町村を以て一の自治體となしたる濫觴なりとす、尋で明治十年區町村會法發布せられしが明治二十二年市制町村制の制定を見るに至り其後多少の變遷を經て今日に及へり。

府縣も亦明治十一年以前單純なる行政區劃に過ざりしが同年新縣會規則及地方税規則の公布に依りて玆に一の自治體たる事を認められ其後明治二十七年府縣制を制定せられ多少の改正を經て今日に及べり。

郡は維新前に在りては一の行政區劃たりしに止まりて固より自治體たるの沿革なく維新の後に於ても明治十一年郡區編制法發布以前は單に地理的名稱たるに過ぎざりしか、同法は郡を行政區劃と爲し一郡又は數郡に郡長を置きて郡行政を管掌せしめたり其後明治二十二年新制の發布に依り玆に甫めて中級用法體たるを認められたり

此の如く郡なる自治體は府縣市町村に比し後れて、成立し兩者の間に介在せるが故に其の經營に屬すべき事業も自ら寡からざるを得ず蓋し利害關係の府縣の區域全體に渉りて府縣の資力之を許すものは府縣の事業とし其の郡の地域全體に亘りて郡の資力之を許すものは郡の事業とし其の町村の境域に止まりて町村の資力之を許すものは町村の事業に屬せしむるは一見其の所を得たるが如しと雖も實際上三者の限界は爾かく明瞭なるものにあらず府縣の事業中其の利益の一局部に偏するものと郡の事業中其の利益の一般的なるものとは到底之を甄別すること難く又郡の事業中の局部的利益あるものと町村事業中其の利益一般的なるものとは到底性質上區分するものと謂ふ能はざるなり從て其の後れて成立したる郡の施設すべき事業が勢ひ府縣又は町村の爲に蠶食せられ其の活動の範疇狹小殆ど謂ふに足らざる素よりなりとす。

之を外國の事例に徴するに獨逸の一町村平均人口は我國一町村の十分の一に達せず英國は我國の約五分の一にして之を面積に就きて見るも我は彼の二倍若は五倍を超ゆ我國の町村は町村制施行の際七萬を數へたるを合して一萬三千となしたるものにして其の一町村の廣袤戸口は英獨の數町村に匹敵す從て現に彼に在りて郡の爲す事業は我國町村の爲す所と殆ど異ならず是に由て之を觀るも我國に於ては町村の上に更に郡なる團體を認めて其の經營に委するの事業一層少く殆ど其餘地を存せざるものと謂はざるべからず。

抑も自治團體の進展は一に自治精神の發揮に待たざるべかず之が構成分子たる住民が專ら一の團體を結び相互扶助するの意識を以て活動せんとするの念なくんば到底其の隆昌を期し得べきにあらず然るに我國の自治團體を顧みるに其の原位たる町村は住民の自然的結合にして根底鞏固に自治心亦旺盛なるも郡に至りては住民の自治精神之を町村に比すべくもあらず其の將來に於ける發達に付ても亦別に之を期待するを得ざるなり

以上叙する所に依り郡の我國自治制度の上に於ける地位を按するに其の沿革他の自治體よりも淺く且中間團體として活動すべき餘地狹小に住民の之に對する自治精神極めて乏

しく其の經營施設亦殆と見るに足るものなし實狀此の如し從て其の經營事業を府縣に移し若は町村に與へて之を行はしむるも毫も謬なきのみならず却て事業の整備を致し地方行政の效果を擧ぐるに一層適切なるを認む且郡自治體を廢するに於ては地方行政の複雜を避け事務の簡捷を圖る上に資すること大なるべく又行政上の不便尠からざりし郡境域等の如き自治體たるの故を以て從來之が變更を難しとせしものも比較的容易なるを得べく更に今後に於ては町村の指導誘掖に關しても大に其の力を展ふるを得へし其の之を廢するに依て得る處の利益は之を存するに比し優る所極めて多しとす是れ郡制の廢止を提案する所以なり

と政府當局が郡制を廢し、中間自治體を排するの理由は更に一言を加ふるの餘地なきものである、從來屢々提案せられたる廢止案が何故に議會の協贊を得ざりしやと云ふに一面政治的反抗に基くものがあつたが、更に他の一面に於ては千八百年代に於ける獨逸プロイセン國が時の伯林大學教授グナイストト博士の立案に係る郡制を實施して大なる功果を見たるの實績に倣ひて制定したる我邦郡制が遲々たるの狀態を以てしても尙幾分の進歩あるを見て、一朝に廢止するに忍びざるものあるに思を懷ける學者、政治家ありし爲である、郡なる中間階級の自治體は消滅するに至りたるを以て吾人は總て之か說述を省略することとする、然れども郡廢止に依り利益ある點を具體的に述ぶるは聊か府縣又は町村に對して參考となるべければ之を揭ぐる。

（一）郡役所の併合を爲し得ること

此は自治體としては併合不適當なるも單純なる行政區劃たるに於ては何等併合を行ふに支障なきものである、從て內務當局の見る所に依れば現在五百三十七郡は減じて四百九郡となし百二十八郡役所を廢することを得

（二）事務を簡捷に爲すこと

即ち郡自治體の機關消滅するが故に此等の事務を減ず又郡自治體の財政事務も消滅し郡村員等の事務に要する時間と勞力と經費とを減少すること大なるべきである。

（三）郡長の町村に對する監督事務を周到に爲すを得ること

（四）地方公共事業の成績を擧ぐるを得ること

即ち從來の郡に屬したる公共事業は貧弱なる郡自治體を離退して府縣其他の自治體に歸屬するを以て其成績を良好ならしむることを得

(五)町村は郡費分賦を免れ自由に其財政を料理することを得るか故に財政の伸縮力を増加するを得ること

等である、尚從來郡に於て經營しにる事業の種類を見るに中學校、甲種實業學校、乙種實業學校、女子實業學校、高等女學校、實科高等女學校、女子技藝學校、補習學校、敎員養成所、豫備學校、圖書館及巡回文庫、博物館、學生寄宿舍、育英事業、產業技術員、養蠶敎師、造林、農事試驗場、肥料分析所、農園及農場、園藝場、採種田、苗圃、物產陳列場、地方研究所、農業館、勸業館、桑園改良事業、蠶種製造所、蠶種貯藏庫、殺蛹乾燥場、實業講習所及傳習所、工業徒弟養成所、開墾事業、郡道、河川堤防、海岸堤防、港灣、溜地用惡水路樋門堰城、新地開拓、海面埋立基本調査、公園、病院、產婆看護婦養成所、公會堂、市場、住宅經營、此等事業は將來に於て府縣其他の自治團體に移さるべきものである。市町村制は前述せるが如き沿革を經て、明治二十二年四月一日以後地方の狀態を參酌し、府縣知事の具申により之を施行するの意見を定め明治二十一年法律第一號を以て發布せられた、爾來屢々小部の改正ありしが更に明治四十四年法律第六十八號を以て市政同第五十九號を以て町村制を發布し從來の市制町村制に對し大に改正を加へれ、其後市制に對しては大正十年法律第五十八號同十一年法律第五十六號町村制に對しては大正十月法律第五十九號を以て改正を加へた、之か卽ち現行制度である。

明治二十年初めて市制町村制の草案元老院の議に附せらるゝや同院議官中或は府縣制郡制に先つて市町村制を發布するを不可とし或は其民法其他の法典と同時に發布するを適當と稱へ或は猥りに外國の制度を模倣するの不可を爲す、等議論紛々たるの狀態であつた、又當時の地方官中にも納稅事務は市長村長以外の官吏に取扱はしむへきものである又た土地の狀況に依ては市長村長に官選となすを適當とする議論がある調査委員中にも市長村長は市村會議員中より府縣知事之を任命すへしとの說を稱ふる者もあつたか結局公選說に決定したのである。

玆に市制町村制の制定に對し地方官の意見書を掲け、聊か參考の料とする。

(一)地方制度改正に關し東京府知事總代の山縣內務大臣に提出せる意見書

地方制度御改正の御示諭を蒙り其の要旨のある所數ヶ條御

内示の議御聽容に預り稍々地方の改制前途の御方向を窺ひ知り既往を顧み將來を慮り政府の大計と地方の福利とを併進し治民の實績を收むるの方針を得たり、是れ閣下地方官に對する訓掖の厚きに依るものと恭敬の精措く能はるなり惟るに地方制度改良の今日に急要なるや抑も明治十一年大に地方制度を改正し郡市町村編制法を頒ち府縣會を創立し地方稅を定め又協議費の法を施行し代議制の端緖を地方に開かれたるの本旨に對するも甚た急要なるへし、況んや憲法制定の機近に在り内治の基礎を鞏ふし一般の行政と地方公共の事務とを分別するの急要あるに於ておや然るに今回御改正の要領に就き其主義のある所を講究するに實に未曾有の大變更にして局部漸次の改正にあらざるを以て地方の政制に激變を來たし地方の經濟を錯雜すること淺少ならす是を思ひ彼を察すれは、實に重大の事にして人民禍福の分るゝ所たり本邦民度の下級なる資力の微弱なる舊慣沿革の淺少なる頓に歐州諸國に於て幾回の沿革數百年の星霜を經て今日に到りたる完全の制度に習はんと欲するも事實能はさるの類なり殊に十一年の大改正以來一伸一縮其間に經驗し得たる得失を顧みる所鮮きは經理の得策愼重の政圖にあらざるを恐る夫れ府縣區郡町村の三階を以て行政の區劃とし併せて自治の區劃となし法人の資格を與へんとす方今府縣は自治區たるの事實を備へ町村は古來の數町村を合せて戸長所轄區域なる一區劃を爲し行政及自治區たるの事實を具有せり郡に至ては全く行政の區劃たるに過ぎずして郡會なく郡稅なし今之を創設して自治區の階級に一の多きを加ふ町村に至ては聯合を止めた古來の町村を獨立せしめんとするを以て正則と爲す其獨立の數多なるに隨ひて戸長以下の吏員を增置し幾分の費用を增加せさるを得さるへし又府縣常置委員を廢し府縣郡に參事會を興すの一事は新舊變の最も著しきものにして十四年に常置の委員を置き地方公共事務施行上には諮問の途を開かれたるも猶當初に豫期したる利用を見さるの感あり今參事會を興して頓に諮問に止まらす管理施行の權及ひ議員選任の權を付與せんとす蓋し合議制の弊たる施爲の方向を區にして處務を延滯し理事者の責任を薄ふし百事誘導改良を要するの今日に於て殆んと收拾すへからざるの狀況を來たさんことを恐る曩きに累歲經濟上の變動ありて民業萎靡し各地方經濟の困難なるに拘はらす法律の精備事業の改良等の爲め地方費は年々增加するの勢あるも減少するの頃なし現に十二年度地方税の總額千百三萬二百五十五圓にして十九年度豫算總額千八百九十二萬七千七百七十三圓の多きに至りたるに徵して知るへきなり然り而して殖産に度あり民力固より限りあり休養政策の一は務めて地方費の增加を防くに在るは一昨年來町村費が土地割の制限を設け學校衛生の兩委員を廢止する等法令の發布に依て明かなり今や經濟稍々回復の徵ありと雖も尙ほ回復を是れ圖るの期間中なるへし故に御改正の主義制法の大體に於て急激に涉らす漸次改良を旨とせられ併せて地方經濟の消長如何を深く慮かられんことを希望の至に任へず因て其要點を列述すること左の如し

(一)府縣參事會創設の事を止め常置委員の現制を存し其權限を適當に擴め必す諮問すへきの條件を豫定し其利用を實際に力むる事

(二)前陳の如く府縣參事會を止め會議制に據れるに諮問の常置委員を以てする以上は郡參事會も暫らく止めて府縣に准しては郡常置委員三名以上四名以下を置き專ら郡長の諮問を供し府縣常置委員より一層其權限を擴め其利用を圖る事

(三)府縣議員の數を減少して資產と識能とを兼有するものを選出すること緊要にして且つ地租の外に直接税の加ふるに於ては合格者の數も増加すへきを以て被選人たるの資格を上せて直接税二十圓以上を納むるものと爲す事

(四)郡の大小貧富互に差あり郡制實施の際郡域の改正或は分合の已むを得さるものは之を組替獨立一郡の實力を備へしむる事

(五)土木事業に付數府縣聯合の利便寡からざるへし郡も之に倣ひ現行の水利土功會を擴めて數郡若くは數郡内の一部分に關する敎育衛生等の事業に付て聯合せしむる事

(六)新町村制を行ふ難易得失は主として町村分合の多少と强進して分合すると否さるとに關す町村の大は固より是れ好すへし其貧少なるものは成るへく其合併を誘導すへきも單に地形に就ての合併は望むへくも行はれ難く民情習慣及び利害を異にし町村の名を惜むの所に於ては强て之を分合せしむるも終に復た離合せざるを得ざるの情勢なきを保せす故に假令ひ標準を示すも概略に過ぎざるものと爲す事

(七)前項に陳ぶるが如くには强迫合併するを區則とせす合併し難きものは組合町村變通法を設け之を合併村と同視し其舊事務に於て成るへく合併町村の事實を擧ぐへき事

（八）町村長公選の事に付官治事務より觀察するときは公選の得失は改區の町村制に於て現今戸數の處理する官治事務の繁多なるものを分て郡長の處理に移すの多少に關す稅務徵兵學務其他中央諸官衙の命令に係る諸取調等今日の狀況を以て推すときは支出滯を極め十七年に於て市長選任改正以前の實況に却退せんことの恐れあるを以て凡そ官治事務の重要なるものを擧げて郡長の職務に歸し以て公選の正則を取り土地の狀況に因り官選を以て公選に優るものと爲すものは官選の變則を設くる事

（九）郡會議員に旅費を與へざるは郡內の離雖僅少なると郡費の節減を圖るが爲めなるへしと雖も郡內に於て往來不便距離十數里に涉るの地寡からす其數里以上の地より往復するものは實費を償ふに足るへき旅費を給する事

以上の諸項は御內示の箇條に付深慮熟議の上卑見を具狀し御採用の程深く熱望する所たりと雖も之を以て範圍至廣關係至大條項數百條にも涉るへき府縣市町村制の金豹に就きこの意見と爲すに足らざるを以て不日法草御制定の上は其實施に先ち御內示を蒙り御改正の要旨を釋了し得て其實施に當て大過なからんこと悃願の至に任へす謹で建議候也

と之れに依るときは郡制市制町村制の制定は靑天の霹靂とも感じたるものなるへく地方官が戰々として之に對したること故なきでない其の官吏の權限を維持し、議員の勢力を擴張せざらしむる意見の如き當時に在りては敢て不當にもあらざりしなるへきも、今日より見るときは頗る官吏萬能主義ブルジョア思想の躍如たるものがあると云はざるを得ない。

東京京都大阪の三市に付ては初めモッセ氏の草案は市制を適用するの精神なりと認めらるゝも政府は三市の事業他の小なる市と異なるを以て特別の制度を設けんことを主張し、元老院も之に同意して遂に明治二十二年法律第十二號を以て三市に對し所謂特別市制を制定した。

此の特別市制によれば三市には市長助役を置かすして府知事市長の職を司り府書記官市の助役の任に當るものである、此は甚だ自治權を制限したるもので三市の市民は之に對し批難を加へ第二議會以來每年其の廢止案を衆議院に提出し同院は之を可決したるも常に貴族院の拒む處となつた、第五回及第六回議會に於て貴族院中の有志都制法案を提出し以て特別市制に代へん事を主張したるも政府は直に之に同意せざりき第九回議會に於ては政府は貴族院に東京都制法案及武藏縣設置法案を提出したのであるが執行機關に官選者多きと郡部の負擔增加するの故を以て激烈なる反對あり爲めに政府は之を撤回した、第十回議會に於ては東京市選出の衆議院議員より東京市制法案及千代田縣設置法案を提出したが郡部議員の反對と政府の反對とに依り否決せられた、第十二議會に於て又た衆議院より特別市制の廢止案提出せられ政府も强ひて之に反對せざりしが爲め貴族院も又た之れに同意した、茲に至り積年の東京市民の叫びは特別市制を廢止せしむる事を得たのである、即ち明治三十一年法律第二十號を以て發布したものである、然るに東京市は帝都にして且つ人口より見るも財政上より見るも將又各般の事業より見るも之を他の市と同一視すへきものに非すとし爾來東京市の爲めに特別の制度を制定するを適當とし、毎議會東京市選出の衆議院議員より東京市制法案なるものを提出し衆議院は常に之を同意するも、政府は常に同意を表することを躊躇し、且つ貴族院は其の特別市制案を適當ならすと認めたるを以て又貴族院の有志よりは東京都制法案及び千代田縣設置法案並に東京都千代田縣聯合法案を提出し、同院之を可決したが衆議院に於ては常に之に同意せす、即ち東京市に關する特別市制の制定問題は貴衆兩院に於て其の意見を異にしたのである、今ま都制法案と東京市制法案の要領に付き之を見るに左の通りである。

都制法案にありては

(一)都の區域　東京市を東京府の區域外として之を都の區域とし郡部の區域を以て千代田縣を置く

一、都會議員の任期及改選期　任期は四年とし每二年每に各級に於て其半數を改選す

一、都參事會の組織　都長官一名都高等官三名名譽職八名を以て組織す

一、都參事會の性質　都參事會は議決機關とす

一、都吏員の組織及選任　都長官及都高等官其他都官吏は官制の定むる處に依り其他の都吏員の組織任免に關しては現行市制と大差なし

一、區の性質　區は法人とし其の監督官廳は內務大臣とす

一、都行政の監督都行政は內務大臣之を監督す

一、都會の解散　內務大臣は都會解散を爲すに付き勅裁を經るを要す

一、東京市制に在りては

一、市の區域現行市制と同じく東京府なる行政區劃に包含

せらる

一、市公民の義務　市の名譽職を擔任するの義務を有せず

一、市會議員の選擧と等級　等級選擧の法に依らず

一、議員の改選期は毎四年にして全部改選を爲す

一、市吏員の組織及選任　市長は現行市制と同じく市會の推薦したる三名の候補者より勅任を受く

一、市參事會の組織　市長副市長及名譽職十二名を以て組織す

一、市參事會の性質　議決機關とす

一、區の性質の監督　區は從來の區域により一の自治團體と爲し第一に市長之を監督し第二に内務大臣之を監督す

一、市行政の監督　市行政は内務大臣監督す

一、市會の解散　内務大臣が市會を解散するには勅裁を經るを要す

此の案は何れも完璧なる法案と認むるを得ない、卽ち東京市制案は粗笨なるを免れず、都制法案は民意に副はざるの嫌がある、兩案の通過せざるも又た故なきに非ず現今に於ては京都大阪の兩市に於ても他の市と同一の制度の下に在りては市政の發展を圖り難きものなりとの議論起り東京市と共に現行市制に對し特別の制度を制定せられんことを希望して熄まざるの狀態である、尙大正十二年三月衆議院に於て各派所屬の議員より東京、京都、大阪の三市に關し都政法案なるものを提出したことを見る、何れも大同小異である、此の案に就て見るに特別制度の制定を望むの切なるものあるが爲なるか將又各派競爭的に提出したるものなるか、吾人は其の意の在る所を知るを得ざるも頗る研究の足らざるものあるを認めざるを得ない、三市市民の幸福の基礎たる制度、百年の安危の岐るゝ法律に關しては須からく深思熟慮以て後世の憂ひを貽さざる底の成案を立て之れが實現に努むべきである。徒らに急に走り功名に捕へらるゝが如き事なきを要するのである。

町村制に對しては特例の地がある、卽ち北海道に在りては北海道一級町村制、北海道二級町村制、沖繩縣に在りては島嶼町村制がある、尙東京府下大島及八丈島も亦た沖繩縣の例に依る樺太に在りては樺太町村制がある、之等の制度は何れも勅令に依つて定められて居る

第四章　地方自治團體の研究

第一節　地方自治團體の類別

我國の地方制度に就き之を類別すれば北海道府縣を以て最上級の團體とし市區町村を以て最下級の團體と定めて居る、道府縣は元來國の行政區劃である、我國の行政區劃は大古の時代大八と稱して淡路州伊豫二名洲筑紫洲壹岐洲對馬洲隱岐洲佐渡洲及大日本秋津洲である其内六個の小島を合せて十四島と云へり、其後百四十七國に分ち次て孝德天皇の時更に國郡の區劃を定め國に國王郡主を置いた、仁德帝の時國は之を大上中下の四種に分ち其數を六十八とし郡は之を大上中下小の五種に分ち其數は五百九十八とした、其郡の下に里あり大凡五十戸を以て一里となす、後之を一鄕とした、然して大郡は二十里以下十六里以上を以て組織するの制度なるか故に一郡の戸數は千戸乃至八百戸であつたのである、其後更に行政區劃の大なるものを府縣としたので明治四年七月廢藩置縣の詔を下され二百六十三藩を府縣となし尋て府縣を改めて三府七十二縣となし縣治職制を頒ち郡縣の制を定めた明治十一年の府縣會規則に於て地方自治團體と認められ、明治十三年布告地方稅總則及營業稅雜種稅規則に於て租稅たることを認められたるも是等の制度によりては未に以て完全なる地方自治團體と云ふ事を得ない。左に參考として府縣會規則を掲くる

府縣會規則（明治十三年四月八日第十五號布告）

明治十一年七月第十八號布告府縣會規則左ノ通改正候條此旨布告候事

第一章　總則

第一條　府縣會ハ地方稅ヲ以テ支辨スヘキ經費豫算及ヒ其徵收方法ヲ議定ス

第二條　府縣會ハ通常會ト臨時會トノ二類ニ別ツ其定期ニ於テ開ク者ヲ通常會トナシ臨時ニ開ク者ヲ臨時會トス

第三條　通常會臨時會ヲ論セス會議ノ議案ハ總テ府縣知事ヨリ之ヲ發ス

第四條　臨時會ハ其特ニ會議ヲ要スル事件ニ限リ其ノ他ノ事件ヲ議スルヲ得ス

第五條　府縣會ノ議決ハ府知事縣令認可ノ上之ヲ施行スヘキ者トス若シ府知事縣令其議決ヲ認可スヘカラスト思慮スルトキハ其ノ事由ヲ内務卿ニ具狀シテ指揮ヲ請フヘシ

前項ノ場合ニ於テ府知事縣令ハ時宜ニ依リ之ヲ再

議ニ附スルヲ得再議決ヲ認可スヘカラスト思慮スルトキハ内務卿ノ指揮ヲ請フコト前項ニ同シ

第六條　府縣會ハ毎年通常會議ノ初メニ於テ地方税ニ係ル前年度ノ決算ノ報告書ヲ受ケ府知事縣令ニ設明ヲ求ムル事ヲ得若シ異見アルトキハ議長ノ名ヲ以テ内務大藏兩卿ニ上申スルコトヲ得

出納決算ノ報告書ニ付府縣會ヨリ説明ヲ求ムルトキハ府知事縣令若クハ其ノ代理人之ヲ説明スヘシ

第七條　通常會期中議員ノ内二人以上ノ發議ヲ以テ其ノ府縣内ノ利害ニ關スル事件ニ付建議ヲナサントスル者アラハ先ツ議會ノ許可ヲ得テ之ヲ會議ニ付シ可決スルトキハ其會ノ所見トシ議長ノ名ヲ以テ直チニ内務卿ニ建議シ又ハ府知事縣令ニ建議スルヲ得

但臨時會ニ於テ其ノ會議ニ要シタル事件ニ限リ建議スルヲ得

第八條　府縣會ハ府知事縣令ヨリ其府縣内施行スヘキ事件ニ付會議ノ意見ヲ問フコトアルトキハ之ヲ議ス

第九條　府縣會ハ議事ノ細則ヲ議定シ府知事縣令ノ認可ヲ得テ之ヲ施行スルコトヲ得府縣會ハ議員ノ内招集ニ應セス又ハ事故ヲ告ケスシテ參會セサル者ヲ審シ其退職者タルヲ決スルヲ得

府知事縣令ト府縣會トノ間ニ於テ法律ノ見解ヲ異ニシ又ハ權限ヲ爭フコトアルトキハ雙方ヨリ其ノ事由ヲ具狀シ政府ノ裁定ヲ請フヘシ此場合ニ於テ府知事縣令ハ其議事若クハ會議ヲ中止スルコトヲ得

第二章　細　則

第十條　府縣會ノ議員ハ郡區ノ大小ニヨリ毎郡區ニ五人以下ヲ撰フ

毎郡區議員定數ノ外補缺員トシテ十人以下ヲ增選スルヲ得

第十一條　議長副議長ハ議員中ヨリ公選シ之ヲ府知事縣令ニ報告シ府知事縣令ハ之ヲ内務卿ニ報告スヘシ

議長副議長及ヒ議員ハ俸給ナシ但會期中滯在日當及ヒ往復旅費ヲ給ス其額ハ會議ノ議決ヲ以テ之ヲ定ム

第十二條　書記ハ議長之ヲ選ヒ庶務ヲ整理セシム其俸給ハ會費ノ中ヨリ之ヲ支給ス

第十三條 府縣ノ議員タルコトヲ得ヘキ者ハ滿二十五歲以上ノ男子ニシテ其府縣內ニ本籍ヲ定メ滿三年以上住居シ其府縣內ニ於テ地租十圓以上ヲ納ムル者ニ限ル但左ノ各欵ニ觸ルル者ハ議員タルコトヲ得ス

第一欵 風癲白痴ノ者

第二欵 舊法ニ依リ一年以上懲役及國事犯禁獄ノ刑ニ處セラレ滿期後五年ヲ經サル者新法ニ依リ公權ヲ剝奪及停止セラレタル又ハ一年以上輕重禁錮ノ刑ニ處セラレ主刑滿後五年ヲ經サル者

第三欵 身代限リノ處分ヲ受ケ負債ノ辨償ヲ終ヘサル者

第四欵 官吏敎導職及陸海軍諸卒現役ノ者

第五欵 府縣會ニ於テ退職者トセラレタル後四年ヲ經サル者

第十四條 議員ヲ撰擧スルヲ得ヘキ者ハ滿二十歲以上ノ男子ニシテ其郡區內ニ本籍ヲ定メ其府縣內ニ於テ地租五圓以上ヲ納ムル者ニ限ルヘシ

但前條ノ第一欵第二欵第三欵第五欵ニ觸ルル者及陸海軍人現役ノ者ハ撰擧人タルコトヲ得ス

第十五條 議員ヲ撰擧セントスルトキハ府知事縣令ヨリ某日間ニ撰擧會ヲ開クヘキ旨ヲ布令シ郡區長ハ豫メ撰擧ノ投票ヲ爲スヘキ日ヲ定メ少クモ十五日前ニ之ヲ郡區內ニ公告スヘシ

第十六條 撰擧ノ投票ハ豫定ノ日ニ郡區廳ニ於テ之ヲ爲シ郡區長之ヲ調査シ撰擧會中ノ取締ヲ爲スヘシ但便宜ニ因リ郡區廳外ニ於テ撰擧會ヲ開クコトヲ得

第十七條 撰擧人ハ豫メ郡區長ヨリ付與シタル投票用紙ニ自己及ヒ被撰人ノ住所姓名ヲ記シ豫定ノ日之ヲ郡區長ニ出スヘシ其投票多數ヲ得タル者ヲ以テ當撰人トシ同數ナラハ年長ヲ取リ同年ナラハ鬮ヲ以テ之ヲ定ム

但投票ハ代人ニ托シ差出スモ妨ナシ

第十八條 投票終ルノ後郡區長ハ撰擧人名簿ニ就テ投票ノ當否ヲ查シ又被選人名簿ニ就テ當選人ノ當否ヲ查ス若シ法ニ於テ不適當ナル者アルカ或ハ當選ヲ辭スルトキハ順次投票ノ多數ヲ得タル者ヲ取ル

第十九條 當選人ノ當否ヲ查定スルノ後郡區長ハ其當選人ヲ郡區廳ニ呼出シ當選狀ヲ渡シ當選人ハ請書ヲ出スヘシ

但當選人各請書ヲ出シタル後郡區長ハ其姓名等ヲ郡區內ニ公告スヘシ

第二十條　一人ニシテ數郡區ノ選ニ當ルトキハ其何レノ郡區ニ屬スヘキハ當人ノ好ニ任スヘシ

第二十一條　議員ノ任期ハ四年トシ二年每ニ全數ノ半ヲ改選ス第一回二年期ノ改選ヲ爲スハ抽籤法ヲ以テ其退任ノ人ヲ定ム

第二十二條　議長副議長ノ任期ハ二年トシ議員ノ改選每ニ之ヲ公選スヘシ

第二十三條　前二條ノ場合ニ於テハ前任ノ者ヲ再選スルコトヲ得

第二十四條　議員中第十三條ニ揭クル諸欵ノ場合ニ遭遇スルカ其府縣外ニ轉籍スルカ其他總テ缺員アルトキハ更ニ之ニ代ル者ヲ選擧ス

但補缺員アルトキハ順次投票ノ多數ヲ以テ之ヲ取リ尙缺員アルトキハ本條末文ノ手續ニ依ル

第三章　議　則

第二十五條　議員半數以上出席セサレハ當日ノ會議ヲ開クヲ得ス

第二十六條　會議ハ過半數ニ依テ決ス可否同數ナルトキハ議長ノ可否スル所ニ依ル

第二十七條　府知事縣令若クハ其代理人ハ會議ニ於テ議案ノ旨趣ヲ辯明スルヲ得但決議ノ數ニ入ルコトヲ得ス

第二十八條　會議ハ傍聽ヲ許ス但府知事縣令ノ要ニ依リ又ハ議長ノ意見ヲ以テ傍聽ヲ禁スルヲ得

第二十九條　議員ハ會議ニ方リ充分討論ノ權ヲ有ス然レトモ人身上ニ付テ褒貶毀譽ニ涉ルコトヲ得ス

第三十條　議場ヲ整理スルハ議長ノ職掌トス若シ規則ニ北キ議長之ヲ制止シテ其ノ命ニ順ハサル者アルトキハ議長ハ之ヲ議場外ニ退去セシムルヲ得其强ニ涉ル者ハ警察官吏ノ處分ヲ求ムルヲ得

第四章　開　閉

第三十一條　府縣會ハ每年一度十一月ニ於テ之ヲ開ク其ノ開閉ハ府知事縣令ヨリ之ヲ命ス會期ハ三十日以內トス但區部郡部會ヲ開ク地方ニ於テハ七日以內延期スルコトヲ得

第三十二條　通常會議ノ外會議ニ付スヘキ事件アルトキハ府知事縣令ハ臨時會ヲ開クコトヲ得其會期ハ七日以

內トス但該會ヲ要スル事由ヲ直ニ內務卿ニ報告スヘシ

第三十三條　會議ノ論說國ノ安寧ヲ害シ或ハ法律又ハ規則ヲ犯スコトアリト認ムルトキハ府知事縣令ハ會議ヲ中止セシメ內務卿ニ具狀シテ其指揮ヲ請フヘシ

府縣會ニ於テ若シ法律上議定セス又ハ會期內ニ於テ議案ヲ議決シ終ラサルトキハ府知事縣令ハ更ニ其議定ヲ要セス內務卿ニ具狀シ其認可ヲ得テ之ヲ施行スルコトヲ得

議員招集ニ應セサル者半數ニ過キ議會ヲ開クヲ得サルコトアルトキハ府知事縣令其ノ事由ヲ內務卿ニ具狀シ一指揮ヲ請フヘシ

第一項ノ場合ニ於テ內務卿ハ府縣會ヲ停止スルコトヲ得而シテ更ニ開會ヲ命スル迄ノ間ハ府知事縣令ニ於テ地方稅ノ經費豫算及徵收方法ヲ定メ內務卿ノ認可ヲ得テ之ヲ施行スルコトヲ得

第三十四條　會議中國ノ安寧ヲ害シ或ハ規則ヲ犯スコトアリト認ムルトキハ內務卿ハ何レノトキヲ問ハス議員ノ解散ヲ命スルコトヲ得

前項ノ場合ニ於テ前議員ノ未タ議定セサル議案アルトキハ後任議員ヲシテ之ヲ議定セシムヘシ

第三十五條　內務卿ヨリ解散ヲ命シタルトキハ其解散ヲ命シタル日ヨリ九十日以內ニ更ニ議員ヲ改撰スヘシ

第五章　常置委員

第三十六條　府縣會ハ其議員五人以上七人以下ノ常置委員ヲ選任スヘシ

常置委員定數ノ外數名ヲ補選シ缺員アルトキハ順次投票ノ多ヲ以テ之ヲ補充スルヲ得

區部會郡部會ヲ開設シタル府縣ニ在テハ郡區各部ニ之ヲ選任スヘシ

第三十七條　常置委員ハ府縣會ノ議定ニ依リ事業ヲ執行スルノ方法順序及豫備ノ支出ニ付府知事縣令ヨリ問アルトキハ其ノ意見ヲ述フ

常置委員ハ地方稅ヲ以テ支辨スヘキ事業ニシテ臨時急施ヲ要スル場合ニ於テハ其ノ經費ノ豫算及徵收方法ヲ議決シ追テ府縣ニ報告スルヲ得

第三十八條　常置委員ハ通常府縣會議ノ初メ委員會議ニ於テ議決シタル事件ノ要領ヲ報告シ且通常會ト臨時會

トヲ論セス府知事縣令ヨリ發スヘキ議案ヲ前以請取會議ニ向テ其意見ヲ報告スヘシ

第三十九條　常置委員會議所ハ府縣廳内ニ置キ定日ニ會議スヘシ

第四十條　常置委員諮問ノ會議ハ別ニ議案書ヲ用ユルヲ要セス

第四十一條　諮問會ハ府縣知事ヲ以テ議長トナシ其他ノ會議ハ委員中ヨリ之ヲ選擧スヘシ

第四十二條　常置委員ハ半數以上出席セサレハ當日ノ會議ヲ開クヲ得ス會議ハ過半ニ依リテ決ス可否同數ナルトキハ議長可否スル所ニ依ル

第四十三條　常置委員會議ノ議事ハ書記ヲシテ筆記セシムヘシ

第四十四條　府知事縣令ハ主務ノ屬僚ヲ委員會議ニ係ル事件ニ付辯明ヲ爲サシムルヲ得

第四十五條　常置委員會議ハ傍聽ヲ許サス

第四十六條　常置委員ノ任期ハ二ヶ年トシ議員改選毎ニ之ヲ改選ス但シ期限ニ至リ再選スルヲ得

第四十七條　常置委員會議所ノ書記ハ府縣ノ屬官中ヨリ府知事縣令之ヲ選任ス

第四十八條　常置委員ニハ三拾圓以上八拾圓以下ノ月手當及往復旅費ヲ給ス其ノ額ハ府縣會ノ議決ヲ以テ定ム

第四十九條　常置委員ノ月手當旅費其他委員會議所ノ費用ハ地方税ヨリ支給ス

明治二十三年制定の府縣制に依り府縣は始めて完全なる地方自治團體となつたのである時に府縣の數を三府四十三縣と爲した、府と云へ縣と稱するも制度上何等の差別なく單に沿革的名稱を付したるに過ぎない。

府縣は一面國の行政區劃であつて各府縣に府知事を置き官治行政の機關として國の行政事務を掌理せしむる、而して其下に内務部長警察部長理事官警視其他附屬の官吏及技術者を置く、尚東京府、京都府、大阪府、神奈川縣、兵庫縣、愛知縣及福岡縣には更に産業部長を置くのである、斯くして知事は内務大臣の指揮監督を承け、各省の主務に付ては各省大臣の指揮監督を承けて法律命令を執行し、其の府縣内の行政事務を管理する、尤も東京府に在つては警察消防等の行政事務を司らしむる爲め警視總監を置く、其の權限は警視總監は内務大臣の指揮監督を受け、東京府下の警察、消防及特に内務大臣の指定する衛生事務並に工塲法施行に關する事務を管理し、各省の主務に關する事務に付ては各省大臣の指監揮督を承くるのである、故に東京府知事の職務の範圍は他の府縣知事の夫よりも狹きことは言ふを俟たない、其の他北海道廳長官、樺太廳長官を置き、略ほ府知事と同一の職務を管理せしむる、此等府知事長官は其の權限として孰れも部内下級地方自治團體を監督するものである、而して府縣知事は一面に於て府縣なる地方自治團體の機關として自治行政を掌理する官吏である、府縣の區域は從來の行政區劃に依りたるも府縣制施行後は法律に依り之を定むる事となつた、則ち法律に依つて變更せられたる區域は

明治二十六年法律第十二號東京府及神奈川縣境域變更

明治三十八年法律第二十四號東京府埼玉縣千葉縣茨城縣境界變更

明治二十九年法律第五十六號岡山縣兵庫縣境界變更並福岡縣大分縣境界變更

明治三十二年法律第四號千葉縣茨城縣境界變更

明治四十五年法律第五號東京府神奈川縣境界變更

の數回である、此の府縣制に依り法律を以て府縣區域の變更

を加へられたるときは、行政區劃は當然變更せらるゝは言を俟たない、其の區域には都市町村及島嶼を包括するのである國の行政區劃を以て府縣の區域とし、其の區域の變更は府縣制に依て變更する事は前述するが如きものであるが、府縣なる地方自治團體を構成する人民は之を府縣公民と謂はず、市町村住民を以てするのである、制度上市町村の如く其の住民に關する權利義務に就て何等規定する處がない、此の點より見て府縣内に住する人民は府縣を構成する要素でない、府縣の構成要素としては間接に市町村住民であると謂ふ説がある之に反して制度上直接に府縣住民なる規定を設けないでも地方團體の構成要素としては一定の土地と一定の人民でなければならぬ、故に府縣内に住民は即ち府縣の團體員である、之れ卽ち府縣の構成要素の一であると謂ふ説がある、此の二說が孰れも一理あるのであるが、後說を以て通常行はる說と思はる、吾人を以て之を見れば同じく地方自治行政に關する制度でありながら、市制町村制には明かに市町村と其の團體員即ち市町村住民との關係を規定する即ち市町村住民は市町村の財產及營造物を共用する權利を有し、市町村の負擔を分任する義務を負ひ、且市町村公民は市町村の選擧に參與し、市

町村の名譽職に選擧せらるゝ權利を有し、市町村の名譽職を擔任する義務を負ふと定めてあるに府縣制には是等の規定を見ない此の規定上の差違より見る時は府縣の構成要素として は市町村なる下級團體を以て直接要素とし市町村住民を以て間接の構成要素と云ふを適法の見解なりと謂はざるを得ない

郡は曩に述へたるが如く從前單純なる行政區劃なりしを明治二十三年郡制の實施に依り初めて地方自治團體となり、法人となるに至つた、爾來府縣と市町村との間に中間地方自治團體として認められた、郡なる自治團體の創設が果して如何なる效果あるや否や、郡の活動の實績より見復た制度の上より見るも却て之を廢止するを以て可なりとす、從て郡制の廢止を主張し、政府も亦之を議會に提案したる事あるも貴族院に於て反對するもの多い爲めに依然として存立したるが遂に大正十年の春議會の協贊する所となり大正十年法律第六十三號を以て郡制は廢止する事となつた、其の理由は曩に述へた る通りである、大正九年度に於ける郡の數は五百三十七であつて一郡の經費同年度に於て六萬圓弱に當る其の事業の如き見るへきもの少なし、今日に於て之を廢するは寧ろ府縣及町村の自治行政を開發するに利益がある、今郡を廢止するに就き政府は如何なる方法を以てするか即ち郡制の廢止善後策如何を見るに郡又は郡組合に屬する營造物及事業の處分並に權利義務の歸屬に就き必要なる事項は關係府縣、郡、郡組合、町村、市町村組合及町村組合の府縣會、郡會、郡組合會、町村會、市町村組合會及町村組合會の意見を徵し、內務大臣が之を定むる事として居る、法律としては蓋し如斯規定の外なしと認めらるゝも、其の實際の處理に就ては內務大臣は地方の實狀と事業の性質等に依り、最も其の成績を良好ならしむる方法に依り之を處理しなければならない。

市町村は前に沿革に付て述へたる如く、大古より我國に於て自治を認められたるのであるが、極めて不完全にして且つ學說も亦幼稚なるの關係から法人なる感念もなく、制度として素より見るへきものなかりしは明かである、漸く明治十七年に至り區町村會法を發布し、之に依りて區町村に一定の自治權能を認めたのである、明治二十一年の法律即ち市制町村制の施行に依り最も完備せる地方自治團體となつた市と謂ひ町村と謂ふ關係は我國に於ける最下級地方團體であつて、法律上の性質及權能に就ては兩者大差なきものである、唯た異なる處は市は都會地にして郡より分離したるもので、機關の

組織に於て町村より複雑なる事である、市町村の區域は市制町村制施行の際従前の區域に依り定められたもので、其の後の廢置分合、區域の變更は法律に依て定められたる方法に依り之を行ふものである、此の市制町村制は我國の領土中臺灣朝鮮樺太には施行せられない、又北海道、沖繩、其の他特別の島嶼には特別の制度を施行して居るが、大正十年法律第五十八號を以て沖繩縣の區に又大正十一年法律第五十六號を以て北海道の區に此の市制を施行する事となつた。

　明治二十一年市制町村制を漸次施行したるも社會の進歩と實際の必要とに依り之が改正を加ふる要あるを認め明治二十九年一部の改正に着手し主務省より提案したる事三回に及んだが、同三十九年成案を得て議會に提案した、衆議院は之を可決したるも貴族院の審議中政府は此の法案を撤回した、同四十年又議會に提案したるも同卅九年と同一の事となつた、此等二回の法案提出には常に郡制廢止案も亦同時に提案され郡制の廢止と市制町村制の改正法案とは相關連するもの丶如く取扱はれた爲に政府が市町村制改正法案を撤回するの已むなき得ざる結果となつた、然るに明治四十四年の春時の政府は郡制廢止を主張したる政友會の諒解を得、市制町村制に係る改正法案のみを提案する事を得たので、遂に議會の協賛を經大改正を加へたる市制及町村制は同年法律第六十八號及第六十九號を以て公布せられ同年十月一日より施行せらる丶に至つた、其の後大正十年市制町村制中公民權の擴張等級選擧の規定の改正、市制施行地の擴張に關する改正法律案を議會に提出し、其の協賛を經法律第五十八號及第五十九號を以て公布した、此の法律の要旨は一面に於て衆議院議員に係る普通選擧と關聯するものである、即ち當時所謂普通選擧論を主張するもの勢を得陸續政界の紛爭を釀した、然るに時の政府即ち政友會内閣は普通選擧の施行を尙早なりとし、失れを緩和する爲めに市町村會議員の選擧資格を擴張し、從前市町村内に於て地租を納め又は直接國稅年額二圓以上を納むるの要件を備ふるものたりしを單に市町村の直接市町村稅を納むるものと改め選擧有權者を増加せしむる事とし且つ市にありては選擧人等級の三級を二級と爲し、町村に有りては二級に分ちたる等級制を廢して單級となした、斯くして衆議院議員に對する普通選擧は先づ此の市町村會議員の選擧方法を改正する事とに依て馴致したる後に實行するを適當と見る事にした又此の市制町村制中の改正は同時に沖繩の區に市制を施行する事となしたのである、次で同十一年法律第五十六號を以て市制中に改正を加へ北海道の區に市制も施行する事となしたのである。

北海道、沖繩縣其の他特別制度を施行せる地方を除き市制町村制を施行したる地方に於ては明治二十二年市制町村制施行の當時市の數は三十九、町村の數は一萬三千三百三十八を算した、爾來市は增加し、町村は市に變じ又は合併を爲したる爲め其の數を減じた、大正三年末に付て見れば市の數は六十五となり、町村の數は一萬千八百十九、同十一年六月に至つては市の數は沖繩の二區北海道の六區を加へて八十九となり、町村數は一萬千六百五十三となつた、即ち約三十年間に於て都會の發達著しく市制施行地二倍以上に達し、町村は其の合併に依り數に於て減少したるも各實力を增加したる事は反て其の數の減少に依て之を知る事を得るのである。

以上の如く我國に於ける地方自治行政の主體即ち地方自治團體は府縣及市並町村である、此の地方自治團體が存立して地方自治行政は行はるゝのである、其の行政の範圍、機關の組織、事業等は第二篇以下に於て詳述する。

第二節　地方自治團體相互の關係

地方自治團體たる府縣は上級にして市町村は下級の地方團體である、而して此の二階級の團體間に於ける法律關係は如何であるか、之を研究する事は又自治行政を理解するに於て必要なる事である。

府縣制の規定に依れば其の區域は郡市及島嶼を包括すとあるに依り、市町村は府縣の區域の一部分たる關係を有す、即ち市町村の境界の變更、區域の擴張の結果は當然府縣の境界の變更となる、故に第一に於て區域に就き府縣と市町村とは相互に關係あるものである、府縣會議員の選擧區は郡市の區劃に依り之を區分するのであるが故に此の點に關しても相互の關係を有する。

又府縣會議員の選擧資格被選擧資格には府縣內の市町村公民にして市町村會議員の選擧權を有するを要件とする、故に府縣の機關の組織に關して又相互關係を有する府縣會議員の選擧の施行に付き市長町村長は之に參與するの職權に存する事も市町村の機關としての關係である、次に府縣の自治行政に關して府縣知事は其の職務に關する事務の一部を市町村の機關たる市町村吏員に補助執行せしめ、若しくは之に委任する事を得る、是等は相互の機關の職務權限に於ての關係である、尙次に府縣は其の費用を區域内の市町村に分賦する事即ち府縣税として直接に府縣内の住民に課するを爲さす、之を轉じて市町村に負擔せしむる事を爲し得るのである、之は兩者團體間の財政上の關係である、尙ほ又府縣税の賦課の細目に關して府縣會の議決に依り關係市會町村會の議決に附する事がある、夫は議決機關の間の關係である、更に市制町村制より見るに府縣の機關たる府縣參事會は市町村會議員の選擧に關する異議又は訴願に對し參與するの關係を有し、市會町村會の議決の不當なる場合には之が匡正に參與する、又市長其の他の市吏員は府縣の事務を掌理する職務を有す、市町村行政に關する訴願に關しては府縣參事會は夫に參與する事となつて居る、次に市町村吏員の懲戒審査會の組織員中には府縣參事會員として夫に加はるの關係がある、要するに制度上より見る時は第一府縣の財政に關して團體と團體との間に關係を有し第二府縣の執行機關としての府縣知事と市町村の執行機關としての市町村長とは其の職務上の關係を有する、第三府縣の議決機關を組織するは府縣會議員の選擧市町村の議決機關を組織する市町村會議員の選擧に關しては相互に其の執行機關又は議決機關として參與するの權限を有せしめて居

る法律上に於ける相互關係は右に述ぶるが如き諸點であるが地方自治行政の開發に關しては實際上兩者相待ち相助けねばならない關係がある、換言すれば地方民の福祉の增進に付き府縣として爲さねばならぬ事又之を爲すを以て市町村の經營に待つよりも更に効果の大なるものがある、更に市町村として爲さねばならぬ事業或は府縣の經營に委する事なく、市町村自ら經營するを以て其の効果の大なる事業がある、財政に關しても府縣税の賦課徵收の如何に依り市町村の財源を奪はるの結果を生ずる事がある又府縣費分賦の如何に依りては市町村財政上の安定を得さしむる事がある、市町村の自治行政の振否は延いて府縣自治行政の盛衰に至大の影響を及ぼす事となるは敢て謂ふを俟たないのである府縣が國家と市町村との中間的地方團體としての責務は一面市町村の自治行政をして振興せしめ一面國家の政務を伸暢せしむへき關係に立つものである。

第五章　公共團體の研究

第一節　公共團體の性質

我國に於ては府縣及市町村を以て地方自治行政團體として

之に法人格を附與して自治せしむるの權能を與へて居る、即ち府縣及市町村は自治團體であるが單に自治團體と稱する法人格者の者には府縣及市町村の外尙幾多の自治團體がある、由來自治の意義に關しては諸種の見解がある事は前にも之を述へたる所である、要するに自治とは其文字に於て示すが如く自から治むるの觀念であつて、官治に對する名稱に外ならない、即ち自治とは國の法律に從ひ公共團體が自己の選擧したる機關により其の團體の事務を處理することである、更に此の意義に於ける自治の要素を分說すると左の如きものである。

第一　公共團體か其の費用を以て團體內の事務を處理する事

自治の主體は公共團體でなければならない、公共團體とは公法人であつて、其の國家より委任せられたる權限を行使し得べき人格者である、此の公共團體　自己の費用により團體の事務を處理する事を要するが故に其の事務たるや自已團體の生命として見なければならない、換言すれば自己の團體の事務と之を處理する事とが公共團體存立の目的である、固より他の補助を受け其の事務支辨の經費に充つる事は防げない。

第二　公共團體が自已の機關を以て其の事務を行ふ事

公共團體が自已の機關を以て其の團體の事務を處理するに非ざれば之を獨立の人格者なりと言ふを得ない、若し官吏を以て團體の行政事務を處理するを原則とするに於ては夫れ官治行政であつて自治と謂ふ事を得ないのである、尤も特種の場合に團體以外の機關を以て其の事務を處理することがあるも此は自治の上に敢て妨げがないのである、例へば市町村が其の執行機關を缺如せる場合に官吏が事務管掌者として其の任に當る事又は議決機關が缺如せる場合に上級自治團體の議決機關が其の職務を處理するが如きは市町村が自治團體たる事を妨ぐるものでない、如斯き特殊の場合に處するの途は元來市町村が人格を有する國家の機關たる性質を有するが故である。

第三　公共團體が自己の意思を以て其の事務を行ふ事

公共團體が他の意思を以て其の事務を處理する事を原則とするに於ては夫れ又自治團體と云ふ事を得ない、何となれば自己の意思を決定し、表現する事が人格者の性質である、若し他の意思に依て其の事務を處理するに於ては團體は人格なくして單純なる機關たるに過ぎない、例へば市町村に市町村會なる意思機關ありて市町村の意思を決定する事は即ち此の要素を備ふるものと謂ふべきである。

第四　公共團體は國家の機關にして且つ國家の監督の下にある事

國家を離れて行政は存立しない、行政事務を處理するに非ざれば以て公共團體と謂ふを得ない、即ち公共團體は國家より委任せられたる行政事務を自己團體の行政事務として處理するの特質を有する、若し團體にして人格者なりとするも行政事務を處理するに非ざれば公共團體と言ふを得ない、營利會社が法人として自己の事務を處理する其の事務は國家行政にあらずして單に營利を目的とする會社自體の商業事務を處理するに過ぎない、故に其の營利會社は國家の機關たるの機能を有しない、然るに公共團體は國家の行政事務の一部を自己團體の事務として處理するが故に又國家の一機關なりと云ふ事を得るのである、尙公共團體は必らず國家の監督に服さなければならない、素より公共團體にあらざる團體にありても國家の監督を受くる事あるは明白なる事實であるが、公共團體に非ざる團體は必ずしも國家の監督を受けざるものである、何となれば國家は此種の團體を監督せざるも公安を害するが如き事なく、公の秩序を紊るが如き事なきに於ては必ずしも監督を必要としない、然るに公共團體は其の團體の特質として自己團體の行政は常に必らず國家行政に關係を及ぼし是等關係の行政の擧否は必らず國政の消長に直に其の影響を及ぼすものである、故に國家の監督は公共團體の行政に對し、必ず之を行はねばならぬものである。

以上の一要素を具備する事が我國制度上自治の觀念に必要なるものである、此の故に我が國家の進步開發に伴ひて自治を認められたる團體は漸次其の數を增加したのである、即ち自治團體が國家の進步、社會の發達に伴ひて亦發達したのである。

第二節　公共團體の種類

前節に於て述べたるが如く自治を認めたる公共團體は之を地方自治團體と組合とに區分せらる、即ち公共團體の種類として二種類である、一は地方團體一は公共組合である、地方團體は土地と人民を以て其の構成要素となすものである、公共組合は單に人のみを以て其の構成要素と爲すものである、我國に於て地方團體と云ふは府縣及市町村である、此の團體に就ては更に前章にて略述したるも尙次編以下に於て之を詳述する事とし、茲に地方團體と同じく自治を許されたる公共組合に關して聊か説述する、蓋し公共組合も國家の機關として存在し、其の性質に於て又作用に於て地方團體と相類するものが少くない、而して此の公共組合の存在及作用が直接間接に地方團體の發達に影響を與ふる關係にあるものである、此の公共組合は地方團體の行政に對し特種の行政事務の爲に存するものである、故に其の種類に依り各々其の狀態を異にする、此の公共組合に屬する重なる團體は水利組合、商業會議所農會重要物產同業組合である。

第一水利組合、水利組合はは府縣又は市町村の支辨に屬する水利土功に關する事で利害關係の區域と符合せざる場合か、又は數市町村の區域に亘るものであつて特別の事情に依り市町村組合若しくは町村組合の事業と爲す事を得ざる場合に其の事業を經營する爲めに設置するものである、此の組合に關する制度として制定せられたるものを水利組合法と謂ふ、（北海道にありては土功組合法と謂ふ）此の法律は明治四十一年法律第五十號を以て發布せられたが此の法律に依る行政は水利組合法以前にありては市制村制制定以前既に水利土功組合の設立に依り處理せられた、此の事業に對し明治二十三年法律第四十六號を以て水利組合條例を發布し、之れに依り創立せる水利組合に依り繼續せしめたる事業を更に水利組合法の發布に依りて經營せしむることとなしたのである、水利組合と水害豫防組合との二種に分つ、普通水利組合は用惡水路等專ら土地の保護に關する事業の爲に設けられ、水害豫防の爲による堤防砂防等の事業であつて普通水利組合の事業に屬せざるもの丶爲に設けらる、此の二種の組合は素より公法人であつて、其の組合員に對し組合が其權力を行使する普通水利組合の設置廢止の方法組合たるべきもの丶資格、組合費の負擔に付ては水害豫防組合と異なる點がある、水利組合の組織權限、組合の管轄、組合の會計、組合の監督等に付ては大體市町村に對するものと其の方針を一にす、普通水利組合の經費に付て見るに明治四十四年度に在りては六百萬圓たりしもの大正九年度に至り千百萬圓を超過した、水害豫防組合にありては明治四十四年度に於ける二百二十萬圓の經費は大正九年度に於て二百五十萬圓に達す、此の經費の增加狀態を見るに水利組合の事業の擴張せられたる事を推知するに足るものがある、換言すれば水利組合としての事業は已往十年間に於て頗る發達し、殊に普通水利組合の事業に於て其の著しきを見るのである。

第二商業會議所　商業會議所も公共團體にして商工業の發達を圖るが爲に設けられたるものである、夫に關する制度は固と商業會議所條例を制定し夫に依りて商業會議所を設立せしめたが、明治三十五年法律第三十一號を以て商業會議所法を發布した、其の後明治四十二年法律第四十三號及大正五年法律第三十九號を以て其の一部を改正を加へたのである、商業會議所は法人にして市の區域に依り設立するもので、其の會員は商工業者中一定の條件を具備するものが商工業者中一定の條件を具備するものより選擧する、會議所は商工業の發達を圖る爲に必要なる法案を調査する事商工業に關する法規の制定、改廢、施行に關し意見を監督官廳に開陳し、及び商工業の利害に關する意見を發示する事、商工業に關する事項に付き行政廳の諮問に應する事、商工業の狀況及統計を調査發表する事、商工業者の委囑に依り商工業に關する事項を調査し、又は商品の産地價格等を證明する事、官廳の命に依り商工業に關する鑑定人參考人を推擧する事、關係人の請求に依り商工業に關する紛議を仲裁する事、農商務大臣の認可を受け商工業に關する營造物を設立管理し其の他商工業の發達を圖る必要なる施設を爲す事に付きての權限を有するものである。

第三重要物産同業組合及同業組合聯合會　此の團體に關する制度は重要物産同業組合法として明治三十三年法律第三十五號を以て發布せられ、大正五年法律第十五號を以て第一部に改正を加へたのである、此の法律制定以前重要輸出品同業組合法が制定せられて既に重要輸出品同業組合なる團體を認められたのである、此の組合が此の重要物産同業組合法に依りて設立せられたるものと看做された、此の組合は重要物産の生産製造又は販賣に關する營業を爲す者が同業者相集まりて組合を組織するものである、組合の目的とする處は組合員共同一致して營業上の弊害を匡正し、其の利益を增進する事である、又合組は互に氣脈を通じ其の目的を達する爲に同業組聯合會を設置する事を得る、同業組合及同業組合聯合會が共に公共組合たる事は法律上明かである。

第四畜産組合　重要輸出品同業組合法の規定に依り又は府縣知事の認可を得て、產牛馬組合を設置したのであるが、明治三十三年法律第二十條を以て牛又は馬の生產に從業する者の相集りて郡市以上の區域に依り一定の地域を以て產牛馬組合を設置せしむる爲に更に產牛馬組合法を發布したのである、其の組合は牛馬の改良及組合員の共同の利益を圖るを以て其の目的とする、然るに大正四年法律第一號を以て畜產組合法を發布し、產牛馬組合法を廢して牛馬のみならず、羊豚をも加へ、此種の家畜の生產を業とする者をして郡市の區域に依り畜產組合を設置せしむる事とした、其の組合は畜產上の改良發達を圖り、組合員の利益を增進するを以て目的とするのである、此の組合の公共組合たる事も亦制度に疑なき所である。

第五水產組合及水產組合聯合會　此の組合に關する制度としては明治三十四年法律第三十四號を以て發布したる漁業法である此の法律施行前に於ては行政官廳の認可を得て、水產業の改良發達動植物の播殖、保護其他水產業に關し共同の利益を圖る爲に設置したる組合があつた、此の組合は漁業法に依て設立したるものと看做され漁業法に依り設置したる組合と共に公共組合として取扱はれたが、此の漁業法は明治四十三年法律第五十八條を以て改正せられた、此の組合が公共組合である事は制度上明らかなる所である。

第六外國領海水產組合及水產組合聯合會　條約又は許可に依り外國領海に於ける水產動植物の採捕製造又は販賣を業とする帝國臣民は水產組合を設置し或は其組合の聯合會を設くる事を得、外國領海水產業者が設置せる水產組合に關しては明治三十五年法律第三十五號を以て外國領海水產組合法を發布し、明治四十二年法律第十七號を以て其の一部を改正したのである、此の法律に依り設置する水產組合又組合聯合會は此の法律に依り別段の規定ある外は重要物產同業組合法の規定を準用せらるゝを以て同法に依る組合と同じく公共組合たる事明かである。

第七酒造組合及酒造組合聯合會　此の組合に關しては明治二十九年法律第二十八號を以て發布せられたる酒造稅法に依り酒類を製造する者は郡市若くは稅務署管內を一區域として酒造組合を設置しなければならない事とせられた、然るに明治三十八年法律第八號を以て更に酒造組合法を發布し淸酒、麥酒、白酒、味淋、又は燒酎を製造する者は一稅務署管內を一を受け組合員の漁業に關する共同の施設を爲すに在る、此の種の組合は目的を異にする點に於て水産組合及水産組合聯合會を同一ならざるも其の他の點に於ては殆ど相同じきを以て其の性質上公共組合なりと云ふへきである、之に關する制度の沿革及其他の關係は水産組合に依つて述へたる處と同一である。

第十農會　農會は明治三十二年法律第三號の規定により農事の改良發達を圖る爲に設立せらるゝものである、農會は市町村農會、郡農會、北海道農會、府縣農會及帝國農會とす、市町村農會は其の區域内に於て耕地又は牧場を所有する者及農業を營む者を以て組織し、郡農會は其の區域内の町村農會を以て組織し、北海道農會又は府縣農會は其の區域内の郡農會及市農會を以て之を組織す、明治四十三年法律第十九號の改正により更に帝國農會を認め其の區域は全國を以てし、北海道農會及府縣農會を以て組織するのである、各農會は其の法律の規定に依り公共組合たる事は勿論である。

以上十種の公共組合の外之に類して而かも共公組合たらざるものがある。産業組合（明治三十三年法律第三十四號産業組合法に依るもの）同業組合準則の同業組合及聯合會、茶業區域とし酒造組合を設くる事を得る事となつた、而して其組合の目的とする處は組合員共同一致して營業上の弊害を匡正し信用を保持する事である、又組合は組合相互の氣脈を通じ其の目的を達する爲め組合聯合會を設置する事を得るのである、此の種の組合及組合聯合會が公共組合たる事は組合法の明文に依り明かである。

第八耕地整理組合　耕地整理組合に關しては明治四十二年法律第三十號を以て發布し明治四十三年法律第四十四號、大正三年法律第三十二號及同八年法律第四十五號を以て其の一部に改正を加へたる耕地整理法に依るものである、此の法律に依り耕地整理組合及耕地整理組合聯合會は設立するのである其の目的とする處は耕地整理を施行するに存する、組合の區域は整理施行地の地域に依る、此の組合は明治三十年法律第三十九號を以て發布せられたる土地區劃改良に係る地價の件に基くものであるが其の公共組合たる性質を存するに至つたのは耕地整理の制定によりたるものである。

第九漁業組合及漁業組合聯合會　此の組合は明治四十三年法律第五十八號漁業法に依り設立するものであつて、其の目的とする處は漁業權若しくは入漁權を取得し又は漁業權の貸付同業組合、醫師會（明治三十九年法律第四十七號醫師法に依るもの）辯護士會（明治二十三年第法律七號辯護士法に依るもの）等である。是等の組合は法律の明文上法人と認めたるものでなく、又私法を準用すると規定せらるゝものなるを以て公共組合と謂ふ事を得ない、玆に產業組合と謂へるは信用組合、販賣組合、購買組合、利用組合を包含するのである。

第六章　地方自治團體存立の基調

前數章に於ては地方自治團體開發に關する從來の方策、英佛獨及び我國に於ける地方自治制度の沿革並に其の自治團體の性質等に就き說明した、而して地方自治團體の存立は國民の思想に基調せねばならぬことを一言したのである、寔に國民の健全なる思想の表現は國力を强大にし社會を發達し地方自治團體を開發するの根底である、果して然らば我國國民の健全なる思想を向上せしめねばならぬ、依つて現代に於ける思想と地方自治團體との關係に就て本章に於て之れが說明を爲す。

第一節　地方自治團體と國家

地方自治團體の存立は國家の存立を前提とする、國家存立せざれば地方自治團體も亦存立せざるものである、蓋し我國地方制度の一なる市制町村制の制定に當り其理由として發表したる中に

國內ノ人民各々其自治ノ團體ヲ爲シ政府之ヲ統一シテ其機軸ヲ執ルハ國家ノ基礎ヲ鞏固ニスル所以ナリ、國家ノ基礎ヲ固クセントセハ地方ノ區劃ヲ以テ自治ノ機體トナシ以テ部內ノ利害ヲ負擔セシメサルヘカラス云々

今地方ノ制度ヲ改ムルハ卽チ政府ノ事務ヲ地方ニ分任シ人民ヲシテ是ニ參與セシメ以テ政府ノ繁雜ヲ省キ併テ人民ノ本務ヲ盡サシメントスルニ在リ、而シテ政府ハ政治ノ大綱ヲ握リ國家統御ノ實ヲ擧クルヲ得ヘク、人民ハ自治ノ責任ヲ分チ以テ專ラ地方ノ公益ヲ計ルノ心ヲ起スニ至ルヘシ、蓋シ人民參政ノ思想發達スルニ從ヒ之レヲ利用シテ地方ノ公事ニ練習セシメ施政ノ難易ヲ知ラシメ、漸ク國事ニ任スルノ實力ヲ養成セントス、是レ時ニ立憲ノ制ニ於テ國家百世ノ基礎ヲ樹ツルノ根源ナリ

とあり、是れに依りて充分に地方自治團體存立と國家の存立との關係を理解することを得るのである、然らば我國の國家卽ち日本帝國は如何なる國家なるか、言ふまでもなく政體よ

り見れば立憲國である、國體より見れば君主國である、吾人は敢て數言を費やして之を説明するを要しない、明治二十二年二月十一日憲法を發布せられたるの際に於ける勅語及昭勅を謹抄し茲に右の國體及政體を昭かにする。

憲法發布ノ勅語

朕國家ノ隆昌ト臣民ノ慶福トヲ以テ中心ノ欣榮トシ朕カ祖宗ニ承クルノ大權ニ依リ現在及將來ノ臣民ニ對シ此ノ不磨ノ大典ヲ宣布ス

惟フニ我カ祖我カ宗ハ臣民祖先ノ協力補翼ニ依リ皆我カ帝國ヲ肇造シ以テ無窮ニ垂レタリ此レ我カ神聖ナル祖宗ノ威德ト忠實武勇ニシテ國ヲ愛シ公ニ殉ヒ以テ此ノ光輝アル國史ノ成跡ヲ貽シタルナリ朕我カ臣民ハ即チ祖宗ノ忠良ナル臣民ノ子孫ナルヲ回想シ其ノ朕カ意ヲ奉體シ朕カ事ヲ奬順シ相與ニ和衷共同シ益々我カ帝國ノ光榮ヲ中外ニ宣揚シ祖宗ノ遺業ヲ永久ニ鞏固ナラシムルノ希望ヲ同クシ此ノ負擔ヲ分ツニ堪フルコトヲ疑ハサルナリ

大日本憲法發布ノ昭勅

朕祖宗ノ遺烈ヲ受ケ萬世一系ノ帝位ヲ踐ミ朕カ親愛スル所ノ臣民ハ即チ祖宗ノ惠撫慈養シ給ヒシ所ノ臣民ナルヲ念ヒ其ノ康福ヲ增進シ其ノ懿德良能ヲ發達セシメンコトヲ願ヒ又其ノ翼贊ニ依リ與ニ俱ニ國家ノ進運ヲ扶持センコトヲ望ミ乃チ明治十四年十月十二日ノ詔命ヲ履踐シ茲ニ大憲ヲ制定シ朕カ率由スル所ヲ示シ朕カ後嗣及臣民及臣民ノ子孫タル者ヲシテ永遠ニ循行スル所ヲ識ラシム

國家統治ノ大憲ハ朕カ之ヲ宗祖ニ承ケテ、之ヲ子孫ニ傳フル所ナリ朕及朕カ子孫ハ將來此ノ憲法ノ條章ニ循ヒ、之ヲ行フコトヲ愆ラサルヘシ

朕ハ我カ臣民ノ權利及財產ノ安全ヲ貴重シ、及之ヲ保護シ此ノ憲法及法律ノ範圍内ニ於テ其ノ享有ヲ完全ナラシムヘキコトヲ宣言ス

帝國議會ハ明治二十三年ヲ以テ之ヲ召集シ、議會開會ヲ以テ、此ノ憲法ヲシテ有效ナラシムルノ期トスヘシ。

將來若此ノ憲法ノ或ル條章ヲ改定スルノ必要アル時宜ヲ見ルニ至ラハ、朕及 朕カ繼統ノ子孫ハ發議ノ權ヲ執リ、之ヲ議會ニ付シ、議會ハ此ノ憲法ニ定メタル要件ニ依リ、之ヲ議決スルノ外、朕カ子孫及臣民ハ敢テ之カ新更ヲ試ミルコトヲ得サルヘシ

朕カ在廷ノ大臣ハ 朕カ爲ニ此ノ憲法ヲ施行スルノ責ニ任

スヘク、朕カ現在及將來ノ臣民ハ此ノ憲法ニ對シ、永遠ニ
從順ノ義務ヲ負フヘシ

我が立憲の精神は此の　勅語及詔勅を謹誦することに依りて理解することを得るのである、而して我國の建國は今を去ること實に二千五百八十三年前である、爾來皇統連綿として現代に至り其間時に盛衰あり世に治亂ありたるも一系の皇統に相寄りて終始したのである、即ち憲法第一條に萬世一系の天皇日本帝國を統治すと君臣の關係を昭にせられ、第三條に天皇は神聖にして侵すべからずと臣民群類の表に在りて欽仰すへくして干犯すへからざるの義を定められ、第四條に天皇は國の元首にして統治權を總覽し此の憲法の條規に依り之れを行ふと、帝國統治權を總覽する主權の體は天皇なることを明にせらる、實に我國は宇內無比の國家である、歐米の列强國中立憲國あるも我國と其の撥を一にしない、彼の英國は現代に於て獨り皇帝あるの國家なれども七百八年前時の皇帝ジヨン、國民に逼られて大憲章に調印したるの以後は唯帝位を擁するに止まるの狀態である、佛國か共和國憲法を制定したのは四十八年以前であつて今尙大統領を置き政務の首班たらしむるのである、北米合衆國は百三十六年前憲法を制定し共和政體の國家として確立した、露西亞は世界大戰中ロマノフ王朝を廢しソビエツト政府を樹立した、獨逸は亦ホーヘンツオルレン王家を廢し其の統治權を奪ひて共和政體の國家とした斯くの如き宇內の形勢なるに關はらず、獨り我國が立憲君主國として卓立せるは帝國として一大使命を有するにあるものと信ずるの外はない、各國の政體、國體の變遷極りなきにその文化は隆々として向上する、此の文化は洋の東西を問はず時の古今を論せず、機會あるに從ひて我國に移入せられ、今や我國は世界文化の集合地點となつた、之れに依りて我國民はよく長を取り短を補ひ故を溫ねて新しきを識り以て世界の人類に福祉を賦與するの使命を全ふせねばならぬ、彼の露西亞に實現せるボルセヰズム、獨逸に發生せるマルキシズム、佛國に於けるサンヂカリズム、英國に發達しつゝあるギルドソレアリズムの如き將又無政府主義其他世界國家説の如き果して克く人類の新生活を有意議ならしむることを得るか、此等諸種の主義學説が國境を度外視して研究せられ實行せられんとするの時代に於て我國が獨り其の國體政體を維持し以て其の一使命を完成することを得べきか、素より政治と言はず經濟と言はず各方面に涉りて努力せねばならぬことは勿論で

あるが、地方自治團體の存立をして其の有終美を收め、其の意義を徹底し、其の効用を發揮することに依りて我國の根帶を鞏固にせねばならぬのである、徒らに新を競ひ、功を爭ひ法になづみ　官僚主義に執着し、官吏萬能主義を尊重し、形式に流れて實質を顧みざることを避け、立法權、行政權は勿論司法權の發動にも地方自治團體の存立に用意し、團體員をして共存共榮の精神を現實に發揚せしめねばならぬ、要するに皇室中心主義に基き、國家の隆昌を來たさしむる精神を以て地方團體員の福祉を增進することを地方自治の眞髓とする思想を基調として地方自治團體の存立を保持せねばならぬ、地方自治團體の存立が斯の如くなるに於て、國家組織の諸機關は相互調和し、產業發達も勞働問題の解決も教育の進步も生活の安定も皆よく其の途を得るに至るべきものである尙茲に吾人は國家の機關が地方自治團體に對する關係に就き聊か說述を加へねばならぬ。

地方自治制の制定の理由は前述の如く國民をして各々地方區劃に據りて自治の團體を作り、國民の本務を盡さしめんが爲め、其の責任を負はしめ依つ政務に參與せしむることに且りて、政治上の思想を發達し、且つて以て國事に任ずるの實力を養成し、其の結果國家百世の基礎を確立するにある、而して政府は唯自治に關する樞軸大綱を執るに止まるべきものである、故に官廳を組織する官吏は一に此の理義を了解し、猥りに法文の末に拘泥して自治團體の活動に干捗してはならぬ、地方自治團體の活動は團體員の自覺と團體の創意に基きたる意思に依るべきもので、徒らに他の指命又は干捗に俟つべき理なきものである、素より自治と稱するも團體の放縱なる意思を許容すべきものでなく、必ずや國家の施政と背戾することを制して行かねばならぬ、彼の國家の存立を否認する主義を取らざる限り、國家の存立を基礎とし國家政務の一部に參與するの覺悟を以て地方行政の伸展を圖り、公事務の達成を期することに努めねばならぬことは敢て他言を費すを要しない。

地方自治團體の存立の要件斯くの如くなるに、官廳を組織する官吏が政治の發達、社會民情の變遷に伴ふて當然行ふべき革新を懈り又は國民の公共生活を自已の所有物視し、個人の努力と經營とに委すべきことを占領し、其の合理的活動の範圍を踰越するの弊を有するが爲め往々にして形式一片の皮想的行動に出で無用なる干捗を權力の濫用とを敢てするが如きことなからしむるを要す、加之盲目的に一定の模型を嚴守し、繁文の弊に陷るを悟らず、其の狹量なる習慣卽ち職業化したる性癖はやがて猜疑反目の惡風を釀成し、地方自治團體の平穩なる發達を阻害するの結果を呈するに至らしめざるを要す、實に恐るべきは官僚主義の發露である、之れを具體的に想像するに若し內務官吏が地方自治團體を監督するに當り徒らに法令を楯とし、感情に驅られて、申請事項の許否を決せんか、團體の意志は阻止せられ、團體員の自覺心は挫折せらる、大藏官吏にして國家財政のみに專念し、團體特殊の狀態を考慮せず、只單に團體財政の緊縮を思ひ團體に臨まんか團體の財源は枯渴し、公共事業は進捗せず、國家ありて自治團體なきに等しきこととなる、農商務官吏にして產業組合の如き特殊團體の增加を圖るを事とし、地方自治團體の活動を妨ぐるを顧ず、遞信官吏にして一に郵便貯金の增加を圖らんが爲め地方の財力を搾取し、地方自治團體の財產を强收せむか、文部官吏にして敎育機關の善美のみを念として、他の自治行政費を削減するに努めんか、鐵道官吏にして國營の交通機關の發展と其の收入の增加と其の經費の節約とのみを圖り地方自治團體經營の交通機關との連絡其の完備を閑却せんか將又司法官にして自己の功名と榮達と行き掛りとに依り徒らに地方團體の機關たる官吏有力者等を檢擧し强いて之を所罰せんか其の地方自治團體の活動に至大の惡影響を及すことは火を睹るよりも明かなることである、要は地方自治團體の存立が國家の存立を鞏固にするの因果關係を會得し、克く地方自治團體をして自主的能力を發揮し、自立的行動を自由にし最善の活動を爲さしむるに存するのである、事態斯くの如くなるに於ては地方の產業は進捗し、公共事業は開發し、團體員は皆其の堵に安ずることを得、地方自治の目的が達成せらるべきは疑ひなきところである、立憲の制と自治の制とは茲に至りて相共に有終の美果を收むるに至る。

第二節　地方自治團體と社會

グナイストは自治を以て國家と社會との中間聯結物なりとして「社會をして其の自然の趨勢に放任せしむる時は富者は益々富み、貧者は益々貧に、社會組織の均衡を失ひ、兩者の衝突を來たすの虞れあり故に富者には重き義務を課し、其の力に應ずる公共の義務を爲さしめ强を挫き、弱を扶け、各種の社會階級を密接に結合して一團と爲し其の衝突を避くるもの卽ち自治制度の効用なり」と云ひウヰリアム、モリスは「地方的單位は民族に非ずして地方自治團體なり社會の全體は是等の地方自治團體の大聯盟たらざるべからず」と說ひて居る此等の意見に據るも地方團體が社會に對し重要なる關係あることを證するに足るのである、然らば社會とは何か、茲に聊か社會の意義を明かにし國家以外の社會と地方團體の關係を說明する、そもそも人は孤立して生存することを得ない者である、即ち多數の人類と共同生活を爲すことに至りてその生活は始めて完きを得る、古哲人アリストートルか「孤獨を樂しむ者は之れ野獸にあられば神のみ」と云つて居るは人は孤獨たるを得すして共同的生活を爲すの意義を云ひ現したるに外ならない、人類の共同的生活の進步の過程を稱して文化と謂ふのである、文化の程度進むに從ひて種々の態樣を形成する、この態樣を社會と稱して可なるものである、更に之れを詳言すれば通常吾人は政治社會、經濟社會、宗敎社會、其他何々社會と稱し毫も怪まない、然かも社會の意義は漠然として明かならしむることを得ない、之を社會學上より說明するも甚だ難解なる題目である、普通には人類が共同生活を營むが爲にする結合であると解して居る。此の意義に從へば廣く社會と謂へば國境もなく民族もなきものである即ちこれを人類社會を謂ふのである、尚此の人類社會の內部には數多の社會の存在することを認めねばならぬ、然して社會を區別すれば二種となる、學者に據りては種々其種類を區分するも吾人は統一的團結に屬する社會と、相依的結合に屬する社會とに區分するを適當と信ずる、その統一的團結に屬する社會は國家、地方自治團體、家族、產業組合を始とし政黨、學會、協會の如き組織的のものは勿論、民族、階級、職業及文化的內容を共通するものゝ團結である、其の他に統一せさる廣汎の結合がある之れを相依團結の社會と謂ふのである、此の二種の社會を結合して全體社會と謂ふのである、然して有機體を爲す社會は多種多樣の作用を爲し其の複雜なること殆んと之れを擧げて述ぶることは困難である、然れ共社會の一現象として國家が存在し、地方自治團體が存立し、家族があり又公共的各種組合等が存在するに於て當然國家との關係至大であつて地方自治團體も亦社會と密接の關係を有するは勿論である我帝國たる國家と地方自治團體との關係は既に前節に於て略述した故に本節に於ては國家以外の社會と地方自治團體とに關し說述する事とする、尚社會に國境なきものあるも之れは國際關係として他に讓り茲には我國內社會に就き自治行政の關係ある問題に止むる。

第一家族問題、家族の存在は歐米の社會組織中に認むることを得ないものである、實に彼の國の社會は家族といふ一社會を缺き家庭あるも家族なく、治國は齊家に始むるの理は歐米の社會に適用し難き條件である、家族の存在は我國社會の特徵であるが故に自治行政上これを看過してはならぬ、我國社會の單位は個人よりは家族である、曾て板垣伯が制限選擧法又は普通選擧法を廢して戶主選擧法を主唱せられたるは故なき事ではない、同伯が制限選擧法は國家觀念を資產の有無に求め、恒產ある者は恒心ありとの孟子の意見に基く立法の精神なるも資產ある者必しも國家觀念あるにあらざることは國民生活に於ける事實の明示する所であつて貴族院議員の互選にも衆議院議員の選擧にも將又他方議會の議員選擧にも選擧の腐敗が公然として行はれ不純なる選擧は到る所に之れを見る故に該法は廢止すべきものである、又普通選擧に贊同せざるの理由は此の選擧は野心家の煽動の爲に動かされ亦腐敗に陷り易き素質を有する者であつて既に普通選擧を實行せる歐米諸國が勞動者の爲めに多大の壓迫を加へらるゝに至りたる實蹟あるが爲である、之れに反し戶主選擧法は國民にして一家を經營し獨力の生活を爲す所の戶主卽ち家長は資產の有無と男女の別とを問はず總て一律平等に選擧權を有せしむる制度である、是れ戶主は繼續觀念を有し隨て國家觀念ある所の一家の代表者として其の全家族を代表し選擧を行はしむるを以て最もよく代議政態の精神に合し輿論政治と信任政治との意義を全うし、最もよく我國情に適合せる選擧である、この選擧法の實行に依り制限選擧又は普通選擧の弊害は除去せらるゝ事を得るものであると論ぜられて居る、實に一見識の立論である、國家機關の選擧は勿論地方自治團體の機關の選擧に戶主選擧法を實行し果して如何なる成績を見るへきか、要するに家族なる社會の存在が板垣伯をして此の戶主選擧法を主唱せしめたるに見るも家族は我が社會組織上無視すべきものに非ることは明かである、況んや地方自治制度の基礎は隣保團結に存するに於て地方自治團體は家族なる社會に對し見逃すべからざる關係あることを識るに足る。

第二社會政策問題　現時社會を改善し其の健全なる發達を遂げしむる爲に諸種の政策が考究せられて居る、勿論社會改造の思想が高潮せられ之れが爲に幾多の意見が主張せられて居るが此の社會改造の思想に關しては後節に於て說述する、茲には現在の社會組織に革命を加ふることをなさずして是れを至善に導く政策に就き述ぶるのである、此の意義に依り社會政策問題を説明すれば(イ)勞働問題(ロ)生活問題(ハ)教育問題(ニ)婦人問題(ホ)特殊部民問題(ヘ)助成的團體問題(ト)金融機關問題(チ)宗敎團體問題である。

(イ)勞働問題に對する政策　勞働問題は即ち勞働階級にある者(職工小作人其他筋肉勞働者)が資本家及企業家と對等の位置を要求するに存する、此の問題に對する政策としては極端なる共産主義に依る者を除きては徹底したる温情主義換言すれば親愛主義に基く政策を樹つること又は人格尊重主義に依る政策をとることの外なきものである、此の勞働問題の爲に同盟罷業や同盟不耕作や同盟不買等の事件が屢々發生する時は産業の發達を害し交通の阻害を起し地方自治團體としては其の開發を阻止せられること少なくない。

(ロ)生活問題に對する政策　生活問題は即ち各人が相當に生活の資料を得て安心あり滿足ある生活を遂げんことを求むるにある、各人の收入は生活費を支辨するに足らざる狀態即ち生活の不安より生ずる問題である、其の原因は人口の過多、物價の騰貴、住宅の不足、生産分配の不權衡、負擔の不平等に基くものである、これが對策としては物價の調節、食料の供給、住宅の設備、公設市場、職業紹介所等の經營、不急事業の制止、運輸機關の整備防貧救貧等の政策を實行するにある、從つてこれ等政策中地方自治團體の經營にまつべきものが少なくない。

(ハ)教育問題に關する政策　教育問題は健全なる國民と善良なる公民とを養成するの必要あるに關はらず依然として舊を改めざる敎育を施すが爲めに生ずる、社會の發達文化の進歩は益々人類の精神及び身體の强健を要求する換言すれば新時代の要求は人をして多々益々努力し協調せしむる點にある、新科學の應用、健康なる身體を以ての活動、社會道德の革新は必然人生の無限の進歩發達に伴ふ事柄である、唯物的文化か唯神的文明か之を問はず共存共榮の目的を達するに適應せしむるに堪ゆべき人格者を養生しなければならぬ人心の根底に存在する善に對し純潔なる快感が善として認むることを行はずして只惡と認めたることのみを爲すが如きことは全然不可能となる程度迄發達せしむる底の新敎育要言すれば生物界に於ては人類が至高至喜の地位に在るの境涯まで進歩せしめねばならぬ、此の理想に到達するの敎育政策を樹てなければ國家は勿論地方自治團體は常に敎育の爲に財政上及行政上爭鬪を繼續せらるるものである。

(二)婦人問題に對する政策　國民の半數を占むる婦人の位地が男子に比し多大なる懸隔あり婦人が政治上無能力者であり、經濟上被給者であり、生活上從屬者であり、社交上特別の階級者であり、法律は男子のみによりて制定せられて女子の保護不充分であり、男子より遊戲物視せらるるの境遇である、此の狀態より脱却せんことを主張することにより婦人問題は發生する、此の問題の發生により輓近新しき女を生じ、自由戀愛を基調とする夫婦制を唱ふる者、參政權の獲得に狂奔する者、男子を征服しなければ滿足せざる底の婦人を見るに至つた、婦人社會の革命時代なりと稱する者をも生じた、素より我國婦人の位地を高め道德上の平等、貞操の均等、敎育上の均一の如き速かに之れを實現しなければならぬ、一言すれば婦人の人格尊重の現象を社會に發現せしめねばならぬことは言を要しない、歐米の婦人が夙に努力し、主張する所悉く之を賞讚する能はざるも其の人格の尊重を要求し社會改良事業を遂行するが如きことは我國婦人に就いても相當なる要求として是認すへきものである、英國の社會改造論者たるエレン、ケイ女史が「體力を更新するものは一の快樂である、快樂は我々の精神及び肉體に安息を與へ、活力を增進する卽ち快樂は更新の力であり、精力の母である、消耗的な心身を毒する種類の快樂に非ずして、生の不斷の增進、心に成長をもたらし、身體に健康をもちきたす快樂換言すれば人間を幸福になし、善良とする快樂又は思想、感情、意思を一層充實させる快樂、更に新らしき精神を以て人生の多くの事業に活動せしむる快樂を得る爲に婦人に對して休息の時間を與へよ」との主張又「若しも新しき社會がベートベンやワグナーになり得る人を機關手に造り上げるとしたならばそれは最も悲しむへきことである、若し又新らしき社會が女をして靈魂の敎育者たる母たらしむる代はりに男子と同じく戸外に於ける勞働に從事せしむるならば是れは大なる精力の誤用である」と云ふ思想には同意を表せざるを得ない、同女史が婦人の母性としての使命の益々重大なることを多くの婦人に警告したることは讃美せざるを得ない要するに現代我國婦人社會に於て一部の者が絶叫し切望し、期待して居る諸題目は婦人と男子とが社會上に於て同等の位地を占むること、婦人をして男子と同樣に自由なる境遇に在らしむること、貞操に關する刑罰は男女同一と爲すこと、婦人にも參政の權利を與ふること等である、この題目中には婦人の自覺自成に待つて解決するものがある又は權利を得るも之に伴ふ義務の履行を完ふすることを得ざるものがある、之等は婦人の性格又は家族制の　質等を考慮して其の政策を樹てねばならぬ、社會は男子のみの社會に非ざることは明白なる事實であることを前提とするの要がある、兎も角婦人問題の解決に關しては地方自治團體に少からざる關係がある。

(ホ)特殊部民問題に對する政策　特殊部民に對しては明治の初年既に無差別の政策を採り、平民の族籍を與へたるも千年來の因襲は一般社會以外に孤立の狀態に至らしむるものである、故に內務省に於ては十數年前よりその部民の風俗、習慣、衛生其他諸般の事項に關して改善の方法を講じ、之れに依りて平素無差別の實を得せしめむことに努力せる狀態である、部民亦此の點に就いて自覺し自奮し向上發展の精神を涵養して、速かに其の効果を收むることに努力せねばならぬは勿論一般社會に於ても理解と同情とを以て之が政策を講ぜねばならぬ、然かも近時特殊部民解放の運動起り漸く階級爭鬪を開始するの要あるかの感情さへ懷く者を生じた、彼の水平社の水平運動の如き實に一般社會に驚異の感を起さしむるものがある、その第一總會に於て可決したる宣告及決議文を見るに

宣言　(一)我々は特部落民は一般社會に對して自由行動を斷行す　(二)我々特種部落民は人間的自由と宗敎的自由との獲得を期す。

決議　(一)人間の原理として人間最高の完全に突進す　(二)我々に對し穢多及特殊部落民として侮蔑する者は直に直接行動に依て糾彈す　(三)政府當局を鞭韃監督　して部落民の改善解放を期す

とある、此の宣言及決議は聊か奇激に失するの嫌があるも斯くの如き思想を以て運動に着手し、漸次無產運動に趣くが如き傾向を有するは注目すべきことである、國家

としては既に法律上平等、無差別と爲し、一般社會と何等の階級を置かざるに、斯くの如き運動の發生するを見るに至りたるは畢竟一般社會の待遇が改められざるに基づくものにあらざるか、此の秋に當り地方團體は特種部民問題に對して適當なる解決政策を樹てねばならぬものである。

（ヘ）助成的團體に對する政策　玆に助成的團體と云ふは產業組合即ち信用組合、供給組合、生產組合、販賣組合、購買組合等の農工業組合、消費組合、利用組合の如き各種の經濟社會の組織に依るもの又は靑年會、少年會、婦人會、處女會、戶主會、地主會、小作人會の如き自助的團體の設置開發は諸種の點に於て社會の調節進步に資する處、鮮少ならざるものである、實に此等團體の活動は直に地方自治團體の活動と密接の關係を有することは敢て他言を要しない、此等諸團體に對し地方自治團體は其の存立と活動とに依り如何なる政策を樹てねばならぬか若し此等諸團體が其の存立の範圍を超越して活動する時は地方自治團體は其の存立の意義を少なくするか又は失ふに至る、故に地方自治團體は自己存立の目的を達成する爲に此等諸團體をして各々其の存立の範圍内に於て活動せしむるべきものである。

（ト）金融機關問題に關する政策　我國の金融機關としては日本銀行、正金銀行、日本勸業銀行、日本興業銀行、府縣農工銀行等特殊の金融機關と普通銀行、貯蓄銀行其他信託業者等がある、之に加ふるに政府經營の郵便貯金、郵便爲替等の機關がある此等諸金融機關が各々其の本質に從ひ機能を發揮して活動するに於ては地方の金融は圓滑なることを得へきは論を俟ないことである、然れ共營利を目的とするものは可成利益を擧ぐることに努め、殆んど他を顧す、營利を唯一の目的とせざるものも尙營利本位に趨くは避くべからざる缺點である、殊に郵便貯金の如き地方零碎の資金を吸收して殆んど之を中央政府財政の用に供するは地方に於ける金融を硬化せしむることなきや、更に勸業農工兩銀行が中產者以下の金融緩和の機能を實現せざるの觀あるが如き農業者に取りては更に農業資金融通の爲め特別の機關を設置するを必要とするに至るの狀態となりたる如き社會政策上果して當を得たるものなるや否や、我國の社會政策として斯くの如く複雜多用なる金融機關を具備せざるを得ざるか將又獨乙の庶民銀行と同質の機關をも設置し或は米劵倉庫を悉く公營と爲すを要せざるか、要するに現時及將來に於ける金融機關の種類、機能及活動に關しては地方自治團體として對策なかるべからざるものと思はる。

(チ)宗敎團體問題に關する政策　我憲法は國民に信敎の自由を認む即ち其の第二十八條に

日本臣民ハ安寧秩序ヲ妨ケス及臣民タルノ義務ニ背カサル限ニ於テ信敎ノ自由ヲ有ス

とあるを以て我國民は何敎何宗を信仰するも之を制止するを得ざるは勿論である、然るに政治と宗敎との關係は古來最も困難なる問題であつて一度其の道を失する所は遂に收拾する能はざるに至ることは各國の歷史上屢々之を認むる處である、從つて地方自治團體と宗敎團體との關係も亦頗る意を用ひねばならぬ。

世界の交通發達し各國相互に東西の宗敎が普及し行くは現代の狀況である、往古我國に佛敎の渡來するや政治的關係を惹起し、久しく紛爭を極めた又近く基督敎の布敎せらるゝや屢々爭鬪の狀況を現出し、遂に德川幕府をして邪宗門禁制の令を布くに至らしめた、現時に於ては何等の禁制なく、全く自由に各人其の信ずる處に從ふことを得るのである、然して我國民の信ずる宗敎には神道あり、佛敎あり、基督敎がある、尙其の他蓮門敎あり、天理敎あり、大本敎がある、然かも神道に屬するものは大社敎、ミソギ敎、金光敎、大成敎、御嶽敎、黑住派其の他幾多の敎派がある、佛敎に屬するものは天台宗、眞言宗、淨土宗、臨濟宗、曹洞宗、黃檗宗、眞宗、日蓮宗、時宗、融通念佛宗、法相宗、華嚴宗がある、基督敎に屬するものは日本基督敎會、日本聖公會、天主公敎、日メソヂスト敎會、組合基督敎會、ハリスト正敎會、浸禮敎會、救世軍、基督敎會、福音敎會、美普敎會、同胞敎會クリスチアン、スカンヂナビアアン、ジャパンアライアンス、布美敎會、普及福音敎會、日本同仁基督敎會、フレンド敎會、クリスチアン、エンド、ミッショナリイ、アライアンス、ヘプチバ敎會、セブンスデアドヴンチスト等の各敎會に分れて居る、是等數種の宗敎、數十派の敎會が各々其の團體を組織し、夫れ夫れ社會を爲し各處に散在して居る、而かも地方自治團體の中是等宗敎の建造物は又は團體を中心として存立を爲すものがある。

斯くの如き社會の狀態は往々地方自治團體の活動に少からざる關係を生ずる、殊に神社佛閣を中心とする地方自治團體に於て然らざるを得ない、一村一宗の自治團體が良好なる成績を擧ぐるの實例を見るは大いに注目し研究すべき現象である、加之宗教の本義と其の布教の方法如何とは地方自治行政に影響する處あるは常に吾人の目睹する處である要するに信教の自由を制限し又は其の布教を妨害するが如きは斷じて之を行ふべきに非ざるも地方自治團體の存立上宗教團體に對しては深く考慮せねばならぬものである。

第三節　地方自治團體と個人

人類は共同生活を營む爲に結合を爲し、玆に統一したる組織を以て成立する團體の一として地方自治團體か存立する、故に各個人は各々其の個性の發動のみに依ることを許されない、然らざれば共同生活は營むことを得ず、社會は組織せられざることとなる、素より個性を尊重し、個性を發揮し、個性の發展向上を期することに依りて個性は結合の喫子となり團體の基礎となるべきものである、地方制度の一である市制町村制の公布に當り喚發せられたる上諭は

朕地方共同ノ利益ヲ發達セシメ衆庶臣民ノ幸福ヲ增進スルコトヲ欲シ隣保團結ノ舊慣ヲ存重シテ益々此レヲ擴張シ更ニ法律ヲ以テ都市及町村ノ權義ヲ保護スル必要ヲ認メ玆ニ市町村制ヲ裁可シテ之レヲ公布セシム。

とある、此の　上諭に依り見るに共同生活卽ち地方自治團體員は共存共榮を本義として、其の存立の要諦とすべきものである地方自治團體の存立は個性に對して抑壓を加ふるものでなく又個性の活動を沒却するものでもなく、實に地方自治團體の開發は個性發展の精華であると云はねばならぬ、社會組織せられ、地方自治團體存立する現代に於て、此の地方自治團體を離脫しては個性は却つて沒却せられ、共存共榮の福祉は得られざるに至るものである。

個人をしてよく叙上の理義を會得せしめ、地方自治團體に對する權義を明確にし、隣保相助の實を擧げしむることは最も緊要なることである、此の團體を組織する個人は輯睦一致和衷協同して自己團體の美風良俗を作興し團體をして其成果を得せしめねばならぬ、斯くして地方自治團體の施設經營は其の團體を組織する個人の福祉と爲り、共同利益の增進とな

る善良なる團體員、忠僕なる公吏、眞摯なる名譽職員が協力して團體活動の根源となり團體をして國家の强き根蔕とならしむべきものである。

抑々人の個性は知情意の作用に因るものである、知の作用は推理思考となり、情の作用は感情又は情緒となり、喜怒哀樂として表現する、其の理性的の表現は情操となる、情操は之を大別すれば知力的情操、倫理的情操、美的情操と區別せらる意の作用は衝動となり（ベルドナル、ラッセルは衝動を所有衝動と創造衝動とに分つ）慾望となる、慾望は執意となりやがては責任觀念の基礎となるべきものである、斯くの如く知情意の作用は人格を作成する、故に此の三作用の如何に依りて人格は千狀萬態となる、試みに之を擧ぐれば巧知なる者魯頓なる者、勤勉なる者、怠情なる者、敬虔なる者、放漫なる者誠實なる者、虚僞なる者、柔和なる者、狷介なる者、正義潔白を尙ぶ者、不義貪慾なる者、勇氣ある者、謙遜なる者、高慢なる者、節義を重ずる者、利已心强き者、注意深き者、不注意なる者。果斷なる者、因循なる者、熱心なる者、不熱心なる者、責任を重ずる者、無責任なる者、等擧げ來れば限りなき狀態である又其の人格の發動は運命と相俟つて富者となり、貧者となり、知者となり、愚者となる、斯くの如く千差萬別の人類相團結して、地方自治團體を組織する、加之團體員には老幼あり、男女ありて種々の職業に從事する、之等人格を異にし、年を同うせず、性を異にし其他種々の狀態にある團體員に對し共同の福祉を得せしむる目的を以て地方自治團體は存立するを以て團體を擧げて健全なる美風を成就せなければならぬ、個性の尊重、人格の表現が全團體を風化し行かねばならぬ、この風化の成果は即ち地方自治團體の完成である、其の團體存立の達成である。

地方自治團體と個人との關係は夫れ斯くの如きものである即ち個性の發展は團體の開發となり、團體の開發は更に個人共同の福祉を來たす、團體と個人と相寄り相俟ちて地方自治團體の存立を意義あらしむるものとする、然るに玆に吾人の疑問とする處、我が地方自治行政上十字街頭に立つの感あらしむる問題がある、此は地方自治團體は個人を單位となすか家族を單位となすかの問題である、我國上古に在りては氏族の制を採り氏族の長を氏の上と稱し、其の家族を代表す、爾來家族は國家の基礎として其の組織の單位となり、個人は族長、家長戸主を除くの外何等の權利を認められざりしことは前述する所である、五保の制、五人組の組織は尙家族單位の制度と認めざるを得ない、然るに明治維新後歐米諸國に於ける諸般の文化思想の傳播するに從ひ個人主義の思想は輸入せられ、自由民權の說は唱道せらるゝに至つた、蓋し歐米諸國は夙に家族制度絕滅に歸し獨り個人主義旺盛を極めたる狀態である、此の狀態に在る國の制度を模倣したるに依り我國の制度としては民法中親族法相續法に於てのみ家族制度を墨守し未だ家族制度の絕滅に歸せざるも其他の制度は全く個人主義に據るものと云ふも過言でない。

皇室は我民族の源泉なりとの思想は上古より現代に至るまで國民をして君國に忠勇ならしめたる眞髓である、所謂大和魂は此の思想に根ざして居る即ち我國民性は此の信念に依りて涵養せられ成熟せられたる結晶である、然らば此の家族制度を廢滅に歸せしむる時は國民性は一大變化を生ずへきの理である、これを以て歐米の個人主義を排斥する論者は極力家族制度を維持するのみならず寧ろ進んで諸般法制上に家族主義を表現することに努めねばならぬ、然るに實際にありては家族制度は却つて制限せられ、個人主義は漸く擴充せらるるの趨勢である之れ果して我國民として步むへき道なるや否や吾人の惑ひなき能はざる處である、要するに一面社會組織としては家族制度は認められ、一面個人主義の擴充せらるゝ時に當り地方自治團體としては此の狀態に鑑み其の施政上考慮せねばならぬことである。

第四節　地方自治團體と社會改造思想

社會改造の思想は現時世界の大勢である、殊に世界大戰亂は此の思想の傳播に大なる勢力を加へた、偉大なる政治家でも學者でも此の思想を社界より絕滅せしむることは不可能の事である、我國に於ても近時頗る此の思想の唱道せられ、研究せらるゝに至つたことは思想に國境なき結果避くべからざる勢である、斯の社會主義は德川時代に於ける切支丹邪宗門禁制の如く我國民を脅威したものであるが、其の後社會主義といふも悉く厭惡すへきものゝみでなく或は愛すべく、敬すべきものもあることを知るに至つた、然るに我國民性と一致せず否寧ろ正反對の社會主義も少なくない、吾人は種々の方面に於て之を知ることを得る普通選擧論者の中にも此の種の思想を抱けるものもあるかの疑ひがある、社會改良家の中にも經濟學者の中にも職人の中にも又此の種の思想家がある、然らば此の主義の種類と其の主張する主義と目的とを研究し我が地方自治團體存立と如何なる差異あるかを闡明するは最も緊要なる問題と信ずる。

抑も社會主義とは何か、個人主義に反對して社會組織を改良又は改造せんとするものである、故に等しく社會主義といふも其の主張するところ同じからず、其の目的とするところ一ならざるものである、現時社會改造の主義としては共産主義あり、無政府主義あり、狹義の社會主義あり、時の環境と主義者の個性とに依り、其の主張するところ同一ならざる狀態である、今其の重なるものを擧げて之を説明する。

第一講壇社會主義

此の主義は獨逸伯林大學の講師アドルフ、アグネルの祖述したる主義にして西暦千八百七十餘年の頃時の鐵血宰相ビスマルクの信任と尊敬とを得たるに依りその採用する所となつた、即ちプロイセンの社會政策は此の主義に基きたるものが少なくない、此の主義に依れは國家は神の創設する機關なる故に國民は絶對に其の權力に服すへく國家の干渉に依つて凡て經濟政策を樹つへきものであると謂ふに歸着す此の主義は極力民衆主義を排斥する故に反對主義者は此の主義を稱して社會主義に非ずして國家資本主義である實に産業の民衆化を欲求するにあらで官僚的軍國的階級的なる國家に生産手段を集中するの企てであつて、餘剰價値が資本家の手に集中せらるる代りに國家に集中せらるゝもので勞働者の解放は素より不可能である勞働が資本家に依て支配せらるゝ代りに國家の權力に依りて兵卒化せらるゝものに外ならずと云ふて居る、

第二新科學的社會主義即ちマルクス派社會主義

此の主義は西暦千八百五六十年の頃カルル、マルクスに依りて主張せられたる主義である、彼れマルクスの有名なる著作は資本論唯物史觀である、此の主義は共産主義であつて且つ階級爭鬪を説き、人間社會の一切の現象は其の起原を物質的條件に發するものと解して居る、此の主義に對しての批評は甚だ多いのであつて或は攻撃的批判を爲し或は讃美的評言を與へておる、マルクスを措いて人類の社會主義歴史及社會主義思想を論することは不可能であるささへ謳歌して居る者がある、要するにマルクスの意見は今日共産主義者の尊重する處である、露國のレニンの如きは自ら正統マルクス派社會主義者を以て自認して居る、此の主義者の主張する處に據れば勞働階級はブルヂョアの手から次

級に凡ての資本を奪ひ凡ての生產機關を國家即ち支配階級として組織したる勞働階級の手に集中する爲めに其の政治的優越權を使用する又資本は其の更生力に依つて不斷に集積せられて行くに從ひ、機械の發明や動力の使用等の生產上の設備と技術とを進化させ、充實させる故人間の勞働力なるものは益々節約される、之に反して勞働階級は人口の增加と勞働力節約の爲め勞働が過剩を來し、延ひて賃銀の低下を來す故に資本家と勞働者との距離は益々增加して兩者の爭鬪は決して避けられないものである、と卽ちマルクス派社會主義の主張は唯物史觀、剩餘價値說、資本集積說資本主義倒壞說、階級鬪爭說に外ならないのである。

第三修正派社會主義又進化的社會主義

此の主義代表者は獨逸のベルン、シユタインである、此の主義はマルクス派社會主義に對し改革を加へんとするものである、詳言すればベルン、シユタインは自由なる人格の形成と確保とはあらゆる社會主義的標準の目的である、夫れは又外部的には强制的標準である、此の意義の强制に依りて社會に於ける自由の量と範圍とが擴大する、例へば法律的に定められた勞働時間の最長限は事實的には自由の最少限の規定である卽ち一定時間以上に自由を得ることを禁ずるものである、かゝる人格的從屬を讓る限度を少なくするといふことはあらゆる自由主義者の承認する處であらう今日の如く各國民の頻繁に交通する時代に於ては凡ての勞働者に經濟的自己責任を課さなければ健全な社會生活は行はれない、個性の發揚は自由でなければならぬ、活動及職業選擇に就いて經濟的强制を排する自由であつてはならぬ眞に個性を發揚せしむる自由は組織を俟て始めて萬人に對して可能である、此の意味に於て社會主義は組織的自由主義と稱することが出來ると論じて居る、又勞働者は未だ充分な公民でないにしても、彼れは國民的利害が彼に無關係であるといふ意味に於て無權利者ではない、また社會民主主義は未だ政權を掌握しないにしても夫れは旣に勢力の地位(一定の責任はそれに伴ふ)を占むるに至つて居ると述べ民主主義の第一步として普通選擧を主張して居る、彼はカント哲學とマルクスの唯物史觀とを調和し、一體系の主義を唱道して居る、「カントに還れ」とは彼の精神に外ならない又彼はマルクスに反對して「マルクスは資本主義が發達すれば資本合同の趨勢に從つて貧富の差が甚しくなり、社會は對立した二つの階級即ち資本家階級と勞働者階級とに單純化されると云つて居るが、事實は之れに反して社會は一層複雜となり、中間階級も小職業や中職業も依然として存在して居る、中には大資本に踏みにじられた者もないではないが同時に資本主義に據て更に新しき小職業が作られるやうになつた」と述べて階級爭鬪は必然的なものではないと解して居る、要するにマルクスが資本主義組織の倒壞、勞働階級の擡頭、勞資階級の二分離、恐慌の增大を豫想したることは事實と統計とに依り之を謬見なりと認めて居る。

第四サンヂカリズム

此の主義は修正社會主義と同じくマルクス主義に對し反旗を飜したものである、修正社會主義が社會主義の內部から改革せんと爲したるに反し、是れは外部より批判して新しく社會主義を主張するのである、此の主義は佛國に生れて佛國に培養せられ佛國に成長し、佛國に於てのみ適用あるかの觀がある、佛國にはバブーフ、カベー等の如き共產主義を唱へサン、シモンの如き土地資本其の生產機關を共有の下に置き各人は自己の能力に應じて適宜に此の生產機關を使用し其の成熟したる任事の高低大小に比例して報酬を分配せんことを主張しフーリエの如き平和的社會改良と婦人の解放と生產組合の設置とを論じルイブランの如き社會工場を建設して私人の企業を撲滅せんが爲に强力なる政府の必要なるを說きプルードンの如き財產所有者は盜賊なりと呼んで無主政體の下に絕對的自由と絕對的平等とを兩立せしめ個人主義と社會主義とを同時に行はんと說き、共產主義を主張したのである、然るに其後英國人フレデリフクハーリゾンをして「今や佛蘭西に於ては獨り共產主義のみならず總ての論理的社會主義は全く消滅に歸せり」と評せしめたる狀態となつたが今より十餘年前勞働總同盟が組織せられて階級爭鬪を高調し、然かもあらゆる政治的又は國家的行動に反對し、總同盟罷業、サボターヂユ、ラベル等の直接行動を手段として國家制度及資本制度を破壞し、生產團體の聯立產業組合の聯立卽ち勞働者組合に對し完全なる自治團體として然かも自由なる聯合に依つて社會を組織せんことを要求するに至つた、此れが所謂サンヂカリズムである、此の主義は組織的無政主義に外ならない。

第五ギルド社會主義

此の主義はサンヂカリズムや無政府共産主義と似て非なるもので最も新しく唱道せられた、國家社會を以て官僚主義に隋するもの國家資本主義に過ぎないもの、消費本位の制度であるとし、之に對するに國家の存在を承認し且つ生産に對し國家を消費者として其の權力をも承認して居る主義である即ち國家と聯合する國家組合の組織に依つて賃銀制度を撤廢し且つ産業自治を樹立せんとするものである、此の主義の主唱者の代表的とも見るべき人物はオレーヂ、ベルトランドラッセル、ヂー、デ、エッチ、コオル、アンダアソン、ウイリアム、モリス等である、コオルの謂へる所に依れば、「我々は勞働組合を固く階級的爭鬪の上に置かなければならない、然して組合を組織するに當つては總ての勞働階級の團結を促進するやうに組織するのである、勞働組合主義は産業管理を究極の理想とする一の産業に從事する總ての人を抱擁する産業組合にして始めて産業の管理權を引受けることを得又是れを要求することを得るものであると論じて居る、賃銀制度に就いては「資本制度は勞働から勞働者のみを取出し其勞働のみを賣買し得るやうに考へた其處に賃銀制度が生れた、現在の賃銀は資本家が勞働者の勞働を使用して利益がある場合にのみ勞働者に支拂はる其の賃銀の代りに勞働者は生産組織に對する一切の支配權を資本家に讓り加之其勞働の結果に對する一切の要求をも資本家に讓歩するものと論じて賃銀制度を廢止し勞働者が産業を管理し資本を國有にする必要があるを主張して居る、又彼は國家に就ては「國家は政治的統治機關であるも或る意味に於て社會の代表機關である故に國家は全體社會の内部的勢力如何に依つて活動力を決定せらる、國家の根底に社會があり、其の社會的勢力の表現であると云ふ點に於て重要であり、權勢がある此の背景を取除けば國家は直に崩壞するものである」と述べて居る、彼の主張は「ナショナル、インダストリアル、ギルド」と國家及其合同を對立させ「ギルド」は生産者の代表となり、國會に基礎を置く國家は消費者を代表するの組織となすに在る。ウイリアム、モリスは「ギルド」社會主義に屬するも彼は獨特の主義主張を有して居る、即ち彼は藝術的社會主義を高調する、彼は「權力者は一階級の過重なる負擔を勞働者に忍ばせる爲めにあらゆる手段を用ひたが其等は凡て見破られてしまつた、慈善も節儉も自助も過去とならうとして居る、利益分配主義、議會主義、普通選擧、國家社會主義も同様に過去となるであらう、かくて勞働者は現代文明は彼等を許し難い犠牲の上に築かれて居る故に何樣の勞働時間の短縮も充分なる短縮でないといふ事實に想到するであらう」と見て居る、彼の社會改造の思想としては生活の美化、勞働の快樂化を主張し地方自治團體を社會的聯盟の基礎とし、中央集權的政治の産業統治を否定し、社會主義者を養成する敎育を必要なりとするに在る、實にモリスの人格、思想、生涯は藝術家の氣品と纎細と美と實行家の堅實と力と活動性とを以て終始し、現代社會を改造せんとする者である。ベルトランド、ラッセルは我々の生活は人間的である爲に單なる人間の本能以上の大きなる生命に對する愛と信頼と尊敬とを必要とする卽ち神とか、眞理とか、美とかいふやうな人間以上のものに對する奉仕を必要とする之が爲崇拜と默從と愛との三要件を要求さるものとの宗救的觀念を基礎として社會主義を主張して居る、又彼は戰爭を罪惡視して世界の平和を高調する、彼が現代の敎育を評して「兒童の自由を束縛し、個性を尊重せず、然して經濟的成功のみを眞の成功と思はせ、智識や才能を金儲けの入口と思はせ、或る制度や或る階級に意識的、無意識的に、追從することを敎へて人間を骨抜きにしようとして居ると述べて居る。又制度は「人間生活の幸福を維持し、助長させる場合に始めて意義あることを解し眞の社會組織は地方的自治體と其等の協同の上に成る聯合政府を作ることに依つて實現される」と說き人間生活の罪禍は肉體的罪過、性格の罪過、個人又は團體が他に對して加へる權力の罪過の三種であるとし、肉體的罪過は科學に依り、性格の罪過は敎育と創造衝動の解放とに依り、權力の罪過はギルド社會的組織の實行に依りて除くことを得るものと論じて居る。

要するにギルド社會主義は英國人に依りて主張せられ、英國のギルドに依り實現せんとする主義であつて、國家の權力は相居的性質を有するものと認むるに外ならない。

第六世界國家説

世界國家説はエッチ、ジー、ウエルスの唱道するところである、ウエルスは熱心なる宗敎家であつて、人類社會は立脚の基礎を宗敎に置くべきものであると力說して、宗敎を改造することを第一要義とし、此の立場から社會主義を主張するものである、ウエルスは「人道は世界中に散亂して未だ眞に目覺めて居ない、肥料で一ぱいな小屋の中に生きて居る百千姓もあれば、原始的な森林中ばかりにうろついて生涯を終る獵夫もある、生產の奴隷となつて居る何百萬の勞働者も居る、少數の富んだ贅澤な生活をして居る者もある、屈辱と嘲侮の中に生活して居る者もあれば、遊びながら多くの人を驅役して居る金持もある、其の他擧げ來れば數限りがない、如斯秩序なき狀態は早く終結させて、新しい統一を創造し、人類共通の普遍的目的を實現し、諸民族を同等の水平に立せるやうになさなければならない」と云ふて居る、彼はブルジョア的社會主義を攻擊し、唯物的社會主義を排斥して、所謂專門的學者等の遊戲的社會主義を否定して居る、彼は人類のあらゆる個人的目的を總て人類に奉仕せんとする目的に變じさせるといふ精神上の大變動を起すことに依つて經濟組織の改革を企つる者が自分の所謂社會主義である、此の社會主義は徹底したる相互扶助と節制忍耐の上に立つて自覺的に事物を行ふことで、目的とする所は人類の現在のやうな壓迫と苦痛とから蟬脫して公平にして、正しき努力に入るといふことであると説明して居る、而して全世界の平和的協同を主張し其の協同を破壞する戰鬪的忠義や敵愾心を除かなければならぬと、述べて居る即ちウエルスは精神主義な世界同胞主義である、其の世界的統制世界的國家と云ふ一點から敎育、軍備、行政各般の改造を主張して居る。

第七精神的社會主義

エドワード、カアペンタアの主張する社會主義は精神的なものである、彼れは私有財產制を否定する同じ私有財產制を否定する唯物的功利的な主義者でなくて頗る精神的なものである、彼は今日の文明は資本家の文明であると認て居る、私有財產的感情の消失は法律の消失を意味する、複雜な產業組織の諸種の活動に馴れて居る人々は法律に强制されないでも、習慣でそれを繼續して行くであらう、そして未來の社會の形式は法律の嚴正な支配下に在る時よりも一層力强く組織的になり、更に眞に人間的になるであらうと論じて居る。

第八勞働組合主義

勞働組合は賃銀勞働者を以て組織する團體である、或はフレンタノーの如く相互共濟をも其の目的とすると説くものと、或はウエッブの如く單に勞働條件の維持と改善とを目的とすると說くものがある、其の何れの說に依るも勞働者が其の利益を圖るの目的を達する爲めに團結したる團體であることは明白なことである、勞働階級に在る者が相互共濟を要することは勞働の過程に於て必要である、團結をなすには相互扶助の精神と其の方法とを具備せざれば團體は存續しないものである、マレンタノーの說く所は決して不合理な意見でない。

勞働組合は種々に組織せらる、主義より見れば社會主義的組合、熟練工組合に依る組合であり、形體の上より見れば「クラフト、ユニオン」(職業別組合)」クラフツ、ユニオン」(職業聯合組合)「インダストリアル、ユニオン」產業別組合)「レボアー、ユニオン」(大同團結的勞働組合)の四種類に分たる、此の勞働組合主義は組合の力と活動とに依りて國家、資本家又は企業家に對し勞働者の利益と保護とを要求するに在る、手段の極端に走るものと比較的溫和に出づるものとがある、或は單に經濟的方面に限るもの或は政治的方面に活躍せんとするものがある、彼の英國に於て屢々問題となつた炭坑夫、鐵道從業者、及運輸夫の同盟能業の如き多くは此の主義に依る者が直接行動を採りたるに出でたるものである、英國に於て勢力を得つゝあるは「インダストリアル、ユニオニズム」で賃銀制度の廢止と產業管理とを主張して居る。

彼の米國に發生せる「アイ、ダヴリユ、ダヴリユ」(インダストリアル、ウオークメン、オフ、ウオールド)は勞働組合主義の一つである、この組合は無產無藝勞働者の革命的運動を目的とするものであつて直接行動を其の手段として居る、賃銀廢止を主張し、勞働者の向上を圖るものであるこの組合の發達にはあらゆる壓迫が加へられた、慘殺、收監、追放、餓死、流罪、幽閉等流血の點滴、苦惱の熱涙は組合歷史の頁を彩つて居ると稱する者さへある、此の組合は如斯き慘憺たる徑路をたどり來つたものであるから表面上に於ける勢力としては未だ大に視るに足るものなきも勞働界に於ける潛在的勢力は旺盛である、資本家が殲滅するに至るまで階級鬪爭を繼續し、終に最後の勝利は勞働者に於て獲得することを確信して居る、米國の爲政家が之を恐れて之を防壓し、其の組合に關する硏究すら容易ならざらしむるは故なきことでない。

第九無政府社會主義

近時無政府主義の大立物はビイタア、クロポトキンであるバークニン、ブルウス、レクルス、タフカア、モストマラスタの如きも勿論無政府主義者の有名な者であるがニーチエ、ホキツトマン、トルスイト、イブセン、ゾラの如きも亦無政府主義者であると認められて居る。

無政府主義即ちアナーキズムは凡ての國家、凡ての權力を否認することを主張するも個人的無政府主義、集産的無政府主義、共産的無政府主義の三派に分たる、「人は自由でなくてはならぬ、彼れは彼自身を所有せねばならぬ、汝の生命は汝に屬する、然して汝のみに屬する」と謂ふ主義である、クロポトキンの思想は相互扶助を以て其の根底とする彼は仕事を各人が分擔し、生産が社會化されたなら一日の半分以上は美術文學等の自由研究や娯樂に充つることが出來る且つさうなれば社會は一人の遊人もないから充分に富んで居る故一定の年齡に達した人は肉體勞働の義務を免除されて自分の好む學術に專念することを得るのである。かくてあらゆる學藝の自由な新部門は充分に解放され發達される、而かして斯かる社會では貧富の差別がなくなる故に各人の生活を妨げて居る二重生活等は不必要となり、社會は人間性に適した高尙な境地に進步することを得るものであると論じて居る、ラッセルは無政府主義を評して「純粹の無政府主義は社會が絶えず近づかむとして居る最終理想でなくてはならないが現在では不可能である」と云ふて居る。

第十ボルセエキズム

ボルセエキズムは露西亞國に於て發生した特種の共産主義である、其の主惱者たるレニンがマルクスの唯物史觀を基礎とし、マルクスの階級爭鬪說を信奉し居ることは諸批評家の一致する所である、西曆千九百七年の革命以後樹立せられたソビエット政府の主張し實行する所は絶對に資本家を廢し、ブルジョアを退け全く勞働階級プロレタリアに依りて執政する卽ちこの主義の實現せられたる特質は(一)生産手段を國家に收むること(二)勞働者のみの政府を樹つることにある、然して此の主義に依つて諸種の施設が講ぜられて居る、純粹なマルクス主義でもなく又無政府主義でもないが、現代に於ける國家及社會組織は凡て資本主義に依りたるものでブルジョアの力に依る社會であると認め、之を破壞せざれば眞の國家及社會は體現することを得ないものとして居る、而して實際に於て著々其の主義を具體化して居る、尤も近來資本主義と調和するの策を採るものの如く報道せられて居る、其の詳細なる事を說明するは本書の目的とする所でない故に唯其の大體に就き說明するに止むる此の主義は露西亞以外の國家に實現すべきものでなく又現時のソビエット政府が長く存續し行くべきか、勞働者のみの執政が人類の幸福を來すものであるか或はこの狀態がボルセヰーキの究極の目的であるか、大なる疑問である要するに露西亞に於ける政體は未成品であり、其の主義政策の價値は未定であると云はざるを得ない。

以上の如く社會改造の思想が多種の社會主義を釀成し、主義者の環境と個性とに依り其の目的手段を異にする、然れ共凡ての社會主義でなきも殆んど凡ての主義者が現代の國家を呪ひ、之を破壞し以て社會を改造せむとするは同一轍である然かも極端なものは社會の改造は反抗、爭鬪、破壞の方法に據らねば實現すること能はざるものとして結合したる團體がある、反抗、爭鬪、破壞は一般人類の不祥であることは明であるも、情勢の止むを得ざる歸結として之を以てせずしては社會改造の策なしと思考するものと思はる、果して如斯現代の國家及社會を根本的に改造せざれば人類一般の福祉は之を期待することを得ざるか、歐米諸國民の如く往昔より、唯優勝劣敗の結果が權力掌握者となり資本家となる外なきの人類社會に在りては革命的思想が發達し又屢々革命を爲すに依つて國家社會の進步發達を促したるは敢て怪しむに足らない。否寧ろ當然の歸結と認めざるを得ない、然れ共我國は建國以來國民皆愛に生き、愛に働き愛に依りて結合する卽ち億兆心を一にして克く忠に、克く孝に、博愛衆に及すの精神を基調とする人類の團體にありては假令歐米に發達して其の成果を得たるものも必しも適用せらるべきものでない蓋し社會主義と云ひ社會改造論と云ひ、悉く人類の福祉を目標とする、我國地方自治は亦國民共同の利益と幸福とを增進するを以て其の目的とする、然らば社會の進展に伴ひて地方自治制度を改正し、是勢に從ひて政策を講じ依つて以つて國民の福祉を達成するに於ては克く萬古不易の國體を維持することを得べきものである、吾人は自治自律の精神を鼓吹し有隣の情緒を擴張し、自由なる活動を旺盛にしたる自治卽ち完全なる地方自治に基きたる社會主義を高調し、以て我民族の使命を達せむことを主張する、之を地方自治團體發達の實績に徵し、將來國民が到達すべきの思想に照し、新しき青年者の社會を現出し、壯快なる黎明と淸鮮なる希望とに生むことを凡望して已まないものである。

第五節　地方自治團體と普通選擧

我國市町村に於て等級選擧制を採用したる以前のものは無產階級又は有產なるも其、少額なる者が富者を壓迫して社會の温良なる風俗を破り秩序を紊るに至るべきを保し難しとの杞憂に出でたるに外ならない、之れ果して現時及將來に於て存續すべきの制度なるか、國民の思想漸次平等化し、施政の方針亦民衆化せざるべからざるに從つて國民の權利を無差別ならしむるべきは當然到達すべきの理であらねばならぬ。

近時衆議院選擧に關し普通選擧を主張する者を生じた、地方自治團體の議員選擧にも又之と同一の制を用ひねばならぬが、歐米に於て普通選擧を實行せる諸國の選擧資格を見るに

一北米合衆國に於ては合衆國の國民にして合衆國内に住し、丁年以上に達したる男子は凡て選擧權を有する。

二佛蘭西に於ては年齡二十一歲以上の佛蘭西國民の男子は選擧權を有するを原則とする。

三獨逸に於ては獨逸國内に居住する男性の獨逸臣民にして年齡二十五歲に達したる者は選擧權を有するを原則とする。

四英國に於ては年齡二十一歲以上にして公民權を有する男子は選擧權を有する。

となつて居る、此等諸國に行はるゝ選擧法を稱して普通選擧法と云ふのである、我國の現行選擧法は制限選擧法であつて年齡、住所、性、納税資格を其の要件として居る、而して普通選擧を斷行せんとする者と尙ほこれを尙早なりとする者との間に頗る紛爭を釀すに至つたのである、普通選擧を斷行すべしと唱ふる論者は之を總國民の要求に出づるものと主張して居る、然るに國民の大多數は選擧に關し無關心の狀態であると云はなければならない實狀である、勿論無關心なる國民が多數あるを以て普通選擧は其の必要なしとの斷定はなさないが眞贊に考究して合理的に其の制度を改むべきことは敢て言ふを俟たない、而かも此の問題を政爭の具となし、反對黨の勢力を削減せんが爲に殊更に聲を大にして恰かも全國民の要求なるが如く述べ、普通選擧を實行すれば直に人は一心新して國民を擧げて理想境に入ることを得るが如く主張するは吾人の疑の存する處である、彼の明治十四五年の頃代議政治を實現せば國民は自由を得、權利は伸張し至幸至福の境に達

することを得べきが如く論議する者あり、此の國民の一部に於ても は深く之を信じた者もあつた、然るに憲法を實施し、代議政治を實現したる今日果して彼の理想境の民たることを得るに至つたのであるが、國勢の實情を考察すれば思ひ半に過ぐるものあるは世の夙に知れる處である、普通選擧の實現も亦如斯きにあらざるなきか、又理論上普通選擧は實行すべき制度なりと思料するに拘らず、反對黨が主張し之に依て自黨黨勢の維持擴張を妨げられんとすることを見て其の制度の實行に反對することも吾人の贊同する能はざる處である、而して一部の論者や政黨者流のみ之が爲考究爭議する處であつて、一般國民制限選擧法と普通選擧法とを比較研究して克く其の利害得失を知悉する處なるや否や、要言すれば一般國民は普通選擧に就いて如何なる理解を有するか、或る論者は普通選擧選の當なることは既に已に世人の明知するところであると前提して唯其の斷行を絶叫して居る、然れども吾人は現時に於ては未だ以て國民の大多數が普通選擧に就き充分なる理解を得たるものと斷言するを憚る者である。

抑も普通選擧と謂ふも前述の如く歐米各國に於て全く同一の制度を行ふものでない、然らば我國に於て實行せんと主張する普通選擧法は果して如何なる要件を具ふるものに選擧資格を與ふべきか吾人は聊か疑問を有する。

第一　現行の制限選擧法は納税資格を一要件とするが故に階級的觀念を助長するの弊あり又現に有權者を特殊の階級者なりと認め、此の階級の破壞は必ず普通選擧の實行に依り現出する道和なりといふ者あるを見る、正に普通選擧は速かに之を實行し、人心を一新せねばならぬとの理由を以てする論者がある、此は一理ある意見であるが、現時歐米に於ける社會改造思想が我國に流れ來つたことは爭ふべからざる事實である、而して其の思想の中には政權はプロレタリアに屬すべきもので、議會政治の如きも已に過去のものである、普通選擧は昔日の問題であつて、今日之を論議するの必要なしと唱ふる者である、又徒らに反抗、爭鬪、破壞を以てせざれば文化的生活は實現せずと議する者もある將又參政權の主張は政治家の唱ふる者にして一般國民の關知する處でない、一般國民は選擧權の獲得よりも生活の安定を與へよと叫ぶ聲が大である、尚普通選擧法を實行したる曉に於て一黨の勢力依然として大をなすならば反對黨は更に新なる問題を捕へ來り、其の勢力を削減せんことを圖るに至るべきは政黨史上反覆するの實蹟であり、將來亦た此の足跡を踏むは火を見るよりも明かである、思ふて茲に至れば所謂人心の一新は流を追ふて走り風に從ふて舞ふが如きものと云はざるを得ない、一問題を解決すれば更に一問題を生じ、終に極まる處を知らざる政界の狀は恰かも走馬燈の如きにあらざるか、非か、吾人は疑を去る能はざる所である。

第二　普通選擧權の資格を年齡と住所とに求むるに於ては制限選擧法に比し有權者數を增加し、確かに一部の國民に一時的滿足を與ふるの結果となるは明白であるが、此の二要件は歐米各國の立法例なるに過ぎない、然かも此の二要件を定むる制度實施の結果果して克く個人に滿足を與へ、總ての階級者に階級的思想を除去せしめ、國家と個人とに對し何等かの利益を與ふるや否、素より制限選擧法に比し多少の利益は生ずべきも不純の手段が講ぜられ、奇矯なる辯論、阿世的主張に動され易き事實なきや、之を我國に實施すれば子は父に背き、兄は弟と爭ふことなきを保し難く、終には家族制を打破することとならざるや否、畢竟するに普通選擧法は制限選擧法に比し幾分優れたる點あるも、實質的改造の本質を有するものでない。故に選擧資格の擴張は普通選擧の急激論を緩和するに足ると思料する者さへ生じたのである、現時政治界を超越して考量するに全般の民情に照し普通選擧の實行は果して如何なる價値を有するや吾人は疑なき能はざる所である。

第三　普通選擧と云ふも住所と年齡とのみは一定の制限を設くるを立法例とする、又現時普通選擧論者も之を是認するものと解せらる、然らば法律上一定の住所を有せず、一定の年齡に達せざる者は參政の要求心なきか、若其の要求ありとせば之に應ずるの制度を立つるの必要なきか、是等の者に選擧權を與へざるも可なりや否や、是等の者に選擧權を與ふる事が國益を阻碍するや否や將又國益を增進するや否や、論者は此の點に關し明確なる斷案を有するや、要するに現時論議せられつゝある普通選擧法は徹底したる主義に其の論據を置かざるものではなからうか、尙年齡に關する制限としては幼年者に限るものであるが、老齡の期に在る衰弱者に對し之を制限するの要なきか、一定の年齡に達せざる幼年者は其の智能發達の程度に鑑み、參政の權を與へずして可なりと云ふならば衰弱せる老年者にも參政の權を與へざるを可なりと云ひ得るものでなからうか、寧ろ社會の進運を停滯し、進取的氣勢を阻止するの精神は多くは老年者より發揮せらるゝものである、眼を擧げて老年者の行動を見、耳を傾けて老衰者の意見を開けば事は明瞭である、此の點に關して普通選擧論者は如何なる斷案を下さんとするか。

第四　女子に參政の權を與へざることは普通選擧も制限選擧も同一である、近時我國に於ても婦人參政權賦與の運動起りたることは故なき事でない、素より女子に參政の權を與へざるは其の智能の程度低きことと、經濟上の位地の不定なることと、男子が女子に對する因襲的關係あることに因る、吾人は我國の女子に對しては參政權を賦與するに先ち敎育、眞の敎育を施し、經濟上の位地を安固ならしめ、智能を啓發するの要あるを認むるものである、然れ共男子必しも女子に比して其の智能及經濟上の位地の優越せるにあらざるものである女子と雖も其の一部の者に參政權を賦與するは國家に取りても女子に取りても策の得たるものにあらざるか、女子には絕對的に參政の權を與へずと謂ふは合理的斷案にあらざることと思はる、此の點に關しても現時論議せられつゝある普通選擧法は不徹底のものではなからうか、大體我國民は從來事理を自覺し、理解して其の社會對策を講ずるの精神に乏しく、概して爲政者の指揮啓發に俟つもの少なからざるのである、地方自治制度に就いても、産業組合の創設に關しても、銀行の設置にしても然らざるものは稀である、女子の智能を啓發し、其の位地の向上を圖らむとせば又女子の自覺に待つと同時に制度を立てゝ女子の精神を引き上ぐること適當なるにあらざるか、吾人は別に意見あるも女子參政權を否認する論者に對し問題として此の題目を提供する。

第五　國民を文化的生活の境に進め、其の個人的價値を發揮せしめ、獨立性を開發せしむるは普通選擧制立法の精神と爲すことは大に贊同の意を表せざるを得ない點であるが、歐米諸國の實績に徵し、更に我國に於ては特別の選擧法を考究し之を實現するを適當とするにあらざるか、選擧の弊害を全く根滅する能はざる普通選擧法を後れ乍ら實行し、歐米諸國の糟粕を嘗めんよりは更に百尺竿頭一步を進めたる制度を考案し、之が實現を期するこそ我國民の步むべき道にあらざるなきか。

普通選擧に對し吾人は前記數點の疑問を有するのである、然れ共衆議院議員の選擧法として制限選擧に依るべきか將又普通選擧に依るべきか兎に角我國情に照して適當なる制度を設くべきものたることは異論なき處であるが、地方自治團體の議員の選擧に對しては現時論議せられつゝある普通選擧法は適用せざるを可なりと信ずる、國家的見地より見て適當なる制度必しも地方自治團體的見地より觀察して恰當なるものでない、國家と地方自治團體とは事に依りて其の立脚地點を異にするものである。

曾て原總理大臣が普通選擧に先ち地方議會の議員の選擧資格を擴張するを要すると思料せられたるは市制町村制制定の理由中に於ける地方自治行政の參政に依りて立憲政治の訓練をなすの手段なりと云ふに着意せられたる結果に外ならないことゝ思はる、然れ共地方自治に關する觀念が團體獨立の意味を有する以上兩者選擧法の一致を要するものと云ふことを得ない、故に吾人は地方自治團體の議員の選擧に就ては家長選擧法の制定を主張する、元來地方自治團體は前述する如く有隣の思想と家族的精神とを基礎とするものである、故に一家として共同生活を營む父子兄弟間にありて參政權の爲めに相爭ふが如きことなからしむるを緊要とする、家長選擧法は戶籍上の戶主たると否とを問はず、男子たると女子たるとを論ぜず、納稅の有無を分たず、苟くも其の地方自治團體の區域内に一年以上住所を占め且つ成年に達して一家の首腦者たる位地を有する者に選擧權を賦與する法である、斯く爲すことに依りて階級的思想の發露を防ぎ、爭鬪反抗の勢情を和げ男子に對する女子の不滿を避け、比較的に無產者が有產者を壓迫するに至らず、富者をして貧者を無視することなからしむることを得るのである、斯くて新舊思想は互に之を調和することを得て、社會の進步は茲に實現するに至る、而かも家族制の骨子は依然として保持せらるゝのである、緝睦和親の風は作興する、勞資の兩者は調和する、地主と小作人とは爭議解決の途を得ることゝなる、負擔の公平は之を期することを得、幼年者老衰者をして參政の義務を免れしむることを得る、加之一般獨立の生計の營む者に責任觀念を强調せしむるに至るものである、地方自治團體獨立の精神を涵養することゝなる。

歐米諸國の實蹟は兩者不純に陷るの弊少なからざるを見て我國情に適する事を考慮に入れ、大正十四年、第五十議會に於て、討議に討議を重ね、三度迄も帝國議會々期延長の詔勅を賜り、寔に前例なき事態を惹起して漸く我國に普通選擧制を布かるゝに至つた。法文の解釋は附錄に詳悉した。

第六節　地方自治團體と政黨

世上政黨政派の弊害の存するところ大にして之を地方自治團體に關係あらしむるは絕對に避くべきものであると論ずる者がある、換言すれば地方自治は政黨政派に對し超然たらしめねばならぬと主張する、政府當局も又爾來此主義を採用して之が對策を講じたのである、然るに曩年大隈內閣の出現して衆議院議員の總選擧を行ひたるの際甫めて最も露骨に地方自治團體の吏員議員をして內閣の主義方針に從はしむることゝし、以て選擧に臨ましめた、其以後は世人敢て之を咎むることなく、また怪むことなきに至つた、水野內務大臣は帝國議會に於て政黨の勢力が地方自治に波及せるは事實にして時勢上已むを得ざることである、されば其の弊害を避くるの方策を講ずる外なきものであるといふ主旨の意見を發表せられたのである、實に地方自治を政黨政派の勢力の圈外にあらしむる事は現時の國情に於ては不可能の事であると云はなければならぬ、而して政黨政派の存する以上弊害の之に伴ふことは又避くべからざることである、蓋し政黨政派の存在は國民の輿論を統一し、輿論を正しきに導き以て國民の批評監督の下に在つて公明正大な政治を行はしむるの長所を有して居る

立憲國である以上は何人が政權を握るも秘密政治を行ふことは不可能であるも官僚內閣又は所謂超然內閣よりは政黨內閣は比較的公明正大な政治を行ふものである、然れども政黨政派は又大なる缺點を有する、例へば官職其他の利益を政爭の具に供し、政權掌握者の變る每に人と事業との上に重大にして而かも急激なる變動を惹起し、國利民福よりも政黨そのものゝ利益を本位とする弊を生じ易いものである、今歐米諸國に於ける政黨政派の地方自治に關係ある實蹟を述べ次で政黨に關して吾人の所見を述ぶることゝする。

第一　政黨の弊害は如何なる點に存するか、曾て魯國宗務大臣ポビドノスチエッフが虛僞と題して小冊子を公にしたが其の記する所極めて政黨を排斥し、代議制度を厭惡し、奇矯激越の筆を弄する所がある、素より之を以て我國の政黨政派に適用するを許さざるものであるも政黨政派の弊害を觀察する上に多少の參考と爲すことを得る左に之を抄記する。

近世の主權は議員に存するとし其の眞僞を知らんが爲め實際の現況を見るに議員政治を以て古より有名なる國に於ても議員の選擧は決して選擧者の意志を表明するものにあらず、代議士は選擧者の說に束縛せらるゝことなきのみなら

ず、自巳の説に依り自巳の考に依り動作し偶々反對黨に對する計略の上より多少其の持説を變更する事あるのみ又國務大臣は極めて專制の政治を行ひ議會に支配さるゝよりは寧ろ議會を支配するの實況にして其權力の得喪は自己の勢力よりは其の所屬政黨の雄勢に依るもの多く、人民の意志に依り其の權勢を得喪するもの少なし、或は自己の意志を以て海陸軍を動かし、或は增税を試み、或は恩典爵祿を濫賞し或は人民の膏血を絞り以て無用の官吏を養ひ國家が大臣の裁量に一任したるを幸とし國庫の金錢を濫費し以て議會に多數を制する政黨の援助ある間は國民の非難を受くるも毫も之を顧慮せず如斯く國務大臣も又其の無責任なること毫も代議士と異なる所なし………

吾人をして議員政治の眞想を語らしめむか、吾人は議會は議員の野心を滿足せしめ議員の私利を遂行せしむるの制度なりと云ふを憚らざるべし、實に議員政治の制度なるや人間の謎の例としては最も顯著なるものなりとす………

議員政治は利己心の異名にして選擧區民は選擧の當時既に已に己の權利を代議士に讓渡したるものとす、選擧の當時に於ては或は熱心社會の幸福を圖ると言ひ或は自巳の利益を捨てゝ人民の奴僕たるべしと唱道する、之れ唯其口舌のみにして一度代議士となるや前日の言を忘れ却て社會を奴僕視し選擧區民を見ること尙投票の集合したる一團塊の如くにして代議士は恰かも無數の群羊を所持する所の牧者の如く之に依つて以て自己の社會に於ける富貴を維持するが爲め之を機械に利用し人民は代議士の爲に蔑視せられ而して他日再度選擧の時に際しては再び其玩弄する處となり其巧言令色惜氣もなく振蒔く諛辭の爲に欺かれ或は賄賂の爲に蠱惑せられ、或は暴行により脅迫せられ憐むへし此國家の制度に因り人民は愚弄せられ而して其愚弄せらるゝ所以を知らず………

理想上よりすれは己を捨て公に從ひ人民と其利害休戚の念を同ふするの人は吾人の最も尊敬希望する所なれとも斯の如き人は世間極めて稀にして又一二偶々之ありとするも斯の如き人士は墮落せる社會に他人と相伍し奔走するを好ます卓然高く自ら持し投票を哀願するを屑しとせす又巧言令色他人の鼻息を窺ひ自ら其能に誇り恬然として自畫自贊の演説を爲すを屑しとせず其力を盡して從事するの職業は小範圍の友人間に於てし喧囂耳を聾にするの市場に於て人氣

を取らんとするを好ます其偶々雜閙せる群集の內に入るや諛辭を呈し其墮落せる人心に苟合するを敢てせず常に其愚を嘲り其卑劣なる事を痛擊爆露して憚らす前述するが如く名譽を重んずるの士君子は選擧に近つくことを厭ひ而して喜んて選擧場裏に奔走するの徒は私利を逐せんか爲め他人の利害を顧みさる利己心の權化とも云ふべき者にして人氣を得んが爲めには常に其良心を欺き假面を被り公益に熱心なるが如き顏色を爲し譎詐百端至らざるなし………

投票を得んが爲めには其意見を異　する者とも說を同ふするが如く裝ひ之と親み之に愛嬌を振蒔かざるを得ず………

選擧競爭場裏に於ける要件は曰く大膽曰く鐵面皮にして雄辯なること曰く禮節を知らざること是なり彼の高尙なる感情と深遠なる智識の相結合し禮節を守り廉耻を重ずる等のことは毫も何等の用を爲さざるなり………

政黨とは何ぞや理論よりすれば政黨とは共同の目的を有する人々の結合にして立法及行政に對する自己の意見を實行するが爲相協力する所の團體なり然共此定義たるや唯小政黨に對してのみ之を適用し誤らざるも議會に於て其死命を制する大政黨の如きは決して共同の目的の下に相團結するものに非ずして其實一人の權威赫々たる野心家に屈從し此勢力を中心とし之に歸命頂禮するもたるのに過ぎざるなり

代議士は其眼中國利民福の外他事なきの道理なりと雖も實際は之に反し代議士の腦中には唯自巳の榮達と其政友朋黨の利益とあるのみ加之ならず代議士は國民の內に就き最も善良ならざるべからざるに拘はらず其實際を見れば鐵面皮にして野心の最も盛なる者なり………

議會の議事は一に熟練、公益、公利に由り之を決せざるべからずと雖ども却て常に議會の原動力たるものは剛情、利己心及雄辯の三者なることは實際の事實なりとす………

代議政治の產地と云はれ本場と稱せらるゝ英國に於ても今や代議政治は頗る危急存亡の秋に際會し代議代表なる觀念は既に其意義變じ又當初の意義を有せず………

議員の多數は黨爭の渦中に入るを屑とせず其結果全然公事を冷眼視し利害痛痒相關せざるものゝ如く會議に出席するを懈り殊更に直接議事に參與するを避くるに至り如斯きを以て立法事業も重大なる國政の審議も形式に拘泥し調和交讓を主とし虛構架空の仕組たる一場の喜劇に變し代議政治の實は之を擧ぐるに由なく全然失敗を以て終るに至れり…

立憲政體の最大瑾瑕は議院の向背に依り政黨を基礎とし以て内閣を造るの點に在て存するものにして政黨は皆各々一意政權の爭奪に熱中し國家の元首は議會に多數を制する政黨に屈從せざるを得ず内閣は多數政黨所屬の議員中より之を組織し一度得たる政權を維持せんが爲めには常に反對黨と戰はざるを得ず而して反對黨は又其全力を注ぎて無我無中に自己の競爭せる者の組織せる内閣を顚覆し代て其位置を占めんとす…………

政黨内閣は唯君主の專制的壓制に代るに議院の專制壓制を以てするに過ぎず二者相異なる處は唯君主は萬機を裁決するに道理を以て標準とするも議會の意思は飄々浮動唯多數の命ずる所に由て決せられ其所決する所は偶然の怪我に依り決して一定の方針なきに在り…………

政黨と云ふが如き戲劇の主眼たり目的たる所は唯權勢利益を奪略するに在るを以てなり、政黨の眞相斯の如し爰に於てか政事上の自由は唯憲法の章句の間に於て一片の紙上に僅かに其影を存するのみ君主政體の主義は亡び民主政體の主義は勝ち社會に贏ち得たる者は社會の秩序敗れ騷亂絶えず不信心の主義と現金主義の時を得顏に勃興するあるのみ

如斯黨弊を痛擊し政黨を排斥し、代議制度を否認する者あるに係らず、魯國に於ては一大革命を惹起した、曩に代議政治を不認し、政黨を排斥したる論者今何處にかあるとの感を生じた、政黨に弊あり、代議政治に失ありとするも現時の情勢上政黨を政治の實際界より驅逐することは不可能である政黨は理論や理想に依つて生じたものでなく政治界の實勢に依つて生れ出でたるものであるから立憲政治の存續する限り之を排除することは如何なる權力家と雖も爲し能ざる所である、故に大政治家大識者は政黨を嫌惡し抑壓して排斥せんよりは寧ろ之を善導して國家に貢献せしむるやうに努めねばならぬ。

我國に於ける政黨の由來を尋ぬるに明治維新後廟堂の大官中に軋轢を生じて或は征韓論となつて意見を異にし、或は西南戰爭となつて武力を以て爭ひたりしが比較的進步主義を抱ける政治家は多くは野に下つた、其の內板垣退助は特に憲法を制定し國民に參政權を與へ以て日本の政治組織を根本的に改造せんことを主張し國民的運動を起して自らその指導となつた、此の運動が漸次實を結び自由黨の根源となつたのである、卽ち板垣退助、江藤新平、由利公正、小室信夫、岡本健二郎、古澤迂郎等は連署して民選議員設立の建白を爲した其

の建白は左の如きものである。

臣等伏して方今政權の歸する所を案ずるに上帝室に在らず下、臣民に在らず、而して獨り有司に歸す、夫有司上、帝室を尊ぶと云はざるには非ず、而して帝室漸く其尊榮を失ふ、下、人民を保つと云はざるには非らず、而して政令百端朝出暮改政形情實に成り賞罰愛憎に出づ、言路壅蔽困苦告るなし夫れ是の如くにして天下の治安ならん事を欲す、三尺の童子も猶其不可なるを知る、因仍改めずんば恐くは國家土崩の勢を致さん、臣等愛國の情自ら已む能はず乃ち之を振救するの道を講求するに、唯天下の會議を張るに在るのみ天下の公議を張るは民選議院を立つるに在るのみ、則有司の權限專所あつて而して上下其安全幸福を受くる者あらん請ふ遂に之を陳せん、夫人民政府に對して租税を拂ふの義務ある者は、乃其政府の事を與知可否するの權利を有す、是天下の通論にして復喋々臣等の之を贅言するを待ざる者なり、故に臣等竊に願ふ、有司亦是大理に抵抗せざらんことを、今民選議院を立つるの議を拓む者曰く、我民不學無智未だ開明の域に進まず、故に今日民選議院を立る、尚應さに早かるべしと、臣等以爲らく若果して眞に其謂ふ處の如きか、則之をして學且智而して、急に開明の域に進ましむるの道卽民選議院を立つるに在り何となれば則、今日我人民をして學且智に開明の域に進ましめんとす、先其通義權理を保護せしめ、之をして自尊自重天下と憂樂を共にするの氣象を起さしめんとするは、之をして天下の事に與らしむるに在り、是の如くして人民其固陋に安し、不學無智自ら甘んずる者未だ之あらざるなり、而して今其自ら學且智にして、自ら其開明の域に入るを待つ、是殆んど百年河清を待つ類なり、基しきは則、今遽かに議院を立るは是れ天下の愚を集むるに過ぎざる耳と謂ふに至る、噫何ぞ自ら傲れるの太甚しく、而して其人民を視るの蔑如たるや、有司中智巧固より人に過ぐる者あらん、然れども安んぞ學問有識の人、世復諸人に過ぐる者あらざるを知らんや、蓋し天下の人、是の如く蔑視すべからざるなり、若し將た蔑視すべき者とせば、有司亦其中の一人ならすや、然らば則均しく是不學無識なり僅々有司の專裁と、人民の輿論公議を張ると其賢愚不肖果して如何ぞや、臣等謂ふ、有司の智亦之を維新に視る必ず其進みし者ならん、何となれば人間の智識なる者は必ず其之を用ふるに從て進む者なればなり故に曰く民選議院を立つる、是即人民をして、學且智に而して急に開明の域に進ましむる道なりと、且夫政府の職其宜しく奉じて以て目的となすべき者、人民をして進歩するを得せしむるに在り、故に草昧の世、野蠻の俗、其民猛暴慓悍而して從ふ所を知らず、是時に方て政府の職固より之れに從ふ所を知らしむるに在り、今我國既に草昧に非ず、而して我人民の從馴なる者、既に過甚とす、然らば則、今日我政府の宜しく以て其目的とすべき者、則民選議院を立て、我人民をして其敢爲の氣を起し天下を分任するの義務を辨知し、天下の事に參與せしむるに在り、則闔國の人、皆同心なり、夫政府の强き者、何を以て之を致すや、天下の人民皆同心なればなり、臣等必ず遠く舊事を引て之を證せず、且昨十月政府の變革（征韓論を云ふ）に就て之を驗す岌々乎として其危い哉、我政府の孤立するは何ぞや、昨十月政府の變革、天下人民の之が爲めに喜戚せし者幾かある啻之が爲めに喜戚せざるのみならず、天下人民の茫として之を知らざる者、十にして八九に居る、唯兵隊の解散に驚くのみ、今民選議院を立るは則、政府人民の間に情實融通して相共に合て一體となり、國始めて以て强かるべし、政府始めて以て强かるべきなり。

臣等既に天下の大理に就て之を究め、我國今日の勢に就て之を實にし、政府の職に就て之を論じ、及昨十月政府の變革に就て之を驗す而して臣等、自ら臣等の説を信ずること愈々篤く、切に謂ふ、今日天下を維持振起するの道、唯民選議院を立て、天下の公議を張るにあるのみと、其方法の議の如き、臣等必ず之を言はず、蓋し十數枚紙の能く之を盡す者に非ればなり、但臣等竊かに聞く、今日有司持重の説に藉り、事多く因循を務め、世の改革を言ふ者を目して輕々進歩として、之を拒むに尙早きの二字を以てすと、臣等謂ふ又之を辨ぜん。

夫れ輕々進歩と云ふ者、固より臣等の能く解せざる所、若し果して事倉卒に出る者を以て輕々進歩とするか、民選議院なる者は以て事を鄭重にする所の者なり、各省和せずして變更の際事、本末緩急の序を失し、彼此の施設相視さる者を以て輕々進歩とするか、此れ國に定律なく有司任意放行すればなり、是二者あらず則適さに其民選議院の立づんばあるべからざる所以を證するを覩る耳、夫れ進歩なる者は天下の至美なり、事々物々進歩せずんばあるべからず、然らば則ち有司必ず進歩の二字を罪する能はず、其罪する所必ず輕々の二字に止らん、輕々の二字民選議院と曾て相關涉せざるなり。

尙早きの二字の民選議院を立つるに於ける、臣等啻に之を解せざるのみならず、臣等の見正に之と相反す、如何となれば今日民選議院を立つるも尙恐らく歳月の久しきを待ち然して後始て其充分完美を期するに至らん、故に臣等一同も唯其立つことの晩からんことを恐る故に曰く、臣等は唯其反對を見るのみと。

有司の說又謂ふ、歐米諸國の今日の議院なるものは一朝一夕に設立せしの議院に非ず、其進歩の漸を以て之を致せし者のみ、故に我今日俄かに之を模するを得ずと、夫れ進歩の漸を以て之を致せし者、豈に獨り議院のみならんや、凡百學問技術機械皆然るなり、然るに彼れ數百年の久しきを積て之を致せし者は、蓋し前に成規なく、皆自ら之を經驗發明せしなればなり、今我其成規を擇んで之を取らば、何ぞ企て及ぶべからざらんや、若し我自ら蒸氣の理を發明するを待ち然る後始めて蒸氣機械を用ふるを得べく、電氣の理を發明するを待ち然る後我始めて電信の線を架するを得べきとするか、政府は應さに手を下すの事なかるべし、臣等既に已に今日我國民選議院を立てずんばあるべからざる所以、及今日我國人民進歩の度、能く斯議院を立るに堪ゆることを辯論する者は則ち、有司の之を拒む者をして口を藉する所なからしめんとに非ず、此議院を立る、天下の公論を伸張し人民の通義權理を立て、天下の元氣を鼓舞し以て上下親近し君臣相愛し我帝國を維持振起し、幸福安全を保護せんことを欲してなり、請ふ幸ひに之を擇びたまはんことを。

此の建白は民間に新しき政治問題を與へ自由思想の發展を促すの動機となつた、啻に政治界の失意者をして政府攻撃の利器を得せしめたるのみならず從來政權の與奪に何等の興味を感ぜざりし一派國民までも漸次個人の權利を唱へ政治の得失を批判するに至らしめた。

如斯國民に政治思想の發達を促進するに至らしめたが議會開設の事は明治二十三年を以て實現することゝなり之が爲め詔勅を發布せられた、時は明治十三年十二月である。

板垣等は民選議院開設の建議を爲して以來國會期成同盟會を作り輿論を喚起する所があつた、明治十四年末に至つて終

に主義を有し首領を有し形式組織を具ふる完全な政黨を現出せしめた、自由黨と稱するもの夫れである、其の盟約は

一、我黨は自由を擴充し權理を保全し幸福を增進し社會の改良を圖るべし

二、我黨は善美なる立憲政體を確立することを希望するものとす

三、我黨は日本國に於て我黨と主義を同じくするものと一致協合して以て我黨の目的を達すべし

と、此の自由黨の組織成りて後立憲政黨なるものが成立したが世人は之を自由黨と同心一體の動作をなすものと認めた、翌十五年三月九州改進黨が成立した、其の綱領に曰く

第一條　我黨は自由を伸長し權利を擴張するを以て主義とす

第二條　我黨は社會を改良し幸福を增進するを以て目的とす

第三條　我黨は立憲政體を確立するに務むべし

第四條　我黨は廣く主義目的を同じくするものに一致結合すべし

と其の他各地至る所に政黨の團結起りたるも皆中央自由黨の流れを汲むものである、同年大隈重信等官吏の經歷を有する者、都市の富豪、地方の資產家を勸して改進黨を樹てた、其の綱領は左の如くである。

大詔一降立憲の事定まる、我儕帝國の臣民は萬世一遇の盛時に遭ふ惟ふに此際如何の計劃を爲し如何の職分を盡し帝國臣民たるに愧ざることなき乎、他なし唯一團の政黨を結び相集り相同じくして、我輿望を表するあらむ耳、來れ我兄弟來つて我政黨を結び臣民たるの職分を盡せよ。

幸福は人類の得んことを期する所なり然れども少數專有の幸福は我黨之に與せず、蓋し如斯の幸福は所謂利己のものにして我黨の冀望する王室の尊榮と人民の幸福とに反すればなり、王室の尊榮と人民の幸福とは我黨の深く冀望する所なり然れども一時暫且の尊榮幸福は我黨之を欲せず、蓋し如斯きの尊榮幸福は所謂一時頃刻の者にして我黨の冀望する無窮の尊榮と永遠の幸福に反すればなり、是を以て若し一に私黨の我帝國を專にし王室の尊榮と人民の幸福を蔑にし目前の苟安を竊み、永遠の禍害を顧ざるものあらば我黨は之を目して以て公敵と爲さんとす、我黨は王室の無窮に保持すべき尊榮と人民の享有すべき幸福を冀ふの人を以

て此の政黨を團結せんとす來れ我兄弟來つて我政黨を結び以て其冀望を表明せよ、政治の改良前進は我黨の冀望して止ざる所なり、蓋し政治にして其改良を加へ、其前進をなさざれば徒に無窮の尊榮を冀ひ空しく永遠の幸福を望むも終に之を全ふするを得べからざればなり。

政治の改良前進は我黨之を冀ふ、然れとも急激の變革は我黨の望む所に非ず蓋し其順序を逐はずして遽かに變革を爲さんことを計るは即ち社會の秩序を紊亂し、却つて政治の進行を妨碍する者なればなり是を以て彼の急躁を競ひ、好んで激昂を努むる者の如きは我黨の卻けて共に其希望を與にせざるものなり、我黨は實に順正の手段に依て我政治を改良し着實の方便を以て之を前進するあらんことを冀望す依て約束二章を定むる左の如し。

第一章　我黨は名けて立憲改進黨と稱す

第二章　我黨は帝國の臣民にして左の冀望を有する者を以て是を團結す

一、王室の尊榮を保ち人民の幸福を全ふする事

二、内治の改良を主とし國權の擴張に及ぼすこと

三、中央干渉の政略を省き地方自治の基礎を建つる事

四、社會進步の度に從ひ選擧權を伸濶する事

五、外國に對し勉めて政略上の交渉を薄くし通商の關係を厚くすること

六、貨幣の制は硬貨の主義を持すること

茲に改進黨成立したる爲民間の政治界は二分せられ、一は自由黨に屬し二は改進黨に屬することゝなつた、而して此自由改進の二黨に次いて立憲帝政黨なるものが生した、其の黨議綱領を見るに

我立憲帝政黨は明治八年四月十日及明治十四年十月十二日の勅諭を奉戴し内は萬世不易の國體を保有し公衆の權利康福を鞏固ならしめ、外に國權を擴張し各國に對して光榮を保たんことを冀ひ、漸に循ひ步を進め、守舊に泥ます躁急を爭はす、恒に秩序と進步の併行を求め以て國安を保持し以て改進計劃せんことを主趣とす、依つて左に揭くる所を以て我黨の綱領と定む

第一章　國會開設は明治二十三年を期すること聖勅に明かなり、我黨之を遵奉し、敢て其伸縮遲速を議せす

第二章　憲法は聖天子の親裁に出つること、聖勅に明なり我黨之を遵奉し、敢て欽定憲法の則に違はす

第三章　我皇室の主權は聖天子の獨り總攬し給ふ所たること勿論なり、而して其施用に至つては憲法の制に依る
第四章　國會議院は兩院の設立を要す
第五章　代議人選擧は其分限資格を定むるを要す
第六章　國會議院は國內に布く法律を議決するの權あるを要す
第七章　聖天子は國會議院の決議を制可し若くは制可せさるの大權を有し給ふ。
第八章　陸海軍人をして政治に干涉せしめさるを要す
第九章　司法官は法律制度の整頓するに從ひて之を獨立せしむるを要す
第十章　國安及秩序に妨害なき集會公論は公衆の自由なり演說新聞著書は其法律の範圍內に於て之を自由ならしむるを要す
第十一章　理財は漸次に現今の紙幣を變し交換紙幣となすを要す

と之れに依て立憲帝政黨は保守主義を持して樹立せらたことか明かである、自由改進の二黨は進步主義に依るものである茲に三黨鼎立して相爭ふこととなつた、而して同じく進步主義を有する自由、改進の二黨また互に相爭ふの狀態である。此二黨は主義に於て合すべくして爭ふへきの理由なきも其氣象感情に於て互に排斥する、自由黨員は改進黨の輕儇怯懦にして衒氣多きを罵り、改進黨員は自由黨員の粗暴無識にして輕擧妄動するを嘲るのである。

斯くて後政黨に聊か其氣勢を衰退したか此秋官僚政治は擡頭した、則ち明治十八年伊藤博文は自ら東洋のビスマークたらん事を期し、諸般政務に改正を加へた、此政策は全く獨逸式の官僚主義に傚ひ歐化政略に依りて急激なる社會改良を促かすことゝなつた、玆に於てか政府の與黨たる立憲帝政黨は敢然政府を攻擊し其の歐化政略を排斥し始めた、自由改進の二黨もまた此の機會を利用し鉾を列ねて政府に反對した、三政黨は一齋に政府に攻擊したので政府は孤立の有樣となつた。

明治二十年政府は民黨員の主なる者に對し保安條例に依て退去を命じ其の疾風迅雷的處置は國民をして呆然たしむるものがあつた、之が爲めに民心は激昂したか此の人心の高潮に掉して政府と決戰せんと企てたるは後藤象二郎である、則ち彼は奮然起て大同團結を唱道し、自由、改進、保守及中立のあらゆる分子を網羅することとなつた、實に彼の獅子吼は國民

をして譯もなく思慮もなく、未來の希望もなく、雷同附和せしむるに至つた、此の政界の狀況を見陸軍中將鳥尾小彌太は天の一方に尤も鮮明なる保守主義の旌旗を擧げ新保守黨を組織した、其の趣意に曰く

保守とは守成を主とし、結果を受用するを目的とす、今此の主義を明かならしめんが爲に之が反對を示すべし我反對說を改進急進と爲す、此の改進急進論者は結果を棄て、偏に想像を目的とし、國家を改造せむと欲するものなり、此の國家改造の說は其の底止する所を知らず、故に國家を常に構造中に置き試驗中に置くものなり、若し保守黨あつて之を制せずんば危險之より甚しきはなからむ、兩派の分離するは主義目的を以て之が名を立つるものなり、されば其の實際に就いて云へば保守黨にして改むることもあり、改進黨にして守ることもあるべし、其の目的主義より生ずることなれば其の意自ら同じからず

と述べ保守黨の綱領を宣言して居る、即ち

第一條　吾黨は我日本皇國内に樹立する各政黨の間に嚴正し、大中至正確乎不拔なり

第二條　吾黨は我聖天子の親裁公布し給ふ所の憲法を遵奉し、皇權の尊嚴を翼贊し奉り、民權の貴重を敬維すべし

第三條　吾黨は名分を正して大義を鳴らすに臨みては毫も忌憚躊躇する所なかるべし

第四條　吾黨は上下兩院の規定權限より、立法行政の區域權限は一に憲法の明文に恭順すべし

第五條　吾黨は質素儉約を以て經國の基本と爲し、政費を節し、民力を養ひ、百般經國の大政を永遠に期すべし

と此の保守黨は國家の改造を絕對に否認するの主義である、明治二十二年二月十一日憲法は發布せられ、國民は其の光榮を祝福しつゝある間に大同團結の首領後藤象二郎は其の政友を捨て躍として內閣員に列した、而して改進黨は其の首領たる關係に因り時の外務大臣大隈重信の條約改正案を贊成し、極力之が辯護に努めたが、他の各派政黨は一齊に之を攻擊し大隈大臣傷害せられ條約改正は中止となつた、此の秋大同團結は分裂したのである、曩日解黨したる舊自由黨員は板垣退助を黨首に擧げ愛國公黨を組織して第一回衆議院議員のに臨んだ、此の時存在する政黨は大同派、愛國派、關東自由派、改進黨、九州進步黨、保守中正派、保守派、自治派の八黨で所謂小黨分裂の狀態であつた、斯くて帝國議會の開會に

先ち時の山縣總理大臣は地方官に對し左の如き訓令を發し以て超然內閣たるの主旨を發表した。

憲法の實施は方に近きに在り、國家の盛事日を期して待つの時に當り、他の一方に於ては、人心激昂して政論に競爭し、黨比して相閱く亦勢の免れざる所なり、加ふるに外交事件の困難を以てし轉々物論洶起の媒を爲すに際したり、此の時に當り、中外官僚の務は、唯一意純誠聖旨を奉戴し百難を凌ぎ、同心協力、以て立憲の大事を賛け、終局の美果を收むるの一途あるのみ、本官不肖なりと雖も、各位と共に力の有る所を盡して、此の至難の義務を全くせんことを願ふものなり、

地方の施政は、各位既に分憂の任に當り、其計畫措置各々一定の針路あり、今茲に最も注意を要する所の者は、此の時に當り各位は宜しく屹然として中流の砥柱たるべきのみならず、亦宜しく人民の爲めに適當の標準を示し、其偏頗を抑へ、向ふ所を謬らざらしむることを勉めざるべからず要するに行政權は至尊の大權なり、其執行の任に當る者は宜しく各種政黨の外に立ち引援附比の習を去り專ら公正の方向を取り、以て職任の重きに對ふべきなり、

敎育殖產其他內地の事業は、仍ほ改正提起を要する者あるに拘らず、二十年來の經營に依り、漸くに其步を進め駸々として前途の望むべきあり、今或は一時政論激動の爲めに挫折停滯せば、忽ちにして退却の狀を現すに至らしめんとす、是亦宜しく意を加へて勸導し、以て前緖を繼續し、人民の幸福を增進することを期すべきなり、

一地方の公益は、全國の公益と必しも相干涉せざるものなり、故に各地人民の幸福を進めんと欲せば、宜しく政論の外に立ち、各其區域の內に畫策する所あらざるべからず、一村人民は、各其一村の公益を進め、一郡の人民は各其一郡の公益を進め、一縣の人民は各其一縣の公益を進むることを遺忘せず、汲々として力むる所を知らば、全國の公益は從て其進路を失はざるは必然の結果ならざることを得ず今若し之に反して、一縣一郡又は一村にして却て中央の政論に熱心し、其選擧又は會議等を機として、黨派の爭論を開くことあらば其勢は、延て小民に及び怨讐相結び狂暴之に乘し、春風和風子を育し孫を長するの地は、轉じて喧囂紛爭の巷となり、家を富まし國を利するの業は得て與すべからざらんとす、之を各國の歷史に徵するに古今政體變遷

の間尤も戒むべき事情なりとす、

之れ畢竟中央政治と、地方政治とを混淆するの謬の致す所によらずんばあらず、今遽に是等深奥の理論を分析して地方の政論を一轉するは、極めて至難の事に屬すと雖も、各位若し懇に意を加へて提携訓導し、其良知に訴へ、釋然たる處あらしめば、猶ほ其横流を未決に救ひ、前途平易に歸する事を望むべきなり、

治道の要は平易にして民に近き、上下阻隔する所無く、法律規則の外に於て、藹然として親和する所あらん事を欲す

處務手數の繁細及延滯なるにより、小民をして徒に其時を失はしむるは、最も壓苦を招くの道なり、之れ宜しく及ぶべく簡易敏速を主とし、力めて煩苛の弊を除くべし、

地方の經濟は、其要勤儉にあり、奢美相競は殖產僅に進むの國に在りて、最も富源の毒を流すものなり、親民の官は宜く清廉を守り、貨利豪華の習を擯斥せざるべからず、地方の風氣一とたび敗るゝときは、人心離散して復た收拾すべからざるに至らしむ、

本官各位と相見るの期近きに在りと雖も、地方の事宜深く憂慮に切なり、玆に謹みて聖旨を受け、聊施治の務を示す各位の厚く此の意を體せられんことを望む、

山縣內閣は政黨の外に立ち敢て黨爭の渦中に入るを避けんとなしたるも政黨の勢力は愈熾となり、其後內閣組織者交迭あるも民黨との軋轢止むなく、遂に民黨征伐者品川彌二郎は同志と共に國民協會を組織し以て權勢を擁護せんとしたるも、民黨は議會に於て過半數を制し、政府黨は常に失敗に歸した

此の衝突は二十六年度豫算の審議に際し、其極點に達した爰に於て大詔の煥發となり其結果は民黨の分裂を來たしたのである。

明治二十七年の選擧の時に於て自由黨、改進黨、國民政社、同志政社、同盟政社、政務調査派、舊大日本協會の七派に分かれたか同年九月の選擧に際しては自由黨、改進黨、革新黨、國民協會、中國進步黨、財政革進會の六派となつた、同二十九年の春に至り自由黨の勢力大なるに對し鑑みる所かあつて、改進黨、革新黨、中國進步黨、財政革進會等は合同して進步黨を組織した、其の政綱は左の通である、

我黨は進步主義を執り、皇室の尊榮を宣揚し、人民の權利幸福を增進せん爲め、左の政綱を定む、

一　政弊を改革し責任內閣の完成を期す、

二　財政を刷新し國權の擴張を期す
三　財政を整理し民業の發達を期す

斯くて二大政黨の狀態を呈したが第二十二議會に於て自由黨と進步黨とは政府攻擊の爲め同盟し遂に明治三十一年六月共に解黨して憲政黨を組織し左の宣言を發表した

宣　言　書

憲法發布議會開設以來將に十年ならんとす、而して此の間解散は已に五回の多きに及ふ、憲政の實未た全く擧らす、政黨の力未た大に伸びず、是を以て藩閥の餘弊尙ほ團結し爲めに朝野の和協を破り、國勢の遲滯を致せり、是れ擧國忠愛の士の慨嘆する所なり、今や吾人は內外の形勢を鑑み斷然自由進步の兩黨を解き、廣く同志を糾合して一大政黨を組織し、更始一新以て憲政の完成を期せんとす、因て茲に之を宣告す

綱　領

一　皇室を奉戴し、憲法を擁護する事
二　政黨內閣を樹立し、閣臣の責任を嚴明にする事
三　中央權の干涉を省き、自治制の發達を期する事
四　國權を保全し、通商貿易を擴張する事
五　財政の基礎を鞏固にし、歲計の權衡を保つ事
六　內外經濟共通の道を開き、產業を振作する事
七　陸海軍は國勢に應し適當の設備を爲す事
八　運輸交通の機關を速成完備する事
九　教育を普及し、科學を獎勵する事

憲政黨は組織せられ、伊藤內閣は崩壞した、茲に於て大隈、板垣は憲政黨を率ゐて內閣を組織した、我國に於ける政黨內閣は之を以て嚆矢とす、然れとも自由黨系と進步黨系とは全く融和せす、互に相抗して內訌を生し、半歲ならすして兩黨は分裂し內閣亦瓦解した、自由黨系は憲政黨の名を襲踏し、進步黨系は憲政本黨と稱し復二黨相對立することゝなつた、然るに同三十二年七月帝國黨は生れた、實に舊國民協會員之が中樞の位地を占め左の政綱を發表した。

第一　我黨は欽定憲法の旨趣を恪守し、萬世一系の國體を擁護し、以て祖先建國の鴻謨を贊襄せんことを期す
第二　我黨は軍備の充實を謀り、以て帝國の宇內に於ける位置を維持し、世界の平和を確保せんことを期す
第三　我黨は開國進取の國是を恢暢し、以て東亞の文明を扶植し、帝國の權利利益を伸張せんことを期す

第四　我黨は國家經濟の基礎を鞏固にし、財政を整理し實業を振作し以て國力を充實せんことを期す

第五　我黨は敎育勅語を遵奉し、國民道德の精神を發揚し以て風敎を扶持し文明を增進せんことを期す

第六　我黨は國家社會政策を擴充し、救貧備荒の實を擧け勞働者を保護し、以て新會の秩序を整齊せんことを期す

第七　我黨は隣佑團結の實を擧け地方自治の完備を謀り、以て國民自營の道を全ふせんことを期す

第八　我黨は交通機關を完整し、運輸通商の道を恢擴し以て國家事業の發達を期す

先是政府と憲政會とは協政し來りたるか遂に絶緣した、時に伊藤博文は政黨を無視するの誤謬なりしことを悟るのみらず政黨內閣すらも是認するの意見を懷抱するに至り、新運動を起し、自ら政黨を組織せんことを企て、私かに劃策する所があつた、明治三十三年九月遂に憲政黨を改めて政友會と爲し左の宣言書を發表した。

帝國憲法の施行既に十年を經て、其の効果見るへき所以のものありと雖、輿論を指導して善く國政の進行に貢せしむるに至りては、其の道未た全く備はらさるものあり、即ち

各黨の言動或は憲法の既に定めたる原則と相杆格するの病に陷り、或は國務を以て黨派の私に殉するの弊を致し或は宇內の大勢に對する維新の宏謨を相容れさるの陋を形し、外帝國の光輝を揚け、內國民の倚信を繫くに於て、多く遺憾あるを免かれざるは博文の久しく以て憂としたる所なり今や同志を集合し、其の遵行する所の趣旨を以て世に質すに方り聊か黨派の行動に對して、予が希望を披陳すべし。

抑々閣臣の任免は憲法上の大權に屬し、其簡拔任用或は政黨員よりし、或は黨外の士を以てす皆元首の自由意志に存す而して其の己に擧けられたる輔弼の職に就き、献替の政事を行ふや黨員政友と雖も決して外より之に容喙するを許さず、苟も此の本義を明にせざる乎、或は政機の運用を誤り或は權力の爭奪に流れ、其の害言ふへからさるものあらむとす、予は同志を集むるに於て全く此の弊害の外に超立せんことを期す。

凡そ政黨の國家に對するや、其の全力を擧け、一意公に報するを以て任とせさるへからす、凡そ行政を刷振して、以て國運の隆興に伴はしめむとせば、一定の資格を設け、黨の內外を問ふことなく、博く適當の學識經驗を備ふる人才

を收めさるべからず、黨員たるの故を以て、地位を與ふるに能否を論せざるか如きは、斷して戒めさるべからす、地方若くは國體利害の問題に至りては、亦一に公益を以て準と爲し、緩急を按して之が施設を決せざるべからず、或は鄉黨の情實に泥み、或は當業の請託を受け、與ふるに黨援を以てするか如きは亦斷して不可なり、予は同志と共に此の如き陋套を一洗せむことを希ふし政黨にして國民の指導たらむと欲せは先つ自ら戒飭して其の紀律を明にし、其の秩序を整へ專ら奉公の誠を以て事に從はざるべからず、博文竊かに自ら揣らす、同志と立憲政友會を設け、以て黨派の宿弊を革めむことを企つるもの、區々の心、聊か帝國憲政の將來に裨補して、報効を萬一に企圖せむとするに外ならず、茲に會の趣旨とする要領を具し、以て天下同感の士に問ふ

而して更に政見を述べて曰く

余等同志茲に相謀りて、立憲政友會を設け忠義以て　皇室に奉し國家に對する臣民の分義を盡さむと欲す、其の趣旨とする所の要領左の如し

一　余等同志は憲法を恪守し、其條章に循由して統治權の施用を完からしめ、以て國家の要務を擧け以て各箇の權利自由を保全せんことを期す

二　余等同志は維新中興の宏謨を遵奉し、之を翼贊して以て國運を進め、文明を扶植することを勉むべし

三　余等同志は行政の機能を充全にして、其の公正を保たむことを望み、選叙を精にし、繁縟を省き責任を明にし紀律を正し、處務を敏活にし、時運の進步と相伴はしめむことを努むべし

四　余等同志は外交を重じ、友邦の誼を厚くし、文明の政以て遠人を倚安せしめ、法治國の名實を全からしめむことを努むへし

五　余等同志は中外の形勢に應じて國防を完實するを必要とし、常に國力の發達と相伴行して、國權國利の防護を完全ならしめむことを望む

六　余等同志は敎育を振作し、國民の品性を陶冶し、公私各國家に對する負擔を分つに堪ふるの懿德良能を發達せしめ、以て國礎を牢くせんことを希ふ

七　余等同志は農商百工を奬め、航海貿易を盛にし、交通の便利を增し、國家をして經濟上生存の基礎を鞏からし

めむことを欲す

八　余等同志は地方自治をして隣佑團結の實ならしめ、其の社會上及經濟上の協固を完全ならしめむことを圖るべし

九　余等同志は國家に對する政黨の責任を重じ、專ら公益を目的として行動し、常に自ら戒飾して、宿弊を襲ふことなきを勗むべし

之れに依りて觀れば伊藤博文が如何に既成政黨の情偽を知り其の缺點、弊害を芟除し、以て大なる期待を持し、政界の革新を企てたるかを窺ふに足る、斯の如き情勢の下に一大新黨たる政友會は成立した、而かも他方に於ては憲政本黨あり又新會あり、戊申俱樂部あり、大同俱樂部あり何れも政友會と其の大を競ふを待ず、茲に於てか憲政本黨は又新會、戊申俱樂部の一部と共に立憲國民黨を組織するに至つた、大同俱樂部は殘餘の分子を糾合して中央俱樂部を設けたのである、立憲國民黨が其の結黨を爲すに當りて發表したる綱領を見るに左の通である、先是明治四十年一月二十日憲政黨本黨の首領大隈重信は黨籍を脱するに至りたる政略の實情は尤も注目に値する所である。

立憲國民黨の綱領

一、責任内閣を樹立し憲政の完美を期する事
一、文武の均衡を保維し國費分配の適正を期すること
一、國防の緩急と軍備の順應を期する事
一、國際の平和を尊重し利權に伸暢を期する事
一、內政を改善し地方自治の更張を圖る事
一、稅制を整理し財政基礎の鞏固を期する事
一、農商工を奬勵し國力の充實を期する事
一、交通機關を整備し富源の開發に資する事
一、敎育制度を改新し國民精神の健實を期する事

である、立憲國民黨は二大政黨責任內閣の完成偏武政策の打破、外交の刷新惡稅の廢止を主張して居る、此時立憲政友會及中央俱樂部ありて茲に三派鼎立を見るに至つた。

大正二年の春に至り桂太郎は私かに秘案を講じ新政黨の樹立に腐心する所があつたが茲に突如として宣言書を發し立憲同志會を組織した、其後同會は綱領及政策を發表したが其の綱領を記すれば左の如きものである。

綱領とは我黨の永久に遵守すべき大方針にして既に本會創立宣言書中に之を聲明せり、今之を列記すれば

一、皇室を中心として忠愛の大義を顯彰すべし

一、維新の鴻圖を翼賛し開國進取の皇謨を扶翼すべし

一、憲法の條章を恪守し天皇の大權を尊重し國務大臣の責任を嚴明にし臣民の權義を保全すべし

一、教育を普及して國民の公德を進め以て立憲的智能を啓發すべし

一、民族同胞の情義を推擴して社會改良共濟の道を濟すべし

一、農商工業の發達を圖り以て民力を充實すべし

一、殖　地の統理を完うして國基を鞏固にすべし

一、威信を中外に貫徹して世界の平和に貢献すべし

一、庶政を更張して地方自治の粛政を期すべし

其後大正三年四月大隈重信内閣を組織したが茲に内閣擁護の爲國民黨同志會等所謂非政友を合同して新政黨を組織せんと企てたるも其の意を果さず遂に國民黨の脱會者及同志會を中心として進歩倶樂部を造るの止むを得ざるに至つた、其後非政友の同志は憲政黨を組織し以て政友會と對立するに至つた其の政權は同志會のそれと大同小異なるは世の識る處である即ち大正五年十月十日發表したる宣言及綱領は左の通りである。

立憲の宣言

今や宇内の形勢、愈々益々紛糾を極め、歐亞東西の列强を驅りて、洶湧不測の渦中に投じ、各其運命を決せしめんとするものあり、是れ實に帝國隆替の繋る所、是時に當り、擧國の心力を傾注し、之に順應するの國策を確立し、上下協力國に報ずるに非ざれば、將に百年の悔を貽さんとす。吾人深く此に鑑み、爰に新政黨を組織し、立憲の本旨を天下に宣言す。

我國體の一ありて二なく、金甌無缺の名譽と光輝とを、獨り世界に專らにする所以のものは、君民一致、常に建國の本旨に率由し、未だ曾て一日も之を失墜せざるに由りてなり。是れ此建國の進取と國民の慶福とは、繋りて全く此に在り。大義は愈々益々之を顯彰し、以て帝國の精華を發揮せざる可からず。

開國進取の皇謨は中興維新の大精神にして、我帝國の更始一新、以て今日あるを致したるは、則ち之が成果たるに外ならず、自今一層此皇謨の大精神を擴張し、内は愈々帝國の自

疆に資藉し、外は益々列强との交誼を親善にし、威信を四海に宣布して、世界の平和と文明とに貢献する所なかる可からず、殊に東亞の大陸は近く我國と相對し、其一治一亂は、直ちに我國安の如何に影響するものあり。加之、今日世界戰亂の窮極する所、列强の競爭は應に此方面に集中すべきを疑はず帝國たるものは之に對し、自衛と善隣の大義に仗り、有無の共通に於て向上の誘掖に於て、勢力の均衡に於て、平和の保障に於て、卓然として列强の右に出でざる可からず。

憲政に貴ぶ所のものは、憲法の條章に則り、天皇の大權を尊重して内閣の責任を嚴明にし、國家の大政をして常に國民的大基礎の上に運用せしむるに在り。然るに我國の現狀たる弊竇相承け、閣臣責任の大義動もすれば紛更を免れず、國政爲に中樞を逸し國民をして嚮ふ所を知らざらしむ。斯の如くにして底止する所なくば、天皇輔弼の責、果して其れ誰にか歸せむ、是れ上は至尊を煩はし奉り、下は國民に辜負する者なり。國家立憲の本義に於て、斷じて之を容るゝを得ず。

轉じて世界の大勢に鑑みれば、列强の競爭は日に益々甚しく、其弱小なる者は自ら存せず。其强大なる者も、尚ほ且つ獨立衛を争ふに任へず。數强連合、始めて國を保つに至れり帝國幸に東海の上に奠安すと雖も、一日之を等閑視するを得ず、常に大勢の趨向に省察し、國防の充實に怠る可からず。然れども興國の大本に至りては、財政經濟の基礎を鞏固にし國力の充實を圖るに在り。所謂富强は二にして、一なり。並に之れが必致に努めざる可からず。

之を外にして益々敎育を普及し、國民一般の智德を誘發し立憲思想の涵養に怠る可からさるは、其一なり。愈々産業を振興し、交通を完全にし、國富民力の增進に資す可きは、其二なり。社會改善の政策を實行し、國民生活の向上を幇く可きは、其三なり。行政司法の庶政を更張し、官紀風紀の振肅を期し、併せて地方自治の刷新を圖る可きは、其四なり。

最後に由來の黨弊を排除し、公黨内に許すの赤誠を披瀝し國民の最大多數と倶に、皇謨の在る所に則り、國運の進展を贊襄せむことを期し、爰に本黨の綱領を擧げて、普く之を天下に宣言す。至誠國を愛するの士、幸に四來して、力を本黨に戮せられよ

綱領

一　皇室ヲ中心トシテ建國ノ大義ヲ顯彰スヘシ

一 維新ノ宏謨ヲ賛襄シ開國ノ進取ノ國是ヲ恢弘スヘシ

一 憲法ノ條章ヲ恪守シ天皇ノ大權ヲ尊重シ責任ノ大義ヲ嚴明ニシ憲政有終ノ美ヲ濟スベシ

一 列國トノ交誼ヲ敦ウシ威信ヲ中外ニ宣揚シテ以テ世界ノ平和ニ貢献スヘシ

一 財政經濟ノ基礎ヲ鞏固ニシテ國力ノ充實ヲ期スヘシ

一 世界ノ形勢ニ鑑ミ國力ニ應シテ國防ノ充實ヲ期スヘシ

一 敎育ヲ普及シテ國民ノ智德ヲ進メ立國思想ノ涵養ニ力ムヘシ

一 産業ノ振興ヲ圖リ交通ノ發達ニ務メ以テ國富ノ增進ヲ期スヘシ

一 社會改良ノ政策ヲ實行シ國民生活ノ向上ヲ圖ルヘシ

一 庶政ヲ更張シ綱紀ヲ振作シ地方自治ノ肅淸ヲ期スヘシ

大正十一年の秋國民黨は解散して他の同志と共に革新倶樂部を組織したか未だ政黨と認むるに至らずして今日に及ぶ、上來記する所に依り見るに我國現時の政黨は其の主義に於ては大差なく而かも各派の存在するは同せんとして和せざるに止まり、恰かも往年の自由黨と改進黨の鬩涉に類す。

各政黨の綱領より見る時は何れも正義を重じ嚴正を守り而かも悉く地方自治團體の開發を圖るものにして自治行政上より見敢て之を排斥するの理なきが如し、然るに甲派は乙黨の弊害を指摘し時に之を僞黨と嘲笑することあるも世より之を見れば甲派も乙黨も同じく政黨たる以上は深淺厚薄の差あるも所謂黨弊と認むべきの行動の存する事は同一である、地方政黨員の所感を聞くに黨の幹部員は名譽と位地とを有し一旦政權を握れば大臣となり、大會社の社長となるも普通黨員にありては然るを得ず、政權を得ると否とに拘はらず常に努力と出資との外又た他に得る所なし、故に地方に於て利權を獲得せざれば敢て黨員たるを望むべきに在らずと之の言能く人情の存する所を明かにしたるものである、此の心理を理用することに依て政黨は其の大なるを得るものである、素より主義政綱に於て相一致する者協力政治に參與し其の目的を達せんが爲めに團結するを眞の政黨と稱すべきは勿論である、然れども一般に此の理を解し愛國の精神と民福の增進とを理想として終始するを望むは事甚だ難し、既に政黨にして社會より消滅せしむることと不可能とすれば公正なる方法に依り黨員に利權を與ふるの外なきものである、世に政黨の改造を主張する者あるは吾人の耳にする所であるが既成政黨を消滅せしめ新なる理想に基きたる新政黨を創造せんことは、我國現時國民の政治的智識と道德と認識との程度に徴して一大疑問なりと謂ざるを得ない、然らば所謂既成政黨の黨弊なるものを除去することに依りて吾人は滿足するの外はない、政黨にして存在し常にの其勢力を維持擴張せんとするには勢ひ地方自治團體の機關を占領するを以て捷經とする、故に政黨員が此の點に努力するは自然の理である、自然の情勢である之を阻止せんとするは恰かも水の低きに趣くを防がんとすると同理である、地方民をして政論の外に立ち政黨と風馬牛たらしめんことは單に紙上の空文たるに過ぎない、假令一政黨が地方自治團體の機關を占領するも其團體共同の福祉の增進に努力するならば毫も之を排斥すべきものでない若し其の機關を組織する者、妄りに自己の屬する政黨の勢力を利用して團體の利害得失を考慮せず共同の福祉を省察せざるが如きあらば厭ふべく又た排すべきの事である、此の故に其の機關を組織する者をして克く公益を以て準と爲し一に團體の利益を企圖實行せしむるは團體員の自治行政に於ける認識と努力とに待つべきものである、之が卽ち民衆力の表現である。

一地方自治團體の機關を組織する者が總て同一政黨に屬するに於ては敢て紛爭を見ず平和裡に其の行政は執行せらる、されど各政黨間に在りて互に團體の機關を占領せんとし爲に或は甲黨員過半數を占むるが如き或は常に甲黨員過半數を占めて黨員は不斷に少數なるが故に機會ある每に多數を制せんことに焦慮し或は中立者の爲に甲黨乙黨何れも過半數に達せずして其の中立者を自黨の贊同者たらしめんことに努力するの結果、中立者の去就往々紛爭の因となること少からず、如斯き狀態の團體に在りては甲黨員の主張する所、乙黨員之に和せず、所謂反對せんが爲めに反對するの風を生じて事に相爭ひ其の結果團體の利益福祉は到底之を招致するの機なからしむるものである。如斯きは實に地方自治團體を毒するものと云はなければならない、理論の上より又實際の上より地方自治團體の行政に臨むに政黨の力を以てすることは害多くして利少なきものである、歐米諸國に於ても又た之を憂慮する識者少なからざるを見る左に歐米の數國に於ける政黨と地方自治團體との狀態を略說する。(外務省の調査に基く)

一、英國

英國地方自治團體の一切の事務は『カウシテイカウンシル』及『ボロー、カウンシル』に於て行はるゝ、此等議會の議員は地方に依り各種の黨派に分れ其選擧に際しては各々其綱領を發表し之に依り互に相爭ふことありと雖も其綱領たる全然地方的問題にして地方の異るに從ひ之を異にし一樣なることなし、勿論或る黨派は其主義に於て保守黨の傾向を帶び或る黨派は自由黨の臭味を有し選擧競爭の際幾分か兩黨員中其同派の者に對し援助を與ふることあり又た各政黨々務發展上地方議會議員の翼贊を得ることあれども地方自治體と各政黨との間に何等顯著なる關係なし。

二、佛蘭西

地方自治團體は縣郡市町村の三級より成ると雖も郡は殆んど自治團體たるの實を具備せず、縣知事郡長及市町村長は地方自治團體の職員たると同時に中央政府を代表する行政長官にして市町村長は市町村會の選擧する所なりと雖も縣知事及郡長は政府之を任命するが故に從つて中央政府の手足たること多く且つて保守黨は之を自黨に收めて盛に選擧に干渉を試み共和黨を苦しめたることあり。

縣會及市町村會に於ける政黨別は中央議會に於けると同じ概言すれば各地方の縣會市町村會を通じて急進黨最も勢力あり、各市町村に急進黨事務所あり官憲の庇護する所たる形跡ありて急進黨の跋扈は之が爲なりとの非難を聞く、社會黨は縣會に勢力なきも都會に於ける市會に地盤を占め來れり、進歩黨は急進黨の如く地方的組織を有せざるが故に之に比して勢ひ薄く右黨は西部地方の市町村會に勢力殘存す。

首府所在地たる「セイヌ」縣會に於ける政黨は各地方政黨の中心を爲し政治上特に重大なる勢力を有す、各縣會は上員議員を選擧するを以て此點に於て政治上重要なる地位を占む、社會黨が上員に議籍を有するに至らざるは未だ縣會に勢力を得ざるが爲なりと云ふ。

三、白耳義

白耳義の地方自治團體の機關には自由黨に屬する官公吏の在職する者多く殊に大市町村の地方行政は殊んど凡て政府反對黨の手中にありと云ふも敢て過言に非らず。

四、濠洲

此國の地方自治體は其組織の性質上各州より分離して自治するが故聯邦及各州の如く政黨の響影を蒙ること甚だ少なく殆んと政黨には關係なきに似たり。

五、加奈陀

此國に於ける市町村長參事官員等の自治體の各機關は人民の直接投票に依りて選擧せらるゝも全く黨派の關係を離れ純然たる市町村の利害を顧み各自の見る所を以て投票を行ふものなるを以て政黨とは何等の關係なし。

六、伊太利

此國に於ては國會及地方議員は一般に世人の尊敬を受くるを以て市町村會議員の選擧にも競爭を生ず殊に羅馬市に於ては保守的聯合及民主的聯合の二黨派に分れ市會議員に對する競爭激甚なり。

洋の東西を問はず人の感情慾心は他を排して自己の勢力と利益とを圖る事は異るものではない、然るに獨り政黨に對してのみ地方自治團體に其の勢力を及ぼさしめざらんとするは極めて難事である、此の難事に處するの途果して如何各政黨の主張する所を聞けば孰れも自治行政は作興せざるべからず、地方自治團體は開發すべしと云爲す、誠に然らざるを得ない果して然らば此の主張にして實現せんか何ぞ政黨を厭惡すべき團體員の政黨に臨むに復其主張の實現を以てし然かも團體の機關を組織する者には此の各政黨間に一致せる主張を理解したる有德の人物を擧くる事に注意して言論の雄、策略の智巧利の才賣名の徒の如きを避けねばならぬ、斯く團體員が機關の組織に注意し尚且つ自治行政の理解を得て自訓自練怠らざる所なければ地方自治團體が政黨に對し獨立の精神を發揮することを得るのである、何ぞ敢て徒らに憂慮すべきを要すべきか。

要するに地方自治團體は現時の情勢に馳られて徒らに政黨に依りて左右せらるゝ事なく自ら其の使命の存する所を嚴守し團體員の獨立の精神と共同一致の良風を馴致し、團體を本位として共同福祉の增進を圖るあらば團體の存立は其の基礎を强固ならしむることを得るのである。

第二編　府縣

第一章　府縣の研究

府縣は前に述べたる如く、地方自治團體の上級に位するものである、明治十一年發布せられたる府縣會規則に依り自治團體たるの基礎を爲し、同二十三年發布の府縣制に依り完成したる團體である、然れど府縣の自治行政の範圍は市町村の自治の範圍に比して甚だ狹きものである。元來自治の本旨より言へば自己の機關を以て自己の事務を處理すべきの理で夫れが特質である。然るに府縣にありては國家の機關たる府縣知事其の他の官吏を以て團體の機關となし、自治行政に參與せしむるものである。夫れが自治權の範圍を制限したる一である。又名譽職を以て行政せしむる事は自治の本旨に適合するものなるに府縣の執行機關に名譽職をして任ぜしめざるは府縣民の參政權を制限するものの二である。府縣の議決機關即ち府縣會及府會參事會の職務權限は唯法律に定められたる事項を決議し得るに過ぎない、即ち限定的權限を有し市町村會の廣汎なる權限に比し甚だしく狹きものである。夫れか府縣の自治權を制限するもの丶三てある。又府縣は法規の制定權ありや否は頗る疑義に屬す、府縣にして法規制定權なしとするに於ては自治權の狹少なる事實に甚しきものと言はなければならぬ。元來法規制定權は自治權の一作用であつて所謂自主の權能である。此の自主の權能にして賦與せられざるに於ては所謂龍を畫いて睛を點ぜざるの感なき能はざるものである。地方自治の發達を期し、其の達成を望むに於ては此の自主の權能を團體に賦與すべきは喫緊の事に非ずして何ぞや現今行政の實際にありては府縣の自治行政に付き府縣令を以て規定するもの少からず、此の府縣令は國家の機關として府縣知事が官治行政に付き制定發布するの形式と同一にして夫れが府縣の自主の權能に依り自治行政として制定したるものなるや否や甚だ疑なきを得ない、或る學者は府縣制第八十八條に官吏の府縣行政に關する職務關係は府縣制中規定あるものを除くの外國の行政に關する官吏の職務關係の例に依る事の規定あるを見る。之に依りて府縣知事が地方官官制の規定に依り官治行政に關し府縣令を發布し得る關係が府縣知事が又府縣なる自治團體の自治行政を行ふ場合にも適用ありて府縣令を以て自治行政に關する法規を定むる事を得と主張する然れども府縣制第八十八條の規定は官吏たる府縣知事が其の職務を執行するに當り國の行政と府縣行政とに付同一の關係を認めたるに外ならない。換言すれば府縣知事は下僚に對し指揮命令を爲し、其の他行政機關としての關係が自治行政に於けると國に於けると同一なるべき事を定めたるの規定と解するの外なきものである、又一木博士は同條の規定あるに依り府縣知事は府縣令を制定する事を得るに至るべし、されども團體の事務に應用あれば團體の命令をも制定し得るも團體としての命令にあらず、府縣知事の職權に依り出て來るものたりと論ぜらる、同博士が玆に府縣知事の職權と云ふには地方官官制に依る府縣知事の職權なるべし。從て府縣制たる法律の規定は地方官官制と云ふ勅令に依り其の實質を定めらるゝ事となる、換言すれば此の場合に於ては勅令は法律を左右するものとの結論に達すべし、若し然らずして此の法條に依り府縣なる自治團體に法規制定權を認めたるものなりと解するに於ては市町村にありても其の制度中同一主旨の規定を以てするを適當と爲す、卽ち法規制定の職權は夫れを執行機關たる市町村長の權限と爲し、以て府縣制と同一義に出づべきものである、然るに市制町村制にありては市町村の法規卽ち市町村條令規則の制定權を執行機關の職務と爲さず、市町村なる自治團體其の者の權能として明文に依り規定する處を見れば同じく地方自治の制度でありながら彼此其の權衡を得ない事となる。惟ふに市町村には完全なる自治權卽ち自主の權能を認めたるものであつて府縣には此の自主の權能を認めざるの趣旨に非ざるか要するに府縣制第八十八條の規定は法規制定權を認めたるものに非ずして府縣は法規を制定するの權なしと謂はざるを得ない。將來府縣制の改正を爲すに至らば府縣にも亦市町村と同じく自主の權能を認め法規の制定權を賦與し以て自治制度上一段の發達を圖らざるべからざる事と思はる。

府縣の自治制度は曩に述べたるが如く明治二十三年府縣制として發布し、爾後同三十二年法律第六十四號を以て改正を加へ、尙同四十一年法律第二號、大正三年法律第三十五號、同十一年法律第五十五號を以て改正を加へたるが、其の改正たるや實際の事情に適合せしむる爲め或は府縣の權限を擴張し、或は選擧權を擴張せる等府縣行政の發達に應ずる點少からざるものである。此等數度の法律の改正は自治行政の發達を表現したるものと見るを得るも、吾人は更に改正を加へ以て地方自治團體の上級にある團體として一般の發達を爲さしめん事を希はざるを得ない。

第二章　府縣の機關

府縣の自治機關は之を二種とす、曰く議決機關曰く執行機關である。

第一　議決機關

議決機關は府縣團體の意思を決定する合議機關である、此の機關は更に分ちて二とす一は府縣會一は府縣參事會である

一、府縣會

(イ)組織　明治二十三年制定の府縣制に於ては府縣會議員は郡會及市會に於て選擧する所謂複選の制に依り選出せられたが、其の後改正の府縣制では之を改めて直接選擧の制に依る事とした、素と此の複選制度は選擧の手數と費用とを省く事、郡會及市會の議員は一般人民に比較して智識を有するに依り議員としての適材を選出し易き事、郡會及市會の議員は其の位置に鑑み選擧の弊害を生ぜざる事等の理由に基きたるものであるが、元來複選の制度即ち間接選擧は選擧人の智識の程度低き時代にありては適當の良法なるも一般に選擧人の智識進歩して選擧人が選擧權を自から行ふ事を得るの時代に至りては直接選擧を用ふる事を至當とするのである、蓋し複選の方法は人民の意思に反するの結果を生ずる事あり、複選の法は郡會又は市會の議員の競爭を激烈ならしめ政黨政派の勢力を地方自治行政に波及し諸種の弊害を生ぜしめ、又複選の法は人民をして公共事務に冷淡ならしむる等の結果を生ずるが故である。複選の制度を改めて直接選擧の法となしたるは自治の行政制度として一般の進歩を加へたるものと謂ふべきである。

府縣會議員の選擧資格の要件としては(一)府縣内の市町村公民たる事(二)一年以上其の府縣内に於て直接國税を納むる事である、從來は右の要件の外市町村會議員の選擧權を有する事及直接國税年額三圓以上を納むるものたる事を要したるも、市町村の公民たる以上は其の市町村會議員の選擧權を有するの事を更に必要とせず、又國税年額を定むる事も現今に於ては之を必要とする事項に非ざるを以て改正を加へたるものである、被選擧資格の要件としては選擧資格要件の外其の府縣の官吏及有給吏員に非ざる事、檢事、警察官吏收税官吏に非ざる事、神官神職僧侶其の他諸宗教

師又は小學校敎員に非ざる事及府縣に對し請負を爲し、若しくは府縣に於て費用を負擔する事業に付府縣知事又は其の委任を受けたる者に對し請負を爲す者及其の支配人又は主として同一の行爲を爲す法人の無限責任社員、取締役、監査役及之に準ずべき者の並に淸算人、其の他支配人に非ざることを要するものである、從來の制度に於ては直接國稅年額十圓以上を納むる者に非ざれば被選擧資格なしと定めたるも選擧權と被選擧權とに依り其の資格要件として納稅額に等差を設くべき性質のものに非ず、且つ二者其の納稅額を異にせしむるが如きは、時代思潮に副はざる制度なりと謂ふべきである、尙ほ法律に於ては府縣會議員は衆議院議員を兼ぬることを得ざるものと爲す、夫れは地方的利害を標準として國政を議するの弊なからしめんが爲めである。

選擧は一定の期日に於て選擧資格者の人名簿を作製し夫に依りて選擧有權者を確定し、豫め選擧を行ふべき期日、場所人員等を公示し、選擧區に依り投票所を設け、單記無記名の方法に依り之を行ふのである、被選擧者確定したる時は之を告知し尙選擧及當選の効力に關し異議の申立を許し、以て選擧の公平を保たしむるものである、府縣會議員の選擧區は東京市、京都市、大阪市其の他勅令を以て指定したる市に於ては其の市の區の區域に依るの外、郡市の區域を以て之を分つのである、府縣會議員の定數は府縣の人口七十萬未滿は三十八、七十萬以上百萬未滿は五萬を加ふる毎に一人を增し、百萬以上は七萬を加ふる毎に一人を增すのである、其の選擧區に配當の議員數は府縣會の議決を經て府縣知事之を定むるものである、從來は內務大臣の許可を要する事項と爲したるも夫れは廢せられたのである。

府縣會議員は名譽職であつて固より給料を受けざるも職務の爲に要する費用の辨償を受くるものである、且つ議場內に於て發言の自由を有するの權利がある、其の義務としては召集に應じ且つ自から議場に出席すべきことあるが議員は元來選擧人の代理者に非ずして其の拘束を受くべきものに非ざるが故に選擧人の指示若くは委囑を受くべからざる事は勿論である、府縣會議員の關係消滅するは死亡、任期滿了、府縣會の解散、辭職等の原因ある場合たるは勿論である、尙被選擧權を喪失したる時は其の職を失ふものであるも其の無資格たる事の確定する迄は設令被選擧資格を失ふも直に府縣會に於て列席發言の權を失ふものではない。

（ロ）職務權限　府縣會は市會町村會と其の制度を一にせず、府縣會の職務權限は市會町村會の如く概括的に非ずして限定せらる、故に府縣制に明記したる事項以外に付いては議決するを得ざるのみならず、其の議決事項も及極めて狹少である、即ち其の議決事項は豫算を定むる事、決算の報告を受くる事法律命令に定むるものを除く外使用料、手數料府縣稅及夫役現品の賦課徵收に關する事、不動產の處分並に買受讓受に關する事、積立金穀等の設置及處分に關する事、豫算を以て定むるものを除くの外、特に義務の負擔を爲し及權利の拋棄を爲す事、法律命令中別段の規定なき財產及營造物の管理方法を定むる事、其の他法律命令に依り府縣會の擴張に屬する事項に過ぎない、隨て一般に府縣の法規命令及府縣の事業等に付きては直接に議決するの權限を有するものでない、府縣會の權限たるは以上述ぶる如く頗る其の範圍狹少である、地方自治團體の意思を定むる機關である府會縣會をして如斯狹少なる權能を存するに過ぎなさしめたるは果して自治行政をして發達せしめ、時代思潮に適合せしむる事を得るや頗る疑なきを得ない、論者あり府縣會の權限狹少なる今日に於てすら徒らに不急の事業を起し以て豫算を膨脹し、府縣民の負擔を過重ならしむるの弊少からず、故に若し府縣費を以て支辨すべき事業に關して廣く之を議決するの權能を府縣會に賦與するに於ては其の弊害を更に多大ならしむるや必せり、府縣會の權限を擴張せざるは蓋し當然の事なりと、果して然るか若し如斯弊害生ずるの虞ありとすれば國家は之に對し嚴正なる監督を加ふに於て其の弊害を生ぜざるしむる事を得べきに非ざるか、啻に弊害の生ずるを憂ひ、國民に對し其の自治思想の發達を圖らざるが如きは政治の眞諦を得たるものと謂ふべきか非か。

府縣會は其の議決し得る事件を府參事會に委任する事を得るのである、又府縣の公益に關する事件には意見を府縣知事若くは內務大臣に提出し得べきものであるが、玆に公益と謂ふは廣く府縣全體の利害に關する事を指すものにして夫れに就き意見を述ぶる範圍は其の議決事項に限られざるは勿論である。

右の外縣會は議長、副議長を選擧し、會議の秩序を維持せしむべきものである、此の議長、副議長の任期は議員の任期に依るべきものたる事は勿論である、議長は其の權限に依り會議の事を総理し、會議の順序を定め、日程を作り其の日の會議を開閉するの職權を有す、議長選擧に關し曾て府縣會が甚だ紛擾を極めたる事例があつた、夫れに依て議員定數の半數以上より請求ある時は府縣會議長は其の日の會議を開く事を要し、議長は其の場合に會議を開かざる時は議長故障あるものとして副議長之に代り、副議長亦會議を開かざる時は臨時に議員中より假議長を選擧し其の會議を開かしむる事を得るのである、而して之に依りて一旦會議を開きたる時又は議員中異議ある時は會議の議決に依るにあらざれば其の日の會議を閉ぢ、又は中止する事を得さらしめ、以て議長の專横を制する主旨の規定を設くるに至つた此の規定は明治四十年内務省令第二十三號を以て定めたるものなるが如斯重大る事項を省令を以て定むるが如きは當を得たるものに非らず全く法律に俟つべきものであるは言を俟たない。

府縣會は毎年三十日以内を限りて通常會を開き、必要ある場合に於ては七日以内會期に依り臨時會を開くものである、其の會議は府縣知事の召集開閉すべきものにして議員定數の半數以上の出席を要し、出席者の過半數の同意に依り議事を決すべきものである、又會議は特別の場合の外公開するを原則とす尙府縣會に於ては會議規則、傍聽人取締規則を設くべきものである。

二 府縣參事會

府縣に於ては第一次の議決機關を府縣會とす、府縣會に就いては曩に叙述したる處である、第二次の議決機關を府縣參事會と謂ふ、此の府縣參事會は昔時に在りては府縣常置議員會と稱し、單純なる諮問機關に過ぎなかつたが府縣制の制定に依り議決機關の性質を有する事となつた。

組織　府縣參事會は府縣知事、府縣等官二名及名譽職參事會員若干名を以て組織する、名譽職參事會員の數は府にありては八名、縣にありては六名と定められたりしが大正三年法律第三十五號を以て府は十名、縣は七名に增加したのである、府縣參事會を組織する府縣高等官は内務大臣の任命に係るものにして名譽職參事會員は府縣會議員の互選に依るものである、而して議長は府縣事である、名譽職參事會員の任期は府縣會議員の任期に依りたるも大正三年法律第三十五號を以て一年と改められた、尙議員の任期滿了するの時も後任者就任の前日迄は其の在任するものである、此名譽職參事會員に付いては夫れと同數の補充員を設くるを要す、補充員は亦縣會の互選に依るものであつて名譽職參事會員中缺員を生じたる場合に之が補缺を爲す爲に設くるものである、其の補缺の順序は選擧の時の前後、得票の數の多少、年齡の多少に依り定むるものである、又名譽職參事會員及其の補充員の選擧は府縣會議員の改選毎に選擧するものなりしも之れ亦大正三年法律第三十五號を以て每年選擧するものと改められたのである、此の選擧期及任期の制を改正したる事情は役員の振當てに關し地方に於て政黨政派の間に困難を感じ、爲に任期中交替を密約したるが如き弊害の生じたる結果である、府縣會議員をして成るべく多數のものに府縣參事員たらしめ、以て其の經驗を得せしむるの點より見る時は此の改正必ずしも當を得ざるものに非ざるも一年毎に交迭せしむるは府縣行政の上に果して良好なる影響を及ぼすべきか、吾人は之に關し深く攻究し自治行政に達成を期する上に障害を與ふるが如き方法は夫を避けざるべからざる事と信する。

職務權限　府縣參事會の職務權限は特に法律に規定してある事項に關してのみに止まる、即ち府縣會の委任を受けたる事、臨時急施を要し府縣知事に於て府縣を招集するの暇なき時に府縣に代つて府縣會の權限に屬する事件を議決する事、府縣知事より府縣會に提出する議決に付府縣知事に對し意見を述ぶる事、府縣會の議決したる範圍に於て財產及營造物の管理に關し重要なる事項を議決する事、府縣費を以て支辨すべき工事の施行に關する規定を議決する事、府縣に關する行政訴訟及和解に關する事、其の他法律命令に依り府縣參事會の權限に屬する事項例へば名譽職參事會員中より委員を選擧して府縣の出納を檢査せしむる事、府縣の公益に關する事件に付き意見書を府縣知事若くは內務大臣に提出する事或は官廳の諮問に答申する事等の如きものである、府縣參事會は知事に依つて招集せられ、議長及び名譽職參事會の定員の半數以上の出席なる場合に於て會議を開き、議事は過半數を以て決するものである。府縣參事會は議決機關として以上述ぶる處の事件を議決するものであるが元來自治制度の目的より論ずる時は名譽職を以て組織したる會議體をして行政せしむる事即ち執行機關をなす事は至當なりと云ふべきものである、然し我國に於て曾て市參事會を市の執行機關と爲したることありて、種々の弊害を惹起したる經驗あるに基因し府縣參事會を以て議決機關と爲したるは已むを得ざるの制度なりと云ふべきものである、然れども更らに一歩を進めて研究する時は徒らに議決機關を複雜にし經費を多からしむる果はして當を得たるものなりや疑なき能はず、或は府縣參事會をして執行機關たらしむるか又は夫を廢止するを以て時代の趨勢に適するの制度なりと見るべきにあらざるか。

第二章　府縣の執行機關

府縣の執行機關は府縣知事である、即ち府縣知事は府縣を統轄し代表するものであるが、市町村長とは其の權限の範圍を異にする卽ち市町村長は市町村の自治行政に關しては殆んど市町村會の議決を執行するに止まり、實質上執行機關なるも府縣知事にありては執行機關と稱するも限定せられたる府縣會又は府縣參事會の議決を執行するに止まらず苟くも事府縣自治行政に關するならば府縣會及府縣參事會の議決權限の外に於ても自己の意思を以て府縣の行政を專決するの權限を存する、故に學者に依りては之を執行機關と稱せずして或は府縣の行政廳と云ひ或は理事機關と稱するものがある、吾人は玆に議決機關に對して執行機關と謂ふに過ぎない素より其の權限の府縣會議決の執行以外に渉るべき事は此の名稱に依り妨げられざるものである。

府縣知事が國の行政官廳にして單獨制なる事は前に述べたたる處である、府縣知事は府縣會又は府縣參事會の議決を執行し、其他府縣の行政を行ふに當りて自己の意思を以て處決する權限を有するのである、府縣知事は官吏たるを以て府縣なる地方團體に依て選任せらるゝ性質のものに非ずして大正二年勅令第二百六十一號文官任用令に依り任用せらるゝものである、如斯府縣自治團體の機關として官吏をして之に當らしむるは自治の主旨より論すれば當を得たるものと謂ふを得ざるも府縣なる地方自治團體と府縣なる國の行政區劃とは其の區域を同じくし而かも府縣自治行政の消長が國に及ぼす影響少なからざるに基因するものと見なければならぬ。

府縣知事は府縣の最高機關として府縣會、府縣參事會の議事に參與するの權限を有するのみならず、特に制限せられざる以上は府縣の行政事務は總て府縣知事の權限に屬するものである、府縣制の規定に府縣知事の擔任する事務の概目を示

すは即ち此の關係に基くのである、其の概目として擧げられたる職務事項を示せば左の如きものである

(イ)府縣費を以て支辨すべき事件を執行する事

(ロ)府縣會及府縣參事會の議決を經べき事件に付發案する事

(ハ)特に管理者の設けなき財產及營造物を管理する事

(ニ)收支を命令し會計を監督する事

(ホ)證書及公文書類を保管する事

(ヘ)法律命令又は府縣令若くは府縣參事會の議決に依り使用料、手數料及夫役現品を賦課徵收する事

(ト)其他法令に依り其の權限に屬する事

(チ)府縣會を招集し之を開閉する事及府縣參事會の議長となり府縣參事會を招集し、其の會期を定むる事

(リ)府縣吏員を監督し又は之に對し懲戒處分を行ふ事

(ヌ)府縣會若くは府縣參事會の議決が其の權限を超え公益を害し、又は法令に背くと認むる時は其の執行を停止し、再議に附し或は之を取消す事又其の選擧が瑕瑾ある時は之を取消す事

(ル)府縣會の停會を命ずる事

(オ)府縣會若くは府縣參事會招集に應せざる時又は不成立の時に內務大臣の指揮に依り其の議決すべき事件を處理する事

以上の事項に付權限を有するが尙此の以外にも其の權限の存する事は前に述たる處である。

府縣知事は府縣の自治行政に關し單獨制の行政廳たる事は前述する處であるが、固より諸般の行政を府縣知事たる官吏一人にして能く處理する事能はざる事能はざるは明白なる事實である、故に府縣知事の補助機關として多數の事務官を要する、即ち府縣高等官府縣判任官其の他技術官等の官吏が府縣知事の補助機關として其の指揮命令に依り府縣の自治事務に從事するのである、尙其の官吏以外補助機關として有給府縣吏員を置く、此の吏員は府縣知事の任命に依るものである又官吏吏員の外府縣の名譽職たる常設の委員を置き、府縣知事の指揮監督の下に府縣の財產若しくは營造物を管理し、其の他府縣行政の一部を調査し又は一時の委囑に依り其の事務を處理し以て府縣知事を補助するの任に當らしむるのである此の北海道廳及府縣の自治行政に從ふ位置にある官吏の數を見るに大正九年末日に於ては其の數實に二萬人に達す又府縣

吏員の數は約一萬人を算す、之を二十年以前の明治二十三年末に就て見るに官吏の數約一萬、府縣吏員の數は二千八百人に過ぎず、此の計數の示す所に依りて府縣自治行政の爲に其の人員を增加したる事二十年間に三倍餘に達したるを見る。

前に述べたる如く府縣會の權限は限定せられ、府縣會行政に關する府縣知事の權限は頗る廣き範圍に在る、夫れ果して地方自治行政の發達に何等影響する處なきを得るか、素より府縣自治行政は國家の行政と直接に多大の關係を有するは敢て言を俟たずと謂へども、苟くも府縣に自治を認め其の府縣の住民の福利を增進せしめん事を圖る以上は府縣なる自治團體の團體員をして其の意思に依り獨立の精神を涵養せしめねばならぬ事は當然の理である、一面に於て自治の權能を制限し拘束し、一面に於て獨立の精神を發達せしめ、官治行政を離れて自ら團體員の福利を增進せしめんとするが如きは樹に依て魚を求むるの業に類する處あるに非ざるか、府縣なる地方團體をして其の自らの力に依り發達せしめんとするに於ては須からく其の自治機關の權限を擴張し、其の責任に重を加へしめざるべからず、是れ敢て深甚なる研究を望まざるを得ざる處である。

第三章　府縣の事務

府縣の事務は市町村事務の如く固有事務と委任事務との區別がある、其の固有事務とは即ち府縣の公共事務にして直接府縣住民の利害關係を有する事務を指すのである、彼の外交軍事、財政、司法及警察事務の如き一般的國民の利害に關係する事務は國の行政に屬するは勿論であるが、府縣內の土木衞生、勸業、救濟事務の如きは府縣の公共事務に屬する、府縣制に依れば從來法律命令又は慣例により及將來法律命令に依り府縣に屬する事務と定むるものを府縣の事務として居る而して府縣費を以て支辨すべき事務は明治十三年四月大政官發布告第十六號を以て達せられたる地方稅規則に定められたるが、今日尚之を施行せられて居る、此の地方稅規則は明治十二年七月第九號大政官布告を以て定められたる規則を改正したるものである、此の布告第十六號は其の明治十三年五月布告第二十六號、同年十一月布告第四十八號、同十四年二月布告第五號、同十四年二月布告第八號、同十五年一月布告第二號、同年十二月布告第六十九號、同十七年五月布告第十三號、同十七年十二月布告第二十九號及同二十一年四月法律第一號、同二十二年五月法律第三十五號、同三十三年法律第四號を以て改正せられ、今日に及びたるものである、如斯續々改正を加へられ現行にては左の費目に該當する事業を以て府縣の事業と定めて居る。

(一)警察費、(二)警察廳舍建築修繕費、(三)土木費、(四)町村土木補助費、(五)府縣會議諸費、(六)衛生及病院費、(七)敎育費、(八)町村敎育補助費、(九)郡廳舍建築修繕費(十)郡吏員給料諸費及旅費、(十一)敎育費、(十二)諸達費及指示諸費、(十三)勸業費、(十四)地方税取扱費、(十五)府縣廳舍建築及修繕費

此の費目に該當せざる事業は府縣に於て經營する事を許さゞるものと謂はざるを得ない、此の規則に依り限定せられたる事業のみ府縣の事業と爲すに於ては克く社會の進運に伴ひ自治行政の目的を達成せしむるを得べきか、勿論時代の趨勢に伴ひ今日に至る迄に續々改正を加へたるも要は土木、衛生敎育、救濟、勸業の事業に止まるものと謂ふべきである、果して然らば防貧の如き、日用品調達の如き將た又勞資の調和の如き社會的事業は之を前示の事業中孰れに屬せしむべきか聊か疑なき能はざる所である、吾人を以て之を見れば地方税規則の如きは須らく之を廢止し、府縣なる地方團體の事業としては國政を妨げざる程度に於て、又市町村の自治行政を害せざる限り府縣をして克く社會の進運に副ふの事業を經營せしむるの策に出づべきものと信ずる。

茲に行政事務取扱費例へば人件費の如きものを除き府縣の事務を三種に分ち其の發達の狀態を述ぶる事とする、即ち(イ)企業(ロ)營造物(ハ)財産に付分說する。

(イ)企業　府縣が企業を營むの能力ありや否やは頗る疑問である府縣制に依れば府縣は法人として其の公共事務を處理するの規定あるも民業の如く收益を目的とする公益の企業を爲し得るの規定あるを見ない、我國の府縣、市、町村が企業を爲し得るや否や頗る世に議論あり、然るに之を歐州各國の例に依るに英國にありては千八百七十年の頃より公企業を認め瓦斯電氣の供給、市街鐵道、浴場、洗濯業市電話等は此の企業として認めて居る、佛國にありては市場、飲料、屠畜場の如き事業を公企業として認め、普國にありては千八百九十二年輕鐵法の制度に始まりて公企業を認め、其の種類は瓦斯及電氣、浴場、倉庫、市場及洗濯所の如き夫れである、我國に於ては此の種の事業なきものでない、例

へば府縣事業として千葉及宮崎縣に於て輕便鐵道を高知、兵庫、山口、富山の四縣に於て電氣供給事業を經營するが如きものである、然るに府縣及市町村に於ては我國地方制度として公企業を認むるものでない、歐州諸國に於て公企業を認むる處は我國に於ては之を營造物として處置するの外なきものである、之が爾來主務省に於ける監督方針である、府縣及市町村が果して公企業を營む事を得るものなるや否や之れを經濟上及政治上の見地より觀察するは勿論地方制度其の他法令の上より之を觀察し以て判斷を加ふるの適當なるを信ずる、然れども府縣に至りては其の種類最も少なく市町村に於て多種多樣の事業あるを以て本編に於ては之を述べず第三編に於て詳述する事とする。

(ロ)營造物　營造物の觀念に關しては外國に於ても未だ確然たる定說なしと思はる、此の觀念は我國に於ては極めて新しき事に屬し、學說及營造物なる文字の用例に付きては頗る曖昧たるを免れない、府縣制に就て見るも唯だ營造物の管理と謂ふ文字を使用するに過ぎず、其の營造物が果して如何なるものなるや素より明瞭でない、營造物は國に屬するものあり府縣に屬するものあり、市に屬するものあり町村に屬するものがある、茲に單に營造物の觀念として其性質を一言し詳細なる說述は公企業と同じく第三編に之を爲す事とする、府縣に屬する營造物とは府縣自治行政上の目的を達する爲め直接公用に供せられ且つ公衆の使用に供せらるゝ處の設備に外ならない、從つて特種事業の如きは殆んど營造物と云ふも不可なきものである。

(ハ)財產　府縣は積立金穀等を設け又公共用に供する財產を有する事とあるは勿論公共の用に供せざる不動產又は動產を所有する事を得るのである、府縣會の權限中に不動產の處分並に買受讓受に關する事、積立金穀等の設置及處分に關する事及財產及營造物の管理方法を定むる事とある、又府縣參事會の職務權限中に府縣會の議決したる範圍內に於て財產及營造物の管理に關し必要ある事項を議決ある事とある、尙ほ府縣知事の職務權限中に財產及營造物を處理する事ある、此の財產は動產たると不動產たるとを問はず、公用に供すると然らざるとに係らず、又た收益を生ずると否とを問はず、之れを所有する權能を有するは勿論である、市及町村は必ず收益の爲にする財產を基本財產として維持すべきものであるも、府縣にありては然らず、收益財産を基本財産として維持するの義務を有しない、夫れ蓋し前者にありては其の財源を財産に求むる事を第一義となすも後者にありては其の財源を府縣稅、使用料、手數料等に求むるを原則とする主義に依る結果である、是れ兩者の財産に關する制度を異にする所以である、尤も府縣に對しては明治三十二年法律第七十七號を以て罹災救助基金法を制定し、同四十三年法律第二十九號、大正五年法律第三號同七年法律第十九號を以て改正を加へられた、此の法律に依て府縣は必ず罹災救助基金を貯蓄する義務を負ふのである、吾人は茲に府縣に於て果して如何なる種類の財産を有するか且つ其の利用の實況及價格を知るの資料なきを以て府縣なる地方團體が其の財産上に就き如何なる發達を爲せるや夫れを述ぶるの道なきを遺憾とす　唯茲に財産より生ずる收入の增加を述べ以て其の財産の如何に增加せるかを知るの一端を示す事とする全府縣の財産收入額は明治三十四年度には四萬七千圓、同三十九年度には五萬二千圓同四十二年度には十萬九千圓、大正四年度には八萬圓、同九年度に至りては七十一萬圓に達するを見る、更に數年度に就いて見るに一高一低するも年を經るに從ひ、其の收入の增加せるを示すは一般の趨勢なりとす

以上の府縣の自治事業なるも府縣費を以て支辨する國家事業の頗る多きものなるは各府縣の歲計の明示する所である今其の重なる事業を揭くれば左の如きものである。

一道路　道路に關する經費支辨の法は明治十一年七月二十二日大政官參號達土木費負擔所屬區分方の件に依り其の地方稅を以て支辨すべき事件と町村又は區限の協議費を以て支辨すへき事件との區分を明かにし其の一部は府縣費の負擔と爲りたるが大正八年法律第五十八號道路法の實施に依り國道の一部と府縣道とに關するものは府縣費の負擔する處となつた。

一河川　明治二十九年法律第七十一號河川法の實施に依り河川に關する費用は府縣の負擔に歸することとなつた

一傳染病檢疫豫防　明治三十年法律第三十六號傳染病豫防法（明治三十八年法律第五十六號、大正十一年法律第三十二號各一部改正）に依り府縣費の負擔となる。

一結核豫防　大正八年法律第二十六號結核豫防法の實施に依り府縣費を以て支辨すべき事務を定めらる。

一癩豫防　明治四十年法律第十一號癩豫防に關する件（大正

五年法律第二十一號一部改正）に依り癩病患者療養所設置の經費其の他の費用を府縣に於て負擔するの義務がある。

一罹災救助　明治三十二年法律第七十七號罹災救助基金法（明治二十八年法律第卅六號、同四十二年法律第二十九號）大正五年法律第三十號同七年法律第十九號各一部改正）に依り基金貯蓄及救助の爲めに要する負擔は府縣之に任することとなつた。

一感化事業　明治三十三年法律第三十七號感化法（明治四十一年法律第四十三號、大正十一年法律第四十四號各一部改正）に依り感化院設置は府縣費の負擔に歸す。

一學校圖書館　學校圖書館の爲府縣は基本財產又は積立金を爲すことを得るは大正三年法律第十三號地方學事通則の定むる所である。

一中學校　明治三十二年勅令第二十八號中學令（明治四十年勅令第二百八十號大正八年勅令第十一號各一部改正）に依り府縣は其の設置を爲すの義務を有す。

一高等女學校　明治三十二年勅令第三十一號高等女學校令（明治四十年法律第二百八十一號、同四十三年法律第四百廿四號　大正九年勅令第百九十九號各一部改正）に依り府縣は其の設置を爲する義務を有す。

一高等學校　府縣は大正七年勅令第三百八十九號に依り高等學校を設立することを得る、其の場合に於ては其の經費は府縣に於て負擔するものである。

一大學　府立大學は特別の必要ある場合に於て府縣は大正七年勅令第三百八十八號大學令に依り設立することを得る、此の場合に於て其の費用は府縣の負擔である。

一師範學校　師範學校は明治三十年勅令第三百四十六號師範敎育令の定むるところに依り、各府縣に設置せらるゝものにして其の經費は府縣に於て負擔するものである。

一實業學校　府縣は明治三十二年勅令第二十九號（明治三十四年勅令第百三十二號、同三十六年勅令第六十二號、大正九年勅令第五百六十四號各一部改正）實業學校令に依り設置することを得るものである、此の場合に於ては其の經費は府縣の負擔とする、然して實業學校の種類は工業學校、農業學校、商業學校、商船學校、水產學校、其他の實業敎育を爲す學校及獸醫學校である。

一專門學校　專門學校は明治三十六年勅令第六十一號專門學校令に依り府縣に於て設置することを得る、其の場合に於

ては府の費用は府縣の負擔に依る

一地方測候所　地方測候所は明治二十年勅令四十一號氣象臺測候所條例に依り地方に設けらるゝものにして其の費用測候所所在地の府縣に於て負擔するものである

一砂防　砂防事業は明治三十年法律第二十九號砂防法に依り其の費用を府縣に於て負擔するものである

一農事試驗場蠶種檢查穀物檢查等は國の事業にして之れを施行する府縣に於て其の經費を負擔するものである。

第四章　財政

府縣なる地方自治團體は法律命令の範圍内に於て其の自治行政即ち公共事務並に從來法律命令又は慣例に依り、將來法律勅令に依り府縣に屬する事務を處理するの權能を存するのである、此の權能に依る行爲を自治行政と稱す、然るに此の自治行政を爲すの權限を與へられたるが爲め、當然財政即ち財務行政即ち財政の權能を生ずるものに非らず、蓋し財政とは府縣が其の公共的需用を充す爲に必要なる經濟上の手段たる勞務又は財貨を獲得して夫を利用するの行政行爲である、此の行政行爲は一般自治行政を行ふに付き自己の經濟を立つるの必要に基き特に賦與せられたる權能である、即ち府縣税を賦課徴收し、使用料、手數料を徴收し又は公債を起すの權能である、此の財政權の運用は國家の財政、市町村の財政と照應して社會の進步に適應し、夫れを處置しなければならない、或は一府縣の利害得失のみを本位とし、或は政黨政派の利用する處となりて國家全體の情勢を省みず、又は管内市町村に及ぼす影響如何を度外視するが如きは之を避けなければならない、今此の府縣財政權運用の實績に就き第一節として府縣の租税第二節として使用料、手數料、第三節として公債に關することを述べ、第四節として斯權運用の形式に關する事務即ち歳入出豫算に關し說明する。

第一節　府縣税

府縣税は法律に依り之を定む、其の賦課徴收方法に關しては勅令の定むる處に依り府縣内に住所を有する者、又は其の住所を有せざるも一定の期間府縣内に滯在する者、又は土地家屋、物件、營業等の關係ある者に對し府縣税を負擔するの義務を負はしむるものである、尤も勅令の定むる處に依り直接府縣税として賦課徴收する事なく、府縣の費用を管内の市町村に分賦する事を得る方法もあるのである。

現今府縣税として賦課徵收する租税は地租附加税、營業税附加税所得税附加税、鑛業税附加税、賣藥營業税附加税、取引所營業税附加税、戶數割、家屋税、府縣營業税、府縣雜種税である、北海道にありて其の外段別割、水產税等がある。

一、地租附加税　地租附加税は明治六年大政官布告第二百七十二號地租改正條例の公布に依り、地租の改正を行ひ地價金百分の三を以て國税となし地價百分の一を以て地方附加税と定められた、即ち明治八年布告第百四十號を以て國税は國費に供する爲めに全國一般に賦課するものにして地方税は地方限りの費用に充つる爲め賦金と稱して收入する諸税及暫らく習慣に依り地方に於て收入する雜税等なりとし、之を府縣税と稱した、之れ府縣税の濫觴である、明治十年時租の制ありて布第一號を以て地租本税を地價百分の二、五に減じ第二號に依り地租に對する地方附加税を本税の五分の一以內としたのである、今當時の地租改正事務局の決議に依り地價に關係ある地方税の種類を見るに、左の如く多數である。

第一種府縣税　國道、縣道、堤防、橋梁及官衙の建築修繕等府縣全管內公共の使用に供するもの

第二種　郡税又は區税　里道又は其郡のみに關する堤防の修築、用惡水、疏渫若くは郡區役所、區戶長給料等全部郡區役所公共の費用に供するもの

第三種　村税　全村公共の費用に供するもの

第四種　一局一部費、全管內若くは全部區に齊課するものに非らず、特に其の利害に直接專屬する一局部のみの負擔

第五種　自己必要費　村內公議を以て負課するものに非らず、特に一人乃至十人自己所有地に必要なりとする共同費用に供するもの

地租改正に伴ひて地方税全體整理の必要著しく當局者の感ずる處なり、遂に明治十一年七月布告第十九號を以て地方税規則を發布し、之れに依て地方税に關する種類及支辨費目の通則を定められた、此の通則に於ては地方税の全體を一、地租五分の一以內、二、營業税並雜種税、三、戶數割と限定したのである、其の後地租賦課率に關し明治十三年十一月布告第四十八號を以て地租附加税を本租の三分の一以內に引上げ、同十七年地租條例發布後十八年八月大政官布告第二十五號を以て土地に賦課する區町村費を十九年

度以後地租の七分の一以内とすべしと改正し、之れが市制町村制及府縣制郡制の發布せらるゝに至るまで存續したのである市町村税に就いては茲に叙述せず、第三編及第四編に於て説述する府縣税に關しては其の後明治二十三年法律第三十號を以て發布せられたる府縣制中大體に於て舊來の地方税規則を繼承したのである、即ち其の第五十七條に於て府縣税目及其賦課徴收方法に關する規定は此の法律に依り變更したるものを除くの外從前地方税に關する規定に依るとし、同第九十條に於て地租四分の一を超過する府縣税を土地に賦課するときに内務大臣及大藏大臣の許可を受くべき事とせられた、此規定に依り賦課徴收せられたる府縣税即ち明治二十三年度の地租に附加する府縣税(地租割)の額は七百四十萬八千二百五十八圓を算し、爾來此の率を以て賦課したが、明治三十二年府縣制の改正に依り其第百三十四條を以て地租附加税の制限を本税の三分の一以内と定められた、其の後同二十二年より同三十六年迄國費の膨脹に充つる爲め地租增徴の必要を生じ、之れを賦課したりしも、附加税は之れに隨伴せしめざる事とした、即ち五ヶ年間宅地及田畑其他の地目に付き、特別增徴の地租には府縣税及市町村税を賦課する事を得ざる旨、同三十二年法律第四十三號を以て定められたのである、明治三十七八年日露大戰役は非常特別税を徴收するの已むなきに至り、同三十七年四月法律第三號を以て非常特別税法を制定し、國税一切の倍加を爲したるも、地方附加税は夫れを制限したのである今左に非常特別税法中地方税に關する條文を摘記する。

非常特別税法第二十二條　北海道、府縣、市町村、其他ノ公共團體ハ左ノ制限以内ノ地租附加税又ハ反別割ヲ課スルノ外土地ニ對シテ課税スル事ヲ得ス

一　北海道、府縣、北海道ノ區、一級町村及二級町村、沖繩縣ノ區及間切島

附加税ノミヲ課スルトキハ地租十分ノ五

反別割ノミヲ課スルトキハ一反歩平均金四十錢

附加税及反別割ヲ併課スル場合ニ於テハ反別割ノ總額ハ總反別地租割ノ十分ノ五ト附加税總額トノ差額ヲ超ユル事ヲ得ス

斯くして一方に明治三十二年の地租特別增徴の繼續に對する賦課額の除外は廢止せられたるも、非常特別税の增徴額に對して直接税全體に涉り附加税の增徴を禁止した、尤も前掲

の法律に依り一般的に制限を加へられたるも、明治三十六年度以前に興したる負債の元金償還及利子支出の爲め、若しくは非常の災害に依り復舊工事の爲め費用を要する場合に於ては特に内務大藏兩大臣の許可を受け此の制限を超過して繼續する事を得る事とせられた。

此の法律は明治四十一年法律第三十七號地方課税制限に關する件に依り廢止せられ、更に該法に於て田畑地租の附加税は府縣税として本税百分の六十迄其の制限を擴張せられたが更に明治四十三年法律第二十七號、同四十四年第三十二號及同大正九年第三十七號を以て之れに改正を加へられた、其の全文を掲ぐれば左の通りである。

地方税制限ニ關ルス件

第一條北海道、府縣、其ノ他ノ公共團體ハ左ノ制限以内ノ地租附加税又ハ段別割ヲ課スルノ外、土地ニ對シテ課税スル事ヲ得ス

一北海道、府縣(沖縄縣ヲ除ク)沖縄縣ノ區及町村
附加税ノミヲ課スルトキ　宅地地租百分ノ三十四
　其他ノ土地地租百分ノ八十三
段別割ノミヲ課スルトキ一段歩ニ付毎地目平均金一圓
附加税及段別割ヲ併課スル場合ニ於テハ段別割ノ總額ハ其ノ地目ノ地租額宅地ニアリテハ百分ノ三十四其ノ他ノ土地ニアリテハ百分ノ八十三ト附加税額トノ差額ヲ超ユルコトヲ得ス

二其ノ他ノ公共團體
附加税ノミヲ課スルトキ　宅地地租百分ノ二十八
　其他ノ土地地租百分ノ六十六
段別割ノミヲ課スルトキ一段歩ニ付毎地目平均金一圓
附加税及段別割ヲ併課スル場合ニ於テハ段別割ノ總額ハ其ノ地目ノ地租額宅地ニアリテハ百分ノ二十八　其ノ他ノ土地ニアリテハ百分ノ六十六ト附加税額トノ差額ヲ超ユル事ヲ得ス

第二條北海道、府縣其ノ他ノ公共團體ハ左ノ制限以内ノ營業税附加税ヲ課スルノ外營業税ヲ納ムル者ノ營業ニ對シ課税スル事ヲ得ス

一北海道、府縣　營業税百分ノ二十九
二其ノ他ノ公共團體　營業税百分ノ四十七

第三條北海道、府縣其ノ他ノ公共團體ハ左ノ制限以内ノ所得税附加税ヲ課スルノ外所得税ヲ納ムル者ニ對シ課税ス

スル事ヲ得ス

一北海道、府縣　　　所得税百分ノ三、六

二其ノ他ノ公共團體　　　所得税百分ノ一四

第二種ノ所得ニ對シテハ附加税ヲ課スル事ヲ得ス

第四條府縣費ノ全部ヲ市ニ分賦シタル場合ニ於テハ市ハ前三條ノ市税制限ノ外其ノ分賦金額以内ニ限リ府縣税制限ニ達スル迄課税スル事ヲ得

府縣費ノ一部ヲ市町村ニ分賦シタル場合ニ於テハ市町村ハ前三條ノ市町村税制限ノ外其ノ分賦金額以内ニ限リ課税スル事ヲ得但シ府縣ノ賦課額ト市町村ノ賦課額トノ合算額ハ府縣ノ制限ヲ超過スル事ヲ得ス

第五條特別ノ必要アル場合ニ於テハ内務大藏兩大臣ノ許可ヲ受ケテ第一條乃至第三條ノ制限ヲ超過シ其ノ百分ノ十二以内ニ於テ課税スル事ヲ得

左ニ掲クル場合ニ於テハ特ニ内務大藏兩大臣ノ許可ヲ受ケ前項ノ制限ヲ超過シテ課税スル事ヲ得

一内務大藏兩大臣ノ許可ヲ受ケテ起シタル負債ノ元利償還ノ爲メ費用ヲ要スルトキ

二非常ノ災害ニ因リ復舊工事ノ爲メ費用ヲ要スルトキ

三水利ノ爲メ費用ヲ要スルトキ

四傳染病豫防ノ爲メ費用ヲ要スルトキ

前二項ニ依リ制限ヲ超過シテ課税スルハ第一條乃至第三條ニ定メタル各税目ニ對スル賦課カ其ノ制限ニ達スルトキニ限ル但シ地租附加税及段別割ヲ併課シタル場合ニ於テハ一地目ニ對スル賦課カ制限ニ達シタルトキハ附加税カ制限ニ達シタルモノト看做ス其ノ段別割ノミヲ賦課シタル場合ニ於テ一地目ニ對スル賦課カ制限ニ達シタルトキ亦同シ

前三項ノ規定ハ前三條ノ場合ニ之ヲ準用ス

第六條北海道府縣以外ノ公共團體ニ對スル前條ノ許可ノ職權ハ勅令ノ定ムル所ニ依リ之ヲ地方長官ニ委任スル事ヲ得

第七條本法ノ規定ハ特ニ賦課率ヲ定メタル特別法ノ適用ヲ妨ケス

本法ハ明治四十一年度ヨリ之ヲ施行ス

非常特別税法中地租、營業税及所得税ノ地方税制限ニ關スル規定ハ之ヲ廢止ス

附則（大正九年法律第三十七號）

本法ハ大正九年度分ヨリ之ヲ適用ス

大正八年法律第卅九號ハ大正八年度分限リ其ノ効力ヲ失フ

大正九年七月三十一日迄ニ制限外課税ノ許可ヲ受ケタル大正九年度分ノ地租附加税、營業税附加税、所得税附加税又ハ段別割ノ賦課率又ハ賦課額ハ從前ノ規定ニ依ル制限率又ハ制限額ヲ通シテ本法ニ依ル制限ヲ超過セサルトキハ之ヲ制限內ノ賦課率又ハ賦課額ト看做シ其ノ制限ヲ超過スルトキ其ノ超過部分ニ限リ之ヲ本法ニ依リ許可ヲ受ケタル制限外ノ賦課率又ハ賦課額ト看做ス但シ大正八年法律第三十九號ニ依リ制限外賦課ノ許可ヲ受ケタル所得税附加税ニ付テハ前項ノ規定ヲ適用ス

此の法律に依り地租に對する府縣税の割合を見るに宅地は本税の百の分三十四、其の他の土地は百分の八十三となつた府縣税中の地租附加税の總額は其の各府縣に於ける税率に依り一定せず、府縣制發布の明治二十三年に於ける地租割の總額は前述の如く七百四十一萬八千二百五十八圓に過ぎざりしが同三十六年度は二千三百六十六萬圓となり、同三十七年度に至り非常特別税法の制限を受けて千七百六十七萬五千圓に減少した、更に同四十一年度には二千五百八十九萬圓に上つた、夫れは明治四十一年の地方税制限に關する法律に依り、其の制限の程度の擴張せられたる爲めであると思はる、同四十三年度には二千八百萬圓なりしものが同四十四年度には二千六百五十七萬圓となつた、其の後大正五年度には三千萬圓に達し同十年度の豫算にては實に七千三百九十一萬圓に達したのである、大正十一年度の豫算額に依れば更に約三百萬圓を增加し七千六百六十萬圓となる、今大正十一年度の豫算に依る税率を見るに宅地にありては平均四十八錢七厘、其の他の土地にありては一圓十八錢一厘となり、夫れを附加税のみを課するものと見る時は宅地に於て十四錢七厘其の他の土地に於て三十五錢一厘の制限超過となり、各府縣に於て制限內に止まるものなき有樣である。

(二)營業税附加税及府縣營業税

營業税に付て見るに明治十一年布告第十九號地方税規則に依り府縣税は營業税を課する事を得同年十二月布告第三十九號に依り營業税は諸會社及諸卸賣商に對し十圓以內諸仲買商に對し十圓以內、諸小賣商及雜貨商に對し、五圓以內を徵收することとなつたが、明治十三年四月布告第十七號を以て

營業税を課する營業と商業工業の二種とし、共に十五圓の最高限度を定められた、明治二十三年發布の府縣制中諸税に關する規定は地租と同じく從前地方税に關する規定に依るものとせられた、然るに明治二十七八年日淸戰役の結果國費膨張し之れが爲め新財源を要するの已むを得ざる事となつた爲めに國税として營業税を設くるに至つた、其の概要を見るに

一、從來の地方税中營業税雜種税の賦課は極めて均一を缺くを以て國税として營業税を設け、地方税は附加税として之れを徴し以て負擔の公平を期する事

二、國税中徴收費巨額にして且つ府縣税とするの適當なる船税、車税、菓子税、牛馬賣買免許税、煙草營業税、醬麴營業税を府縣税とし府縣の財源に移す事

三、從來商工業者は租税負擔額に比し公權を享有する事少なく、土地所有者に比し頗る不公平なる嫌あるを以て此の點を除く爲め、營業税の納税額を參政權享有資格條件に加ふるの道を開く事

四、營業税全部を國税とするは地方團體の財源を枯渇するが故に各種課税税率に關し、一定の限界を定め、其の以上を國税の營業税として徴收し、其の以下は之れを地方營業税の税源と爲す事

の趣旨に依り國税たる船車税以下各種の雜税を整理すると共に明治二十九年法律第三十三號營業税法を以て國税を課する營業の種類を定めた、其の數は二十四種とし其の各種に對し資本金、賣上金高、建物賃貸價格、從業者數、職工、勞役者、各種報償金及請負金を課税標準とし各課税標準額に一定の限度を定め、此の限度以下二十四種以外の營業に對する地方營業税の課税餘地を認めたのである、尙同法中左の條項を設け府縣税の税源を求めした。

營業税法第三十六條　府縣は此の種の税法に依り納税義務を有する營業者の營業に屬する本税十分の二以内の附種税を課する事を得

其の後營業税法は屢々改正を加へられた、現今に於ての國税賦課の營業は物品販賣業、銀行業、保險業、無盡業、金錢貸付業、物品貸付業、製造業、運送業、倉庫業、運河業、棧橋業、船舶碇繫業、貨物荷揚場業、鐵道業、請負業、印刷業出版業、寫眞業、席貸業、旅人宿業、料理店業、周旋業、代理業、仲立業、問屋業、信託業の二十六種である。

販賣業者一箇年の賣上金額二千圓以上、貸付業者は運轉資本

金額千圓以上、製造業者は資本金額千圓以上請負業者は請負金額一箇年二千圓以上、席貸業者は建物賃貸價格百圓以上、周旋業以下の四種の業者は一箇年報償金額二百圓以上のものに國税を課する等の限度とした、此等制限以下のものに對しては營業税として地方税を課し、國税營業税に對しては附加税として府縣税を賦課する事を得るものとした、茲に於て府縣税たる營業税は營業税附加税と府縣營業税との二種に分かたれ、營業税附加税に對しては其の後非常特別税法に依り本税に對し百分の三十を超過する事を得ざるものとし、同十一年の地方税制限に關する法律に於て百分の二十五に改め、同四十三年發布の地方税制限法に於て更に百分の十一とし、大正九年の法律第三十七號の改正に依り百分の二十九と制限せられた、府縣の營業税は國税として從來地方税の税源たる營業中より賦課すべきものを控除せられたる殘餘の營業に對し課税する事となつて、其の範圍は前記の如く營業税法列記の營業名にして國税の課税標準に達せざるもの及び全く營業税法に列記せざる營業に及ぶものである、而して地方税規則に依り其の種類を見るに商業税としては物品販賣業、金錢貸付業、物品貸付業、運送業、請負業、席貸業、旅人宿業、周旋業、代辨業、仲立業、仲買業等營業税法列記の營業名に該當するもの丶外、牛馬賣買業、行商、手形割引業、兩替業、下宿業、木賃宿業、牛馬宿業、置宿業等の營業に對する課税である、又與業税として製造業及職工業に對するの類である、此等商業税、工業税の課税標準は賣上金、建物賃貸價格、收入金使用人、從業者等數種標準を混同するものにて國の營業税の標準に類似する。

國の營業税を廢して地方團體の税源とし且つ營業者の負擔を輕減せんとして運動すること茲に多年なるも未だ其の目的を達せず、地方税に關しては法律及經濟の智識極めて進歩せざる明治十一年の制度を今尚存續せしめ、一面に於ては此の地方税制度中より國税を課する營業を取り上げ、而かも地方税規則に對し改正を加ふる事なく、其の課税制度の如き頗る複雜なるを免れない、此等の課税制度に關しては根本的に之れを改正するの必要あるは言を俟たざる所である、今此の營業に對する府縣税の賦課額を見るに明治二十三年度にありては二百七十五萬圓に過ぎざりしが、同三十四年度は營業附加税九十九萬五千圓、營業税二百五十九萬六千圓計三百五十八萬圓、同三十七年度は附加税百十五萬五千圓、營業税二百六十萬圓計三百七十五萬圓、同四十三年度は附加税二百十五萬七千圓、營業税三百二十七萬八千圓、計五百四十三萬圓、大正五年度は附加税二百七十萬圓、營業税四百五十二萬圓、計七百二十二萬圓、大正十年度豫算では附加税千六百七十七萬圓、營業税九百四十二萬圓、計二千六百二十萬圓に達した、尙大正十一年度豫算に依れば附加税は千九百九十八萬圓、營業税は九百八十八萬圓、計二千九百八十六萬圓を算するのである此の大正十一年度の豫算に依る附加税の課率は百分の二十九の制限に對し各府縣平均の課率は四十二錢四厘にして制限外を課する事十三、四である。

府縣營業税と共に明治十一年の地方税規則に依り賦課する税目にして雜種税なるものがある。

(三) 雜種税

雜種税は前述ぶる處の國税の附加税にあらざる營業税と共に府縣に於ける獨立税にして、其の名の示すが如く雜種の課税である、卽ち直接税あり、間接税あり、手數税あり、又營業に、勞務に、行商に對するものあり、奢侈税、用器税等を包含する、此の雜種税は前示の營業税と共に明治十一年七月第十九號布告　方税規則を改正したる同十三年四月大政官布告第十六號地方税規則に依り課税するものである、此の規則は發布の後同十三年五月布告第二十六號、同十一月布告第四十八號、同十四年二月布告第五號、同年二月布告第八號、同十五年一月布告第二號、同年十二月布告第六十九號、同十七年五月布告第十三號、同年十二月布告第二十九號、同二十一年法律第一號、同二十三年法律第三十五號、同三十三年法律第四號を以て夫々一部改正を加へて今日尙行はるゝ規則である、該規則第一條に於て左の如く規定す。

地方税は左の課目に從ひ徵收す

一、營業税並に雜種税

一、戸數割

又其の第二條に於て左の通り規定す

營業税雜種税ノ種類ハ別段ノ布告ヲ以テ之ヲ定ム

卽ち此の第二條の規定に依り定められたるものは明治三十年四月大政官布告第十七號營業税雜種税の種類及制限である此の布告は明治十四年二月布告第九號、同十五年一月布告第三號を以て改正を加へられたが、其の現行法の全文を揭くれば左の通りである。

営業税雜種税ノ種類及制限

明治十一年十二月第三十九號布告地方税中營業税雜種税ノ種類及制限左ノ通リ改正候條此ノ旨布告候事

第一條　營業税ヲ課スベキ種類左ノ如シ

商業、工業

第二條　雜種税ヲ課スヘキ種類左ノ如シ

料理屋、待合茶屋、遊船宿、芝居茶屋、飲食店類、湯屋理髮人、傭人請負、遊藝師匠、遊藝稼人、相撲、俳優、幇間、藝妓類、市場、演劇其他興行遊覽所、遊技場（玉突大弓、揚弓、射的、吹矢ノ類）ハ寄席、船（艀船、漁船川船及五十石未滿海船）車（馬車、人力車、荷積馬車、荷積大七、大八車、荷積中小車、荷積手車ノ類）水車、乘馬、屠畜、漁業採藻類但漁業税、採藻税ハ各地從來ノ慣例ニ依リ之ヲ徴收スヘシ若シ慣例ヲ改正シ又ハ新税ヲ賦課セントスルモノハ府縣會ノ決議ヲ經テ府知事（縣令）ヨリ内務大藏兩卿ニ具狀シ政府ノ裁可ヲ受クヘシ

第三條削除

第四條　府知事（縣令）ハ府縣會ノ決議ヲ以テ第一條、第二條類目中ニ於テ賦課スルモノヲ取捨スルコトヲ得

第五條　府縣知事ハ其ノ賦課スヘキ各業ノ盛衰ヲ視察シ府縣會ノ決議ヲ以テ各箇ノ税類ヲ査定スヘシ

第六條及第七條削除

第八條　第四條第五條ニ於テ確定シタル課目、課額ハ府縣知事ヨリ内務大藏兩卿ニ報告スヘシ

第九條　第一條第二條課税種類ノ外地方特別税ノ課税ヲ要スルモノハ府縣會ノ決議ヲ經テ府縣知事（縣會）ヨリ内務大藏兩卿ニ具狀シ政府ノ裁可ヲ受クヘシ

雜種税は即ち右布告第十七號の第二條に規定する種類と第九條に於て特別に課税ある種類とよりなる、第二條に規定する料理屋税以下二十六種の課税は從來必らず雜種税として賦課するものであるが、第九條に依り特に課税するものは所謂特別税とも稱すべき租税にして此の規則制定後漸次其の種類を增加す、即ち自轉車税、不動產所得税、遊興税、私法人建物税、（法人建物税、法人家屋税、會社建物税、法人使用建物税観覽税、電柱税、自働車税、倉庫税、牛馬税、建物建築税、貸家税、流木税（木流税、流材税、流竹木税、木材川流税、木材川下税）畜犬税、船舶税、（日本形船税、西洋形船税、西洋形海蒸滊船税、帆船税、發動滊船税、西洋形蒸滊税其他動力船税、西洋形凡帆船税、滊船税、石數船税、噸數船）立木伐採税、倉庫税

酌人稅、狩獵稅、(狩獵免許稅割、捕鳥獸稅、鳥獸獵割、銃獵稅)艫稅、所得稅、貸屋稅、傭人稅、職業稅、動力機械稅(水車稅、蒸滊力使用車稅、電力使用車稅、火力使用車稅、動力車稅、蒸滊電氣及石油發動機應用機械稅、蒸滊機關稅、石發油動機稅、汽力電力車稅、代書人稅、織機稅、筏稅、廣告稅、運送夫業稅、溫泉稅(鑛泉稅、鑛泉使用稅、鑛泉湯槽稅、鑛泉浴稅、鑛泉溫泉稅)、劇場稅(芝居小屋稅、興行業場稅、常設演劇諸興行業場稅、劇場寄席稅)火葬場稅、蠶種稅、軌道稅、自動自轉車稅、炭竈稅、玉突臺稅、筏綱場稅、反別稅、養豚稅旋風機稅、乳牛稅、製糸釜稅、仲仕稅、工場稅、賃取牛馬稅遊漁稅、活動寫眞興行稅、珊瑚樹採採稅、活動寫眞館稅、筏乘稅、搗碎器稅、瓦斯管稅、電車稅、動力使用稅、荷積車前輓牛馬稅、製糸器械稅、自働車運轉手稅、軌道車稅、竹木流下業稅、生洲稅、氷雪貯藏場稅、藍瓶稅、段木河下稅、養殖業才、船乘稅、屠場稅、石炭竈稅、潛水器稅、麴室稅、賃駕籠稅、採石場稅、軌道馬車稅、臼稅、覗眼鏡稅、地中電線路稅、被曳船稅、鵜稅、易占稅、席貸附、索柱道稅、鴨網稅、死畜取扱人稅、水碓稅、活動寫眞辯士稅、採泥稅、屠牛稅、案內業稅等八十八種類に及ぶ、此等雜種稅は諸系統の混合課稅とも云ふべきものにて店舗、營業、勞務、機具、奢侈、動產又は所得、行爲等吾人の共同生活上の各方面に涉り殆ど餘す所なく其課稅を求めたるの感がある、如斯き課稅は果して適當なるや否や吾人は疑ひなきを得ない、府縣稅整理の必要茲に存するものと謂はざるを得ない、更らに其の最近年度に於ける稅額を見るに全府縣を通じての賦課額にして百圓に滿たざるものを擧ぐれば遊船宿稅、臼稅、鵜稅、席貸稅、索道柱稅、鴨網稅、死畜取扱人稅、水碓稅、活動寫眞辯士稅、採泥稅、屠牛稅、案內業稅にして案內業稅の如きは僅かに四圓に過ぎず、此等少額の課稅は他の課稅と權衡を得せしめんが爲に賦課するものなるべしと雖も明治十三年の大政官布告第十七號第四條に依れば府縣知事は必らずしも同布告第二條に定めたる種類に賦課する事を要せず、事情に依り取捨する事を得るのである、況んや第九條に依り特別に課稅するものにありては愼重に調查し、府縣財政上益する處少なく、而かも課稅せざるも敢て負擔の權衡を失はざるものに對し、賦課するが如きは之れを避くべきに非ずやと思はる、特に府縣稅にして各般の營業、行商、用器、動產等に對し課稅するに於ては其の府縣內の市町村は爲めに特別稅源を枯渴せらるゝの虞なしとせず、地方税整理の急務たるや敢て多言を要せずして明かである、今雜種税の總額を見るに明治二十三年度に於ては百五十一萬九千五百七十九圓なりしが同三十四年度に於ては八百六百二十五萬二千九百五十三圓、同四十一年度に於ては千百九十四萬六三萬二千九百三十六圓、大正四年度に於ては二千六百四萬七千四百二十五千九十一圓、同九年度に於ては二千六百四萬七千四百二十五圓を算し、同十一年度豫算に依れば實に四千二百十八萬千百六十八圓に達するを見る、又以て小資本の營業者下級、生活者に對し過重なる負擔を爲さしむるものと見るを得べきか。

國税の附加税として府縣に於て課税し得べき税目は前述の地租附加税、營業税附加税の外尙所得税附加税鑛業税附加税砂鑛區税、附加税、賣藥營業税附加税、取引所營業税附加税である。

(四　所得税附加税

所得税附加税は明治三十一年度迄は府縣に於て賦課する事を得ざりしが、明治三十二年法律第七十七號罹災救助基金法(明治三十八年法律第三十六號、同四十三年法律第二十九號大正五年法律第三號及同七年法律第十九號を以て一部改正)の發布に依り其の實施の年度卽ち明治三十二年度より此の附加税を賦課する事となつた、同法第四條に府縣は罹災救助基金貯蓄の爲め直接國税の附加税を徵收する場合に於ては他の法律に依る制限の外百分の三以內の附加税を課する事を得と規定し、其の後之れを改正して府縣は罹災救助基金貯蓄の爲め地租所得税(第二種の所得に對する所得税を除く)及營業税の附加税を徵收する場合に於ては明治四十一年法律第三十七號の制限の外千分の十三以內の附加税を課する事を得と爲し今日に及ぶものである、然るに明治四十一年非常特別税法を廢すると共に同年法律第三十七號地方税制限に關する件を發布し其の第三條に於て北海道府縣其の他の公共團體は左の制限以內の所得税附加税を課するの外所得税を納むるもの丶所得に對し課税する事を得す

一北海道府縣百分の十

二略す

との規定を見るに至り甫めて茲に罹災救助基金に關するもの以外の府縣費の財源として此の附加税を賦課するを得る事となつた、該地方税制限に關する法律に依る制限は其の後百分の四と改め、更に百分の三、六と改められた、之れ前記の地方税制限法の規定である府縣は所得税附加税を賦課し得る事

となりたる沿革は如斯ものである、左に單に罹災救助基金法に依るのみの年度に於ける徴收額を示せば、明治三十二年度は千四百三十四圓、同三十四年度は一萬六千九百八十三圓、同三十六年度は一萬八百四十圓、同三十八年度は一萬四百九十六圓、同四十年度は一萬千百八十九圓に過ぎない、明治四十一年度に至り上述の關係に依り一躍して百十萬九千五百五十六圓となり、爾後遞增して、大正元年度は百七十四萬四千六百七十一圓、同五年度は百七十七萬二千二百十二圓、同九年度は千二十一萬九千七百九十圓に達した、更に大正十一年度の豫算額に依れば其の額減少して四百九十五萬八千六百四十二圓である。夫れ大正九年に其の税率を遞下した結果である府縣をして一般財源の爲めに所得税を納むる者に對し、課税する事を得せしめたる地方税制限法は一面國税の税源を保持する爲めに地方税に對し制限を加ふる趣旨に出たるも一面に於ては所得税納税者の負擔を增加する事となつた、蓋し地方税制限の爲に府縣の租税收入減少したる事を補はんが爲めに外ならない。

(四) 鑛業税附加税

鑛業税附加税は明治三十一年法律第四十五號鑛業法の發布に依り府縣に於て初めて其の附加税を課する事を得るに至つた即ち同法第八十八條第一項に北海道府縣及ビ市區村ハ鑛業税ニ對シ、各鑛業税百分ノ十、試掘鑛區税百分ノ三、採掘鑛區税百分ノ七以内ノ附加税ヲ課スル事ヲ得」と規定せるに基くのである、此の關係に依り府縣が徴收する鑛業税附加税の總額を見るに明治卅九年度に十二萬二千四百八十圓を第一回とし、大正元年は十六萬九千百六圓、同五年度は二十二萬三千百六十圓、同八年度は五十七萬四千九百二十圓である、大正十一年度の豫算に依れば五十七萬七千四百八十九圓を見積つて居る。

(五) 砂鑛區税附加税

砂鑛區税附加税は明治四十二年法律第十三號砂鑛區法の發布に依り賦課する事となつた、卽ち同法第二十三條の「鑛業法第八十八條ヲ準用ス」及明治四十三年法律第九號砂鑛區税法の規定に基つくのである、此の附加税は明治四十三年度より賦課するもので年額僅かに四千圓に充たない。

(五) 賣藥營業税附加税

賣藥營業税附加税は明治三十八年法律第七十一號賣藥税法の制定に對し、明治四十三年法律第八號を以て改正を加へ(府縣として此の附加税を課税する事を得せしむる事となつた、即ち賣藥税法第一條の六に「北海道及府縣ハ賣藥營業税ニ對シ本税百分ノ三以內ノ附加税ヲ課スル事ヲ得」とあるに基く之れに依つて賦課した税額は明治四十四年度に於て千七十九圓大正五年度に於て六千四百九十一圓、同八年度に於て七千九百十四圓である、大正十一年度の豫算に依れば九千百圓を算す、東京府、奈良縣、富山縣に於て千圓以上に達するの外其の他の府縣にありては數百圓に過ぎない、最も小額なるは青森縣の十一圓、岩手縣の十九圓、沖繩縣の二十一圓、宮崎縣の三十一圓の如きものである。府縣財政上此等小額なる税額に止まるものと雖も尙課税せざるべからざるか疑なきを得ない

（六） 取引所營業税附加税

取引所營業税附加税は大正三年法律第二十二號取引所税法の發布に依り、府縣に於て之を賦課する事を得るに至つた、即ち同法第二十二條に「北海道、府縣、市町村及北海道、沖繩縣ノ區ハ取引所營業税ニ對シ本税百分ノ十以內ノ附加税ヲ課スルノ外取引所ノ業務ニ對シ租税其ノ他ノ公課ヲ課スルコトヲ得ス」との規定あるに基く、此の關係に依り府縣に於て賦課する總額は賦課の初年度即ち大正四年に於ては六萬九千四百五十六圓同九年度に於て二十三萬九千六百六十六圓で大正十一年度の豫算に依れば十六萬六千七百六十二圓である。

（七） 戶數割

府縣税中獨立税と稱すべきものは前に述べたる營業税並に雜種税の外戶數割並に家屋税である、戶數割は往昔の鍵役（鎖役とは在方は總て爐に自在なるものを掛け、食物を煮る鍵は其の自在の鍵である、其の鍵を竈と見て課せしもの竈役と同一なり）より轉化したる租税にして明治十一年七月第十九號布告地方税規則制定前より戶數割として存立する地方税である此の税は自家借家の別なく一戶を構へたるものに對する住居税にして、其の種屬は直接税に相違なきも家屋税に非らず、處得税に非らず、家屋税と所得税との中間に位し世帶に對する租税とも見るべきものである、夫れを府縣税として徵收する事は明治十一年第十九號の布告に基きたる事は前述する所である、明治十三年四月大政官布告第十六號地方税規則第一條に營業税並に雜種税と共に地方税として徵收する事を規定する、此の戶數割の賦課の細目は府縣制により府縣會の議決に從ひ關係市町村會の定むる所の課税標準及税率に依るものにして各府縣毎に頗る相違ある有樣である賦課の性質一定し

難く、一般所得税の如きもの、家屋税の如きもの、不動產收益税の如きもの住家税の如きもの等あり、其の屈伸自在なるに依り區々のものとなりて混雜せる狀態である、左に各府縣の賦課標準を掲げ以て其の統一なき狀態を知るの參考とする。

府縣名	賦課標準
東京	地租所得税ノ納額家屋ノ廣狹構造各種ノ所得營業税府縣税營業税種ノ納額自家借家ノ別ニ依ル
京都	概シテ所得高ニ依リ其他ハ地價格、直接税額、家屋賃貸額ニ依ル
大阪	概シテ國税納付額、不動產ノ所有、給料、手當報酬金、證券利子及其ノ他所得額ニ依ル
神奈川	直接國税縣税又ハ其課税標準賦金又ハ賦金ヲ賦課スル收入金額、土地ノ反別、家屋ノ坪數、所得税法第五條第七條ノ配當金及割賦、賞與金等ヨリ採擇スルヲ常例トシ家屋ノ賃貸額所得税ヲ賦課セラレザル者ノ所得金額ヲ加フル場合ハ知事ノ認可ヲ受ケシム
兵庫	各戸ノ資產、所得、營業ノ狀態、生計ノ模樣等ニ依ル
長崎	長崎市ハ地價ト建坪トヲ標準トシ其他ノ市町村ニ於テハ一半ハ地租所得税等ヲ標準トシ他ノ一半ハ見立割ニ依ルモノアリ又各部落ニテ各戸ノ等差ヲ定ムル町村モアリ
新潟	地價、建坪、棟數、貸與金、有價證券、國税、營業税、縣税、營業税、雜種税、貸座敷賦金、船車、所得税額等ニ依ル
埼玉	地租、所得税、國税營業税、縣税營業税、雜種税、住家土地其他所得金額等ニ依ル
群馬	概シテ不動座、俸給、手當、所得、營業、株式等ニ依ルモ具體的標準ヲ設ケ居ルモノ少ナシ
千葉	概シテ直接國税及縣税ヲ標準トシ納税セル者ハ收入年額百分ノ四ヲ以テ納税額ト見做シ標準トナセリ
茨城	概シテ地租、營業税、所得税等ニ依ル
栃木	概シテ地租、所得税、其他ノ國税及縣税、財產及收入ノ多寡、生活ノ現況等ニ依ル
奈良	各戸ノ資產ノ多寡及生活ノ程度ヲ斟酌スルコトトセルモ標準ヲ設ケ居ラス

三重　概シテ資産ノ標準トシ之ニ生計ノ情況ヲ斟酌ス

愛知　概シテ土地ノ反別、地價、所得税、國税、營業税、縣税、營業税等ヲ骨子トシ一面債劵、債務並生活ノ程度等ヲ參酌スルモ具體的ニ調査スルニアラス

靜岡　各戸ノ資産ノ多寡ニ依ル

山梨　市町村ニ於テ標準ヲ設ケタルモノアルモ一定セス

滋賀　納税義務者及之レト生計ヲ共ニスル者ノ資産ヲ標準トス

岐阜　所得金又ハ資産ノ程度等ニ依ル

長野　資産ヲ標準トスルモノト所得ヲ標準トスルモノトアリ

宮城　宅地畑地ノ評價營業税額其他所得税、貸金等ニ依ル

福島　別ニ一定ノ標準ナク各市町村ニ於テ適宜ニ定メ居レリ

岩手　概シテ國税、縣税ノ納税額、官公署、會社、寺院ヨリ受クル報酬、手當金、醫師、獸醫、藥價並施術料、壯丁、男女人員、恩給、勳章年金等ニ依ル

青森　概ネ所有地租、使用建物、俸給、手當、公債證劵、所有牛馬、租税等ニ依ル

山形　所得額ヲ準率トシ等差ヲ定メシムルコト、ナセルモ其調査方法ハ區々ニ渉レリ

秋田　現住家屋附屬建物ノ坪數、現住地ノ地租、所得税、醬油税其他租税額ニ依ル

福井　概シテ所有土地家屋ヲ標準トシ財産收入生計ノ程度等ヲ斟酌シ之ヲ完ム

石川　概シテ地租額、所得額、營業ニ關スル收入、負擔ノ有無ヲ標準トシ貧富狀態ヲ考査シ以テ各自ノ等差ヲ定ム

富山　土地、建物、船舶、營利事業ノ資本、國債、地方債、株劵、俸給、給料、恩給、年金、預金等ニ依ル

鳥取　納税義務者ノ資力ニ依ルモ一定ノ標準ヲ定メタルモノナシ

島根　地價額、債權額、營業資本、有價證劵、家屋、

	家財等ニ依ル
岡山	概シテ各人ノ所有財産、貸付金、負債、所得額出發並平素ノ生活程度ニ依ル
廣島	訓令ヲ發シ地價又ハ反別、家屋、有價證券、貸付預リ金穀、租税、給料其ノ他ノ所得自家、借家ノ區別ニ依ルコト、シ此ノ外從來ノ慣行ニ依リ必要ト認ムル事項ヲ付加スルトキハ町村ハ郡長市ハ知事ノ認可ヲ受ケシムルコトトセリ
山口	不動産、動産、營業ヨリ生スル所得、給料其他ノ收入ヨリ負債ニ對スル支出額ヲ除キタルモノヲ標準トシ郡長又ハ知事ノ認可ヲ受ケシム
和歌山	納税額及資金等ニ依ル
徳島	地租、所得税、營業税、俸給、勳章、年金、貸金等ニ依ルモノアリテ他ハ之ト大同小異ナリ
香川	概シテ納税額、建家敷地、坪數又ハ富ノ度ヲ世評ニ依リ推測シ各人ノ負擔力ヲ鑑ミ等差ヲ定ム
愛媛	概シテ見立割
高知	地租、所得税、國税、營業税、縣税、營業税、雜種税、所得税等ニ依ルヲ普通トス
福岡	土地ノ反別、地價、居宅、倉庫ノ坪數、國税、縣税ノ税額等ニ依ルコトトシ、之ニ依リ難キトキハ郡長又ハ知事ノ認可ヲ得テ別段ノ標準ヲ設クルコトヲ得ルコトトセリ
大分	概シテ地租、所得税、營業税、納額ノ多寡、貧富ノ程度生計ノ狀態等ニ依ル
佐賀	各戸ノ資産（土地、山林、工場、建物、船舶、有價證券等）所得（農工商鑛業其他營業ヨリ生スル所得、貸地及貸家料等）ニ依ル
熊本	一定ノ標準ナシ
宮崎	概シテ各個人ノ取得、租税、貸借關係等ヲ標準トシ生活ノ狀態ヲ斟酌シテ之ヲ定ム
鹿兒島	地租納額所得税納額公債株券貼付金等ニ依ル

右表示の如く各府縣に於て戸數割の賦課の標準及方法に就ては一定せず、市町村會に一任するものである、如斯きは同一府縣内各市町村の間、著しき不權衡を呈するものである、而かも所得高とか、資力とか又は資產とか、不確實の標準即ち見立割に依るが如きは諸種の弊害を生ずるの虞が少くない

其他地價を標準とするものは特に土地の負擔を重くするの結果となり、其の他國稅を標準とするものは此等國稅地方稅の缺點を補給すべき特別稅の職分を沒却するかの疑問を生ずる

元來戶數稅は頗る長短ある租稅である（一）屈伸力卽ち彈力性に富んで居るので財政上の調節を計るに適當である、然れども其の屈伸自在の性質を有する結果は個人の實生活を攪亂するの弊を生ずる（二）一般的に賦課し得るの特性を有す故に國稅又は地方稅が或る程度の標準以上のものに對して賦課する結果租稅負擔の公平を得る事困難であるの缺點を此の戶數稅に依り補給する事が出來る、而しながら他の一面には最少限度の生活費に依るものに課稅すると云ふ虞がある（三）課稅の標準が確定せざる故に徵收上の手數簡單にして而かも割合に個人の資力に適應せしむるを得る性質を有す、然れども利の存する處弊害も又存する、卽ち黨派の關係部落の關係、個人間の私的關係等に依り不公平なる負擔となるの虞がある（五）賦課に制限なき爲めに地方費を膨脹せしむるに容易ならしむるの虞がある。

由來戶數割の存廢又は改善の策に就ては種々の意見がある有名なる經濟學者にして市町村の吏員に財務的手腕乏しく市

町村會議員に私的感情や黨派根性や利權爭奪の風ありて其の議會の議決を信用する事能はざる今日に於ては、如斯き賦課標準の漠然たる租稅を存置するは其の當を得たものと云ふを得ないと論ずるを見る、然るに數十年間の古き歷史を有する戶數稅は之れを一朝にして廢する事は頗る困難であると謂はなければならぬ、此の租稅を廢して新たなる租稅を設くる事は却て租稅に對する地方民の習慣的認識を破壞する虞れがある、寧ろ戶數割に改善を加へて其の賦課標準を明示し幾分か統一したる租稅となすを適當なりとする意見が生じた、此の意見に依り政府は大正十年勅令第四百二十二號を以て府縣稅戶數割規則を發布したのである、此の規則に依る時は一戶を構ふるものゝ資力に對し賦課する其資力は戶數割納稅義務者の所得額及住家坪數に依り算定す、而して府縣に於て戶數割總額を定め之れを直接國稅及直接府縣稅の稅額並に前年度初めに於ける戶數割納稅義務者の數を標準とし、管內の市町村に配當するのである、斯くして市町村は納稅義務者の資力と住家坪數とに依り資力を算定して賦課するのである、尙此の戶數割に對し府縣稅豫算總額の百分の三十を超えざる程度に於て戶數割總額を定むるものとする、此則規は十六ヶ條より

なり夫れを實施するに付き内務大臣は大正十一年二月省令第二號を以て府縣税戸數割施行細則を發布し、同五年省令第十二號を以て其の一部に改正を加へたが、之れが實施に就き地方に於て紛擾を釀したる例少からず、其の戸數割規則及同施行細則は左の如きものである。

府縣税戸數割規則

第一條　戸數割ハ一戸ヲ構フル者ニ之ヲ賦課ス
戸數割ハ一戸ヲ構ヘサルモ獨立ノ生計ヲ營ム者ニ之ヲ賦課スルコトヲ得

第二條　戸數割ハ納税義務者ノ資力ニ對シ之ヲ賦課ス

第三條　資力ハ戸數割納税義務者ノ所得額及住家坪數ニ依リ之ヲ算定ス
但シ所得額及住家坪數ノミニ依ルヲ適當ナラスト認ムル場合ニ於テハ納税義務者ノ資産ノ狀況ヲ斟酌シテ之ヲ算定スルコトヲ得

第四條　戸數割總額ハ豫算ノ屬スル年度ノ前々年度ニ於テ市町村住民(法人ヲ除ク)ノ賦課ヲ受ケタル直接府縣税ノ税額並前年度ニ於ケル戸數割納税義務者ノ數ヲ標準トシ市町村ニ之ヲ配當ス
但シ戸數割納税義務者ノ數ヲ標準トスル配當額ハ戸數割税額ノ十分ノ五ヲ超ユルコトヲ得ス
特別ノ事情アルトキハ府縣知事ハ府縣會ノ議決ヲ經内務大臣及大藏大臣ノ許可ヲ得テ前項ノ規定ニ拘ラス別ニ標準ヲ設クルコトヲ得
配當額ハ配當後標準ニ異動ヲ生シタルモ之ヲ更正セス

第五條　前條ノ規定ニ依リ市町村ニ配當セラレタル戸數割ノ總額中住家坪數ニ依リ資力ヲ算定シテ課スヘキモノハ其ノ總額ノ十分ノ一ヲ、納税義務者ノ資産ノ狀況ヲ斟酌シテ資力ヲ算定シテ課スヘキモノハ其ノ總額ノ十分ノ二ヲ超ユルコトヲ得ス

第六條　納税義務者ト生計ヲ共ニスル同居者ノ所得ハ之ヲ其ノ納税義務者ノ所得ト看做ス
但シ其ノ納税義務者ヨリ受クル所得ハ此ノ限リニアラス

第七條　同一人ニ對シ數府縣ニ於テ戸數割ヲ賦課スル場合ニ於テハ各其ノ府縣ニ於ケル所得ヲ以テ其ノ者ノ資力

算定ノ標準タル所得トス其ノ所得ニシテ分別シ難キモノアルトキハ關係府縣ニ平分ス

戸數割ヲ納ムル府縣以外ノ地ニ於ケル所得ハ納稅義務者ノ資力算定ニ付住所地府縣ニ於ケル所得ト看做ス

前二項ノ規定ハ府縣內ノ市町村間ニ於ケル計算方法ニ付之ヲ準用ス

前三項ニ規定スル所得計算ニ付府縣內關係市町村ニ異議アル場合ニ於テ其ノ郡內ニ止マルモノハ郡長、其ノ郡市ニ渉ルモノハ府縣知事之ヲ定メ關係府縣知事異議アルトキハ內務大臣之ヲ定ム

島司ヲ置ク地ニ於テハ前項中郡長ニ關スル規定ハ島司ニ、郡ニ關スル規定ハ島廳管轄區域ニ關シ之ヲ適用ス

第八條　二人以上ノ納稅義務者カ同一住家ヲ使用スル場合ニ於テハ各使用者ニ專屬スル部分ノ住家坪數ヲ以テ資力算定ノ標準タル住家坪數トス其ノ共同シテ住家又ハ其ノ一部ヲ使用スル場合ニ於テハ其ノ住家坪數ハ之ヲ平分ス

第九條　住家ノ附屬建物ハ住家坪數ニ之ヲ算入ス

住家坪數ニ依ル資力算定ニ付テハ建物ノ構造ノ用途及敷地ノ地位ニ依リ等差ヲ設クルコトヲ得

第十條　前二條ニ定ムルモノヲ除ク外住家坪數ノ計算方法ニ付テハ府縣ノ賦課規定ノ定ムル處ニ依ル

第十一條　戸數割ノ賦課期日後納稅義務ノ發生シタル者ニ對シテハ發生ノ翌月ヨリ月割ヲ以テ賦課ス但シ一ノ府縣ニ於テ納稅義務ノ消滅シ他ノ府縣ニ於テ納稅義務發生シタル場合ニ於テハ納稅義務ノ發生シタル府縣ハ他ノ府縣ノ賦課セサル部分ニ付テノミ賦課ス

賦課期日後新タニ納稅義務ノ發生シタル者ニ對スル賦課額ハ第二條第一條及第五條ノ規定ニ依リ定メタル他ノ納稅者ノ賦課額ニ比準シテ之ヲ定ム

戸數割ノ賦課期日後納稅義務ノ消滅シタル者ニ對シテハ其ノ消滅シタル月迄月割ヲ以テ賦課ス

但シ現ニ徴稅令書ヲ發シタル場合ニ於テハ其ノ賦課額ハ之ヲ變更セス

第十二條　府縣ハ特別ノ事情アル者ニ對シ戸數割ヲ課セサルコトヲ得

第十三條　市町村長ハ其ノ市町村住民ニ非サル者（法人ヲ除ク）ノ當該市町村内ニ於テ生スル其ノ年度分所得並當該市町村ニ於テ賦課ヲ受ケタル前年度ノ直接國稅及直接府縣稅ノ稅額ヲ每年五月末日迄ニ其ノ住所地市町村長ニ通報スヘシ

但シ所得ニ付テハ其ノ住所地市町村ニ於テ戶數割ノ賦課ナキトキハ此ノ限ニアラス

第十四條　左ノ制限ヲ超エ戶數割又ハ戶數割附加稅ヲ賦課セントスルトキハ內務大臣及大藏大臣ノ許可ヲ受クヘシ

一　戶數割總額カ當該年度ニ於ケル府縣稅豫算總額ノ百分ノ三十ヲ超ユルトキ

二　戶數割附加稅總額カ市區ニ在リテハ當該年度ニ於ケル市區稅豫算總額ノ百分ノ五十町村ニ在リテハ當該年度ニ於ケル町村稅豫算總額ノ百分ノ八十ヲ超ユルトキ

第十五條　前條ノ規定ノ適用ニ付テハ府縣稅家屋稅又ハ家屋稅附加稅若クハ市町村稅家屋稅ハ之ヲ戶數割又ハ戶數割附加稅ト看做ス

第十六條　所得ニ依ル資力算定方法直接稅ノ種類其ノ他本令施行上必要ナル事項ハ內務大臣及大藏大臣之ヲ定ム

附　則

本令ハ大正十一年度ヨリ之ヲ施行ス

府縣稅戶數割規則施行細目（大正十一年二月內務省令第二號）

第一條　府縣稅戶數割規則ニ於テ直接國稅ト稱スルハ地租、第三種ノ所得ニ係ル所得稅、營業稅、鑛業稅、砂鑛區稅及賣藥營業稅ヲ謂ヒ直接府縣稅ト稱スルハ本條ノ直接國稅ニ對スル附加稅、營業稅及雜種稅（遊興稅及觀覽稅ヲ除ク）ヲ謂フ

第二條　戶數割ヲ賦課スヘキ年度ニ於テ市町村ノ廢置分合又ハ境界變更アリタルトキハ關係市町村ニ於ケル府縣稅戶數割規則第四條ニ規定スル戶數割配當標準中直接國稅及直接府縣稅ノ稅額ハ府縣知事之ヲ定ム

戶數割ヲ賦課スヘキ年度ノ前年度ニ於テ市町村ノ廢置分合又ハ境界變更アリタルトキハ關係市町村ニ於ケル府縣稅戶數割規則第四條ニ規定スル戶數割配當標準ハ府縣知事之ヲ定ム戶數割ノ配當前市町村ノ廢

置分合又ハ境界變更アリタルトキ亦同シ

第三條 戸數割納税義務者ノ資力算定ノ標準タル所得額ハ左ノ各號ノ規定ニ依リ計算ス

一 田又ハ畑ノ所得ハ前三年間毎年ノ總收入金額ヨリ必要ノ經費ヲ控除シタルモノノ平均ニ依リ算出シタル收入豫算年額但シ前三年以來引續キ自作セス小作セス又ハ小作ニ付セサル田又ハ畑ニ在リテハ近傍類地ノ所得ニ依リ算出シタル收入豫算年額

二 山林ノ所得ハ前年ノ總收入金額ヨリ必要ノ經費ヲ控除シタル金額

三 俸給給料歳費年金恩給退隱料及此等ノ性質ヲ有スル給與、營業ニ非サル貸金ノ利子竝公債社債預金及貯金ノ利子ハ其ノ收入豫算年額

四 賞與又ハ賞與ノ性質ヲ有スル給與ハ前年四月一日ヨリ其ノ年三月末日ニ至ル期間ノ收入金額

五 法人ヨリ受クル利益若ハ利息ノ配當又ハ剩餘金ノ分配ハ前年四月一日ヨリ其ノ年三月末日ニ至ル期間ノ收入金額但シ無記名式ノ株式ヲ有スル者ノ受クル配當ハ同期間內ニ於テ支拂ヲ受ケタル金額法人ノ社員其ノ退社ニ因リ持分ノ拂戻トシテ受クル金額カ其ノ退社當時ニ於ケル出資金額ヲ超過スルトキハ其ノ超過金額ハ之ヲ其ノ法人ヨリ受クル利益ノ配當ト看做ス株式ノ消却ニ因リ支拂ヲ受クル金額カ其ノ株式ノ拂込濟金額ヲ超過スルトキハ其ノ超過金額亦同シ

六 前各號以外ノ所得ハ總收入金額ヨリ必要ノ經費ヲ控除シタル收入豫算年額

年度開始ノ日ノ屬スル年ノ翌年ニ戸數割ヲ賦課スル場合ニ於テハ最近ノ戸數割賦課ノ時ニ算定シタル所得額ヲ以テ其ノ資力算定ノ標準トス

但シ未タ其ノ所得ノ算定ナカリシ者ニ關シテハ年度開始ノ日ノ屬スル年ヲ基準トシ前各號ノ規定ニ依リ之ヲ算定ス

第四條 前條ノ規定ニ依リ總收入金額ヨリ控除スヘキ經費ハ種苗蠶種肥料ノ購買費、家畜其ノ他ノモノノ飼養料仕入品ノ原價、原料品ノ代價、場所物件ノ修繕料、又ハ借入料、場所物件又ハ業務ニ係ル公課、雇人ノ給料其他收入ヲ得ルニ必要ナルモノニ限ル但シ家事

上ノ費用及之ニ關聯スルモノハ之ヲ控除セス

第五條　第三條第一號又ハ第六號ノ規定ニ依ル所得計算ニ付損失アルトキハ同條第一號、第三號及第六號ノ規定ニ依ル所得ノ合算額ヨリ之ヲ差引計算ス

第六條　前三條ノ規定ニ依リ算出シタル金額一萬二千圓以下ナルトキハ其ノ所得中俸給給料歳費年金恩給退隱料賞與及此等ノ性質ヲ有スル給與ニ付テハ其ノ十分ノ一六千圓以下ナルトキハ同十分ノ二、三千圓以下ナルトキハ同十分ノ三、千圓以下ナルトキハ同十分ノ四ニ相當スル金額ヲ控除ス

第七條　前四條ノ規定ニ依リ算出シタル金額三千圓以下ナル場合ニ於テ納税義務者及之ト生計ヲ共ニスル同居者中年度開始ノ日ニ於テ年齢十四歳未滿若ハ六十歳以上ノ者又ハ不具癈疾者アルトキハ納税義務者ノ申請ニ依リ其ノ所得ヨリ左ノ各號ノ規定ニ依ル金額ヲ控除ス

一　所得千圓以下ナルトキ
年齢十四歳未滿若ハ六十歳以上ノ者又ハ不具廢疾者
一人ニ付　百　圓

二　所得二千圓以下ナルトキ
同　一人ニ付　七十圓

三　所得三千圓ナルトキ
同　一人ニ付　五十圓

前項ノ不具癈疾トハ心神喪失ノ常況ニ在ル者、聾者唖者、盲者其他重大ナル傷痍ヲ受ケ又ハ不治ノ疾患ニ罹リ常ニ介護ヲ要スルモノヲ謂フ

第八條　左ノ各號ノ一ニ該當スルモノハ戸數割納税ノ資力算定ノ標準タル所得額ニ算定セス

一　軍人從軍中ノ俸給及手當
二　扶助料及傷痍疾病者ノ恩給又ハ退隱料
三　旅費、學資金、法定扶養料及救助金
四　營利ノ事業ニ屬セサル一時ノ所得
五　日本ノ國籍ヲ有セサル者ノ外國ニ於ケル資産營業又ハ職業ヨリ生スル所得
六　乘馬ヲ有スル義務アル軍人カ政府ヨリ受クル馬糧繫畜料及馬匹保續料
七　國債ノ利子

附　則

本令ハ府縣税戸數割規則施行ノ日ヨリ之ヲ施行ス
府縣税戸數割規則第四條ノ標準中戸數割納税義務者ノ數ハ大正十一月度ニ限リ戸數ヲ以テ之ニ代フ

斯の如く戸數割に關する法律及省令を發布し大正十一年四月より之を實施した、然るに各方面から種々の非難を生じ、或は町村長の運動となり、或は政黨員の飛躍となつた其の問題の焦點は法律第四條に存する、

主務省に於ては之が解決に付苦心する處があつて、遂に同年五月に至り左の單行勅令を發布し省令第二號中に一部の改正を加ふるの已むなきを得ざるに出てた

府縣税戸數割ニ關スル件（大正十年五月勅令第二百八十二號）

府縣税戸數割規則第四條ノ規定ニ依リ市町村ニ配當セラレタル戸數割總額中納税義務者ノ資產ノ狀況ヲ斟酌シテ資力ヲ算定シ課スベキモノハ特別ノ事情アル府縣ニ於テハ當分ノ內之ヲ其ノ總額ノ十分ノ四以內トナス事ヲ得

附　則

本令ハ大正十一年度分ヨリ之ヲ適用ス

又同年二月內務省第二號中其の第七條に規定する扣除金額を

一所得千圓以下ナルトキ
　年齡十四歲未滿若クハ　　一人ニ付百圓以內
　六十歲以上ノ者又ハ不具廢疾者
同
二所得二千圓以下ナルトキ　　一人ニ付七十圓以內
同
三所得三千圓以下ナルトキ　　一人ニ付五十圓以內

とし尙第八條中第七項の國債利子を削除した、此等法律及省令の改正に依り、紛擾は沈靜に歸したが、素より斯税の賦課方法に一大變革を加へたるものであるから、町村等が其の實行に少からざ手續上の苦痛を感ずるは當然の事である、又各個人の負擔額に變化を生じた、即ち俸給生活者、中農及資產家階級に取りては從來よりも公平に近ついたと云ふ事となつた、內務當局は辯明して左の如く語つて居る。

「新戸數割規則の實施以來今日迄に右規則に關聯して紛擾を來たした町村は全國を通じて約七千箇所もあるが、此等の內情を調査すると感情其他に支配されず實際戸數割其のものに關して紛擾を起すものは僅かに十數ヶ町村に過ぎな

い、其の他の町村は々種の問題が纏綿して居る假令ば(一)小作爭義の問題の延いて戸數割に波及したもの(二)役場派の爭ひから戸數割の問題を紛擾に陷れたもの(三)町村長個人に對する反感から來たもの(四)賦課に關しては政黨政派の爭に出てたるもの(五)部落問題の爭から來たもの(六)施行當初であつた爲め當局者が規則の運用を誤つたことに依るもの等であつて、大體の情勢から觀察すると純農村に先つ以て本規則が完全に行はれて居る、又都市及大町村は幾分か調査が行屆かなかつた樣であるけれども、此等は漸次歲月を經るに從つて完全に施行せらるゝに至るべきものである」

と果して這回の法令を完璧なる制度なりと認め其の成果を呈するに至るべきか、兎に角舊來の如き漠然たるの狀態より明確なることゝなりたるは爭ふべからざる點である。

（八）　家屋税

府縣に於て戸數税と並び行はるゝ租税を家屋税とす、此の家屋税は明治三十二年に發布せられたる勅令に依り翌三十三年度より賦課したるものである、同年度以降にありては、夫れが爲めに戸數割の總額は減少する事となつた、卽ち明治三十二年勅令第二百七十六號を以て府縣税家屋税に關する件を發布し大正元年勅令第四十七號を以て改正せられた其の全文を擧ぐれば左の通りである。

府縣税家屋税ニ關スル件

府縣知事ハ府縣會ノ議決ヲ經テ其ノ府縣ノ全部若シクハ一部ノ地ニ於ケル家屋ニ對シ家屋税ヲ賦課スルコトヲ得

但シ家屋税賦課ノ地ニ於テハ戸數割ヲ賦課スルコトヲ得ス

此の勅令は明治三十二年七月一日より施行せられたが、其の地は東京府内の東京市、秋田縣の秋田市、石川縣内の金澤市德島縣内の德島市、高知縣内の高知市の五ヶ處であつた、其の後漸次之を賦課するの地方擴大し、大正十年度にありては東京市、八王子市、大阪市、堺市、横須賀市、神戸市、尼ヶ崎市、明石市、前橋市、高崎市、千葉市、宇都宮市、名古屋市豐橋市、岡崎市、福井市、金澤市、富山市、高岡市、松江市岡山市、和歌山市、德島市、高知市、鹿兒島市となつた、其の他町村にありては此の家屋税を賦課する部分少からざる有樣である。此の家屋税は負擔の上より見、戸數割と相互補充の關係を有せしむるものにして、建物の種類、構造、坪數及敷地の等位を標準とし、等級を設け乘率相異なる個數を定めて計算し、之を其の建物の所有者に賦課するものである、建物は住家倉庫納屋等の類で多きは十三四種を算するのである、元來此の家屋稅は家屋の收益を標準とし賦課するを適當とする故に家屋の賃貸價格、借家料を標準とするものもある。

此の稅の特色は家屋物件の調査し易き故に、隱蔽することが出來得ない、賦課標準は確定せらるゝ故に戶數割の如く不公平の虞を生じないことである、租稅としては戶數割より諸種の點に於いて優さる處が多い、而かも徵收は簡明なるを以つて缺損を生ずる事が少ない、之れを以て家屋稅は國稅と爲すを國の財政上適當なりと論ずるものを生ずるに至りたるのである、今家屋稅の賦課方法を見るに其の概要は左の如きものである。

府縣	家屋稅ヲ賦課スルモノ	賦課ノ標準	賦課標準ニ算入セザルモノ
東京	家屋所有者	建物ノ種類及敷地ノ地位ニ對スル乘率ヲ建物ノ坪數ニ乘ジテ個數ヲ定ム 官有地免租地ハ近傍類地ニ比準シテ地位等級ヲ定ム	私立學校、敎場、郵便事務ニ使用場所公益若ハ學藝慈善ノ用ニ供スル建物ニシテ營利ノ目的ニアラザルモノ
大阪	建物所有者又ハ質權者	建物ノ種類地位ノ等級ニ附シタル率ヲ建物ノ坪數ニ乘ジ個數ヲ定ム、一棟ノ建物ニシテ用法及構造二種以上ニ亘ルモノハ其最高種類率ノ一ヲ適用シ一棟ヲ二戶前以上ニ區別シタルモノハ各用法ニ從ヒ種類率ヲ適用ス	學校門屋塀建物以外ニ建設セル井戶家形便所及傳ヒ椽一時使用ノ假小屋及取締ナキ肥料小屋等

神奈川	家屋所有者	現住戸數ニ付市ハ一個二分町村ハ一個ト見做シ當該年度ニ定メタル課率ヲ前年度十二月末日現在個數ニ乘ジ市町村ノ負擔総額ヲ定ム 市町村會ニ於ケル賦課ノ標準ハ家屋ノ種類構造坪數及敷地ノ等位ニ依ル	敎會堂其他直接宗敎ノ用ニ供スル家屋私法人使用ノ建物
兵庫	家屋所有者	其年四月一日ノ現在家屋坪數ニ豫算ニ定ムル税率ヲ乘ジ市町村家屋所有者ノ負擔總額ヲ定ム 市町村會ニ於ケル賦課ノ標準ハ家屋ノ種類敷地ノ等級及賃貸價格	私立學校幼稚園公益法人若ハ之ニ準スル者ノ直接其用ニ供スル建物門塀類建物外ニ建設セル井戸家形便所傳ヒ廊下物置小屋等
群馬	家屋所有者又ハ質權者	當該年度ノ戸數割及法人建物税貸家税ノ各市ノ負擔ニ相出シスル税額ヲ標準トシテ課率ヲ定ム 市會ハ四月一日現在家屋坪數ニ對スル税金總額ニ依リ家屋等級各個課額ヲ定ム	法人ノ建物税及貸家税ノ賦課アル建物
栃木	建物所有者又ハ質權者	建物ノ坪數	

愛知	家屋所有者	建物ノ坪數ヲ基礎トシ建物ノ種類ニ依リ定メタル個數率ヲ乘シテ賦課個數ヲ算定ス	路次通用門建物ニ接續セサル井戸家形霧除ケ庇ノ類二階以上ノ上リ口及下椽ノ下リ口
福井	建物所有者	建物ノ坪數ヲ基礎トシ敷地ノ一等位ト建物ノ種類トニ依リ一定ノ準率ヲ設ケ課額ヲ算定ス	賦課期日ニ於テ建物移轉及廢棄中ニ係ル建物
石川	建物所有者	建物ノ坪數ヲ基礎トシ之ニ土地ノ狀況及建物ノ種類ニ依リテ定メタル乘率ヲ乘シテ課額ヲ定ム	
富山	家屋所有者又ハ質權者	家屋坪數ニ種類率及敷地等級率ヲ乘シテ賦課個數ヲ定ム	私法人使用ノ建物及門塀庇ノ類ニシテ柱立ヲナキモノ井戸屋形一時使用ノ假小屋
島根	家屋所有者	建物價格ニ敷地等級率ヲ乘シタルモノヽ和ヲ以テ家屋ノ個數トス 建物價格及敷地等級率ヲ建物ノ種類構造及土地ノ盛衰便否等ヲ參酌シ市會之ヲ議決ス	天守閣武徳殿圖書館紀念塔其ノ他公益法人、產業組合ノ建物外椽外廊下軒下門塀井戸形阿屋舟小屋辻便所假小屋
岡山	家屋所有者又ハ質權者	家屋ノ種類構造敷地ノ等位賃貸價格等ニ依リ賦課類ヲ定ム	私法人使用家屋人寄席水車及產業組合主要物產同業組合ノ所有ニシテ其事業ニ使用スル家屋

和歌山	家屋所有者又ハ質權者	家屋ノ建坪ヲ標準トシ其課率ハ戸數割及私法人建物税ノ市負擔ニ相當スル税額ヲ標準トシテ定ムルモノトス	公益法人ノ使用家屋
徳島	家屋所有者	建者ノ種類ニ依リ定メタル乘率ヲ家屋ノ坪數ニ乘シテ個數ヲ算出シ課税標準トス	私法人ノ使用建家假小屋湯殿便所廊下外椽
高知	家屋所有者	建物ヲ標準トス	
鹿児島	家屋所有者	家屋税ノ課率ハ戸數割ノ市負擔ニ相當スル税額ヲ標準トシテ之ヲ定メ各自ノ賦課額ヲ家屋ノ種類構造敷地ノ等位ヲ標準トシ市會ニ於テ之ヲ議決ス	私立學校其地學校其他學術技藝及慈善ノ用ニ供スル家屋私法人使用ノ建物

戸數割を廢止して家屋税を改むべしと論ずる學者あるを見るが、今日直に戸數割を廢止して之れに代ふるに家屋税を以てする事は却て種々の紛擾を惹起し事容易ならざるべきも、將來標準の如何に依りては戸數割を廢して全國家屋税と爲すの時代に達するなるべしと思はる、左に戸數割及家屋税の賦課額を示す。

明治二十五年度には三百十八萬六千三百三十一圓、同三十五年度には九百四十三萬千七百七十五圓、大正元年度には戸數割千四百八十四萬九千九百十四圓、家屋税二百十九萬六千五百六圓計千七百四萬六千二百二十圓、大正十一年度の豫算に依れば戸數割四千六百二十三萬五千四百六十七圓、家屋税八百九萬五百八十五圓計五千四百三十二萬六千五十二圓の巨額に達するを見る以て府縣の財源中重大なる租税なるを知るに足るべきである。

（九）賦金

府縣稅は以上述ぶる處に依り大體之れを明瞭ならしむる事を得たる事と信ずる、玆に租稅にあらず又使用料手數料に非らずして府縣の收入とし、賦課するものがある、即ち貸座敷引手茶屋、娼妓の賦金と云ふものである、此の賦金は明治二十一年八月閣令第十二號を以て定められ、其の後同二十二年閣令第二十八號を以て改正せられたものである、其の閣令の全文は

貸座敷、引手茶屋、娼妓ノ賦金ハ府縣知事ニ於テ適宜ニ之レヲ賦課シ地方稅雜收入ニ編入スヘシ

とある、爾來府縣制の施行せられたるも、依然として之れを賦課するものである、此の賦課は貸座敷、引手茶屋、娼妓の職業的行爲に對するものにして、其の性質租稅と異なる處なきが如しと雖も、賦稅標準、賦課方法等の一定したるものなく全く府縣　事の專決に委するものである、東京府に於ける規定を見るに明治三十四年三月府令第十五號を以て市部賦會賦課徵收規程、同十五號を以て郡部賦金賦課徵收規則を定めて居る、市部に於ては貸座敷及引手茶屋の營業を爲す者に十二月一日の使用建物を標準とし箇數を定め、貸座敷は一箇に付一ヶ月一錢引手茶屋は一箇に付一ヶ月五厘の課率に依り賦金を賦課する事として居る、其の箇數は地域に依り其の割合を異にする、郡部に於ては貸座敷、引手茶屋の營業を爲し又は娼妓稼業を爲す者には每月上り高に依り貸座敷は百分の四、五引手茶屋は百分の二、娼妓は百分の三の率に依り賦課する、此等の規則は其の後改正を加へたるも市部に於ては家屋稅と同一の標準に依り、郡部に於ては所得稅と同樣の標準に依るものである、如斯き賦課の標準に依るを認むるに於ては寧ろ夫れを純然たる府縣稅として賦課するを至當と思ふ、或は娼妓の如き稼業に對し、租稅として賦課するが如きは妥當を缺くが故に、夫れを改むるに及ぼすとの意見、主務省に於て稱へられたる事ありと聞く、果して如斯き意見に依り傳統的に捉へられ、府縣稅と爲すを躊躇するは吾人の同意を表する事能はざる所である、既に貸座敷、引手茶屋は勿論娼妓と雖も其の營業稼業を公認するに於ては此等の者に對し府縣稅を課するも毫も妥當を缺くものに非らず、寧ろ負擔の公正を得せしむる上より見る時は一定の賦課稅率を定めて府縣稅とし賦課するを以て當然の事なりと信ず。

府縣稅に對しては附加稅の課率を均一ならしめ、雜種稅の

分類を明確にし、府縣營業税を收益税主義に改良し且つ戸數割を廢して家屋税に改め、尙動產所得税及び土地從價税を府縣税として賦課する事を認め、消費物税は夫れを賦課せしめざるの政策に出でざるべからずと論ずる學者がある、小林博士の如き其の一人である、此の意見は果して我國の現狀に照し恰當なるや否や速斷する事能はざるも、要するに府縣税に對しては一斷案を下し根本的に改善するの要あるは吾人の確信して疑はざる所である、地方税に關する制度の確立は寔に焦眉の急務である。

第二節　使用料及手數料

府縣は營造物若くは公共の用に供したる財產の使用に付き使用料を徵收し、又は特に一個人の爲めにする事務に付き手數料を徵收する事を得るは府縣制の施行に依り府縣の財務行政の一として定められて居る、使用料と云ふは營造物又は公共の用に使する府縣財產の使用に對し其の報償として使用者の負擔する對價である、固より營造物又は公共の用に供する財產にして之れを使用するも無償なる場合がある、例令ば道路公園を使用するの類である、然れども多くの營造物又は公共の用に供する財產も夫れを使用する者に無償にて使用せしむるは、一般的に之れを使用せざる者と比較して不公平たるを免れない、即ち使用者は使用せざるものよりも利益を受くる事となる、故に其の使用者に對し報償的負擔を命ずるは至當である、夫れを使用料と云ふ、此の使用料は公法上の收入なるや否やは議論のある處である、學者は此等營造物若しくは公共の用に供する財產の使用は公法上のものと私法上のものとあり、從て其の料金にも公法上のものと私法上のものとある事明かであると述べて居る者もある、然れども茲に使用料と云ふは公法上の使用料にして私法上のものを包含せず、前に述べたる府縣の企業に對して其の報償として徵する料金は茲に使用料と稱する收入中に包含するや否やは、府縣が營造物以外の企業を爲す事を得るや否やに依て定まる、其の詳細なる說述は第三編に讓り茲には單に營造物若しくは公共の用に供したる財產の使用に就き徵收する使用料に付記述する。

府縣に於て徵收する使用料は如何なる種類のものなるやと謂ふに道路、堤防、河敷、水面、並木敷等の占用に係る使用料、府縣立病院の入院料、診察料、學校の授業料の類である此等使用料は法律命令に依て府縣の收入に歸するものと府縣會の決議に依り徴收するものとがある。

手數料とは一個人の爲めにする府縣廳の行爲に對して其の報償とし支拂ふ一箇人の負擔である、即ち反對給付にして本人の意思に基き特定人が特定の場合に負擔するもので、從て法律を以て定むるの必要がない、此の性質は使用料と異なる所がない、此等の點が租税と異なる處である。

手數料として府縣が徴收するものは小學校敎員の檢定手數料、保母檢定手數料、小學校入學手數料、屠畜檢查手數料、看護婦試驗手數料、蠶種檢查手數料の如き類である、此等使用及手數料は府縣に於て徴收するも、其の收入額を見るに資料なきを以て夫れを揭ぐる得ざるは遺憾であるが、大正十年度の額を見るに千百七十六萬九千九百二十一圓にして實に府縣歲入七千九百萬圓に對し約七分の一に當るので、決して輕視すべき收入でない事が知られる。

第三節　公　債

府縣は財政上收支を適合せしむる爲めに公債を起す事を得るが、其の目的は制限せられて居る、即ち舊債を償還する爲めか又は府縣の永久の利益となるべき支出を要するの爲めか或は天災地變の爲め必要ある場合に限り、府縣會の議決を經

て夫れを爲す事を得るのである、此の公債を起すに當りては起債の方法、利息の定率、償還の方法等を定めて內務大藏兩大臣の許可を受くべきものである、然るに政府の監督上の政策に依り、其の起債は一張一馳の狀態を呈して居る、即ち起債の額を見るに明治二十四年度には三十萬千八百三十圓なりしが同二十八年度には五十四萬九千五百十一圓、同二十九年度には一躍して三百十五萬三千四百十二圓、同三十年度には三百五十萬二千六十七圓、同三十一年には減じて二百五十八萬九千七百卅三圓、同三十六年度には三百八十一萬六千八百二十一圓、翌三十七年度には降りて百二萬二千九百十六圓、同三十九年度には五百二十五萬四千七百七十六圓の巨額を示したるが、同四十年度には減少して三百二十三萬六千百五十圓となり、翌四十一年度には又增加して四百十萬九千八百九十五圓となり、同四十二年度には大に減少して百四十四萬七千六百十圓となり、同四十三年度には實に千六百四十八萬百圓の巨額となつた、同四十四年度には僅かに千六十五萬三千八十六圓に減じ、翌大正元年度は更らに四百三十五萬三百九十七圓に減じ、同二年度は再び增加して千百七十一萬百圓、同三年度は千二百二萬千五百九十七圓となり、同四年度は減

じて六百七十四萬三千三百四十九圓となり、爾後減少の狀態となり、同九年度には二百五十八萬八千八百圓となるを見る大正十一年度の豫算に依れば更らに增加して二千五百二萬八千三十一圓である、此等府縣の各年度額は主として天災事變に依る復舊事業の爲めに時に依り、巨額に達するを見るも府縣事業の擴張は漸次其の額の多きを致すのである、然れども政府の監督如何を以て之れを制止する時は又著しく減少の狀を呈す、今府縣公債の大正九年度末に於ける現在額を見るに一億千六十六萬四千三百八十二圓にして夫れを目的に區分する時は敎育費三百十一萬八千七百五十三圓、衛生費百卅四萬二千四百五十圓、勸業費百七十八萬七千三百八十二圓、災害土木費五千九百六十三萬八千八百卅四圓、普通土木費三千六十三萬二千三百四十一圓、電氣瓦斯事業費十一萬五千圓社會事業費六百二十三萬七千五百圓、其の他の計七百六十九萬二千二百十九圓にして土木費としては災害復舊費と普通土木費との合計八千七百二十七萬千百七十五圓を示し、實に總額の八割を占む、如何に府縣が土木費の爲めに巨大の經費を要するかを知るべきである。尙政府供給の低利資金融通の事あるも第四編に於て述ぶる事とする。

第四節　歳計

府縣は毎年四月一日より翌年三月三十一日迄の間を一會計年度とし、其の期間內に於ける收入と經費とを豫算として定む、之れに依て經濟的物件の需用を充す、而して此の豫算に對し實行の成績を決算として精算を爲す、之れに依りて府縣の經濟狀態を見るべきものである、而して其の收入を歳入と稱し、經費を歳出と稱する。

(イ)歳　出

先づ歳出に付て其の総額を見るに明治二十五年度は歳出二千三百三十八萬八千九百九十六圓、同十年度は四千四萬七千二百二十七圓、同三十五年度は五千八百二萬六千四十九圓、同四十年度は六千八百二十六萬二千三百五十五圓、大正元年度は九千二百九十九萬九千七百四十五圓、同六年度は一億四百三十五萬三千十二圓にして大正十一年度の豫算に依れば實に三億三千五百四十一萬四千四百三十二圓の巨額に達す更に各費目に就き其の增加の狀態を表示すれば左の通りである。

府縣歳出科目別表(其の一)

費目	明治廿五年度	同卅年度	同三十五年度
警察費	四、八〇九、一七六圓	五、七七七、一七七圓	一〇、一五九、八四〇圓

土木費	九、八四六、七六九	二〇、七七一、一六八	一八、八七二、八六八
會議費	三四八、六三二	三四〇、五九四	四九二、一三三
衛生費及病院費	三七九、八四一	九二三、一三三	三、〇八六、〇三三
教育費	一、一七〇、八九四	二、九九四、六四三	一一、〇六七、九七一
郡役所費	一、七七九、六八四	二、〇五九、〇一七	三、一五一、九三二
勸業費	二四六、三八七	九四七、一一三	三、五七四、六一〇
吏員費	三二、四三二	二五四、四〇二	九四八、六〇三
公債費	五五四、六〇八	九五二、四三三	三、七二六、一四二
社會事業費	六〇、六八七	七〇、六〇四	一三五、四二〇
監獄費	三、二六九、四四五	—	—
其他諸費	七九一、四四二	八二一、三六三	二、八二〇、五五七
計	二三、三八八、九九六	四〇、〇四七、二三七	五八、〇三六、〇四九
人口一人ニ對スル歳出	〇、五七二	〇、九二五	一、二一三

備考監獄費は明治三十四年度後國庫支辨に移り、北海道費三十五年度以降算入す

府縣歳出科目表(其の二)

費目	明治四十年度	大正元年度	大正六年度
警察費	一三、〇六六、九四二圓	一六、四二八、七八四圓	一九、三四一、五二三圓
土木費	二〇、六二四、三三八	二九、二八四、五七八	二六、八三五、〇七三
會議費	四九六、〇二三圓	六三八、二九七圓	七四三、一六〇圓
衛生費及病院費	二、七九一、三五九	三、二七一、一三一	三、九三六、八〇五
教育費	二一、二三〇、五八一	一七、〇一八、〇八〇	一八、八八七、五七三
郡役所費	三、二〇三、九六七	三、八一〇、八四八	三、九三七、七六三
勸業費	六、三四九、二〇九	九、八二一、九九七	一一、二六八、三八〇
吏員費	一、七〇九、三二七	二、五二〇、七二一	二、八四七、四二一
公債費	二、五八六、四九一	四、七三五、六九三	七、三五五、七六四
社會事業費	一九九、一一五	七二八、〇二六	八九五、九九九
監獄費	—	—	—
其他諸費	六、九〇七、一〇三	四、七五一、六七二	六、三〇四、五八一
計	六八、二六二、三三五	九二、九九九、七四五	一〇四、三三五、〇二三
人口一人ニ對スル歳出	一、五二〇	一、七七〇	一、八五〇

尚大正十一年度の豫算に就き其經費の科目別は左の如し

費目	
警察費	六〇、一七二、八〇一圓
土木費	九〇、〇二三、二一五圓
會議費	一、六八二、七一八圓
衛生及病院費	六、八五四、八六五圓
教育費	七三、七〇九、九七八圓

郡役所費	九、六八三、二七八圓
勸業費	四〇、四七九、三〇四圓
吏員費	四、五一九、九〇七圓
公債費	一八、四一八、六九六圓
社會事業費	一、七五七、〇九六圓
其他諸費	二二、九八六、四三七圓
計	三三五、四一四、四三二圓
人口一人ニ對スル歳出	五、八六〇圓

以上掲ぐる處に依り見るに府縣費の膨脹實に驚くに堪ゆ、明治二十五年度に對し大正六年及同十一年度の豫算額を比較するに左表の如きものである。

明治二十五度大正六年度同十一年度歳出比較表

（本表は明治二十五年度を百とし對比す）

費目	明治二十五年度	大正六年度	同十一度
総額	一〇〇	四四六	一、四三四
警察費	一〇〇	四〇二	一、二五一
土木費	一〇〇	二九二	九二四
會議費	一〇〇	二一三	四八二
衛生及病院費	一〇〇	一、〇三六	一、八〇〇
敎育費	一〇〇	一、四八六	五、八〇〇
郡役所費	一〇〇	二二一	五四四
勸業費	一〇〇	四、五七三	一六、四二九
吏員費	一〇〇	九、〇五九	一四、三八〇
公債費	一〇〇	一、三二六	三、三二一
社會事業費	一〇〇	一、四七六	二、八九五
監獄費	―	―	―
其地諸費	一〇〇	七九七	二、九〇四

以上の計數に依りて見るに各費の増加著しく總額に於て二十五年度に比し、大正六年度は約四倍五分、同十一年度は十四倍强に達す、此の比較率を平均狀態として其の以上のものを求むる時は六年度にありては其の大なるものは吏員費の九十倍六分にして勸業費の四十五倍七分、之に次き敎育の約十五倍、社會事業費の十四倍八分、衛生及病院費の十倍其の他の八倍である、又大正十一年豫算にありては勸業費の百六十四倍を最大とし、吏員費の百四十三倍八分之れに次き、敎育費の五十八倍、其の他の費額の二十九倍、社會事業費の二十九倍、衛生病院費の十八倍なるを示す、土木費は六年度は三

倍、十一年度は九倍、警察費は六年度は四倍、十一年度は十二倍五分にして其の倍加の數著しからずと雖も、費額に於ては多大の增加なりと云ふべきである、尙其の他の費目として揭げたるものは其の種類頗る多く、且つ二十五年度以降益々其の種類の增加するを見るのである、大正十一年度豫算に付き之れを揭くれば諸達書及揭示諸費、道府縣稅取扱費、衆議院議員及同府縣會議員選擧費、財產費、徵發費、統計費、行政執行費、公園費、神社費、公會堂費、地方改良費、都市計劃費、史蹟名勝天然紀念物調査保存費、廳舍議事堂建築費、鐵道補助費、航海補助費、特別會計編入、特別會計戻入、縣有林經營費、寄附金、道府縣諸編纂費、神職養成費、神職講習會補助費、特別資金、蓄積金、恩賜賑恤資金繰入費等である、又社會事業費の如き明治二十五年度に於ては單に敎育の爲めにするに過ぎざりしが、大正十一年度に於ては感化救濟費、慈惠救濟費、公設市場費、住宅建築費等を含むに至つた

以上述ぶるが如く府縣經費の增加年と共に著しきを加へ、而かも其の經費の種類は明治十三年大政官布告地方稅規則に揭げたる費目に比し、甚しく增加せるを見る、尙又前記各費目に付明治二十五年度と大正十一年度豫算に於けるものとの各千分比を求むれば左表の如くである。

比例表（各年度の總額を千とし比例す）

費目	明治二十五年度	大正十一年度
警察費	二〇七	一七〇
土木費	四二二	二六八
會議費	一四	五
衞生及病院費	一六	二一
敎育費	五四	二一九
郡役所費	七六	二九
勸業費	一〇	一三〇
吏員費	一	一四
公債費	二三	五五
社會事業費	三	五
其の他	三四	九五
監獄費	一三六	〇

右表に依れば明治二十五年度に於ては土木費は千分中の四百廿一、警察費は同二百七、監獄費は同百三十六を占め郡役所費の千分の七十六より敎育費其の他の經費、公債費、衞生

費、會議費、勸業費、社會改良事業費を順次とし、以て吏員費の千分の一に至る、然るに大正十一年度にありては土木費の千分の二百六十八を第一とし、教育費の二百十九、警察費の百七十一、勸業費の百二十一、其の他の經費六十八公債費の五十五、郡役所費の二十九、衛生及病院費二十一、吏員費十四、會議費及社會改良費の各五と云ふ順序に變じ、就中教育費及勸業費が著しく增加し會議費、郡役所費の如きものが其割合を減じたるを見るは頗る注意すべき點である、加之各經費間の割合が二十五年度の如く甚しき差違を見ざるに至りし事は財政及事業上又輕視すべき事でない。

(ロ)歲　入

歲入に就て其の總額を見るに明治二十五年度は二千六百九十六萬九千五百十九圓にして同三十年度は四千六百三萬九千百九十一圓、同三十五年度は六千五百七十二萬五百五十四圓、同四十年度は八千十七萬二千三百二十二圓、大正元年度は一億六百三十七萬九千二十八圓、同六年度は一億二千七百五十八萬三百十四圓にして、同十一年度の豫算に依れば三億三千五百五十六萬八千四百五十四圓の巨額に達す、左に各科目に就きて其の增加の狀態を表示する。

府縣歲入科目別表(其の一)

科目	明治二十五年度	同三十年度
地租割	八、四〇七、一五八圓	一三、三三七、七六〇圓
營業税	二、七四六、一八三	一、九八五、八八八
雜種税	一、六七二、六八六	三、四八六、二九六
營業税附加税	—	七二一、七九五
所得税附加税	—	—
鑛業税附加税	—	—
砂鑛區税附加税	—	—
賣藥營業税附加税	—	—
取引所營業税附加税	—	—
戸數割 家屋税	三、一八六、三三一	五、三一八、八三八
市町村分賦額	—	—
反別割	—	—
水産税	—	—
計	一六、〇六二、三五七	二四、八〇九、四八四
財産收入	二、一四八	二九、四七一
國庫下渡金	—	—

雑收入	—	—
國庫補助金	—	—
國庫交付金	二、〇六七、三五六	四、四四〇、五三三
寄附金	一〇三、二九四	二二二、六六二
財產賣拂代	—	—
特別會計繰入	—	—
公債	八一〇、九五〇	三、五一二、〇六七
貸座敷	—	—
米穀賣拂代	—	—
繰越金	五、八一三、三二八	九、三九〇、四三二
其他收入	二、一六二、一七一	三、六四四、五四二
計	一〇、九五八、一六三	二一、二三九、七〇一
合計	二六、九六九、五一九	四六、〇三九、一九一

府縣歳入科目別表（其の二）

科目	年度 明治三十五年度	同四十年度
地租割	二五、七七七、八四四圓	二七、〇二一、六九三圓
營業税	二、七〇四、四九〇	三、一〇一、八九四
雑種税	六、三五七、三八六	八、一九六、五五一
營業税附加税	一、〇五八、七九九	一、四四二、二七三
所得税附加税	一四、五九三	二一、一八九
鑛業税附加税	—	一四六、三一七
鑛區税附加税	—	—
賣藥營業税附加税	—	—
取引所營業税附加税	—	—
戸數割家屋税	九、四三二、七七五	三、六三〇、六三三
市町村分賦額	一、七〇三、八三四	一、五三二、一九八
反別割	三〇、七二八	一三三、七二三
水産税	三一〇、九四二	三五六、七一九
夫役現品	八三、六六七	三三、〇八〇
計	四七、二八四、〇七九	五四、五九四、二三八
財產收入	二九、七三六	四七、五九三
國庫下渡金	—	—
雑收入	—	—
國庫補給金	—	—
國庫補助金	—	—
國庫交付金	四、一八二、四一九	六、四九九、三三五
寄附金	四〇三、[illegible]	一、二四一、九一〇

特別會計繰入	―	―
公債	二、六五二、七二一	三、二三六、一五〇
貸付金回收	―	―
米穀賣拂代	―	―
繰越金	六、六六〇、一三〇	七、一九五、三七九
其他	四、五〇七、五二四	七、三九七、七一〇
計	一八、四三六、四七五	二五、五七八、〇八四
合計	六五、七二〇、五五四	八〇、一七二、三三三

府縣歲入科目別表（其の二）

科目＼年度	大正元年度	同六年度	十一年度豫算
地租割	三、八二五、一五九	三五、〇〇七、五三三	一六、六〇七、二三七
營業稅	三、八四一、八三三	四、八〇八、二五一	九、八七八、七二九
雜種稅	一〇、六六八、二八二	一三、七六二、五七八	四二、一八一、二六八
營業稅附加稅	二、九八八、六八六	三、二八二、九〇四	一九、九七九、八三六
所得稅附加稅	一、七五四、六七一	二、九七一、四七一	四、九五八、六四一
鑛業稅	一六九、一〇六	二二三、九三一	五七、四八九
砂鑛區稅附加稅	―	―	八九〇
賣薬營業稅附加稅	四、九四七	六、六五五	九、一〇〇
取引所營業稅附加稅	―	一二七、七三九	一六六、七九一
戶數割	一四、八四九、九一四	一五、九八七、〇二九	四六、二三五、四六七
家屋稅	二、一九六、五〇六	二、八三九、三二一	八、〇九〇、五八五
市町村分賦金	一、六〇三、七九二	二、一二四、五〇三	八、七四九、二〇三
反別割	二一三、二四九	三七七、六九〇	一、〇一五、五二七
水產稅	三一四、九一九	二八〇、七五〇	五一三、三九三
夫役	―	―	―
稅收入計	七一、四三一、〇五四	八一、八九〇、三五五	二一九、〇〇七、六三七
財産收入	五七、九〇七	五四〇、一〇九	八七四、一〇三
國庫下渡金	三、二二三、七六三	三、七九四、二五八	一七、七〇九、一二五
雜收入	―	―	二六、九二七、〇一五
國庫補給金	三、八七九、二八九	[illegible]三、九三七、九七一	三、二八九、三八七
國庫補助金			一五、六五三、五〇九
國庫交付金	―	―	三〇、五四六
寄附金	一、〇四二、〇六八	一、二二〇、七七八	一〇、一七九、二八〇
財産賣拂代	―	―	四、〇一四、三三五
特別會計繰入	―	―	二、〇六二、〇一一
公債	四、三五〇、六九七	八、〇四七、四六八	二四、二九三、〇〇七
貸付金回收	―	―	三〇六、四三五

米穀賣捌代	—	—	—
繰越金	二、六六六、一二六	一三、〇七〇、五九〇	六、〇一〇、七二三
其の他	一〇、七一九、一三一	一五、〇八八、一八六	四、七二一、三〇一
税外收入	三四、九四七、九七四	四五、六八九、九二九	一一六、五六〇、八一七
合計	一〇六、三七九、〇二八	一二七、五八〇、三一四	三三五、五六八、四五四

右表に依り各收入科目別に比較し、之れを批評するは繁雜に失するのみならず、其の收入中租稅及財產公債等に就きては前に述べをるを以て玆には單に租稅收入と稅外收入とに大別して更に前記年度に別ち夫れを表示す。

年表	區分				
	合計	税收入	百分比例	税外收入	百分比例
明治廿五年度	二六、九六九、五一九	一六、〇二一、三三七	六〇	一〇、九四八、一八二	四〇
同　三十年度	四六、〇三九、一九一	二四、八〇九、四八四	五三、八	二一、二二九、七〇七	四六、二
同　三十五年度	六六、七二〇、五五四	四七、二八四、〇七九	七一、九	一八、四三六、四七五	二八、一
同　同四十年度	八〇、一七二、三三二	五四、五九四、二三八	六八、一	二五、五七八、〇八四	三一、九
大正元年度	一〇六、三七九、〇二八	七一、四三一、〇五四	六七、一	三四、九四七、九七四	三二、九
同　六年度	一二七、五八〇、三一四	八一、八九〇、三八五	六四、二	四五、六八九、九九九	三五、八
同　十一年度	三三五、五六八、四五四	二一九、〇〇七、六三七	六五、二	一一六、五六〇、八一七	三四、八

上表の如く明治二十五年度に於ては租稅收入と稅外收入とは六十に對し四十の割合なりしが、同三十年度は前者は減じて約五十四、後者は四十六となり同三十五年度には租稅收入增加して約七十二稅外收入は二十八の割合となり、一人當りに對する賦課額一躍して九十五分二厘に當るの狀態となつた僅かに五年を經過したる後には實に二十七分二厘を增したるを見る、實に急激の變化と謂はざるを得ない、其の後一人當りの負擔は逐年增加するも如斯く急激ならず、而かも租稅收入と稅外收入との割合は前者は減じ後者は增すの狀態である

第五章　府縣の監督

府縣なる地方自治團體に對し其の行政の監督は素より必要

である、現今監督の機關として內務大臣あり、特別監督機關としては大藏大臣等がある、此等の機關か監督を爲す形式は(イ)視察及檢閱を爲す事(ロ)不適法なる豫算の削減を爲す事(ハ)府縣會の停會を府縣知事を經て爲す事(ニ)勅裁を經て內務大臣は府縣會の解散を爲す事(ホ)議決に對し許可を爲す事(ヘ)違法越權又は公益を害するの議決若くは收支に關して不適當なる議決を取消又は夫れを改めしむる事(ト)議決機關の不成立又は招集に應ぜざる時若くは議決すべき事件を議決せず若くは議案を議了せざる時は之れを代決する事等である、抑も監督の事たる廣きに失する時は府縣の發達を害し、狹きに過ぐる時は放恣に陷らしめ、國政の上に尠からざる影響を及ぼし、府縣民の不安を招ぐに至るの虞なきを保し難い、故に監督は常に時代の推移に副ひ社會の進步に伴はらなければならぬ、府縣制々定の當時に於ては左に掲ぐる件は內務大臣の許可を要する事とした。

一、學藝美術又は歷史上貴重なる物件を處分し若くは大なる變更を爲す事
二、使用料手數料を新設し增額し又は變更する事
三、寄附若くは補助を爲す事
四、不動產の處分に關する事
五、夫役及現品を賦課する事
六、繼續費を定め若くは變更する事
七、特別會計を設くる事

又左に掲ぐる事件に付ては內務大藏大兩臣の許可を要する事と定められた。

一、府縣債を起し並に起債の方法利息の定率及償還の方法を定め若くは變更する事
二、地租三分の一を超過する附加稅を賦課する事
三、法律勅令の規定に依り官廳より下渡する步合金に對し支出金額を定むる事

以上の如き規定を設けられたるも、其の後漸次夫れを縮少するの必要を認め、明治三十二年以後數次に許可を要せざる事項に付勅令を以て定められた、現今に於ては法律上寄附又は補助を爲す事、夫役及現品を賦課する事及特別會計を設くる事に關しては全く許可を要せざる事とし、地租附加稅の制限に就ては地方稅制限法の規定に依る事とし、且つ法律上許可を要するも實際に於て許可を受けしめざる事項に就て大正三年勅令第百四十一號を以て之れを定められた、其の事項を

列起すれば

一、支出總額三十萬以內の繼續費に關する事

一、豫定價格額二萬圓未滿の不動產處分に關する事

一、元本總額二十萬圓に達する迄の府縣債に關する事

一、借入の翌年度に償還する公債に關する事

一、公會堂、病院、試驗場、物產陳列場、種畜場、豐立貯藏庫、公園、敎員養成所、產婆看護婦養成場、棧橋上屋物揚場、繫船浮標、種畜の使用料及試驗檢查、加工、分折鑑定、圖案、設計、畜類血統證明、患畜診室、手術其の他之れに類するもの丶使用料又は手數料に關する事

である、今後尙此の許可を要せざるものとするの範圍は益々擴大せらるゝに至るべきは更めて言ふを俟たない。

第六章　府縣の連合行政

府縣連合行政に關しては大正三年に府縣は府縣組合を設け府縣行政の一部を連合して處理する事を得るに至つた、其の目的は特定の事務を共同に處理するに存し、府縣事務の全部に及ぶ事を得ないものである。組合を設くるに就ては關係府縣の協議に依り規約を定め、內務大臣の許可を受くべきものである、其の規約には組合の名稱、組合を組織する府縣、其の特定事務、組合會の組織、事務の名稱、費用の支辨方法其の他必要なる事項を定むべきものである、組合の變更解除は協議に依り內務大臣の許可を受くべくして、法律勅令中別段の規定ある場合を除くの外に府縣に關する規定を準用すべきものなるが、特に府縣組合には府縣參事會を置かず、其の權限に屬する事項は組合事務を管理する府縣知事の專決するものとなしたるは注目すべき法制と謂はなければならない、而して實際此の法規に依る府縣組合は存在しないのである、明治四十年法律第十一等癩豫算に關する法に依り府縣連合して癩患者療養所を設置するは玆に述ぶる府縣連合行政にあらずして國の行政に就き特に法律を以て連合處理する事と定められたものである事を一言する。

第七章　府縣の特別組織

府縣は其の議決機關として一の府縣參事會及一の府縣會を以てするを原則とするも此の單一機關にては町村部と都市部とに對し、自治行政の目的を達成するに障碍を來す事なきを保せず、如斯き特別の事情ある府縣に於ては府縣會に市部會

郡部會、府縣參事會に市部參事會、郡部參事會を置く事を得せしめ、而かも市部、郡部の經濟は勿論分別せしむるのである、其の府縣は勅令の定むる處に依り尚之れが爲め必要なる事項に關して勅令を以て定むるものである。

市都會郡部會等の特別に關する件は明治三十二年六月勅令第二百八十五號を以て發布せられ、大正三年勅令第三十九號を以て改正せられたものである、而して此の勅令に依り明治卅二年內務大臣は省令第二十五號を以て東京府、京都府、大阪府、神奈川縣、兵庫縣、愛知縣、廣島縣の三府四縣に對し從來の區域に依り、市部、郡部の經濟を分別し、市部會、郡部會、市部參事會、郡部參事會を設くべきものと定められた、明治三十二年勅令第二百八十五號の全文を掲ぐれば左の通りである。

市部會郡部會等ノ特別ニ關スル件

第一條　從來市部郡部ノ經濟ヲ分別シタル府縣ニ於テハ內務大臣ハ其ノ區域ニヨリ市部郡部ノ經濟ヲ分別シ市部會郡部會市部參事會郡部參事會ヲ設ケシムルコトヲ得

第二條　市部會第部會ハ各市部郡部ニ於テ選出シタル府縣會議員ヲ以テ之ヲ組織ス

市部又ハ郡部ニ於テ選出スヘキ府縣會議員ノ數十二名ニ滿タサルトキハ府縣制第五條ノ定員ニ拘ハラス之レヲ十二名トス

第三條　府縣會ノ擴張ニ屬スル事件ニシテ府縣會ノ議決ヲ經ヘキ事件ト市部會郡部會ノ議決ヲ經ヘキ事件トノ分別ハ府縣會ノ議決ヲ內務大臣ノ許可ヲ得テ府縣知事之ヲ定ム、若シ許可スヘカラスト認ムルトキハ內務大臣之レヲ定ム

第四條　市部會郡部會ヲ設ケタル府縣ニ於テハ名譽職參事會員ノ定員ヲ十名トス

市部會郡部會ヲ設ケタル府縣ノ名譽職參事會員ハ各會ニ於テ其ノ定員ノ半數ヲ選擧ス

市部參事會郡部參事會ハ府縣知事府縣高等官參事會員及各部會ニ於テ選擧シタル府縣名譽職參事會員ヲ以テ之ヲ組織ス

第五條　府縣費ニ關スル市部郡部ノ分擔及收入ノ割合ハ府縣會ノ議決ヲ經內務大臣ノ許可ヲ得テ府縣知事之レヲ定ム若シ許可スヘカラスト認ムルトキハ內務

大臣之ヲ定ム

第六條　第三條第五條ノ事件ニ付テハ議員定員ノ五分ノ四以上出席スルニアラザレバ會議ヲ開クコトヲ得ス

第六條　本令ニ規定スルモノヲ除クノ外總テ府縣制ノ規定ヲ準用ス

第八條　市部會又ハ郡部會解散ヲ命ゼラレタルトキハ其ノ議員ハ府縣會議員ノ職ヲ失フ

附　則

第九條　本令ニ依リ市部會郡部會ヲ設クル府縣ニ於テハ從來市部若クハ郡部ニ關スル事件及市部郡部連帶ニ關スル事件ハ本令ニ於テモ又其ノ効力ヲ有ス

第十條　本令ハ明治三十二年七月一日ヨリ施行ス

第三編　市

第一章　市の研究

都市の自治は近世文明の精華にして亦た各般の民政の中樞たりとは泰西の識者が常に稱ふる處であつて又た都市が一國の文華を表現するとも謂はれる、誠に往昔より都市は其の國文化の中核で文化は人類の生活向上を示す事である、換言すれば一國の興隆に對し都市が多く貢献を爲すもので古代バビロンのアゼンス、羅馬、伊太利等の都市が其の時代の工業、美術、文學、政治、經濟の各方面に於ける活動の中軸たりしことは史上夙に之れを認め得る處である、「アリストートル」が「人は生れながら都市に隷屬し都市に依て化育せらる」と謂へるは古代都市の勢力を稱讃せるの意味である、近代に於ても物質的に精神的に都市は一國を代表するものなりと謂ふも過言でない、都市が物質的文明の急足なる發達に伴つて地方の青年男女が都市に集注し、都市に棲息し、爲めに都市の人口稠密の程度濃厚を加へ都市改善の勢を呈し各種事業の勃起益々多きを致し其の事業年と共に複雑多岐に渉り財政は必然的に膨脹を來すのである、之れが爲めに自治行政も又た町村の如く簡單なるを得ない。

歐米諸國に於て都市に於ける自治の開發は夙に爲政者の苦心する處　學者識者の研究を怠らざる處である、彼の戰前に於ける獨逸が其の國の都市の自治に對して最も發達を遂げしめたるが元來獨逸に於ては自治體に對し國家の干涉嚴正なるも其の事たる畢竟都市を壓迫するにあらずして能く都市を助成して其の發達を促進するにある、如斯獨逸は自治體の向上に關して凡百の手段を講じ常に進步的自治政を熱望して熄まない、獨逸政府の自治行政監督は法規に重きを置かず寧ろ行政手段に重きを置き實際問題に接觸して關係法規の解釋上に何等の困難なく、自由に都市の要求に應酬し得らるゝのである。又英國の都市が能く發達して其の自治行政の成績を擧ぐるは都市の事業に對し國會の干涉多きに係はらず時に特許の簡單なることに因るのである、法規に依つて又た行政手段に依て都市を拘束し制限する事は多くは都市の能率及向上を阻碍するに過ぎない、一言すれば成典上の弊害に原因するものが少なくない、又都市の事業の發達を妨ぐるは政治的腐敗或は風紀の頽廢に基づくものが尠なくない故に都市の自治行政に對しては政府も政治家も多大の苦心を費さねばならぬ。

我國に於ける市は第一編に於て叙述したる如く市制施行前より幾分の自治は認められて居たが明治二十三年市制施行の際市として認められたるは東京市外三十八市で其の人口合計三百七十三萬三千二百四十二人なりしも大正九年十月一日國勢調査に依れば市の數は七十五となり其の人口九百五十萬七千八百三人に達するを見る三十一ヶ年を經過したる歲月に於て市數倍し人口は二倍半に增加す以て我國都市の急激なる膨脹を見るに足る。而して此七十五市の內東京市の人口は三百十七萬三千二百一人京都市は五十九萬三百卅三人、大阪市は百二十五萬二千九百八十三人橫濱市は四十二萬二千九百卅八人神戶市は六十萬八千六百四十四人名古屋市は四十二萬九千九百七人を算し其他の市に於ては降て十七萬六千五百卅四人の長崎市を最多とし其の少なきに至ては二萬六千二百七十一人の上田市を最少とす、此の關係に依り近時政府は六大都市として前記東京外五市を他の市と區別して取扱ふこととなつた、就中東京、京都、大阪の三市は市制施行の際より他の市と區別を立て多少法制を異にしたる關係がある、依て此の三市に付き聊か說述し次で市全體の狀態に付き說明を爲す、而して左に市政施行地と其の施行の時とを表示し且參考として歐米都市の人口を掲ぐる。

市制施行表

市名	施行年月日	大正十年末人口
京都市	明治二十二年四月一日	六五一、九一二人
大阪市	同	一、三四六、四七一
堺市	同	九〇、二八四
横濱市	同	四三三、九五二
神戸市	同	七一四、九七六
姫路市	同	四五、三四八
長崎市	同	二四五、九五四
新潟市	同	一〇三、九五八
水戸市	同	四三、九三一
津市	同	四七、四七五
靜岡市	同	七八、九七一
仙臺市	同	一一四、二七八
盛岡市	同	四八、四八四
弘前市	同	三四、八六八
山形市	同	四七、二五二
米澤市	同	四二、〇八三
秋田市	同	四一、三四四
福井市	同	五二、八八〇
金澤市	同	一二八、九四〇
富山市	同	七〇、〇三三
高岡市	同	四一、三〇九
松江市	同	三九、七三三
廣島市	同	一六〇、〇一一
下關市	同	八一、九一八
和歌山市	同	九二、〇八九
高知市	同	五一、二一〇
福岡市	同	一〇五、二六七
久留米市	同	四八、一二四
佐賀市	同	三七、七七四
熊本市	同	一三三、四六七
鹿兒島市	同	一〇四、八四五
東京市	同年五月一日	二、三七七、八八四
岡山市	同年六月一日	一一六、〇六一

甲府市	同年七月一日	六二、二一六	小倉市	同	三七、一七四
名古屋市	同年十月一日	六三三、二七四	佐世保市	同三十五年四月一日	一一五、八四九
岐阜市	同	六六、一〇一	呉市	同年十月一日	一四二、一一一
鳥取市	同	三三、四五八	長岡市	同三十九年四月一日	四七、〇一七
德島市	同	六八、九四九	豐橋市	同年八月一日	六五、〇三三
松山市	同年十二月十五日	五四、三四〇	宇治山田市	同年九月一日	四一、三〇七
高松市	同二十三年二月十五日	六二、三四九	横須賀市	同四十年二月十五日	八四、三三八
前橋市	同二十五年四月一日	六五、九六九	福島市	同年四月一日	三八、三七〇
宇都宮市	同二十九年四月一日	六三、七七五	松本市	同年五月一日	五〇、九三五
四日市市	同三十年八月一日	三八、一三〇	大分市	同四十四年四月一日	四六、四七六
長野市	同年四月一日	四〇、三七三	濱松市	同年七月一日	六一、〇二九
奈良市	同三十一年二月一日	四一、九一四	高田市	同年九月一日	三〇、〇七五
青森市	同年四月一日	五〇、八四二	若松市（福岡）	大正三年四月一日	五〇、〇七五
尾道市	同	三二、九三四	尼崎市	同五年四月一日	三九、三三八
大津市	同年十月一日	四三、四一七	岡崎市	同年七月一日	三九、九九六
若松市（會津）	同三十二年四月一日	四五、五七〇	福山市	同	三四、六七八
門司市	同	七四、四四四	大牟田市	同六年三月一日	七二、四八二
丸龜市	同	二五、九九一	八幡市	同	一一二、四七〇
高崎市	同三十三年四月一日	四四、二〇八	八王子市	同年九月一日	四一、〇〇一

大垣市	同七年四月一日	二九、〇五一
上田市	同八年五月一日	三三、八〇九
明石市	同年十一月一日	三四、一二八
今治市	同九年二月十一日	三一、四九七
足利市	同十年一月一日	三六、六四八
千葉市	同	三三、八八七
桐生市	同年三月一日	四三、一五五
那覇市	同年五月二十日	六三、五五一
首里市	同	二八、三〇三
一宮市	同年九月一日	二六、二九六
宇都宮市	同年十一月一日	四〇、七七〇
札幌市	同十一年八月一日	一一六、二八三
函館市	同	一四〇、二三七
小樽市	同	一一一、九三九
室蘭市	同	五五、〇七八
旭川市	同	五八、八〇五
釧路市	同	四〇、二三九

人口百萬以上の世界都市

都市	人戸（千人）	都市	人口（千人）
ニューヨーク(北米)	五、六二〇	ロンドン(英)	四、四八三
巴里(佛)	二、八八八	シカゴ(北米)	二、七〇二
東京(日)	二、一七三	ペトログラード(露)	一、九〇七
ベルリン(獨)	一、九〇三	ヴエンナ(墺)	一、八四一
ヒラデルヒヤ(北米)	一、八四一	ブエノスアイレス(アルゼンチン)	一、五七六
上海(支)	一、五〇〇	漢口(支)	一、四六二
大阪(日)	一、二三三	カルカツタ(印)	一、二二三
ブタペスト(洪)	一、一八五	リオデジヤネーイロ(伯)	一、一五八
モスコー(露)	一、一二二	グラスゴー(英)	一、一一三
コンスタンチノープル(土)	一、〇〇〇		

第一東京市、京都市、大阪市の三都市に關しては市制發布後所謂特別市制を施行したるは第一編に於て述べた處である。爾來此の特別市制を廢止するに付き種々の議論があつた、特別市制を廢止すべからずと謂ふ論者の代表的意見として見るべきものは都筑文學士の意見である左に之れを記する。

特別市制廢止に對する意見

特別市制を否とする理由は主として任命に由るの吏員をし

て市町村の事務を處理せしむるは地方自治の精神に反すと謂ふに在るが如し然れども自治の機關を以て任命に由らしむるは實に自治の精神に反せざるのみならず國政事務との關係の厚薄に依り往々之を必要とするの場合なきに非ず之を外國の實例に徵するに自治の母國たる英國に於ては民兵都督執行官治安判事の如き最も重要なる自治の機關は總て任命に係るものに非ざるはなし佛國革命の初年に在ては地方團體の行政は凡て選擧に係る所の代議會と吏員とを以て之を行はんとせり其意蓋し地方の選擧に賴り中央大政黨の軋轢より生ずる弊害を匡正して以て所謂權力の平衡を維持するに在りたるが如し然れども此の選擧の制度は之を施行すること未だ幾何ならざるに早く已に其匡正せんとするの弊害に比し更に幾層の弊害を釀成するに至れり一般の公益と法律上の秩序とを顧みずして只管地方の小利益を爭ひ地方小黨派の競爭をのみ事とするの弊は當時佛蘭西全國に普きの狀態なりき選擧に因りて就職したる縣郡市町村の吏員は地方議會の意思を以て其命脈とするものなるか故に議會多數の意思に對しては唯た屈從するの外なく地方團體の財政の如きは當時不整理の極點に達せり佛國の町村が數年の間に數億フランの巨額を濫費して其基本財產の大半を蕩盡したるは實に此時に在り然れども是未だ弊の最も大なるものに非ず國政事務の不整理に至ては更に之より甚しきものあり蓋し郡市町村に於て國政事務を執行するの吏員が國の警察法規を實行し濟貧及道路修築の費用を分配し徵稅及徵兵の事務を處理するに當りて一局部一私人の利益と衝突を生ずるは自から免るべからざる所なれども當時國政事務を執行する地方吏員は數年を限りて一地方局部の利益を代表する者の隨意に選任するものなりしを以て國家の公益は一地方一局部の利益の爲め常に枉屈せらるゝに至りたるは眞に勢の然らしむる所なり此の如く佛國の行政は國家最も多事の時に際して其の運轉全く凝滯したるが故に地方選擧の制度は大に世の信用を失ひ爾來制度の變革に伴ひ戶長に至る迄凡て任命を以て其地位を充たすに至れり今日に於ては佛國の戶長は町村會の選擧に係るを法とすと雖も巴里里昂の如き重要の都市は特別の組織を有し「セーヌ」縣の知事は巴里の市長にして該市の地方警察事務は警察知事之を掌理し里昂の地方警察事務は「ローン」縣の知事之を掌るが如きは畢竟其國家に影響する所大にして全く之を地方臣民の選擧に出でたる吏員に一任すること能はさるに因らすんばあらず。

孛漏西に於ては市町村の行政に付ては任命の法と選擧の法とを折衷して認可の制を設けたりと然れども郡以上の團體に於て國政事務を掌理する所の最高吏員は總て皆任命に由らざるはなし又伯林市は一國の首府にして其關係重大なるが故に市長に屬する地方警察知事之を掌り其他伯林市の爲め特別の州知事を置て「ブランデンブルグ」州の知事を以て之に充つる等總て普通の市と大に制度を異にせり。

我が國の地方制度は町村の吏員に就ては選擧及認可の制を取れり其意蓋し町村は國家の機關にして國家は町村の成立と利害の關係を有すること少からざるのみならず町村長及其の代理者たる助役は直接に國政事務を掌るものなるが故に一方に於ては選擧の方を定めて地方人民の意向に重きを置くと共に一方に於ては認可に由て國家利益を保護するの手段を具ふるに在り市に至りては其の事務の國家に影響を及ぼすこと町村よりも大にして市內國政事務の範圍數量も亦町村より多し故に國家が其最高吏員の選任に對するの關係も町村吏員に對するよりも深からざるを得ず是れ市制が市長の選任に付き推薦及勅裁の法を取りたる所以なり市行政事務と國家との關係の厚薄及國政事務の範圍數量より論すれば三都と他の市との差異は或は普通の市と町村との差異より大なるものあるべし試に市行政に就て一例を擧ぐれば東京市區改正の事業の如き其成否及施設の當否は一國の品位にも影響を及ぼすべきものにして且輦轂の下百官百司の聚まる所四方士民の輻輳する所なるが故に其市區の規模設營は國家全體の利弊に影響する所少からずと雖も最も直接に其の利害を感ずるものは東京市なるを以て該事業は之を市の行政に屬せしめ其の費用は東京市之を負擔し執行は東京市參事會其局に當るべきものとし而して唯其計畫及每年度の工程を議定せしむるが爲特別の機關を設けたり東京市區改正委員會の組織は偶々以て市町村の事業も其國　に對する關係の厚薄に依り特別の組織を有する機關を必要とするべき證となすに足れり其他水道の工事の如き一般の衞生事務の如き直接間接に其利害の及ぶ所決して東京市住民に止らざるなり東京市に屬する國政事務の範圍數量の廣く且多きことは市町村制施行以前に於て十五の區長之を分擔し市長は町村制施行後に於ても猶以前の狀態を繼續するの必要あるの一事を以て明なり京都大阪の二市を以て東京市に比するときは其懸隔大ならざるに非ずと雖ども三市は古より並び稱する所にして他の市町村と隔絕して自から一種の階級を

成したるものなる故に同一の制度を以て之を適要し他の市に比して別段の取扱を受くるは毫も怪むに足るものなし認可の制と云ひ勅裁の制と云ひ官選の制と云ひ其の差異の基く所は吏員管掌事務と國家との利害關係の厚薄に外ならず此點に付て町村と普通の市と三都との懸隔も亦市制と特別との差異を說明して餘あるべし世の特別市制を議する者町村制と市制との相異なる所を怪まずして而して獨市制と特別市制との相異なる所を怪むは殆ど其の何の故たるを解するに苦む以上論ずるか如く特別市制は我邦地方制度を貫通する所の大原則に基きて制定せられたるものなり特別市制を廢止するは地方制度の原則を傷け現行の地方制度を以て不倫不具の制度となさんとするものに外ならず是特別市制の廢止を不可とする所以の一なり。

區長は市制に依るときは市參事會の機關にして國政事務の機關に非ず然れども三都に於ては國政事務の多端なる能く市長一人の力を以て處理し得べきに非ず區長をして國家の機關として各區內國政事務を分擔せしむるの必要あることは特別市制の廢止を主張する者と雖も皆承認する所なるが如し今若し特別市制を廢止したる後區長をして國政事務を管掌せしめんとせば區長と市長との關係は宜しく如何か之を定むべきや區長は直接に市長の機關となり間接に府縣知事の機關となるべきものとせんか知事は一令を出さんとする必ず先づ市長に向て之を發せざるべからず一事を委任せんとする必ず先づ市長に向て之を委任せざるべからず實際に行政事務を執行するものは區長にして而して市長は偶々中間に介在して行政を阻礙するの具たるに過ぎざるなり行政の敏活豈に得て期すべけんや或は又國政事務に付ては區長は直接に府縣知事の指揮監督を受くべきものとせんか區長は一面市參事會の議決を執行する市長の下に立ち一面市長と對等の地位に立つものにして而して國政事務と市町村事務とは衛生敎育等百般の行政に付き互に錯綜して判然たる區畫を立つることを得ざるものなるが故に區長と市長との間に常に衝突を生じ市の統一市機關の紀律は終に能く之を保つに由なからんとす區長と知事との關係直接間接孰の道を取るも行政の遲滯は決して免るゝこと能はざるべし是特別市制の廢止を不可とする所以の二なり。

監督官廳と被監督者の間に衝突を生ずるは監督の性質より生ずる所の當然の結果なりと雖も東京市の如きは重に東京府の最も重要なる部分を成すを以て若し市の監督廳たる東京府知事にして常に市の機關と相衝突するときは衝突の結果は延て

府の行政の圓滑を妨げ府に於て執行する所の國の行政に影響することも亦尠きに非ざるべし知事及書記官にして市の機關の一部となり常に國政上の必要を説明して他の市機關の反省を求むるの機會を有せしめは彼我の事情能く相疏通して復た事後に監督權を行使し相互の衝突を招くを要せざるに至ること多かるべし京都大阪二市に至ては程度に於ては固より東京に異なる所なきに非ずと雖ども概して之を言へば東京と略其趣を一にすと謂ふを得べし蓋し合議體の組織に於ては普通の會員に加ふるに其議決すべき事件に付特別の關係を有し實際の事情に通ずる者を以てするは諸外國の制度及我邦の現行法中に於て稀ならざるの事例とす例へば學務委員に小學校敎員を加へ土地收用審査委員會に專門技術家を加ふることあるが如き是なり其意蓋し特別の知識を有する者をして實際の必要を他の會員に説明するの機會を有せしめ以て會議の議決の迂濶流れ實際の事情に適合せざる虞を除んとするに外ならず特別市制の利益も亦一は之に存す今若し普通の市制を全然三都に施行するに至らは國政府政の執行上融和圓滑を得るの利益は全く之を失はざるを得ず是特別市制の廢止を不可とする所以の三なり

地方團體の經濟大に其の事務の數量多く殊に國政の事務其一大部分を占むるものに在りては其實際の執行機關は國家の官吏と同じく一定の程度の敎育あるを要し紀律を嚴守するの慣性あるを要す然らざれば到底多岐の行政事務を處理して井然秩序を保つを期すべからざるなり選擧に因て吏員を任ずるも必ずしも常に其人を得ずと云ふに非ずと雖も一定の資格を以て就職の要件となすが如き紀律を嚴守するの慣性を養たるものを擧ぐるが如きは選擧に由て吏員を任するの制度に於て實際望むべからざる所なり是三市の如き事務の範圍數量一府縣に匹敵するに足るの地に於て其吏員の選任を全く市制に依らしむるを不可とする所以の四なり

特別市制を廢するときは市に少からざるの負擔を增加すべきこと勿論なりとす此增加の額は三市經濟の全體に比較して敢て過大なるに非ずと雖も特別の必要なくして濫に費用を增加すべきに非ざるは固より論を待たず是特別の必要の有無は左に項を分て之を論ぜんとす

特別市制の廢止を唱ふる者は曰く三都は人文の發達財力の富實遙に他の市に過ぐ然るに自治權の範圍に至ては却て普通の市より狹きは極めて衡平を失へるものなりと此の説をして當を得たるものならしめは三都の市長は市會自由に之を選任

し他の市に於ては市長は選擧の上監督官廳之を認可し町村に於ては監督官廳直に町村長を任命し全く現行制度の順序を顚倒するを以て最も衡平を得たるの制度と認めざるべからず何となれは三都は人文の發達財力の富實遙に普通の市の上に在り而して普通の市は人文の發達財力の富實亦遙に市町村の上に在れはなり抑も自治に自治の形と自治の實との別あり吏員の選擧の如きは地方團體の行政事務を執行するの手段を設くるが爲にするものなるが故に自治の形に屬す自治の實は地方團體が其機關を以て執行する所の事務の多寡種類輕重に在り三都の行政事務の多くして且つ重大なるは既に前に陳べたるが如し市區改正事業の如き水道事業の如き全國の利益に重要の關係を有するものすら猶市の事業たり自治の實に於ては其廣狹大小固より他の市と同日の論に非ざるなり三都の自治權此の如く廣し故に國家は其公益を保護するが爲め吏員の選任の一事のみを見て濫りに自治權の廣狹を論ずるときは徒に形に拘泥して却て其實を忘るヽの謬見に陷らざるもの稀なり

特別市制の廢止を唱ふる者は又曰く知事と市長は一身同體なるが故に市制第百二十四條に依るときは市長の失政に付ては知事自から己を懲戒するの結果を生じ市長の職は責任をも帶びず監督をも受けざるの職司となるは特別市制より生ずるの結果なりと然れ共是未た能く特別市制の規定を了解せざるの説のみ抑も三都府長の職は府知事が職務上當然執行するの職務なり故に市長の職務を行ふに際して生じたる過失は即ち當然知事職務上の過失に屬し知事は知事の職務を監督するの職權ある上司に對して其の責を負はざるべからず通常の市に在ては市長は府縣知事之を懲戒し三市の最高機關は內務大臣之を懲戒す職務執行の監督に於て彼是疎密の差あることなし何ぞ三都市長の職務は無責任の職務なりと謂ふの理あらんや其他選擧より出るの吏員は責を引て自から勇退するの美德ありといふが如きは原來法の認むる所に非ず又法の認むることを得べき所に非ざるが故に之を論ずるの要なしとす

特別市制の廢止を唱ふる者又或は言はん府知事自から市行政執行の局に當るときは市參事會員又は市會との間に圓滑を求むるの弊は市に對して監督權を嚴行すること能はざるに至るの虞ありと然れ共府知事は市に對する最高の監督廳に非ず府知事の監督にして猶ほ到らざる所あらは內務大臣は其監督權を行使して市の失政を匡正するを得べし知事は內に在て市の失政を未發に防ぎ其既に生じたるものは之を事後に監督し

知事の監督の到らざる所は内務大臣外に在て之を匡正せは監督の法に於て毫も缺くる所なかるべし

特別市制の廢止を唱ふる者の理由とする所の一は想ふに市參事會中の官吏が不當の勢力を他の會員に及ぼすを恐るゝに在るべし市の小なる者に於て市參事會員中一名の高等官吏を加ふるときは或は此の如きの虞なきに非ざるべしと雖も三都の如き濟々多士の地に於て十二名若くは九名の名譽職に加ふる二名の高等官を以てするも官吏に於て何ぞ能く市政を左右することを得べけんや勿論知事及書記官の辯明に由て市參事會會員が各自の意見を定め若くは之を變更するの場合は之れ無きに非ざるべしと雖も是畢竟公平なる道理心の作用にして寧ろ之を特別市制の利に算すべく決して之を目するに不當の勢力を參事會員に及ぼすものを以てすべきに非ず果して然らは三都の他の市と異なる所は唯十四若くは十一の投票中二箇の官吏の投票あるの一事のみ是畢竟行政事務執行者即ち市長助役の職務を執行する知事及書記官の位地に附隨するものにして國家が三都の行政に對して有する利害の關係を適當に代表するものに過ぎざるなり若し選任したる吏員を以て市の機關となすは實際は兎も角も形式に於て既に自治の性質に及すと云はゞ自治の母國たる英國に於ては却て殆ど自治たるものなしと謂はざるべからず

以上の理由なるに付特別市制に比して一層完全なる制度を發明するに至るまで現行制度を廢止するは斷じて得策に非ずと信ず。

市制特例を廢止せむとするの理由に對する意見（別紙參照すべし）

特別市制の廢止を論ずる者が市制特例の弊害として擧ぐる所は概ね別紙記する所の十項に過ぎず第一及第二に關しては特別市制に關する意見中に詳論する所ありたるを以て此に重ねて之を論するの要なし

第三市長の職を行ふ府知事は一身にして原告となり被告となるの事實を以特別市制の弊害となすは形にのみ拘泥して其實の如何を問はず且市制町村制に於ても同一の事實尠からざることを知らざるに由るの謬見なり今一二の例を擧げて之を證せんに町村制第卅七條は町村會の裁決に對して訴願訴訟を起すの權を町村長に與へたり此の場合に於て町村會議長たる町村長は一身にして原告たり被告たり市制第六十五條は市參事會の議決執行を停止して府縣參事會の裁決を請ふの權を市長に與へたり此場合に於て市參事會を代表する市長は恰も一身にして原告たり被告たるが如きの實あり市制第七十四條は

國の行政を執行するの職務を市長に負はしめたり市長が本條に據り委任を受けて國の行政事務を執行するに當りては市は其處分に不服ありて行政訴訟(例へは二十三年法律第百六號に依り)を提起するに至ることとなしと謂ふべからず此の場合に於ては市會市參事會の議決を執行する市長は一身にして原告たり被告たり此類の事は市制町村制及其他の法律中決して其の例に乏しからざるなり蓋し東京府知事が市參事會を代表して訴願訴訟を起すは市參事會の議決を執行するものにして其の獨立の意志を發動するものに非ず故に訴願書又は訴狀に知事の名を署すと雖も是れ畢竟表面上の形式に過ぎざるものにして實際の原告は市參事會なり知事が市參事會の訴願訴訟に對して答辯するは其獨立の意志に由るか又は府參事會を代表するものにして市參事會と何等の緣故を有することとなし知事が形式上一身にして原告たり被告たるの觀あるも果して何の妨がある市の市參事會の處置を不當として府知事の裁決を請ふの場合とは果して如何なる場合を指したるものなるやを審にせず縱し市制に規定する所にして此の如き場合ありとするも實際の被告は市參事會にして裁決者は府知事又は府參事會なり偶々形式上名を同じくすることあるも毫も事に害あるを見ざるなり

第四市參事會が市吏員を任免黜陟するの權を有せざるは事務の進行に大害ありと云ふと雖も是亦未だ市制を詳解せざるより生ずるの謬見のみ市制に依るも助役收入役等重任を負ふの市吏員は一定の任期ありて隨意に免黜することを得べきものに非ず而して其任命は市會の選擧に由り知事の認可を受けざるべからず書記附屬員に至ては市參事會之を任免するの權を有すと雖も懲戒の權は市參事會唯其一部を有するのみ市參事會が助役收入役其他の市吏員に對して懲戒を行ふを得るは十圓の過怠金を以て最高限とす之に反して府知事の懲戒は二十五圓に迄及ぶを得べく又場合に依りては府縣參事會の裁決を經て吏員の職を解くことを得べし府縣知事の行ふ所の懲戒は賴むに足らずとせは市制第百二十四條の規定は無用の規定なりと謂はざるを得ざるべし市書記の事務を執行する府縣廳官吏は市書記の如く市參事會隨意に之を任免することを得ずと雖も其任免の權は府知事に在り府知事に於て市の行政に遲滯なく能く責任を盡さんとせば其判任官を任免するの權を行使して以て部下の官吏其人を得るを務むるは固より論なし若し此の任免宜しきを得ずして事務の澁滯を來すことを疑はゞ

啻に市政を委任する事を得ざるのみならず國政府政も亦之に托するを得ざるに至るべし市政施行上一時の利弊を論ずるに當りては兎も角東京市に施行すべき永遠の制度を論ずるに當りて上級廳たる府知事は適當に其任免監督の權を行ふの能力なくして市參事會の任免懲戒は却て常に宜しきに適すと云ふが如きは殆ど其據る所を知るに苦まざるを得ざるなり

第五市制特例の下に於ては市參事會は府知事の顧問會たるの狀ありと云ふは理由の在る所を審にせずに雖も其意若し十二名より成立する市參事會に一名の知事と一名の書記官との加はりたるが爲市參事會は府知事の顧問たるの狀態に陷ると云ふに在らば東京市が政治の中心たり知識の淵叢たるの實果して何處に在るや

第六に付ては特別市制に關する意見中に詳悉したるを以て此に之を再言せず。

第七府知事一身を以て府政市政兩ながら完全ならしむることは限ある能力の善く爲す所に非ずと云ふと雖も市制中市參事會員又は常設委員に事務を分掌せしむるの規定は此の如き必要に應ずるの規定なるに非ずや且府知事の職務と市長の職務と一身にして兼ね行ふときは府知事の市監督事務は蓋し其半を省くことを得べく又市と監督廳との衝突を減ずるときは市政府政兩ながら紛雜を免るゝことを得べし現時に於ては東京と他縣他市との間事務の執行上著しき優劣あるを見ず況んや水道敷設の如き臨時の大事業にして成功を告るに至りては市の事務に著しき減少を來すべきおや抑も責任を荷ふの能力は人口に付き著しき等差あり或は全國の樞機を司り內外百端の政務を處理して猶ほ多しとなさゞるものあるべく或は一寒村の經濟を處理するすら猶ほ其任に堪へざるものあるべし府知事一身を以て府政市政兩ながら其局に當るは單に府知事の人を得るを要するの理由たるに過ぎざるなり

第八に付ては特別市制に關する意見中一言之に論及せり抑も責を引て職を退くは各自の道義心の作用なり苟も事の重大にして進退を決するを要すと信ずるに於ては道義心の作用は官吏たると自治體の吏員たるとに依り區別あるべきの理なし若し瑣末の事故に由り倉皇職を去り或は單に議會の攻擊を避くるが爲め輕々しく退職するが如き事あらば市の行政は常に動搖を免るゝ能はざるべし況んや市參事會は市會に對し市長は市參事會に對して獨立の位地を保つを要するは市制第六十四條二項ノ一及第六十五條四項等により明瞭なるに於てをや

第九市長の任期は六年なり故に市長たるもの一意其事務を勵行するに非ざれば再選せらるゝこと能はざるべし知事を任免するの權は國家にあり故に知事たるもの一意其事務の勵行するに非ざれば久しく其地位を保つこと能はざるべし官吏に官に媚ふるの弊あらば自治體の吏員にも亦民に阿るの弊あらん其の利より見るも其の弊より論ずるも市會の推薦に係る市長が大に知事に優る所あるを見ず又知事は政府の意志に依り年所を經ざる間幾回の更迭を免れざるは市の事業經營上頗る不便なりといふと雖も市長も市會の意志に依り年所を經ざる間幾度も交迭することあるべきのみならず市制特例の廢止を主張する者は却て市長が市會の意志に依り交迭するを以て特別市制を廢止するの利益となすに非ずや。

第十市の助役は名譽職參事會員と同じく市長の職務を補助するに過ぎず故に名譽職參事會員に既に十二名の多きあらば助役は一名に止まるも必ずしも事務の延滯を免るゝ能はずと云ふの理なし

或は又市制特例を廢するときは大に市の經費を減じて以て一方の增費を補ふことを得べしと論ずるものありと雖も是一片架空の論のみ固より深く論究するの價なしとす之を要するに特別市制廢止を論ずる者の理由とする所は一時の利害のみに着目して永久の制度としての得失を顧みざるものなり官吏に付ては其弊のみを見て其利を問はず市參事會の任免監督に付ては其利のみを知りて其害を知らず利の極端を害の極端と比較して立論したるものなり其論旨の謬れること毫も怪むに足らず

此の意見を都筑學士觀察するに國家を本位とし官治行政を基調として立論したるものと言はざるを得ない、幸にして此の意見は當時世の容るゝ所とならないで東京市外二市の特別市制は明治三十一年に於て廢止せられたことは前に述べたる所である然るに氏の意見の本旨とする所は依然として今日尙政府當局の中には之を墨守する者がある、何を以て斯く觀るのであるかと言ふに政府當局及貴族院議員の一部から提出されたる東京都制法案なる法律案に就き仔細に考察することに依つて證明されるものである、思ふに大都市に對し現行市制と異なる制度を以てするの適當なることは他言を俟たざる所であるがその立法の本旨とする所是を京制法案の如く國家を本位とし官治行政を基調とすべきか將又民衆政治、市民の幸福を基調とする主義換言すれば地方自治體を本位とする主義に據るべきか之が立法上大に注意を要する點である。

國家を離れて地方自治團體なく官治行政を脫して地方自治

行政の存するの理なきことは論を俟たない事である、然ども國民の思想が年と共に進歩し變化することは前に述べたる如く世界大戰に依つて甚だ急激に變遷を來したるは事實である然して其の思想は一言にして謂へば人類の個性を尊重し、自由と幸福を得るの手段と方法とを求むるにある、極端なるものは從來の制度及社會組織を破壞して新たなる制度と組織を要求するのであるが穩健なるものは今日の國家を存續せしめて然かもその主義を徹底せしめんとするにある、その何れの派にあるも等しく常に國家本位を唯一の方針とし官治行政を基調とするを排するにあるは勿論である、この思想は現在世界の大勢であつてこれを阻止することは出來ない、故に今日に於ては市政の立法上都築學士の意見の本旨とするところを以てすることは當を得ない、然らば具體的如何なる制度を樹つべきか一大考案である。

第一に考ふべき點は通常都市は之れを措き所謂六大都市即ち東京市、京都市、大阪市、名古屋市、横濱市、神戸市に同一の市制を施行するか或は各別なる制度を以てするかの點である、政府當局の言明するところに據れば六大都市に同一制度を以てすることは不明であるも東京市に限り別段の市制を施行するに非ざることは明瞭である、吾人の考を以てすれば東京市に對しては特に東京市制を以てし、大阪、京都、名古屋には三市同一の制度とし、横濱神戸の二市に同一の市制を施行するを以て最も恰當なることゝ信ずる。東京市に對し特に東京市制の施行を要する理由を如何なる點に求むるか是は東京市より政府に具申したる理由に依り最も簡明に說明することを得る。

東京市制制定の理由

凡そ地方自治の制度は都會村落大小等の異同に從ひ殊に團體の國家に對する關係の厚薄に應じてその編制を異にするを要す、彼の小都會及村落に町村制を布きその大なる都會に市制を布きたるはこの主義を實現したるに外ならず然ども未だ最大都會たる帝都に對し更に一歩を進めたる特別の制度を布き以て自治の完成を期する事を得ざるは甚だ遺憾に堪えざる所なり從來政府が都制法案を起草し又有識者間に於て都制又は特別市制を主張し殊に東京市會が明治廿九年以來二十有餘年間引續き年々歲々東京市制案を具し其の實現に努力したるものあるは洵に故なきに非ず惟ふに東京市に特別の市制を布かんとする趣旨は前述する所のものに外ならずと云へ共更に具體的に之を考察すれば幾多の理由あるを發見せざるを得ず請ふ聊か之が說明を試みん。

抑も東京市の地たるや輦轂の下に在る帝國の首府にして國家政令の出づる所、社會樞軸の存するところにして亦智力資力の中心焦點たり殊に國交上に於ては最も密接の關係を有する地なり然して其の面積たるや實に五方里の廣さに亘り人口二百二十萬一ヶ年の經費八千萬圓を算す試に之を他と比較せんか人口に於ては各市平均人口の十八倍各府縣平均人口の二倍之を五大都市に比較せば大阪市の一倍半京都神戶の四倍橫濱名古屋の五倍に比敵す經費に於ては各市平均額の四十倍各府縣平均額の二十倍大阪市の一倍半京都市の五倍に當る然して又現在及將來の事業に就て之を見るに市區改正、上下水道の改良擴張、電氣軌道事業の擴張、教育衞生土木事業の完備、道路建築物の改良、東京灣築港、市街擴張等大事業の遂行せざるべからざるもの多々あるを見る復以て東京市の規模大にして事業の多端經費の多額なるものあるを想見するに足るべし。

從つて其の政務の張弛と事業の曠廢とは啻に市の盛衰に關するのみならず率いて國家の政治上及財政上に及ぼすところの關係の多大ならざるを得ず。

然して又東京市は江戶幕政時代より町々に於て自治の行政を掌り明治十一年區制實施以來市內に十五の區を存し各區一の公共團體として活動したるが如き其の團體の組織は他の都市と全く其の趣を異にするものあり然かも監督系統に於ては他の都市に對しては府縣知事を以て唯一の第一次監督官廳となすも東京市に在りては然らず警察行政に關しては警視廳の存する在り諸般行政の運用上複雜多岐に涉ること亦他に比肩すべきものなし殊に我國の市制は隣保團結の舊慣を擴張し以つて團體の基礎を鞏固ならしめん事を期す然るに東京市に在りては住居の轉移激甚にして隣保相助の俗風は之を求むるべからざるの情態なりと云ふへし要するに東京市に在ては其の組織の複雜地域の廣汎行政の多端經費の巨額なる寔に其の事務を敏活に執行し國家と市との關係を密接にし以て克く國家を中心として其の組織の一分子たるの實を擧げ國家施設の方針と市政の方針とを一にして併行相悖らざらしめ之に依りて國力の伸長に伴ひ帝都の公益を增進し一は以て國運の發達に資し一は以て市民共同の利益の發達と幸福の增進とに盡さざるべからず之れ特別制

度を要する所以なり

以上は特別の制度を必要とする所以の大體なり然らば如何なる點に於て他の市と其の規定を異にすべきか之が梗概を說述すれば左の如し。

現今の如く東京市を以て他の都市と等しく府縣の下に隷屬せしむるはこの最も重要なる團體と國家との關係を密接ならしむる上に於て未だ以て完璧の制度なりと云ふべからず依つて特別の制度に於ては從來の東京市の區域を府縣の區域とし中央政府直接の監督に屬する自治體たらしめざるべからず、從つて市を以て中央政府直接の監督に屬する自治體たらしむると同時に府縣と同意なる行政區劃と爲すに於ては其自治體たる點に於て從來東京市に屬する事務を處理せしむるのみならず併せて東京府に屬する事務の幾分を處理せしめ其の行政區劃たる點に於ては從來東京市に係る國政事務の幾分とを合せて管理せしむべきものたり。

市を以て前述の如き行政區劃と爲す時は市に係る國政事務は複雜多端なること言を俟たず又政府との關係に於て充分なる諒解を得ざるべからず故に自治體の議員吏員のみを以て國政事務を掌理せしむるが如き簡易の制に據ることを得ず之れ市に係る國政事務に重大なる關係を有する行政に就ては別に勅令の定むるところに從ひ官吏をして其議決機關に加はらしむるを必要とするものなり。

市會に就ては從來東京市に屬する權限を繼承せしむるのみならず併せて從來東京府會に屬する權限の幾分を移すを以つて從來の東京市會に比すれば其の議員の責任を一層大ならしむるものあり之れ即ち市會に於て議員に對する制裁の規定を設けざるべからざる所以なり。又東京市は我國に於ける政治的及經濟的唯一の都會にして其の執行機關たる市長は政治的手腕を有する人物を以て之に充てざるべからず尙且此種の人物公民中に少からざるを以て他の小都會の如く專務職たる有給市長を以てするは市をして活動せしむるに適當ならず寧ろ自治制の本義に則り之を名譽職吏員と爲し他の名譽職と相依り相扶け以て自治行政の實績を大ならしめざるべからず、若し夫れ副市長にありては全く事務的手腕を有する適任者に俟つを必要とす故に此職にあるものは專務職たる有給吏員と爲すべきものなり。

其他現行制度の施行上に於て數十年の實驗に徵し特に帝都の實況に適應せしむべき主旨に基き現行制度に加除修正を

加ふべき點少なからず又市の行政にして擴張するに從ひ區の行政事務亦複雜に趣くべきは數の免れざる所なるを以て從來區に關し勅令を以て定めたる事項は之を市制中に規定し依て以て區の權限を更に明確ならしめざるべからざるなり。

要するに我國地方自治制度の主義を擴充し帝都の發達に適應する制度を布き以て團體の利益を增進し兼て團體の行政をして國政の針路と相併はしめんことを期するの趣旨に依り之の草案を編したる所以なり。

東京市が特に其の市に限り施行すべき市制の制定を主張するの理由は前記の如きものである、然して尙市制中に規定すべき重要なる事項に就て又之を明にするを見る、尙市の權限として警視廳に屬する警察事務中衞生交通消防に關する地方警察事務を委任せられんことを求むるのである。

此の東京市の主張は現時に於て頗る妥當を得たるものと云はざるを得ない唯だ問題となるべきは區域の點である、都制法案の提出に際しては從來東京市に屬する地域を除きたる東京府の區域を以て千代田縣を設置することゝ爲せるが吾人を以て見れば將來東京市の區域は少くとも其の隣接町村たる品川町大崎町澁谷町千駄ヶ谷町大久保町戶塚村巢鴨町巢鴨村王子町日暮里町瀧の川町南千住町北千住町綾瀨村寺島町吾嬬町大島町龜戶町等は之を市に編入し殘餘の郡部は之を埼玉縣と合併し武藏府を設置するを適當なりと認む。

大阪市は東京市に次で我國に於ける最大都會であるも政治的都市に非ず然かも商工業に於ては國中第一位を占め我國の本島の半及四國九州を其の取引地とする樞要の地なるを以て之れ又東京市に準じ單一の市制を制定すべきものと信ずる京都市は千年以來の帝都たりし關係の存する地なるも現時に在ては名古屋市と同一の制度を施行するも何等支障なきものと認めらる其他の二市即ち橫濱神戶は國交上同一の地位を占め都會の狀態又類似する所少なくない依つてこの二市に對して共通の制度を施行するを適當とする、爾餘の市は其の大少あるも甚しき懸隔あらざるを以て所謂る普通市制を以てするを當然なりとする。

要するに我國都市の發達は頗る著しきものがある、就中東京市外五市に於て最も其顯著なるを見るのである、從來一律の制度の下に在らしめたるも將來は他の市と區分を立てざるべからざるのみでなく各市又別異の制度を要する加之も一般の都市に對しても諸種の開發を促すべきもの少なくない、即ち現時都市の使命は曰く街衢の整理、交通機關の完成、教育殊に公民敎育の普及、勞働問題の調和、住宅問題の解決、上下水道の完備、消火防火の設備、防貧救貧の方策、無宿者の收容設備、職業の紹介、犯罪の豫防、食料の調節、魚類及蔬菜市場、其他公設市場、屠畜場、保健增進の設備、惡疫の豫防、貧兒の保育、瓦斯電氣の供給、質店の公營、共同浴場、水陸運輸の連絡設備、墓地の整備等である、此等事業は市民の生活に關しては緊急一日を緩せにするを許さざるものである、都市の消極的行政の時代は既に己に過ぎ去りて今や積極的活動の時代となつたのである、然かも其活動は暫定方策に非ず遠大の理想を實現することに存せねばならぬ、一言すれば永久的建設である、彼の人氣取り政策や彌縫的方策や利益搾取主義に依る事業や廣告的設備であつてはならぬ又遊戯的の政治は許されない眞個市民の利益、幸福の增進、生活の安定、精神の向上を企圖して極力その都市を保護し自治團體の共同の福祉を來たすことの爲に活動せねばならぬ、要するに都市の使命は克く文化の中樞核心となりて一國又は一地方の代表的自治團體たらしむるにある、之を以つて觀るに都市の研究は寔に重要なる問題である故に從來の都市に於ける狀態を考査するを必要と認めねばならぬ以下章を追ふて之を說明する。

第二章　市行政の範圍

市は府縣の下にある地方自治團體として存在する公法人である、その人格活動の範圍は第一にその團體の區域の制限を受くるのである元來市の組織要素としては地域即ち土地と住民である此の土地が自治權の行はるゝ境域であつて他の地方團體の侵害を受けざるものである恰も國家の領土權の行はるゝ區域の如きものである原則として其の市の自治權は自己の區域以外に行ふことを得ざるものである、第二は住民に限り自治權を行使することを得る故に他の地方自治團體員に對してはその自治權を行使することは認められない尤も特種の關係の存する場合は例外として自治權を行使することを得る、要するに自己團體員のみに對して自治權を行使するの制限がある、第三に事務の性質に依り制限を受く、蓋し國家の行政の一部が自治權として地方自治團體に認められたるものであるも國政の全般に亘るものではない、即ち市は官の監督を受け法令の範圍内に於てその公共事務並に法令又は慣例に依り

及び將來法律勅令に依り市に屬する事務を處理するにある之を分類すれば

一、公共事務　公共事務とは何を云ふか法令に於て之を明示しない故に事業の性質が共同の利益となり、其事業を爲すの目的が公益に存するに於ては之を公共事務と言はなければならない、事業の本來の目的が營利に存する時は之を公共事務と言ふことを得ない、然るに往々市といへども營利事業を經營することを許さねばならぬと論ずる者がある或は其の事業の收益が團體の經濟上の利益となる故を以て公共事務に屬すと謂へる論者もある之を歐洲諸國の實例に見る時は營利を唯一の目的とする事業をも市に於て經營することを認められ得るも我國の市制より見る時は事業本來の目的が公共の利益を圖るにあらざれば市の事業として之を許されないものと謂はなければならない、然らば公共事務とは實際に於て如何なる種類のものであるか土木、勸業其の他前章に於て述べたる各種の事業は之を公共事務と認めることを得るのである。

二、慣例上の事務　此事務は殆ど事實に於て之を認むるものがないが公共事務と次に掲ぐる事務とにあらざる事務があれば慣例の存するものに限り市の事務と見ることを得るのである。

三、市制制定後將來法律勅令に依り市に屬せしめたる事務　此の事務は各種の法令を見るに種々の行政に關し市の事務として定めて居る、曾て某市長始めて就職して市の事務に關し法令の定むるところ多種多樣なるに驚き吾人に問ふに市の自治行政を進捗せよとは內務大臣の言明するところであるが市の事務は殆ど法令に依つて定められ、また市の任意に依り積極的に發展せしむべき事務なきが如し如何なる種類の事務ありやと以て法令の定むるところ細に入り微に渉るの甚しきを證するに足る市の公共事務としては果して如何なる事務を認め國家行政の事務と爲すは如何なるものを適當とするや、苟も自治の精神を國民に向上せしめ自治的訓練を與へんとするに於ては公共事務の範圍を擴大ならしむることを必要とするにあらざるか、自治團體に對する施政の方針として考究せねばならぬ問題である。

市の事務の範圍は右の如きものであるが學者は之を區別し

て(一)固有事務と委任事務(二)必要事務と随意事務として居る左に大略その區別に付て說述する。

一、固有事務と委任事務

固有事務と云ふは一般的に市に委任せられたる事務で公共事務は之に屬する、委任事務とは既に存在する市に對し特に法令を以て委任したる事務である前に述べたる三の事務である、此の區別に依り固有事務は市の權限に付き疑ある時は市に屬せざるものと謂はなければならぬ。

二、必要事務と随意事務

必要事務とは法令に依り市に對し作爲を要求する事務である即ち市に於て其事務を爲すの要否を判斷するの餘地を存せざる事務である換言すれば市に於て必ず之を爲さなければならぬ事務である、随意事務とは市に於て之を爲すの要否に就き自由裁量の餘地あるものである、此の區別に依り見るときは必要事務の費用に關しても强制豫算の途あるも随意事務に對しては斯の如きことなし。

以上の如く市の事務の範圍は定めらるゝも地方自治團體の發達は固有事務公共事務の發達を圖らねばならぬ必要事務に限り獨り强制豫算の途を定むるは果して適當なりや否や立法上大に考慮を要すべき問題である。

第三章　市民の權利及義務

市を組織する要素の一として人民を要する即ち市民である英國に於ては居住權ある者は皆其地の管民として出產に因ること、兩親の關係に因ること、婚姻に因ること、生年たるに因ること、地所を借るに因ること、正當なる組合稅を拂ふに因ることの七種の原因に依り居住權を認めて居る、我國に於ては明治廿年の市制の草案に市內に住居を占むる者は總て其市住民と定めたその草案に依り制定せられたる市制は之と同一の規定を設けて居住と云ふ事實關係に基き住民を認めて居る故に本籍が他の地にあるも住所がその市にあらざるも住民たることを得るのである、この住居と云ふ事實は數市町村に存することあり從つて一人にして數市町村の住民たることを得る事となる、之れは地方自治行政上混雜と不公平とを生ずるの虞あるを以て明治四十四年改正の市制に於ては市內に住所を有する者を以て住民と定めたのである。此の住民即ち市民は權利としてその市の財產營造物を共用することを得、義務としてはその市の負擔を分任するのである、故に市の公園を使用し、建物を使用することの如きは住民の權利である、市住民以外の者が市の公園を使用するが如きは權利として使用するに非ず、唯その市の承諾に依るに止まる又市民がその市に對し市税を納め夫役現品を提供するは卽ち市の負擔を分任するの義務に基づくことである、府縣制には縣住民の規定なく又その權利義務に就き明文を以て何等定むることなきは第二編に於て述べたるところである。

右の如く市住民は市を組成する一要素であり之れに權利を與へ義務を負はしめて居るが住民は老若、男女、貴賤、貧富、强弱、賢愚の別なく雜然たる民衆と謂はなければならぬ、斯くの如き狀態にある者に對し一般に公務參與の權を與ふることは市の基礎を薄弱ならしめ、その活動を阻害するの虞かある、故にこの市住民中一定の資格を有する者を特定して之に公務參與の權を與ふるを各國の立法例とする、我が市制に於てもこの立法に倣ひ住民中より公民を特定して居る。

公民の資格に就ては種々の議論がある、英國では(一)成年に達したること(二)毎年七月十五日現在に於て一ヶ年以來家屋店舗其他の建物を其市內に有し其市又は其市より七哩以內に住するの外、市制に依る各種の條件に付き財産に付き其存する寺區の爲に救貧税の賦課を受け其年一月五日迄に納付すべく、市制に依る財産に關する諸税を完納したること(三)外國人ならざること(四)一ヶ年以內公費寺院費より救恤を受けたることなきこと(五)法令に依り缺格者ならざることを要する佛國では(一)其市內に住所を有すること(二)二十一才以上の佛國民なること(三)法律上の無能力者にあらさる事を要する、獨逸では(一)獨立の獨逸各聯邦の臣民たることの外(二)市町村に一ヶ年以來市町村住民として住民籍を有し公費の救助を受けず賦課せられたる市税を納付し其市內に住家を有するか又は所得税の賦課を受くるか或は六百六十碼以上九百碼までの所得あることを要する、白國では滿二十歲以上の白國民にして直接國税十法以上を納むることを要す、伊國では二十一歲以上の伊國民にして直接税五法以上を納め又は十五法以上の課税財産を有することを要する、斯くの如く各國其要件を一にせざるも其國民たること成年に達すること及或程度の租税を納むるか又は或程度の財産を有する者に限ることは一定して居る。

我國に於ては明治二十年の市制草案に依れば(一)帝國臣民にして公權を有する獨立の男子二年以來市の住民となり(二)

其市の負擔を分任し及(三)其市内に於て地租を納め直接國税年額二圓以上を納むる者にして且つ公費を以て救助を受けたるも其後二年を經過したることを要するものとし、獨立の男子とは滿二十五才以上にして一戸を構へ且つ治産の禁を受けざるものを云ふことゝしてある、後市制として制定せられたる法律の規定また此の草案と同一であつた、明治四十四年市制の改正を爲すに當り政府の案に於ては帝國臣民にして獨立の生計を營む年齡二十五年以上の男子二ヶ年以來市の住民となり其の市の負擔を分任し且つ其の市内に於て直接國税を納むる者を以て市公民と定めた、其の除外として貧困の爲め公費の救助を受けたる後二ヶ年を經ざる者禁治産者準禁治産者及六年の懲役又は禁錮以上の刑に處せられたる者を掲げてあつた、然るに帝國議會に於て直接國税を納むるの點に就き從前の市制の如く地租を納め若くは直接國税年額二圓以上を納むる事と修正し、法律として發布せられたのである、然るに大正十年法律第五十八號を以てこの要件に改正を加へ市住民にして貧困の爲め公費の救助を受けたる後二年を經ざる者、禁治産者準禁治産者及六年の懲役又は禁錮以上の刑に處せられたる者を除き(一)帝國臣民たる男子にして年齡(二)十五年以上の者二獨立の生計を營む者(三)二年以來其市住民たる者(四)二年以來其の市の直接市税を納むる者たるの要件を具備する者を市公民とすることゝなつた、此等の要件を具備せざる者は公民の資格ありと云ふことを得ない此等の要件は絶對に具備せるものと爲すに於ては困難なる場合があるので種々の除外を設けて居るのは市制の明文に依り知ることを得るが此等資格要件を備へざる者に對し特に公民權を與へて居るものがある卽ち市長、有給市參與、市助役、市收入役の職にある者は其の在職の間は市公民として認めらるゝ、此の市公民は一般住民に比し特種の資格を有する者であるが故に一般住民の有する權利と負擔する義務のみに市制に參與するの權利を有し名譽職に任ずるの義務を負ふ者である詳言すれば市公民は市會議員、區會議員の選擧權を有し市會、區會議員、市參事會員、名譽市參與、市の委員等の職に就ての權利を有する者である、之れ卽ち市の行政に參與する所以で帝國臣民が憲法の條規に依り文武官に任ぜられ其の他の公務に就くことを得るの權利を有するに基くものである、此の權利は帝國臣民の特權にして尤も尊重すべきものである又此權利は反面に於て公民の義務である、此義務たる帝國臣民として君國に對し負擔する重大なる義務であることは敢て多言を要しない、然して此公民の權利を行使し此の義務を履行するに就き一般的なることは選擧權、被選擧權である、選擧權、被選擧權の行使に就き種々の條件を要し又は使を阻止せらるゝことあるは市制の規定する條項に依り定まるのである。

第四章　市の自治法規

府縣なる地方自治團體は府縣制の明文上府縣の法規を制定するの權能を有せざるものと云ふを至當と認めらるゝことは第二編に於て述べた所である、然るに市は之に反し市制の明文に依り自ら其の法規を制定するの權能を有して居る。府縣も市も同じく地方自治團體であつて其の行政を行ふの權能即自治權を有することは同一である而かも自治權のみを以てしては其の團體に關する法規の制定即ち立法の權は依然として國家に屬する事となる、斯くては市の實情に適應する政治を爲さしめ之に依りて市民共同の福祉を增進する目的を貫徹することを得ないのである故に一定の範圍内に於て市をして自ら法規を制定するの權能を有せしむ之は即ち自主の權能に外ならない此の權能を有する爲に市は其の團體の機關の組織及團體と團體員との關係を明かにし市存立の目的を達することを得るのである。

市が其の自主の權能に依り制定することを得る法規の種類は條例及規則である。條例は市住民の權利義務又は市の事務に關する件及市會議員、定數の增減、使用料手數料、特別稅の如き事項に關するものである、規則は條例を以て規定する以外に於て設定する法規である、此の規則は營造物に關するものと財產の使用に關して設くるものである、條例も規則も市の自主の權能に基きたる法規であるも國家の意志即ち法令に抵觸することを得ざるは勿論である、市の法規は斯くの如き性質のものであつて條例を以て定むる住民の權利義務と云ふは一般的に市と其住民との間に生ずる權利義務に關するの事項である又市の事務に關する事項は官治行政に屬する事務に非ず市の公共事務にのみ關する事項であらねばならぬ。

法規制度の件即ち自主の權能は地方自治團體として尤も尊重すべき權能である、故に此の權能に依り制定せられたる法規は市住民として國家の法令と同じく遵由すべきものである此遵由の義務を履行することは又團體奉仕の精神の存する處である。

市の法規は消極的行政の時代に在りては其の種類甚だ少なかりしも積極的行政の時代即ち市の活動を要する時代となり益々其の種類を増加するのである、現今其の條例の種類を見るに大體左の如きものである。

市會議員の選擧に關する件　市參與の設置に關する件
委員の設置に關する件　市の組織に關する件
特別税所得税に關する件　遊興税に關する件
特別戸別割に關する件　觀覽税に關する件
特別家屋税並土地建物所有權移轉に關する件
土地建物所有權移轉税に關する件
特別税棧橋税に關する件　特別税家屋税に關する件
特別税建物税に關する件　特別税井戸税に關する件
特別税電柱税に關する件　特別税營業税雜種税に關する件
特別税增徵に關する件　特別税歩一税に關する件
特別税不動産所得税に關する件
特別税水車割に關する件　特別税坪數割に關する件
特別税漁業税賦課に關する件
特別税戸別税及建物税に關する件
特別税貸座敷營業割に關する件
特別税製鐵業税に關する件　水道使用料及手數料に關する件
保税地域使用料に關する件　公園地使用料に關する件
共同墓地使用料に關する件　棧橋使用料に關する件
瓦斯使用料に關する件　公設市場使用料に關する件
電氣供給に關する件　電氣軌道乘車料に關する件
靈柩車使用料に關する件　青物市場使用料に關する件
營造物使用料に關する件　荷役場上屋使用料に關する件
公會堂使用料に關する件　屠場使用料に關する件
職業紹介手數料に關する件　種牡馬使用料に關する件
教育參考館使用料に關する件　家畜市場使用料に關する件
下水道使用料に關する件　疏水水力使用料に關する件
運河使用料に關する件　渡船使用料に關する件
共同泊所使用料に關する件　浴場使用料に關する件
動物園並植物温室入場料に關する件
葬儀所使用料に關する件　市民館使用料に關する件
日用品市場使用料に關する件　市税徵收日督促手數料に關する件
衛生試驗手數料に關する件　火葬場使用料に關する件
水道市外給水料に關する件　水道施設物使用料に關する件

簡易宿泊所使用料に關する件

の如き類である。

第五章　市の機關

市が其の自治行政を處理する爲には機關を要することは言ふをまたない、その機關は二種である一は議決機關即ち市の意思を決定する機關である、一は執行機關卽ち議決機關に依つて決定せられたる市の意思を實行する機關である以下節を分ちて說明する。

第一節　議決機關

市の議決機關は市會及市參事會である、市制施行前に於ては三府及其他市街の區は區會議を開くこと勝手たるべしと明治十一月七月太政官號外達を以て定められた、次て明治十三年四月第十八號を以て區會に關する法を定められ同十七年五月太政官布告第十四號を以て之に改正を加へた、此の法に依ると區會は區費を以て支辨すべき事件及其の經費の支出徵收方法を議定する權限を有する、區會の開期、議員の員數、任期改選及其他の規則は府縣知事の定むる處に依り區長議案を發して之を招集する區會の評決は區長之を施行し、府縣知事は區會を停止し又は解散することを得る、議員の選擧資格者は滿二十才以上の男子で其區內に住居し又地租を納むる者である被選擧權の資格は滿二十五歲以上の男子にして其區に住居し區內に於て地租を納むる者である、此法は明治二十一年市制を施行するに至る迄行はれたのである。

明治二十一年制定の市制に依ると議決機關は市會で執行機關は市參事會であつた、然るに明治四十四年の改正に依り市參事會も又議決機關となつた。

第一、市會

(イ)組織　市會は被選擧權ある者の內選擧人に依つて選擧せられたる市會議員を以て組織する、其の定員は人口五萬未滿の市に於ては三十人とし、人口五萬以上の市に於ては三十六人とし、人口十萬以上の市に於ては人口五萬を加ふる每に、人口二十萬以上の市に於ては人口十萬を加ふる每に三人を增し、六十人を以て定限とした、明治四十四年の改正にては人口五萬未滿の市は卅人、五萬以上、十五萬未滿の市は卅六人、十五萬以上二十萬未滿の市は三十九人、廿萬以上卅萬未滿の市は四十二人、三十萬以上の市は四十五人、人口三十萬を超ゆる市に於ては人口十萬、五十萬を超ゆる市に於ては人口二十萬を加ふる毎に議員三人を増加すと改められた、後更に大正十年法律第五十八號に依り人口十五萬以上二十萬未滿の市は四十人、人口二十萬以上三十萬未滿の市は四十四人、人口三十萬以上の市は四十八人、人口三十萬を超ゆる市に於ける増員三人を四人とした、此の議員の定數は市條例を以て之を増減することを得るのである、市會議員の數は同三十六年には五十五市で千六百九十一人、大正九年には七十五市で二千五百六十八人となつた、此の市會議員は市公民中の選擧權を有する者に依り選擧せらる。

(ロ)選擧　市會議員は市公民の權利の行使に依る選擧の結果に出づ、故に市公民は總て此の選擧權を有するを原則とするも公民權停止中の者又は陸海軍の現役に服する者或は現役以外の兵役にありて戰時又は事變に際し召集せられたる者は公民たるも選擧權を行使することを得ない公民以外の者で尚ほ選擧權を有し之を行使することを得る者がある、市内の法人及多額の市税を納むる者等である。

選擧人は三級に分ち選擧人の納むる直接市税總額の三分の一を納むる者を一級とし殘餘の税額の二分の一に當る者を二級とし其他の者を三級とした即ち等級選擧の方法に依り三級制を採用したのであるが大正八九年の頃所謂普通選擧論の高潮に達したる際に當り時の原内閣總理大臣は普通選擧は之を實現せしむるの時期尚早く、寧ろ地方自治機關即ち市町村會議員の選擧權を擴張して選擧に關する訓練を經たる後に實現せしむるを適當なりとし、市制中の市會議員選擧に關する改正案を提出し議會の協贊を經て之を大正十年五月より施行した、之に伴ひて選擧人の等級を改め前述の三級制を二級制としたのである即ち選擧人の納むる直接市税總額に對し平均額以上を納むる者を一級とし其の他の者を二級選擧人としたのである選擧人の資格は公民の資格である故に公民の資格を擴張したることに依つて選擧人の資格も擴張せられた、市會議員の被選擧資格は公民中選擧權ある者悉く之を有するを原則とするも諸種の弊害を生ずるの虞あるを以て之に制限を加へるを通例とする、此制限に就ては明治二十二年の市制案は所屬府縣の官吏、有給の現職市吏員、檢事及警察官吏、神官僧侶及其他諸宗教師、小學校教員とした同二十一年の市制は又之と同一であつたが同四十四年の改正法は所屬府縣の官吏及有給吏員其の市の有給吏員、檢事、警察官吏、收稅官吏、神官神職、僧侶諸宗敎師、小學校敎員とし更に市に對し請負を爲す者及其の支配人又は主として同一の行爲を爲す法人の無限責任社員、取締役監査役及之に準ずべき者並に淸算人支配人を加ふる事とした、其の他皇族、會計檢査官、判事、行政裁判所長官及評定官、陸軍の理事等が市會議員たることを得ざるは其の職務關係の法令に定められて居る。

選擧の方法は選擧人名簿の調製に依り其の登錄せられたる者をして選擧權を行使せしむ、一定の期日に所定の選擧會場に於て單記無記名を以て選擧人自ら被選擧人の氏名を記載し投票するのである、選擧は公民の權利の消長に至大の關係を有し、且つ嚴正に之を執行すべきものであるが故に非違の選擧關係者に制裁を加ふる事は必要である、明治廿三年法律第卅九號を以て市町村會議員選擧罰則を定めたのは此の理に出づ、然るに地方議會の議員の選擧と衆議院議員の選擧とに依り其の制裁を異にするの理由なきを以て明治四十四年の改正市制には衆議院議員の選擧に關する罰則を準用するものと定めた。

市會議員の任期　市會議員は市の名譽職である即ち市公民が市會議員となることは最も尊重すべき權利であり又義務である、されど一旦議員となりたる者を無期限に在職せしむることは適當でない、故に其の任期を限定することを通例とする、明治二十一年の市制では其の任期を六年とし三年毎に其の半數を改選したが明治四十四年の改正法では四年を以て其の任期と定め半數改選の法を廢した、此の任期間は法の結果に依るの外短縮せらるべきものでない、若し任期中に於て死亡するか、退職する時は之が補缺をなすべきものである、任期の滿了は總ての議員に對し同日を以て滿了す、是に依つて更に議員全部の選擧即ち總選擧を行ふものである。

(三)職務權限　市會議員は法律上議決機關を組織するものであり、社會組織上市住民の全體即ち國家の行政組織の單位である市と云ふ團體を代表するものであつて此の議員に依つて組織されたる市會は各議員何等の階級なく、全く同一の權能を以て其の多數が一致したる意見に依り議決を爲すものである。此の議決が即ち市の意思として表示せらる、然して市の行政は一定の範圍がある、從つて其の議決機關の意思の決定にも亦一定の範圍即ち權限がある、市會は決して此の權限を超越することを許さないものである、然して其の市會の意思として表示さるゝものは法の上に於て數種に區別されて居る、それは議決々定選擧檢査及意見の開陳である。市會の議決すべき事件は總て市に關する一切の事件である其の主なるものを擧ぐれば(一)市條例及市規則を制定する事(二)市費を以て支辨すべき事業に關する事(三)市の歳入歳出豫算を定むる事(四)市の決算報告を認定する事(五)市の使用料手數料加入金及市税又は夫役現品の賦課徵收に關すること(六)不動産の管理處分及取得に關する事(七)基本財産及積立金穀等の設置管理及處分に關する事(八)歳入歳出豫算を以て定むるものを除くの外新に義務の負擔を爲し及權利の拋棄を爲す事(九)財産及營造物の管理方法を定むる事(十)市吏員の身元保證に關する事(十一)市に係る訴願訴訟及和解に關する事等である、要するに市の意思を決定すべき事件は必ず市會の議決を要するものである、彼の府縣會が府縣なる團體の意思を決定する機關として府縣の行政の一部分に止まるの權限を有するとは大に趣を異にする、市會は右の外法律勅令に依り市會の權限に屬せしめられたる事件例へば府縣制の規定に依り府縣税の賦課細目を定むる如き事件を議決する。市會に於て決定擧すべき事件は選擧人名簿に關する異議選又は當選の効力に關する異議市會議員の被選擧權の有無等に關する事件である、市會は法律勅令に依つて選擧を行ふの權を有するものである、其の選擧を行ふの範圍は市長候補者市參與、市助役、市收入役、市副收入役、常設又は臨時の委員、傳染病豫防委員、學務委員、名譽職參事會員、市の事務に關する檢査員、市會議長同副議長等の選擧である市會は市吏員の執行する事務に就き檢査を爲すの權限を有する、此の權限は執行機關即ち吏員に對する市會の監督に外ならぬのである。市會は原則として外部に對し其の意思を發表するの權限無きものである、然し其の市の公益に關しては意見書を市長は勿論監督官廳に提出するの例外的權限を有せしめることを必要とする、市長の發案を待つて其の意思を決定するに止まるときは或は市の進歩發達を促進することを得ざるか、又は共同の福祉を增進すること能はざるの虞あるを保し難いのである、故に市の公益に關して意見を開陳するの權限を有せしむるは緊要のことである。市會の有する權限の範圍は以上叙述する通であるが尙其の外に市の利害の得失に關係ある事件に就き行政廳の諮問ある時之に對し答申をなすの權を有するのである、其の他會議規則、傍聽人取締規則の設定、議員の資格審査のことの如き當然市會に屬する權限である。

(ホ)市會の招集開閉及議事　市會は市の議員機關として活動するものであるも常に開會して其の活動を繼續するのではない、一定の時期に於て開會し其の活動を爲すものである、故に市會議員存在するも、市會は何時にても自ら會議を開き得るものでない必ず市長の招集を要するものである、市長の招集なきに開會するも適法の市會と謂ふことを得ない、從つて斯くの如き會議に於て決議したるものは法律上當然無效であると云はなければならない招集は市長の意見又は議員定數三分の一以上の請求に依り之を爲すものである。市會は會議を開き議事を爲すに就き議長副議長を要する、明治十七年の區町村會法に依る時は區會の議長は區長を以て之に當らしめたのである然るに明治廿一年の市制に於ては議員の互選に依り議長副議長を定むる事になつた、此の議長副議長の任期は議員の任期と同一である、議長は市會の會議を總理し、會議の順序を定め其の日の會議を開閉するの權を有する。市會の議事は議員定數の半數以上の出席あるを要す、然して出席議員の過半數の同意を以て其の議事を決定するものであるが可否同數なる時は議長の决する處に據るのである。市會は原則として公開すべきものである、是れ畢竟市民をして議事を傍聽し會議の狀況を知ることを得せしむると同時に、議員をして公正なる行動に出でしむるの理に出づるものである。

第二　市參事會

市參事會は明治二十一年の市制に依れば市の執行機關として設けられたものであつた、卽ち其の組織としては市長、助役、名譽職參事會員(東京市は十二名京都大阪兩市は各九名其他の市は六名)を以てする、名譽職參事會員たる資格は其の市の公民中年齡滿三十年以上で選擧權を有する者より市會に於いて選擧し、其の任期は四年で二年每に其の半數を改選したのである、職務權限は其の市を統轄し市の行政事務を擔任するにあつた、現行市制の市長の職務權限は當時此の市參事會の權限に屬したのである、然るに執行機關として會議體に依ることは實驗上複雜多端なる市の事務を敏活に處理する事を得ず又往々にして事務の凝滯を來たし或は機宜を失することあり尙且つ諸種の弊害ありたるに鑑み明治四十四年の改正市制では之れを議決機關とし市會の縮圖の如きものとしたのである(イ)組織　市長、助役、名譽職參事會員、市參與を置く市に於ては其市參與の擔任事務に關する場合に限り市參與を加へて組織するのである、名譽職參事會員は一市六人を以て定員とする、特別の大市にありては市條例に依り十二人迄增加することを得るのである、市制改正の翌年卽ち大正元年に於ては市の數六十四に付き三百九十五人の名譽職參事會員ありたるが大正九年には七十五市で四百六十一人となつた、此の選擧方法は市會に於ての互選に依る(ロ)職務權限は第一に市會より委任を受けたる事件を議決するのである、元來市の一切の事務を議決する權限を悉く市會に於て議決するは屢々市會を開き極めて輕易なる事案も之れを決議しなければならないか、くては却つて市の活動を遲緩ならしむる虞がある、故を以て市會の委任ある事件は之れを市參事會に於て議決せしむることゝしたのである、第二は市長より市會に提出する議案に就き豫じめ是れを審査して市長に對して意見を述べることである、此權限を市參事會の審査權と謂ふ此の權限ある爲めに市參事會員は市會に於て市參事會として同意を表したる事案に關して反對の意見を述ぶることを得るや否や往々實際に於て遭遇する問題である吾人を以てすれば市參事會の意見は市長に對し之れを表示したるに止まり更に市會議員としての權限に基き意見を述ぶることは法律上不都合なきものと解せらる、第三に法令に依り特に市參事會の權限に屬する事件を議決することである。

市參事會の會議は秘密會である然れ共市會議員の資格ある者六名乃至十二名を以て組織するに於ては他の市會議員をして市參事會の議事を傍聽せしむるは敢て不當でない、否寧ろ之が傍聽を許すを以て事案の理解を得せしむることを得市會の議事上得策であると信ぜらる、市制の改正茲に出でんことを望まざるを得ない。

第二節　執行機關

市會及市參事會は議決機關としては存立し、市の意思を決定する、此の意思の決定ありたる時は之れを發表し之れを實行する機關である、其の位地を充たすものを市長とする、而して此の市長は特任制のものであつて、其の權限に屬することは專決處置するを當然とする然れ共一人にして悉くその職務を完全に行ふこと能はざるは自明の理である、法は之れが爲めに補助機關として他の吏員を設く、市參與、助役、收入役副收入役、區長、區長代理者、委員及其他の有給の吏員の如きものである、市長及其の補助機關の種類に就き說明する。

(一)　組織

(イ)市長　市長は市の有給吏員で市吏員の首長である、其の任期は四年である、舊市制では六年の任期であつたが市會議員の任期と同一にするを適當とし短縮したのである、內務大臣の命に依り市會に於て候補者三名を選擧し、之れを推薦し內務大臣はその推薦に基き上奏裁可を仰ぐものである。

(ロ)助役　助役は有給職であつて其の任期は四年である、各市の定員は一人を原則とするも東京、京都、大阪の如き大都市にありては內務大臣その定數を定めるのである、助役は市會に於て選擧し府縣知事の認可を受くるを要す。

(ハ)市參與　市參與は舊市制に於ては認めざる處であつた、然るに市政の進步に伴ひ特種の事業を經營するの必要を生じた、此等の事業を經營してその目的を達せんとするには勢ひ特種の學識、技能、經驗又は德望を有する人物に依り之を擔任せしむること切なることゝなつた、此等の人物を通常市吏員として舊市制の如き待遇を與ふるは甚だ當を得ない、依つて改正の市制に於ては名譽職、又は有給職の市參與を置くことゝした、英國に於ては市に數種の委員會がある例へば倫敦市に於ては財務委員會、敎育委員會、工務委員會、家屋委員會、公道及び掃除委員會、浴場及び洗濯場委員會、街燈委員會、價格查定委員會、墓地及び公開廣場委員會、圖書館及び博物館委員會、保健條令委員會、屈人疾病及び災厄組合委員會、國會委員會、電力供給委員會(電力供給事業を經營せざる都邑は之を有せず)總務委員會等があつて大概九人乃至十二人を以て委員とするが其の多きに至りては二十人以上を算することがある、是等委員會の委員はよく活動してその擔任事務の成績を擧ぐることは英國に於ける自治の特徴とする所である、玆に見る處あり我國では市參與を設置し諸般事業の成績を擧げしむることゝしたのである、其の任期は事業の經營上又は人物の如何に依り一定するを適當としない故に市參與設置條例中に之が任期を規定せしむることゝして居る、故に若し任期の規定を缺く時は無期であると云はなければならない。

(ニ)收入役　收入役は有給吏員であつて其の任期は四年である、市長の推薦に依り市會に於て之を定め府縣知事の認可を受くるのである。

以上市長、助役、市參與、收入役は重要なる市吏員である故に市公民の資格なきものは在職の間は其の市の公民となるのである、級別よりすれば二級の選擧人となる。

(ホ)副收入役　副收入役は法律上必ず之を設置するを要しないが之を設置する時は大體收入役と同一の手續を要する

(ヘ)區長　市の區長には二種ある、一は東京、京都、大阪三市の區長である、此の區長は有給吏員であつて市長の任命する處である、其の他の市にあつては必要に應じ名譽職區長及び其の代理者を置くことを得るのである、尤も內務大臣は特に指定したる市に有給の區長を置かしむることを得るのである。

(ト)委員　委員は常設又は臨時の二種である、共に市の名譽職であつて市會に於て市會議員名譽職參事會員又は市公民中選擧權を有する者より選擧す、任期は市會議員又は市參事會委員より選出せられたる者は其の任期に依り其の他の委員は條例に依つて定むべきものである、英國の流議に依れば此の委員が活動することに依つて市政は其の成績を擧ぐるものであるが我國に於ては委員の活動は見るべきものが少ない。

(チ)(イ)乃至(ト)に揭げたる吏員以外に事務處理の爲めに有給吏員を置く此の有給吏員は其の種類數多である、事務吏員あり、技術吏員がある、職名別に見れば局長、理事、主事、課長、技師、書記技手等の如きものである、市の事務分掌の組織に依つて其の種類を配置する。

試に明治三十二年に於ける市に就て見るに市の數五十一で市長五十一人助役五十七人名譽職參事會員三百十四人收入役五十一人常設員委三百九十七人名譽職區長二百四十七人有給區長廿一人である是等吏員に給する給料額は市に於て定めらる、市長の俸給年額に就て見るに市制施行當時にありては最高額三四千圓に過ぎざりしも今日に於ては二萬五千圓を給する市あり五六千圓を支給する市少からず、市長の給料にして斯くの如き多額を給することゝなりたる爲め他の有給吏員の給料の如き官吏に比して頗る多額なるを見るのである。

（二）職務權限　舊市制に於ては執行機關は合議體であつて市長は其の一員であつた、然して市長は市參事會の議長となり市參事會の議事を準備し、その議決を執行するの外市政一切の事務を指揮監督するの職務を有する尙委員會の議長たる權限を有し、且つ法律命令に依り司法警察補助官たるの職務及法令に依つてその管理に屬する地方警察の事務國の行政並に府縣の行政にして市に屬する事務を管掌したのであつたが改正市制に於ては單獨性の執行機關となつた故に市の統轄者として市を代表し、市會の決議を執行し以て市公共の福利を增進することの職務を盡さねばならぬ、市會の議事を準備し、市會に於て法令に違ふことなく其の權限内に於て爲したる議決は必ず之れを執行しなければならない、假令其の議決に就て意見を異にするも其の執行を停止することを許されない、尤も市會又は市參事會の決議又は選擧が權限を超へ或は法令に反し又は公益を害する等の場合に於ては其の執行を停止して之れを再議又は再選擧に附し市會又は市參事會之れを改めざる時は府縣參事會の裁決を求むべきである、要するに市長は舊市制に依る市參事會の職務と同一の職務を有することとなつた。

助役は市長の事務を補助する機關であつて吏員中最も主要なる位地を占むるものである、即ち市長故障ある時はその職務の全般に亘りて之れを代理するの權限を有する。

市參與は大正五年には一人であつて大正九年には三人となつたがその職務は市の經營に屬する公共的事業を擔任するのである、故に其の事業の處理に關しては自己の責任を以てし市長の干渉を許さゞるものである、且つ其の擔任事務に關しては市參事會員たるの權限を有する、然れども其の身分は一の市吏員であるを以て市長の監督權に服するは勿論である。

收入役は市の出納其の他の會計事務を司どり尙法令に依り國府縣其の他公共團體の出納其他會計事務を司どる職務を有する、素より收入役は市長の補助機關である故に市長の命令に依り收支の事務を處理すべきものであるが支拂の命令に就ては獨立して之れを審査するの權を有するものである即ち市長より支拂の命令を受くるも豫算なきか、其の他財務に關する規定により支出を爲すことを得ざる場合に於てはその命令を執行せざることを得るものである、斯くの如く收入役は市長の監督を受くるも其の命令に依り其の事務を處理するの權限を有せざるものである、換言すれば收入役は其の職務より見る時は市長に對し獨立したるものである、現今ある市の如きは收入役をして會計課長と爲し、收入役に對し支拂命令を爲すの案に就き決定前收入役の捺印を求むることゝして居る此の捺印は收入役としての職務に關係を有しない卽ち或る支拂事案に捺印することあるも之れを以て職務權限に屬するものと云ふことを得ない、刑事裁判の實例には斯くの如き場合にも尙職務に關するものなりと認めたる類例がある誤解の甚しきものと謂はざるを得ない。

副收入役は前項收入役の事務を補助し收入役故障ある時は之れを代理するの權限を有するものである。

區長　東京、京都、大阪三市の區長は市吏員として市長の命を受け又は法令の定むる處に依り區內に關する市の事務を司どる權限を有する、尙其の區の財產及營造物に關する事務其他法令に依り區に屬する事務を處理するの職務を有するものである、玆に東京外二市の區長は同一の職務權限を有するものと述ぶるも之れは法令の上より見て説明するところである、實質に於ける職務執行の狀態は東京市と他の二市とは其の趣を異にする、卽ち東京市に於ては公共團體としての十五區が存在し財產營造物にして其區に屬するものがある、然るに京都は上京區下京區の二區、大阪は東西南北の四區の名稱を存するも其區は公共團體として存するに非ず、此の名稱區の外に學校區財產區があるのみである、區長は其等區の財產又は營造物に關する事務を處理するに過ぎないものである。

右三市以外の市の區長は市長の命令を受け市長の事務にして其の區內に關するものを補助するの權限を有す。

區長代理者は區長の事務を補佐し區長故障ある時は之れを代理するものである。

委員を設くるの本旨は市の公民をして市の行政に參與し、之れに依りて實務の經驗を積み自治の政務に習熟せしめ以て市行政の實績を擧げしむるが爲めである、從つて有給吏員の短所を補はしめ自治の制に於て緊要なる位地を占むるものである、故に委員が克く其の職務を盡す時は施政の緩急利害を辨識し、自治の進步を期することを得るのである、然れ共委員は獨立したる機關でなく一の補助機關に止まるが故に市長の指揮監督を受け財産又は營造物を管理し、其の他市長の委託を受け、市の事務を調査し又は是れを處辨する權限を有するものである。

以上掲ぐる吏員の職務權限は法令又は市條例に依り規定するところであるが其の他の有給吏員は全く市長に隷屬し、其の命を受けて事務に從事するものである。然れ共是等吏員は悉く市長の命に從ふの位地にあるを以て其の職務權限も又同一なるやと云ふに決して然らず、一に市の分市掌定即ち處務規定に依り其の職務は定まるものである、例へば東京市道路局に總務課長なる職名がある、此の職に在る者は道路局に屬する一切の事務に干與するの職務を有するが如く解するは誤れるの甚だしきものである、何となれば市の處務規定には道路局に屬する文書の取扱ひ其の他庶務に關する職務を負擔するものであつて決して物品の購入請負人の指定を爲すが如き權限は是れを有しない、市吏員の職務權限に就ては世に之れを理解せざる者少からず、特に司法官憲の如きはよく市吏員の職務關係を辨識し置かざれば以外の誤判を爲すことなきを保し難いのである。

第六章　都市計劃と市行政との關係

輓近我國に於て都市計劃の事業起り内務省に都市計劃課を置き是れが進捗を圖ることゝなつた、元來都市計劃なるものは千八十三年北米合衆國シカゴに於て開催したる萬國博覽會に於て偶然にも一新紀元を劃したのである、北米に於ては之れが爲に都市の設備が著しく發達し、今尚都市改善の計劃に關し汲々たるの有様である、都市計劃とは何であるか米人フレデリック、シー、ホウの言を借りて云へば都市を統一し永久的建設を確立するのである、公共の利益の爲めには私人の利益を從屬させる都市の權限を擴大して管轄區域内の諸般の設備を統轄させて私人の自由權乃至財産權を濫用する者は之れを抑制して極力自治團體を保護するのである換言すれば都市計劃とは都市永遠の理想である、建築、風景、機械、家屋の構造、衛生、運輸、水道、瓦斯、電氣の供給等人類生存上の各般に亘るもので市民萬般の複雜錯綜せる生活狀態をよく洞見し得る有識の士が市政に執掌して專念自治團體の共同福祉を圖るのに在るのである、されば都市の美觀化の如きは此の見地より云へば寧ろ從屬的と言ふを妨げないのである（長岡喜一氏譯書に依る）以て都市計劃の意義を識るべきである、都市の美觀化は決して今日に始まりたる計劃ではない彼のアゼンスやローマ等に於て既に其の實績を示したのである、歐米各都市が競ふて所謂都市計劃を企圖する狀況は驚くべきものがある、我國に於ても明治廿年以來東京市區改正事業を施行し、國の事業として是れが案を立て、その費用は國庫の補助と市の負擔に依つたのである、此の市區改正は財源の少なきと道路擴張の困難と根本的計劃の不確立とにより頗る僅少なる成績を擧げたるに過ぎない、都市計劃を主張するに當り徒らに形式を重じ、市民をして樂天地を現出せしむるが如き感を抱かしめてはならない、又都市の計劃は必ずしも歐米都市計劃を模倣するに止まり、我國國民の生活狀態、社會組織等を顧ざるが如きことは斷じてこれを避けねばならない、大正八年法律第卅六號を以て都市計劃法を發布せられた、此の法律に依ればその第一條に於て都市計劃の意義を定めて居る、曰く「本法ニ於テ都市計劃ト稱スルハ交通衛生保安經濟等ニ關シ永久ニ公共ノ安寧ヲ維持シ又ハ福利ヲ增進スル爲メノ重要施設ノ計劃ニシテ市ノ區域內ニ於テ又ハ其ノ區域外ニ亘リ施行スヘキモノヲ云フ」とあり、以て都市計劃の體樣を知るを得るのであるが此の法律と關聯して法律第五十八號道路法及法律第三十七號市街地建築物法が發布せられた。

道路及建築物に關しては詳密なる規定あるを以て之れを知ることを得るも都市計劃の具體的施設は何を謂ふか、法律に教科書の如く其の定義を示したるのみにては之れを知ることを得ない、兎に角都市計劃は現代文化的都市改造の題目である、我國にては此の計劃を法律より觀察するに國家事業として處理するものと解せらる、地方自治團體即ち都市は國家の事業を實際に施行すると其の費用の一部を負擔するに止まるのである。前に述べたる如く都市の改造即ち都市計劃の目的は何であるかとの疑問に就き池田學士は其の著都市經營論に於て左の通り述べて居る。

都市計劃の目的は所謂永久に活くべき都市の組織的計劃を樹つるにある之が爲には

第一計劃地域の豫定　各都市及其附近町村の狀勢に鑑み都市計劃を執行すべき地域を豫定し且つ大體に於て住居地域、商業地域工業地域其地の地域を區分し將來の施設に對し據るべき基準を設くること。
第二交通組織の整備　道路軌道鐵道運河河川及港灣等水陸交通に關する諸般の調査を爲し完全なる交通組織を整備すること。
第三建築に關する制限　街道の系統及地域の種類等に應し各種建築物をして一定の制限に據らしむること。
第四公共的施設の完備　上下水道學校圖書館公園廣場市場屠場墓地火葬場等各種都市經營と重要なる施設に關し都市發達の趨勢に對應する規模計劃及其の配置に付企圖すること。
第五、路上工作物及地下埋設物の整理　街路交通の障害を除去し各種工作物の公用を保全する爲電柱鐵管其他各種工作物の整理方針を定むること。
の五大要項を掲げて居る此の五大要項は我國現在の都市の狀況に照し何れも喫緊の事に屬し、行き詰まれる都市の生命に一活路を與ふるものであることは論を待たない、更に歐米の各國が都市の改造を着々實現せるに鑑み遲れたりと云へども又甚だ有効なるものと信ぜらる、然れども吾人は茲に左の疑問を有するものである。
一、都市經營の一大眼目は市民全體の共同生活をして便利にして愉快ならしめ一に人らしき生活の完成を以て究極の目的として進むにありと池田學士の述べて居るところは吾人も又斯く信ずるのであるが、物質的計劃の整備のみを以て果して此の一大眼目を貫徹することを得るや否や。
二、大正八年法律第三十六號都市計劃法に規定する都市計劃は交通衛生保安經濟に關する施設に在るを以て敎育藝術其他精神的方面の施設は之を包含せざるもの丶如く解せらる、果して然らば此の法律に依り市民の永久に活くべき途を期待することを得るや否や
三、都市の改善は人口の集中に對し一大急務なるも農村の衰退を救濟する事又焦眉の急務である、此の秋に當り獨り都市の計劃を實現せしむるに於ては益々人口の集中を來し農村の衰退は益々その甚しきを加ふるは必然である、然らば都市計畫法の實現と農村救濟方法とは車の双輪の如く之を並行することを必要とするにあらざるか。
四、明治二十年來實行したる東京市區改正事業は暫定的企劃にあらずして東京市の市區改正として永久的施設となしたるものなるも市の急激なる發展は當時の立案者の豫想外にありて今日殆んどその効用を疑はしむるに至つたのは事實であ

る、此の實績に徵して現時企劃する都市の計劃は數十年の後亦之を無用の事業たりしかの感を抱かしむることなきか一言すれば都市の改善問題に對し常に鬪爭を以て終始するに止まることなきか。

五、都市の永久的計劃を確立する偉大なる計劃者果して存在するや否や例へば佛國巴里の改造者ジョルヂ、ユウヂス、ホッスマン米國ヒラデルヒヤの都市計劃者ウイリアム、ペンの如き同國ワシントンの計劃技師シャアル、ランファンの如き有力者我國に於て存在するや否や、唯諸外國都市の改造計劃首善計劃を模倣するの才能者にては我國都市改造を貫徹すること能はざるにあらざるか。

六、都市計劃法の規定するが如き財源に依り果して其の計劃を實行することを得るや否や。

七、都市計劃法に依る施設は現時に於ける都市改良上より見て頗る當を得たるかの觀あるも市住民の多數即ち獨立の生活を營む爲に專らにして外界の狀態を重視するの餘裕なき者に對して果して如何なる福祉を與へ得るや詳言すれば勞働者下級俸給生活者の如き市の中央部に住居する爲めには至甚なる壓迫と窮乏を感じ又市外若くは市內と云へ共市外に近き所に住居せざるを餘儀なくせしめらるゝ者は假令都市計劃にして遂行せらるゝも市內中央部に擴大なる邸宅を構ふる者、出入に快速力の自働車を備ふる者高位高官にして至便なる生活を爲し得る者に取りて極めて有効なるに比し果して如何なる効果を與ふるや否や。

以上の如き疑問は如何にして之れを氷解することを得るや否や苟くも都市計劃を立案せる士是が計劃に參與する者は勿論市民否全國の國民として大いに研究しなければならないことゝ思はる。

都市計劃の事たる輓近に於ける企劃であつて之が實現を見るに至りたるは都市行政上一大進步である都市計劃法に依り見る時は

一、都市計劃及都市計劃事業は都市計劃委員會の議を經て主務大臣之を決定する、その委員會の組織權限等は大正八年勅令第四百八十三號都市計劃委員會官制に依つて定められて居る、此の委員會は二種に分たれ、甲を中央委員會とし、其の委員は關係各廳高等官十六人以內學識經驗ある者十二人以內乙を地方委員會とし其の委員は勅令を以て指定せられたる市の市長其の市の市吏員二人以內及其の市の市會議員定數のの、一以内關係各廳高等官十人以内關係府縣會議員三人以内學識經驗ある者十人以内尚東京分に置く地方委員會にありては警視總監及東京府知事を加へ各委員會を組織する、是等委員會は國の機關として設けられたることは其の性質上明かである。然して其の權限は内務大臣の監督に服し、法律勅令に依り定められたる事項其他都市計劃上要必なる事項を調査議審議するの外、都市計劃に關する事項に付關係各大臣の諮問に應じ又は各關係大臣に建議するの權限を有す。

二、費用の負擔　都市計劃事業の執行に要する費用は

イ、行政官廳の執行する場合にありては國庫

ロ、公共團體を統轄する行政廳が執行する場合にありては其の公共團體

公共團體が費用を負擔する場合に於ては地租附加税は地租百分の十二半以内、國税營業税割は國税營業税百分の十七以、内營業税雜種税又は家屋税は各府縣税の十分の四以内、其他勅令を以て定むる税の特別税を賦課することを得

ハ、行政廳にあらざるもの之を執行する場合にありてはそのもの丶負擔である。

然して都市計劃事業に依り著しく利益を受くる者に對し事業の執行に要する費用を負擔せしむる事を得る場合は

い　行政官廳の執行する事業に依り公共團體が著しく利益を受くる時

ろ　事業地の公共團體以外の公共團體又は上級公共團體を統轄する行政廳に於て執行する事業に依り事業地の公共團體が著しく利益を受くる時

は、事業に依り生じたる營造物が他の工作物と効用を兼ぬるに依り著しく利益を受くるものある時又は其の營造物を利用するに依り著しく利益を受くるものあるとき

に、右の外都市計劃事業に依り著しく利益を受くるものにして内務大臣より指定せられたるものある時

である。都市計劃に要する費用に就ては右述ぶるが如き規定あるを見るのである、吾人は是等規定に依り其の負擔の甚だ輕からざるを認むる、然れども此の都市改善事業を遂行するに就ては巨額の經費を要するを以て政府者も市民も一大決心を要するのである、今日我國各都市の住民が是に應ずべきの資力ありや否や、思ふに市住民の資力は斯の如き負擔に堪ゆ

る事を得べきや疑を存する故に財政策として如何なる方策を樹つべきか吾人の見を以てすれば須からく市住民及受益者をして一定の市公債に必ず應募するの義務を負はしめ、其の市公債は年利率百分の三、四とし償還年限は九十九年と定むることを得るの法律を制定し以て都市計劃事業の財源に當てしむるを可なりとする、此の公債に關する法律は一見過酷なる負擔を市民に强ふるが如き感あるも租税の如く市住民及受益者の資力を奪ふものにあらず、唯其の者の資産を市公債に代へ比較的低利なる利子を得るに止むるに過ぎず、故に過重なる租税を賦課するよりは寧ろ緩和せられたる負擔であると云はなければならない、政府者及都市計劃に關係ある士以て如何と爲す要するに都市の改造は穩健なる財政計劃と政府者及其關係者並に市住民の一大決心と忍耐と調和とを要するは勿論であるが尙其の計劃の實行に關しては新科學の應用を怠つてはならない。

都市計劃に關しては主として行政廳の執行に待つものが多い、然れども行政廳に非らざる會社、私人に於て執行を要するものも少なくない、其内最も大なる關係を私人に及ぼす事業は都市の建築である、今日我國の都市は無計劃の地であつて雜然たるものである、故に第一建築物に就ての制限を要するは論を俟たない、茲に於てか大正八年法律第三十七號を以て市街地建築物法が發布せられた、此の法律に依ると主務大臣は住居地域、商業地域又は工業地域を指定することを得るのである、住居の安寧を害する建築物は住居地域内に、商業の利便を害する建築物は商業地域内に建築する事を許されない、又工業地域以外には規模大なる工場、倉庫、其の他之に準ずべき建築物又は衞生上有害なるか若くは保安上危險の虞れある用途に供する建築物は之れを建築する事を許されない尙建築物の敷地に對し制限を加へ建築物の設計に就ては豫じめ許可を受けしむる等曾て我國に其先例なき規定あるを見るのである。道路の築造にありては道路法の發布を見るに至つた此事に關しては後に說述する。

第七章　市の事業

都市の盛衰は古今を通じて屢々之を見るのであるが現時に於ける都市は人口益々集積して其の市民の物質的及精神的關係に於て大なる脅威を感ずるに甚だしきこと丶なつた、此の現象は世界の各國を通じて同様である、随つて識者が都市の事業に就き考慮研究する處甚大である、最も都市事業の研究に就き中央集權主義あり、地方分權主義あり、國家重視主義あり、團體重視主義がある、又自由放任主義あり、保護關與主義がある、此何れの主義に據るも政治上及經濟上より觀察して都市の事業を開發し市民の物質上及び精神上に安定を與へ其福祉を得せしむるの外はない、都市生活は人の健康と活力とを銷磨し「人種絕滅の徵」なりとの言を爲すの學者もある又た精神上に於ては都市生活を以て惡化の魔窟と稱する者がある、其の訓育上より見て都市生活を難じ「都市の敎化は精神の修養を缺けり、兒童は徒らに形成の學を追ふて利口捷給の人となり、年長じて外、浮華の風に染み內、外慾の念に蕩せられ終身役々として各種の誘惑物相炫燿せる裡に於て輾轉反側するに過ぎず」と云へる者もある夫れ故に彼の英國「グラスゴー」市の如きは夙に福利行政を實行して以て都市住民を保護して至らざる所なき有樣である、近代に於ける福利行政に基づく事業を見るに日を追ふて多岐多樣となるの趨勢である。是れを一般的に區別すると防衛事業、風化事業、救濟事業、保健事業、交通事業、收益事業である、我國に於ては市制を施行したる當時に於ては都市の事業として見るべきものが稀少であつた、然るに爾來三十年を經たる今日に於ては其の事業頗る多大なることとなつて多々益々增加するの有樣である、今其の重なるものを擧ぐれば左の如きものである。

一、都市計劃事業（東京、京都、大阪、名古屋、橫濱、神戶の六市に於て之を施行す）
二、市區改正事業（金澤、門司、富山の三市）
二、電氣事業
　イ、電氣軌道（東京、京都、大阪、神戶、橫濱、名古屋、富山の七市）
　ロ、電燈電力の供給（東京、神戶、靜岡、仙臺、金澤の五市）
　ハ、電力發電所及電氣事業工場（東京市）
四、瓦斯事業（橫濱、高田、福井、金澤、久留米の五市）
五、水利事業（京都市）
六、運河事業（神戶、八幡の二市）
七、軌道自働車（旭川市）
八、荷物揚場（大阪外六市）
九、港灣（大阪外十一市）
一〇、燈臺及沖合點燈並燈竿（若松福岡、津、丸龜、函館

の四市）
一一、棧橋（門司外三市）
一二、護岸（門司市）
一三、埋立事業「港灣、埋立、河川埋立、湖面埋立」（鹿兒島外五市）
一四、上水道（東京外五十市）
一五、簡易水道（福島外二市）
一六、下水道（東京外十八市）
一七、用惡水路（下關外二十九市）
一八、溝渠（水戸外六市）
一九、溜池（福岡、岡山の二市）
二〇、灌漑用水路（米澤外二市）
二一、道路及橋梁（東京外八十八市）
二二、治水堤防（京都外四十三市）
二三、河川改良及浚渫（東京、大阪、盛岡、桐生、和歌山高知、尼ヶ崎、名古屋の八市）
二四、渡船（東京外六市）
二五、學校、「小學校、實業商業工業の補習學校、中學校、商業學校、工業學校、工藝學校、繪書専門學校、實業學校、高等女學校、各種女學校、林間學校、夜學校、子守學校、貿易語學校、補孾學校、盲啞學校、聾啞學校」
二六、幼稚園（神戸外三十一市）
二七、陳列館「水產、商品、發明品、物產」（市都外十市）
二八、公園並遊園（東京外六十五市）
二九、病院「普通病、傳染病、精神病、施療」（東京外八十三市）
三〇　肺結核療養所（京都外九市）
三一、隔離病舍及隔離所（東京外四市）
三二、消毒所（東京外十市）
三三、地方病豫防（寄生蟲驅除）（甲府、宇部、福島、久留米の四市）
三四、細菌檢查所（下關市）
三五　墓地（東京外五十二市）
三六、火葬場（京都外五十四市）
三七、屠場（京都外五十一市）
三八、葬儀所（大阪、横須賀の二市）
三九、葬具貸與（高岡、下關、若松、（福岡）の三市）

四〇、汚物掃除（東京外八十七市）
四一、市街便所（東京外十三市）
四二、屎尿處分（東京、大阪、佐世保、名古屋、神戸の五市）
四三、胞衣及產穢物處分（旭川、大阪外五市）
四四、體育研究所（東京市）
四五、運動場（福井外三市）
四六、水泳場（津、福井、鹿兒島、那覇の四市）
四七、海岸脫衣所（千葉市）
四八、體育所（札幌市）
四九、衞生試驗所（東京、京都、大阪、神戸、岡山の五市）
五〇、看護婦養成所（宇治山田市）
五一、產院（東京、大阪の二市）
五二、姙產婦の保護（福井、廣島、尾ノ道、宇治山田の四市）
五三、施療所（京都、尼ヶ崎、名古屋、仙ノ臺四市）
五四、博物館（福岡、大阪の二市）
五五、勸業館（京都、大阪、神戸の三市）
五六、工業研究所（京都、大阪の二市）
五七、染織試驗所（京都、仙臺の二市）
五八、機織敎員講習所（前橋市）
五九、陶磁器講習所（京都市）
六〇、木工傳習所（旭川市）
六一、刄物傳習所　旭川市）
六二、製紙傳習所（首里市）
六三、敎育參考館（鹿兒島市）
六四、美術館（横濱市）
六五、敎育研究所（鹿兒島）
六六、敎育養成所（東京外五市）
六七、圖書館（東京外三十五市）
六八、文庫（長岡市）
六九、公設市場（東京外四十八市）
七〇、日用品市場（堺、久留米の二市）
七一、食料品市場（佐世保市）
七二、家畜市場（下關、那覇の二市）
七三、蔬菜（靑物）市場（桐生、下關の二市）
七四、魚市場（下關、佐世保の二市）
七五、魚類集散所（長崎市）

七六、木炭廉賣（姫路市）
七七、物價調節事業（尼ヶ崎市）
七八、市營住宅（東京外四十七市）
七九、公衆食堂（東京外六市）
八〇、公設浴場（大阪市）
八一、職業紹介所（東京外四十二市）
八二、勞働者宿泊所（東京外五市）
八三、質舖（横濱市）
八四、社會敎育施設（東京、長崎の二市）
八五、吏員講習所　東京、京都二市）
八六、地方改良（尼ヶ崎外九十二市）
八七、部落改善（久留米市）
八八、兒童保護（横濱、神戸の二市）
八九、幼少年保護所（東京、神戸の二市）
九〇、幼年救育所（大津市）
九一、託兒所（京都外五市）
九二、保育院（東京、若松（福島）の二市）
九三、入監者遺兒保育（長崎市）
九四、兒童相談所（大阪、神戸の二市）
九五、少年（相談所）（大阪市）
九六、窮民（貧困者）救助（京都外八十市）
九七、細民救助（金澤市）
九八、棄兒救助（京都外二十四市）
九九、罹災者救助（姫路外二十一市）
一〇〇、水難救助（長崎、佐世保、新潟の三市）
一〇一、救護所（長崎市外十市）
一〇二、養育院（東京市）
一〇三、貧民施療（函館、京都、金澤の三市）
一〇四、棄兒救育（大阪、尼ヶ崎の二市）
一〇五、訓盲院（松本市）
一〇六、盲唖院（京都市）
一〇七、養魚場（長崎市）
一〇八、魚撈（横須賀市）
一〇九、造林事業（佐世保外二十一市）
一一〇、竹林經營（甲府市）
一一一、桑園（高田、弘前の二市）
一一二、市民館（大垣市
一一三、記念館（松本、丸龜、福岡の三市）

一一四、水族館（堺市）
一一五、動物園（京都、大阪の二市）
一一六、史蹟保存（東京外六市）
一一七、天然記念物保存（東京市）
一一八、足利學校遺跡保存圖書館（足利市）
一一九、大極殿遺跡保存（京都市）
一二〇、方面委員（東京、長崎、室蘭の三市）
一二一、店員公休日利導（甲府市）
一二二、協和會（佐賀市）
一二三、杜陵館（盛岡市）
一二四、興雲閣（松江市）
一二五、豐平館（札幌市）
一二六、倶樂部（尼ヶ崎市）
一二七、公會堂（京都外二十四市）
一二八、警備（八王寺外八十二市）
一二九、街燈（東京外十五市）
一三〇、帆別所（明石市）
一三一、街路廣告（東京市）
一三二、觀梅施設（水戸市）
一三三、無料代書業（福井、金澤の二市）
一三四、天氣豫報（尼ヶ崎、上田の二市）
一三五、軍人慰勞（足利市）
一三七、土木保護（旭川市）
一三八、時報（堺外三十九市）

右列記の事業は大正十一年度各市豫算に依り調査したるものである、此の事業中其の市獨特のもの又は一時的施設のものもある、又國家の事業にして市は其の費用を負擔するに止まるものもありて眞に市の公共事業として普通的にして永續すべき性質のもの果して幾何かある。其の國家事業として市が經費を負擔するに止まるもの換言すれば市の自治事業に屬せざるものを擧ぐれば、都市計劃、道路橋梁、小學校及幼稚園、圖書館、用惡水路、溝渠灌漑用水路、肺結核療養所、隔離病舍、隔離所及消毒所、汚物掃除等である。

都市計劃は大正八年法律第三十六號を以て規定せられて居る此の法律に依り都市計劃を實行するの義務を負擔する市は勅令を以て指定さる、今日此の法律を施行さるゝ市は東京、京都、大阪、横濱、神戸、名古屋の六市である。

道路は國の事業であつて大正八年法律第五十八號（大正十

一年法律第三號を以て一部改正）道路法に依つて定められて居る即ち一般交通に供する道路である、是れを國道、府縣道、市道、町村道に分ち尚道路の附屬物として　一、道路を接續する橋梁及渡船橋場　二、道路に附屬する溝、並木、支壁、柵道路、元標、里程表、道路標識　三、道路に接する道路修理用材料の常置場　四、前各號の外命令を以て定めたる道路の附屬物である、然して國道及府縣道は府縣知事を以て管理者とし、市道は市長、町村道は町村長を以て各々其の管理者とする、管理者の屬する公共團體は主として軍時の目的を有する國道其の他主務大臣の指定する國道の新設又は改築に要する費用を國庫に於て負擔するの外は其の管理の費用を負擔する。

小學校及幼稚園は國に屬する事業である事は（大正三年法律第十三號大正十年法律第七十號一部改正（地方學事通則に依り定められたるものである、尚小學校に關しては明治卅三年勅令第三百四十四號（明治卅六年勅令第六十三號、同年第七十四號、同四十年勅令第五十二號、同四十四年勅令第二百十六號大正二年勅令第二百六十八號及同八年勅令第十號各一部改正）に依り定めらる、小學校は尋常小學校及高等小學校とし市町村、町村學校組合若くは其の學區又は市町村學校組合に於て設置するの義務を有するものである。

圖書館は前記地方學事通則及明治三十二年勅令第四百二十九號（明治三十九年勅令第二百七十四號、同四十三年勅令第二百七十八號及大正十年勅令第三百三十六號各一部改正）圖書館令の定むる所で北海道府縣郡市町村に於て圖書を蒐收し公衆の閲覽に供せんが爲め設置することを得るのである、法令の規定する所に依り國の事業に屬する事は明かである

用惡水路、溝渠等は大正三年法律第卅七號公共團體の管理する公共用土地物權の使用に關する事に依り定められたる所に依り市の事業と見るべきものにあらざること明かである。

肺結核療養所は大正八年法律第二十六號結核豫防法に依り市は結核療養所の設置を命ぜらる、此の設置を命ぜられたる市は即ち國の事業を其の市の費用に依り施設するものである。

傳染病隔離病所、隔離病舍及消毒所は明治卅年法律第三十六號（明治三十八年法律第五十六號、大正十一年法律第三十二號各一部改正）傳染病豫防法に依り定められ此の設置の費用は市（町村）の負擔に歸するのである

汚物掃除事業は明治三十三年法律第卅一號汚物掃除法に依

り市に於て其の費用を負擔するの義務を負ふものである。

職業紹介の事業に關しては大正十年法律第五十五號職業紹介法に依り規定せらる、内務大臣の指定又は許可を得て市は職業紹介所を設くることを得る、此の事業は法律の明文上明かに國家の事務と定められざるも法律の趣旨より見る時は市の自治事務に非ざるものと解せらる。

斯の如く市の豫算に依り其の事業なるが如く認めらるゝ事業も其の性質に依り市の自治事務と謂ふを得ざるものが少なくない、此等國に屬する事業は國の營造物にして市の營造物に非らず市の營造物は前記事業中如何なる種類のものなりや又た市は營造物以外に企業を營み得るものなりや此等の事に關しては次章に於て之が說明を爲すことゝする。

第八章　市の營造物企業及財產

前章に於て記述したる如く市の經費を以て支辨する事業多種に涉るも其の性質上國家に屬し、市は其事業の管理又は經費を負擔するに止まるもの少なからざるのである、而して其の性質上全く市の自治事務に屬するものを見るに多くは市の營造物である。

抑も市の營造物とは如何なるものであるか、市制の法文に照し之れを見るに、市會の職務權限中に「營造物の管理方法を定むること」、市長の職務權限中に「營造物を管理すること」とあり又た市の財務の規定中に營造物と云ふ用語がある、然るに市會の職務權限中に市費を以て支辨すべき事業に關することとあり、此の營造物と事業と云ふ相異る用語あるを見れば先づ此の兩者間に如何なる差別があるかと云ふ疑問を生ぜざるを得ない、思ふに市費を以て支辨する事業と云ふは廣く市の經營施行に依る事業を指すものであつて廣き意味に於ては營造物も又た此の事業中に包含さるゝものと解するの外はない、然らば營造物の意義を明かにすることに依つて自ら兩者の區別が明かにせらるゝのである、營造物と云ふ觀念は近世の發達に係るものである、而して英米諸國に於ては此の觀念明かならず、獨逸に於ては概ね營造物は人格を有せしむるを以て其の意義やゝ明瞭である、我國に於ては法律上人格を有しない、元來營造物の用例區々であつて要塞地帶法、軍機保護法等では建造物に對し營造物と稱して居るも、地方制度中に用ゆる營造物とは其の意義を異にする、地方制度中に營造物と云ふは第二編に於て略說したる如き意義のもので之れを定義的に云へば「繼續的に直接公共の利用に供する爲め行政權の主體に依りて經營せらるゝ物及人又は物若くは人を以て成る設備なり」と謂ふべきものである、故に一般人民が自己の利益の爲に自由に之れを使用することを得るを要する、例へば市役所の如きは市民が自由に使用することを得ざるを以て營造物といふことを得ない、又た繼續して使用せらるゝを要するが故に共進會又は展覽會の如きは營造物と謂ふを得ない、次に行政權の主體に依りて經營せらるゝものなるが故に會社や個人の經營に係るものは假令公共の利益の爲めに自由に使用せらるゝも營造物と謂ふことを得ない、必ず營造物は國、府縣、市、町村の經營に係るものである、營造物を構成するものは物及び人物若くは人を要する、此の三種の例を擧ぐれば墓地、公園、種牛馬は物のみより成り、電車、水道、市場の如きは物及人より成り、市設の巡回醫產婆看護婦の如きは人のみに依り成る營造物である、營造物は右の如く國、府縣、市町村といふ行政權の主體に依つて經營せらるゝが故に其主體より區別すれば國の營造物、府縣の營造物、市の營造物、町村の營造物といふ區別が立つ、尙目的上より見れば敎育的營造物としては圖書館、學校、講習所、博物館の類、慈善的營造物としては養育院、孤兒院の類、衛生的營造物としては病院、公園、水道、下水、墓地の類、交通的營造物としては電車、道路運河の類、農商工等の營造物としては、蠶種檢査所、工業試驗所、農事試驗所の類である、前章列記せる事業中市の營造物と稱すべきは電氣事業の設備、瓦斯事業の設備、運河、軌道、自動車、燈臺水道、下水道、各種陳列館、市民館記念館、美術館、勸業館の類、水族館、動物園、運動場、水泳場、公開堂墓地、火葬場、屠場、葬儀場、市街便所、各種市場、食堂、浴場、巡回產婆、產院、幼少年保護所、同救育所、託兒所、保育院、少年相談所、施療所、竹林經營、桑園帆別所等である、要するに之等營造物は其性質上市の事業たるものにして而かも營造物と謂ふべきものである。

　營造物の管理と云ふは如何なる行爲を謂ふか、市が其の營造物を管理する範圍は　一、保存及維持を圖る事　二、使用の形式方法及其の制限を定むること　三、使用の許可を與へ許可を取消すこと　四、使用者の資格要件を定むること、五使用料を徴收すること　六、營造物內の一定の秩序を保持することである、市は此の管理に關し其の法規制定の權能に基き市條例及市規則を設くることあるは市制第十二條に規定するところである、其の法規中に前記二、三、四、五等に關すも事項を規定するは勿論である。

一般に我國に於ては市に營造物あるも企業なしと認めらるゝが此の企業に關しては市に於て之れを營むことを得るや否や頗る議論の存する所であつて、英獨の如く之れを營むことを得ると解する論者は現行市制の明文に係はらず、社會上又は經濟上より立論する、是に反して企業を市に認むべからずと論ずる者は市の事務は公共事務に限らるゝを以て法律の明文上企業を包含するものなりと解するを得ずと云ふにある、此の意見は市制制定以後主務省の採りたる解釋である、吾人は社會の進むに從ひ又經濟狀態の推移するに應じ市と雖も單に公共の利益を主なる目的とする事業のみを經營することは當を得ない、更に進んで收益を目的とする事業を經營する事を得るものとするを地方自治團體の發達上至當なりと信ずる故に伊太利の如く市町村企業法を制定し、市町村に於ても主たる目的を收益に求め併せて公共の利益を得る事業を經營せしむるの途を講ずるを適當なりと信ずる、特に市町村に於て電氣事業の如き其の他必然收益を求めざるべからざる事業を經營するに當り、嚴密なる取締規定を適用せらるゝが如きは自治行政權の主體たる權能を無視するの嫌あるのみならず或る取締事項の如きは監督官廳の指圖なきも地方自治團體は團體員の利便の爲め自ら進んで之を爲すべく而も營利を目的とし專ら多くの利益を擧んことに努力する會社又は私人に對すると同一の取締は之を要せざるものと謂ざるを得ない。

更に吾人は之を詳せんに、今日に於ては市(町村)が如何なる事業を經營するも其の經營の主たる目的が公共の利益に存し隨伴的に收益の生ずることを認むるも主として收益を目的と爲す事業は之を許されない、之れ法令の解釋上然らざるを得ないのである、故に假令其の市(町村)が財政上收入の增加を圖るの必要あるも之を租稅に求むるか、公債に依るの外其の途がない、勿論市(町村)の收入の第一位は財產收入であるも、財產は一朝一夕に之を增殖することを能はざるは言を俟ざる處である、其次に使用料、手數料其の他稅外收入を以てせんとするも之れ又不可能のことゝ謂なければならぬ、而して租稅に之を求むるものとせんが、租稅は妄りに之を賦課するを許さない、必ずや市(町村)民の擔稅力に適應せしめねばならぬ、過重の租稅は之を賦課すべきものでない、又公債は其の償還財源を確立し而も之れが爲に市(町村)民の負擔を激增するが如きことは之れを避けねばならぬ、此の點を顧みずして起債する時は後年に至り財政上の困難に到達することゝなり、所謂累を將來に貽すものである、果して然らば市（町村）の事業を開發せんが爲其の財源の途は收入多き企業に俟つの外はない、故に吾人は市（町村）をして法律上收益を目的とする事業を經營するの權能を有せしむるの方針に出でんことを望まざるを得ない、蓋し市（町村）が收益事業を營むことを以て市（町村）の本來の性質に反するものとは解すもことを得ない、法律を以て其の權能あることを定むるに於ては決して不合理なることなりと謂ふを得ざるものである、而して其の市（町村）が經營することを得る收益事業即ち公企業の種類は法律を以て限定するも敢て不適當ではない、否寧ろ其事業の種類は勿論之が取締に關しても又た法律を以て規定するの要ありと信ずる、彼の軌道事業、電燈事業、瓦斯供給事業、質業、浴場、洗濯業の如き必しも之を營造物と認むるの必要なく收益事業として相當の利益を擧げしめ以て市（町村）の收入增加を圖らしむこと我國今日の實情に照し當を得たるの策なりとす、更に又た其他の獨占事業の如きに至りては政策上市（町村）の公企業として經營せしむるを當然の事なりと信ずる、特に私經營者の爲めに消費者及勞働者の生活上に不利不安を與ふるに至るが如き利益分配の多きを圖らしめ得るの方法は速かに之を制止するを要するにあらざるか。

市の自治事業中の數種に關し其の概要を記述する。

第一水道　水道事業は明治二十三年法律第九號水道條例（明治四十四年法律第四十三號、大正二年法律第十五號同十年法律第五十六號一部改正）に依り經營するものである、水道布設の認可を受け給水を開始せる市は東京市外三十一市未開始の市は上田市山形市大牟田市高松市熊本市奈良市松本市高知市鹿兒島市仙臺市福岡市である、而して給水開始の市に於て給水區域內に於ける總戶數に對し給水戶數の百分率を見るに左の如きものである。

東京市	七四、三一	大阪市	九八、三三	神戸市	五四、六二
新潟市	七七、八〇	名古屋市	四一、四一	秋田市	九五、六八
門司市	七五、五八	室蘭市	六七、六五	堺市	六〇、五四
尼ヶ崎市	六四、九七	高崎市	七〇、九一	甲府市	八九、〇七
鳥取市	八〇、二〇	廣島市	九五、九六	小倉市	九一、七三
佐賀市	六三、三九	京都市	四八、七七	横濱市	八〇、〇八
長崎市	七五、二九	水戸市	一〇〇、〇〇	長野市	六七、四九
青森市	六五、三一	松江市	七六、六六	呉市	三二、八一

若松市 七三、二七　函館市 九五、二四　横須賀市 二八、七三
佐世保市 八五、七七　宇都宮市 五四、三七　岡山市 八五、五五
下関市 七五、七四　小樽市 五八、九七

又其の工費總額及大正八年度の收支關係を見るに左表の如き狀態である。

市名	敷設總工費 圓	收入 圓	支出 圓
函館	三、九二一、三六四	八九、五二四	三三、三九七
小樽	一、二二二、二八七	八八、七〇七	二三、二四六
室蘭	一五五、九五五	四六、〇二〇	四二、二〇三
東京	二九、六六二、二八九	一、八一七、六八七	一、四三七、〇五四
京都	六、〇九〇、八八五	三六八、六六九	一五二、七七九
大阪	三二、四九三、九七九	一、九六四、六一七	七八九、二三三
堺	一、〇五九、六〇四	五八、六四九	三六、三八〇
横濱	一〇、四〇六、七九七	一、七二三、一六〇	二二九、六二三
横須賀	一、六九一、六〇四	六、六六七	二、八六一
神戸	一四、一六三、一八八	一、二二七、三九〇	四三四、四八四
尼ヶ崎	五一〇、五二三	三六、一五六	二七、八〇〇
長崎	四、五一四、三八七	二九四、八五七	二四五、〇八六
佐世保	二八八、五二八	六一、五五九	一九　三八三
新潟	八四〇、六九四	七三、八七七	一九、四〇六
高崎	五三一、八四四	四八、六八一	一一、四二二
水戸	一一六、一〇九	七　六四八	二、四二三
宇都宮	一、一四九、二三四	五五、五七〇	三七、三〇三
名古屋	五、二七九、八八二	二五九、三一〇	一〇三、三七九
甲府	七九四、七六七	七五、三九〇	三一、八四八
大津	四〇、六七七	一〇、三三一	九、七四一
長野	八四六、八二二	四一、六〇二	一八、七二一
青森	七九七、〇二一	四二、九六〇	二〇、一六六
秋田	六七六、二七九	三八、七七七	一六、五二一
鳥取	五一〇、〇〇〇	三五、四二九	一三八、三二九
松江	六三四、〇六八	三六、三二九	一一、七二〇
岡山	一、〇五〇、五三六	一五四、二七〇	一一四、一四九
廣島	二、四〇七、六三七	二〇六、三五三	一七一、〇一八
呉	一、〇八一、三五五	六七、二九四	七五、七九九
下關	一、八八九、二六九	九〇、九五七	二四、三〇五
門司	一、九〇〇、七一三	一六〇、九二七	二九、〇九二
若松	一、二四七、三一六	一一九、九四七	七九、七五三
小倉	一、一五〇、〇〇〇	一〇一、二三三	二四、九〇三

佐賀	六六七、四一〇	二〇、三〇五	三、九五〇

水道事業は河水を利用するか、貯水に依るかの方式であるが佐賀市の如きは地下水を鑿泉方法に依り利用するものである、地下水の利用は經費の比較的低廉なると衛生上手數を要せざるとの利あるも尙考究するの餘地ありと思はる。

第二下水道　下水道事業は明治三十三年法律第三十二號下水道法に依り經營するものである、下水道築造の認可を受け大正九年迄に完成したる市は神戸市、明石市、名古屋市、仙臺市、岡山市、廣島市、下關市、松山市、函館市で其の未だ完成せざる市は東京市、横濱市、大阪市、長崎市、若松市、福島市、津市、大分市である。完成したる市に付き完成の年月、排水區域面積、工費額を見るに左の通りである。

市名	完成年月	排水區域內面積	工費額
神戸	明治四四年三月	二、五二八、三九七坪	二三五、七四一圓
明石	大正三、一二	三八〇、八〇二	一二八、〇〇五
名古屋	大正一一、三	五、一六五、二四一	四、三九九、三一七
仙臺	自明治三三、五 至大正　二、三	一七一、六五四	二三七、三三〇
岡山	大正四、八	七六九、四八六	二八一、一一七
廣島	同　四、三	一、四四六、六八一	一、二七六、六二四
下關	明治三〇、三	一、五六〇、〇〇〇	六九九、八〇〇
松山	大正　九、三	？	五五七、八三三
函館	第一期明治四三年五月 第二期大正三年一一月	七六三、四四九	一三六、九一〇

第三瓦斯供給事業　瓦斯供給事業に關しては未だ取締の法律がない、近き將來に於て之が法律の制定あるべきこと丶思はる、市として此の事業を經營するは横濱市、福井市、久留米市、金澤市、高田市である、此の事業の公營は横濱市を以て其の嚆矢とす、同市に於ては明治八年の頃部落事業として開始したが明治二十二年市制を施行したので市は部落より之を買收し市經營に移し今日に至るものである、其の投資額は二百十二萬三千七百六十七圓である、大正六年中の供給量は三億千二十四萬八千立方呎で燈用、熱用、動力用として供給す。

大正九年度に於ける其の經營を見るに

横濱市	八六五、三四六圓	高田市	二五、七〇〇圓
福井市	六八、五三六	久留米市	一三、一七五

であるが大正十一年度豫算に依れば左の如きものである。

機濱市	七九三、九一〇圓	高田市	三六八、二〇五圓

福井市　一〇二、〇一六　金澤市　一、七六〇、二八二
久留米市　三六、二六九

第四電氣事業　此の事業は電氣軌道事業と電燈電力供給事業とに分つ、而して電氣軌道事業は明治四十四年法律第五十五號電氣事業法（大正五年法律第五號一部改正）と明治二十三年法律第七十一號軌道條例とに依り經營するものである。市として此の事業を經營するは東京市、京都市、大阪市、神戸市、富山市及横濱市、名古屋市の七市である、又電氣供給事業は電氣事業法に依り經營するものである、東京、神戸、大阪、京都、靜岡、仙臺、金澤の七市に於いて之を經營する。

横濱、名古屋、金澤の三市は公營と爲して以來一兩年を經過するのみである。故に其の成績を擧ぐることを得ない、其の他の市に付ては大體の成績を述ぶることゝする。

(一)東京市　明治四十四年私設會社の事業を買收し電氣軌道事業及電氣供給事業を兼營す、今日迄の投資額は壹億九百四十七萬七千六百三十九圓である、市の內外に涉り施業する、而して軌道は軌間四呎六で其の延長百七十七哩八（大正十年末及同十年中の成績に依る以下之に倣ふ）一圓平均使用車輛數は九百二十臺其の走行哩數三千三十六萬四十二哩乘客數は四億六十三萬六千三十五人で一車一哩平均乘客は五人八に當る、又電氣供給は電燈の需用家十萬七千六百五十五、點燈總數四十九萬九千三百七十三箇、總燭光數六百九十九萬三千百十六である、動力としては需用家千五百五十二、電氣力一萬八千六百九十五、一キロワット、從量電力供給量は二千五百四十六萬七千六百二キロワット時である、此の事業に依る收入は三千十萬二千九百二十六圓支出は二千九十萬三千九百六十二圓で差引九百十九萬八千九百六十四圓を利息資本金に對し年八割四分に當る計算である。

(二)京都市　大正元年軌道事業を開始し同七年更に私設會社の事業を買收して電車を運轉す、先是明治二十四年水利事業の一部として電力供給事業を經營する、經濟を異にするも事業法上より見るときは兩事業の兼營である、資本總額は二千七十一萬六千百六十五圓を算す、軌道の軌間は四呎八半で延長五十六哩一日平均使用車輛百七十三臺其の走行哩數は七百六十七萬七千百八十哩乘客數七千二百五十三萬八千六百八十五人一哩一車乘客九人五である、電氣供給は

需用家數五萬四千八百四十八總點燈數二十三萬五千四百三十箇總燭光數三百八十七萬千五百六十七動力として需用家數二千三百三十七總電氣力量七千五百五十六キロワット五、從量電力供給量二千百九十四萬五千三百六十キロワット時である、此の兩事業より生ずる收入は五百八十三萬八千七百九十七圓之れに對する支出二百二十四萬八千八百六十三圓で差引三百五十八萬九千九百三十四圓を利する、資本金に對して一割七分の割合となる。

(三)大阪市　明治三十六年特許を得て電氣軌道事業を經營す尙動力として電氣供給をも經營する、其の投資額は三千五百八十七萬千百四十五圓である、東京、京都の如く會社事業を買收したるものでなく、當初より自ら企劃經營するものである、故に線路其の他の設備を整理する必要少なく經營上は困難比較的少なく有形無形に他市に優れる所あるが如き狀態である、軌道の軌間は四呎八半で延長八十八哩二である、一日平均使用車輛數は五百十二臺走行哩數二千二十五萬二千三百六十七哩乘客數二億五千四百三十七萬七千五百五十八人一哩一車當乘客數十一人に當る、又電力需用家數は千百六総電氣力五千七百五キロワット六、從量電力供給量五百六十一萬七千四百三十二キロワット時である、此の事業に據り生ずる收入は千三百二十萬五千四百四圓支出は七百八十七萬八千六百六十九圓で差引五百三十二萬六千七百三十五圓を純益として收得する、之れを投資額に對比すれば一割四分に當る。

(四)神戸市　大正六年會社經營の電氣軌道事業及電力供給事業を買收し公營とす、其の投資額は二千九百二十三萬八千百九十八圓である、軌道の軌間は四呎八半延長十六哩二で一日平均使用車輛數七十九臺走行哩數三百四十四萬五千六百七十二哩乘客數五千七百三十一萬四千四百十四人一哩一車當乘客十六人六分である、又電燈需用家數は十二萬六百四十九點燈總數四十二萬四千三百六十六箇總燭光數七百十八萬三千五百十三、電力需用家は二千八百九十三總電氣力は一萬五千百六十八キロワット四從量電力供給量三千二百四十四萬三千六百九十一キロワット時である、此の事業より生ずる收入は九百九萬九千五百五十四圓之れに對する支出は五百八十五萬八千八十四圓差引三百二十四萬千四百七十圓を利する、之を投資額に對比すれば一割一歩一厘に當る。

(五)静岡市　私設會社の事業を買收し明治四十四年公營と爲したものである、電燈需用家數は一萬八千五百一點燈數六萬五千七百六十一総燭光數七十二萬二千三十九、動力需用家數は七百七十九總電氣力は千八百九十五キロワット四である、投資額は七十五萬四千三百九十六圓で收入五十三萬九千九千二百七十六圓支出二十三萬七千百五十五圓差引三十萬二千百二十一圓を利し投資額に比し四割に當る。

(六)仙臺市　明治四十四年七月會社事業を買收し開業したるものである、火力發電に依り電力を供給す、其の投資額は三百十四萬四千六百三十九圓で電燈需用家は三千百一點燈總數十萬三千七百二十九箇總燭光數百七十萬八千八百八十六である、動力需用家數は六百二總電氣力は三千五百八十三、一キロワット從量電力供給量は九十九萬千三百九十キロワット時で此の事業收入は八十八萬九千五百五十六圓支出は三十五萬千九百九十一圓差引五十三萬七千五百七十五圓を利し投資額に對し一割七分の益金に當る。

(七)富山市　大正九年七月電氣軌道事業を開始したものである、投資額は三十五萬九千二百四十五圓である、軌間は三呎六延長五哩六分、一日平均使用車輛九、走行哩數二十萬千四百十四哩、乘客數百十七萬八千五百七十九人、一哩一車當乘客五人八ある、この事業收入は六萬四千百五十五圓支出は五萬六千九百九十七圓差引七千百五十八圓を利し二分の純益率に當る。

市は府縣と異りて收益の爲にする財産を基本財産として維持するの義務を有するものである、蓋し府縣は其の經費を支辨する爲めに第一に租税に依るも市は財産の收入を第一位とし、使用料手數料等の收入を以て之れに次ぎ其の不足ある場合に於て市税を賦課徴收するものと定められて居る、故に收益財産は市の財政上最も重要なるものである、現時の如く收益財産少なく却て收入の第一位を占むるものが市税なるは立法の精神に背戻するの狀態なりと謂はざるを得ない、立法の主義より見る時は市は努めて財産の増加を圖り以て其の財産より生ずる收入を多からしめねばならぬ、此の點より論ずるも市に企業を爲すの權能を認め以て收入の増加を圖り、收益財産を蓄積するの途を講ぜしめ、市税を輕減して立法の主義に副はしむるを要するの理である、左に市の財産蓄積額及財産より生じたる收入額を表示す。

年度	市數	基本財産價格	財産より生じたる收入額	一市平均財産收入額
明治二五	四一	? 圓	一八〇、八六二圓	四、四一一圓
同 三二	五一	一一、三三二、九一〇	九四八、五三三	一八、五九七
同 三五	六二	一八、三四六、六一五	一、九三五、五四四	三一、七三二
同 四〇	六七	三一、四九四、九八〇	三、五六六、七七〇	五三、二三五
大正 三	七二	三七、三三二、一七八	二、三三八、七四七	三二、四八二
同 九	八三	四二、二五五、七七一	五、一五五、一五七	六二、一一〇

備考、本表には北海道、沖繩の區を包含す

右表に依り其の財産より生ずるの收入は逐年增加するを見る即ち明治二十五年度に比し大正九年度は約二十九倍し、一市平均に於ては十四倍す、而して明治二十五年度に於ける市歳出總額に比し財産より生ずる收入總額は百分の十七餘に當り大正九年度に於ける市歳出總額に對しては財産より生ずる收入總額は百分の二弱に當るを見る、以て制度の豫期する處に副はざる事遠きものと認めざるを得ない。

大正九年度に於ける基本財産の內譯を見るに土地價額に於て千九百九十一萬六千八百七十八圓、立木價額に於て五千二百六十二圓、建物價額に於て六十五萬七千二百二十八圓、諸公債證書價額に於て二百六十三萬四十八圓、諸株券價額に於て十四萬九千六百七十圓、現金に於て九百六十三萬六千九百六十五圓、其他の財産價額に於て百三十二萬九千三百九十七圓である、更に六大都市に就き基本財産額を見るに東京市は千二百四萬六千五百四十九圓、京都市は二十三萬五千五百八十九圓、大阪市は六十七萬三千九百圓、橫濱市は八十九萬九千七百七圓、神戸市は十一萬六千五百五十七圓、名古屋市は七十七萬二千五百八十四圓である、而して其の以外の市に在りては札幌市五百九十二萬二千四十九圓を最多とし丸龜市の四十三萬百八十五圓を最少とす。

第九章　市の財政

市は其の公共事務、國家及府縣等より委任を受けたる事務市の吏員が執行する職務權限に屬する事務の爲めに要する經費及法令を以て市の負擔とせられたる費用を支辨しなければならぬ、換言すれば市は其の必要なる費用及從來法令に依り又は將來法律勅令に依り市の負擔に屬する費用を支辨する義務を負ふものである、從つて之が爲に其の財源を求めねばならぬ、卽ち市は自己の存立の爲に自己の經濟を立つるの必要がある、此の市の經濟は公的經濟であつて私的經濟ではない、何となれば市の存立が公的性質を有するもので、社會組織上個人又は營利會社とは其の性質に於て異るものである、市が其の經濟を處理する行政行爲を財務行政又は財政と謂ふのである。

市の財政を掌る權能は如何なる法の基礎にあるかと云ふに市が自治の權能を有する結果當然市に財政の權能存するものと云ふを得ない、即ち市税を賦課徴收する權、使用料及手數料を徴收する權の如き將又公債を起すの權の如き特に法律を以て市に賦與したる權能である、而して此の財政權は自治制度の運用上重要なるものであつて且つ市の活動上緊要なるものである、市の發達伸張は此の財政權の適當なる活用に俟つもの甚だ大である。

市の財政活用の途を誤る時は市民は過重の負擔に苦しむか市の事業は萎靡するか、或は將來に多大の累厄を貽すかの慘狀を呈するのである、又た市の財政は國及府縣の財政と至大の關係を有するものである、就中市税は國税、府縣税と其の税源を一にするもの又は同一の税源ならざるも互に大なる影響を及ぼすものが少なくない、例へば地方税營業税を國税營業税に移せば府縣税は國税となり、市(町村)は地方税附加税を國税附加税として課せねばならぬこと丶なる、又た市(町村)の特別税たる電柱税を府縣の雜種税に轉ずれば市(町村)は其の特別税に依りて得たるものを雜種税附加税として徴收するの外なき事となる、或は地租の增徴あれば市(町村)又た增加するの理なるを以て其の附加税率に制限を加へられ、國税營業税が低減せらるれば市(町村)附加税額は從つて減少するに至るべきを以て其の塡補の爲、地租附加税の税率制限程度を擴大せねばならぬ事となる、將又土地所有者の負擔を輕減せんとしては地租移壤の問題を惹起する、或は又た多額の市債を公募せんか國債募集と競合することあり、此の場合に於ては勢ひ相互の不利益となり募入額の減少を見ることあるは數の免れざる處である、如斯國、府、縣、市、町、村は其の財政上相互大なる關係を有するが故に其の財政の主體のみの收入增加を圖り他を顧みざるが如き事は嚴重に之を避けねばならぬ、特に近代の時勢の要求として市は多々益々其の社會政策を實行せねばならぬ狀態なるを以て之が爲に市の財政力を伸張することを企圖せねばならぬ、彼の普通教育費國庫負擔の運動の如き卽ち此の時勢の要求の一表現と見なければならぬ。

市の財政の運用、財政權の作用は前述するが如き關係のものなるを以て之に對しては愼重なるを要するは勿論である、故に法令に於て其の實體及形式に關し規定する所がある、左に其の法令の定むる所を述ぶる。

第一、歳出に於ては別に制限なきも其の費用を區別すれば左の如きものである。

(イ)市の必要費

之は市の存立上必要なる經費に外ならぬ、市と雖も其の經費に輕重の差あることを免れぬ、故に經費の節約に努め以て市民の負擔を可及的輕減せしむるの要あるものである、假令必要費用なるも之に節約を加ふる事に關しては從來屢々主務省に於て訓示したる事がある、然れども社會の進運時勢の推移に從ひ市の存立上必須なる事務及事業の多きを加ふるは避くべからざることである、徒らに人權費の節約を圖るが爲めに有能の吏員を驅逐し低級者を使用せんか事務の澁滯事業の不振を來すは必然のことである、又た廣く社會の情勢を見ず人心の變遷を知らずして經費の整理に名を藉りて妄りに事業の縮少を圖らんか、市存立の意義を失ふに至るべきは當然の理である、要は市の存立を有意義な

らしめ、市民共同の福祉を招致するに要する經費は之を支辨するに吝ならざるを旨とすべきものである、單に必要費と云へば其の範圍極めて茫漠たるを免れざるも畢竟右述ぶる處に依り理解することを得ると信ずる、彼の新を追ひ名を競ひ阿世的事業を企て、或は徒らに外國に模倣して其の成果如何を考究せず、或は其の市の實情に適するや否やを顧みず或は當局者の新智識を誇らんが爲に諸種の施設を爲すが如きは斷じて之を制せねばならぬ、此の必要費の中に包含せらるゝものは市役所費、會議費其他議員に關する經費並に風化、衛生、交通、勸業等の事業費の類である。

(ロ)法令に依り市の負擔に屬する費用

市の存立に關し自己の公經濟に屬する費用に非ざるも主として國の行政を委任せられ又は府縣其の他の公共團體の事務を處辨するの機關としての費用の如き從來法律命令に依り定められたるもの又は將來法律勅令に依り定められ市の負擔に歸するの經費は之れ又た市經濟として其の處置を爲さなければならぬものである、例へば第七章に於て述べたる國の事業にして市の經費を要するものゝ如き又た市長其の他市吏員が國府縣其他の公共團體の事務を處理せねばな

らぬ爲に要するもの〻如き、市の議決機關が其の市の行政にあらざる國府縣等の行政上に關し行動する爲に要するもの〻如き之れに屬する費用である。

第二、歲入に就ては其の財源の順位が法律に依て定められて居る。

(イ)財產より生ずる收入

之を第一順位とする、此の收入に就ては前章に於て說明したる所である。

(ロ)使用料、手數料、過料過怠金其他法令に依り市に屬する收入

此の收入を第二順位とする、此の收入中使用料及手數料に關しては後に之を述ぶることゝする、過料とは市の法規違反者に對し制裁として負擔せしむるもの、例へば營造物使用條例の規定に反する行爲ある者に科する過料の如きものである、又た過怠金とは市會議員が市制又は會議規則に違反したる場合に制裁として負擔せしむるものである、其の他法令に依り市に屬する收入とは本來市の收入にあらざるも特に法律命令を以て市の收入に歸せしむるものである、例へば、戶籍手數料、公立圖書館の閱覽料、公立諸學校の授業料の如きものである。

(ハ)市稅及夫役現品

此の收入は第三順位のものである、此の市稅乃夫役現品は一般的に市民の負擔に歸すべき性質のものである、而して第一位及第二位の收入にして市の費用を支辨するに足らざる場合に於て此の種の收入に求むべきものである、然るに市制制定當時より此の收入を要せざるの市は一も無之き實情である、寧ろ此種の收入が市の收入中最多額を占めて居る、此の實情より見れば市制の規定は立法上の方針又は制度の理想として見るの外なき觀がある、其の市稅に就ては更に詳說する、玆に夫役現品に一言すれば市が事業を施行するに當り其の權力を以て市民に强要する勞力又は現品の義である、此の夫役現品は市稅と同じく報償の性質を有せざるものと解すべきは勿論である。

尙前記の順位に該當せざる市の收入がある、即ち法令の規定に依らざる國府縣等の補助金、交付金、報償契約に依る納付金工事請負契約に基く違約金の如き類である、之等の收入に就ては市費充當の順位に關する規定に明示なきを以て市に此種の收入あるも市稅及夫役現品を徵收することを爲し得べき

かといふ疑問がある、然れ共立法の主旨が市費を市民に負擔せしむる事は最後の順位と爲すに在るを見れば凡ての税外收入は市税に先ち之を市費に充當すべきものと解するを至當とする、故に上叙の收入は市税を賦課するに當り其の順位を前にするものと謂はざるを得ない、財産に就ては前章に於て説明したるを以て以下使用料及手數料と市税とに就き節を分ちて説明する。

第一節　使用料及手數料

市が其の費用に充當する財源の第二順位の收入の主なるものを使用料及手數料とす、使用料とは市が其の營造物の使用を許したる場合に之を使用する者より徴收する料金である、其の使用料の金額は素より條例を以て定むるも其の金額算定の基礎は實費支辨主義に依るべきか或は價額主義に依るべきか將又餘剩主義に依るべきかは考究を要する問題である、實際に於ては何等據るべきの主義に出でず全く先例に倣ひ歳入の工合を參酌して之を定むるを通例とする市の營造物にして全く無償主義を採用し一般的に使用するも何等の代價を徴せざるものがある、例へば公園の如きそれである、然るに電車の賃金の如き電燈料金の如き瓦斯料金の如き、病院の療治料又は入院料の如き有償主義に依るものが多いのである、市に於て徴收する使用料の重なるものを擧ぐれば左の如きものである。

一水道使用料、二保税地域使用料、三公園地使用料、四共同墓地使用料、五棧橋使用料、六瓦斯使用料、七公設市場使用料、八電氣軌道乘車賃金、九靈柩車使用料、一〇青物市場使用料、一一荷役揚上屋使用料、一二公會堂使用料、一三屠場使用料、一四種牡馬使用料、一五教育參考館使用料、一六家畜市場使用料、一七下水道使用料、一八電氣使用料、一九疏水水力使用料、二〇運河使用料、二一渡船使用料、二二共同宿泊所使用料、二三浴場使用料、二四動物園並植物温室入場料、二五葬儀所使用料、二六市民館使用料、二七日用品市場使用料、二八火葬場使用料、二九水道施設物使用料

手數料とは特に一個人の利益の爲に市が其の吏員をして特定の行爲即ち特別の事務を取扱はしむる場合に其の利益を受くる者に對し代償として徴收する一定の負擔である、其の種類は、水道手數料、市税及徴收督促手數料、衛生試驗手數料の如きものである。

使用料手數料の意義及種類は右述ぶるが如きものであるが市に於て是等の收入は幾何であるか左に之を表示する。

使用料及手數料收入表

年度	市數	使用料及手數金額	一市平均額
明治二五年度	四一	二〇、六七五円	五〇四円
三〇	四六	二六〇、六四五	五、六六六
三五	六一	二、〇一四、二五八	三六、二九九
四〇	六七	三、六九五、四七八	五五、一五六
大正元	七〇	一九、一五四、七八四	二七三、六四〇
六	七八	三八、四四三、四〇四	四九二、八六四
九	八三	七八、五五八、六二九	九四六、四八九

右表に依りて見るに一市平均額は大正九年度は明治二十五年度に比し千八百五十五倍す、是れ主として東京、京都、大阪三市に於ける電氣軌道事業の使用料を生ずるに至りたるの結果に外ならざるものである。以て營造物の使用料が其の市の事業經營狀態に重大なる關係を有し市財政上に及ぼすの多大なるを知るべきである。

第二節　市　　税

市費に充當すべき財源の最後に在るものを市税とす、市税に就て、甲市税の意義、乙市税の種類、丙市税の收入狀態に分ち順次之を說述する。

甲、市税の意義

市税とは何か、府縣の租税と同一性質のものである、市税といふも府縣税といふも將又國税といふも其の課税の主體を異にするのみであつて何れも租税であることは言を俟たない、抑も租税の意義に關しては財政學者の意見相異るものが少なくない左に其の主なる學說を略述する。

一、購買說　此の說は租税を以て政府の勤勞に對し支拂ふ代價なりとし各人の納税額は政府が保護を與ふるが爲めに要する費用を標準と爲すべきものであると謂ふに在る此の說の學者中ホッブスは「國家の歳入即ち租税は社會の安寧を購ふ代價にしてその政府に支拂ふべき代價は各人の消費額を以て標準となすべきものなり」と論じ、ホックは「イ、人民が一國の領土内に住居し身體生命の保護を受くるは人民一般に均霑する利益なるが故にこの種の保護に對しては均一の代價を支拂ふべし、ロ、人民が財産の安固を保持して收入を得るは政府が是等の人民に保護を與ふるに依るが故に其の代價は財産及收入の多少に比人民が特別なる國家の勤勞を求むる場合に於ては之が爲めに要する費用を標準とすべし」と說明して居る、此の說に據る時は貧者は富者よりも重き租稅を負擔すといふ現象を呈することあるに至るものである。

一、利益說　この說は政府より受くる利益に比例する報酬に在るといふに在る、この學說に屬する大ミラボーは、「租稅は政府の與ふる保護に對する人民の報酬にして政府の必要なる費用を辨ずる、人民は之に相當する保護を確保せらる」と論じ、アダム、スミスは「租稅は國家の保護の下に人民各自が有する收入に比例すべきものなり」と述べて居る、この說に據る時は政府の保護に依る利益及政府が人民の保護上に要する費額は不明である、而かも保護を受くる人民間の程度不明であるを以て租稅額を決定すること能はざるものと謂はざるを得ない。

三、保險說　この說はモンテスキウの論述するところである、曰く「國家の歲入は人民が有する財產の一部にして其の殘部の完全を保つが爲めに一部を與ふるものなり」と、此の說に從へば人民の財產が不安全なる時例へば戰爭其他の災害を蒙れる場合の如きは國家は其の被害者に對し賠償を與へねばならぬと謂ふ結論に達する。

四、社會政策說　此の說の主唱者ワグネルは「國家は富の分配を調和する爲めに個人の財產權に干涉するの必要を生じ社會の各階級の關係を究めて其の關係を巧に整理するを社會政策なりとす、此の政策に依り租稅は累進稅法を採用せざるべからず」と述べて居る、このワグネルの主張するところは社會主義や共產主義の如く富者の財產を沒收して貧者に之を分配すと云ふが如きに非ざるも富者を抑壓して貧者を向上せしめ、以て貧富の不平均を調和すといふに外ならざるものである、勿論社會政策を以て貧者も富者と同じく智力を培養することを得財產を蓄積するの途を得せしむるの施設を爲すは國家當然の事なるも租稅に依りて貧富の平均を來さしめんとするが如きは妥當なるものと謂ふを得ない。

五代償說　富の不平均は國家が招ぎたる現象なれば租稅に依つて之を償ふべきものなりと云ふことが此の說の主旨である、此の說はウォーカー等の主張する所であるが、ウォーカーが「イ、人民の財產及其の收入に不平等あるは國家が人民を保護するに公平を缺くこと多く、ロ、民の財産に差別あるは國家が政治的權力を把持して通商條約を締結し關税を設け貨幣制度を立て、或は開戰を斷行する等の如く富の不平均は畢竟如斯き國家の行爲又は怠慢に基因する故に是に依りて生ずる不平均は租税に據りて代償ざるべからず」と論じて居る、この論に對して「然らば租税は何を標準として賦課すべきものなるか」と反問する時は其の解答は至難であると謂ざるを得ない更に極端に評すれば人の才能、努力に基き貧富を生ずるの事實を無視し且つ勤勉、貯蓄、才能ある富者の財産をも沒收して遊惰の貧民を保護し、無爲放恣の者を愛撫するものと云ひ得る説である。

六、醵出説　この説は租税を以て共通の目的を達する爲めに人民の醵出する財産であるといふに在る、此の説を主張するイリーは「租税は經濟上の貨物若くは人民より要求する服役の片務的讓與にして獨り國民のみならず亦たその政權に依りて適法に行使せらるゝ租税權の及ぶ範圍内に在る人民も政府の一般經費に充つるが爲め若くはその他の目的に供するが爲めに共同の負擔をなし共同の貢獻若くは犧牲を供するものなり」と論じて居る、此の説は近時盛に行はるゝものである。

以上の如く租税の意義に就ては諸説區々であるが吾人は果して何れの學説を採用して可なるか、明治時代に於て最も普通に我が國民に閲讀せられたるはアダム、スミスの著書である故にアダム、スミスの經濟説は我が國民の多數に理解せられて居る、之が爲に租税に對し利益説を信ずる者多きにあらざるかと疑はるゝ事實がある、若し利益説を信ずる者ありとすれば今の租税の賦課徴收に關し反對の意見を有し爲めに自から滯納者を生じ易きに至ることなきを保し難いのである。

吾人は地方税「府縣、市町村税」に就ては醵出説を採用して左の如き定義を下すものである。

地方税（府縣市町村税）とは地方自治團體がその一般的政費に充つる爲めに一定の標準に依り各團體員の經濟力に應じて分配する團體員の負擔なり。

乙、市税の種類

市税は附加税と特別税との二種に大別せらる、然して附加税とは國税又は府縣税に附加して一定の税率に依り賦課する市税である特別税とは市が國税府縣税と獨立して其の市限り特種の税目を起し賦課する市税である。

我が市制は市税として附加税主義を採用し附加税の賦課を原則とし、特別税の賦課を例外とし補充して居る、若し附加税主義のみを採用する時は國家の非常事變に際し國費膨張の爲め其の增税を爲す場合には人民の負擔過重となるを以て勢ひ附加税は之を減額せねばならぬこととなる、現に我國に於て非常特別税法を實施したるの事例がある、故に市(町村)は到底附加税主義のみに據ることを許さないものである、我が市制に於て例外として特別税主義を認めて居るは蓋し叙上の理由あるに依る、實に市税府縣税町村税の如き地方税賦課制度は最も研究を要する問題である、元來市(町村)の課税權は國家の讓與又は認許に依りて存在するものである故に、國家と市(町村)との課税範圍に就て適當なる區分を劃定すると同時に國家は立法上の制限及行政上の監督に依り之を調和統一し、國民經濟上課税の全體より見てよく各人の經濟的負擔力に適應せしむることに努めねばならぬ、國税に重を置けば市(町村)は其の財源を失ひ市(町村)税を重からしむれば國税の擔税力を減ずることゝなる、歐州各國に於て國税と地方税との關係に就き苦心せるの實例乏しからざるを見る、左にプロイセン國に於て曾て大英斷を以て國税と地方税とを劃定したる事績に就き參考の爲め之れを略述する。

普國の地方課税制度は西暦千八百九十三年七月に發布し千八百九十五年四月一日より施行したる地方課税法に依り一二の地方を除くの外全國に普及統一したのである、郡及州の課に就ては同法中に之が規定を設けたるも千九百六年に至り別に郡及州課税法を制定した、然れ共も之等上級自治團體の課税制度は皆千八百九十五年の地方課税法中市町村税に關する規定を基礎としたるものである、同法に於て市町村に公課を許したる財源は手數料、特別賦金、間接税及直接税である。直接税中には所得税並に土地及企業税として人税と物税とを併課し又た市町村は國税の附加税と特別市町村税との間に自由なる選擇權を有せしむるも上級自治團は體直接税たる國税附加税を賦課する事を得るに止まる。

普國に於ては市町村に適當の財源を與へ且つ租税の性質を一定する爲め地租及家屋税を國税より市町村税に編入するの至當なることは屢々唱導せられたところであつたが千八百九十一年七月改正の所得税法は實に之が動機となつた、同法は地租及家屋税を市町村税に移し之に對し所得税の税率を高め納税者の範圍を擴張し以て收入增加を圖り國庫の収入減少を補充するの目的を有したのである、千八百九十二年十二月政府は終に輿論を容れて直接國税廢止法、補充税法及地方團體公課税の三法案を議會に提出し、兩院の決議を經た、則ち政府は地租、家屋税、營業税及鑛業税を國税より市町村税に移し、之が爲めに減少すべき國庫收入約一億マルクを補充する爲め四千萬マルクは所得税の收入增加を以て之に充て二千四百萬マルクは市町村に對する國庫補助を廢し三百萬マルクは從來市町村に交附したる國税徵收手數料の不要に屬するものを以て之に充て殘額三千五百萬マルクは所得税を補充する財產税即ち補充税を新設して之に充てんとしたのである、而して右法案の趣意書に於て政府が特に地租、家屋税、營業税及鑛業税の四税を國税より市町村税に移したる三理由を說明して居る。

一　國税は人民の負擔力に應じて之を分擔せしむるの主義を採用しなければならぬ、然るに人民の負擔力は各人種々の事情に依りて其の狀態を異にするに拘らず地租家屋税の如き物税は唯其の課税物件たる物のみを標準とし納税者の一身上の事情を酌量することがない、例へ同一面積の土地に對しては一方は全部の收入を所得し、一方は大部分の收入を抵當たる負債の利子に支拂ふも兩者等しく同一の地租を賦課せらる、如斯く物税は個人的事情に著眼せざる爲め其の性質上負擔力に應ずる課税を爲すこと困難にして國税たるに適せず、之に反して市町村税は必しも負擔力に應ずるの主義を固執するを要せず、報償主義に依りて課税を爲すことを妨げない、故に負擔力に應ずることを要する國税としては所得税の如き人税を以てし、物税は之を市町村税に移すを適當とす。

二　地租及家屋税の目的たる土地家屋の收入が諸般の事情に依り時々變動し其の物件の價額も又た之に依りて上下す然るに國税は一度課税標準を定むる時は容易に之を變更すること能はざる事情にあり故に全國各地の實狀に應じ課税の公平至當を得せしめんことは殆んど望まれない、之に反して市町村の如き小區域に於ては實狀の變動を知り之に適應する課税を爲すこと比較的容易なるを以て市町村税としては極めて適切に伸縮力ある課税を爲すことを得る、是れ啻に土地家屋に就てのみでなく營業及鑛業に就ても又た同一の事情である。

三　土地家屋、營業、鑛業等は其の所在地たる市町　の施設經營の如何に依り漸次其の價額を增加するものである、然るに之に對する課税的利益は國庫の收入に歸するものである、然るに之に對する課税的利益は國庫の收入に歸するものとせば市町村は一方に於ては自己の費用を支出して其の地方の繁榮を圖るに係らず、其の結果として生ずる土地家屋等の增價に對しては何等の財源を得ること能はざるの不權衡を生ずべきものである。

右普國の實例は以て我國地方税整理上好資料と爲すべきものである。

(天)附加税

吾人は更に進んで附加税の各税目に就て分說する、附加税は國税附加税と府縣税附加税との二種類である。

(乾)國税附加税

國税附加税は專ら直接國税に對するものである、間接國税に對するものは特に內務大藏兩大臣の許可を受けたるものに限る、而して其の直接國税と間接國税との區分は明治四十五年五月內務省告示第四十三號（大正九年告示第八十號及同九年告示第四十二號追加）を以て定められて居る、卽ち地租、所得税、營業税、鑛業税、砂鑛區税、賣藥營業税取引所營業税、の七種が直接國税である、以下此の各税の附加税に就き更に之を分說する

イ、地租附加税　此の課税は市制々定前已に存在したるものである、卽ち明治十一年七月大政官番外達第四項にも「三府及ヒ其他市街ノ區及各町村ハ其地方ノ便宜ニ從ッテ云々地方税ノ外人民協議ノ費用ハ地價割戶數割又ハ小間割、間口割、步合金等其他慣習ノ舊法ヲ用ユル事勝手タルヘシ云々」とあるを見る、而して明治二十一年發布の市制には其の第百二十二條に於て地租七分の一以下の附加税を認め其の制限率以上は內務大藏兩大臣の許可を受くべきものと定めて居る、明治廿七八年戰役の爲め地租の增徵を要し同三二十年法律第四十三號を以て明治卅二年度より同卅六年度まで五ヶ年間宅地及田畑其の他の地目に就き特別增徵の地租には市(府縣町村)税を附加することを得ずと定められた之が爲めに市（町村）費の財源を保有する必要あり明治三十三年市制（町村制）中の制限を五分の一と改められた、其の後日露開戰の爲め又た國費に非常の膨張を來したる爲めに明治三十七年法律第三號を以て非常特別税法を發布した其の第二十二條に於て地租附加税の制限を左の通り定め

られた。

一、北海道、沖縄縣の區に在りては

附加税のみを課する時は　地租十分の五

反別割のみを課する時は　一反歩に付平均金四拾錢

兩税併課の場合には反別割の總額は總反別地租額の十分の五と附加税總額との差額を越ゆることを得ず

一、市（町村）に在りては

附加税のみを課する時は　地租十分の三

反別割のみを課する時は　一反歩に付平均金四拾錢

兩税併課の場合は反別割の總額は總反別地租額の十分の三と附加税總額との差額を超ゆることを得ず

地租に對する市（町村）の附加税は右の如く制限せられたるも特別の事情ある場合に於ては內務大藏兩大臣の許可を得て制限外の課税を爲すことを得るものとせられた。

税制整理調査に關聯して明治四十一年非常特別税法中地方税に關する部分を分離し、地方税制限に關する件を同年法律第三十七號を以て發布せられたることは第二編第三章に於て記述したるところである、此の法律は大體非常特別法中第二十二條の規定を踏襲したるもので唯制限率に多少の變更を加へたるに過ぎない此の法律に依れば非常特別税法の規定せる北海道及沖縄縣の區に在りては地租十分の五とありしものを百分の六十とし市（町村）に在りて地租十分の三とありしものを百分の四十と變じたるに止まる、其後明治四十三年に至り宅地地價修正法を制定し、其の他の租税も非常税率を各本税の税法に合算整理したる爲め地方税制限法にも改正を加ふるの必要を生じ、同年法律第二十七號を以て四十一年の地方税制限法に關する件の法律に改正を加へ本税と非常税率とを合算したるものを國の本税とし之に對する地方課税の制限率を定むることゝした、此の法律に依つて地租附加税の制限は左の如きものとなつた。

一、北海道及沖縄縣の區

附加税のみを課する時　宅地租百分の十三

田畑租百分の三十二

他の地租百分の二十七

反別割のみを課するとき　一反歩平均金四十錢

附加税及反別割を併課する場合に於ては反別割の總額は其の地目の地租額の宅地に在りては百分の十三田畑租に在りては百分の三十二、其の他の土地に在

りては百分の二十七と附加税額との差額を超ゆることを得ず

一、市（町村）

附加税のみを課する時　宅地租百分の九

　田畑租百分の二十一

　其の地租百分の十八

反別額のみを課する時　一反歩平均金四拾錢

附加税及反別割のみを課する場合に於ては反別割の總額は其の地目の地租額の宅地に在りては百分の九田畑租に在りては百分の二十一、其他の土地に在りては百分の十八と附加税額との差額を超ゆることを得ず、府縣費の一部を市（町村）に分賦したる場合に於ては市（町村）は前記の市（町村）税制限の外其の分賦金額以内に限り課税することを得

と定められ尚此の法律實施前に於て規定なかりしは地租附加税及反別割は併課したる場合に於て一地目に對する課税が制限に達したる時は附加税が制限に達したるものと見做され其の反別割のみを賦課したる場合に於て一地目に對する課税が制限に達したる時も同前のものと見做さるゝことゝ定められたことである。

其の後明治四十四年法律第三十二號を以て一部に改正を加へ宅地租、田畑其他の土地の區分を宅地と其他の土地に改め制限課率を左の通り改正した。

一、北海道及沖繩縣の區　宅地租百分の十三

　其他の地租百分の三十四

一、市（町村）　宅地租百分の九

　其他の地租百分の二十一

更に大正九年法律第三十七號を以て一部の改正を爲し

一、北海道及沖繩縣の區

附加税のみを課する時　宅地租百分の三十四

　其他の地租百分の八十三

反別割のみを課する時　一反歩毎地目平均金壹圓

兩税併課の場合の計算は前記各地目毎の制限率に依ること

一、市（町村）

附加税のみを課する時　宅地租百分の二十八

　其他の地租百分の六十六

反別割のみを課する時　一反歩毎地目平均金壹圓

兩税併課の場合の計算は前記各地目每に制限率に依
　　ることと定められた右法律の全文は第二編第三章に掲げたるを以て之を省略する。

（ロ）營業税附加税　此の附加税は從來府縣税を賦課し來りたる營業の一部を國税に移すことゝなり明治二十九年法律第三十三號營業税法を以て同三十年一月一日より實施せられた、茲に始めて市（町村）の附加税を賦課することゝなつたのである、此の附加税の税率は市制の規定に依り本税百分の五十を限度とする、かくて府縣税の附加税に失ひたる所は國税附加税の賦課に依り補充することを得たのである、其の後非常特別税法（明治三十三年法律第三號）に依り市（町村）は國税の增徴額を除きたる税額に對し本税百分の三十までを賦課することゝなつた、最も此の制限を超過する課税に就き特別の事由ある場合に內務大藏兩大臣の許可を受くることを要するは地租附加税と同一である、其の後明治四十一年法律第三十七號地方税制限に關する件の發布に依り課率の制限は本税百分の三十五となり、更に同四十三年法律第二十七號の改正に依り課率の制限は百分の十五となつたが大正九年法律第三十七號の改正に依り百分の四十七と定められた。

（ハ）所得税附加税　明治二十年勅令第五號所得税法を以て國税たる所得税は賦課せらるゝことゝなつた、明治二十一年法律第一號市制の施行に依り市は此の附加税を賦課する事となつた、其の課率の制限は市制の規定する所に依り本税百分の五十であつて此の制限を超過する時は內務大藏兩大臣の許可を受くべきものである、此の市税も營業税附加税と同じく非常特別税法の施行に依り其の制限率は百分の三十五となつた、其後地方税制限に關する法律の施行及同法律の改正に依り課率を變更せられたるは又た營業税と同じく、明治四十三年度より百分の十五となつたのであるが、大正九年國税所得税法の改正の爲めに制限率は百分の十四（大正九年法律第三十七號地方税制限法中改正）となつて、今日に至るものである、尚一言することは大正九年所得税法の改正に依り所得税の賦課を免るゝ所得高の範圍變更せられたるに依り市（町村）の特別税たる所得税の賦課の範圍は擴張せられたる結果となつたことである。

（ニ）鑛業税附加税　明治三十八年法律第四十五號鑛業法の

施行に依り市(町村)に於て鑛業税附加税を賦課することを得ることとなつた、即ち同法第八十八條に依り市(町村)は鑛業税百分の十、試堀鑛區税百分の三、採掘鑛區税百分の七以内の課率を以て賦課するものである。

(ホ)砂鑛區税附加税　明治四十二年法律第十三號砂鑛法の施行に依り市(町村)に於ては此の附加税を賦課することを得るに至つた、即ち該法第二十三條に於て鑛業法第八十八條の規定の準用あるに依る、尚明治四十三年に至り法律第九號砂鑛區税法の施行せられ其の第三條に市(町村)は本税百分の十以内の附加税を賦課することを明かに規定された

(ヘ)賣藥營業税　明治三十八年法律第七十一號賣藥税法には地方税に關し規定するところなかりしも同四十四年法律第四十二號の改正に依り市(町村は同法第一條の文に市町村及北海道沖縄縣の區は賣藥營業税に對し同税百分の五以内の附加税を賦課することを得るものと定められたるに依り此の附加税を賦課するものである。

(ホ)取引所營業税附加税　大正三年法律第二十二號(大正十一年法律第六十一號一部改正)取引所營業税法第二十二條に市は本税百分十以内の附加税を賦課することを得ることゝ定められたるを以て市に於て此の附加税を賦課するものである。

國税に對し其の附加税として市税を賦課することを得べきものは右列記するが如きものである、其の他の國税は酒造税、醤油税、登録税、通行税、相續税、骨牌税、印紙税、砂糖消費税、織物消費税、石油消費税、狩獵免許税及關税等がある、其の内酒造税法(第三十五條)相續税法(第二十六條)には明文を以て酒造税及相續税には地方税を附加することを禁止するも其の他の國税に關しては如斯き禁止の法文無し故に内務大藏兩大臣の許可を受くるに於ては市は間接國税附加税として市税を賦課することを得るものである、前記の取引所賣藥鑛業等に關する國税に對して附加税を課することを當該法律に規定せらるゝ迄は間接國税附加税として市税を賦課したるものであつた。

(坤)府縣税附加税

市税として府縣税に附加する租税を分類すれば(イ)戸別割又は家屋税、(ロ)營業税附加税、(ハ)雜種税附加税の三種である、國税附加税たる府縣税に對し市(町村)附加税を賦課することは許されない、蓋し此種の租税に對しては市は

國税の附加税として既に賦課するを以て二重の附加税を賦課するの結果となるからである、而して府縣税に對する市附加税は均一の税率を以てするの外制限なし、市は任意に其の賦課を爲すことを得るものである、故に從來國税附加税の制限率を低下すれば市税は轉じて府縣税附加税に其の財源を求むるの傾向があつた、此爲に國税の負擔者に比し府縣税の負擔者は過重なる負擔を爲すに至るのである、課税上注意を要することゝす。

(イ)戸別割又は家屋税附加税　戸別割卽ち戸數割附加税は古くより存在する、彼の明治十一年七月太政官番外達第四項に「三府及ヒ其他市外ノ區及ヒ各町村ハ其ノ地方ノ便宜ニ從ツテ云々、地方税ノ外人民協議ノ費用ハ地價割戸數割又ハ小間割、間口割、歩合金等其他慣習ノ舊法ヲ用ユルコト勝手タルベシ云々」とある、是に依りて見るに此の市税は市税施行前已に區の協議費に充つる財源として賦課し來りたる慣習あるものである、戸數割とは如何なるものなるかの問題は府縣税に就いて(第三編第三章)述べたるところであるが其の性質極めて不明瞭であり、其の賦課の方法區々に亘るを以て戸別割も又た本税たる府縣税の賦課標準に從ふものである、故に府縣税戸數割の賦課が偏重偏輕のものなれば市税は更に重を加へ輕を增すことゝなり、其の府縣税と市税とを合算したる人民の負擔狀態は甚しき偏重偏輕のものとなるべきは理の當然である、從來の戸數割の如くして然かも市税附加税に制限なきときは市に於て一度財源の多きを求むるの場合容易に戸別割の增徵を爲すことを得、如斯くなるに於ては此の租税の負擔は重に趣くこととなる、此の狀態にある市税なるが故に帝國議會に於ては從來屢々戸別割に制限を加ふべしとの意見を立つる議員があつた、殊に國税に對する制限率を低下すれば市は是に依りて失ひたるところを戸別割に於て補塡することゝなり國民の負擔を輕減せんとして反つて負擔を過重ならしむ、所謂角を撓めんとして牛を殺すの類であると論議したるものさへあつたのである、大正十年勅令第四百二十二號府縣戸數割規則第十四條(第二編第三章に全文を記す)に

左ノ制限ヲ超エ戸數割又ハ戸數割附加税ヲ賦課セントスルトキハ内務大藏兩大臣ノ許可ヲ受クヘシ

一、省略

二、戸數割附加税總額ガ市區ニ在リテハ當該年度ニ於

ケル市區税豫算總額ノ百分ノ五十云々ヲ超ユルトキ

と規定し幾分か制限を加ふるの途を設けたるは相當なりと思はる、然れども市區に在りては更に一歩を進めて戸數割を廢し家屋税となすを適當とする、彼の家屋税を收益税主義とし賃貸價額を標準として賦課することは都會地に在りては負擔分配の公平を期することを得、地方經濟の性質上地方税の税源として最も適當なりと論ずる學者の意見には賛同せざるを得ない。

家屋税附加税　家屋税は第二編第三章に於て述べたる如く明治三十二年勅令第二百七十六號を以て府縣税家屋税に關する件を發布し府縣會の議決を經て賦課するものである、而して此府縣税を賦課する地方には戸數割は賦課することを得ない、故に市に在りても家屋税の賦課ある時は市税として家屋税附加税を賦課するの外戸別割は是を賦課することを得ないものである、家屋税の賦課標準は府縣税に就て述べたる如く各府縣に於て一致を缺く、或は建坪に依るもの或は家屋の種類位地の等級に依るもの或は賃貸價額借家賃に依るものがある、此の標準如何は市税にも隨伴し附加税は其の標準の結果に待つものである、家屋税を純粹なる收益税主義に改むるならば市附加税も又た收益税主義に出づることゝなる、此の關係あるが故に府縣税の賦課標準には愼重なる注意と考慮とを用ゆることを望まざるを得ない、此の家屋税附加税は從來其の税率に制限なかりしも府縣税戸數割規則(大正十年勅令第四百二十二號)第十五條に

前條ノ規定ノ適用ニ就テハ府縣税家屋税又ハ家屋税附加税若クハ市町村家屋税ハ是ヲ戸數割又ハ戸數割附加税ト見做ス

と定められたるが故に今後は此の府縣税戸數割規則第十四條の制限に依るべきものとなつた。

茲に一言するは府縣に於ては戸數割と家屋税とは是れを併課することを許されざるものであるが市は戸數割附加税と特別家屋税とを併課するか家屋税附加税と特別戸別割とを併課することを得せしむべきか或は絶對に是が併課を認めざるかの問題である、從來は一二市町村を除き殆んど之が併課を許可せられないものである、吾人を以て之を見れば主務省は今少しく考慮を費さねばならぬことゝ思はる、蓋し國税の整理未だ見るを得ず府縣税規則の改正尚之を行はざるの状態である、此秋國民の租税負擔は頗る複雜混沌の

ものと謂はざるを得ない、殊に家屋税は純然たる收益主義に出でざるを以て塲合に依りては市税を以て國税府縣税の負擔の輕重を緩和調節するを要するものである、然らば其の緩和調節の方法としては家屋税附加税と特別戸別割と又は戸數割附加税と特別家屋税との何れかの併課を認むることを適當とするにあらざるか。

(ロ)府縣營業税附加税　營業税附加税も又た市制施行前より賦課し來りたるものであつて市制施行後と雖も依然として無制限の課率に依り賦課せらる、營業割として戸別割と共に市制施行前己に市費の財源に充てたるものである、而して明治二十九年法律第三十三號國税營業税法の施行に依り從來府縣税たりし一部の營業は國税の税源となりし爲め市税營業割の一部は國税營業税附加税となつた、其の一部即ち府縣税の税源たる商業工業に對し府縣税附加税として市税を賦課する。

國税營業税に對しては市の附加税の税率は制限あるに拘らず府縣營業税に對しては附加税に課率制限なきを以て國税を課せらるゝ營業者と府縣税を課せらるゝ營業者との間に租税負擔上の不權衡を生ずるの虞なきを保し難きことゝなる、故に此の市税の賦課に就ては大いに注意を加へねばならぬ。

(ハ)府縣雜種税附加税　府縣の雜種税は第二編第三章(府縣税)に於て述ぶたる如く其の税源たる物件行爲等の多種多樣に渉り然かも從來市税の税源たりしものも漸次府縣税の税源に移され市は特別税税源を失ひ此の雜種税附加税に變せざるを得ざることゝなつた、將來益々此種の附加税は其の種類を增加すべきか。

此の市税も其の賦課率には制限なきを以て營業税賦課との闘に權衡を得せしめねばならぬ、又た雜種税に對しては原則として均一の課率に依り其の全部に市税を附加すべきものである、尤も特に不均一課税に依ることを得るは法の認むるところである、其の課率不均一なることを得ると云へども雜種税の一部に對し市税を賦課する時は附加税の性質を失ひ其の市税は特別税と爲さゞるべからざるものである

(地)　特別税

特別税は別に税目を越して其の市限り賦課徵收する市税である、故に特別税を起すに就ては其の税源たる財産物件行爲等を明確にし課税標準を明かにし其の課率を定め、納税

者の擔稅力を考究し、市稅負擔者の歸屬するところを調査し以て徵收額を決定せねばならぬ、市稅施行の當時に在つては特別稅を起さずとも其の經費は支辨し得られたが爾來年を重ねるに從ひ、市費の澎張は終に諸種の特別稅を起すの止むを得ざることゝなつた、市の特別稅は左の如きものである。

一、　戶別割　市內の住居者に對し其の資力の程度に應じ賦課するものにして、府縣稅家屋稅の賦課を受けざる者に賦課す、戶數割の標準に依らず等級を分ち或は等級を設けずして賦課するものもある。

二、　反別割　反別割は土地の所有者に對し面積に應じて賦課するものである。

三、　所得稅　國稅所得稅の賦課を受けざる者に對し其の所得を標準として賦課するものである。

四、　不動產移轉稅（歩一稅、不動產取得稅、家屋新築稅）土地又は家屋の賣買讓與其他の取得に對し其の不動產の價額を標準とし土地又は家屋の所有者に賦課するものである。

五、　貸家稅　家屋稅の賦課なき地方に於て家屋を賃貸する者に對し其の家屋の建坪を標準として賦課するものである。

六、取引所稅　國稅を標準とせず別に收入又は純益金を標準として賦課するものである。

七、　屠畜稅　屠畜行爲を爲す者に對し、獸類屠畜の頭數等を標準として賦課するものである。

八、　電柱稅　電力供給の營業者に對し其の建設せる電柱を標準として賦課するものである。

九、　電路稅　電力供給營業者に對し送電の路線（架空線地下線）の延長を標準として賦課するものである。

十、　瓦斯管稅　瓦斯供給營業者に對し送管の延長を標準として賦課するものである。

十一、軌道稅　軌道に依る運輸營業者に對し敷地軌道の延長を標準として賦課するものである。

十二、棧橋稅　私設棧橋の荷揚能力等を標準として其の營業者に對して賦課するものである。

十三、飼犬稅　飼犬者に對し飼犬の頭數を標準として賦課するものである。

十四、遊興稅　藝妓、幇間等を招き遊興する者に對し其の遊興費額を標準として賦課するものである。

十五、觀覽税、演劇、角力、活動寫眞等を觀覽する者に對し行爲税として賦課するものである。

右の外井戸税、水車税、漁業税、坪數割、貸座敷營業割、製鐵業税等がある。

以上の如き數種の特別税が市税として賦課せられたるも前述の如く取引所税は國税に對する附加税として課税することゝなりたる爲めに特別税としては存せざることゝなつた。又屠畜税、電柱税、電路税、瓦斯管税、軌道税、飼犬税の如きは漸次府縣税として賦課せらるゝことゝなつた爲めに特別税は廢せられ、府縣税雜種税の附加税として課税することゝなつた、如斯く府縣税の爲めに市の特別税の税源は減少するに至ることは市として頗る苦痛を感ぜざることを得ない、玆に吾人は再び府縣税、市税町村税を通じて地方税全體に關し税制に根本的改正を加へ地方自治團體の財政の安固を期するの途に出でんことを切望する。

市税としては市の繁榮を來したる爲土地家屋の價額增加に對して所謂不動産從價税を賦課することを得せしむるを最も適切なることゝ信ずる、此の不動産從價税は社會政策上より見るも頗る有意義の問題である、世界大戰前の獨逸聯邦及び膠州灣に於ける實例に徵するも其の成績の見るべきものがある、吾人は左の諸點に就き考究を爲し市の税源を求むる爲めに此の課税を爲する途を開かれんことを望むのである。

一、不動産從價税の意義、土地又は家屋所有者自身の勞力費用に依らずして生じたる不動産の價額に對し市税を賦課するものとする。

二、課税標準　不動産の價額の增額を課税標準とする、而して其の增額は賣買讓渡卽ち所有權の移轉ありたる時は取得價額其の所有權移轉の時に於ける移轉價額との差額所有權の移轉なき場合に就ては三年目毎に評價し前期の評價額と後期の評價額との差額を其の課税標準たる增加額とする、但し其の增加額の內より取得費用、改良費、改築費、道路等公共的施設費の負擔額を控除するは勿論とす。

三、課税の目的物　課税の目的物は市內に於ける土地又は家屋なることは勿論であるも其の土地家屋の全部に對し課税するは酷に失するを以て一定の限度を定め其の限度以上の價額を有する不動產を以て課稅の目的物とする。

四、稅率　稅率は增加價額の或る程度を基本として累進率に依るものとす、尙所有權の移轉ある場合の課率は所有權の移轉なき場合に比し高率と爲す。

五、納稅義務者　所有權の移轉ありたる場合は新所有者、所有權の移轉なき場合は其の所有者とし共有に屬するものは其の共有者の連帶とす。

六、制裁　不動產の價額を故意に低下するが如き或は增加價額より控除すべき費用を過多に申出づるが如き其他脫稅逋稅の行爲ある如き者に對しては重き罰金を科するを必要とする。

此の不動產從價稅の外に更に又た大都市に在りては住宅地制限法を制定し、市內の住宅地は三百坪又は五百坪といふが如く一定の制限を定め、此の制限を超過したる面積を以て一宅地と爲さんとする者は市の認可を受くるものとして其の超過面積に對し市稅を課賦するの途を設くるに於ては市の財政上は勿論社會政策上に於ても適切なることゝ信ずる、此の市稅は一種の奢侈稅であつて、課稅の目的物は土地、課稅標準は制限超過の面積、稅率は累進率として其の所有者を納稅者と爲すにある。

要するに市の特別稅に關しては漸次其の稅源を失ふの狀態なるを以て政府、府縣、市に於ての當局者は充分なる注意と努力とを以て稅源の涵養を圖らねばならぬものである、市稅の種類、變遷等は上來述ぶるところのものであるが其の賦課徵收の方法は近時更に利便の途が設けれられた、今大正九年勅令第百六十八號市稅及び町村稅の徵收に關する件に就き見るに內務大藏兩大臣の指定したる市稅及町村稅に就ては其の徵收の便宜を有する者をして之を徵收せしむることを得と規定する、此の規定に依り遊興稅觀覽稅の如きは頗る其の徵收上利便を得るのである、然れ共此の場合に於ける市稅を徵收する者は如何なる資格を有するか、市町村の吏員にも非ず、囑託を受けたる者にも非ず、又た市の機關の補助機關にも非ず、極めて不明確たるを免れない、左に此の勅令の全文を揭げる。

第一條　市稅及町村稅徵收ニ關シテハ明治三十三年勅令第八十一號第七條ノ二乃至第十四條ノ規定ヲ準用ス但シ同令第七條ノ二ヲ規定スル延滯金ノ割合ハ府縣知事之ヲ定メ滯納ニ付酌量スヘキ情狀アル場合ハ市町村長之ヲ決定ス

第二條　市町村ハ内務大臣及大藏大臣ノ指定シタル市税及町村税ニ付テハ其ノ徴收ノ便宜ヲ有スル者ヲシテ之ヲ徴收セシムルコトヲ得

前項ノ規定ニ依ル徴收義務者ハ徴收スヘキ市税及町村税ヲ市町村長ノ指定シタル期日迄ニ市町村ニ拂込ムヘシ

第三條　市町村ハ前條ノ規定ニ依ル徴收ノ費用トシテ拂込金額ノ百分ノ四ヲ徴收義務者ニ交付スヘシ

第四條　第二條第一項ノ規定ニ依ル徴收義務者避クヘカラサル災害ニ依リ既收ノ税金ヲ失ヒタルトキハ其ノ税金拂込義務ノ免除ヲ市町村長ニ申請スルコトヲ得

市町村長前項ノ申請ヲ受ケタルトキハ之ヲ市參事會又ハ町村會ノ決定ニ付スヘシ其ノ決定ニ不服アル者ハ決定書ノ交付アリタル日ノ翌日ヨリ起算シ十四日以内ニ府縣參事會ニ訴願スルコトヲ得

市參事會又ハ町村會ノ決定ニ不服アル市町村長亦前項ニ同シ

府縣參事會ノ裁決ニ不服アル者、市町村長又ハ府縣知事ハ府縣參事會ノ裁決書ノ交付アリタル日ノ翌日ヨリ起算シ十四日以内ニ内務大臣ニ訴願スルコトヲ得

第五條　明治三十三年勅令第八十一號第七條ノ二乃至第十條ノ規定ハ第二條第二項ノ規定ニ依ル拂込金ニ關シ之ヲ準用ス但シ同令第七條ノ二ニ規定スル延滯金ノ割合ハ府縣知事之ヲ定メ滯納ニ付酌量スヘキ情狀アル塲合ハ市町村長之ヲ決定ス

第六條　前各條ノ規定ハ北海道(沖繩縣)ノ區ノ區税ノ徴收並町村制ニ代ル制ヲ施行シタル地ノ町村税ノ徴收ニ付之ヲ準用ス但シ市參事會トアルハ北海道及(沖繩縣)ニ付テハ區會トシ府縣參事會トアルハ北海道ニ付テハ北海道廳長官トス

附　則

本令ハ大正九年六月一日ヨリ之ヲ施行ス

尙の其徴收の狀態を見るに左表の如きものである

市税徴收額表　其の一

税種		年度 明治二五	同 三〇	同 三五
國	地税附加税	九八、二四九圓	一六八、二〇九圓	四三九、一八四圓
	營業税附加税	—	六六〇、二六六	二、〇九八、四七六
	所得税附加税	一二六、四八九	三〇四、二〇一	一、四七一、六三三

税	鑛業税附加税	—	—	—
	賣藥營業税附加税	—	—	—
	取引所營業附加税	—	—	—
	間接税附加税	二、四三五	二〇、四〇一	三、〇六六
	計	二三六、一七三	一、一五二、九八七	四、〇二三、三五九
道府縣税	戸別割	三六四、六四一	六二二、四一四	一、二〇三、三三三
	家屋税附加税	三一八、六〇七	七八四、〇三一	一、一六五、〇三三
	營業税附加税	三九九、八二九	六〇五、一四六	六九一、六七三
	雜種税附加税	—	—	—
	水産税附加税	—	—	—
	計	一、〇八三、〇七二	二、〇〇一、五八一	二、九八八、〇〇七
市特別税	反別割			三、七〇四
	戸別割			
	家屋税			
	不動産移轉税	五九、五三〇	三二五、九七五	四、三六七、八一四
	所得税			
	其他			
	計	五九、五三〇	三二五、九七五	四、三七一、五一八
夫役現品換算額		—	—	—
合計		一、三七八、七八〇	三、四八〇、五三四	一一、三七一、八八四
一人當		〇、三四二円	〇、七一四円	一、二六六円
市區數		四一	四六	六一
一市平均額		三三、六二八	七五、六六四	一八六、四二四

市税徴收額表　其の二

税種		明治四〇	大正元	同六	同九	同一一豫算
國税	地租附加税	四〇六、六九一圓	一、一五八、八九一圓	一、二〇三、九八六圓	三、一四二、八二一圓	四、四三五、九四七圓
	營業税附加税	一、八二五、四五八	三、五〇〇、九七七	三、五一五、五三二	一八、四〇三、〇二五	二三、四〇八、七三三
	所得税附加税	一、五四四、〇五六	二、七一六、八九三	五、六四一、六六八	九、六九七、二七七	一二、二四五、六一〇
	鑛業税附加税	—	五	六、三三七	一四、四七五	二二、三四六

稅	賣藥營業稅附加稅	—	二、三五四	四、四八八	六、一八六	六、二八二
	取引所營業稅附加稅	—	五、五九五	一三九、二九四	二二〇、八二三	一八〇、〇四八
	間接稅附加稅	四、〇八九	—	—	—	—
	計	三、七八〇、二九四	七、三八四、七一五	一〇、五二一、三〇五	三、四七四、五九六	三九、三九八、九五六
道府縣稅	戶別割	一、八三八、六七四	二、六九四、九七五	二、八五一、五二四	六、三六五、〇七一	七、九七二、五二〇
	家屋稅附加稅	三、七〇九、五七五	五、六七九、九二八	五、八五六、三三九	一一、九九八、九八〇	一四、〇三五、八二五
	營業稅附加稅	一、二二六、六八三	二、一三七、八五三	八四九、九九六	二、六三五、三三五	三、一〇九、〇二〇
	雜種稅附加稅	—	—	二、五二七、六〇八	八、八〇八、二〇一	一三、九一〇、三一六
	水產稅附加稅	一、四二〇	一、五六四	九八五	三、七七五	八、六八〇
	計	六、七七六、三五二	一〇、五二七、三一九	一三、〇八六、四五二	三〇、八六二、三五二	三八、九三六、三六一
市特期稅	反別割	三九、五七九	六九、四六八	二〇三、六七九	一二一、七二一	二二八、〇二一
	戶別割			八七七、六三八	五〇、九六一	六〇、八五九
	家屋稅			二、一七五、一二〇	五、二四一、八七三	七、六九六、二四〇
	不動產移轉稅	四、六六二、九一六	四、三二五、九六三	一、八九〇、六九三	二、六八九、〇六三	二、三〇九、六四六
	所得稅			七六、九一二	一三三、三八八	一三〇、四四九
	其他			一、五六四、三四五	五、五六五、六二九	八、六二九、三七〇
	計	四、七〇一、四九五	四、三九五、四三三	一六、七八八、三九六	一三、七九一、六二五	一九、〇四四、五九〇
夫役現品換算額		—	—	—	二、九九四	—
合計		一五、二四八、一四一	二三、二九七、四六五	二九、三八六、一五三	七六、〇八〇、五六七	九七、四七九、九一七

一人當	一圓九一九	二圓六三	二圓八三	七圓四五八	九圓四七五
市區數	六〇	七〇	七四	八三	八八
一市平均額	三七、八五四	三八、五三五	三六、八七四	九二六、六三三	一、一〇七、七二六

右表に依り見るに市稅一人當は明治二十五年度に在りては僅かに三十四錢二厘、一市平均額は三萬三千六百二十八圓餘に止まる、然るに大正十一年度豫算に在りては一人當市稅額は九圓四十七錢五厘、一市平均額百十萬七千七百二十六圓となる彼此比較するに明治二十五年度に對し大正十一年度豫算は一人當にて約二十八倍、一市平均額にて三百二十六倍なるを示す既往約三十年間に於ける市稅負擔の增加は實に甚大なるのである、更に國稅及府縣稅の附加稅並に市特別稅に就き各一市平均額を計算するに左の如きものである。

年度	國稅附加稅	府縣稅附加稅	市特別稅
明治 二五	五、四八一圓	二六、六九五圓	一、四五二圓
同 三〇	二四、〇九七	四三、〇二一	七、〇六八
同 三五	六四、六六六	四八、二四三	七〇、五〇八
同 四〇	五五五、九二六	九九、五〇五	六九、一三八
大正 元	一〇四、〇一〇	一四八、一三一	六一、七六七
同 六	一三三、四九一	一五四、九五五	八七、〇三一
同 九	三七四、六九八	三六、六八三	一〇四、二二一
同一一豫算	四四二、六八五	四三七、四八七	二三、九八四

即ち明治二十五年度に對し大正十一年度は國稅附加稅に在りては約八十一倍し府縣稅附加稅に在りては約百四十倍するの狀態である、尙大正十一年度豫算に依り各附加稅の稅率を見るに左の通りである。

稅目		各市平均	最高	最低
地租	宅地	〇、三八三圓	〇、九三〇圓	〇、一八〇圓
	其他	〇、八八九	二、二三五	〇、四二〇
國稅營業稅附加稅		〇、五八三	一、〇五五	〇、三五五
所得稅附加稅		〇、一九五	〇、四二〇	〇、一四〇
戶數割(一人當)(五六市)		一四、〇七二	三三、七三八	四、三八〇
家屋稅附加稅(二六市)		二、七〇七	五、一六〇	〇、三八五
府縣營業稅附加稅		一、〇一八	一、五〇〇	〇、六〇〇
雜種稅附加稅		一、〇〇九	一、三五〇	〇、六〇〇

であるが內都市計劃稅として賦課する市の稅種並課率は左の

通りである。

	宅地租附加税	國税營業税附加税	家屋税附加税	府縣營業税附加税	雜種税附加税
東京	○、一二五	○、一五○	―	○、二五○	○、二五○
京都	○、二一○	○、○二七	―	―	―
大阪	○、一二五	○、一六○	○、一六○	―	―
横濱	○、一八○	○、一一○	―	―	―
神戸	○、一○○	○、一○○	―	―	―
名古屋	○、三三○	○、○四五	○、一○五	○、一○五	○、一○五

第三節　公債

市の公債は市の財政上最も重要なる位地にあるものである現時の如く社會諸般の事情の發展伸暢速かにして都市として の設備經營益々大ならざるを得ない狀態である。而して其の經費の財源は之を財産收入に求むる能はず又た租税に依りてよく之れを辨ずることを得ない、結局收支を適合せしむる爲めには公債に俟つの外はない、實に公債は避くべからざる財政上の處置である、元來公債は其の經費を要する當時の市民に負擔を重からしめず又た比較的容易なる點あるを以て苦慮焦思して困難なる財政處置の方法を講ずるよりは寧ろ比輕的容易なる起債の手段に出づるは人情の然らしむる處である。

此の理あるに依り市制に於ては收支適合の方法として市に起債の權能を與へて居るも第一に其の目的を舊債の償還費、永久の利益となるべき經費、天災事變等の爲め必要なる經費に限定して居る、第二に起債の方法利息の定率及償還方法に就き市會の決議を經て内務大藏兩大臣の許可を受くべきものと定めて居るかくして嚴重なる監督と豫め財政計劃上必要なる事項を定め置かしむることゝ爲すものあるに拘らず市債は益々急激なる勢を以て增加するを見る、大正十年末の市債現在額は實に四億六千五百七十六萬七千百七十五圓の巨額である、地方債整理の必要を論ずるものあるは當然である、市制施行當時より大正十年末に至る間の趨勢を表示すれば左の如きものである。

市區債累年現在高表（許可に係るもの）

年度	債額	市區數	一市區平均額
明治三	一五○、○○○圓	四○	三、七五○圓
二四	八六三、一一二	四○	二一、五七八
二五	二、九六一、四一九	四一	七二、二三○
二六	七、五○一、六四四	四一	一八二、九六七
二七	七、五二九、七六○	四一	一八三、八九七

二八	七、八二〇、九六〇	四一	一九〇、七五五
二九	八、〇一九、五九六	四四	一八二、二六四
三〇	八、七三二、一二三	四六	一八九、八二九
三一	一一、五〇一、四八〇	五〇	二三〇、〇二九
三二	一八、二七六、七五五	五七	三二〇、六四四
三三	二九、二三三、九〇〇	五九	四九五、四九〇
三四	三二、六三〇、六一五	五九	五五二、三八三
三五	三八、六六三、九〇二	六一	六三三、八三四
三六	四二、八〇一、六四七	六一	七〇一、六六六
三七	四四、八七〇、七七三	六一	七三五、五六八
三八	四三、六九二、七二二	六一	七一六、二七四
三九	五九、一二八、七六三	六四	九二三、八八七
四〇	六五、四七三、〇六七	六七	九七七、二一〇
四一	七〇、二二〇、五六〇	六七	一、〇四八、〇六八
四二	一二九、八六七、四二三	六七	一、九三八、三一九
四三	一三三、六八五、五八五	六七	一、九九五、三〇七
四四	二三七、七三二、三二七	七〇	三、三九六、一七七
大正元	二四五、八二〇、五九四	七〇	三、五一一、七二三
二	二四九、二一四、〇〇九	七〇	三、五六〇、二〇一
三	二五三、五〇九、四一五	七二	三、五二〇、九六四
四	二五八、五五九、三二四	七二	四、九七九、九九一
五	二六五、五四〇、七三四	七五	三、五四〇、五四三
六	三〇一、四三三、六八〇	七八	三、八六四、五三四
七	三〇八、四五九、五九五	七九	三、九〇四、五六〇
八	三〇六、六八五、四九三	八一	三、七八六、二四一
九	三五六、二四七、九二八	八三	四、二九二、一二九
一〇	四六五、七六七、一七四	八八	五、二九二、八〇九

市區債は府縣債の如く年に依り甚しく一高一低せずと雖も漸次年を累ぬるに從ひ增額するのである、然して大正元年度以降に就き更に公債の目的に從ひ其の債額を區別すれば左表の如きものである。

敎育費

大正元年度	同四年度	同七年度	同八年度	同九年度
五、二五九、四七六圓	四、六二九、四六二圓	六、一五七、三三五圓	九、一七九、〇〇一圓	一三、三七五、五四二圓

衞生費

大正元年度	同四年度	同七年度	同八年度	同九年度
四七、二一八、〇三二	五六、四七二、三四四	七五、二五五、二七五	七三、一三〇、七二〇	七九、〇八四、三八四

勸業費

大正元年度	同四年度	同七年度	同八年度	同九年度
六、二五五、一四二	六、七七八、五八三	五、四九七、六〇〇	七、五七七、三四〇	二五九、七五二

災害土木費

大正元年度 一、〇六四、七九五圓　同四年度 八七一、九九九圓　同七年度 六七五、三九七圓　同八年度 五八三、四〇〇圓　同九年度 七四一、九一三圓

普通土木費

大正元年度 五三、三二五、五八五　同四年度 五二、九九一、九四四　同七年度 四六、三五七、九九〇　同八年度 四五、五六二、八七一　同九年度 四五、四五七、一八四

電氣及瓦斯事業費

大正元年度 一三一、七八六、九六四　同四年度 一三五、八三二、三四八　同七年度 一七二、二七六、五三二　同八年度 一八四、六九六、二六〇　同九年度 一九四、二五一、三三五

社會事業費

大正元年度 ー　同四年度 ー　同七年度 ー　同八年度 四、一九六、〇〇〇　同九年度 一四、二七三、五三五

其　他

大正元年度 二七三、九二四　同四年度 二、四八九、六六五　同七年度 二、二七九、四六七　同八年度 一、七六〇、九〇一　同九年度 八、八〇八、二六三

之に依りて見る勸業費並電氣及瓦斯事業費を目的とする公債は其の額大なるものあるも償還財源は多くは其の事業より生ずる收益に竢つを以て市税の負擔に歸することは少なきものである、此種の公債額多きを加ふることあるも必ずしも憂ふるに足らざるものと思はる、倘明治二十三年、同三十二年同四十二年、及大正九年、同十年の各末日現在額を各年一市平均額と明治廿三年を百とし對比すれば左の如き現象を見る。

年度	一市平均額	對比例
明治二三	三七、五〇〇圓	一〇〇
同　三二	三二〇、六四四	八五五
同　四二	一、九三八、三一九	五、一六九
大正　九	四、二九二、一二九	一一、四七二
同　一〇	五、二九二、八〇九	一四、一四一

此の表に依りて明治二十三年度に對し大正九年度は一市平均額に於て百十五倍し大正十年度は一市平均額に於て百四十一倍となる、實に其の膨脹の甚大なるに驚かざるを得ない、然るに六大都市と其の他に付大正十年度の債額を分別すれば左の如きことゝなる。

市別	債額	一市平均額
東京 京都 大阪 神戸 横濱 名古屋	三九五、五二九、八八七圓	六五、九二一、六四八圓
其の他の市	七〇、二三七、二八八	八五六、五五三

之れに依りて見れば六大都市を除きたる八十二市の平均額は全市平均額より四百四十三萬六千三百五十七圓を減じて僅に八十五萬六千五百五十三圓となる、以て如何に六大都市が其の財政上巨額の公債を利用せるかを知るに足る、又社會事業費の爲に起債したるは大正八年度に初まりて同十年度には二千二百三十萬二千四十八圓に達す、而して其の內六大都市に屬するものは千五百四十二萬千二十六圓であつて其の他五

十二市に於ける分は七百八十八萬千二十二圓なるに過ぎない

更に吾人は此の巨額の市債に對し其の利息の率に如何なる程度に在るかを見るに左の如きものである。

利息の率	大正元年度債額	同十年度債額
無利子	六一、八〇〇圓	五四三、三五三圓
五分未滿	五八〇、〇〇〇	二〇、二五四、二一八
五分以上	二〇九、六〇六、七八四	二二七、七九四、八五九
六分以上	三五、一二八、六九七	一四七、五八一、三七一
七分以上	二、一五七、七四一	四七、六二〇、六六六
八分以上	八二、三七八	一八、八〇四、九〇八
九分以上	二、七八〇	三、一三九、〇〇〇
一割以上	一、七三九	二八、八〇〇

右表に付て見るに五分乃至七分のもの尤も多額で八分のものと五分未滿のものと稍同一であつて七分のものは五分未滿のものの二倍である、之を國債の五分以下にて借入るゝことに比し地方債の利率の高きに失するの觀あるのである、殊に市債に在つて一割以上の利息を負擔するものあるが如きは果して國債との權衡上如何なる理由の存するものであるか監督官廳に於ても千思を要する問題である、政府にして若し低利資金供給の途を拔かざるときは更に高利の市債多きに至るは蓋し疑ひなき所である、低利資金の効用少なからずと謂ふべきである、此の低利資金供給の事に關しては後に述ぶる所である。

第四節　歳計

市も府縣と同じく毎年四月一日より翌年三月三十一日に至る間を一會計年度とし其の歳計を立つるのである、歳入出豫算がそれである、而して此の豫算に對しては必ず精算を爲さねばならぬ、之れを決算と稱す、かくして經濟的物件の需用を充すの計劃を立て又たその實蹟を明かにする、此の財產狀態を決算及豫算に依り考究するの順序として第一に歳出第二歳入とし記述する。

第一　歳出

明治二十五年度は東京市外四十市の歳出總計二百四十四萬七千七百五十七圓

同三十年度は東京市外四十五市の歳出總計千五十六萬八千七百九十五圓

同三十五年度は東京市外六十市區の歳出總計二千二百十一萬發二千七十九圓

同四十年度は東京市外六十六市區の歳出總計四千七百五十三萬六千七百五十圓

大正元年度は東京市外六十九市區の歳出總計一億五百二十九萬八千七百九十圓

同六年度は東京市外七十七市區の歳出總計一億千八百九萬三百五十一圓

同九年度は東京市外八十二市區の歳出總計二億七千二百四十八萬四千二百二圓

である、大正十一年度豫算に依れば東京市外八十七市區にて其の歳出總計三億六千七百十三萬八千三百十二圓を算する左に各費目に就き其の増加の狀態を表示する。

歳出各費目別表　其一

費目	明治廿五年度	同卅年度	同卅五年度	同四十年度
	圓	圓		
教育費	七二四、九三〇	二、三四四、〇〇九	四、九九四、〇〇一	九、三〇六、八八五
土木費	五六三、八七一	一、二七二、六七七	六、四〇〇、一一一	八、二七一、六七四
衛生費	一〇七、一八九	三九九、六九〇	一、六三六・〇一六	三、二二七、二八四
勸業費	六、〇四九	三〇、七一八	一〇八、四六七	一七、六一七
社會事業費	一	一	一	一
電氣及瓦斯事業費	一	一	一	一
都市計劃費	一	一	一	
役所費	五三六、三九四	七七、九六三	二、〇一一、四〇〇	三、一九一、六一三
會議費	三七、二六七	五九、四六七	八四、一六六	一二八、三七七
警備費	四三、四二七	八五、五八五	一六三、九九八	三三一、九九七
公債費	一六〇、〇三八	二、四八〇、一二九	三、八〇三、七九七	四、一一五、二九八
諸税及負擔	二、二三九	七五、六〇五	一、六八六、六六一	一、五二七、二四六
積立金及基本財產造成費	一、〇二五	七七、二七三	五六七、五六三	一、四五七、七九九
其他諸費	二六五、一二三	二、九一八、七六四	四、四三八、三三九	一五、八二二、三三五
合計	二、四四七、七五七	一〇、五七八、七九五	二五、九八七、六六九	四七、五三六、七五〇
市區數	四一	四六	六一	六七
一市平均總額	五九、七〇一	二二九、七五七	四二六、〇一一	七〇九、五〇四

歳出各費目別表　其二

費目	大正元年度	同六年度	同九年度	同十一年度
	圓	圓	圓	
教育費	一二、三八四、七四四	一四、八六二、五〇七	四八、一七一、五七五	六〇、二八六、七二九
土木費	四、八二八、〇〇三	五、一七四、九一五	二〇、四五〇、二三九	四〇、二三三、三八二
衛生費	一五、三七一、八二七	一三、四五八、三八九	四五、二〇九、六九二	五八、〇三七、一一九
勸業費	二〇四、九〇四	二三五、一一八	一、四〇七、八七九	一、三〇一、九五六
社會事業費	三二五、〇四三	四〇七、四一九	六、九一三、八〇三	四、九七四、二九〇
電氣及瓦斯事業費	一	三七、二四一、六五六	六四、〇二九、四五四	九二、八三〇、七〇九

都市計劃費	三、〇三九、五四二	一、三四七、九二八	一三、一六二、六九〇	八、五〇六、八六一
役所費	四、六六六、三〇九	五、二六六、五二三	一七、〇〇七、四八二	一七、五九三、三七九
會議費	一九八、八七二	二七七、六〇三	七六五、一七四	八八二、八七五
警備費	三六六、二五八	四八二、三八五	一、〇三一、五四四	一、二一〇、四四七
公債費	三、七九八、七六〇	二六、二〇一、四三一	二九、〇一五、一八九	四八、七四六、二三〇
諸稅及負擔	一、五一一、八〇八	一、八九五、〇八五	六、七七五、一四〇	九、三九六、三一七
積立金及基本財產造成費	一、五三一、八九七	五、六五六、四八七	七、一八七、一八一	九、〇四二、七七三
其他諸費	四八、〇七〇、八二三	五、五八二、九〇五	一一、四三八、一六一	一四、〇九五、〇四〇
合計	一〇五、二九八、七九〇	一一八、〇九〇、三五一	二七三、四八四、二〇二	三六七、一三八、三一三
市區數	七〇	七八	八三	八八
一市平均總額	一、五〇四、二六八	一、五一三、九七九	三、二九四、九九〇	四、一七三、一六三

之に依りて大正十一年度豫算總額は明治二十五年度總額に比し百五十倍したるを見る、而かも經費の種類に於て增加し尚今後社會の進步に伴ひ益々經費膨張を來すは免れざるところである、更に明治二十五年度と大正九年度とに就き各費目の千分比例を求むるに、

費目	明治二十五年度	大正九年度
教育費	三〇〇	一六九
土木費	二二八	七三
衛生費	四三	一六〇
勸業費	三	五
社會事業費	｜	二五
電氣及瓦斯事業費	｜	二二九
都市計劃費	｜	四六
役所費	二一二	六二
會議費	一五	二
警備費	一七	三八
公債費	六四	一〇四
諸稅及負擔	一〇	二五
積立金及基本財產造成費	四	二六
其他諸費	一〇三	四一
合計	一、〇〇〇	一、〇〇〇

右表に依れば明治二十五年度に在りては教育費の三〇〇を最高として土木費の二二八、役所費の二一二、其他諸費の一〇三、の順序であるが大正九年度には曾て存ぜざりし電氣及瓦斯事業費の二二九を最高とするも此の事業は經費額以上の收入を生ずるを其の常態とするが故に財政上得策なりと見るべきものである、其の次にあるは教育の一六九、衛生費の一

六〇である役所費會議費が其の比率の低下せる現象は注目に價する。

第二　歳入

歳入中財産より生ずる收入使用料手數料及其他税外收入並に市税に關しては前に述べたるを以て茲には歳入の全體に就き述ぶることゝする、今歳入總額を各年度別に見れば

明治二十五年度は東京市外四十市歳入總計二百七十三萬九千四圓

同三十年度は東京市外四十五市の歳入總計千百九十二萬九千八百六十四圓

同三十五年度は東京市外六十市區の歳入總計三千百八十二萬九千五百七十五圓

同四十年費は東京市外六十六市區の歳入總計五千七百三十七萬七千三百四圓

大正元年度は東京市外六十九市區の歳入總計一億三千七百九萬八千四百十九圓

同六年度は東京市外七十七市區の歳入總計一億七千三百二十六萬七千七百七十九圓

同九年度は東京市外八十二市區の歳入總計三億五千三百八十四萬三千七十圓

である、尚大正十一年度豫算に依れば東京市外八十七市の歳入總計三億八千七百六十萬三千三百三圓を算する、左に市區税歳入と其他の歳入とに分ち其の增加の趨勢を示すことゝする。

租税歳入及税外收入表　其一

科目	明廿五年度	同卅年度	同卅五年度	同四〇年度
市税及夫役現品	一、三七八、七八〇	三、四八〇、五三四	一一、三七一、八八七	一五、二四八、一四一
財産より生ずる收入	一八〇、八六三	六八〇、九九五	八二五、四八五	一、三九三、八七六
使用料手數料	二〇、六七五	二六〇、六四五	二、〇一四、二五八	三、六九五、四七八
國税徴收交付金	ー	ー	ー	ー
國庫下渡金國庫補助金	四〇、九一六	一二三、六〇六	一、一八四、二九九	一、六五八、六〇五
道府縣税徴收交付金道府縣補助金	九七、〇〇三	八六、四四一	三六六、五三七	七四〇、一一九
前年度繰越金	三〇九、五八一	五三八、七二〇	六、四八三、一七八	一三、二七八、六〇〇
寄附金	一三、二四七	一二八、二三六	三四五、一五八	五八五、三三五
公債	一八〇、九六六	一、一〇三、一五二	五、二八六、五九三	一一、九三四、〇七九
納付金	ー	ー	ー	ー
報償金	ー	ー	ー	ー

繰入金	—	—	—	—
財産賣却代	—	—	—	—
雜收入	五一八、一九四	六一二、一五四	三、九三二、一一七	八、八四三、〇七一
税外收入計	一、三六〇、四四四	八、四四九、三三〇	二〇、四五七、六九一	四二、一二九、一六三
總計	二、七三九、三二四	一一、九二九、八六四	三一、八二九、五七五	五七、三七七、三〇四

租税歳入及税外收入表　其二

科目	大正元年度	同六年度	同九年度	同十一年度
市税及夫役現品	三二、二九七、四六五	二九、三八六、六五三	七六、〇八〇、五六七	九七、四七九、九一七
財産より生ずる收入	一、八二三、九三八	三、〇一四、二七五	六、五七三、六一六	六、一九一、一八三
使用料手數料	一九、一五四、七八一	三八、四四三、四〇四	七八、五五八、六二九	九九、九七三、六四五
國税徴收交納金	八七一、二三八	一、〇六一、四七二	二、八〇九、四一七	二、五五〇、〇二四
國庫下渡金	—	—	一、一九六、一九五	一、三六〇、〇八六
國庫補助金	一、二四四、三四三	一、五五二、一四一	二、九六一、七五五	七、四四九、九七一
道府縣税徴收交付金	二八六、六三三	二九三、〇〇八	七七六、一六〇	九八四、二八一
道府縣補助金	八五九、三六九	九四七、二九六	二、〇六〇、八六二	二、九八九、六〇一
前年度繰越金	四〇、七九八、三五五	二三、三六四、三六六	七〇、〇八五、四〇四	四四、六九九、四三一
寄附金	五四四、二六一	一、五八七、五九四	一、九九五、五四〇	一、七四五、八二一
公債	二四、六六四、一九三	五七、〇四一、五〇〇	六九、九三三、〇八一	八五、五九四、四七一
納付金	—	四〇七、六六一	三一八、二三六	一、〇九三、〇四一
報償金	—	一、三〇〇、二九三	一、八八三、一五〇	一、九四三、一九〇
繰入金	—	三、四九二、七一七	八、一一六、九五〇	五、五六六、二九四
財産賣却代	—	二、八三五、九六二	八、三三七、三〇五	六、〇六〇、六二七
雜收入	二四、五五四、八四〇	九、五三九、九三六	二、二五七、二〇三	二、九一五、五一八
税外收入計	一二四、八〇〇、九五四	一四三、八八一、六二六	二七七、七六二、五〇三	二九〇、一三三、一八六
總計	一三七、〇九八、四一九	一七三、二六七、七七九	三五三、八四三、〇七〇	三八七、六〇三、一〇三

右表に依り更に繰越金及公債が税外收入總計と如何なる比例を保つか之が千分率を求むれば左の如き割合となる

年度	繰越金	公債	其他税外收入	税外收入総計
明治二五	二二八	一三三	六三九	一、〇〇〇
同　三〇	一五七	三七九	四五四	一、〇〇〇
同　三五	三〇〇	二四四	四五六	一、〇〇〇
同　四〇	三一七	二八五	三九八	一、〇〇〇
大正　元	三五五	二一五	四三〇	一、〇〇〇
同　六	一五七	四〇〇	四四三	一、〇〇〇
同　九	二五三	二五二	四九五	一、〇〇〇
同一一豫算	一五六	二九六	五四八	一、〇〇〇

右に依り見るに繰越金は税外收入總額の約一割六分より三割五分五厘に當り公債は同じく一割三分三厘より四割に當る

如斯繰越金の多額なるは當初豫算の計上に遣算少なからざるが事業未完成のもの多くして其の經費を未支拂に終らしめたるかの二點に歸せざるを得ない、其の何れの原因あるにしても市當局者は財政運用上大に考慮を要すべきことなりと思はる公債の比率高きも前述せる如く六大都市の部分を控除すれば敢て驚くに足らざるものである、又た租稅收入と稅外收入との百分比例を見るに左の如きものである。

年度	市稅收入	稅外收入	收入總計
明治二五	五〇	五〇	一〇〇
同 三〇	二九	七一	一〇〇
同 三五	三六	六四	一〇〇
同 四〇	二七	七三	一〇〇
大正 元	一六	八四	一〇〇
同 六	一七	八三	一〇〇
同 九	二二	七八	一〇〇
同 一一豫算	二五	七五	一〇〇

租稅收入と稅外收入とは明治二十五年度乃至四十年度迄は前者の率は遞下し後者の率は昇上せるの傾向ありしも大正元年度後は前者の率昇上し後者の率の低下するの趨勢を見る。

第十章　市內の區行政

市內に於ける區は公共團體の性質を有するものと單純なる行政區に止まるものとがある。又た公共團體の性質を有するも行政機關を具備し自治團體を爲すものと單に財產營造物を有するに止まるものとがある。左に之等の區を分析する。

(一)自治團體の性質を有する區　東京市の十五區即ち麴町區神田區、日本橋區、芝區、麻布區、赤坂區、四谷區、牛込區小石川區、本鄕區、下谷區、淺草區、本所區、深川區である之等の區は市制に依り勅令を以て指定せられたる市の區であつて公法人たることは同法の明文に依り明かである、從つて東京市內の十五區は純然たる地方自治團體たることは言を俟たない、此の區に關しては市制第六條の市の區に關する件(明治四十四年勅令第二百四十四號)の規定が適用せらる、由來東京市の區は他市の區と大に其趣を異にし昔時より區が自治の權能を有し市なるものは存在せざりしものである、吾人は大東京市の建設を望むと共に十五區の自治權能を明確にし完全なる地方自治團體となし、郡部の町村と相對立せしむるの制度を設くることを適當なりと信ずる、此の區に關する勅令は東京市の外京都大阪二市の區にも適用せらるゝのである、即ち市制第六條に依り勅令を以て指定したる市は明治四十四年勅令第二百三十九號に依り東京京都大阪の三市を指定せられた、然るに京都市の上京區、下京區大阪市の東西、南北の四區は市制施行當時に在っては東京府の區と略々其の性質を同じくしたるも其の後隣接町村を市に編入したる爲め公共團體たるの性質を失ひ現時に於ては純然たる行政區劃に過ぎない、而かも之を東京市の區と同一視し京都大阪二市をも指定したるは何等の事情の存するに依るのであるか、事實上より見るに當を得たるものと認むることを得ないものである、實際に於て京都大阪二市內に存在する區は市制第七章市の一部に關する規定の適用ある區即ち財產を有し又は營造物を設けたる區である、大阪市に於て通俗に大區中區小區と云ふは此の區に外ならない。

(二)財產又は營造物の區　此の區は市制の規定に依り市の一部として其の事務を分別し、經濟を異にし之が爲めに意思機關即ち區會を設置することを得るのである、然れども其の市に對し獨立の團體を爲すものでなく市の一部として存在するに過ぎない、故に其の區の行政は特立せず市行政として市長に依り處置せらるゝものである、東京市の區は市に對し區行政が存し區會の決議に基き區長が之を施行するも京都大阪二市の學區又は財產區は市長の委任に依り其の財產區等を包含する區の區長が其の事務を處置するに止まる、京都市の上京區下京區、大阪市の東區西區南區北區としての區行政は存在するものでない、京都市の二區、大阪市の四區は行政區と謂ふべきものでこの區に有給の區長を置き市の行政事務を處理せしむるは寧ろ市制第八十二條中に「內務大臣ハ前項ニ規定ニ拘ラス區長ヲ有給吏員ト爲スヘキ市ヲ指定スルコトヲ得」とある規定に依り明治四十九年內務省令第十四號を以て名古屋市を指定せられたるが京都大阪二市も之と同一の方法に出づるを適當なりと謂はなければならぬ。

(三)市內の行政區　此の區は法人たる區に在らず、財產又は營造物を有する區にもあらず、純然たる處務便宜の爲め設けたる行政區劃である、此の區を設けたる時は名譽職區長又は其の代理者を置くことを得るも決して有給は之を認められない、有給の區長を置くことを得るは內務大臣の指定あるを要する、名古屋市の如きそれである、其他一般の市にありては前述する處の方法に出づべきである。

第十一章　市の監督

市も府縣と同じく國家の監督を受くべきものたる事は勿論である、監督なくして市の存立は認むべからざるものである。されど其の監督の寛嚴宜しきを得其の措置當を得なければならぬことは他言を要しない、干渉政策によりて大小となく市行政に對し監督權を發動せしむることが市の開發に適するか、或は市民の自覺を俟つて徐ろに其の開發を致さしむる爲放任政策を採るべきか、其の何れにもせよ極端に失する時は却つて市の開發を阻害するものである、常に事の極端に走るを避け時勢に伴ひ、民智に鑑み、固着的政策に出でざるを可とする監督官廳の職に在りたる者が市の吏員となりては其の意見復た昔日と同じからず、其の甚しきに至りては全く別人の感がある、昨は國家本位、官吏萬能主義なりしも今は市本位となり自己中心主義若くは民衆化主義に出づるを見る、人は其の環境に依りて左右せられ、境遇に依りて變化を受くることは性情の常なるも有能の官吏が活動の公吏となりて其の心理の變化、行動の轉移甚しきものあるは地方自治團體に對する監督官廳の情僞の存する處を窺知するに足るの一證と見るを得るであらう。

市の監督は第一次に於て府縣知事、第二次に於て內務大臣之を行ふ、最も特殊の事件に就ては大藏大臣其の他主務大臣は內務大臣と同じく監督權を有するものである。

彼の東京市、京都市、大阪市の當局及有志が特別市制の實施を要求する所以のものは職として府縣知事の監督を脫し直接に內務大臣の監督に服するを市政開發上得策なりとするに存する。

現行制度に據る監督の方法としては左の如きものである。

イ　監視　市の實況を消極又は積極の手段例へば實地に就き調査し又は書類を檢閱し報告書を徵するが如き方法に依り市を監視すること

ロ　指揮命令　法令に基き指揮命令を爲すこと、この指揮命令にして監督官廳が之を濫發するに於ては自治權は著しく侵害さるゝものである

ハ　取消　市會の決議其の權限を超へ又は公益を害する時は之を取消又は其の執行を停止することを得るのである

ニ　認可又は許可市會の決議中特定のものは監督官廳の認可又は許可を得ざれば其の効果を見ることを得ざるものであ

る
ホ　機關選任干與　市長の推薦は内務大臣に於て裁可を請はねばならぬ又助役收入役の如きの選任は監督官廳の認可に依り確定的効力を生ずる
ヘ　强制豫算　市が必要なる經費を豫算に計上せざる時は監督官廳は理由を示して之を豫算に加ふることを得るのである
ト　懲戒處分　市の吏員が法令に背反する行爲ある時は監督官廳は其者に對し懲戒を加ふるの權がある
チ　市會の解散處分　市會に對し内務大臣は解散を命ずることを得る
リ　訴願及行政訴訟　法令の定むる場合に於ては市の事務に關し訴願及行政訴訟を許すを以て不當違法の處分を匡正することを得る

監督權は右の如き方法に依り其の作用を見るものである、而して其の許可を受くることを要する事件は明治二十二年市制施行の當時その種類を定められた、然るに其の後漸次に許可の範圍を縮少した、畢竟市に對し干渉の程度を寛にするは至當の事である、時勢の變遷、智識の進歩、思想の向上を見る

に從ひ市をして市民の自覺と市の機關を組織するもこの發意と市の威力とに待つて其の施政の發達を期せねばならぬものである、左に許可事項の改正に關し其の沿革を略述する。

一、内務大臣の許可を受くべき市會の議決
イ　市條例を設け並に改正すること
ロ　學藝美術に關し又は歴史上貴重なる物　の賣却讓與質入書入れ交換若くは大なる變更を爲すこと
二、内務大藏兩大臣の許可を受くべき市會の議決
イ　新に市の負債を起し又は負債を增し及び第百六條第二項（償還の初期を三年以内とし募集の時より三十年以内に完了す）の例に違ふもの
ロ　市特別税並使用科手數料を新設し增額し又は變更すること
ハ　地租七分の一其他直接國税百分の五十を超過する附加税を賦課すること
ニ　間接國税に附加税を賦課すること
ホ　法律勅令の規程に依り官廳より補助する歩合金に對し支出金額を定むること
三、府縣參事會の許可を受くべき市會の議決

イ　市の營造物に關する規則を設け並に改正すること
ロ　基本財産の處分に關すること
ハ　市有不動産の賣却讓與並質入れ書入れを爲すこと
ニ　各個人特に使用する市有土地使用法の變更を爲すこと
ホ　各種の保證を與ふること
ヘ　法律勅令に依りて負擔する義務に非ずして向ふ五ケ年以上に亘り新たに市住民に負擔を課すること
ト　均一の税率に據らずして國税府縣税に附加税を賦課すること
チ　第九十九條（數個人又は市内の一部に於て專ら使用營造物に關する負擔）に從ひ數個人又は市内の一區に費用を賦課すること
リ　第百一條（直接市税を准率とす）の准率に據らずして夫役現品を賦課すること

以上の事項が明治二十二年施行の市制に列記せられた、其の後明治三十三年法律第四十八號を以て内務大藏兩大臣の許可事項中地租七分の一は五分の一と改正せられた、同三十七年法律第三號非常特別税法の施行に依り此の國税附加税に關する事項は市制の適用を失ひ非常特別税法の適用を受くるに至つた、尚其後地方税制限に關する法の適用あるに至つたことは前に述べたるところである。

明治四十四年法律第六十八號改正市制に於ては府縣參事會の監督權を奪ひ府縣知事に其の權限を移したのである、其の改正市制の規定に基き許可事項を列記すれば左の如きものである、

一、内務大臣の許可を受くべき事件
イ　市條令を設け又は改廢すること
ロ　學藝美術又は歴史上貴重なる物件を處分し之に大なる變更を加ふる事

二、内務大藏兩大臣の許可を受くべき事件
イ　市債を起し並起債の方法利息の定率及償還の方法を定め又は之を變更すること
ロ　特別税を新設し增額し又は變更すること
ハ　間接國税の附加税を賦課すること
ニ　使用料手數料及加入金を新設し增額し又は變更すること

三、府縣知事の許可を受くべき事件

イ 基本財産の管理及處分に關する事

ロ 特別基本財産及積立金穀等の管理及處分に關する事

ハ 第百十條（舊慣に依る財産又は營造物の使用）の規定に依り舊慣を變更又は廢止する事

ニ 寄附又は補助を爲す事

ホ 不動産の管理及處分に關すること

ヘ 均一の税率に據らずして國税又は府縣税の附加税を賦課すること

ト 第百二十條第一項第二項及第四項の規定に據り數人又は市の一部に費用を負擔せしむること

チ 第百二十四條の規定に據り不均一の賦課を爲し又は數人若くは市の一部に對し賦課を爲すこと

リ 第百二十五條の準率に據らずして夫役現品を賦課すること

ヌ 繼續費を定め又は變更すること

と規定された之と同時に更に進んで監督官廳の許可を要する事件に就き勅令の定むる處に依り其の許可の職權を下級監督官廳に委任し又は輕易なる事件に限り許可を受けしめざることを得るの途が開かれ自治行政上一階段を進め得たのである而して此の規定に依り委任せられたる事件は大正九年八月勅令第十八號市制町村制の規定に依る命令の件を以て定められた其の全文を記すれば左の通りである。

市制町村の規定に依る命令の件

第一條 市町村行政に關し主務大臣の許を可要する事項中左に掲ぐるものは府縣知事之を許可すべし

一公告式、學務委員、基本財産、特別基本財産、積立金穀造林、傳染病豫防救治に關する、一時給與金、有給吏員の年功加俸、退隱料、退職給與金、死亡給與金、弔祭料療治料、遺族扶助料、町村助役の定數增加、町村長町村助役の有給及町村副收入役の設置に關する條例を設け又は改正すること

二、手數料及墓地、火葬場、屠場、家畜市場、公園、病院、温泉、土地用水、其他之に類するものの使用料に關する條例を設け又は改正すること

三、町村の區會及區總會に關する條例を設け又は改正すること

四、條例を廢止すること

五、教育費に充つる爲に府縣郡の基金又は教育資金より借入るゝ市町村債に關すること

六、小學校の建築增築改築に關する費用、傳染病豫防費又は急施を要する災害復舊工事費に充つる爲め借入るゝ償還期限三年以内の市町村債に關すること

七、借入の翌年度に於て償還する市町村債に關すること

八、村を町と爲し又は町を村と爲すこと

第二條　市町村行政に關し監督官廳の許可を要する事項中左に揭ぐるものは其の許可を受くることを要せず

一、市町村債の借入額を減少し利息の定率を低減し又は之が爲めに償還年限を短縮すること

二、許可を受けたる市町村債に關する條例又は議決の定むるところに基き既定の償還年限を延長せずして低利借替を爲し又は繰上げ償還を爲すこと、但し外資に依りたる市町村債の借替又は外資を以てする借替に就ては此の限りに在らず

三、特別稅使用料、手數料、加入金、町村の常設委員、町村の區會又は區總會に關する條例を廢止すること

四、基本財產、特別基本財產若くは積立金の現金を郵便貯金と爲し又は現金若くは郵便貯金を國債證劵若くは地方債證劵に代ふること

五、特定の目的の爲にする積立金穀を其の目的の爲めに處分すること

六、二年を越えざる繼續費を定め又は其の年期内に於て之を變更すること

七、明治三十二年勅令第三百十六號第二條の規定に依り府縣費の分賦を受けたる市に於て明治十三年第十七號布告第一條及第二條に揭ぐる種類と同種類の特別稅を賦課すること但し漁業稅、採藻稅にして從來の慣例を改正し又は新に課稅するものに就きては此の限りにあらず

八、耕地整理の爲め町村の境界を變更すること及び之に伴ふ財產處分に關すること但し郡市の境界に關するとき、關係ある町村會の意見を異にするとき、又は財產に變更を及ぼすべき場合は此の限りに在らず

附　則

本令は大正元年九月一日より之を施行す

明治三十三年勅令第百二十三號は之を廢止す

と尙明治四十一年法律第三十七號地方稅制限に關する件第六

條に

北海道、府縣以外の公共團體に對する前條許可の職權は勅令の定むる所に依り之を地方長官に委任することを得

と大正九年法律第三十七號を以て改正を加へたので同年勅令第二百八十二號を以て左の命令を發布せられた。

明治四十一年法律第三十七號第六條の規定に依り左に掲ぐる事項に就ての許可の職權は北海道廳長官又は府縣知事に之を委任す

一、同法第五條第一項の規定に依り制限を超過し課税すること

二、同法第五條第二項の規定に依り同法第五條第一項の制限を超過し同法第一條乃至第三條に規定する制限率又は制限額百分の五十以内に於て課税すること

右の如く近時頗る第一次監督官廳に委任の事項多きを加ふることゝなつた。吾人は更に進んで諸般の事業に關する法律の適用に於ても政府は其の大綱を監督するに止め、輕易なる事項或は監督を加へざるも何等公益に害するが如き虞なき事項は全く市の任意に委するの途に出でんことを望まざるを得ない。

前述するが如く自治行政の監督のことは頗る重大なるものである、消極的に違法、公益阻害のことあるを避けしむるのみでなく、積極的に指導し保護し市存立の本來の目的を達成せしめねばならぬ、彼の明治二十五年内務大臣が發したる監督要領の如き克く大小巨細周到なるを得て居るされど如斯きの監督方針にては果して今日以後の時勢に伴ふことを得るや疑ひなきを得ない左に該訓令を掲げ參考とする。

市町村行政事務監督事項要領（明治二十五年五月内務省訓令第三百四十八號同三十一年訓令第七百一號一部改正）

市町村行政事務監督の儀に付ては是迄示達したる儀も有之地方共漸次監督の方法を設け實施し來候處客年來已に郡制府縣制を實施したる地方も不少又其他の府縣に在ても不遠施行せらるべきに付從て其下級團體たる市町村行政事務の監督は此際一層之を嚴密にし以て其の事務の整理を計り新制度の實行を擧ぐることに注意せらるべし、今其監督を行ふべき事項の要領を左に列擧す、其方法順序の詳細に至ては各地方適宜酌量することあるべし。

一市町村の事務は國内府縣郡の行政に係るものは勿論市町村

の共同事務に屬するものと雖も其事務報告を徵し之に依て其事務の整理を檢察し其違法若くは不正なるものあるときは夫々相當の處分を施し又將來に向て訓戒を加ふることあるべし、依て各府縣に於て市町村事務報告例を定め確實の報告を徵するを要す、尤も實例報告の外と雖も必要の時は隨時報告を徵することあるべし、又天災事變其他重要の事件あるときは監督官廳の命令を俟たずして臨時報告すべきは當然の事なりとす

二市町村の行政事務を監督する爲めに監督官廳は各市町村の巡視を行ふべし、其巡視規程は各府縣に於て適宜規定するを要す

三市役所町村役場事務の整理を計るには其處務の順序一定の例式に依るを要す各府縣に於ては其處務規程の準則を示達し各市町村をして此準則に依り適宜之を設定し第一次監督官廳の認可を受けしむ可し

五市町村長及收入役等交代の節事務引繼の事は最愼重を要するに付特に視察を加へ時宜に依り主任官をして臨檢せしむることあるべし、其事務引繼の順序は豫め各府縣に於て一定の例を設くるを要す

六市町村の事務を整理するには簿冊の種類員數樣式を一定するを要す、依て各府縣に於て適宜其準則を定め漸次施行すべし

七市町村の事務は最簡易誠實を主とし虛飾に流れず繁細に涉らざるを要す、其經濟は勤儉を守り勉て資力を充實するの法を講じ冗費濫出の弊を防制すべし

八市町村基本財產は之を維持保存し之を增殖するを務むべきは勿論市町村經濟の許す限りは力めて之を蓄積せしめんことを誘導するを要す、然れども其方法宜しきを得ざるときは却て負擔を加重し經濟上の不利たるを免れず宜しく特に注意を加ふ可し

九市町村行政事務の擧否は主として市町村長の責任に在り故に其選任に付ては最愼重を加ふべく、特に市長は任重く裁可をも仰ぐべきに付其推薦を誤らざる樣厚く注意すべきは勿論町村長は知事に於て之を認可するの職權を有するに付其選任の當否は詳に之を勘查し犯罪不正の行爲ある者若くは懲戒處分を受けたる者の如きは云ふを俟たず（但懲戒處分の輕きものは別段なり）其經歷上其任に適せずと認むるものは之を認可せず、又就職後と雖も職務の內外に拘らず

不都合の行爲あるものは嚴正に訓諭を加へ再三に及て猶之を遵奉せざる者の如きに至ては假借する所なく處分を行ひ且以て紀律を嚴肅にするの良習慣を養成するを要す

十市町村吏員たる者は政論の外に立て一に市町村の公益を計り黨派に偏せず公平を以て最も專要とす、故に假令其人名を政黨に列する事あるも市町村行政の職務を行ふに方ては自治の本旨を格守し毫も黨派の關係を及ぼすことあるべからず、監督官廳は厚く之を監督し其行爲公平を失すと認むるものは前項と同く嚴に訓諭を加へ事實に依て相當の處分を行ふべし

十一市町村吏員の任期ある者は其任期中は自已の意思に依り法律の規定に從て退職するの外他より容易に進退せしむるを得す、然るに其任期内に在て市長の俸給を減額し町村助役を有給吏と爲し若くは其有給の例を廢し以て容易に吏員の交代を促すが如きことなしとせず、又法律の規定以外特に議員の定數を增減すること往々あり是或は黨派の私に起因し其實吏員議員を進退するの意に出づることあらんも知る可からず若し右等の事あるに於ては獨り法律の旨趣に戻るのみならず其弊少なからざるに付嚴に其事實を審明し事宜に依り一面は訓誡を加へ一面は事狀を具申すべし

第十二章　市町村の聯合行政

市は郡の區域を脫して郡の區域と共に府縣の區域を成すものである、而かも市は地方自治團體として存立する故に其自治事務は單獨に之を處理するを當然のことゝする、然れ共水道下水道の如く時に隣接町村と聯合し共同處理するを利便なりとすることがある、是れ市町村組合なる聯合的組織を爲し以て福利事務の處理を爲さしむる所以である。

市町村組合は各個の地方自治團體の結合に依りて成立する團體なるが故に市町村と同じく公法人たる地方自治團體である、然し乍ら其の自治權能の範圍は市町村と同一でない、即ち組合を組織する行政の目的の外に出づることを得ない、又た其の事務の範圍は市町村の事務の範圍を超越すること許されない。

市町村組合の構成要素は之を組織する市町村なりと謂はざるを得ない、從つて市町村組合には直接の住民なく公民なき理である、かくては時に却て自治の本旨を貫徹する能ざるに依り組合を構成する市町村の住民を以て又た市町村組合の住民

たらしむることゝし法律を以て之を定むる、市町村組合の共同事務は其の市町村の事務の一部に屬する、勿論全部の事務を共同處辨することを得ざるにあらざるも市町村組合に在りては實際如斯き狀態を呈することなきものである。

市町村組合を組織するに任意と强制との方法がある、卽ち一は市町村の協議に依り一は監督官廳の意思に依るものである、組合を組織するには組合規約を作ることを要する、其の規約には組合の名稱、組合を組織する市町村、組合の共同事務、組合役場の位置、組合會の組織、組合議員の選擧、組合員の組織及專任並に組合費用の支辨方法に就き規定すべきものである、其の組合を任意に解散するには組合市町村の協議に依り監督官廳の許可を受くるを要する、强制的解散の場合には府縣知事之を處理する、其の外市町村組合に關しては總て市制の規定を準用せらるゝものである。

第四編　町村

第一章　町村の研究

神は田舎を作り人は都會を藏ると今や幾多の爲政家、學者及都市の當局者は其の智力を傾注し、國庫と市民の巨資は投ぜられて都市計劃の實行に努むる、所謂新しき都會は市民の生活に新生命を與へしむるの策に汲々として諸人之に從ふの狀態である、一言すれば新しき都市は人に依つて藏られんとして居る、之に反して地方は如何、農村は救濟すべし地方の事業は振興せよと叫ぶの聲朝野に聞えざるにはあらざるも之が具體化されて農村は救濟されつゝあり、地方の人心は一新せられつゝありと見るべきの現象は認め難い、田舎は永遠に神の手に委ねられねばならぬか、田園將に荒れんとするも歸去來の辭を頌するもの幾人かある、黄金の穩波を漂せたる千頃の沃田は蕩堯も尙之を顧ざるにあらざるなきか。

制度具はるも人無ければ法は死す、人あるも制度缺くるところあれば法は活きず、古來田舎を自然の手より奪取して人の之を改造したるの例乏しきものではない、彼の熊澤蕃山の如き、野中兼山の如き、僧鐵牛の如き、二宮尊德の如き、大原幽學の如き、吾人は敢て其の偉業を記するを要しない、今時自治の制度は具はり、町村の法は設けらる、之を運用して町村を開發し、地方民共同の福祉を齎したるの人ありやなしや、我國町村なる地方自治團體の發達を研究せんとするには吾人の知り又知らざるべからざるの人物がある、吾人の親しく知るところを擧ぐれば左の如きものである。

平尾在脩　兵庫縣出石郡神美村の偉人物である、在脩夙に家訓を遵守し一村の作興に努力する所があつて既に明治三十四年藍綬褒章を下賜せられた、其の文に曰く「資性孝友夙ニ公益ノ心厚ク德望一鄕ニ洽シ天保八年父源四郎出石藩主ノ命ヲ承ケテ居ヲ三宅村ニ移シ拮据經營本村衰弊ノ挽回ヲ圖リタルモ中道ニシテ病歿セルヲ以テ其遺緒ヲ繼テ力ヲ玆ニ竭シ私貲ヲ投シテ人口ヲ招徠シ三宅功績社及維持資金會ヲ創メ農業工藝備荒貯蓄ヲ勵マシ舊習ヲ矯メ勤儉ヲ奬メテ風俗ヲ敦フシ校舍ヲ建テ學資ヲ集メテ敎育ヲ導キ河川ヲ治メ堤防ヲ築キ溜池ヲ鑿チ山林ヲ殖シ以テ水旱ノ患ヲ除キ其ノ凶歉ヲ賑ハシ惡疫ヲ防ク等誘掖懇到是ヲ以テ土地沃饒ニ復シ人民安輯ニ歸ス洵ニ公衆ノ利益ヲ興シ成績著明ナリトス」と之れに依りて在脩の公共に盡せるの事蹟明かである、在脩其の善行を表彰せられて益々其德を修め一に聖恩に答へんとして夙夜懈らす里長の職に就き鷄鳴と共に起き出でゝ邑治を視、或は敎育の効果を考へ或は農耕の勤惰を察し能く人の爲に計り奔走斡旋して終日寸暇なく殆んど身の老境に在るを忘れ繁劇の間にも躬ら耒耜を執りて粟を植えたるが如き到底常人の企て及ぶ所でない、町村制の施行に際して名譽職村長に擧げられ躬を以て村民を率ゐ共同福祉の增進に盡瘁した、藍綬褒章を下賜せられたるは寔に故なきにあらざることである、在修村長を辭するも尙深く村治に盡し明治三十九年七月より同四十年二月に至る間荒村興復の爲め邑民一同を會し講演したること數回に涉り其の說く所悉く肺肝より出づ、在脩の如きは蓋し稀有の人士である。

佐川健治　山口縣大島郡蒲野村長として鋭意身を以て一村の興新を圖り實に稀代の村長である、即ち躬ら各戸を訪問して就學の督勵を爲し、學用品貸與の方法を講じて就學の便を得せしめ小學校卒業者には紀念樹として柑橘苗木を分配し、模範農園を設けて穀物蔬菜等に改良を計り、模範桑園を造りて養蠶を奬勵し、一身を犧牲として耕地整理を遂行し、信用購買組合を設立しては産業の振興に盡し、村民深く悦服するに至りたるは眞に有數の村吏である。

萩原角左衛門　東京府西多摩郡戶倉村長として有名である、戶倉村は曾て村政紊亂を極め治務錯亂して收拾すべからざるの狀態に陷つた、明治二十六年角左衛門選ばれて村長となつたが村內の有志と力を戮せて銳意村治の改善復興を圖り村債の償還に學校基本財産の造成に農蠶業の奬勵に入會山林の分割經營に村有貸地返還處分に基本財産有價證券の增殖に救貧團體の施設に勤儉貯蓄の奬勵に補習敎育の普及に其の他交通衛生の事に至るまで焦心經營すること多年何れも其結果の見るべきものあるに至り村民擧りて村長の熱意に化せられ遂に優良村の名を得るに至らしめた。

小島亮開　埼玉縣入間郡豐岡町の篤志家として有名である、亮開は鍼術を業とした、然るに公共の念厚く同町の農業不振の兆あるを知り慨然として之が振興に志し町民の共同力に訴へて其の改良發達を期した、即ち率先して黑須勸業談話會なるものを組織し職業の傍勵精同會の爲めに努力し肥料共同購入、家根修繕相助講、堆肥小屋建築資金積立組合等農事上の經營として同人の力に依らざるものなきこととなつた、又黑須矯風會を興して力を風俗の改良に致した、亮開は盲目にして人の顏色を窺ふに由なく何人に對しても直言敢て憚る所がなかつた故に一たび其の勸告を受けたる者は何れも其の誠意に感じて改心したと云ふことである。

藤田讓夫、岩西健造　廣島縣賀茂郡廣村は水旱の爲屢々米穀稔らず巨額の負債を生し町村制施行の當時は其の窮窘殆ど其の極に達した、時に讓夫村長と爲り健造助役と爲るや兩人相協力して村治の復興に盡瘁した、即ち讓夫は其の職に就くや公平摯實事の成功を見るにあらざれば止まず、克く村民を感化して模範村と爲らしめた、彼の不文の村是の四綱である一　一家主義を實現し統計表を基礎として實績を收め、時勢の進運に伴ふ諸般の經營を全うし、宗敎を以て人心薫化の中心と爲した、讓夫が明治二十六年八月「資性剛直曾テ村吏ト爲リ尋テ戸長ノ職ヲ奉シ町村制實施ノ際村長ニ擧ケラレ能ク地方制度ノ主旨ヲ體認シ多年公共ノ事務ニ誠實勤勉シ其勞効顯著ナリ」として藍綬褒章を賜はり其の善行を表彰せられ、明治三十九年十月大日本農會より「夙ニ心ヲ興農殖産ニ傾ケ村政ニ從フテ勵精治ヲ圖リ學術ヲ應用シテ稻作ノ改良ヲ計リ殖林ヲ企テテ村有財産ノ增殖ヲ致シ牛畜ノ改良ヲ勸メ家鷄ノ飼養ヲ誘ヒ鞅掌多年斯業ノ發達ニ盡瘁シ其功勞頗ル顯著ナリ」として白綬有功章を贈り其の名譽を表彰せられしに徴し讓夫の地方自治に對する功績を知るに足る、又健造は助役として勤儉力行村長を助けて厭ふことなく實に良助役の名に背かざるもの明治三十七年十二月「資性朴直幼ヨリ居村大林源左衛門父子ニ仕ヘ能ク忠實ヲ竭シ後チ町村制施行ノ際助役ニ擧ケラレ任滿ツルモ再三膺選シ克ク村長ヲ輔ケテ自治ノ發達ヲ圖リ教育衛生勸業ニ努メ最モ心力ヲ廣未廣二樋門ノ改築ニ致シ鋭意董督勵功ヲ竣ヘ以テ積年ノ水患ヲ除キ又堤防ノ修理給水ノ導業ニ盡瘁シ經營宜シキヲ得其他基本財産ヲ增殖シ風儀ヲ矯正スル等多年公同ノ事務ニ誠實勤勉シ勞効顯著ナリ」として藍綬褒章を賜はり其の美行を表彰せられた。

纐纈秋三郎　岐阜縣惠那郡蛭川村長として克く其の職に努め一村緝睦一家の風を爲さしめた。

萩原彌太郎、西村壽太郎　彌太郎は村長として壽太郎は助役として岡山縣川上郡宇治村をして公共の事業を興し優良村たらしめた。

山本八三郎　千葉縣山武郡源村の助役及村長として鋭意該村の齊整に努力し夙に我國町村中の優良村として其名を擧げしめたるの功績多大である。

遠藤永次郎　宮城縣宮城郡七北田村長として一村の復興に從ひ貯蓄組合の設置に努め産業に教育に衛生に經濟に他村の範と爲さしめた。

山本九三郎　福井縣松原村長として村治の整備事業の經營に盡力すること多年農業漁業を振興したるの功少なくない。

古橋源六郎　愛知縣設樂郡稻橋村長として又該地方の郡長として夙に地方の開發産業の振興に意を致し自ら以て之を任と爲す、其の事業を樹て地方の爲めに計るに、一に道徳を以て之を貫き終始敢て渝はることなく超然として名利の外に立ち所謂郷黨の善人として一意地方の爲に圖れる篤實の人である、明治四十二年十一月「資性篤實夙ニ村政ニ從ヒ德望アリ町村制實施ノ際村長ニ擧ケラレ任滿ツル毎ニ五回膺選シ能ク地方自治ノ發達ヲ圖リ敎育ノ普及ニ農事ノ改良ニ產業組合ノ設置ニ地方靑年會ノ組織ニ基本財產ノ增殖ニ造林事業ノ發達ニ產馬ノ育成ニ皆克ク力ヲ盡クシ殊ニ養蠶ヲ獎勵シ今ャ其ノ收獲一年拾萬圓ヲ踰ユルニ至リ其他風俗ヲ矯正シ勤儉貯蓄ヲ勸誘スル等鞅掌多年克ク其職ニ從ヒ村政整治衆民悅服ス洵ニ公同ノ事務ニ勤勉シ勞効顯著ナリ」として藍綬褒章を賜ひ美行を表彰せられた、又稲橋村及組合村長として前後二十年に渉り報酬及實費辨償を受けたることなく而かも村治上の功績頗る顯著なるものがあつた、爲めに村より感謝狀を賜つた其感謝狀の文殆ど源六郎の功績と人格との梗概を綱[illegible]す、曰く明治維新の始め國論沸騰人心恟々たり、君此時に際し毅然として大義名分を稱道し郷黨をして歸向する所を誤らざらしむ、其名主役に擧げられ、村治の衝に當るや上に稟し下に謀り勇斷果決所信を執て事を處し嘗て身家を顧みず、公を先にし私を後にし自ら奉ずる勤儉至誠以て他に接し孜々として維日も足らず、出て、取締となり大小區長となり學區取締となり地租改正係に任じ北設樂郡長となり東加茂郡長を兼任し常に牧民の業に鞅掌し治績大に擧り部民悉く其慶に浴す。後三河國農會を起し三河產馬組合を組織し或は地方森林會三河郷友會愛知縣農會中央農事會等の要路に當り或は帝國馬匹調查會委員に選ばれ大日本博覽會議員に擧げられ劃策處理皆其宜を得しは夙に世の認識する所なり。斯の如く國縣郡治の官公事に奔走周旋し殆んど席暖なるに遑あらざるの間に於て郷黨を思念するの深且厚なる學制の未た頒たれざるに先ち慨然自　　を捐て郷校を創設して子弟に就學を奬め神祇を崇敬して祭祀の式典を嚴肅にし冗費を節せしめて冠婚葬祭の體を厚うせしめ改曆の令下るや斷然陰曆を排して大祭祝日の儀を勵行し節句を廢して風敎を矯め貯蓄を督勵して荒饉に備へ報德會を設けて道德と經濟との調和を圖り縣道里道を改修して交通の便を謀り銀行を創めて金融を滑かにし献糸會を起して年々伊勢神宮の御料に献し鐵道の敷設を計劃して前途に一道の光明を認めたるが如き其誠を積み力を盡す數十年一日の如し殊に自治制の施行せらるゝや村長に當選せられしより以來鋭意村治に貢献し農事蠶業營林産馬等利用厚生の業を奬勵し學校を築造して教育の普及發達を期し警備交通の設備を全うし殆んど違算なし、其精神的感化の及ぶ所實に偉大にして遠近欽仰せざるものなし、惟ふに先考暉兒翁の遺志を繼承して其德益加はる、是を以て村民倚信して各其堵に安んじ其業を勤む、今や全國模範村の一に算せられ村位大に揚る、本組合村の名譽光榮何物か之に若かん、是れ盡く君が功績にあらざるなし、茲に本組合會の決議を以て金屛風一雙を贈呈し感謝の微衷を表す。

北設樂郡稻橋村
武節村組合村

右等篤志家の地方公共の利益を增進したるの功績は沒すべからざるものである、寔に地方自治團體の發達は此種の特殊家に俟つこと甚大であるが此篤志家は望んで生るゝものにあらず、又常に生存するものにもあらず、尙又た各地方に都合よく配置せらるゝものでもない、然らば町村の開發は常に此種篤志家の力のみに依賴することは許されざることである、果して如斯きものならば地方自治團體を開發し公共の福祉を增進するの途如何。

抑も町と云ひ村と云ふも只其の名稱を異にするのみにて制度の上より見れば同一の規定である町村制を適用せられ、社會組織の上より見れば同じく最下級の地方自治團體として取扱はるゝものである、然るに其の實質的狀態より觀察すれば相異る點が少なくない、彼のモッセ博士と共に我國地方制度調査の囑託であつたロエスレルはモッセの草案に對し意見を異にするところがあつて該草案を批評せるものがある、其の內に町と村とは其の制度上多少相異ならしむるを要す、全然同一法規を適用するは却て其の實狀に適せず否寧ろ其の發達進步を阻害することなきを保し難い、例へば大なる町村に在りても町村長一人にて全部の事務を見る故に町村事務は概ね區々たる書記の掌中に落ち然して町村自治の性質を失却すべき憂慎あり云々と云へるが如き吾人亦贊同せざるも得ざる點である、唯一に統一的、綜合的、簡明的なるを尙ぶが爲めに町村の實情如何を省みずして同一制度を適用するは官僚主義軍國主義、獨逸模倣主義の缺點を表はすものにあらざるか非か、翻つて町村の狀態を大觀するに左の如き差異がある。

(一)人口の多少　大正九年十一月の國勢調査に見るに町村の

人口は左表の如き狀態である。

人口	町數	村數
五〇〇人マデ	一	一二五
五〇〇以上 一、〇〇〇マデ	二	三〇四
一、〇〇〇以上 二、〇〇〇マデ	三二	二、三二四
二、〇〇〇以上 五、〇〇〇マデ	五五六	六、七〇三
五、〇〇〇以上 一〇、〇〇〇マデ	四九三	一、一四六
一〇、〇〇〇以上 二〇、〇〇〇マデ	二〇四	一七〇
二〇、〇〇〇以上 二五、〇〇〇マデ	三四	一四
二五、〇〇〇以上 三〇、〇〇〇マデ	一六	四
三〇、〇〇〇以上 四〇、〇〇〇マデ	一六	四
四〇、〇〇〇以上 五〇、〇〇〇マデ	五	一
五〇、〇〇〇以上 一〇〇、〇〇〇マデ	六	ー
計	一、三六五	一〇、七九五

右表に依れば町は二千人迄のもの三五を算するに過ぎざるも村に在りては二千七百五十人に達する、又二萬人以上のものは町に在りては七十七なるに村に在りては二十三に過ぎず更に人口を計算すれば

五、〇〇〇以下　町は五九七で其の人口二、〇七五七八四人

村は九、四五六で其人口 二、五〇二、九七二人

五、〇〇〇以上　町は七七四で其の人口八、五〇八、三九七人

村は一、三三九で其の人口一〇、二五九、〇四三人

である、故に町は總數の六割は五千人以上を包含し其の人口は總人口千五十七萬七千二百八十一人の八割を占むるに反し村は五千人以下を包含するもの總數の八割で其總人口三千五百二十八萬九千十四人の八割强を占むる狀態である、之に依りても町と村とは人口の密度に於いて同一視することを得ない。

(二)地位の情勢　町は其の地方交通商業取引の中樞地で概ね物貨は集散頻繁であつて屋宇櫛比し屋壁赫々として夕陽に映帶する處、衛生に消防に道路に救貧防貧に行政事務複雜ならざるを得ない、之れに反して村は所謂深山鷄犬の聲を聞いて始めて村あるを知る底の山村避地田畝連續人家却て散在するの處、黄茅數個松風干網を吹くの溪村其の行政は比較的單調である、大局より觀ずれば町と村とは地位の情勢に於て頗る異なる所がある、特に都市に近接する町に於ては其の行政も其の都市に準ずるの要あるべく例へば水道下水道の如き最も關係を有する行政事務である、尙大都市に接續するに於ては

彼の都市計劃事業は必ず其の町村に影響するところ少なからざるものである、大都市に接續する町村の主なるものは東京市外の澁谷町（人口約九萬）西巣鴨町（人口五萬）南千住町（人口五萬）日暮里町（人口四萬）品川町（人口四萬）瀧の川町（人口四萬）淀橋町（人口四萬）龜戸町（人口三萬八千）千駄ヶ谷町（人口三萬六千）大崎町（人口三萬五千）千住町（人口三萬）吾嬬町（人口三萬）巣鴨町（人口三萬）大久保町（人口二萬八千）高田町（人口二萬七千）大島町（人口二萬二千）、大坂市外の豐崎町（人口五萬六千）今宮町（人口五萬）鷺洲町（人口四萬）天王子村（人口三萬四千）、京都市外の伏見町（人口二萬七千）深草町（人口一萬四千）横濱市外の保土ヶ谷町（人口二萬千）、神戸市外の御影町（人口一萬四千）、名古屋市外の千種町）人口二萬五千）の如き或は早晩市に編入せらるゝの運命を有するも兎角山村水廓とは大なる差異あるべきの理である更に地位の上より見て宮崎縣宮崎町の如き埼玉縣浦和町の如き市制施行地に在らざるも諸般行政の複雜なるは到底山邑湖村と比を同うして見るべきに非ざるは勿論である。

（三）繁榮の中心　都市繁榮の中心は何であるか、概して商工業であるは言を俟たない、其他に東京市の如く政治關係を有する處があり宇治山田市の如く國民崇仰の至上神社を中心とする處がある、町村に於ても亦各々其の繁榮の中心を有するものである、試みに其の重なるものを擧ぐれば左の通りである。

イ、農業　農業を中心として存する町村は我國至る處に散在す農業に從事するものは概して簡素純朴の生活に安んずる、又た自然力に依ること多くして社會化せらるゝこと遲きを常態とする殊に現時の文化が資本主義商業主義に走り土に對して益々遠からんとするの趨勢である、土の生產は農業に依るは勿論である、然るに此の農業に依る土の生產には幾多の制限がある即ち人力、地力、時の各方面に於て制限を受け投資の大なるも利益之に伴はず肥料の多きを與ふるも收穫は倍加せず、機械力を利用するの餘地乏しく報酬遞減の法則は行はれ氣候風土は至大の影響を及ぼし、科學的能率增進の途無き生產である、此の生產業即ち農業に從事する者に依て組織せらるゝ町村の現狀は寒心に堪へざるものが少なくない、農村救濟の聲大なるものあるは之れが爲めである

ロ、漁業　漁業を中心とする海濱の村民は常に陸上に在ら

す二六時中海洋に出でて社會の狀態と離隔せらるゝの生活狀態である、故に智識進まず貯蓄に乏しきの風あるを免れない、農業を中心とする町村に次で最も多數を占む從つて農村の救濟を要すると同時に漁村も又た其の繁榮策を講ぜねばならぬ、抑我國民の主食物としては米麥と漁類とに外ならない、而して米麥は農村の改良策に依つて解決せられ、漁類供給のことは漁村の改良開發に待たなければならぬ、此の漁村の特徴は其職業の必要より集中的團體を作り散在的村落の成立なきことである、此の集中的團體を形成する點は漁村の開發上に甚だ都合よきところである、漁村の開發策とは何を謂ふか漁港漁場の設備、漁業權の保全、魚付林の維持殖林、共同販賣及び共同購買並に共同製造の方法、共同貯藏法(氷藏、氷室、積雪を共同とすること)、漁船の改良、貯蓄の奬勵、遭難救濟の方法、教育普及の方策、漁業組合、產業組合、水產組合等と町村との聯絡の如きものに外ならぬ、之等漁村開發策に關しては町村當局者は勿論監督官廳に於ても大に注意を加へねばならぬことである。

ハ、商業　商業を中心とするは市の外には殆んど町である、商業地の住民は概して計算を重んじ利に走り易く常に經濟界の變動に注意し、僥倖心に富むの風がある一言すれば可成く多くを賣らうとする主義を持する住民が多い、故に農業地漁業地の行政に異ならしむるを要するものが少なくない。

ニ、工業　可成く多くを生產しようとする主義は工業である、此の工業を中心とする町村に在つては資本家と勞働者とは其の生活及び教育の程度を異にすること甚しく之れが爲に勞働問題の發生することあるを免れない、或は町村の財政上に於て利するところあるべきも施政上深く考慮を費すを要する點が少なくない。

ホ、鑛業　鑛業を中心とする地方は工業と其の趣を同うするところあるも一面に於ては工業を中心とする地方よりも資本家又は企業家と勞働者との懸隔多きものである、資本家企業家の恩惠的施設は時に勞働者を利するところあるべきも輓近思想の激變は不測の紛擾を惹起することあるを免れない、歐米諸國に於けるストライキの如き鑛業地に發生せるの事例乏しからざるを見る。

ヘ、神社佛閣　神社佛閣の所在地は概して善良なる風俗に而し都會の面ある、神社佛閣に近づけるの際は崇仰敬虔の念を生ずるも一度境内を離るれば却て放恣の情に驅られ易く然かも其地の住民は自ら崇敬の念薄く外來者をして可成多くの財を散ぜしむるの策を講ずるの風があり、信仰心と實生活とは何等關係なきの觀念を有する者少なからざるを見る、斯くては自他ともに失ふ處多くして得るところ少なきものと謂はざるを得ない、神社佛閣を中心とする町村の繁榮を圖らんとせば其の住民をして敬虔の精神に富ましむることが緊要であらねばならぬ。

ト、温泉　温泉の湧出に依りて村となり町となるの地少なからざることであるが、眞に保健上の必要に基くの浴客甚だ多からず寧ろ遊興歡樂の爲にするもの多きを見る、從つて其の風俗を毒せらるゝこと少なからざる狀態である、温泉湧出し山紫水明のところ富豪の獨占すること多く奢侈の風年と共に盛んとなり彼の病を養はんとするものは交通不便設備不完全の地に行かざるを得ざるは世人のよく知るところである、浴客をして其の財を散ぜしめ其の地の住民之れを得て自から富んと欲するは人情の然らしむるところであるも國民の保健上より見れば却て身體を毒し精神を惰するの享樂で自他共に避くべきことである、温泉の本質に依るの利用に就き大いに考慮せざるべからざることである。

チ、遊覽　足都門を出でゝ山に海に精神の休養を計らんが爲め地方を遊覽するの風は青年者と云はず老者を問はず益々流行する是れ一面より見れば頗る好ましきことなるも一面其の遊覽の地が何等吾人に賦與するものなく寧ろ遊惰放恣の風に陷らしむるものあるは爭ふべからざる事實である、遊覽地に於ては他人の「紙入」に依りて生活するもの少なからず、故に勤勉努力の風は地を拂ふて認むるを得ざる情態である、我國民の常として旅に出づれば克己自利の氣を失ひ耻を耻とせざるの風がある、此風あるの遊覽者に接する遊覽地の住民は又た其の遊覽者の意を迎へ歡樂を擅に爲すを得せしむるの結果良風美俗を破壞せらるゝこと少なからざる狀態である、自己町村の良風美俗を向上せしめねばならぬ此の方策を講ずるは遊覽地の町村に於て緊要のことに屬する。

町村繁榮の中心點如何は其地住民の職業に生活に風俗に至大の影響がある、故に其の町村の行政上に財政上に當局者の考究を要するものが少なくない、自然の成行に放任し從來の慣習に委するが如きは新社會の組織に照し許容すべきことでない、尚町村に諸種の建設物がある、大工場の如き大學校の如き兵營の如き行刑所（監獄）の如き將又遊廓の如きは其の種類に依りて所在町村の住民に與ふるの關係を異にするものである、從つて町村の行政殊に兒童の敎育上に於ては最も注意を要すべきことである、彼の孟母三遷の訓へ今日尚吾人に資するところあるは故なきにあらざることである。

要するに町村は各々其の特殊的狀態に鑑み福利行政の進捗を圖らねばならぬ、千遍一律の行政を行ふことは却て町村の發達を害する、一に他に模倣するを以て施政の秘策なりとするに於ては町村を衰弱に陷らしむるものである、制度の改むべきものあれば速かに之れを改め全國町村を劃一的に律するの必要なかるべく、又た町村の行政機關の組織に改善すべき點あらば之れを改め須らく時代の推移に應ずべし、町村の實際の行政にして改良し其の町村の特徵特殊的狀態に應ずるの必要あらば直に之れを實行し所謂最善の力を盡して町村の繁榮を圖るべきものである、今主務省に於て優良なる町村として獎勵を加へたるものは左の如き町村である、吾人の期待し進步を望む地方自治團體として未だ以て足れりとする能はざるも現今一萬有餘の町村中比較的優良なる治績を擧げて居るは事實である。

一、明治四十三年獎勵

北海道浦川郡荻伏村	東京府西多摩郡戶倉村
東京府西多摩郡三田村	兵庫縣美嚢郡口吉川村
兵庫縣宍粟郡富栖村	長崎縣北高來郡小野村
新潟縣中蒲原郡七谷村	群馬縣山田郡境野村
千葉縣山武郡源村	愛知縣渥美郡野田村
山梨縣中巨摩郡豐村	滋賀縣蒲生郡鎌掛村
滋賀縣甲賀郡津谷村	岐阜縣惠那郡蛭川村
長野縣西筑摩郡山口村	福島縣伊達郡立小山村
石川縣鹿島郡咲山村	富山縣中新川郡早月加積村
島根縣簸川郡出東村	島根縣周吉郡布施村
岡山縣川上郡宇治村	岡山縣吉備郡岩田村
廣島縣加茂郡廣村	和歌山縣有田郡保田村
德島縣板野郡黑浦村	德島縣名東郡佐那河內村
香川縣大川郡小梅村	愛知縣溫泉郡正岡村
高知縣幣多郡三崎村	

二、明治四十四年奬勵

埼玉縣兒玉郡秋平村　埼玉縣南埼玉郡潮止村
奈良縣生駒郡北倭村　三重縣阿山郡玉瀧村
靜岡縣磐田郡敷地村　滋賀縣高島郡青柳村
岐阜縣惠那郡落合村　岐阜縣大野郡大八賀村
青森縣北津輕郡七和村　山形縣西田川郡東郷村
秋田縣由利郡平澤町　福井縣大野郡上味見村
石川縣珠明郡蛸島村　富山縣射水郡横田村
富山縣中新川郡西加積村　鳥取縣西伯郡上道村
島根縣大房郡海潮村　島根縣八束郡熊野村
島根縣八束郡岩坂村　岡山縣兒島郡八濱村
廣島縣豐田郡大崎南村　廣島縣神石郡新坂村
廣島縣佐伯郡河內村　德島縣勝浦郡勝占村
德島縣海部郡日和佐町　香川縣綾歌郡山田村
高知縣高岡郡日下村　高知縣高岡郡吾桑村
高知縣吾川郡下八川村　福岡縣築上郡黑土村
鹿兒島縣日置郡伊作村　沖繩縣中頭郡宜野灣村

三、大正二年奬勵

滋賀縣野洲郡兵主村　滋賀縣野洲郡小津村
岐阜縣惠那郡加子母村　福井縣遠敷郡鳥羽村
富山縣東礪波郡城端町　鳥取縣西伯郡法勝寺村
高知縣幡多郡蕨岡村　高知縣安藝郡中山村

四、大正三年奬勵

石川縣江沼郡月津村　鳥取縣西伯郡尚德村
島根縣八束郡大蘆村

五、大正四年奬勵

廣島縣御調郡大濱村

六、大正五年奬勵

島根縣簸川郡知井宮村

七、大正七年奬勵

岡山縣吉備郡大和村　鳥取縣西伯郡大和村

八、大正八年奬勵

三重縣阿山郡鞆田村　三重縣阿山郡小田村
靜岡縣濱名郡吉野村

九、大正九年奬勵

島根縣岩美郡由後村

十、大正十二年奬勵

大阪府三島郡吹田町

内務省に於て奬勵したる是等町村の内其の中心人物を失ひたる爲め村勢漸次衰退したるものあるを聞く、果して其の如くなれば所謂優良村の實質を疑はざるを得ない、素より中心人物に依りて諸般の社會事情は發展すること今日の世態なるも地方自治團體は屢々述べたる如く團體員全體の自覺と努力とに俟たねばならぬことである故に假令中心人物を失ふに至るも其の治績を擧ぐべきものである、民衆の力之れが地方自治の根源であらねばならぬ「吾に自由を與へよ神よ否らざれば死を與へよ」と、天に祈りたる米國の偉人の言「板垣死すとも自由は亡びず」と叫んだる政黨創立者の聲は地方自治團體員總べての意氣であるべきものである、特に農村は衰頽の狀態を呈したること久しく之れが救濟を唱導するの聲朝野に普きの秋小數の中心人物あるも如何とも爲し難きにあらざるか、眞に農村の現狀を脫却せしめ土の力を利用し以て國本を培養し民力を涵養するの方策は他力宗に非ずして民の自信と自力とに俟つの外なくと思はる、彼の丁抹農國の實情を看れば思ひ半ばに過ぎるものがあらう。

又た吾人は茲に看過すべからざる町村問題がある、卽ち都市の膨張に伴ひ其の近接町村を併呑することである、試みに市制施行の際を除き其後の事例を擧ぐれば左の通りである。」

市名	併呑せられたる町村數	併呑の時
東京	一	大正九年
京都	一六	大正七年
大阪	二八	明治三十年
名古屋	二八	明治廿九年乃至大正十年
横濱	九	明治三十四年乃至同四十四年
神戸	一	大正九年
堺	二	大正九年
姫路	二	大正元年
長崎	七	明治三十年乃至大正九年
新潟	二	大正三年及同八年
津	二	明治四十二年
靜岡	二	明治四十一年及同四十二年
盛岡	一	大正二年
秋田	四	明治三十八年乃至同四十二年
金澤	一	明治四十三年
高岡	二	大正六年
廣島	一	明治三十七年

下關	一	大正十年
和歌山	一	大正十一年
高知	一	大正六年
福岡	四	大正四年乃至同十一年
久留米	一	大正六年
佐賀	一	大正十一年
熊本	二	大正十年
鹿兒島	二	大正九年
岡山	四	大正十年
岐阜	一	明治三十六年
松山	四	明治四十一年
高松	三	大正三年及同十年
前橋	六	明治三十三年
長岡	一	大正十年
濱松	四	大正元年乃至同十年
札幌	四	明治四十三年

右の如く町村は漸次市に併呑せらるゝが之れが對策に關しては考究すべき問題である。

市に併呑せらるゝ事に反し町村自から其の實力を増加せんが爲め合併するの事は國勢の進運に伴ひ起るべき問題である此の問題に關しては明治四十年主務省に於て其の意見を表示したるものがある左に之を掲ぐる。

町村ノ合併ニ關スル趨勢及方針

町村自治體ハ成ルヘク從來ノ區域ニ依リ濫リニ變更ヲ爲サヽルコト固ヨリ自治制度ノ本旨タリ然レトモ資力薄弱ニシテ法律上ノ負擔ニ堪ヘス其獨立自治ノ實ヲ擧クルコト能ハサルモノニ在テハ國家ハ公益上之ヲ合併シテ有力ナル町村ヲ造成スルヲ必要トス是レ曩ニ町村制ノ施行ニ際シ特ニ地方官ニ訓令ヲ發シテ從來町村ノ區域狹小資力薄弱ニシテ獨立自治ノ目的ヲ達スルヲ得スト認ムルモノハ一町村ノ戸數大凡三百乃至五百戸ヲ以テ之カ標準ト爲シ以テ合併ヲ行ハシメタル所以ナリ而シテ其ノ結果明治二十一年末ニ於ケル町村ノ總數六萬九千百九十五一町村平均戸數百十戸ナリシモノ明治二十三年末ニ於テハ町村總數一萬三千五百三十三一町村平均戸數四百九十六戸ト爲レリ之ヲ歐洲諸國ニ比較スルトキハ我町村ノ戸口ハ敢テ寡少ニアラサルモ古來ノ沿革其ノ他ノ點ニ於テ彼我其情況ヲ同フセサルモノアルカ故

ニ直ニ採テ以テ我ノ標準ト爲スヲ得ス要ハ唯國勢民情ニ照シ下級ノ自治體トシテ其ノ活動ヲ全フシ得ヘキ適應ノ資力ヲ有セシムルニアリ是ヲ以テ我町村制ハ之カ必要ニ應スル爲町村ノ廢置分合ヲ許セリ今試ニ町村制施行後現今ニ至ル町村合併ノ趨勢ヲ觀ルニ其ノ原由ハ種々ナルモ之ヲ大別スレハ第一戸口寡少資力薄弱ニシテ法律上ノ負擔ニ堪ヘ難ク且人情風俗著シキ差異ナキニ由ルモノ第二交通其他社會事情ノ變遷ニ伴ヒ町村ノ區域擴張ヲ必要トスルモノ第三組合町村カ不便多キ故ヲ以テ合併セルモノ等ニシテ就中第一ニ屬スルモノ十中ノ九ヲ占メリ

町村ノ資力法律上ノ義務ヲ負擔スルニ堪ヘス又ハ公益ノ増進ヲ圖ル爲メ必要ナル場合ニ於テハ國家カ合併ヲ强制スルハ固ヨリ法ノ許ス所ナルニ依リ之ヲ行フ敢テ不可ナキモ本來合併ノ目的ハ自治體ノ基礎ヲ鞏固ニシ以テ健全ナル發達ヲ遂ケシムルニアルカ故ニ地勢民情及古來ノ沿革其他實地ノ情況等ヲ査察シ能ク將來ノ利害得失ヲ考究スルハ勿論關係自治體ノ融和圓熟シ進テ其合併ヲ望ムヲ俟テ之ヲ決行スルヲ最モ適當ナリトス從來町村ノ合併ニ際シテハ專ラ此ノ趣旨ニ依リ關係自治體ノ圓熟ヲ俟テ其ノ廢合ヲ決行シ若關係ノ自治體ニシテ一時ノ感情ニ制セラレ永久ノ得失ヲ顧サルカ如キモノアルニ於テハ能ク事理ヲ説明シテ勸誘ヲ加ヘ以テ圓滿ナル自治體ノ成立ヲ圖リ假令公益上必要ナル場合ト雖努メテ强制ノ方法ニ依ルコトヲ避ケタリ然レトモ多數ノ町村中或ハ謂ハレナキ不服ヲ唱ヘ或ハ黨派ノ關係上團體永久ノ利益ヲ無視スルカ如キモノニ對シテハ公益上止ムヲ得ス强制ノ方法ニ依リタルコトナキニアラサルモ此ノ如キハ例外ニシテ又實ニ稀有ニ屬セリ而シテ之ヲ既往ノ實驗ニ徵シ其不服反對ヲ唱フル所以ノモノヲ覈索スルニ合併ノ利ハ之ヲ熟知スルモ或ハ唯役場位置爭奪ノ如キ或ハ單ニ新町村ノ名稱ニ慊焉タラサル等ノ如キ鎖々タル利益ヲ計ルニ汲々トシテ强テ反對ヲ主張シ或ハ併合ニ關シ可成有利ノ條件ヲ獲得センカ爲故ラニ反抗ヲ試ミ其ノ甚シキニ至テハ黨派勢力ノ消長ヲ顧慮スルニ由ルモノアリ尙更ニ甚シキニ至テハ一二個人ノ私利上ノ打算ニ本ツキテ一般ヲ煽動スルモノ亦是レ無キニアラス是ヲ以テ一度合併ノ曉ニ於テハ暫ニシテ復タ反對ノ聲ヲ聞カサルヲ例トス

合併ノ効果トシテ觀ルヘキモノハ町村吏員及議員ニ適材ヲ得事務費ヲ節約シ住民ノ負擔ヲ輕減シ敎育勸業衞生其他緊

要ナル施設ヲ容易ナラシメ又從來町村組合ノ下ニ經營セル學校、傳染病院、道路橋梁、用惡水路其ノ他ノ事業ヲ一團體ノ下ニ統一シテ其ノ經營ヲ便ナラシメ益々其資力ヲ增進シ基礎ヲ鞏固ナラシムルニ至レリ。

町村制施行後町村ノ廢合ヲ行ヒタルモノアルカ爲明治三十九年十一月末日現在ノ町村數ハ一萬二千〇五十九ニシテ之ヲ明治二十三年ノ現在數ニ比スレハ一千四百七十四ヲ減シ從テ一町村ノ平均戸數ハ六百戸ニ上レリト雖全國中戸數百戸ニ滿タサルモノ尙百六十九ヲ算シ其ノ最モ少キニ至テハ僅ニ九戸ヲ以テ一村ヲ爲スモノアリ又全部事務ヲ共同處理スルモノニ至リテハ其數五百九十其組合數二百二十七ニ上レリ而シテ一方町村ノ經費ハ累年遞加シ之ヲ統計ニ徵スルニ明治二十三年度ニ在テハ一戸平均參圓參拾五錢餘ニ過キサリシカ明治三十六年度ニ至テハ一戸平均九圓八拾貳錢餘ニ上リ從前ノ約三倍ニ達セルヲ觀ル

既往及現在ノ情況ハ叙上ノ如シ況ンヤ戰後國運ノ發展ハ益々敎育衛生殖產交通等地方ニ於ケル各般施設ノ振張ヲ要スヘキヲ以テ町村ノ負擔ハ今後更ニ一層ノ加重ヲ來スハ固ヨリ免レサルノ數ニ屬ス乃チ町村ノ區域ヲ擴張シ以テ資力ノ充實ヲ計ルハ亦洵ニ及時ノ措置ト云ハサルヘカラス此他交通機關ノ發達及諸般社會事情ノ變遷ニ伴フ必要ヨリシテ更ニ合併ヲ企圖スルモノアルニ至ルヘキハ亦避クヘカラサルノ現象タリ之ヲ要スルニ時勢ノ推移ニ伴ヒ事實上ノ必要ニ本ツキ町村ノ廢合ヲ爲スハ自治體ノ根底ヲ鞏固ニシ其健全ナル發達ヲ期スル所以ニシニ之レカ實行ニ關シテハ將來ト雖亦從來ノ方針ト異ナルナカルヘシ

以て政府の方針の存する所を知るに足る

尙左に町村制施行後の町村數を見るに

年次	町村數	年次	町村數
明治廿二年末	一三、三三八	明治廿六年末	一三、五九一
同　三十年末	一二、九六六	同三十四年末	一二、五六四
同　三十九年十一月末	一二、〇五九	同四十四年末	一一、八七九
大正三年末	一一、八一九	大正十一年六月末	一一、六五三

但し沖繩北海道及町村制を施行せざる島嶼の町村を除く

更に吾人は政府者が極力努力しつゝある民力涵養に關し現況を考察するの順序に到達したのである。

民力涵養の事は敢て新しき問題でなきも時運に從ひ之れが施設を促さるゝもの少なからざる狀態である、勤儉尙武の問題は過去のものである、民力休養と謂ふも消極的問題である産業の振興は物質的に傾くの嫌がある、自治の作振は常套の題目である、茲に於てか民力涵養と云ふ題目を掲げて政府者は國民を指導せんと企てたのである、寔に好題目であり時勢に適應するの企圖と云はなければならない、大正八年三月内務大臣は訓令を發し爾來講師を各地に派遣し之れが普及に努むるところがある、各府縣も亦相競ふて訓令の旨に添はんことを圖るの情勢である、故に戸主會、婦人會、青年會等の諸團體を始め産業組合の設置は著しく其の數を增加し勤倹の風起り自治心は向上し生活は改善せられんとし、飲酒者の數を減じ思想の緩和を得たりと稱せらる、果して形式備りて實質に缺けるところなければ寔に喜ぶべきの現象であつて政府者の努力空しからざるものである、然るに吾人が地方に旅行し耳にするところに依れば民力涵養も一時の流行問題であつて國民は中央政府の派遣講師の講演にては未だ以て實質的効果を收むるに足らない、國民の要求は講演に非ず、訓令に非ず、更に一歩を進めたる國家の施政である、徹底的の國策である、國民の精神上に於ける空虚、換言すれば耳にし口にすることに依つては滿足を得ざる底の要求に對し何物かを與へられんことであるとの聲である、是れ素より一部の者の懷抱する意見なるも又以て參考とするに足る、現時我國民は政治にも經濟にも教育にも思想にも將又宗教にも捕へんとして捕へ得ず求むれども與へられず、誤解と不信とは一般的疾患となり、權力の濫用に對しても之れに抗し難く、勞力の搾取せらるゝことあるも訴ふるに途なく、一部國民を除きては唯生きんが爲めに狂奔せざるを得ざるが如きものあるにあらざるか、更に要言すれば社會の各方面に於て行詰りたるの觀あるものゝ如く思はる、國民をして新活路を得せしむるにあらざれば至極の努力も竟に空しきに終らんか、蓋し社會改造思想の發生すること決して故なきにあらざるものである、已れなきの至人、功なきの神人、名なきの聖人、出でて我國民を救ふにあらざれば復た此の蒼生を奈何せんやと謂ふべきか、抑も何ぞ他に策を求むるを要すべき、吾人は地方自治の達成を理想として進まんのみ、是れ我が國民を救ふの途である、民力涵養も可なり、産業組合の設置も可なり、青年會、婦人會の結合も可なり、社會事業の施設も可なり、畢竟は國民に獨立自治の精神を向上せしめ地方自治主義に依り社會の改造を圖るべきである。

町村に關しては大體前述の如き考究を要する問題がある、是れに對しては左の方策を講ずるを適當とするであらう。

一、町と村とか或は其の繁榮の情態に依り機關の組織に等差を附すること

二、特殊の事情ある町村に對しては經濟政策を其の町村に適應せしむる爲め自由の處置を爲する範圍を異にすること

三 町村行政の監督は行政の大綱に止め實際的施設經營に對しては自發的にして可成く放任主義に依ること

四、監督廳は不斷に町村の實質的狀態に適應するの社會政策を考究し各町村に特殊の資料を供給すること

五、町村行政の形式を具備せしむるは勿論なるも其の實質に關し考察を加へ團體員自の覺心を促進するの方策を立つること

六、公民教育の普及を圖ると同時に其の町村の實情に適應するの教育を施し得るの途を町村の自由意志に基き之れを講せしむること

第二章 町村行政の範圍及法規の制定

町村行政の範圍は現下町村制の定むるところに依り明かである即ち

町村ハ官ノ監督ヲ受ケ法令ノ範圍内ニ於テ公共事務並ニ從來法令又ハ慣例ニ依リ及ヒ將來法律勅令ニ依リ町村ニ屬スル事務ヲ處理ス

とあるを以て町村行政は

一、官の監督を受くることの制限がある、故に官の監督の存することが町村行政の特質である

二、法令の範圍内に於て施行せられねばならぬ、法令の定めなきに於ては町村行政は存せざるものと云はなければならない、茲に法令と云ふは法律、勅令、閣令、省令、府縣令を稱するのである、故に町村行政に對して制限を加ふることは府縣知事にも之れを認むるが如く解せらるゝも府縣知事が府縣令を發するには法規に基かねばならぬ、決して違法越權の行爲に出づることを得ないものである

三、公共事務に限らる、此の公共事務とは夫が町村住民共同の利益となり一般的に福祉を齎す事務でなければならぬ、彼の營利を目的とする企業を營むことは此の公共事務とある規定に依り認められざるものである

四、公共事務以外には委任せられたる國の行政事務でなければ

ばならぬ、前號の公共事務は固有事務と稱し本號の委任事務は特に國の行政事務を町村の行政事務として處理せしむるものである、然して其の委任の法式は町村制施行前と施行後とに依りて異るものである。

(イ)町村制施行前にありては法律勅令、省令其他の命令に依り定められ又は法令に定めなきも町村事務として處理したるの慣例あるものでなければならぬ

(ロ)町村制施行後にありては法律が勅令で定めらるゝものである、故に町村制施行後は成立せず、法律勅令以外の命令にては定むることを得ざるものである

尙學者は町村行政事務を隨意事務と必要事務とに區分する此の町村行政の範圍は市の行政の範圍と同一である、第三編に於て市の行政の範圍に關し記述したるところであるを以て重ねて玆に述べざることゝする。

明治十七年の町村法案に依れば「町村ハ法律上ニ於テ人ト看做スベキノ權利ヲ有シ政府ノ監督ヲ受ケ其ノ事務ヲ自治スルモノトス」とあつた、之れは西曆千八百五十年の普國町村法に「町村ハ法人タリ各町村ハ其ノ事務ヲ自治ス」との規定あるを模倣したる規定と思はる、而して草案の規定に關する說明を見るに「町村ヲ一個人ノ權利アルモノトシ自治ヲ爲スヘキコトヲ揭ケタルハ獨リ歐洲諸國ノ制度ヲ參酌シタルノミナラス我國ノ舊時ニ於ケル名主庄屋ハ其ノ町村ノ總代トナリ町村費ヲ徵收シテ一切ノ費用ヲ支辨シ公私ノ事務ヲ評議スル爲メ寄合ヒタルカ如キハ殆ント法律上人ト看做スヘキ權利ヲ有シ自治ノ性質ヲ帶ヒタルナリ因ツテ玆ニ町村ノ權利ト自治ヲ爲スヘキコトヲ揭ケ政府ノ監督ヲ受ケシムルモノハ町村ノ任意ニ爲スヲ得サラシムル爲ナリ」とある、當時地方制度調査囑託の一人ロヱスレルは之れを難じて云ふに「町村は一個人と同一の權利義務を有すと云ふは正しからず、何んとなれば町村法の關係は公法に屬するものにして種々の關係に於て之を亦財產法に關しても差異あるところなり」と此の評言は正に至當である、然るに明治二十一年發布の町村制には尙草案と同じく「町村ハ法律上一個人ト均シク權利ヲ有シ義務ヲ負擔シ凡ソ町村公共ノ事務ハ官ノ監督ヲ受ケテ自ラ之レヲ處理スルモノトス」と規定した、如斯き用文は行政法理の智識進まず法人の意義を明確に認識せざりしに依るものと云はなければならぬ、蓋し一個人とは自然人を指すものなれば公法なると私法たるとを問はず法律上法人が自然人と同一の權利

を有し義務を負ふべきものにあらざるは明白なる處である、明治四十四年の改正法は「町村ハ法人トス云々」と規定して以て舊法の不適當なる用文を改めた。

町村の法規制定の件即ち自主權は明治十七年の町村法草案には何等規定するところがなかつたが同二十一年發布の町村制には其の規定を加へた曰く、

町村ハ町村住民ノ權利義務ノ及ビ町村ノ事務ニ關シ此ノ法律中明文ナク又ハ權利ヲ以テ特例ヲ設クルコト許セル事項ハ各町村ニ於テ特ニ條例ヲ設ケテ之レヲ規定スルコトヲ得

町村ニ於テハ其ノ町村ノ設置ニ係ル營造物ニ關シ規則ヲ設クルコトヲ得

町村條例及規則ハ法律命令ニ牴觸スルコトヲ得ス且ツコレヲ發行スル時ハ地方刊行ノ公告式ニ依ルヘシ

と之れに依り町村が其の自主權に基き制定する法規は條例規則として發布すべきものである、此の法規制定の件は府縣なる地方自治團體は之れを有せず、市は町村と同じく之れを有することは第三編に於て述べたるところである、玆に市町村に此の自主權を與へたる理由を見るに左の通りである。

自主ノ權トハ市町村等ノ自治體ニ於テ其ノ内部ノ事務ヲ整理スルカ爲メニ法規ヲ立ツルノ權利ヲ云フ、所謂自治ノ義ト混同スヘカラス、自治トハ國ノ法律ニ遵依シ名譽職ヲ以テ事務ヲ處理スルヲ云フ、元來法規ヲ立ツルハ國權ニ屬スルモノナリト云ヘトモ或ル範圍内ニ於テ之レヲ自治區ニ附與スル所以ノモノハ一國ノ立法權ヲ以テ固ク地方ノ情況ヲ酌量シ其ノ特殊ノ需要ニ應スルコト能ハサルニ因ル固ヨリ市町村ノ法規ハ其ノ市町村ノ區域内ニ限リ且ツ國ノ法律ヲ以テ其ノ自主權ニ任シタル事件ニ限リ効力アルモノトス其ノ委任ノ範圍ノ如キハ古來ノ沿革及ヒ人民政治上ノ敎育ノ度ニ伴隨スヘキモノニシテ其ノ範圍ノ廣狹ニ依テ利害ノ岐ルヽトコロ立法官タルモノ最モ愼サルヘカラス、今本邦各地方ノ情況ヲ裁酌シ自主ノ權ヲ適實ニ施行スヘキノ望ナキモノハ法律ヲ以テ之レヲ規定シ或ハ法律ヲ以テ模範ヲ示シ猶地方ノ情況ニ依リ自主ノ權ヲ以テ增減斟酌ヲ許サントス

市町村ノ自主ノ權ヲ以テ設クルトコロノ法規ニ條例及規則ノ別アリ、規則トハ市町村ノ營造物ノ組織及其ノ使用方法ヲ規定スルモノヲ云ヒ條例トハ市町村ノ組織中ニ在テ權利

義務ヲ規定スルモノヲ云フ、其ノ法律命令ニ牴觸スルヲ得サルハ二者トモニ相同シ但シ條例ニ在テハ此ノ外猶制限アリ即チ法律ニ明文ヲ掲ゲテ特例ヲ設クルコトヲ許シ或ハ法律ノ明條ナクシテ自主ノ權ヲ許シタル場合ニ限ルモノトス云々、條例規則ヲ論セス公布ヲ俟テ始メテ他人ニ對シテ効力ヲ有スルハ一般ノ法理ニ照シテ疑ヒナキトコロナリ

右の理由に依り町村に法規制定の權を與へたる立法の主旨は明瞭である、要するに地方自治團體に在りては自治權と自主權とを併有することに依りて完全なる地方自治團體たるを得る、此の二種の權能は自治團體として最も尊重すべきものである。

第三章　町村民の權利及義務

町村は市と同じく地方自治團體の一にして一定の土地と人民とを以て其の構成要素と爲す法人であることは第一編に於て述べたるところである、其の構成要素の一である人民を住民と稱する、西暦千八百五十年の獨逸町村法に依れば「町村の住民とは此の法に從ひ町村内に自己の住所を有する者」とある、英吉利國法に依れば「住居權ある者は皆な其の地の管民」とある、明治十七年の町村法草案には「町村内に住居するものは土地家屋を有せずと云へども其町村の人民と爲す」と、規定したが明治二十一年發布の町村制には「凡そ町村内に居住を占むる者は總て其の町村住民とす」との規定がある、其の理由を見るに「身羈旅にある者と一時の滯在者とを除くの外凡そ町村内に住居を定むる者は即ち町村住民たり云々」とあるを以て居住の事實ある者は老幼男女貧富賢愚の別なく悉くその町村の住民である、然るに明治四十四年の改正町村制には「町村内ニ住所ヲ有スル者ハ其ノ町村住民トス」と規定したるを以て現時に在つては住所を有するに非ざれば住民となることを得ない、而して住所とは民法に所謂各人の生活の本據地である、其の住所の知れざる場合に於ては居所を以て住所と看做し、日本に住所を有せざる者は日本に於ける居所を以て其の住所と看做さるべきは敢て言を要しない、此の町村住民は町村と如何なる關係を有するか町村の構成要素たるは明かであるも法律上町村に對し如何なる權利義務を有するやと云ふに、

一、町村の營造物を共用すること

二、財產の使用に參與すること

三、町村の公務に參與すること

の權利を有し

一、町村の負擔を分任すること即ち町村稅を始め夫役現品を提供すること

二、町村の公務に參與すること卽ち選擧權を行使すること名譽職に就くこと

の義務を有する、更に要言すれば町村の存立を意義あらしむるの特權と義務とを有する、此の特權を完全に行使し、此の義務を履行せしむる爲めに住民中に特定の資格を有するものを定め以て町村活動の基礎たらしめて居る、是れを公民と稱する。

此の公民の資格に關し各國の例を案ずるに

(イ)町村住民にして法律上の要件に適する時は直に公民となるの法

(ロ)特別の手續に依りて公民權を得るの法

とあるが我町村制にては町村住民として法律上の要件に適する時は直に之れを公民と爲すの法を採用する、而して明治十七年の町村法草案には別に公民を設けず二十歲以上の男子にして其の町村內に現に住居し町村費の賦課を受くるものなる時は町村會議員の選擧權を得るものとしたるが明治二十一年發布の町村制にては公民の資格要件を左の通り定めた。

一、帝國臣民にして公權を有する獨立（滿二十五歲以上にして一戶を構へ且つ治產の禁を受けざるもの）の男子なること

二、二年以上其の町村の住民たること

三、二年以上其の町村の負擔を分任すること

四、二年以上其の町村內に於て地租を納め若くは直接國稅年額二圓以上を納むること

五、公費を以て救助を受けざること、若し公費の救助を受くるも後二年を經過したること

である、然るに明治四十四年改正の町村制にては一の事項を「帝國臣民にして獨立の生計を營む年齡廿五年以上の男子」と改め尙禁治產者準禁治產者及六年の懲役又は禁錮以上の刑に處せられざることを加へた。

其の後大正十年の改正に依りて左の資格を具ふるものを公民とすること丶なつた。

一、帝國臣民たる男子年齡二十五年以上の者

二、獨立の生計を營む者

三、二年以來其の町村の住民たる者

四、二年以來其の町村の直接町村税を納むる者但し直接町村税を賦課せざる町村に於ては此の限に在らず

五、貧困の爲め公費の救助を受けざる者若しこれを受くることあるも其の後二年を經たる者

六、禁治産者準禁治産者及六年の懲役又は禁錮以上の刑に處せられざる者

公民權者は右要件を備ふる者たることゝなつた、故に左の原因に依りて公民權は喪失するものである。

一、國民籍を失ふこと

二、獨立の生計を營むを得ざること

三、町村内に住所を失ふこと

四、直接町村税を納めざること

五、貧困に原因し公費の救助を受くること

六、禁治産者又は準禁治産者となること

七、六年以上の懲役又は禁錮の刑に處せらるゝこと

尙前述するところの關係を有せず即ち公民資格なきも特に公民たるものがある、卽ち有給町村長、有給町村助役、收入役は其の在職の間公民たるべきである、公民は町村の選擧に參與し町村の名譽職に選擧せらるゝの權利を有し、名譽職を擔任するの義務を負ふものである、詳言すれば町村會議員、町村會議員選擧の立會人、名譽職町村長及び助役、町村の區長及び其の代理者、町村の委員の職に就くの權利を有するものである、之れが卽ち町村の行政に參與することである、又た此の就職の權利は一面に於て公民の義務である、故に法定の理由なくして之れを拒絕し、實際に於て其の職務を執らざる場合に於ては制裁を加へらるるものである、其の名譽職の當選を辭し又は一旦就職するも其の職を辭し、或は實際に其の職務を執らざるも相當の理由ありとして之れを許容せらるゝ場合がある。

其の法定の理由とは左の如きものである

一、疾病に罹り公務に堪へざること

二、職務の爲め常に町村内に居るを得ざること

三、年齡六十年以上となりたること

四、官公職の爲め町村の公務を執るを得ざること

五、四年以上名譽職、町村吏員、町村會議員又は區會議員の職に任じ爾後同一の期間を經過せざること

六、其他町村會の決議に依り正當の理由ありと認むること

右第六の理由に關しては町村會の決議を要するを以て町村會は最も公平無私以て其の理由の當否を審査決定すべきものである、部落的感情又は政黨關係に依りて不公平なることあるべからざるは勿論である。

第四章　町村の機關

町村の行政機關は市と同じく議決機關と執行機關との二種である、其の議決機關は町村會で執行機關は町村長である、以下之れを分說する。

第一節　議決機關

町村の意思を決定する機關卽ち議決機關を町村會と謂ふ、此の町村會の組織及選擧と其の職務權限を說明すれば左の如きものである。

第一　組織及選擧

町村會議員を以て組織する、其の町村會議員は選擧に依りて之れを定むるものである、而して町村會を組織する議員の員數は法規を以て定むる、素と區町村會法の時代に於ては各地區々の標準に依り其の員數を定めた、卽ち町村の戶數を標準とするもの、例へば百戶未滿の町村は議員十八以下、二百戶未滿は議員十五人以下とするが如く又た人口を標準とするもの、例へは住民二百五十人以下は議員八人、住民五百人以下は議員十人と爲したる如き類である、然るに明治十七年の町村法草案に於ては人口を標準とするの主義を採つた、其の草案の定むる議員數は

人口五百人未滿は十人　　人口五百人以上は十二人
人口千人以上は十四人　　人口千六百人以上は十六人
人口二千四百人以上は十八人　　人口三千二百人以上は二十人
人口四千二百人以上は廿二人　　人口五千四百人以上は廿四人
人口六千八百人以上は廿六人　　人口八千二百人以上は廿八人
人口一萬人以上は三十人　　人口三萬五十人以上は卅六人
人口七萬人以上は四十人

と爲したが明治二十一年發布の町村制にては

人口千五百人未滿の町村に於ては議員八人
人口千五百人以上五千人未滿の町村に於ては議員十二人
人口五千人以上一萬人未滿の町村に於ては議員十八人
人口一萬人以上二萬人未滿の町村に於ては議員二十四人
人口二萬人以上の町村に於ては議員三十人

とし、町村條例を以て特に之れを增減することを得ること、

定めた、明治三十三年は町村會數一萬三千百二十で議員數は十五萬千五百三十七人である、一町村會平均は十二人弱の割合となる、大正九年には町村會數一萬千六百七十一で議員數は十三萬三千八百三十一人である、一町村會平均は約十三人となつた、以て一町村の人口が増加したることを證するに足る。

町村會議員は町村會議員の選擧權あるものに依つて被選擧資格者の中から選擧に依つて定めらる、其の任期は四年である。而して其の選擧權ある者は如何なる資格を有するかと云ふに現行町村制にては公民權ある者（公民權停止中の者及陸海軍の現役に服する者及其他の兵役にあつて戰時又は事變に際し召集せられ居る者を除く）であるが明治十八年の町村法草案にては我國の舊慣と諸外國の立法例とを參酌し左の如く定めた。

一、二十歳以上の男子にして其の町村内に現に住居し町村費の賦課を受くるもの

二、學校病院並に諸會社等の町村費の賦課を受くるもの

右の内瘋癲白痴聾啞のもの、一年以上の懲役及國事犯禁獄の刑に處せられ滿期後五年を經ざるもの、公權を剝奪及停止せられたるもの、一年以上輕重禁錮の刑に處せられ所刑滿期後五年を經ざるもの、身代限りの處分を受け負債の辨償を終へざるもの、町村の公務に與ふることを禁ぜられたるものは選擧權なきものとせられた。

然るに明治二十一年發布の町村制にては

一、公民權を有するもの（公民權停止中のものを除く）

二、公民たらざるも帝國臣民にして直接町村税を納め其の額町村公民の最多額納税者中の三人より多額なるもの（男子たると女子たると成年者たると未成年者たるとを問はず）

三、法律に據つて設立したる會社其他法人にして前號の場合に當るもの

と定められた、其の後明治四十四年改正の町村制にては舊法の主旨に從ひ只字句を改正したのみであつた、此の規定の立法上の理由は前示二號三號に該當するものは町村行政が其のもの丶利害に關するところ最も多く且つ町村税負擔の最も重きに依るのである、然るに公民の資格要件中より納税額を標準とせざることゝなし、選擧人等級を廢止することゝなつた爲め且つは時勢の要求に應じ大正十年の改正法にては公民以

外のものを削除した。

選擧人を其の納税額に依り分別して二級とし、選擧人中直接町村税の最も多きものを併せて選擧人全員の納むる總額の半ばに當るべきものを一級とし、其の他のものを二級として選擧權を行使せしめたることは明治二十一年發布の町村制も同四十四年の改正町村制も同一であつたが明治十七年の町村法草案には却つて如斯き區分なかりしものである、大正十年の改正は即ち町村法草案の主旨と同一となつたのである、蓋し如斯く改正を加ふるに至りたるは彼の普通選擧の議論旺盛となりたるの際原内閣總理大臣の意見に基き等級廢止の改正を加ふるに至つたのであることは前に述べたるを以て茲には省略する。

被選擧資格に關しては明治十七年の町村法草案は從來の町村會法の例を參酌し二十歳以上の男子にして其の町村内に本籍を定め、土地家屋を有し現に住居するもの（瘋癲、白痴、聾啞者、刑法に依り一年以上懲役禁錮の刑に處せられ其の後五年を經ざるもの、身代限りの處分を受け負債の辨償を終らざるもの、町村の公務に與ふることを禁ぜられたるもの、官吏陸海軍々人現役のものを除く）には悉く被選擧資格を與ふることゝなしたるも明治二十一年發布の町村制には（一）所屬府縣郡の官吏（二）有給の町村吏員（三）檢察官及警察官吏（四）神官僧侶及其他諸宗敎師（五）小學校敎員に非ざる町村の公民にして選擧權を有するものは總べて被選擧資格を有することゝ規定せられた、其の後明治四十四年の改正町村制にては更に收税官吏、町村に對し請負を爲すもの及其支配人又は主として同一の行爲を爲す法人の無限責任社員、重役及支配人にも被選擧資格を與へざることゝ規定した、然るに大正十年の改正にては右會社の重役とあるを取締役、監査役及之れに準ずべきもの並に清算人と爲したのである、吾人は何故に明治四十四年の改正法案の如く「町村に對し常に工事の請負物件勞力其他の供給契約を爲し若くは町村の爲金錢出納の取扱を爲すもの又は町村の爲同一の行爲を爲す法人の役員（取締役監査役及之れに準ずべきもの並に清算人）及支配人」に被選擧資格を與へざることの改正を加へざるやを怪しむ、蓋し現行法の定むるところにては物性勞力の供給契約を爲すもの、金錢出納の取扱を爲すものと工事の請負を爲すものとの間に權衡を得ざるものである、又た法人にして町村に對し工事の請負を爲すを其の法人存立の主たる目的と爲すものは極めて稀にして如斯きの規定は實際に適用することなく單に紙上の空文に過ぎざるものと云はなければならぬものである。

以上述ぶる如く選擧人が被選擧資格者中より選擧し町村會議員を定むるものである、而して其の選擧の手續は選擧人名簿の調製、選擧の豫告、選擧の執行當選者の決定である。

一、選擧人名簿の調製　町村長は選擧前六十日を期とし其の日の現在に依り選擧人の資格を査定して是れを名簿に登錄する、而して後一定の場所に於て其の人名簿を關係者の縱覽に供し異議あるものに對しては之れが正否を決定して人名簿に修正を加へ選擧期日前三日を以て之れを確定人名簿とする、名簿確定したる後にありては遺擧の執行を終る迄之れが加除修正を爲すことを許さざるものである、而して此の確定人名簿は調製後一年間保存し其の間執行する選擧に用ゆることゝする、又た人名簿確定後選擧權ありと決定せられたる訴願の裁決訴訟の判決に就ては人名簿の修正を爲さゞるも其の選擧有權者は選擧會場に裁決書又は判決書を持參して選擧に參與することを得るものである。

二、選擧の豫告　總選擧と補缺選擧たるとを問はず町村長は其の選擧期日前少なくとも七日間選擧を執行する場所、登票の日時、選擧すべき議員數、選擧分會の區劃等を告示すべきものである、此の規定は舊來の慣例に一致する、即ち明治十七年の町村法草案の規定が從來の慣例に基きて「選擧會ヲ開カントスル時ハ戶長ハ少ナクトモ一週間前ニ其ノ場所、期日、時刻及被選擧人ノ住所氏名並ニ人員ヲ選擧人ニ通知スヘシ」とあるに見るも此の豫告の適當なるを知るに足る。

三、選擧の施行　明治二十一年發布町村制の施行以前に在りては投票は(一)戶長より附與したる用紙を用ゆること(二)選擧人自己の氏名住所を記入すること(三)被選擧人の氏名を記すること(四)調印封緘すること(五)選擧の當日選擧人又は其の代人會場に出頭して投票を選擧係に差出すことに依りて選擧を行ひたるも町村制は選擧の公正を得せしめんが爲めに單記無記名となし選擧人自ら選擧會場に至り封緘のまゝ投函することに改めた、明治四十四年の改正町村制は更に自書するを要することゝしたのである、斯くて選擧長たる町村長は選擧立會人と共に選擧會場に出でゝ其の投票を點檢し其の多數の得票者を當選者と定め之れを當選者に通知するのである、投票中無効となすべきものは明治十七年の町村法草案には(一)投票用紙を用ひざる投票(二)氏名を記載せず又は調印せざる投票(三)記載したる文字の讀み難きか又は記載不充分なる投票但し假名を以て記載し又は誤字落字あるも被選擧人を明かに知り得べきものは有効とす(四)弄戲に出づるの投票(五)選擧すべからざるの氏名を記載したる投票(六)塗抹塡補して調印せざる投票としたるが明治二十一年發布の町村制は(一)人名を記載せず又は記載せる人名の讀み難きもの(二)被選擧人の何人たるを確認し難きもの(三)被選擧權なき人名を記載するもの(四)被選擧人氏名の外他事を記入せるものを無効投票と定めた、明治四十四年の改正町村制には左の投票を無効とすると規定した。

一、成規の用紙を用ひざるもの
二、現に町村會議員の職にあるものゝ氏名を記載したるもの
三、一投票中二人以上の被選擧人の氏名を記載したるもの
四、被選擧人の何人たるかを確認し難きもの
五、被選擧權なきものゝ氏名を記載したるもの
六、被選擧人の氏名の外他事を記入したるもの但し爵位職業身分住所又は敬稱の類を記入したるものは有効とす
七、被選擧人の氏名を自書せざるもの

である、尚其の他連名投票の法を用ひたる場合には其の定數を過ぎたるものを無効としたが大正十年の改正法にては連名投票を用ゆる場合なきを以て此の場合に關する規定を削除した。

四、當選者の決定　町村會議員の選擧は有効投票の最多數を得たる者を以て當選者と爲す、然れども最少限度の得票あるにあらざれば假令比較的多數を得るも當選者となることを得ない、その最少限度の得票數は選擧すべき議員數を以て選擧人名簿に登錄せられたる人員數を除して得たる數の七分の一である、當選者定まりたる時は直に町村長は各本人に其の當選の旨を告知し當選者の意志を確め其の期日に至り確定するものである、當選者が當選を辭したる時選擧前既に死亡したるものなる時又は選擧に關する犯罪に依り刑に處せられ其の當選無効となりたる時は更に選擧を行ふべきものである。

當選者確定したる時は町村長は當選者の住所氏名を告示し且つ郡長に報告すべきものである。

第二、町村會の職務權限

町村會は町村の意思を決定する機關である、故に其の機關の權限は自から町村の行政の範圍に限定せらるゝは勿論であるが町村の意思を決定する以外に亘りて其の權限は存せざるものである、即ち其の權限を超越することを許されない、而して其の町村の意思を決定する方式は議決、決定、選擧、檢査意見の開陳であることは市會の權限と同一である、其の議決すべき事件は町村に屬する事件即ち町村の公共事務及法令に依り町村に屬する事件と法律勅令とに依り町村會に屬する事件とである、其の議決事件の重なるものは左の通りである。

一、町村條例及町村規則を設け又は改廢すること
二、町村費を以て支辨すべき事業に關すること
三、歳入出豫算を定むること
四、決算報告を認定すること
五、法令の定むるものを除くの外使用料、手數料、加入金、町村税又は夫役現品の賦課徴收に關すること
六、不動產の管理處分及取得に關すること
七、基本財產積立金穀等の設置管理及處分に關すること
八、歳入出豫算を以て定むるものを除くの外新に義務の負擔を爲し及權利の拋棄を爲すこと
九、財產及營造物の管理方法を定むること
十、町村吏員の身元保證に關すること
十一、町村に係る訴願、訴訟及和解に關すること

町村會の權限は右の如き槪目の事件であるが是等事件に就ては議決の權限あるも町村長の發案ありて始めて是れを決すべきものである、明治二十一年發布の町村制の施行の時までに行はれたる町村會の規定を參酌し定めたる同十七年の町村法草案に依れば町村會の議決は

一、町村費を以て支辨すべき經費の豫算及び其の賦課徴收方法
二、町村費を以て支辨すべき事業
三、町村公有の地所建物及び其他の物件の賣買、抵當、典當、貸與、讓與、交換、廢棄及使用のこと
四、公有金を貸附し又は預ること
五、負債を爲すこと
六、兇荒豫備及救助方法
七、町村に爲したる寄附納否のこと
八、訴訟及和解のこと

九、地方税の戸數割に係る賦課方法

十、議員の反則者を退職せしむること

等の事件である、概して現行法の規定も此の草案規定の以外に出でざるは法文上明瞭であるが唯町村會法に依り見る時は其の權限は限定的規定にして現行法は概括的規定なるを以て前者の時代に在りては町村會の權限は現時よりも狹まかりしものゝ如く認めらる、

町村會の決定は選擧人名簿に關する異議選擧又は當選の効力に關する異議町村會議員の資格の有無町村税の賦課、町村の財産又は營造物を使用する權利に關する異議等に對するものである、又其の權限に屬する選擧は町村長、助役、收入役區長又は其の代理者、委員等に係るものである、官廳及町村長の諮問に對する答申、町村の公益に關して監督官廳等に意見書を提出するの權限は町村制施行前より之れを有するの例である、而して町村會は原則として自から發案することを得ざるも公益に關する意見の開陳は町村長よりの發案を竢つべきものでなく各種選擧の如き又た同樣である。

町村會が其の權限を行使するに就きては常に其の任意に出づることを許さざるものである、町村會議員は存在するも町村會は何時にても自から會議を開くことを得ない、必ず町村長の招集あることを要する、其の招集の要否は町村長の認むるところに依るも議員定數の三分の一以上の者より請求ある時は町村長は必ず之れを招集しなければならぬ、又た町村會の開閉は町村長之れを爲すものにて議員自ら之れを爲すことを得ない、町村長の招集に際して必要ある時は會期を定むることを得るのである、町村會の開閉は町村長の權限に屬するも議員定數の半數以上出席するにあらざれば會議を開くことを得ない、最も議員の一身上に關する爲め除斥せられたるものありて半數に滿たざる時、同一事件に就き招集再回に到るも尚半數に滿たざる時又は招集に應ずるも出席の催告に依り尚半數に滿たざる時は半數以下にても開會することを得るは法の規定するところである。

町村會の會議は原則として公開する、卽ち町村住民は何人と云いども傍聽人規則により傍聽することを得るものであるが、議長の意見あるか又は議員二人以上の發議ありたる時は秘密會と爲すことを得る、町村會の議長は市會の如く別に選擧を以て之れを定むるものでなく町村長を以て議長となす、議長は會議を總理し、會議の順序を定め、其の日の會議を開

閉し、議場の秩序を保持するの權を有する、然し乍ら議員定數の半數以上より請求ありたる時は議長は其の日の會議を開くことを要する、此の場合に議長其の會議を開かざる時は代理者又は年長の議員議長となりて會議を開くものである、又た議員の請求に依り會議を開きたる時又は議員中異議ある時は會議の議決に依るにあらざれば其日の會議を閉ぢ又は中止する事を得ざるものである、此議長の權限の制限は明治四十年十月内務大臣が省令を以て改選後の府縣會に始めて議長を選擧する場合には會議の決議に依るにあらざれば其の日の會議を閉ぢ又は中止することを得ずとの命令を發したることがある、素より臨機の命令なるも省令を以てすることの妥當ならざることは勿論であるが此の省令の主旨に依り大正三年法律第三十五號を以て府縣制中に加へたる改正は尙町村制中に此の規定を加ふるに至つたのである、會議に於て非違の言行ある議員に對し制裁を加ふるの權を有することは市會議長と同一である、町村會議員が會議に出席し議事に參與し自由の意思を以て言論を爲すは素より其の權利なれども他人を誹謗し會議規則に違背するが如きは深くこれを愼まねばならぬ、明治二十一年以前の町村會の規定に徵するも議員は會議に當り充分討論の權を有す、然れ共人身上に就て褒貶毀譽に涉ることを得ずとあるが如き舊來より議員をして之れを自制せしむるところである。

第二節　執行機關

町村の執行機關は町村長である、卽ち町村會が町村の意志を決定したる時は執行機關たる町村長は必ず是れを執行せざるを得ない、此の町村長は單獨制の組織に依るものであるが曾て地方制度調査囑託ロエスレルは大なる町村の行政事務は複雜多端なるを以て一人の町村長よく之れを處理し得べきにあらざるものと述べたる事あるが吾人また然りと信ずる、素より町村の行政組織を複雜にするは避くべきのことなれども現時の實情を觀察するに町村制の主旨は普く理解せられず、町村行政の徹底を缺くものあるを見る、町村行政をして徹底せしむるは町及び人口二萬人以上を有する村に、町老及村老を設け町村長の相談機關とすることを適當なりと信ずる、而してその員數は三人乃至五人とし町村長又は助役或は町村會議員として三期間以上在職し且つ功績ありたる者其の他町村の有識階級者（貧富を問はず）より町村會の選任するところとし名譽職として其の町村行政に參與せしむることゝせば大なる町村も又たよく行政の進捗を期し得ること丶思はる。

町村の執行機關は町村長一人を以て組織するも其の補助機關としては助役、收入役、區長、區長代理者、委員其他有給の吏員がある、此等町村長及び其の補助機關を充たす吏員の性質、選任及職務權限に就き左に説明する

一、町村長　町村長は昔時の戸長より轉化したるものである、原則としては町村の名譽職であるも町村條例を以て特に有給と爲すことを得る、名譽職町村長と有給職町村長との數を見るに明治三十三年には名譽職一萬百十四人有給職二千百三十九人であつたが大正九年には名譽職九千九百五十七人有給職一千四百三十一人となつた、その割合は前には八割二分と一割八分であつたが後には八割八分と一割二分とに變じたるを見る、卽ち名譽町村長は其の數を增加するに至つた、此の現象は自治制の本旨に適ふものと云ふべきである。

町村長の任期は明治十七年の町村法草案にては歐西諸國の例を參酌し六年としたが明治二十一年發布の町村制には四年とし同四十四年の改正法も又た同一の年數とした、而して其の名譽職町村長は相當の理由ある時直に退職することを得るも有給職のものは然らず三ヶ月以前に申出づることを要す、又た其の職務權限は、町村を統轄し、町村を代表するの外萬般の事務を掌理し、町村公共の福利を增進することに努めねばならぬ、其の職務の概目を擧ぐれば

(一)町村會の議決を經べき事件に就きその議案を發し議決を執行すること

(二)財產及營造物を管理すること

(三)收入支出を命令し及び監督すること

(四)證書及公文書類を保管すること

(五)法令又は町村會の決議に依り使用料、手數料、加入金、町村稅又は夫役現品を賦課徵收すること

(六)其他法令に依り町村長の職權に屬すること

(七)町村吏員を指揮監督し及之れに對し懲戒を行ふこと

(八)町村會成立せず再會招集又は出席催告等の場合に於て會議を開くこと能はず、或は町村會を招集するの暇なき等の場合に臨機の處置を執ること

(九)法令の定むるところに依り國、府縣其の他公共團體の事務を處理すること

である、明治二十一年發布の町村制では尙司法警察補助官

たるの職務及び法律命令に依つて其の管理に屬する地方警察の事務並に浦役場の事務を執行するの權限を有したのであるが警察の事務は明治二十六年九月（明治四十一年九月政正）司法警察官執務心得中に「町村長ハ檢事ノ指揮ヲ受クベキモノトス」との規定あるに依る、又た浦役場の事務は明治三十二年水難救護法の發布に依り町村制中に規定を要せざるに至つたものである、何れも明治四十四年の町村制にては此等職務を削除した、前に述べたる如く町村長は戸長の轉化したるものであり其の職務は戸長の職務を繼承したるに外ならない、其の町村制施行前戸長の掌理したる職務を見るに　（一）布告布達並町村會の評決を町村内に示すこと　（二）行政警察の事務を行ふこと　（三）戸籍のこと　（四）徴兵下調のこと　（五）地所建物船舶質入書入並　賣買に奧書き加印のこと　（六）町村の契約書を作ること　（七）地券臺帳のこと　（八）迷兒棄兒及行路病人、變死人其他事變ある時警察に報知のこと　（九）天災又は非常の難に遭ひ目下窮迫の者を具狀すること　（十）孝子節婦其他篤行の者を具狀すること　（十一）衛生の事務のこと　（十二）町村の幼童就學勸誘のこと　（十三）町村内の人民の印影簿を整置すること　（十四）諸帳簿保存監守のこと、以上の外尚法律規則に依り常に從事すべき事務及府縣知事縣會又は郡長より命令するところの事務等である、是等事務の多くは町村制に依れば法令に依り町村長に屬する事務の内に包含せらるゝものである、此の沿革を見るに戸長の職務は殆んど所謂委任事務に過ぎず、然るに町村制施行後は町村の固有事務を處理するを要すること少なからざることである。

二、助役　助役は亦原則として名譽職である、然し乍ら町村長と同じく町村條例を以て有給職と爲す事を得る、名譽職助役と有給職助役との數を見るに明治三十三年には名譽職九千八百人有給職二千九百九十三人であつたが大正九年には名譽職八千四百四十四人有給職四千二百十九人となつた前には名譽職八割弱有給職二割強なりしものが後には名譽職七割弱と減じ有給職三割強の多き割合となつた、之れに依つて見るに町村の行政事務增加し專務職の助役を要するに至つたことを知るに足る、助役の任期は四年にして町村長の推薦に依り町村會にて之れを選定し、其の町村長缺員の場合には町村會に於て直に之れを選擧する、而して町村長と同じく府縣知事の認可を得て就職するものである、又た名譽職助役は何時にても退職することを得るも有給職の者は三ヶ月前に申出づることを要するは町村長と同一である、而して助役の職務は町村長の職務の全部に涉りて之れを補助し其の故障ある時は之れを代理し、町村長より事務の分掌を受けたる時は獨立して自己の責任を以て之れを處理すべきものである。

二、收入役　收入役は有給吏員であつて其の任期は四年である。町村長の推薦に依り町村會に於て之れを定め郡長の認可を得て就職する、其の職務は町村の出納其他會計事務を司り尙法令に依り國府縣其他公共團體の出納會計事務を司どるものである、而して其の出納の事務は町村長より收支の命令を受けて始めて發生する、而かも其の命令に對しては審査するの權能を有するものである。

四、副收入役　副收入役は一般の町村に於ては之れを置かず特別の事情ある町村に限り町村條例を以て之れを置くことを得る、而して副收入役の任期、選任、就職の關係は收入役と同一である、其の職務としては收入役の事務を補助し收入役故障ある場合に代理する。

五、區長及區長代理者　區長及區長代理者は名譽職である、町村會に於て選擧す、區長の職務は町村長の命を受けて區內に關する事務の執行を補助し、區長代理者の職務は區長を補助し、區長故障ある時は之れを代理す、此の區長及區長代理の數は明治三十三年には區長四萬八千三百二人代理者二萬七千百六十五人大正九年には區長七萬六千六百四十六人代理者六萬八千百五十七人である。

六、委員　委員は常設委員と臨時委員とがある、共に名譽職である、町村會に於て選擧する、其の職務は町村長の補助として町村長の指揮監督のもとに財產又は營造物を管理し其他委任を受けたる町村事務を調査し又は之れを處辨するものである、元來この委員は町村に於て充分なる活動を爲し以て町村行政の進捗を圖るべきものである、彼の英國の地方自治團體が比較的其の成績を擧げ居るは委員の活動の力に依るものが少なくない。常設委員の數は明治三十三年には三萬四千四百六十四人であつたが大正九年には五萬九千六百六十九人に增加した。

七、其他の吏員　町村長、助役、收入役、副收入役、區長、區長代理者、委員以外の吏員は有給吏員である、町村長の任命するところに係り、町村長の命を受け事務に從事するものである、其の職務は町村長の定むるところに從ひ分配さるゝ吏員の數は明治三十三年には三萬千八百七十人であつたが大正九年には四萬三千三百五十人を算するに至つた。

第五章　農村問題と町村行政

大正十一年中各地に頻發したる小作人紛擾事件に就き内務當局が公表したるところに依れば福島、岩手、青森、山形、鳥取及高知の六縣を除き其他の府縣では悉く農業爭議事件を發生した、其の中兵庫縣の三百六十八件が最も多い地方である、其の爭議の原因は多種であるが之を分類すると、一小作料値上、二風水害其他の凶作、三旱魃、四小作料の高率、五耕地整理の結果減收、六生産其他諸物價騰貴、七産米檢査規則改正、八米麥價暴落、九時代思潮並其の模倣等の如き類である、而して小作人より地主に要求したる事項は、一小作料の輕減、二小作料値上反對、三小作料の免除、四同盟、耕地返還、五小作料同盟不納、六同盟罷作、七込米廢止が其の主なるものである、爭議の結果は妥協を爲したる者七百七十二件、要求を貫徹したるもの八十二件、要求を拒絶せられたるもの十六件、要求を撤回したるもの三十五件、耕地を返還したるもの十六件、自然に消滅したるもの十五件未解決は四百六十二件である、其の爭議に關係したる耕地の面積及參加人員は、

耕地面積　田六萬百五十七町步　畑一萬四千六十町步參加人員　地主二萬四千九百七十四人　小作人十萬八千三百四十七人

である更に此の事件數を府縣別にすると北海道二十三件東京府八件京都府十四件大阪府七十三件神奈川縣十五件兵庫縣三百六十八件長崎縣二件新潟縣三十五件埼玉縣四十六件群馬縣十七縣千葉縣六件茨城縣八件栃木縣八件奈良縣七件三重縣二十七件愛知縣百四十七件靜岡縣三十四件千葉縣六件山梨縣二十六縣滋賀縣二件岐阜縣五件長野縣十件宮城縣一件秋田縣一件福井縣二十四件石川縣五件富山縣一件島根縣三件岡山縣八十三件廣島縣六十一件山口縣四件和歌山縣六十六件德島縣六十二件香川縣四十七件愛媛縣三十一件福岡縣五十一件大分縣九件佐賀縣十四件熊本縣九十四件宮崎縣十七件鹿兒島縣三件計千三百九十八件である、寔に厭ふべく憂ふべきの現象であると云はなければならぬことである、然れも此等爭議の發生は決して發生の日に於て發生したるものにあらず久しき以前

より既に已に發生したるものである、吾人が農村の振興は急務中の急務なりとの聲を耳にしたるは十數年前のことである爾來農村は如何なる方法手段に依つて振興せられたるか大正十二年春農村振興に關する衆議院の建議を見るに

農村の盛衰は直に國運の消長に關す然るに近時漸く不振の情勢を見るは國家の爲め深憂に堪へざるところなり、政府はよろしく農務省を獨立設置し、擧省專心農務の刷進發達に從ひ同時に臨時調査會を設け根本的及び應急的の政策を建て其の實行を期せられんことを望む、而して其の調査事項は多大なるべしと云へども

一、米穀法運用を完ふし以て米の需給の調節を圖り同時に其の價格の調節に遺算なきを期すること

二、農村敎育の改善普及を圖ること

三、農村に對する社會的施設並に堅實なる娯樂其他風敎の振作に關する施設を圖ること

四、税制を整理し過重の負擔を輕減し且つ其の均衡を圖ること

五、産業組合、中央金庫其他金融機關の機能を發揮し更に大に低利資金を增加し以て農村の金融を潤澤ならしむること

六、農村現在各種組合の適否及更に農業に關する組合を設くるの可否等を審査し且つ其の機能を完からしむること

七、耕地整理を促進し且つ農具の改良農業技術の向上に努め之れが保護奬勵の方策を講ずること、肥料其他物資の購入販賣等に關する共同作用を助長すること、土地の改良委託林の擴張、牧野の管理改善を圖ること

八、副業の奬勵を圖ること

九、小農及自作農保護の方策を立つること

十、都鄙勞働の調節と人口增殖の實勢とに鑑み移殖民の方策を講ずること

十一、農家經濟其他農業狀態の根本的調査を爲すこと

等の如きは最も急速調査を要するものなり又新に根本政策としては

一、米專賣法制定に關する件

一、農業保險法に關する件

一、小作制度確立に關する件

一、自治體の基礎を鞏固ならしむるが爲め國有土地森林原野にして往時地方自治體に於て使用收益の實あるものは

之れを當時の狀態に復せしむる件

等の如き臨時調査會に於て研究をなすべき重要問題なりと認む

右建議す

と其の謂ふ所寔に適切である、然れども其の多くは數年前以來道家農務局長其他農商務官憲より屢々耳にしたるところにして今更新しき事項にあらず、加之資本主義及び商業主義の旺盛が農事をして委靡せしめたる根本的原因の解決に觸るゝところなきにあらざるか、此の建議の列記事項にては所謂隔靴搔痒の感なきを得ざることゝ思はる、更に吾人は某地方廳の官吏に聞くに農村衰頽の原因は(一)外來農産物の打擊(二)奢侈の流行(三)努力の過剩(四)勤能率の低級(五)貯蓄心の幼稚(六)共同心の薄弱(七)公共心の缺乏(八)農業關稅政策の不備(九)負擔の過重(十)經營面積の過少(十一)金融機關の不備(十二)農業經營方法の拙劣(十三)人物の拂底(十四)娛樂機關の不備(十五)都會集中政策の弊(十六)負債の重荷(十七)土地制度の不備(十八)保守の弊(十九)地主の冷淡(二十)指導者の缺乏に在りとし農村の發展策としては(一)町村是の設定(二)社會政策の實行(三)農業敎育方針の變革(四)負擔の輕減(五)低利資金の供給(六)土地制度の改革(七)農業組織の改善(八)蠶糸業の改良(九)勤儉貯蓄の勵行(十)報德主義の皷吹(十一)青年團の活動(十二)農業倉庫の建設(十三)系統農會の活動(十四)副業の奬勵(十五)畜産の發達(十六)開墾及整理の奬勵(十七)産業組合を中心機關としての利用に在りと述べて居る、先づ其の農村荒廢衰頽の原因に就て考察せんか吾人を以て之を見れば農村は荒廢し衰頽すべきものが荒廢し衰頽したるものである、農村の現狀は到達すべき狀態に到達したるに過ぎない、敢て怪しむべく鷩くべきの現象でない、蓋し歐米に發達したる現代の文化は旣に彼の諸國に於て農業を荒廢し衰頽せしめた、我國が明治維新後頓に彼の文化事情に模倣し是れ日も足らざるの感を以て追隨した、されば彼の疾患たる農村の衰頽は當然我國にも起らざるを得ないのである、試みに見よ資本の利用機械力の使用が進步し發達し商工政策は不斷に考究實行せられて其の功績は全世界に現はれ各國相競ふの狀態である、是れに反して農業は如何夙に識者の著眼し、有力者の努力したる諸國を除きては全く農業政策は閑却せられ、農村の荒廢衰頽は自然の成行に委せられた、玆に眼覺めたる秋は旣に農村は荒廢し衰頽して居た、故に之れが爲め諸種の農業政策は考究せられ實行せられたが商工政策の力に對し尚及ばざること遠きものと謂はなければならぬ、農本主義の我國の先覺者が此の點に氣付かず徒らに歐米諸國の文化に追隨したるの結果必然今日の農村に表現したのである、一言すれば土の生産力は金の生産力に打勝たれた、何等の保護なき農業の民は保護至らざるなき商工業者に負されたのである、されば前に記したる某官吏の所謂二十種の原因は農村衰頽の主因にあらざるも其の衰頽を一層迅速ならしめたる副因、助長的原因たることは疑ひなきところである、彼の奢侈の流行の如きは實際農業に從事するもの丶生活狀態に徵し顯著なるものである、されど獨り農業者を責むるは酷である、地方に開催する共進會、博覽會展覽會の如き實に奢侈品の押賣場である、勸誘所である、都會の大呉服店大雜貨店のデコレーションは奢侈生活の最大誘惑である、其の他交通機關の進歩を始め、生活向上の原因は日に月に旺盛となる、か丶る社會の情態に在りて獨り農業者をして超然たらしめ、一般社會外に生活せよと要求するは他を責むることの過酷なるものである、人に求むるに不可能事を以てすることである、又た娯樂機關の缺乏の如き農村衰頽の原因と認むべき性質のものなりや否や、假令娯樂機關を設備するも其の設備たるや到底都會の夫れに及ぶべくもなく、農村の青年をして滿足せしむることを得べきものでない、單純無趣味なる娯樂機關の設備に依りて青年を農村に喜んで止まらしめんと望むは餌を投ぜずして魚を集めんとする類にあらざるか、要は地方民をして農業に樂しんで從ふの自覺を起さしむることである、曾て埼玉縣下に於て某豪農の子女高等女學校を卒業し將に一農家に嫁せんとするに際し婚約の一條件として終身鍬と鎌とを手にせざることを以てしたる實譚がある、聊か極端なる條件にて一般に然かあるべしとは斷ずることを得ざるも農村の青年男女が農業を厭惡するの風あるは之れを認めざるを得ない、敎育の缺點に基因するところ少なからざるも農業地の青年をしてか丶る風潮に陷らしめたるは確に社會の一大缺陷である、又た農村衰頽の救濟策として種々の意見あるも畢竟は根本的政策を立つるにある、産業組合の活動も副業の奬勵も低利資金の供給も其功無きにあらざるものではない、然し乍ら根本的政策を講せずしては根元なきの樹木源泉なきの河川である然らば根本的政策は何であるか、第一耕地の投機的賣買を禁じ一人の所有反別を制限し併

せて耕地を公有に移するの策を立つること

第二米穀專賣の法、生産費の節約奢侈的生活條件の制止、產業組合の活動、農村金融機關の機能發揮等經濟方面に根本的改造を施し農民の生活をして經濟的基礎の上に立たしむるの策を講ずること

第三町村と其の住民とを密接するの觀念を涵養し以て共の獨立自治に自覺せしむること

に外ならない此等政策に關し詳述することは本書の目的にあらざるが故に吾人は別に機會を得て之れを公けにする。

要するに町村を主として活動せしめ併せて產業組合戶主會青年會婦人會等地方行政の助成的團體を設置し之れに依り町村行政を援助補足せしむることを第一義とす、特に町村民の資力は國稅、郵便貯金、銀行預金、各種保險掛金等に依り都會に集中せられ其の殆んど總てが商工業資金となりて投資せられ、復た町村に復歸すること少なきの現狀である、素より各個人の資力は之れを集めては散じ、散じては集め以て一般的金融を圓滑ならしむることを經濟上の方策となすも、唯之れを集めて商工業の資金にのみ投ずるは、町村特に農村をして愈々益々荒廢衰頽に陷らしむるものである、故に町村をしてよく自治的機能を發揮せしむるの途を講ずべきことは焦眉の急務なりと信ずる、明治四十一年の頃地方振興策の一方法として時の床次地方局長が郵便貯金を利用して地方に低利資金を供給するの事を主張したる所以のもの寔に先見の策と謂はざるを得ない。

第六章　町村の事業營造物及財產

第一節　事業及營造物

町村の事業は市と同一であるも市に比しては單純であり又巨額の經費を要せざるべきものである、然しながら小都市と殆んど匹敵する町に在りては其の事業も亦市と異なる所なきものである、特に郡なる地方自治團體の廢滅したるの後は町村の事業は其の種類增加し福利事業は進捗すべきの運命を有する、就中將來社會事業に屬するものに於て然りとす、彼の社會事業又は電氣事業の經營が最近に町村事業として企てらるるに至りたるが如き注目すべき現象である、產業の發展策としての信用組合、購買組合、販賣組合、利用組合等產業組合の組織あり、組合員に產業に必要なる資金を貸付し及貯金の便宜を得せしむる事、組合員の生產したる物に加工し又は

加工せずして之を賣却すること、産業又は經濟に必要なる物を買入れ之れに加工し若は加工せずして又は生産して組合に賣却すること、組合員をして産業又は經濟に必要なる設備を利用せしむることは此の産業組合に依て行はるゝものである農業の指導奬勵に關する施設、農業に從事する者の福利增進に關する施設、農業に關する研究の調査並に農業に關する紛議の調停又は仲裁其の他農業の改良發達を圖るに必要なる事業を爲す爲めには系統的農會の組織がある、故に此等諸團體が克く其の機能を發揮し町村行政と相俟て活動するに於ては少くとも現狀の如き町村の狀態ではなからう、小作爭議發生するも農會は眠れるが如く産業資金缺乏を告ぐるも信用組合は低利貸付を爲さざるに於ては無益なる組織と謂はなければならぬ、之は幾分制度の罪にあらざるか、此等團體が町村行政と連絡を有せず町村の力の加ふる事とならしむる制度にては町村は唯直接實生活に關係なき政務を處理するに過ぎざるに至らしむるものである、內務省は町村行政のみに注意し農商務省は産業組合農會の活動のみを奬勵し、兩者間に共同協力の聯鎖なからしむるの弊あるにあらざるや、吾人を以て見れば町村は地方行政の主にして産業組合農會の如きは其の從たらしむる關係にあらしむるを適當と思ふ、兎に角町村は地方行政の中堅として大に活動し、共同福利の爲め各般の事業を經營すべきものである、例へば小資本の者に金融機關としての公營質業、勞力節約の方法として水力發電（水力發電の事業を經營する會社にして其の供給區域全體に送電を爲さざるものゝ如きは町村に於いて小規模の自家用發電裝置を爲すも其の一方法である）を爲し郡が電氣を供給する事は農業倉庫（大正六年法律第十五號農業　庫法に依れば、産業組合、農會、農業の發達を目的とする公益法人並市町村及之に準ずべきものに非ざれば農業倉庫者たることを得ずとある　等の事業を熾かんに町村營とし以て町村民の共同作業の發達に資するを急務とす。

町村事業としては衞生事業例べば上水道、下水道、公園、敎育事業例へば小學校、實業學校補習敎育、家庭文庫、救貧防貧事業、保健事業、交通事業、殖産事業其の他殖林灌漑溝、用水路、溜池等諸種の事業の存するありて農村漁村其の他町村の實情に應じ之が經營を爲すべきものであるが道路、敎育事業の如き國の行政事務にして唯其の管理及經費を支辨するに止まる町村の自治事業にあらざるものがある（第三編市の

事業參照ー例へば

一、道路及橋梁　道路及橋梁は明治十一年の太政官達に依り町村費を以て支辨する部分があつたが大正八年法律第五十八號道路法の施行に依り町村道は町村長の管理に屬し其の經費は町村の負擔となつた(第三編參照)

小學校及圖書館等敎育の設備　之は大正三年法律第十三號(舊法明治二十三年法律第八十九號)地方學事通則に依り定められたるものである、町村、町村組合、其の學區又は市町村組合で設置し得る國の事業である、其の他中學校(中學令　高等女學校(高等女學校令)蠶糸學校、工業學校、商業學校、商船學校、水產學校、實業補習學校、職業學校等(實業學校令)も亦公立の場合に町村が設置及其の經費を負擔する國の事業である、其の他傳染病豫防(傳染病豫防法)用惡水路灌漑溝、溜池(大正三年法律第三十七號)も亦町村の自治事業ではないのである、現時町村の經營に係る公共事務則ち自治事業の中其の數種を舉げて說述する。

一、水道　水道は明治二十三年法律第九號水道條例に依り經營する町村の事業である、町村として上水道布設の許可を受け給水を開始せる所は京都府下宮津町　峰山町　大阪府下傳法町　鷺洲町　豐島町　中津町　玉井町　津守町　今安町　天王寺村　鶴橋町　中本町　鯰江町　住吉村　城北村　敷津村　神奈川縣下中野村　兵庫縣下城崎町　長崎縣下神浦村　小濱村　竹敷町　靜岡縣下熱海町　山梨縣下上野原町　大原村猿橋　廣里村大月　長野縣下波多村　宮城縣下鹽釜町　古川町　利府村　色麻村　福島縣下郡山町　山形縣下谷地町　飯塚村　椹澤村　高楯村　赤湯町　榮村　上山町　石川縣下中島村　岡山縣下玉島町　德島縣下池田町　奈良縣下別府町　佐賀縣下伊萬里町等で其の許可を受けたるも給水を開始せざるは東京府下澁谷町　神奈川縣下保土ヶ谷町　川崎町　兵庫縣下高砂町　長崎縣下小倉村　靜岡縣下掛川町　岐阜縣下多治見町　長野縣下稻荷山町　上諏訪町　福島縣下平町　山形縣下福榮村　千歲村　福井縣下蘆原村　富山縣下出町　高知縣下中村町　宮崎縣下油津町等である。

一、屠場　明治三十九年法律第三十二號屠場法に依り町村に於て經營する事業である、町村の經營に屬するもの二百六十六ヶ所を算する。

一、質業　此の事業は歐洲諸國にては夙に公營主義を採用す、我邦に於ても公營と爲すを適當とするも從來全く私營制度の下に發達したるを以て全然公營に移す事は容易でない、社會事業上より見れば成る可く公營と爲すを緊要とす、此の業務は明治二十八年法律第十四號質屋取締法を適用せらる、町村に於て經營するは大正元年の宮崎縣那珂郡細田村營質庫を嚆矢とし其の後大正九年愛知縣北設樂郡御殿村及下川村の二村に於て經營するに至つた、細田村は約六千三百圓御殿村及下川村は各一萬五千圓の資金を投下す。

一、農業倉庫　農業倉庫法（大正六年法律第十五號）に依り經營するものであつて農業振興上重要なる設備である、該法の規定に依れば其の經營主體は産業組合、農會、農事の發達を目的とする公益法人並市町村である、而して大正九年末の現在を見るに總計七百七十五中町營四、村營十一に過ぎない、素より産業組合又は農會に於て設立するを便宜なりとするを以て其の産業組合に屬するもの實に六百六十六を算す、然れども町村亦此の種の事業に付大に努力其の經營に任ずべきものと思はる。

一、電氣事業　電氣事業は明治四十四年法律第五十五號電氣事業法に依り經營する事業であるが水力利用に關しては河川法其他水利に關する法規に依るべきは勿論である、近世の文化事業として電氣の普及は都鄙到る處に及び之れに依りて動力を增加し照明を大にすることを得たるは甚大である、町村に於ても之が事業を經營するもの少なからざる狀況である、或は自ら水力火力に依りて發電設備を爲し或は他より受電し電燈事業其の他電力供給事業を經營して居る吾人は町村營としては尙更に一段の普及を望まざるを得ない、電力を電燈用に使用するは勿論諸種の工作業にも利用し尙進んで之を家庭化し、更に農業上に利用するに至らしめんことを切望する、農業上の利用は植物培養殊に蔬菜果物の早成に利用し、土壤の電化に用ゆる等考究を要するもの尠からず、聞く所に依れば某電氣學者は東北地方の苗代に電熱を與へ其の土地を利用するの方法を研究しつゝありと、果して其の方法が案出せらるゝに於ては米作上裨益する所尠からざることゝ思はる、又水力利用の發電は小型水車に依りて少量の水と低落との場所にても之を營み得るを以て容易に他より受電し得られざる町村は自家用事業として此の事業を經營するを得策なりと信する、茲に該事業の

許可を得て經營せる町村を擧ぐれば群馬縣下伊香保町（大正四年開始資本三萬二千五百圓）川場村（大正九年開始資本三萬三千五百圓）神川村町（大正九年開始資本九萬七千三百六十圓）原町（大正十年許可未落成）池田村（大正十年開始資本七萬七千圓）福島縣下須賀川（明治三十九年開始資本三十六萬五千五百圓）長崎縣下上波佐見村（大正六年開始資本四萬二百三十八圓）香燒村（大正十一年開始資本七萬圓）下波佐見村（大正十一年許可未落成）滋賀縣下堅田村（大正三年開始資本九千四百六十九圓）岩手縣下一關町（大正三年一部開始資本百五十四萬三千五百五十五圓）葛卷村大正八年開始資本二萬七千三百九十二圓）新潟縣下吉井村（大正十一年許可未落成）石川縣下鶴來町（大正九年開始資本四萬八千三百六十三圓）長野縣下中澤村（大正八年開始資本四萬五千圓）三穗村（大正十一年開始資本三萬圓）山形縣下長井町（大正三年開始資本二萬圓）酒田町（明治四十一年開始資本二十七萬二千八百八十九圓）愛媛縣下久萬町（大正四年開始資本一萬九千圓）神奈川縣下秦野町（明治四十二年開始資本九萬九千四十圓）湖南村（大正十年開始資本三萬千五百圓）埼玉縣粕壁町（大正四年開始資本四萬四千百七十四圓）兵庫縣縣下北條町（大正二年開始資本四萬四千九百九十八圓）下久下村（大正十一年開始資本六萬六千二百圓）春日部村（大正九年開始資本三萬圓）蔦沼村（大正十年許可未落成）京都府下宇治町（大正二年開始資本二萬圓）石川町（大正八年開始資本十萬七千百三十五圓）高野村（大正八年開始資本三萬七千圓）福岡縣下御笠村（大正十一年開始資本二萬二千四百圓）青森縣下鰺ヶ澤町（大正五年開始資本九萬二千八百三十圓）山梨縣下長濱村外一ヶ村（大正十年開始資本一萬圓）奈良縣下上瀧村（大正十年開始資本十三萬圓）岐阜縣下明世村（大正十年開始資本千五百圓）牧田村（大正十年開始資本二萬九千五百圓）府中村（大正十年開始資本四萬九千七百四十圓）長瀨村（大正十年開始資本六千七百七十六圓）外山村（大正十年開始資本五萬三百四十七圓）洲原村（大正九年開始資本一萬七十圓）八百津町（大正元年開始資本四萬八千八百九十圓）東白川村（大正九年一部開始資本五萬八千三百五十二圓）加治田村大正二年開始資本六萬五百三十九圓）曾木村（大正九年開好資本一萬三千二百圓）宮地村（大正十年開始資本一萬五千圓）駄知町（大正二年開始資本六萬八千二十圓）日吉村（大

正十年開始資本千五百圓）明知町（明治四十一年開始資本四萬八千八百十一圓）蛭川村（大正七年開始資本四萬六千七百圓）加子母村（大正七年開始資本五萬三千二百九十九圓）靜波村（大正十一年許可未落成）宮村（大正十年開始資本四萬圓）船津町（明治四十三年開始資本五萬五千七百五十圓）口明方村（大正十年開始資本五萬九千四百三十五圓）である、尙此の外現に事業の許可を申請する町村少からざるものと思はる

右の外村設産婆、巡回村醫等諸種の自治事業がある、今後益々町村として經營すべきの事業は多種多様ならざるを得ない、而して此等の事業は現行制度上にては公益を主たる目的と爲し經營する町村營造物として取扱はるゝものである、然れども町村にも收益を目的として公企業を營むことを認むるの緊切なるを感ずる、營造物の意義作用及公企業に關しては第三編に於て述べたるを以て其の所說は町村に對しても異なる所なきを以て茲に再說せず。

第二節　財　産

町村の財産は制度上重要視すべきものであるが我邦古來の町村に於ては然かく重要視されたる事情はなきものである、

現行町村制の規定する所は如何なる理由に基きたるか、明治十七年の町村法草案には「町村財産は町村の公有にして町村内に於て使用するものとす」と其の意義を明かにして、町村財産の目錄左の如し一學校、病院、救育所、一神社、寺院、墓地、並木、公園、川岸、大除地、埠頭、物揚場、井、一會議場、番小屋、宅地、牧場、秣場、山林、池沼、田畑、原野、一家屋、倉庫の類、一金銀其の他の物件として財産の種類を定めて居る、此の財産と稱するは多くは公用物又は營造物と見るべきものであつて純然たる收益財産は少くない、財産の觀念は當時公有と謂ふ語に公用の意義あるが如く解し立法したるものが、明治二十一年發布の町村制には「町村ハ其不動産、積立金穀等ヲ以テ基本財産ト爲シ之ヲ維持スルノ義務アリ臨時ニ收入シタル金穀ハ基本財産ニ加入ス可シ但寄附金等寄附者其使用ノ目的ヲ定ムルモノハ此限ニ在ラス」と規定して町村に基本財産を保有すべきことを明かにし次に「凡町村有財産ハ全町村ノ爲メニ之ヲ管理シ及共用スルモノトス但特ニ民法上ノ權利ヲ有スル者アルトキハ此ノ限ニ在ラス」と規定し公用物の觀念を以て一般財産を見る事を露はして「凡町村住民タル者ハ此法律ニ從ヒ公共ノ營造物並町村有財産ヲ共

用スルノ權利ヲ有シ」とある法條を照應さして居る、其の理由を見るに「町村の法人たるは己に法律の認むる所なれば町村の財產を所有するの權利を有す可きこと固より疑を容れず、而して町村財產に二種の別あり。

（甲）町村の費用を支辨するが爲めに消費するものあり、例へば土地家屋等の貸附料、營業の所得、町村稅及手數料等の如き是なり又基本財產と稱するものあり、基本財產は其の入額を使用するに止まり其の原物を消耗せざるものとす、蓋し此區劃を立つるは町村の資力を維持するが爲めに極めて緊要なるものにして國家は特に町村の基本財產を保護して其濫費を防がざるべからず、且經常歲入の外に臨時の收入例へば寄附金穀の如きは成る可く經常歲費に充てしめざるを要す、唯寄附者に於て寄附金支出の目的を定めたるか或は非常の水害若くは凶荒等の爲め經常の收入を以て其の費途に充つるに足らざるが如き場合は固より別段なりと雖も是亦上司の許可を受くるを要すと爲すは其の經濟上の處分を重ずる所以なり、

（乙）凡町村の財產は町村一般の爲めに使用すること固より言を俟たず、故に特に之を法律に揭載するを要せずと雖も若し住民中其財產に對して特別の權利を有する者あるときは自ら其證明を立つるの義務あり卽「民法上其證明を認むるに於ては特別の權利を有するものとし其證明なきものは卽一般の使用權あるものとす」とある之れに依りて考察すれば立法者の意思の存する所を知るに足る、而して明治四十四年の改正町村制に於ては「收益ノ爲ニスル町村ノ財產ハ基本財產トシ之ヲ維持スヘシ、町村ハ特定ノ目的ノ爲特別ノ基本財產ヲ設ケ又ハ金穀等ヲ積立ツルコトヲ得」と規定し其の財產が收益を生ずる爲めに設置せらるゝものたることを明かにしたのである、之れ町村が其財產より生ずる收入を以て第一財源と爲すことに照應するに出つ、其他基本財產以外に普通の不動產動產を所有することを得るは個人と異なる所がない、卽ち民法の規定に依り之を所得し保有するものである、前に一言したるが如く町村の收入財源は第一位に財產より生ずる收入に求むべきものである、故に町村の財產は財政上最も重要なることである、特に基本財產の增殖を圖らねばならぬ、彼の基本財產造成條例又は基本財產蓄積條例を制定して基本財產の增殖に努むる町村があるは寔に喜ぶべき現象である、今明治三十一年以降町村基本財產の價格增加の趨勢を表示すれば左の通である。

財産の種類	明治三十一年度總格	同卅九年度同上	大正六年度同上	同九年度同上
土地	七、三三一、一〇三円	二一、九四九、〇七〇円	一〇〇、一三五、八五二円	二〇三、一五四、〇八三円
立木	—	—	六、〇八一、二五二	一六、九一九、〇七八
建物	七、二七二、一八九	二五、四六六、六〇二	六、二九七、一〇七	一一、九二二、一六五
穀物	三七三、〇九四	三二三、六〇六	二七四、七三三	二八〇、一八四
公債證書	一、一九二、二八一	五、一四〇、〇〇六	一六、五五五、八一六	二六、七三二、〇〇二
諸株券	八九八、四八七	二、四一八、八二二	七、一九二、三二八	一〇、〇六九、六九二
現金	四、一五九、七二三	七、六八四、四五三	三九、八六六、三三三	四九、八五七、〇〇三
其他財産	四三二、五八六	一、四四〇、九七八	八、九五一、五九〇	一五、一三七、〇五六
總計	二一、五四九、四五一	六四、四五三、五九〇	一八五、四〇四、九九八	三二四、〇七〇、二八三

此表中北海道沖縄縣の町村を包含するも此の町村制を施行せざる分は總額の約十分の一を有する。

右表の如く漸次其の價格を増加するを見るが更に町村制施行の町村のみに付其の總額を見るに、

明治三十年度の二千百五十四萬九千四百五十一圓は大正九年度に至り三億七百三十二萬七千百八十五圓となり、其の明治三十一年度に於て基本財産を有する町村數一萬六百六十二（當時基本財産を有せざりし町村二千五百五十一）に對し一町村平均二千二十一圓に過ぎざりしも大正九年度の一町村平均は二萬六千四百七十圓に増加したのである、更に財産より生ずる收入に付其の趨勢を見るに、

明治　十五年度は　六十七萬二千二百八十五圓

同　三十一年度は　百十萬四千六百十五圓

同　三十五年度は　百九十三萬五千五百四十四圓

同　三十九年度は　三百二十五萬二千六百八十六圓

大正　三　年　度は　四百八十四萬五百七十七圓

同　六　年　度は　八百十二萬五百七十五圓

同　九　年　度は　千二百三十一萬八千九百十三圓

同十一年度豫算は　千三百九十萬三百六圓

である十一年度豫算の中より北海道及沖縄縣の町村に屬する部分を控除すれば千二百五十一萬三千三百七圓であつて之を明治二十五年度の額に比すれば十八倍六分に當る、三十年間に此の如き増加を見るは喜ぶべきの現象である、然れども此十一年度の收入額（北海道及沖縄縣の町村を除く）總歳入額三億八千五十七萬七千三百九十四圓（北海道　沖縄縣の町村を除く）に對比するに約千分の三十二に當る、此比率を見れば財産より生ずる收入に依り町村費を支辦せんとする制度の期待は前途遼遠なりと謂はざるを得ない。

第七章　町村の財政

町村は市と同じく其の公共事務及委任事務等を處理する爲め自已の經濟を立てねばならぬ、此の經濟處理の權能を財産行政權又は財政權と謂ひ其の權を行使する態樣を財務行政又は財政と謂ふ、其の詳細なる說明は第三編市の財政に於て述べたるを以て本章に於ては財源の順位に從ひ第一節稅外財源第二節町村稅に關し敍述し次で第三節として公債第四節として歲計に及ぼすものとする。

第一節　租稅外財源

町村の財源は財産より生ずる收入、使用料、手數料、過料過怠金其の他法令に依り町村に屬する收入等を第一位とする此等の財源は即ち稅外財源である、今前記の順序に依り說述する。

一、財産より生ずる收入　此の收入に付ては前章に於て述べたるを以て再說せず。

二、使用料、手數料、使用料は町村の營造物を使用する者より代償として徵收するものである、手數料は町村が特に一個人の爲めに吏員をして執らしめたる勤勞に對し其の一個人より報償として徵收するものである、而して此の使用料及手數料に關しては町村は條例　以て規定しなければならぬ、使用料の種類は水道使用料、墓地使用料、棧橋使用料電氣使用料、公會堂使用料、屠場使用料、種牡牛馬使用料、市場使用料、產婆使用料、乾繭場使用料の類である、手數料の種類は町村稅督促手數料、水道手數料の如きものである、此の使用料及手數料は町村に於て幾何に收入を生ずるかを見るに左の通である。

使用料及手數料收入表

年度	使用料及手數料收入額
明治二五年度	二〇、六七五圓
同　三〇年度	二六〇、六四五
同　三五年度	二、〇一四、二五八
同　四〇年度	三、六九五、四七八
大正元年度	二、一二五、五五七
同　六年度	四、三九四、九三七
同　九年度	七、三五五、一八九
同十一年度豫算	一〇、〇八〇、〇三五

大正十一年度の收入額は町村制未施行地たる北海道及沖繩

縣の町村等の分を包含するを以て此等町村の分を控除した額卽ち九百五十三萬六千三百七十三圓と明治二十五年度の收入額二萬六百七十五圓とを比較するに三十年間に約四百六十倍したるを見る。

三、過料過怠金其の他法令に依り町村に屬する收入、過料は町村の法規違反者に對し制裁として負擔せしむるもの例へば水道使用料條例の反則者に科する過料の如きそれである過怠金は町村會議員が會議規則に違背したる場合に制裁として負擔せしむるものである、又法令に依り町村に屬する收入は本來其の收入の性質より見るときは町村に歸屬すべきものでなきも法令の規定に依り町村に屬せしむる財產である、例へば國稅徵收の交附金、町村道占有者に對し徵收する使用料、戶籍手數料、圖書閱覽料、實業學校授業料の類である、彼の寄付金、補助金、納付金、公納金、違約金の如き町村の收入は法令に依り町村に收入するものでないが此等の收入は何等順位中に包含せず又別に規定なきに依り町村稅に後れて可なるやと云ふ疑問がある、然れども立法の主旨が町村稅は最後の收入として其の財源順位を定めたるに徵し稅外收入として町村稅に先んずる財源と爲すべき理である、此等稅外收入の收入狀態を見るに左の通である

過料過怠金及法令に依り町村に屬する收入及其の他の雜收入表（明治三十五年度以降北海道及沖繩縣町村を包含す）

年度	收入高（圓）	年度	收入高（圓）
明治二五年度	六、二六一、六三九	同三〇年度	一〇、七七九、九三八
同三五年度	一三、七三八、七八六	同四〇年度	一九、五一六、一四〇
大正元年度	二四、〇九〇、八六二	同六年度	三〇、四一七、四九七
同九年度	七〇、五六二、四八〇	同十一年度豫算	六三、〇一三、七七〇

第二節　町村稅及夫役現品

第一町村稅　前節に述べたる財源に依り町村の經費を支辨し其の不足あるときに町村稅に求むべき順序であるが、前にも述べたる如く此の如き制度上の理想的規定は未だ以て實現したる例がない、町村稅は常に町村財源の多きを占め極めて重要なる位地のものである、町村稅の意義、普國地方稅改正の事は市稅（第三編參照）に就き述べたる處に依り明かなるを以て茲には省略する、一言すると町村稅とは町村が其の一般的政費に充つる爲めに一定の標準に依り町村民の經濟力に應じて分配する町村民の負擔である、其の種類は市稅と同一で之を圖表を以て示せは

町村税

- 附加税
  - 一　直接國税附加税
    - イ地租附加税、ロ營業税附加税、ハ所得税附加税、ニ鑛業税附加税、ホ砂鑛區税附加税ヘ、賣藥營業税附加税
  - 二　間接國税附加税
  - 三　府縣税附加税
    - イ、戸數割附加税、ロ家屋税附加税、ハ營業税附加税、ニ雜種税附加税
- 特別税
  - 反別税、所得税、不動産所得税、電柱税、歩一税、戸別割、家屋税建家税、別莊税、建物所得税、不動産移轉税不動産權利移轉税、不動産所有權移轉税、不動産所得税、土地賣買讓與に關する税、借家税、店貸税、與業税、演劇興行税、牛頭割、家畜税、運送税、橇税、移出税、木竹材輸出税、林産物輸出税、木材輸出税、立木伐採税、山林伐採税、山林立木伐採價格割、山林立木伐採税、森林伐採税、山林伐採價割、軌道税、口銀、石類税、地車税水車割、水利税、採藻業割、其の他

右表示する如く、直接國税の附加税には地租附加税の外五種ある。

（イ）地租附加税　地價割と稱し舊來町村に於て賦課し來りたる租税である、即ち國税の地租に對し其の本税率を標準として賦課する、市税に付述べたる如く明治十一年七月太政官番外達に徴するも明かである、明治二十一年發布の町村制にては七分の一を制限とし其の制限を超過して賦課す

る場合は內務大臣の許可を受けしむることゝした、同三十三年に至り五分の一と改正し同三十七年法律第三號非常特別税の施行に依り

附加税のみを賦課するときは地租十分の三

反別割のみを賦課するときは一反歩平均金四拾錢

兩税併課の場合は反別割の總額は總反別地租額の十分の三と附加税總額との差額を超ゆることを得ず

との制限となつた、同四十一年法律第三十七號地方税制限に關する件の施行に依り前記地租十分の三は百の四十と改められ、其の後地租增徵率を本税率に加算することゝし同四十三年法律第二十七號を以て改正し

附加税のみを賦課するときは　宅地租百分の九
田畑租百分の二十一
其他の地租百分の十八

反別割のみを賦課するときは　一反歩平均金四十錢

附加税及反別割を併課する場合に於ては反別割の總額は其の地目の地租額の宅地に在りては百分の九田畑租に在りては百分の二十一其の他の土地に在りては百分の十八と附加税額との差額を超ゆることを得ず、府縣費の一部

を町村に分賦したる場合に於ては町村は前記の町村税制限の外其の分賦金額以內に限り課税することを得

と定められた、同四十四年法律第三十二號を以て更に一部に改正を加へ宅地、田畑、其他の土地の區分を宅地と其他の土地とに改め制限率は宅地租百分の九其他の地租百分の二十一と改正せられた、更に大正九年法律第三十七號を以て

附加税のみを賦課するときは　宅地租百分の二十八
其他の地租百分の六十六

反別割のみを賦課するときは　一反步每地目平均金壹圓

附加税と反別割とを併課する場合に於ては段別割の總額は其の地目の地租額宅地に在りては百分の二十八其の他の土地に在りては百分の六十六と附加税額との差額を超ゆることを得ず

と定められた、

(ロ)營業税附加税　此の町村税は明治三十年一月一日より實施せられ明治二十九年法律第三十三號營業税法に依り甫めて賦課することゝなつた、而して其の制限率は町村制の規定に依り百分の五十であつたが明治三十三年非常特別税

の施行に依り百分の三十となり、同四十二年の地方税制限に關する法に依り百分の三十五となり、更に同四十三年同法の改正に依り百分の十五に低下し後大正九年の改正に依り百分の四十七と改められた。

(ハ)所得税附加税　明治二十年勅令第五號所得税に依り國税所得税は賦課せらるゝことゝなつたが明治二十一年發布の町村制の規定に依り町村は百分の五十以內の附加税を賦課することゝなつた、此の町村税も亦營業税附加税と同しく非常特別税法の爲めに其の制限率は百分の三十五となり地方税制限に關する法律(明治四十三年)改正の爲に百分の十五となり大正九年國税所得税法の改正に伴ひ制限率は百分の十四と改正せられた市税と同しく特別所得税を賦課し得るの範圍は前よりも擴大せられたことである。

(ニ)鑛業税附加税　明治三十八年法律第四十五號鑛業法の施行に依り町村は鑛產税百分の十試掘鑛區税百分の三採堀鑛區税百の七以內の課率を以て附加税を賦課することを得る。

(ホ)砂鑛區税附加税　明治四十二年法律第十三號砂鑛法及同四十三年砂鑛區税法に依り本税百分の十以內の課率を以て町村附加税を賦課することを得る、

(ヘ)賣藥營業税附加税　明治三十八年法律第七十一號賣藥税法を同四十四年法律第四十二號を以て改正せられたる結果町村は本税百分の五以內の課率を以て附加税を賦課することを得る。

二、間接國税附加税　內務大藏兩大臣の許可を受くるときは町村は間接税附加税を賦課することを得るのであるも現今實際に於て之を賦課するものがない、間接國税中には明文を以て附加税を禁したるものがあることは市税に關して述べたる通りである。

三、府縣税附加税　此の附加税は四種である。

(イ)戶別割又は戶數割附加税　戶別割は古き沿革を有する町村税である、即ち德川幕政時代に「市立候町場村々山方濱方浦方にて高に應ジ候テ家數多キ村方ハ家別ニモ致シ候是ヲ棟割トモ申候」とあり此棟割は戶別割に當るものである又鍵役と稱したるものも此の棟割と同性質の課税である。其後明治十一年七月太政官番外達に戶數割を賦課することを規定す、此沿革を有するが故に明治二十一年發布の町村制に依り町村は此の附加税を賦課した、其の標準には制限なかりしを以に財政上の都合に依り伸縮自在にて容易に賦課することを得たが其の弊は少からざりしことである此の點に關しては第三編中市税に關して述べた處である、大正十年勅令第四百二十二號府縣戸數割規則の施行に依り制限を加へらるゝことゝなつた即ち同規則第十四條中に左の制限を超ゆるときは内務大藏兩大臣の許可を要するものと規定せらる。

　戸數割附加税總額が中略町村ニ在リテハ當該年度ニ於ケル町村税豫算總額ノ百分ノ八十ヲ超ユルトキ

此の制限を設けられたる爲め戸數割附加税の負擔は幾分緩和せらるゝことゝあつた。

(ロ)家屋税附加税　府縣税家屋税を賦課する町村に在つては此の附加税を賦課し戸數割附加税は有せざるものである家屋税は明治三十二年六月勅令第二百七十六號の規定に依り初めて賦課することとなつた租税である、故に町村に於ても家屋税の賦課と同時に附加税を賦課することとなつた其の賦課率には制限なかりしも大正十年府縣税戸數割規則の施行に依り制限を加へらるゝこととなつた、即ち同規則第十五條に

　前條ノ規定（戸數割附加税總額ガ町村ニ在リテハ當該年度ニ於ケル町村税豫算總額ノ百分ノ八十ヲ超エタルトキハ内務大藏兩大臣ノ許可ヲ要スルノ規定）ノ適用ニ付ヲハ府縣税家屋税又ハ家屋税附加税若ハ市町村税家屋税ハ之ヲ戸數割又ハ戸數割附加税ト看做ス

と規定せられた。

(ハ)營業税附加税　此附加税も明治二十一年發布の町村制に依り無制限に町村税として賦課することを得るものである、府縣營業税を賦課する商業工業の一部は明治二十九年法律第三十三號國税營業税法の施行に依り國税に移されたるを以つて町村税附加税も國税營業税附加税となつたのである。

(ニ)雜種税附加税　府縣の雜種税が多種多様に渉ることは第二編府縣税に關する部分に於て述べたる通で町村税附加税も從て多種多様である、此の雜種税は整理を要する租税である、故に町村に於ては均一の課率を以て附加税を賦課することは却て權衡を得ざるを以て往々不均一課税の方法に出づるものがある又町村に依りては雜種税全部に附加税を賦課せず其の一部に對し課税せざるを適當とするものが

ある。此場合は其の課税は一部賦課に非ずして特別税となるのである。

四、特別税　特別税は國税又は府縣税と獨立して町村限り別に税目を起して賦課するものである、其の税目課率賦課の方法等は町村條例を以て定む、此の特別税は附加税の賦課に依り或は負擔に偏重偏輕を來たし或は財源の缺乏を告け或は税源の餘力ある場合に於て其必要を見るものである、換言すれば附加税主義の缺點を補ふ爲の課税である、此の特別税は府縣税の雜種税と相似たるものなる故近時府縣税の爲其の税源を奪はるゝの狀態あると認むる、其の重なるものを擧げて說明を試みる。

(イ)反別割　土地の面積を標準とし所有者又は占有者に賦課する町村税である、各地目に對するものと特定の地目に對するものとがある、而して此の課税は明治三十七年非常特別税法の施行以來地租附加税と關聯し制限を受くることゝなり爾來地方税に關する件の法律の適用を受くる。

(ロ)所得税　國税所得税の賦課を受けざる者に對し其の所得を標準として賦課するものである、此の町村税は其の課率高きに失するか所得高の少なき者に課税するに於ては國税を免除せる精神を沒却するに至るものである。

(ハ)不動産移轉税　此の税は土地建物等不動産の賣買讓與等に依り所有權の移轉ある場合に課税する、步一税、不動產所得税、建物所得税、不動產權利移轉税、不動產所有權移轉税、土地賣買讓與に關する税の類は皆同一性質のものである、其の土地又は家屋の所有權移轉の場合に於ける價格を標準として課税するが故に不動產從價税の性質を帶ぶるものである。

(ニ)戶別割　通例家屋税の賦課を受けざる者に對し其の資力の程度に應じ賦課する税である、大正十年府縣税戶數割規則の適用を見る場合がある。

(ホ)家屋税　府縣税家屋税施行地て其の税の賦課を受けさる者に對し賦課するものである、特別税戶別割と同じく府縣戶數割規則の適用を見る場合がある、建家税の如き借家税店貸税の類は家屋税と其性質を同じうするものである、其の外の諸税は一地方特殊の特別である。

以上市税の外町村は必要に應じ夫役現品を賦課徵收することがある、其の賦課は直接町村税又は直接國税を準率として金額に算出して之を爲すを原則とする、夫役は勞力を現品は物

件を醵出する町村の負擔である、

町村税を賦課するに付ては町村は明治四十四年九月勅令第二百四十一號「市税及町村税ノ賦課ニ關スル件」に據り二町村以上に關係ある營業、鑛業等に對する課税は處置する要しを、尚大正九年勅令第百六十八號市税及町村税ノ徴收ニ關スル件（第三編市税の部に全文記載）に依り徴收すべきは勿論である。

左に明治二十五年以降町村税徴收の状態を表示する

町村税徴收額表　其の一

税種		明治二五	同三〇	同三五	同四〇
國税	地租附加税	五、九二六、一五〇圓	八、七二一、一二七圓	一四、三二一、四四五圓	九、九七六、六一三圓
	營業税附加税	—	三二一、三三七	九七三、九四二	九八六、二四〇
	所得税附加税	三一、五三二	一二〇、二三二	八一五、六三二	一、三〇二、〇二九
	鑛業税附加税	—	—	—	一〇三、四〇二
	賣藥營業税附加税	—	—	—	—
	取引所營業税附加税	—	—	—	—
	問接國税附加税	一、二五一	七二三	五、五七六	二〇
道府縣税	戸數割附加税	七、二六三、二二四	一三、一七三、〇一九	二六、八二〇、〇一九	三二、四五七、六二二
	家屋税附加税	—	—	一五、五三二	三、二一五、五五七
	雑種税附加税・營業税附加税	六〇九、五八二	一、一二三、五六二	二、六〇五、一八五	三、三四七、二三九
	水産税附加税	—	—	—	一九七、七七五
特別税	反別税・戸別税・家屋税・不動産移轉税・所得税・其他	三、八三三、三二六	七九七、一九四	九四五、七六〇	八三四、九〇一
計		一四、二二五、〇三〇	二四、二三七、二〇四	四七、七七九、〇一五	五五、四一八、四六六
夫役現品換算額		三一五、〇四〇	四八五、五三一	四五一、六一六	五一七、五四七
合計		一四、五三〇、〇七〇	二四、七二三、七三五	四七、二三〇、六三一	五五、九三六、〇一三
一人當		〇圓四六一	〇圓六四四	一圓一四三	一圓三〇五

町村税徴收額表　其の二

税種		大正元	同六	同九	同一一
國税	地租附加税	一三、八八七、三六八圓	一三、三一八、六二四圓	三一、〇〇二、三九二圓	三九、四五五、三三三圓
	營業税附加税	一、七一四、七八七	一、五〇三、九〇八	六、九八六、一一九	九、三八二、九一三

税	所得税附加税	二、六五五、五三六	三、七三五、六六〇	八、七六八、八一四	七、七三三、九五二
	鑛業税附加税	一三六、九〇一	二七九、三六〇	五二一、六〇九	四一三、三三〇
	賣藥營業税附加税	三、一一三	六、五七三	八、五四二	一〇、一六三
	取引所營業税附加税	—	八七八	一、六七四	一、二七一
	間接國税附加税	—	—	—	—
道府縣税	戸數割附加税	六一、七〇四、三五〇	七〇、八四九、一九八	一八一、四二六、九〇三	一八一、九〇八、七八六
	家屋税附加税	九七七、四一二	一、八六五、九二五	五、六二一、八五七	六、九二一、二〇八
	營業税附加税	五、四五七、〇〇六	一、九二九、五〇四	四、六三六、九三〇	五、五〇一、五一八
	雜種税附加税	—	五、三〇七、〇五〇	一八、七三八、八六八	二一、八二〇、六六三
	水産税附加税	二一九、二九二	二三八、〇三三	四八〇、二二八	五五二、七二一
特別税	反別割	一、一〇九、三六九	一、四三三、七二七	三、四五八、五一七	四、一三八、三〇二
	戸別割	—	一九、五六八	九六、一一九	九三、二七五
	家屋税	—	二三六、九九三	九〇、一七一	一三三、四七八
	不動産移轉税	—	一八〇、一八五	五四、九七五	一六二、七〇七
	所得税	—	一八、七二二	一一、二三四	一三、八一三
	其他	七三〇、二六三	三〇二、〇九七	七四三、七五三	八一九、七三二
計		八八、五九五、四一五	一〇一、一二五、九九五	二六〇、六三八、七四七	二七九、〇六〇、一〇五
夫役現品換算額		六二一、五五一	六六九、五〇四	一、五一〇、五九八	一、四一六、八五五
合計		八九、二〇六、九六六	一〇一、七九五、四九九	二六四、一四九、三四五	二八〇、四七八、九六〇
一人當		一圓九六四	二圓一三一	五圓七七二	六圓一九九

右表に依り見るに町村税一人當は明治二十五年度に在りては僅かに四十六錢一厘に止まるも年と共に増加し大正十一年度豫算に在りては六圓十九錢九厘となり之を比較するに大正十一年度は明治二十五年度の十三倍二分に當る、市税の二十八倍に比すれば其の二分の一に達しない、更に該表には明治三十五年度以降北海道及沖繩縣の町村を包含するを以て大正十一年度豫算額中右の町村の分を控除し一町村平均額を明治二十五年度の一町村平均額に對比するに左の通である。

年度	町村税總額	一町村平均額
明治二五	一四、五三〇、〇七〇圓	一、〇七一圓
大正一一豫算	二六八、五四六、六八一	二三、〇四六

卽ち町村制施行地の町村のみに付て見るに其の一町村平均額は大正十一年度は明治二十五年度に比し二十二倍したるものである、以て町村税の激増せるを證するに足る、尙大正五年及同十一年度豫算に依り各種町村税の税率を見るに左の通で

ある。

町村税課率表

税種		大正九年度 平均	大正九年度 最高	大正九年度 最低	大正十一年度 平均	大正十一年度 最高	大正十一年度 最低
		圓	圓	圓	圓	圓	圓
地租附加税 一本圓當	宅地	〇、二四一	〇、四四六	〇、〇全二	〇、二七五	一、〇〇八	〇、〇三〇
	其他	〇、五〇二	一、〇五六	〇、一七九	〇、六五九	二、三七六	〇、〇四〇
特別税反別割 一反歩當	宅地	―	―	―	〇、九〇七	一五、四四〇	〇、〇三〇
	其他	―	―	―	〇、四五六	七、五〇〇	〇、〇〇一
戸數割一人當		二、七六六	?	?	三、二一四	一五九、〇〇〇	二、三三一
家屋税一戸當		?	?	?	一三、四九七	三二、八八四	三、五二六
國税營業税附加税		〇、三九三	〇、六七九	〇、一三九	〇、四五〇	一、七四七	〇、〇七〇
國税所得税附加税		〇、一五五	一、四一〇	〇、〇四五	〇、一四四	〇、五四〇	〇、〇四〇
道府縣營業税附加税		?	?	?	〇、七三七	四、〇〇〇	〇、一〇〇
同雜種税附加税		?	?	?	〇、七五四	七、〇〇〇	〇、一〇〇

又大正九、十兩年度に於ける國税附加税及反別割の制限外課税額を示せば左の通である。

年度	地租附加税	特別税反別割	營業税附加税	所得税附加税	合計
大正九年	一、二〇三、九六一圓	三八、一一〇圓	一七〇、四三八圓	四九八、九九四圓	二、二〇一、五三三圓
同　十年	一、三〇七、七四二	二八七、四九二	二二一、六九三	二八九、七六三	二、〇九六、六八九

第三節　公債

歳計上收支を適合せしむる爲めに町村に於ては公債を起すことを得るは市の起債權と同一である、町村に於て不急の事業を營み又は一時の人氣に投ぜんが爲めに徒らに其の財源を公債に求むるが如きは深く愼まねばならぬことである、公債に財源を求むるに於ては其の年度に在りては町村民の負擔を増加するに至らざるも將來に於ては必ずや其の償還財源の爲め負擔の増加を來たし累を財政上に及ぼすものである、素より市公債と同じく目的は限定せられ、利息の定率償還方法等は確的に定め置くを要し且嚴密なる監督を受くべきは法の定むる所である、明治二十四年前より大正十年末に至る間の町村債額の趨勢を表示すれば左の通である。

町村債累年現在高表（許可に係るもの）

年度	債額	年度	債額
明治二四	一、六五二圓	明治四〇	四、三二一、七〇七圓
同　二五	一六、六〇九	同　四一	四、八三八、七九二
同　二六	一九、二三〇	同　四二	六、二六二、五七二
同　二七	一二〇、[illegible]七二	同　四三	七、六九八、六〇五

同　二八	一二八、二四〇	同　四四	八、五〇四、九七二
同　二九	一六三、一七二	大正元	九、四三五、一〇五
同　三〇	二三六、九二〇	同　二	八、二〇四、九三二
同　三一	三八三、三八五	同　三	八、九〇三、〇九八
同　三二	四九一、九四九	同　四	八、二二三、八二六
同　三三	二、〇〇八、一三八	同　五	一〇、六〇二、一二八
同　三四	二、五三四、二二四	同　六	一〇、七一二、〇一四
同　三五	二、七五〇、〇五五	同　七	一一、六七三、〇二三
同　三六	二、八八〇、七四一	同　八	一四、九一七、九一二
同　三七	三、〇五二、八五五	同　九	二九、〇〇八、〇七九
同　三八	三、〇四〇、六一七	同　一〇	三九、一一三、〇九五
同　三九	三、七八八、一一九		

右表に依り見るに町村債も亦歳々年々其の債額を増加するの狀態である、明治二十四年の債額千六百五十二圓は三十一年間を經過したる大正十年に至り實に二萬三千六百七十六倍したのである、其の增加の趨勢には驚かざるを得ない。

大正元年末同八年末及同十年末に於ける公債を目的別に區分すれば左表の通である。

目的	大正元年 圓	同八年 圓	同十年 圓
敎育費	七六三、六一〇	七、六七九、一四四	一七、五九四、六八五
衞生費	一、〇三九、一九七	一、七五一、九七一	四、〇三〇、六九九
勸業費	一、四八四、八七九	四四四、三三八	三一〇、〇八六
災害土木費	三一七、八四三	一、六四八、三三七	六、四二七、九五六
普通土木費	一、三八一、三三四	一、七〇九、一二九	二、三六七、八六四
電氣及瓦斯事業費	ー	ー	一、八二〇、九八二
社會事業費	ー	七五四、〇〇〇	二、七〇五、一五四
其他	一、二四二、三二一	九三〇、九九四	三、八七五、七〇九
合計	一三、〇一八、九七四	一四、九一七、九一三	三九、一一三、〇九五

右表に依りて見るに町村債に在りては敎育費の爲に起債するもの如何に大なるかを知る、以て町村が敎育費の負擔に苦しむの狀歷然として明かである、更に吾人は大正元年と同十年の兩年末公債額を利率の區別に依り見るに左表の通である

町村債利率別比較

利率別	大正元年 圓	同十年末 圓
無利子	二八三、三九四	九、二七七、八〇七
五分未滿	二三七、五四五	三、四七一、二三九
五分以上	七、七五七、六一八	九、七四七、二七九

六分以上	一、一九七、八四五	五、〇七三、六二二
七分以上	二、四一三、二二九	四、六五四、二五八
八分以上	七六四、一五八	四、九五九、四一七
九分以上	二一六、〇〇七	一、六二一、一一二
一割以上	一四九、一七九	三〇八、三六一
合計	一三、〇一八、九七五	三九、一一三、〇九五

既往十年間に町村債の利率は高くなりたるの趨勢である、町村に對し可成的低利資金供給の途を得せしむると同時に地方に於ける金融硬化の状態を避けしむることが必要なる方策である。

第四節　歳計

町村は市と同じく毎年四月一日より翌年三月三十一日に至る間を一會計年度とし其の歳計を立つるものである、歳入出豫算が夫れである、而して此の豫算に對しては必らず精算を爲さねばならぬ、之れを決算と稱する、かくして經濟的物件の需用を充すの計劃を立て之の實蹟を明かにする、此の財政状態を決算豫算に依り考究するの順序として第一に歳出第二歳入とし記述する。

第一　歳出

町村は市に併合せられ又は數町村合併して其の數を減少したが一般社會の進歩と經濟の發達は事業の増加と經費の増額とを來たし將來亦益々増進せんとするの傾向を有する。

歳出各費目別表　其の一

費目	明治二五年度 圓	同　三〇 圓	同　三五 圓	同　四〇 圓
教育費	七、二九〇、一八七	一三、六九五、〇九四	二六、八五八、九八〇	三五、〇三〇、二一三
土木費	五、六三六、八七〇	八、四六六、二二七	七、三六三、二六四	八、三〇二、六三一
衛生費	三八〇、九六七	一、八二三、一八一	三、六四三、七九一	三、二五二、〇一六
勸業費	一一三、二一三	八二〇、六六七	八五八、二八二	七九六、八九一
社會事業費	—	—	—	—
電氣及瓦斯事業費	—	—	—	—
役場費	六、六〇〇、二七六	八、八八七、二〇一	一三、六七一、七六〇	一六、六二〇、五六八
會議費	三五五、五八八	四二五、〇六八	五八〇、〇二八	六九八、一七八
警備費	一五八、一〇八	三五〇、二八〇	四八四、七八六	七二一、三〇九
公債費	三六五、〇二三	一、六九三、八五一	六、〇一八、八六三	三、二四〇、一四六
諸税及負擔	三三三、八一〇	一、六八七、二〇四	四、八〇九、二三〇	五、五六三、〇三一
積立金及基本財産造成費	四七、四四四	四七〇、二九〇	一、五〇二、七一九	四、五六二、五一四
其他諸費	二九四、六〇五	八四三、七九七	二、五六七、四一六	四、三六二、一六二
合計	二一、五九八、五三〇	三八、二〇一、八一六	六八、四一三、一二四	八三、一七四、八七一

歳出各費目別表　其の二

費目	大正元年度	同六	同九	同一一豫算
	圓	圓	圓	圓
敎育費	五〇、三九六、三八〇	五七、五七三、五九七	一五八、八〇九、七九八	一七九、三〇二、三七八
土木費	一一、八二五、五五一	一一、三二一、〇一七	三〇、五二三、九〇〇	三一、八六一、四六四
衛生費	四、五七六、五六五	五、八三一、一三六	一四、六四〇、八八五	一三、六六二、四一九
勸業費	九三六、八五九	九二一、三八二	五、〇〇九、五三三	六、一七八、七二一
社會事業費	一三四、六六〇	一三五、七九五	一、一三一、七一四	一、一三〇、五五四
電氣及瓦斯事業費	―	二三一、八七一	一、三六三、四三〇	一、三五八、七一八
役場費	三三、二〇八、三六六	二六、二九六、〇三七	六四、九四四、五一〇	六七、四五八、四二一
會議費	八七七、七四三	一、一〇五、〇〇六	二、五二一、五八〇	三、一九七、七四八
警備費	一、一九八、三九〇	一、七〇三、八一七	四、三七七、二六六	四、九〇七、三〇三
公債費	五、八九〇、五六五	三、四〇三、五九三	五、二〇〇、七一五	九、三九三、七四七
諸税及負擔	八、四八五、三一〇	九、八六八、〇九〇	二七、五〇四、六四六	三八、四三九、六三六
積立金及基本財産造成費	八、一〇九、七九九	一五、一八八、四二三	二一、〇五〇、三四〇	二〇、八四四、七七五
其他諸費	七、五二四、八四八	一〇、五二五、七九九	二〇、八〇九、四七七	一九、六九八、二七四
合計	一三三、一五五、〇三六	一四四、一〇五、五六三	三五七、八七八、七九四	三九八、四三四、〇六九

である卽ち大正十一年度豫算額は明治二十五年度總額に比して十八倍强となつた、而かも經費の種類に於て著しき差違が生じたのである、更に明治二十五年度と大正九年度とに就き各年各費の千分比例を求むるに

費目	明治二十五年度	大正九年度
敎育費	三四〇	四四三
土木費	二六二	八六
衛生費	一七	三一
勸業費	五	一四
社會事業費	―	三
電氣及瓦斯事業費	―	四
役場費	三〇七	一八一
會議費	一六	七
警備費	七	一二
公債費	一六	一五
諸税及負擔	一五	七七
積立金及基本財産造成費	二	五九
其他諸費	一三	五八
計	一、〇〇〇	九九〇

右表に依り見るに明治二十五年度に在りては敎育費の三百四十に次で役場費の三百七土木費の二百六十二で其の他は衛生費、會議費、公債費、諸税及負擔及其の他諸費は稍同比率

であつたが、大正九年度に在りても敎育費は四百四十三で第一位を占め役場費の百八十一之に次ぎ土木費の八十六諸税及負擔の七十七積立金及基本財産造成費の五十九其の他諸費の五十八衞生費の三十一勸業費の十四順次に低下するのである役場費、會議費の如き人件費が其比率低下し積立金及基本財産造成費及勸業費の如き經費が其の比率を增加したるは良好なる現象と謂はなければならぬ、彼の敎育費が茲に最高率を保つのみならず、却て增加するの傾向を有するは如何に町村が敎育費の爲めに苦痛を感ぜるかを證するに足る、故に小學校經費の國庫負擔を主張するの運動起り終に大正七年法律第十八號を以て市町村義務敎育費國庫負擔法の發布を見るに至つた、蓋し當然の事と謂ふべきである、左に該法の全文を揭ぐる。

市町村義務敎育費國庫負擔法

第一條　市町村立尋常小學校ノ正敎員及準敎員ノ俸給ニ要スル費用ノ一部ハ國庫之ヲ負擔ス

第二條　前條ノ規定ニ依リ國庫ノ負擔トシテ支出スヘキ金額ハ毎年度千萬圓ヲ下ラサルモノトス

第三條　國庫支出金ハ第四條ノ規定ニ依リ交付スル金額ヲ除キ其ノ半額ハ前年六月一日ニ於ケル市町村立尋常小學校ノ正敎員及准敎員ノ數々、他ノ半額ハ前年六月一日ニ於ケル市町村ノ就學兒童數ニ比例シテ之ヲ市町村ニ交付ス

第四條　文部大臣ハ國庫支出金ノ十分一ヲ超エサル範圍內ニ於テ資力薄弱ナル町村ニ對シ特ニ交付金額ヲ增加スルコトヲ得

第五條　本法ノ適用ニ付テハ市町村組合又ハ町村組合ハ之ヲ市町村ト看做ス市制又ハ町村制ヲ施行セサル地域ニ於ケル市町村ニ準スヘキ公共團體、其ノ組合又ハ小學校設置區域亦同シ

本法ノ適用ニ付テハ市町村立尋常高等小學校ニ於テ尋常小學校ノ敎科ヲ授クヘキ部分ハ之ヲ市町村立尋常小學校ト看做ス

附　則

本法ハ大正七年四月一日ヨリ之ヲ施行ス

此の法律の施行に依り敎育費の町村民の負擔を減ずること幾何なるを知らざるも町村財政上少からざる影響を受くるは必然である、政府は他の軍事費の如き經費の節約を計り以て

町村敎育費に對し其の國庫負擔額を增加するの策を講ずることと緊要である、當該法律の施行に關し「市町村義務敎育負擔法ノ施行ニ關スル件」(大正七年勅令第七十五號)及「市町村義務敎育費國庫負擔法施行規程(大正七年四月文部省訓令第四號)」に依り其の手續等を知ることを得る。

第二歳入

町村は財產より生ずる收入及租稅外收入を以て其の支出に充て其の不足ある場合に之が財源を町村稅に求むべきものであることは前述した、歳計上是等歳入が如何なる狀態に在るかを考察するに左表の如きものである。

町村稅收入及租稅收入表　其の一

科目	明治二五年度 圓	同三〇年度 圓	同三五年度 圓	同四一年度 圓
町村稅夫役現品	一四、五三〇、〇七〇	二四、七三二、七三五	四七、二三〇、六三一	五九、九三六、〇一三
財產ヨリ生スル收入	六七三、二八五	一、〇七七、六三四	一、九三五、五四四	三、五六六、七七〇
使用料及手料	二九二、一七〇	五三一、五九七	四〇五、八九二	七二二、一七四
國庫下渡金	―	―	―	―
國稅徵收交付金・國庫補助金	一三七、三六四	一六二、六六〇	二八二、二九三	九一七、五九六
道府縣稅徵收交付金・道府縣補助金	二、六九〇、八五二	四、二〇二、一二三	三、七七四、八四三	三、五〇二、三二五
郡補助金	一三、四三五	一二五、一四九	三六二、五三八	四〇一、七八五
寄附金	九六五、二七八	二、〇九三、九六七	三、三一七、八九六	五、〇四九、一八二
公債	四六八、〇七八	二、二八八、八六九	五、四六一、二〇四	五、〇五七、三一八
前年度繰越金	一、一六六、〇六六	一、九四四、〇六一	五、〇四四、〇七一	五、四七八、六九〇
其他收入	二、四七八、一四五	四、一九七、〇二九	六、〇九八、四〇七	九、六三六、二六一
稅外收入計	八、六一〇、二二三	一六、一四四、一〇〇	二六、五八五、五三三	三四、三三一、〇九一
歳入總計	二三、一四〇、二九三	四〇、八六六、八三五	七〇、三一六、六一〇	九〇、二六七、一〇五

町村稅收入及稅外收入表　其の二

科目	大正元年度 圓	同六年度 圓	同九年度 圓	同十一年度豫算 圓
町村稅及夫役現品	八九、二六〇、九六六	一〇一、七九五、四九九	二六四、一四九、四三五	二八〇、四七八、九六〇
財產より生する收入	四、三八八、八九二	八、一二〇、五七五	一三、三一八、〇九三	一三、九〇〇、三〇六
使用料及手數料	二、一二五、五五七	四、三九四、九三七	七、三五五、一八九	一〇、〇八〇、〇三五
國庫下渡金	―	―	八、七八三、三九九	八、七六五、六二六
國稅徵收交付金	一、四三八、六〇三	三、六三〇、八八〇	四、八二九、三八四	四、七九〇、六四三
國庫補助金	四四、八三四	六〇、三一六	一三五、三一五	三四五、六八三
道府縣徵收交付金	一、一二三、七八二	一、四〇四、九一二	三、二五六、九二三	三、八二五、九九七

道府縣補助金	四、四〇二、九九九	三、八二三、八九〇	九、一〇二、七〇〇	八、三三五、二九〇
郡補助金	六七二、二四〇	七三五、四二五	一、七四三、五一六	三、六〇二、〇八三
寄附金	五、八三〇、八六七	六、四一二、五四七	一五、一一〇、四八九	一三、三二五、一八二
公債	三、三九三、二五四	二、九五五、三九六	一四、八七八、〇五七	一四、四〇八、五八三
前年度繰越金	九、二四七、五四八	一〇、五三六、三九二	三一、三八六、三三〇	一七、六四七、四五二
其他收入	一〇、五七七、五四四	一四、三五〇、五二七	二七、六〇〇、七五四	二〇、一一三、九五〇
税外收入計	四三、二四六、一二〇	五六、四二四、七九七	一三六、五〇〇、一三九	一八、〇四九、五九六
歳入總計	一三二、四五三、〇八六	一五八、三二〇、二九六	四〇〇、六四九、四八四	三九八、五三八、五五六

右表に依り更に繰越金及公債が税外收入總計と如何なる比例を保つか、之れが千分比例を求むるに左の通である、

年度	繰越金	公債	其他税外收入	總計
明治二五	一三五	五四	八一一	一、〇〇〇
同　三五	一七五	一九〇	六三五	一、〇〇〇
大正　元	二一四	七八	七〇八	一、〇〇〇
同　五	二三〇	一〇九	六六一	一、〇〇〇

右に依り觀察するに漸次其の比を增加す、此の如き現象は市の歳計に就き述べたる如く徒らに事業の企劃をして實行不能に終りたるものあるか或は豫算の計上に粗漏なるかの原因に出づるものと認めざるを得ない、町村財政上注意すべき點なりと思はる、又租税收入と税外收入との百分比例を求むるに

年度	租税收入	税外收入	收入總計
明治二五	六三	三七	一〇〇
同　三五	六五	三五	一〇〇
大正　元	六七	三三	一〇〇
同　九	六六	三四	一〇〇

町村に於ては租税收入は未だ以て總收入の六割以上を占むるも經費膨張の程度に比し租税收入の比率著しく高きに至らざるを見る。

全國中町村税を賦課せざる町村は三ヶ町村に過ぎない卽ち神奈川縣足柄下郡元箱根組合村に於ては財產より生ずる收入及其の外税外收入を以て經費全部を支辨する明治三十八年度には財產より生ずる收入千九百三圓其の他收入千十圓合計二千九百十三圓なりしが大正七年には財產より生ずる收入八千二百十六圓其の外税外收入四千二百十六圓合計一萬二千九百七十八圓で當該年度の經費一萬二千六百六十九圓を支辨し尙剩餘を生ず

一、三重縣志摩郡竹志村は大正七年度に於て財產收入七百三、

十四圓其外稅外收入八千六百三十八圓合計九千三百七十三圓にして當該年度の經費八千八百十八圓を支辨し後同縣同郡管島村は同年度に於て財産收入六百二十三圓其の外稅外入收五千七百三十六萬圓合計六千三百五十九圓で當該年度の經費五千二百一圓を支辨し何れも尙餘りあるを見る。

一　靜岡縣賀茂郡白濱村は明治三十八年度に於て既に財産より生ずる收入三千百五十七圓其の外稅外收入三萬八千八十一圓合計四萬千二百三十八圓を收入せるが大正七年度には財産收入一萬八千四百六十五圓其の外稅外收入二十萬六千九百十六圓合計二十二萬五千三百八十一圓に達し當該年度の經費二十二萬五千八十一圓を支辨す、當財産營造物及事業より生ずる收入を以て經費の半額を支辨せる町村數は左の通である

稅外收入を以て經費の半額を支辨せる町村數

（大正七年度現在）

大阪府下二　神奈川縣下二　兵庫縣下二　群馬縣下一　三重縣下六　岐阜縣下八　長野縣下二　福島縣下一　山形縣下二　秋田縣下一　島根縣下一　廣島縣下一　和歌山縣下一　熊本縣下二　鹿兒島縣下三　長崎縣下一

第八章　町村内の一部行政

町村は最下級の地方自治團體であることは前に述べた處であるが町村の一部に於て財産を有し又は營造物を設くるものは其の財産營造物に關しては會計を別にし町村内の一部行政として處理せらるゝものである、實際の必要に應じては其の爲區會を設置することを得るものである、又は區會を設けずして區總會を以てすることを得る、此等のことに對しては總て町村行政として認むるが故に其の區會に關しては町村條例を以て定むべきものである又其の區會議員は區の名譽職にあらで町村の名譽職である、元來部落有財産は制度施行前よりの舊慣に依るもの多く主務者に於てか之が統一を企て奬勵指導すること少からざりしかば漸次町村に統一せられた、然れども其の部村民の利害に影響する大なるを以て强ゐて之が統一を爲すことは愼むべきものである。

第九章　町村の監督

町村は市と同じく地方自治團體として國家の監督に服すべきことは茲に再說せずして可なることと信ずる、其の監督系

統は第一次に於て郡長第二次に於て府縣知事第三次に於て內務大臣であつて其の他特殊行政事務に關して大藏大臣其の外主務大臣の監督を受くべきは市と同一である。

町村に對する監視方法は市と同じく監視、指揮命令、取消認可又は許可、機關選任干與、强制豫算、懲戒處分、町村會の解散處分、訴願及行政訴訟である、又許可事項の範圍及沿革は市と同一である、唯市に在りて府縣知事の許可を要する事件は町村に在りては郡長の許可を要する、此の郡長の許可事件は明治二十一年發布の町村制にては郡參事會の職權に屬したるも明治四十四年の改正に際し之を郡長の職權に移したるものである、監督に關する法令の關係は第三編市の監督に關し述べたる所に依り明かであるを以て玆には省略する。

第十章　町村の聯合行政

町村と市との聯合行政に關しては第三編に於て述べたるが此の外に町村のみの聯合行政がある、卽ち町村組合である、此の組合は二種類ある、一は町村行政の一部の事務を聯合して執行するもの之を一部事務の組合と稱する、此組合の設立解散、規約の協定、其の他法律關係は市町村組合と同一である、其の組合を組織するものが町村のみである點に於て異なる、而して市町村組合には市制を準用するも一部事務の町村組合には町村制を準用する、一は全部事務の組合である、此の組合は町村行政の全部に渉り共同處辨する爲に成立するものである、素より組合を組織する各町村は各自一の公法人であるも其の行政の態様が全く一町村と異なることなきもので其の組合の規約には組合の名稱組合を組織する町村、組合の共同事務及組合役場の位置に付き規定を設けねばならぬ、此の組合は他の法律に於て一町村と看做され取扱はるゝこと少からざるを見る、此の如き組合は宜しく併合して一町村と爲すを可なりと思はる。

第十一章　餘説

政府の經營する郵便貯金の總額は十億圓に達すと聞く、此の貯金は遞信省の所管に屬するが政府は如何に之を利用するか素より其の一部は常に拂戻の爲めに之を他に利用することを許されたるは明かである。

明治四十年の頃金利は高騰し地方自治團體に於て各種事業を經營せんとするも起債を爲すことは頗ぶる困難にして地方

の財政は活路を求めざるを得ざる狀態を呈した、時に政府は日本興業銀行をして外資を輸入し以て地方に低利の資金を供給せんと企てたるも意の如くならず、僅か三百萬圓の資金を以て同銀行より地方自治團體に貸付せしめた、之れが地方低利資金供給の濫觴である、此の秋に當り内務省に於ては或はを府縣郡市町村の基本財産を集中して以て低利資金供給の途を拔かんことを圖りたるも事容易に行はれず、床次地方局長は慨然として自ら地方振興策と題し一片の意見を公表された其の一節に

地方産業の振興を圖らんには地方資金の充實を圖ると共に成るべくだけ金利の低落を期するのは必要なる前述の如し云々然るに我邦に在ては從來郵便貯金は專ら國債證劵に轉換せられ、随て專ら政府財政上の融通に充てられ、毫も地方の經濟に利用せられざりしなり、是れ偏に預金運用の安全堅固を圖ると共に一方政府の財政を補助するの趣旨に出でたる結果亦已むを得ざるものゝ如しと雖も今や貯金の高は一億有餘圓に達して之れが運用如何は民間の經濟に影響なきを得ず、郵便貯金は地方の資金を吸收し去りて地方を涸渇せしむるの虞あるを以て貯金奬勵は考慮を要すべきものなりなどとの批難は往々にして今に傳聞する所なり、諸般の施設更新を期するの今日須らく郵便貯金は更に之れを地方に散じて以て各種經營の資に利用せしむるの方針に出でざるべからず云々。

と述べられた、平田内務大臣は則ち同局長の意見を採用せられ地方自治團體及産業組合に對し日本勸業銀行の手に依りて郵便貯金に一部を以て低利資金を供給するの方策を立てられ直に之を實行せられた。政府が低利資金を供給するの顚末は右の通である、爾來此の方策は世の賞讃を得益々擴張して以て地方民力の充實に資せんとするに至つた、十億圓の貯金額果して如何なる程度に於て之を地方低利資金に供給せんとするか、今や地方に於て資金の供給を要求すること切なるものがある、速かに斷乎たる方針を立て地方を救濟すべきものである。

郵便貯金に依る低利資金供給の機關として産業組合中央金庫を設置せらるゝこととなつて、大正十二年法律第四十二號を以て産業組合中央金庫法が發布せられた、其の法律に依れば

一、産業組合中央金庫は法人であつて組織は有限責任であ

る
二、存立期間は設立許可の日より五十箇年である
三、資本金は三千萬圓であつて其の內千五百萬圓は政府之を出資し其の一半は産業組合聯合會又は産業組合に限り出資するものである
四、業務は
(一)所屬産業組合聯合會又は所屬産業組合に對し擔保を徴せずして五ヶ年以內の定期償還貸付を爲すこと
(二)所屬産業組合聯合會又は所屬産業組合に對し手形の割引又は當座預金貸越を爲すこと
(三)所屬産業組合聯合會又は所屬産業組合の爲に爲替業務を爲すこと
(四)産業組合聯合會産業組合公共團體其の他營利を目的とせざる法人より預り金を爲すこと
五、産業組合中央金庫は拂込金額の十倍を限り産業債券を發行することを得

である、産業組合に對し低利資金を供給する機關としては勿論相當の機關であらう、然しながら彼の日本勸業銀行及府縣農工銀行の設立の主旨が小資本の農工業者も尙資金供給の恩澤に浴することを得て産業の發達を圖ることに在つたに拘はらず今日の狀態は果して如何であるか産業組合中央金庫にして克く其の設立の本旨を貫徹するならば幸甚である。

河田法學博士は此の産業組合中央金庫に關し

此際農業金融の狀態を整へる一手段として全國の産業組合の爲に其の中央金庫を創設し一面には資金を吸收して其の消化の道なく從來之を普通銀行などに預け入れて居たる信用組合などの爲めに安全に之を預け入るゝ事を得る道を造り與へ同時に他面に於て其の中央金庫の吸收せる資金を再び産業組合や其の聯合會やに對する貸付となつて主として農業の爲に用ゐらるゝことゝなる道を造り與ふることは農業の爲に圖て甚だ機宜を得たるものと謂はねばならぬ、又産業組合中央金庫は營利を目的とせざる社團法人として相互的に産業組合の中央金融機關として働くべきものとせらるゝと認められながら「中央金庫からの貸付は幾ら營利を目的とせない業務振を發揮するにしても普通銀行の貸付歩合以上若は少くとも同程度たらざるを得ないことゝなり低利で貸付を行ふといふ中央金庫本來の任務は果されざることゝなるのである」又「大體に於て中央金庫は貸付資金難

に苦しみ貸付歩合を低くすれば預金が集まらず、預金利子を高くすれは貸付利率が高くなつて政策上の破綻に陥り進退困難になると同時に債券は多く民間に賣行かないて大部分は政府引受けとなり同時に又政府支出金は逐次增加がされて千五百萬圓は三千萬圓となり三千萬圓は五千萬圓となり五千萬圓は一億圓となるといふ風に進み行くことであらう、そして矢張何年たつても農村不振の聲と其の救濟の要求とは比年を見るを得ないで農村金融の狀態は著しき改善相亞いで然かも段々高まつて來るであらう」と難して居る（經濟論叢第十六卷第四號）

河田博士の豫想適中するか產業組合中央金庫の努力奏效して意外の効績を擧ぐるか今後の實績に徵せざるを得ない、吾人を以てすれば產業組合中央金庫の創立も敢て不成績に終るものとは想はざるも農村の救濟は主として地方自治團體をして活動せしむるに在りと信ずる。

改正府縣制、市制、町村制

府縣制

法律第七十三號ヲ以テ改正サレタル府縣制左ノ如シ

第一條中「郡市」ヲ「市町村」ニ改ム

第三條第二項中「郡」ヲ削リ同條第三項中「府縣郡市參事會及町村會」ヲ「府縣參事會及市町村會」ニ改ム

第四條第二項中「郡市ノ區域」ヲ「市ノ區域又ハ「從前郡長若ハ島司ノ管轄シタル區域ニ改メ同條第三項及第四項ヲ削ル

第六條　府縣內ノ市町村公民ハ府縣會議員ノ選擧權及被選擧權ヲ有ス

陸海軍軍人ニシテ現役中ノ者（未タ入營セサル者及歸休下士官兵ヲ除ク）及戰時若ハ事變ニ際シ召集中ノ者ハ選擧權及被選擧權ヲ有セス兵籍ニ編入セラレタル學生生徒（勅令ヲ以テ定ムル者ヲ除ク）及志願ニ依リ國民軍ニ編入セラレタル者亦同シ

市町村公民權停止中ノ者ハ選擧權及被選擧權ヲ有セス

在職ノ檢事、警察官吏及收稅官吏ハ被選擧權ヲ有セス

選擧事務ニ關係アル官吏及吏員ハ其ノ關係區域內ニ於テ被選擧權ヲ有セス

府縣ノ官吏及有給ノ吏員其ノ他ノ職員ニシテ在職中ノ者ハ其ノ府縣ノ府縣會議員ト相兼ヌルコトヲ得ス

衆議院議員ハ府縣會議員ト相兼ヌルコトヲ得ス

第八條第一項及第二項ヲ左ノ如ク改ム

府縣會議員中闕員ヲ生シタルトキハ三箇月以內ニ補闕選擧ヲ行フヘシ但シ其ノ闕員ト爲リタル議員カ第三十一條第二項、第三項若ハ第六項ノ規定ニ依ル期限前ニ於テ闕員ト爲リタル者ナル場合ニ於テ第二十九條第一項但書ノ得業者ニシテ當選者ト爲ラサリシ者アルトキ又ハ其ノ期限經過後ニ於テ闕員ト爲リタル者ナル場合ニ於テ第二十九條第二項ノ規定ノ適用ヲ受ケタル得票者ニシテ當選者ト爲ラサリシ者アルトキハ直ニ選擧會ヲ開キ其ノ者ノ中ニ就キ當選者ヲ定ムヘシ此ノ場合ニ於テハ第三十二條第三項ノ規定ヲ準用ス

第三十二條第四項及第五項ノ規定ハ補闕選擧ニ之ヲ準用ス

第九條　府縣會議員ノ選擧ハ其ノ府縣內ニ於ケル市町村會議員選擧人名簿ニ依リ之ヲ行フ

町村制第三十八條ノ町村ニ於テハ同法第十八條乃至第十八條ノ五ノ規定ニ準シ選擧人名簿ヲ調製スヘシ

前項ノ選擧人名簿ハ之ヲ町村會議員選擧

人名簿ト看做シ第一項ノ規定ヲ適用ス

第十條　削除

第十一條　削除

第十二條　削除

第十三條第一項中「選擧ノ日ヨリ少クトモ二十日前」ヲ「選擧ノ期日前二十日目マテ」ニ、同條第二項中「少クトモ七日前」ヲ「投票ノ期日前七日目マテ」ニ改ム

第十三條ノ二　議員候補者タラムトスル者ハ選擧ノ期日ノ告示アリタル日ヨリ選擧ノ期日前七日目マテニ其ノ旨ヲ選擧長ニ屆出ツヘシ

選擧人名簿ニ登錄セラレタル者他人ヲ議員候補者ト爲サムトスルトキハ前項ノ期間內ニ其ノ推薦ノ屆出ヲ爲スコトヲ得

前二項ノ期間內ニ屆出アリタル議員候補者其ノ選擧ニ於ケル議員ノ定數ヲ超ユル場合ニ於テ其ノ期間ヲ經過シタル後議員候補者死亡シ又ハ議員候補者タルコトヲ辭シタルトキハ前二項ノ例ニ依リ選擧ノ期日ノ前日マテ議員候補者ノ屆出又ハ推薦屆出ヲ爲スコトヲ得

議員候補者ハ選擧長ニ屆出ヲ爲スニ非サレハ議員候補者タルコトヲ辭スルコトヲ得ス

前四項ノ屆出アリタルトキ又ハ議員候補者ノ死亡シタルコトヲ知リタルトキハ選擧長ハ直ニ其ノ旨ヲ告示スヘシ

第十三條ノ三　議員候補者ノ屆出又ハ推薦屆出ヲ爲サムトスル者ハ議員候補者一人ニ付二百圓又ハ之ニ相當スル額面ノ國債證書ヲ供託スルコトヲ要ス

議員候補者ノ得票數其ノ選擧區ノ配當議員數ヲ以テ有效投票ノ總數ヲ除シテ得タル數ノ十分ノ一ニ達セサルトキハ前項ノ供託物ハ府縣ニ歸屬ス

議員候補者選擧ノ期日前十日以內ニ議員候補者タルコトヲ辭シタルトキハ前項ノ規定ヲ準用ス但シ被選擧權ヲ有セサルニ至リタル爲議員候補者タルコトヲ辭シタルトキハ此ノ限ニ在ラス

第十四條　市町村長ハ投票管理者ト爲リ投票ニ關スル事務ヲ擔任ス

第十五條　投票區ハ市町村ノ區域ニ依ル

投票所ハ市役所、町村役場又ハ投票管理者ノ指定シタル場所ニ之ヲ設ク

投票管理者ハ選擧ノ期日前五日目マテニ投票所ヲ告示スヘシ

府縣知事特別ノ事情アリト認ムルトキハ市町村ノ區域ヲ分チテ數投票區ヲ設ケ又ハ數町村ノ區域ヲ合セテ一投票區ヲ設クルコトヲ得

前項ノ規定ニ依リ投票區ヲ設クル場合ニ於テ必要ナル事項ハ命令ヲ以テ之ヲ定ム

第十六條　議員候補者ハ各投票區ニ於

ケル選擧人名簿ニ登錄セラレタル者ノ中ヨリ本人ノ承諾ヲ得テ投票立會人一人ヲ定メ選擧ノ期日ノ前日マテニ投票管理者ニ届出ツルコトヲ得但シ議員候補者死亡シ又ハ議員候補者タルコトヲ辭シタルトキハ其ノ届出テタル投票立會人ハ其ノ職ヲ失フ

前項ノ規定ニ依ル投票立會人三人ニ達セサルトキ若ハ三人ニ達セサルニ至リタルトキ又ハ投票立會人ニシテ參會スル者投票所ヲ開クヘキ時刻ニ至リ三人ニ達セサルトキ若ハ其ノ後三人ニ達セサルニ至リタルトキハ投票管理者ハ其ノ投票區ニ於ケル選擧人名簿ニ登錄セラレタル者ノ中ヨリ三人ニ達スルマテノ投票立會人ヲ選任シ直ニ之ヲ本人ニ通知シ投票ニ立會ハシムヘシ

投票立會人ハ名譽職トス

投票立會人ハ正當ノ事故ナクシテ其ノ職ヲ辭スルコトヲ得ス

第十八條中「被選擧人」ヲ「議員候補者」ニ改メ同條第六項ノ次ニ左ノ一項ヲ加フ

投票ニ關スル記載ニ付テハ勅令ヲ以テ定ムル點字ハ之ヲ文字ト看做ス

第十八條ノ二　確定名簿ニ登錄セラレサル者ハ投票ヲ爲スコトヲ得ス但シ選擧人名簿ニ登錄セラルヘキ確定裁決書又ハ判決書ヲ所持シ選擧ノ當日投票所ニ到ル者ハ此ノ限ニ在ラス

確定名簿ニ登錄セラレタル者選擧人名簿ニ登錄セラルルコトヲ得サル者ナルトキハ投票ヲ爲スコトヲ得ス選擧ノ當日選擧權ヲ有セサル者ナルトキ亦同シ

同府縣內ニ於ケル二以上ノ市町村ニ於テ公民權ヲ有スル者ハ住所地市町村ニ於テノミ投票ヲ爲スコトヲ得

第十九條　投票ノ拒否ハ投票立會人ノ意見ヲ聽キ投票管理者之ヲ決定スヘシ

前項ノ決定ヲ受ケタル選擧人不服アルトキハ投票管理者ハ假ニ投票ヲ爲サシムヘシ

前項ノ投票ハ選擧人ヲシテ之ヲ封筒ニ入レ封緘シ表面ニ自ラ其ノ氏名ヲ記載シ投函セシムヘシ

投票立會人ニ於テ異議アル選擧人ニ對シテモ亦前二項ニ同シ

第二十條　投票管理者ハ投票錄ヲ作リ投票ニ關スル顚末ヲ記載シ二人以上ノ投票立會人ト共ニ之ニ署名スヘシ

第二十一條　投票管理者ハ其ノ指定シタル投票立會人ト共ニ町村ノ投票區ニ於テハ投票ノ翌日マテニ、市ノ投票區ニ於テハ投票ノ當日投票函、投票錄及選擧人名簿ヲ選擧長ニ送致スヘシ

第二十二條中「投票函」ヲ「投票函、投票錄及選擧人名簿」ニ改ム

第二十三條　選擧長ハ市長又ハ府縣知

事ノ指定シタル官吏ヲ以テ之ニ充ツ

選擧長ハ選擧會ニ關スル事務ヲ擔任ス

選擧會ハ市役所又ハ選擧長ノ指定シタル場所ニ之ヲ開ク

選擧長ハ豫メ選擧會ノ場所及日時ヲ告示スヘシ

第二十三條ノ二　府縣知事特別ノ事情アリト認ムルトキハ區劃ヲ定メテ開票區ヲ設クルコトヲ得

前項ノ規定ニ依リ開票區ヲ設クル場合ニ於テ必要ナル事項ハ命令ヲ以テ之ヲ定ム

第二十四條　第十六條ノ規定ハ選擧立會人ニ之ヲ準用ス

第二十五條　選擧長ハ總テノ投票函ノ送致ヲ受ケタル日ノ翌日選擧會ヲ開キ選擧立會人立會ノ上投票函ヲ開キ投票ノ總數ト投票人ノ總數トヲ計算スヘシ但シ場合ニ依リ投票函ノ送致ヲ受ケタル日選擧會ヲ開クコトヲ得

前項ノ計算終リタルトキハ選擧長ハ先ツ第十九條第二項及第四項ノ投票ヲ調査シ選擧立會人ノ意見ヲ聽キ其ノ受理如何ヲ決定スヘシ

選擧長ハ選擧立會人ト共ニ投票區每ニ投票ヲ點檢スヘシ

天災事變等ノ爲選擧會ヲ開クコトヲ得サルトキハ選擧長ハ更ニ其ノ期日ヲ定ムヘシ

第二十六條ノ二　選擧會場ノ取締ニ付テハ第十七條第一項及第二項ノ規定ヲ準用ス

第二十七條　左ノ投票ハ之ヲ無效トス

一　成規ノ用紙ヲ用ヰサルモノ

二　議員候補者ニ非サル者ノ氏名ヲ記載シタルモノ

三　一投票中二人以上ノ議員候補者ノ氏名ヲ記載シタルモノ

四　被選擧權ナキ議員候補者ノ氏名ヲ記載シタルモノ

五　議員候補者ノ氏名ノ外他事ヲ記載シタルモノ但シ、爵位、職業、身分、住所又ハ敬稱ノ類ヲ記入シタルモノハ此ノ限ニ在ラス

六　議員候補者ノ氏名ヲ自書セサルモノ

七　議員候補者ノ何人ヲ記載シタルカヲ確認シ難キモノ

八　府縣會議員ノ職ニ在ル者ノ氏名ヲ記載シタルモノ

前項第八號ノ規定ハ第八條、第三十二條又ハ第三十六條ノ規定ニ依ル選擧ノ場合ニ限リ之ヲ適用ス

第二十八條　投票ノ效力ハ選擧立會人ノ意見ヲ聽キ選擧長之ヲ決定スヘシ

第二十九條第一項但書ヲ左ノ如ク改ム

但シ其ノ選擧區ノ配當議員數ヲ以テ有效投票ノ總數ヲ除シテ得タル數ノ五分ノ一以上ノ得票アルコトヲ要ス

第二十九條ノ二　當選者選擧ノ期日後ニ於テ被選擧權ヲ有セサルニ至リタルトキハ當選ヲ失フ此ノ場合ニ於テハ第三十七條第二項ノ規定ヲ準用ス

第二十九條ノ三　第十三條ノ二第一項乃至第三項ノ規定ニ依ル屆出アリタル議員候補者其ノ選擧ニ於ケル議員ノ定數ヲ超エサルトキハ其ノ選擧區ニ於テハ投票ヲ行ハス

前項ノ規定ニ依リ投票ヲ行フコトヲ要セサルトキハ選擧長ハ直ニ其ノ旨ヲ投票管理者ニ通知シ併セテ之ヲ告示シ且府縣知事ニ報告スヘシ

投票管理者前項ノ通知ヲ受ケタルトキハ直ニ其ノ旨ヲ告示スヘシ

第一項ノ場合ニ於テハ選擧長ハ選擧ノ期日ヨリ五日以內ニ選擧會ヲ開キ議員候補者ヲ以テ當選者ト定ムヘシ

前項ノ場合ニ於テ議員候補者ノ被選擧權ノ有無ハ選擧立會人ノ意見ヲ聽キ選擧長之ヲ決定スヘシ

第三十條　選擧長ハ選擧錄ヲ作リ選擧會ニ關スル顚末ヲ記載シ之ヲ朗讀シ二人以上ノ選擧立會人ト共ニ之ニ署名スヘシ

選擧錄、投票錄、投票其ノ他ノ關係書類ハ選擧長（府縣知事ノ指定シタル官吏選擧長タル場合ニ於テハ府縣知事）ニ於テ府縣會議員選擧ニ用ヰタル選擧人名簿ハ市町村長ニ於テ議員ノ任期間之ヲ保存スヘシ

第三十一條第一項ヲ左ノ如ク改ム

當選者定マリタルトキハ選擧長ハ直ニ當選者ニ當選ノ旨ヲ告知シ同時ニ當選者ノ住所氏名ヲ告示シ且選擧錄及投票錄ノ寫ヲ添ヘ之ヲ府縣知事ニ報告スヘシ當選者ナキトキハ直ニ其ノ旨ヲ告示シ且選擧錄及投票錄ノ寫ヲ添ヘ之ヲ府縣知事ニ報告スヘシ

同條第四項ノ次ニ左ノ一項ヲ加ヘ第五項中「第六條第九項」ヲ「前項」ニ改ム

第六條第六項ニ揭クル在職ノ官吏以外ノ官吏ニシテ當選シタル者ハ所屬長官ノ許可ヲ受クルニ非サレハ之ニ應スルコトヲ得ス

同條ニ左ノ二項ヲ加フ

府縣ニ對シ請負ヲ爲シ又ハ府縣ニ於テ費用ヲ負擔スル事業ニ付府縣知事若ハ其ノ委任ヲ受ケタル者ニ對シ請負ヲ爲ス者若ハ其ノ支配人又ハ主トシテ同一ノ行爲ヲ爲ス法人ノ無限責任社員、役員若ハ支配人ニシテ當選シタル者ハ其ノ請負ヲ罷メ又ハ請負ヲ爲ス者ノ支配人若ハ主トシテ同一ノ行爲ヲ爲ス法人ノ無限責任社員、役員若ハ支配人タルコトナキニ至ルニ非サレハ當選ニ應スルコトヲ得ス

前項ノ役員トハ取締役、監査役及之ニ準スヘキ者竝清算人ヲ謂フ

第三十一條ノ二　選擧長ハ前條第一項ノ報告ヲ爲シタルトキハ直ニ選擧人名簿ヲ町村長ニ返付スヘシ

第三十二條　當選者左ニ掲クル事由ノ一ニ該當スルトキハ三箇月以内ニ更ニ選擧ヲ行フヘシ但シ第二項ノ規定ニ依リ更ニ選擧ヲ行フコトナクシテ當選者ヲ定メ得ル場合ハ此ノ限ニ在ラス

一　當選ヲ辭シタルトキ

二　數選擧區ニ於テ選擧ニ當リタル場合ニ於テ第三十一條第三項ノ規定ニ依リ一ノ選擧區ノ選擧ニ應シタル爲他ノ選擧區ニ於テ當選者タラサルニ至リタルトキ

三　第二十九條ノ二ノ規定ニ依リ當選ヲ失ヒタルトキ

四　死亡者ナルトキ

五　選擧ニ關スル犯罪ニ依リ刑ニ處セラレ當選無效ト爲リタルトキ但シ同一人ニ關シ前各號ノ事由ニ依ル選擧又ハ補闕選擧ノ告示ヲ爲シタル場合ハ此ノ限ニ在ラス

六　第三十四條ノ二ノ規定ニ依ル訴訟ノ結果當選無效ト爲リタルトキ

前項ノ事由第三十一條第二項、第三項若ハ第六項ノ規定ニ依ル期限前ニ生シタル場合ニ於テ第二十九條第一項但書ノ得票者ニシテ當選者ト爲ラサリシ者アルトキ又ハ其ノ期限經過後ニ生シタル場合ニ於テ第二十九條第二項ノ規定ノ適用ヲ受ケタル得票者ニシテ當選者ト爲ラサリシ者アルトキハ直ニ選擧會ヲ開キ其ノ者ノ中ニ就キ當選者ヲ定ムヘシ

前項ノ場合ニ於テ第二十九條第一項但書ノ得票者ニシテ當選者ト爲ラサリシ者選擧ノ期日後ニ於テ被選擧權ヲ有セサルニ至リタルトキハ之ヲ當選者ト定ムルコトヲ得ス此ノ場合ニ於テハ第三十七條第二項ノ規定ヲ準用ス

第一項ノ期間ハ第三十四條第七項ノ規定ノ適用アル場合ニ於テハ選擧ヲ行フコトヲ得サル事由已ミタル日ノ翌日ヨリ之ヲ起算ス

第一項ノ事由議員ノ任期滿了前六箇月以内ニ生シタルトキハ第一項ノ選擧ハ之ヲ行ハス但シ議員ノ數其ノ定員ノ三分ノ二ニ滿チサルニ至リタルトキハ此ノ限ニ在ラス

第三十三條ニ左ノ一項ヲ加フ

當選者ナキニ至リタルトキ又ハ當選者其ノ選擧ニ於ケル議員ノ定數ニ達セサルニ至リタルトキハ府縣知事ハ直ニ其ノ旨ヲ告示スヘシ

第三十四條第一項中「選擧人選擧若ハ當選」ヲ「選擧人又ハ議員候補者選擧又ハ當選」ニ、「前條告示ノ日」ヲ「第三十一條第一項又ハ前條第二項ノ告示ノ日」ニ、同

條第二項及第三項ヲ左ノ如ク、第六項中「郡市長」ヲ「又ハ選擧長」ニ、同條第七項中「第三十六條第二項」ヲ「第三十六條第一項若ハ第三項」ニ改ム

前項ノ異議申立アリタルトキハ府縣知事ハ七日以內ニ之ヲ府縣參事會ノ決定ニ付スヘシ

府縣知事選擧又ハ當選ノ效力ニ關シ異議アルトキハ第一項申立ノ有無ニ拘ラス第三十一條第一項ノ報告ヲ受ケタル日ヨリ三十日以內ニ府縣參事會ノ決定ニ付スルコトヲ得

第三十四條ノ二　衆議院議員選擧法第百十條ノ規定ノ準用ニ依リ當選ヲ無效ナリト認ムルトキハ選擧人又ハ議員候補者ハ當選者ヲ被告トシ第三十一條第一項告示ノ日ヨリ三十日以內ニ控訴院ニ出訴スルコトヲ得

衆議院議員選擧法第百三十六條ノ規定ノ準用ニ依リ選擧事務長カ同法第百十二條又ハ第百十三條ノ規定ノ準用ニ依ル罪ヲ犯シ刑ニ處セラレタルニ因リ當選ヲ無效ナリト認ムルトキハ選擧人又ハ議員候補者ハ當選者ヲ被告トシ其ノ裁判確定ノ日ヨリ三十日以內ニ控訴院ニ出訴スルコトヲ得

前二項控訴院ノ判決ニ不服アル者ハ大審院ニ上告スルコトヲ得

衆議院議員選擧法第八十五條、第八十七條及第百四十一條ノ規定ハ前三項ノ規定ニ依ル訴訟ニ之ヲ準用ス

第三十五條第一項ニ左ノ但書ヲ加ヘ第二項ヲ削ル

但シ當選ニ異動ヲ生スルノ虞ナキ者ヲ區分シ得ルトキハ其ノ者ニ限リ當選ヲ失フコトナシ

第三十六條　選擧無效ト確定シタルトキハ三箇月以內ニ更ニ選擧ヲ行フヘシ

當選無效ト確定シタルトキハ直ニ選擧會ヲ開キ更ニ當選者ヲ定ムヘシ此ノ此合ニ於テハ第三十二條第三項ノ規定ヲ準用ス

當選者ナキトキ、當選者ナキニ至リタルトキ又ハ當選者其ノ選擧ニ於ケル議員ノ定數ニ達セサルトキ若ハ定數ニ達セサルニ至リタルトキハ三箇月以內ニ更ニ選擧ヲ行フヘシ

第三十二條第四項及第五項ノ規定ハ第一項及前項ノ選擧ニ之ヲ準用ス

第三十七條第一項ヲ左ノ如ク改メ第二項中「被選擧權ヲ有セサル者」ノ下ニ「又ハ第三十一條第七項ニ掲クル者」ヲ、同條第三項中「通知ヲ受ケタルトキハ」ノ下ニ「七日以內ニ」ヲ、「被選擧權ヲ有セサル者」ノ下ニ「又ハ第三十一條第七項ニ掲クル者」ヲ加フ

府縣會議員被選擧權ヲ有セサル者ナルトキ又ハ第三十一條第七項ニ掲クル者ナル

トキハ其ノ職ヲ失フ其ノ被選擧權ノ有無又ハ第三十一條第七項ニ揭クル者ニ該當スルヤ否ハ府縣會議員カ左ノ各號ノ一ニ該當スルニ因リ被選擧權ヲ有セサル場合ヲ除クノ外府縣參事會其ノ異議ヲ決定ス

一　禁治產者又ハ準禁治產者ト爲リタルトキ

二　破產者ト爲リタルトキ

三　禁錮以上ノ刑ニ處セラレタルトキ

四　選擧ニ關スル犯罪ニ依リ罰金ノ刑ニ處セラレタルトキ

府縣會議員ハ住所ヲ移シタル爲被選擧權ヲ失フコトアルモ其ノ住所同府縣內ニ在ルトキハ之カ爲其ノ職ヲ失フコトナシ但シ同府縣內ニ於テ住所ヲ移シタル後被選擧權ヲ失フヘキ其ノ他ノ事由ニ該當スルニ至リタルトキハ此ノ限ニ在ラス

第三十九條　府縣會議員ノ選擧ニ付テハ衆議院議員選擧法第十章及第十一章竝第百四十條第二項及第百四十二條ノ規定ヲ準用ス但シ議員候補者一人ニ付定ムヘキ選擧事務所ノ數、選擧委員及選擧事務員ノ數竝選擧運動ノ費用ノ額ニ關シテハ勅令ノ定ムル所ニ依ル

第五十一條第二項中「開會ノ日ヨリ少クトモ十四日前」ヲ「開會ノ日前十四日目マテ」ニ改ム

第五十三條ニ左ノ一項ヲ加フ

議長ハ其ノ職務ヲ行フ場合ニ於テモ之カ爲議員トシテ議決ニ加ハルノ權ヲ失ハス

第六十四條第二項ヲ削ル

第六十五條　府縣ニ府縣參事會ヲ置キ議長及名譽職參事會員十人ヲ以テ之ヲ組織ス

第六十六條第五項中「每年」ヲ「隔年」ニ同條第六項中「後任者就任ノ前日マテ」ヲ「後任者ノ就任スルニ至ルマテ」ニ改メ同條ニ左ノ一項ヲ加フ

名譽職參事會員ハ其ノ選擧ニ關スル第八十二條第一項ノ處分確定シ又ハ判決アルマテハ會議ニ參與スルノ權ヲ失ハス

第六十七條中「高等官參事會員」ヲ「其ノ代理者」ニ改ム

第六十八條中左ノ如ク改ム

三　削除

第七十三條第二項ヲ削リ第三項中「過半數」ヲ「名譽職參事會員ノ過半數」ニ改ム

第七十四條第一項中「府縣參事會員」ヲ「議長、其ノ代理者及名譽職參事會員」ニ改ム

第七十九條　削除

第八十條第一項中「郡島ノ官吏吏員又ハ」ヲ削ル

第九十六條第二項中「前項ノ異議ハ」ヲ「前項ノ異議ノ申立アリタルトキハ府縣知事ハ七日以內ニ」ニ改ム

第百條第一項中「其ノ細則ニハ過料五圓以下ノ罰則ヲ設クルコトヲ得」ヲ及同條第二項ヲ削ル

　第百十條ニ左ノ一項ヲ加フ

府縣ハ公益上其ノ他ノ事由ニ因リ課税ヲ不適當トスル場合ニ於テハ命令ノ定ムル所ニ依リ府縣税ヲ課セサルコトヲ得

　第百十一條　府縣ノ一部ニ對シ特ニ利益アル事件ニ關シテハ府縣ハ不均一ノ賦課ヲ爲シ又ハ府縣ノ一部ニ對シ賦課ヲ爲スコトヲ得

　第百十四條　詐僞其ノ他ノ不正ノ行爲ニ依リ使用料ノ徴收ヲ免レ又ハ府縣税ヲ逋脱シタル者ニ付テハ府縣知事ハ府縣會ノ議決ヲ經テ其ノ徴收ヲ免レ又ハ逋脱シタル金額ノ三倍ニ相當スル金額（其ノ金額五圓未滿ナルトキハ五圓）以下ノ過料ヲ料スル規定ヲ設クルコトヲ得

前項ニ定ムルモノヲ除ク外使用料、手數料及府縣税ノ賦課徴收ニ關シテハ府縣知事ハ府縣會ノ議決ヲ經テ五圓以下ノ過料ヲ科スル規定ヲ設クルコトヲ得財産又ハ營造物ノ使用ニ關シ亦同シ

過料ヲ科シ及之ヲ徴收スルハ府縣知事之ヲ掌ル其ノ處分ニ不服アル者ハ行政裁判所ニ出訴スルコトヲ得

　第百十五條第三項中「前二項ノ異議ハ」ヲ「前二項ノ異議ノ申立アリタルトキハ府縣知事ハ七日以内ニ」ニ、同條第五項中「郡島ノ官吏吏員」ヲ、「其ノ委任ヲ受ケタル官吏吏員又ハ」ニ改ム

　第百二十四條第二項及第三項ヲ削ル

　第百二十六條ノ四中「其ノ財産處分ニ付亦同シ」ヲ「關係府縣ノ協議ニ依リ之ヲ定ム」ニ改ム

　第百二十八條ノ二　異議ノ決定ハ本法中別ニ期間ヲ定メタルモノヲ除ク外其ノ決定ニ付セラレタル日ヨリ三箇月以内ニ之ヲ爲スヘシ

府縣參事會訴願ヲ受理シタルトキハ其ノ日ヨリ三箇月以内ニ之ヲ裁決スヘシ

　第百三十三條中左ノ如ク改ム

一　削除

四　第百十一條ノ規定ニ依リ不均一ノ賦課ヲ爲シ又ハ府縣ノ一部ニ對シ賦課ヲ爲スコト

　第百三十九條第一項ヲ削ル

　第百四十二條　本法中官吏ニ關スル規定ハ待遇官吏ニ之ヲ適用ス

　第百四十三條　第四條第二項但書ノ市ニ於テハ第二章第一款中市ニ關スル規定ハ區ニ、市長ニ關スル規定ハ區長ニ、市役所ニ關スル規定ハ區役所ニ之ヲ適用ス

　第百四十四條　町村組合ニシテ町村ノ事務ノ全部又ハ役場事務ヲ共同處理スルモノハ本法ノ適用ニ付テハ之ヲ一町村、其ノ組合管理者ハ之ヲ町村長、其ノ組合

吏員ハ之ヲ町村吏員、其ノ組合役場ハ之ヲ町村役場ト看做ス

第百四十五條　從前郡長又ハ島司ノ管轄シタル區域内ニ於テ市ノ設置アリタルトキ又ハ其ノ區域ノ境界ニ渉リテ市町村ノ境界ノ變更アリタルトキハ其ノ區域モ亦自ラ變更シタルモノト看做ス

從前郡長又ハ島司ノ管轄シタル區域ノ境界ニ渉リテ町村ノ設置アリタル場合ニ於テハ本法ノ適用ニ付其ノ町村ノ屬スヘキ區域ハ内務大臣之ヲ定ム

附　則

本法中議員選擧ニ關スル規定ハ次ノ總選擧ヨリ之ヲ施行シ其ノ他ノ規定ノ施行ノ期日ハ勅令ヲ以テ之ヲ定ム

次ノ總選擧ニ至ルマテノ間從前ノ第九條第十二條、第十四條、第二十一條、第二十三條乃至第二十五條、第三十條及第三十四條ノ規定ニ依リ難キ事項ニ付テハ勅令ヲ以テ特別ノ規定ヲ設クルコトヲ得

大正十五年市制中改正法律又ハ町村制中改正法律中公民權ニ關スル規定ハ之ヲ施行セサル市町村ニ於テハ府縣制中市町村公民ニ關スル規定ノ適用ニ付之ヲ施行シタルモノト看做ス此ノ場合ニ於テ議員ノ選擧ニ必要ナル選擧人名簿ニ關シテハ命令ヲ以テ特別ノ規定ヲ設クルコトヲ得

大正十五年市制中改正法律又ハ町村制中改正法律中公民權ニ關スル規定ハ之ヲ施行シタル市町村ニ於テハ府縣制中市町村公民ニ關スル規定ノ適用ニ付次ノ總選擧ニ至ルマテノ間未タ之ヲ施行セサルモノト看做ス

本法施行ノ際大正十四年法律第四十七號衆議院議員選擧法未タ施行セラレサル場合ニ於テハ本法ノ適用ニ付テハ同法ハ既ニ施行セラレタルモノト看做ス

本法施行ノ際必要ナル規定ハ命令ヲ以テ之ヲ定ム

市制

法律第七十四號ヲ以テ改正サレタル市制左ノ如シ

第三條第二項中「内務大臣ノ許可ヲ得」ヲ削ル

第四條第二項中「前項ノ例」ヲ「前條第二項ノ例」ニ改ム

第七條第二項及第三項ヲ削ル

第九條　帝國臣民タル年齡二十五年以上ノ男子ニシテ二年以來市住民タル者ハ其ノ市公民トス但シ左ノ各號ノ一ニ該當スル者ハ此ノ限ニ在ラス

一　禁治産者及準禁治産者

二　破産者ニシテ復權ヲ得サル者

三　貧困ニ因リ生活ノ爲公私ノ救助ヲ受ケ又ハ扶助ヲ受クル者

四　一定ノ住居ヲ有セサル者

五　六年ノ懲役又ハ禁錮以上ノ刑ニ處セラレタル者

六　刑法第二編第一章、第三章、第九章、第十六章乃至第二十一章、第二十五章又ハ第三十六章乃至第三十九章ニ掲クル罪ヲ犯シ六年未滿ノ懲役ノ刑ニ處セラレ其ノ執行ヲ終リ又ハ執行ヲ受クルコトナキニ至リタル後其ノ刑期ノ二倍ニ相當スル期間ヲ經過スルニ至ル迄ノ者但シ其ノ期間五年ヨリ短キトキハ五年トス

七　六年未滿ノ禁錮ノ刑ニ處セラレ又ハ前號ニ掲クル罪以外ノ罪ヲ犯シ六年未滿ノ懲役ノ刑ニ處セラレ其ノ執行ヲ終リ又ハ執行ヲ受クルコトナキニ至ル迄ノ者

市ハ前項二年ノ制限ヲ特免スルコトヲ得

第一項二年ノ期間ハ市町村ノ廢置分合又ハ境界變更ノ爲中斷セラルルコトナシ

第十條第二項中「市ハ一年以上四年以下其ノ市公民權ヲ停止シ場合ニ依リ其ノ停止期間以內其ノ者ノ負擔スヘキ市稅ノ十分ノ一以上四分ノ一以下ヲ增課スルコトヲ得」ヲ「市ハ一年以上四年以下其ノ市公民權ヲ停止スルコトヲ得」ニ改ム

第十一條　陸海軍軍人ニシテ現役中ノ者（未タ入營セサル者及歸休下士官兵ヲ除ク）及戰時若ハ事變ニ際シ召集中ノ者ハ市ノ公務ニ參與スルコトヲ得ス兵籍ニ編入セラレタル學生生徒（勅令ヲ以テ定ムル者ヲ除ク）及志願ニ依リ國民軍ニ編入セラレタル者亦同シ

第十四條中「第十一條第三項ノ場合ニ當ル者」ヲ「第十一條ノ規定ニ該當スル者」ニ改ム

第十五條　削除

第十六條第一項中「二級選擧ノ爲ノミニ付亦同シ」及同條第五項ヲ削ル

第十七條　特別ノ事情アルトキハ市ハ區劃ヲ定メテ投票分會ヲ設クルコトヲ得

第十八條　選擧權ヲ有スル市公民ハ被選擧權ヲ有ス

在職ノ檢事、警察官吏及收稅官吏ハ被選擧權ヲ有セス

選擧事務ニ關係アル官吏及市ノ有給吏員ハ其ノ關係區域內ニ於テ被選擧權ヲ有セス

市ノ有給ノ吏員敎員其ノ他ノ職員ニシテ在職中ノ者ハ其ノ市ノ市會議員ト相兼ヌルコトヲ得ス

第十九條第二項中「總選擧ノ第一日」ヲ「總選擧ノ日」ニ、同條第三項ヲ左ノ如ク改ム

議員ノ定數ニ異動ヲ生シタル爲解任ヲ要スル者アルトキハ市長抽籤シテ之ヲ定ム但シ闕員アルトキハ其ノ闕員ヲ以テ之ニ充ツヘシ

前項但書ノ場合ニ於テ闕員ノ數解任ヲ要スル者ノ數ニ滿チサルトキハ其ノ不足ノ員數ニ付市長抽籤シテ解任スヘキ者ヲ定メ闕員ノ數解任ヲ要スル者ノ數ヲ超ユルトキハ解任ヲ要スル者ニ充ツヘキ闕員ハ最モ先ニ闕員ト爲リタル者ヨリ順次之ニ充テ闕員ト爲リタル時同シキトキハ市長抽籤シテ之ヲ定ム

議員ノ定數ニ異動ヲ生シタル爲解任ヲ要スル者アル場合ニ於テ選擧區アルトキハ第十六條ノ市條例中ニ其ノ解任ヲ要スル者ノ選擧區ヲ規定シ市長抽籤シテ之ヲ定ム但シ解任ヲ要スル者ノ選擧區ニ闕員アリタルトキハ其ノ闕員ヲ以テ之ニ充ツヘシ此ノ場合ニ於テハ前項ノ例ニ依ル

第二十條　市會議員中闕員ヲ生シタルトキハ三月以内ニ補闕選擧ヲ行フヘシ但シ第三十條第二項ノ規定ノ適用ヲ受ケタル得票者ニシテ當選者ト爲ラサリシ者アルトキハ直ニ選擧會ヲ開キ其ノ者ノ中ニ就キ當選者ヲ定ムヘシ此ノ場合ニ於テハ第三十三條第三項及第四項ノ規定ヲ準用ス

第三十三條第五項及第六項ノ規定ハ補闕選擧ニ之ヲ準用ス

補闕議員ハ其ノ前任者ノ殘任期間在任ス

選擧區アル場合ニ於テハ補闕議員ハ前任者ノ選擧セラレタル選擧區ニ於テ之ヲ選擧スヘシ

第二十一條　市長ハ毎年九月十五日ノ現在ニ依リ選擧人名簿ヲ調製スヘシ但シ選擧區アルトキハ選擧區毎ニ之ヲ調製スヘシ

第六條ノ市ニ於テハ市長ハ區長ヲシテ前項ノ例ニ依リ選擧人名簿ヲ調製セシムヘシ

選擧人名簿ニハ選擧人ノ氏名、住所及生年月日等ヲ記載スヘシ

第二十一條ノ二　市長ハ十一月五日ヨリ十五日間市役所（第六條ノ市ニ於テハ區役所）又ハ其ノ指定シタル場所ニ於テ選擧人名簿ヲ關係者ノ縱覽ニ供スヘシ

市長ハ縱覽開始ノ日前三日目迄ニ縱覽ノ場所ヲ告示スヘシ

第二十一條ノ三　選擧人名簿ニ關シ關係者ニ於テ異議アルトキハ縱覽期間内ニ之ヲ市長（第六條ノ市ニ於テハ區長ヲ經テ）ニ申立ツルコトヲ得此ノ場合ニ於テハ市長ハ縱覽期間滿了後三日以内ニ之ヲ市會ノ決定ニ付スヘシ市會ハ其ノ送付ヲ受ケタル日ヨリ十日以内ニ之ヲ決定スヘシ

前項ノ決定ニ不服アル者ハ府縣參事會ニ訴願シ其ノ裁決又ハ第三項ノ裁決ニ不服アル者ハ行政裁判所ニ出訴スルコトヲ得

第一項ノ決定及前項ノ裁決ニ付テハ市長ヨリモ訴願又ハ訴訟ヲ提起スルコトヲ得

前二項ノ裁決ニ付テハ府縣知事ヨリモ訴訟ヲ提起スルコトヲ得

第二十一條ノ四　選擧人名簿ハ十二月二十五日ヲ以テ確定ス

選擧人名簿ハ次年ノ十二月二十四日迄之ヲ据置クヘシ

前條ノ場合ニ於テ決定若ハ裁決確定シ又ハ判決アリタルニ依リ名簿ノ修正ヲ要スルトキハ市長ハ直ニ之ヲ修正シ第六條ノ市ニ於テハ區長ヲシテ之ヲ修正セシムヘシ

選擧人名簿ヲ修正シタルトキハ市長ハ直ニ其ノ要領ヲ告示シ第六條ノ市ニ於テハ區長ヲシテ之ヲ告示セシムヘシ

投票分會ヲ設クルトキハ市長ハ確定名簿ニ依リ分會ノ區劃毎ニ名簿ノ抄本ヲ調製スヘシ第六條ノ市ニ於テハ區長ヲシテ之ヲ調製セシムヘシ

第二十一條ノ五　第二十二條ノ三ノ場合ニ於テ決定若ハ裁決確定シ又ハ判決アリタルニ依リ選擧人名簿無效ト爲リタルトキハ更ニ名簿ヲ調製スヘシ

天災事變等ノ爲必要アルトキハ更ニ名簿ヲ調製スヘシ

前二項ノ規定ニ依ル名簿ノ調製、縱覽、確定及異議申立ニ對スル市會ノ決定ニ關スル期日及期間ハ府縣知事ノ定ムル所ニ依ル

市ノ廢置分合又ハ境界變更アリタル場合ニ於テ名簿ニ關シ其ノ分合其ノ他必要ナル事項ハ命令ヲ以テ之ヲ定ム

第二十二條　市長ハ選擧ノ期日前七日目（第三十九條ノ二ノ市ニ於テハ二十日目）迄ニ選擧會場（投票分會場ヲ含ム以下之ニ同シ）、投票ノ日時及選擧スヘキ議員數（選擧區アル場合ニ於テハ各選擧區ニ於テ選擧スヘキ議員數）ヲ告示スヘシ投票分會ヲ設クル場合ニ於テハ併セテ其ノ區劃ヲ告示スヘシ

總選擧ニ於ケル各選擧區ノ投票ハ同日時ニ之ヲ行フ

投票分會ノ投票ハ選擧會ト同日時ニ之ヲ行フ

天災事變等ノ爲投票ヲ行フコト能ハサルトキ又ハ更ニ投票ヲ行フノ必要アルトキハ市長ハ其ノ投票ヲ行フヘキ選擧會又ハ投票分會ノミニ付更ニ期日ヲ定メ投票ヲ行ハシムヘシ此ノ場合ニ於テ選擧會場及投票ノ日時ハ選擧ノ期日前五日目迄ニ之ヲ告示スヘシ

第二十三條第三項乃至第五項ヲ左ノ如ク改ム

市長（第六條ノ市ニ於テハ區長）ハ選擧人名簿ニ登錄セラレタル者ノ中ヨリ二人乃至四人ノ選擧立會人ヲ選任スヘシ但シ選擧區アルトキハ各別ニ選擧立會人ヲ設クヘシ

投票分會ハ市長ノ指名シタル吏員投票分會長ト爲リ之ヲ開閉シ其ノ取締ニ任ス

市長（第六條ノ市ニ於テハ區長）ハ分會ノ區劃內ニ於ケル選擧人名簿ニ登錄セラレタル者ノ中ヨリ二人乃至四人ノ投票立會人ヲ選任スヘシ

選擧立會人及投票立會人ハ名譽職トス

第二十四條中「分會長」ヲ「投票分會長」ニ改ム

第二十五條第五項ノ次ニ左ノ一項ヲ加ヘ同項但書ヲ削ル

投票ニ關スル記載ニ付テハ勅令ヲ以テ定ムル點字ハ之ヲ文字ト看做ス

同條第九項ヲ左ノ如ク改ム

投票分會ニ於テ爲シタル投票ハ投票分會長少クトモ一人ノ投票立會人ト共ニ投票函ノ儘之ヲ選擧長ニ送致スヘシ

第二十五條ノ二　確定名簿ニ登錄セラレサル者ハ投票ヲ爲スコトヲ得ス但シ選擧人名簿ニ登錄セラルヘキ確定裁決書又ハ判決書ヲ所持シ選擧ノ當日選擧會場ニ到ル者ハ此ノ限ニ在ラス

確定名簿ニ登錄セラレタル者選擧人名簿ニ登錄セラルルコトヲ得サル者ナルトキハ投票ヲ爲スコトヲ得ス選擧ノ當日選擧權ヲ有セサル者ナルトキ亦同シ

第二十五條ノ三　投票ノ拒否ハ選擧立會人又ハ投票立會人之ヲ決定ス可否同數ナルトキハ選擧長又ハ投票分會長之ヲ決スヘシ

投票分會ニ於テ投票拒否ノ決定ヲ受ケタル選擧人不服アルトキハ投票分會長ハ假ニ投票ヲ爲サシムヘシ

前項ノ投票ハ選擧人ヲシテ之ヲ封筒ニ入レ封緘シ表面ニ自ラ其ノ氏名ヲ記載シ投函セシムヘシ

投票分會長又ハ投票立會人ニ於テ異議アル選擧人ニ對シテモ亦前二項ニ同シ

第二十七條　市長ハ豫メ開票ノ日時ヲ告示スヘシ

第二十七條ノ二　選擧長ハ投票ノ日又ハ其ノ翌日（投票分會ヲ設ケタルトキハ總テノ投票函ノ送致ヲ受ケタル日又ハ其ノ翌日）選擧立會人立會ノ上投票函ヲ開キ投票ノ總數ト投票人ノ總數トヲ計算スヘシ

前項ノ計算終リタルトキハ選擧長ハ先ツ第二十五條ノ三第二項及第四項ノ投票ヲ調査スヘシ其ノ投票ノ受理如何ハ選擧立會人之ヲ決定ス可否同數ナルトキハ選擧長之ヲ決スヘシ

選擧長ハ選擧立會人ト共ニ投票ヲ點檢スヘシ

天災事變等ノ爲開票ヲ行フコト能ハサルトキハ市長ハ更ニ開票ノ期日ヲ定ムヘシ此ノ場合ニ於テ選擧會場ノ變更ヲ要スルトキハ豫メ更ニ其ノ場所ヲ告示スヘシ

第二十七條ノ三　選擧人ハ其ノ選擧會ノ參觀ヲ求ムルコトヲ得但シ開票開始前ハ此ノ限ニ在ラス

第二十七條ノ四　特別ノ事情アルトキハ市ハ府縣知事ノ許可ヲ得區劃ヲ定メテ開票分會ヲ設クルコトヲ得

前項ノ規定ニ依リ開票分會ヲ設クル場合ニ於テ必要ナル事項ハ命令ヲ以テ之ヲ定ム

第二十八條第二項ヲ削ル

第二十九條第一項中「投票ノ拒否及效力」ヲ「投票ノ效力」ニ改メ同條第二項ヲ削ル

第三十條第一項但書ヲ左ノ如ク改ム

但シ議員ノ定數（選擧區アル場合ニ於テハ其ノ選擧區ノ配當議員數）ヲ以テ有效投票ノ總數ヲ除シテ得タル數ノ六分ノ一以上ノ得票アルコトヲ要ス

第三十條ノ二　當選者選擧ノ期日後ニ於テ被選擧權ヲ有セサルニ至リタルトキハ當選ヲ失フ

第三十一條　選擧長ハ選擧錄ヲ作リ選擧會ニ關スル顚末ヲ記載シ之ヲ朗讀シ二人以上ノ選擧立會人ト共ニ之ニ署名スヘシ

各選擧區ノ選擧長ハ選擧錄（第六條ノ市ニ於テハ其ノ寫）ヲ添ヘ當選者ノ住所氏名ヲ市長ニ報告スヘシ

投票分會長ハ投票錄ヲ作リ投票ニ關スル顚末ヲ記載シ之ヲ朗讀シ二人以上ノ投票立會人ト共ニ之ニ署名スヘシ

投票分會長ハ投票函ト同時ニ投票錄ヲ選擧長ニ送致スヘシ

選擧錄及投票錄ハ投票、選擧人名簿其ノ他ノ關係書類ト共ニ議員ノ任期間市長（第六條ノ市ニ於テハ區長）ニ於テ之ヲ保存スヘシ

第三十二條第一項ヲ左ノ如ク改メ第三項中「數級又ハ」ヲ削リ同條第四項中「第十八條第二項ニ掲ケサル官吏」ヲ「官吏」ニ改ム

當選者定マリタルトキハ市長ハ直ニ當選者ニ當選ノ旨ヲ告知シ（第六條ノ市ニ於テハ區長ヲシテ之ヲ告知セシメ）同時ニ當選者ノ住所氏名ヲ告示シ且選擧錄ノ寫（投票錄アルトキハ併セテ投票錄ノ寫）ヲ添ヘ之ヲ府縣知事ニ報告スヘシ當選者ナキトキハ直ニ其ノ旨ヲ告示シ且選擧錄ノ寫（投票錄アルトキハ併セテ投票錄ノ寫）ヲ添ヘ之ヲ府縣知事ニ報告スヘシ

同條ニ左ノ二項ヲ加フ

市ニ對シ請負ヲ爲シ又ハ市ニ於テ費用ヲ負擔スル事業ニ付市長若ハ其ノ委任ヲ受ケタル者ニ對シ請負ヲ爲ス者若ハ其ノ支配人又ハ主トシテ同一ノ行爲ヲ爲ス法人ノ無限責任社員、役員若ハ支配人ニシテ當選シタル者ハ其ノ請負ヲ罷メ又ハ請負

ヲ爲ス者ノ支配人若ハ主トシテ同一ノ行爲ヲ爲ス法人ノ無限責任社員、役員若ハ支配人タルコトナキニ至ルニ非サレハ當選ニ應スルコトヲ得ス第二項又ハ第三項ノ期限前ニ其ノ旨ヲ市長ニ申立テサルトキハ其ノ當選ヲ辭シタルモノト看做ス

前項ノ役員トハ取締役、監査役及之ニ準スヘキ者竝清算人ヲ謂フ

第三十三條　當選者左ニ掲クル事由ノ一ニ該當スルトキハ三月以內ニ更ニ選擧ヲ行フヘシ但シ第二項ノ規定ニ依リ更ニ選擧ヲ行フコトナクシテ當選者ヲ定メ得ル場合ハ此ノ限ニ在ラス

一　當選ヲ辭シタルトキ

二　數選擧區ニ於テ當選シタル場合ニ於テ前條第三項ノ規定ニ依リ一ノ選擧區ノ當選ニ應シ又ハ抽籤ニ依リ一ノ選擧區ノ當選者ト定マリタル爲他ノ選擧區ニ於テ當選者タラサルニ至リタルトキ

三　第三十條ノ二ノ規定ニ依リ當選ヲ失ヒタルトキ

四　死亡者ナルトキ

五　選擧ニ關スル犯罪ニ依リ刑ニ處セラレ其ノ當選無效ト爲リタルトキ但シ同一人ニ關シ前各號ノ事由ニ依ル選擧又ハ補闕選擧ノ告示ヲ爲シタル場合ハ此ノ限ニ在ラス

前項ノ事由前條第二項、第三項若ハ第五項ノ規定ニ依ル期限前ニ生シタル場合ニ於テ第三十條第一項但書ノ得票者ニシテ當選者ト爲ラサリシ者アルトキ又ハ其ノ期限經過後ニ生シタル場合ニ於テ第三十條第二項ノ規定ノ適用ヲ受ケタル得票者ニシテ當選者ト爲ラサリシ者アルトキハ直ニ選擧會ヲ開キ其ノ者ノ中ニ就キ當選者ヲ定ムヘシ

前項ノ場合ニ於テ第三十條第一項但書ノ得票者ニシテ當選者ト爲ラサリシ者選擧ノ期日後ニ於テ被選擧權ヲ有セサルニ至リタルトキハ之ヲ當選者ト定ムルコトヲ得ス

第二項ノ場合ニ於テハ市長ハ豫メ選擧會ノ場所及日時ヲ告示スヘシ

第一項ノ期間ハ第三十六條第八項ノ規定ノ適用アル場合ニ於テハ選擧ヲ行フコトヲ得サル事由已ミタル日ノ翌日ヨリ之ヲ起算ス

第一項ノ事由議員ノ任期滿了前六月以內ニ生シタルトキハ第一項ノ選擧ハ之ヲ行ハス但シ議員ノ數其ノ定數ノ三分ノ二ニ滿チサルニ至リタルトキハ此ノ限ニ在ラス

第三十四條第一項ヲ削リ同條ニ左ノ一項ヲ加フ

當選者ナキニ至リタルトキ又ハ當選者其ノ選擧ニ於ケル議員ノ定數ニ達セサルニ至リタルトキハ市長ハ直ニ其ノ旨ヲ告示

シ併セテ之ヲ府縣知事ニ報告スヘシ

第三十五條ニ左ノ但書ヲ加フ

但シ當選ニ異動ヲ生スルノ虞ナキ者ヲ區分シ得ルトキハ其ノ者ニ限リ當選ヲ失フコトナシ

第三十六條第一項中「第三十四條第二項」ヲ「第三十二條第一項又ハ第三十四條第二項」ニ、同條第三項中「第三十四條第一項」ヲ「第三十二條第一項」ニ、「同條第二項」ヲ「第三十二條第一項又ハ第三十四條第二項」ニ、同條第八項中「第三十七條第三項」ヲ「第三十七條第一項若ハ第三項」ニ改ム

第三十七條　選擧無效ト確定シタルトキハ三月以內ニ更ニ選擧ヲ行フヘシ

當選無效ト確定シタルトキハ直ニ選擧會ヲ開キ更ニ當選者ヲ定ムヘシ此ノ場合ニ於テハ第三十三條第三項及第四項ノ規定ヲ準用ス

當選者ナキトキ、當選者ナキニ至リタルトキ又ハ當選者其ノ選擧ニ於ケル議員ノ定數ニ達セサルトキ若ハ定數ニ達セサルニ至リタルトキハ三月以內ニ更ニ選擧ヲ行フヘシ

第三十三條第五項及第六項ノ規定ハ第一項及前項ノ選擧ニ之ヲ準用ス

第三十八條第一項ヲ左ノ如ク改メ第二項中「被選擧權ヲ有セサル者」ノ下ニ「又ハ第三十二條第六項ニ揭クル者」ヲ加フ

市會議員被選擧權ヲ有セサル者ナルトキ又ハ第三十二條第六項ニ揭クル者ナルトキハ其ノ職ヲ失フ其ノ被選擧權ノ有無又ハ第三十二條第六項ニ揭クル者ニ該當スルヤ否ハ市會議員カ左ノ各號ノ一ニ該當スルニ因リ被選擧權ヲ有セサル場合ヲ除クノ外市會之ヲ決定ス

一　禁治產者又ハ準禁治產者ト爲リタルトキ

二　破產者ト爲リタルトキ

三　禁錮以上ノ刑ニ處セラレタルトキ

四　選擧ニ關スル犯罪ニ依リ罰金ノ刑ニ處セラレタルトキ

第三十九條中「第二十一條」ヲ「第二十一條ノ三」ニ改ム

第三十九條ノ二　勅令ヲ以テ指定スル市（第六條ノ市ノ區ヲ含ム）ノ市會議員（又ハ區會議員）ノ選擧ニ付テハ府縣制第十三條ノ二、第十三條ノ三、第二十九條ノ三及第三十四條ノ二ノ規定ヲ準用ス此ノ場合ニ於テハ第二十三條第三項及第五項第二十五條第五項及第七項、第二十五條ノ三、第二十八條、第二十九條、第三十三條第一項竝第三十六條第一項ノ規定ニ拘ラス勅令ヲ以テ特別ノ規定ヲ設クルコトヲ得

第三十九條ノ三　前條ノ規定ニ依ル選擧ニ付テハ衆議院議員選擧法第十章及第

十一章竝第百四十條第二項及第百四十二條ノ規定ヲ準用ス但シ議員候補者一人ニ付定ムヘキ選擧事務所ノ數、選擧委員及選擧事務員ノ數竝選擧運動ノ費用ノ額ニ關シテハ勅令ノ定ムル所ニ依ル

前條ノ規定ニ依ル選擧ヲ除クノ外市會議員(又ハ第六條ノ市ノ區ノ區會議員)ノ選擧ニ付テハ衆議院議員選擧法第九十一條第九十二條、第九十八條、第九十九條第二項、第百條及第百四十二條ノ規定ヲ準用ス

第四十九條中「年長ノ議員議長ノ職務ヲ代理ス年齡同シキトキハ抽籤ヲ以テ之ヲ定ム」ヲ「臨時ニ議員中ヨリ假議長ヲ選擧スヘシ」ニ改メ同條ニ左ノ一項ヲ加フ

前項假議長ノ選擧ニ付テハ年長ノ議員議長ノ職務ヲ代理ス年齡同シキトキハ抽籤ヲ以テ之ヲ定ム

第五十一條第三項中「開會ノ日ヨリ少クトモ三日前」ヲ「開會ノ日前三日目迄」ニ、同條第四項中「三日前迄」ヲ「會議ニ付スル日前三日目迄」ニ改ム

第五十三條ニ左ノ一項ヲ加フ

議長ハ其ノ職務ヲ行フ場合ニ於テモ之カ爲議員トシテ議決ニ加ハルノ權ヲ失ハス

第五十五條ニ左ノ二項ヲ加フ

連名投票ノ法ヲ用ウル場合ニ於テ其ノ投票ニシテ第二十八條第一號、第六號及第七號ニ該當スルモノ竝其ノ記載ノ人員選擧スヘキ定數ニ過キタルモノハ之ヲ無效トシ同條第二號、第四號及第五號ニ該當スルモノハ其ノ部分ノミヲ無效トス

連名投票ノ法ヲ用ウル場合ニ於テ過半數ノ投票ヲ得タル者選擧スヘキ定數ヲ超ユルトキハ最多數ヲ得タル者ヨリ順次選擧スヘキ定數ニ至ル迄ノ者ヲ以テ當選者トシ同數者アルトキハ年長者ヲ取リ年齡同シキトキハ議長抽籤シテ之ヲ定ム

第六十三條第二項中「三日以內出席ヲ停止シ又ハ二圓以下ノ過怠金ヲ科スル規定ヲ設クルコトヲ得」ヲ「五日以內出席ヲ停止スル規定ヲ設クルコトヲ得」ニ改ム

第六十五條第四項ヲ左ノ如ク改ム

名譽職參事會員ハ隔年之ヲ選擧スヘシ

名譽職參事會員ハ後任者ノ就任スルニ至ル迄在任ス市會議員ノ任期滿了シタルトキ亦同シ

同條ニ左ノ一項ヲ加フ

名譽職參事會員ハ其ノ選擧ニ關シ第九十條ノ處分確定シ又ハ判決アル迄ハ會議ニ列席シ議事ニ參與スルノ權ヲ失ハス

第六十七條中左ノ如ク改ム

二　削除

第七十三條第二項及第三項ヲ左ノ如ク改ム

市長ハ市會ニ於テ之ヲ選擧ス

市長ハ其ノ退職セムトスル日前三十日目

迄ニ申立ツルニ非サレハ任期中退職スルコトヲ得ス但シ市會ノ承認ヲ得タルトキハ此ノ限ニ在ラス

第七十四條第二項ヲ左ノ如ク改ム

市參與ハ市長ノ推薦ニ依リ市會之ヲ定ム

第七十五條第二項中「選擧シ府縣知事ノ認可ヲ受クヘシ」ヲ「選擧ス」ニ改メ同條第三項ヲ削リ第四項ヲ左ノ如ク改ム

第七十三條第三項ノ規定ハ助役ニ之ヲ準用ス

第七十七條　市長市參與及助役ハ第十八條第二項又ハ第四項ニ掲ケタル職ト兼ヌルコトヲ得ス又其ノ市ニ對シ請負ヲ爲シ又ハ其ノ市ニ於テ費用ヲ負擔スル事業ニ付市長若ハ其ノ委任ヲ受ケタル者ニ對シ請負ヲ爲ス者及其ノ支配人又ハ主トシテ同一ノ行爲ヲ爲ス法人ノ無限責任社員取締役監査役若ハ之ニ準スヘキ者、清算人及支配人タルコトヲ得ス

第七十八條第一項中「有給市參與及助役」ヲ削ル

第七十九條第二項ヲ左ノ如ク改ム

第七十五條第一項及第二項、第七十六條、第七十七條竝前條第二項ノ規定ハ收入役及副收入役ニ之ヲ準用ス

第八十條第二項中「第七十八條」ヲ「第七十八條第二項」ニ改ム

第八十二條第二項ヲ左ノ如ク改ム

前項ノ區長及其ノ代理者ハ名譽職トス市公民中選擧權ヲ有スル者ヨリ市長ノ推薦ニ依リ市會之ヲ定ム

第八十三條第二項中「市會ニ於テ市會議員、名譽職參事會員又ハ市公民中選擧權ヲ有スル者ヨリ之ヲ選擧ス」ヲ「市會議員、名譽職參事會員又ハ市公民中選擧權ヲ有スル者ヨリ市長ノ推薦ニ依リ市會之ヲ定ム」ニ改メ同條第三項中「常設」ヲ削ル

第八十四條第一項ヲ左ノ如ク改ム

市公民ニ限リテ擔任スヘキ職務ニ在ル吏員又ハ職ニ就キタルカ爲市公民タル者選擧權ヲ有セサルニ至リタルトキハ其ノ職ヲ失フ

第八十八條　削除

第九十二條ノ二　市參事會ノ權限ニ屬スル事項ノ一部ハ其ノ議決ニ依リ市長ニ於テ專決處分スルコトヲ得

第九十四條第一項中「府縣知事ノ許可ヲ得テ」ヲ削ル

第九十七條第三項中「府縣知事ノ許可ヲ得テ」ヲ削リ同條第五項ヲ左ノ如ク改ム

副收入役ヲ置カサル場合ニ於テハ市會ハ市長ノ推薦ニ依リ收入役故障アルトキ之ヲ代理スヘキ吏員ヲ定ムヘシ

第百七條第二項中「前項ノ異議ハ」ヲ「前項ノ異議ノ申立アリタルトキハ市長

ハ七日以内ニ」ニ改ム

第百二十一條ノ二　市ハ公益上其ノ他ノ事由ニ因リ課税ヲ不適當トスル場合ニ於テハ命令ノ定ムル所ニ依リ市税ヲ課セサルコトヲ得

第百二十九條第一項中「其ノ條例中ニハ五圓以下ノ過料ヲ科スル規定ヲ設クルコトヲ得」ヲ削リ同條第二項ヲ左ノ如ク改ム

詐僞其ノ他ノ不正ノ行爲ニ依リ使用料ノ徴收ヲ免レ又ハ市税ヲ逋脱シタル者ニ付テハ市條例ヲ以テ其ノ徴收ヲ免レ又ハ逋脱シタル金額ノ三倍ニ相當スル金額（其ノ金額五圓未満ナルトキハ五圓）以下ノ過料ヲ科スル規定ヲ設クルコトヲ得

前項ニ定ムルモノヲ除クノ外使用料、手數料及市税ノ賦課徴收ニ關シテハ市條例ヲ以テ五圓以下ノ過料ヲ科スル規定ヲ設クルコトヲ得財産又ハ營造物ノ使用ニ關シ亦同シ

第百三十條第三項中「前二項ノ異議ハ」ヲ「前二項ノ異議ノ申立アリタルトキハ市長ハ七日以内ニ」ニ改ム

第百三十一條第六項中「前三項ノ處分ヲ受ケタル者其ノ處分ニ不服アルトキハ」ヲ「前三項ノ處分ニ不服アル者ハ」ニ改ム

第百四十二條第一項中「六月三十日」ヲ「五月三十一日」ニ改メ同條第四項ヲ削ル

第百四十六條第三項ヲ削ル

第百四十九條第二項、第百五十條第二項、第百五十一條第二項及第百五十三條第二項中「内務大臣ノ許可ヲ得」ヲ削ル

第百五十四條第一項中「府縣知事ノ許可ヲ受クヘシ」ヲ「之ヲ定ム」ニ改メ同條第二項中「内務大臣ノ許可ヲ得」ヲ削ル

第百五十五條第一項中「前條第一項」ヲ「前條第二項」ニ、同條第三項中「前項ノ異議ハ」ヲ「前項ノ異議ノ申立アリタルトキハ組合ノ管理者ハ七日以内ニ」ニ改ム

第百六十條第二項ノ次ニ左ノ一項ヲ加フ

決定書又ハ裁決書ノ交付ヲ受ケサル者ニ關シテハ前二項ノ期間ハ告示ノ日ヨリ之ヲ起算ス

第百六十條ノ二　異議ノ決定ハ本法中別ニ期間ヲ定メタルモノヲ除クノ外其ノ決定ニ付セラレタル日ヨリ三月以内ニ之ヲ爲スヘシ

府縣參事會訴願ヲ受理シタルトキハ其ノ日ヨリ三月以内ニ之ヲ裁決スヘシ

第百六十五條　市條例ヲ設ケ又ハ改正セムトスルトキハ内務大臣ノ許可ヲ受クヘシ

第百六十六條第四號中「手數料及加入金」ヲ削ル

第百六十七條中左ノ如ク改ム

一、市條例ヲ廢止スル事

二、基本財産及特別基本財産ノ處分ニ關スル事

五、手數料及加入金ヲ新設シ增額シ又ハ變更スル事

第百七十七條ノ二　本法中官吏ニ關スル規定ハ待遇官吏ニ之ヲ適用ス

附　則

本法中公民權及議員選擧ニ關スル規定ハ次ノ總選擧ヨリ之ヲ施行シ其ノ他ノ規定ノ施行ノ期日ハ勅令ヲ以テ之ヲ定ム

本法ニ依リ初テ議員ヲ選擧スル場合ニ於テ必要ナル選擧人名簿ニ關シ第二十一條乃至第二十一條ノ五ニ規定スル期日又ハ期間ニ依リ難キトキハ命令ヲ以テ別ニ其ノ期日又ハ期間ヲ定ム但シ其ノ選擧人名簿ハ次ノ選擧人名簿確定迄其ノ效力ヲ有ス

本法施行ノ際大正十四年法律第四十七號衆議院議員選擧法又ハ大正十五年府縣制中改正法律未タ施行セラレサル場合ニ於テハ本法ノ適用ニ付テハ同法ハ既ニ施行セラレタルモノト看做ス

本法施行ノ際必要ナル規定ハ命令ヲ以テ之ヲ定ム

町村制

法律第七十五號ヲ以テ改正サレタル町村制左ノ如シ

第三條第二項ヲ左ノ如ク改ム

前項ノ場合ニ於テ財産アルトキハ其ノ處分ハ關係アル市町村會ノ意見ヲ徵シ府縣參事會ノ議決ヲ經テ府縣知事之ヲ定ム

第五條　町村ノ名稱ヲ變更セムトスルトキ、村ヲ町ト爲シ若ハ町ヲ村ト爲サムトスルトキ又ハ町村役場ノ位置ヲ定メ若ハ之ヲ變更セムトスルトキハ町村ハ府縣知事ノ許可ヲ受クヘシ

第七條　帝國臣民タル年齡二十五年以上ノ男子ニシテ二年以來町村住民タル者ハ其ノ町村公民トス但シ左ノ各號ノ一ニ該當スル者ハ此ノ限ニ在ラス

一　禁治産者及準禁治産者

二　破産者ニシテ復權ヲ得サル者

三　貧困ニ因リ生活ノ爲公私ノ救助ヲ受ケ又ハ扶助ヲ受クル者

四　一定ノ住居ヲ有セサル者

五　六年ノ懲役又ハ禁錮以上ノ刑ニ處セラレタル者

六　刑法第二編第一章、第三章、第九章、第十六章乃至第二十一章、第二十五章又ハ第三十六章乃至第三十九章ニ掲クル罪ヲ犯シ六年未滿ノ懲役ノ刑ニ處セラレ其ノ執行ヲ終リ又ハ執行ヲ受クルコトナキニ至リタル後其ノ刑期ノ二倍ニ相當スル期間ヲ經過スルニ至ル迄ノ者但シ其ノ期

間五年ヨリ短キトキハ五年トス
七　六年未滿ノ禁錮ノ刑ニ處セラレ又ハ前號ニ掲クル罪以外ノ罪ヲ犯シ六年未滿ノ懲役ノ刑ニ處セラレ其ノ執行ヲ終リ又ハ執行ヲ受クルコトナキニ至ル迄ノ者
町村ハ前項二年ノ制限ヲ特免スルコトヲ得
第一項二年ノ期間ハ市、村ノ廢置分合又ハ境界變更ノ爲中斷セラルルコトナシ
第八條第二項中「町村ハ一年以上四年以下其ノ町村公民權ヲ停止シ場合ニ依リ其ノ停止期間以內其ノ者ノ負擔スヘキ町村稅ノ十分ノ一以上四分ノ一以下ヲ增課スルコトヲ得」ヲ「町村ハ一年以上四年以下其ノ町村公民權ヲ停止スルコトヲ得」ニ改ム
第九條　陸海軍軍人ニシテ現役中ノ者未タ入營セサル者及歸休下士官兵ヲ除ク）及戰時若ハ事變ニ際シ召集中ノ者ハ町村ノ公務ニ參與スルコトヲ得ス兵籍ニ編入セラレタル學生生徒（勅令ヲ以テ定ムル者ヲ除ク）及志願ニ依リ國民軍ニ編入セラレタル者亦同シ
第十一條第二項中左ノ如ク改ム
一　削除
二　人口五千未滿ノ町村　十二人
同條第四項中「內務大臣」ヲ「府縣知事」ニ改ム
第十二條中「第九條第三項ノ場合ニ當ル者」ヲ「第九條ノ規定ニ該當スル者」ニ改ム
第十三條　削除
第十四條　特別ノ事情アルトキハ町村ハ區劃ヲ定メテ投票分會ヲ設クルコトヲ得
第十五條　選擧權ヲ有スル町村公民ハ被選擧權ヲ有ス
在職ノ檢事、警察官吏及收稅官吏ハ被選擧權ヲ有セス
選擧事務ニ關係アル官吏及町村ノ有給吏員ハ其ノ關係區域內ニ於テ被選擧權ヲ有セス
町村ノ有給ノ吏員教員其ノ他ノ職員ニシテ在職中ノ者ハ其ノ町村ノ町村會議員ト相兼ヌルコトヲ得ス
第十六條第三項ノ次ニ左ノ一項ヲ加フ
前項但書ノ場合ニ於テ闕員ノ數解任ヲ要スル者ノ數ニ滿チサルトキハ其ノ不足ノ員數ニ付町村長抽籤シテ解任スヘキ者ヲ定メ闕員ノ數解任ヲ要スル者ノ數ヲ超ユルトキハ解任ヲ要スル者ニ充ツヘキ闕員ハ最モ先ニ闕員ト爲リタル者ヨリ順次之ニ充テ闕員ト爲リタル時同シキトキハ町村長抽籤シテ之ヲ定ム
第十七條　町村會議員　闕員ヲ生シタルトキハ三月以內ニ補闕選擧ヲ行フヘシ
但シ第二十七條第二項ノ規定ノ適用ヲ受

ケタル得票者ニシテ當選者ト爲ラサリシ者アルトキハ直ニ選擧會ヲ開キ其ノ者ノ中ニ就キ當選者ヲ定ムヘシ此ノ場合ニ於テハ第三十條第三項及第四項ノ規定ヲ準用ス

第三十條第五項及第六項ノ規定ハ補闕選擧ニ之ヲ準用ス

補闕議員ハ其ノ前任者ノ殘任期間在任ス

第十八條　町村長ハ毎年九月十日ノ現在ニ依リ選擧人名簿ヲ調製スヘシ

選擧人名簿ニハ選擧人ノ氏名、住所及生年月日等ヲ記載スヘシ

第十八條ノ二　町村長ハ十一月五日ヨリ十五日間町村役場又ハ其ノ指定シタル場所ニ於テ選擧人名簿ヲ關係者ノ縱覽ニ供スヘシ

町村長ハ縱覽開始ノ日前三日目迄ニ縱覽ノ場所ヲ告示スヘシ

第十八條ノ三　選擧人名簿ニ關シ關係者ニ於テ異議アルトキハ縱覽期間內ニ之ヲ町村長ニ申立ツルコトヲ得此ノ場合ニ於テハ町村長ハ縱覽期間滿了後三日以內ニ之ヲ町村會ノ決定ニ付スヘシ町村會ハ其ノ送付ヲ受ケタル日ヨリ十日以內ニ之ヲ決定スヘシ

前項ノ決定ニ不服アル者ハ府縣參事會ニ訴願シ其ノ裁決又ハ第三項ノ裁決ニ不服アル者ハ行政裁判所ニ出訴スルコトヲ得

第一項ノ決定及前項ノ裁決ニ付テハ町村長ヨリモ訴願又ハ訴訟ヲ提起スルコトヲ得

前二項ノ裁決ニ付テハ府縣知事ヨリモ訴訟ヲ提起スルコトヲ得

第十八條ノ四　選擧人名簿ハ十二月二十五日ヲ以テ確定ス

選擧人名簿ハ次年ノ十二月二十四日迄之ヲ据置クヘシ

前條ノ場合ニ於テ決定若ハ裁決確定シ又ハ判決アリタルニ依リ名簿ノ修正ヲ要スルトキハ町村長ハ直ニ之ヲ修正スヘシ

選擧人名簿ヲ修正シタルトキハ町村長ハ直ニ其ノ要領ヲ告示スヘシ

投票分會ヲ設クルトキハ町村長ハ確定名簿ニ依リ分會ノ區劃毎ニ名簿ノ抄本ヲ調製スヘシ

第十八條ノ五　第十八條ノ三ノ場合ニ於テ決定若ハ裁決確定シ又ハ判決アリタルニ依リ選擧人名簿無效ト爲リタルトキハ更ニ名簿ヲ調製スヘシ

天災事變等ノ爲必要アルトキハ更ニ名簿ヲ調製スヘシ

前二項ノ規定ニ依ル名簿ノ調製、縱覽、確定及異議申立ニ對スル町村會ノ決定ニ關スル期日及期間ハ府縣知事ノ定ムル所ニ依ル

町會ノ廢置分合又ハ境界變更アリタル場合ニ於テ名簿ニ關シ其ノ分合其ノ他必要

ナル事項ハ命令ヲ以テ之ヲ定ム

第十九條　町村長ハ選擧ノ期日前七日目迄ニ選擧會場（投票分會場ヲ含ム以下之ニ同シ）、投票ノ日時及選擧スヘキ議員數ヲ告示スヘシ投票分會ヲ設クル場合ニ於テハ併セテ其ノ區劃ヲ告示スヘシ

投票分會ノ投票ハ選擧會ト同日時ニ之ヲ行フ

天災事變等ノ爲投票ヲ行フコト能ハサルトキ又ハ更ニ投票ヲ行フノ必要アルトキハ町村長ハ其ノ投票ヲ行フヘキ選擧會又ハ投票分會ノミニ付更ニ期日ヲ定メ投票ヲ行ハシムヘシ此ノ場合ニ於テ選擧會場及投票ノ日時ハ選擧ノ期日前五日目迄ニ之ヲ告示スヘシ

第二十條第二項乃至第四項ヲ左ノ如ク改ム

町村長ハ選擧人名簿ニ登錄セラレタル者ノ中ヨリ二人乃至四人ノ選擧立會人ヲ選任スヘシ

投票分會ハ町村長ノ指名シタル吏員投票分會長ト爲リ之ヲ開閉シ其ノ取締ニ任ス

町村長ハ分會ノ區劃內ニ於ケル選擧人名簿ニ登錄セラレタル者ノ中ヨリ二人乃至四人ノ投票立會人ヲ選任スヘシ

選擧立會人及投票立會人ハ名譽職トス

第二十一條中「分會長」ヲ「投票分會長」ニ改ム

第二十二條第五項ノ次ニ左ノ一項ヲ加フ

投票ニ關スル記載ニ付テハ勅令ヲ以テ定ムル點字ハ之ヲ文字ト看做ス

同條第八項ヲ左ノ如ク改ム

投票分會ニ於テ爲シタル投票ハ投票分會長少クトモ一人ノ投票立會人ト共ニ投票函ノ儘之ヲ選擧長ニ送致スヘシ

第二十二條ノ二　確定名簿ニ登錄セラレサル者ハ投票ヲ爲スコトヲ得ス但シ選擧人名簿ニ登錄セラルヘキ確定裁決書又ハ判決書ヲ所持シ選擧ノ當日選擧會場ニ到ル者ハ此ノ限ニ在ラス

確定名簿ニ登錄セラレタル者選擧人名簿ニ登錄セラルルコトヲ得サル者ナルトキハ投票ヲ爲スコトヲ得ス選擧ノ當日選擧權ヲ有セサル者ナルトキ亦同シ

第二十二條ノ三　投票ノ拒否ハ選擧立會人又ハ投票立會人之ヲ決定ス可否同數ナルトキハ選擧長又ハ投票分會長之ヲ決スヘシ

投票分會ニ於テ投票拒否ノ決定ヲ受ケタル選擧人不服アルトキハ投票分會長ハ假ニ投票ヲ爲サシムヘシ

前項ノ投票ハ選擧人ヲシテ之ヲ封筒ニ入レ封緘シ表面ニ自ラ其ノ氏名ヲ記載シ投函セシムヘシ

投票分會長又ハ投票立會人ニ於テ異議アル選擧人ニ對シテモ亦前二項ニ同シ

第二十四條　町村長ハ豫メ開票ノ日時ヲ告示スヘシ

第二十四條ノ二　選擧長ハ投票ノ日又ハ其ノ翌日（投票分會ヲ設ケタルトキハ總テノ投票函ノ送致ヲ受ケタル日又ハ其ノ翌日）選擧立會人立會ノ上投票函ヲ開キ投票ノ總數ト投票人ノ總數トヲ計算スヘシ

前項ノ計算終リタルトキハ選擧長ハ先ツ第二十二條ノ三第二項及第四項ノ投票ヲ調査スヘシ其ノ投票ノ受理如何ハ選擧立會人之ヲ決定ス可否同數ナルトキハ選擧長之ヲ決スヘシ

選擧長ハ選擧立會人ト共ニ投票ヲ點檢スヘシ

天災事變等ノ爲開票ヲ行フコト能ハサルトキハ町村長ハ更ニ開票ノ期日ヲ定ムヘシ此ノ場合ニ於テ選擧會場ノ變更ヲ要スルトキハ豫メ更ニ其ノ場所ヲ告示スヘシ

第二十四條ノ三　選擧人ハ其ノ選擧會ノ參觀ヲ求ムルコトヲ得但シ開票開始前ハ此ノ限ニ在ラス

第二十四條ノ四　特別ノ事情アルトキハ町村ハ府縣知事ノ許可ヲ得區劃ヲ定メテ開票分會ヲ設クルコトヲ得

前項ノ規定ニ依リ開票分會ヲ設クル場合ニ於テ必要ナル事項ハ命令ヲ以テ之ヲ定ム

第二十六條第一項中「投票ノ拒否及效力」ヲ「投票ノ效力」ニ改メ同條第二項ヲ削ル

第二十七條第一項但書ヲ左ノ如ク如ク改ム

但シ議員ノ定數ヲ以テ有效投票ノ總數ヲ除シテ得タル數ノ六分ノ一以上ノ得票アルコトヲ要ス

第二十七條ノ二　當選者選擧ノ期日後ニ於テ被選擧權ヲ有セサルニ至リタルトキハ當選ヲ失フ

第二十八條　選擧長ハ選擧錄ヲ作リ選擧會ニ關スル顚末ヲ記載シ之ヲ朗讀シ二人以上ノ選擧立會人ト共ニ之ニ署名スヘシ

投票分會長ハ投票錄ヲ作リ投票ニ關スル顚末ヲ記載シ之ヲ朗讀シ二人以上ノ投票立會人ト共ニ之ニ署名スヘシ

投票分會長ハ投票函ト同時ニ投票錄ヲ選擧長ニ送致スヘシ

選擧錄及投票錄ハ投票、選擧人名簿其ノ他ノ關係書類ト共ニ議員ノ任期間町村長ニ於テ之ヲ保存スヘシ

第二十九條第一項ヲ左ノ如ク、第三項中「第十五條第二項ニ揭ケサル官吏」ヲ「官吏」ニ改ム

當選者定マリタルトキハ町村長ハ直ニ當選者ニ當選ノ旨ヲ告知シ同時ニ當選者ノ住所氏名ヲ告示シ且選擧錄ノ寫（投票錄

アルトキハ併セテ投票錄ノ寫）ヲ添ヘ之ヲ府縣知事ニ報告スヘシ當選者ナキトキハ直ニ其ノ旨ヲ告示シ且選擧錄ノ寫（投票錄アルトキハ併セテ投票錄ノ寫）ヲ添ヘ之ヲ府縣知事ニ報告スヘシ

同條ニ左ノ二項ヲ加フ

町村ニ對シ請負ヲ爲シ又ハ町村ニ於テ費用ヲ負擔スル事業ニ付町村長若ハ其ノ委任ヲ受ケタル者ニ對シ請負ヲ爲ス者若ハ其ノ支配人又ハ主トシテ同一ノ行爲ヲ爲ス法人ノ無限責任社員、役員若ハ支配人ニシテ當選シタル者ハ其ノ請負ヲ罷メ又ハ請負ヲ爲ス者ノ支配人若ハ主トシテ同一ノ行爲ヲ爲ス法人ノ無限責任社員、役員若ハ支配人タルコトナキニ至ルニ非サレハ當選ニ應スルコトヲ得ス第二項ノ期限前ニ其ノ旨ヲ町村長ニ申立テサルトキハ其ノ當選ヲ辭シタルモノト看做ス

前項ノ役員トハ取締役、監査役及之ニ準スヘキ者竝清算人ヲ謂フ

第三十條　當選者左ニ掲クル事由ノ一ニ該當スルトキハ三月以內ニ更ニ選擧ヲ行フヘシ但シ第二項ノ規定ニ依リ更ニ選擧ヲ行フコトナクシテ當選者ヲ定メ得ル場合ハ此ノ限ニ在ラス

一　當選ヲ辭シタルトキ

二　第二十七條ノ二ノ規定ニ依リ當選ヲ失ヒタルトキ

三　死亡者ナルトキ

四　選擧ニ關スル犯罪ニ依リ刑ニ處セラレ其ノ當選無效ト爲リタルトキ但シ同一人ニ關シ前各號ノ事由ニ依ル選擧又ハ補缺選擧ノ告示ヲ爲シタル場合ハ此ノ限ニ在ラス

前項ノ事由前條第二項若ハ第四項ノ規定ニ依ル期限前ニ生シタル場合ニ於テ第二十七條第一項但書ノ得票者ニシテ當選者ト爲ラサリシ者アルトキ又ハ其ノ期限經過後ニ生シタル場合ニ於テ第二十七條第二項ノ規定ノ適用ヲ受ケタル得票者ニシテ當選者ト爲ラサリシ者アルトキハ直ニ選擧會ヲ開キ其ノ者ノ中ニ就キ當選者ヲ定ムヘシ

前項ノ場合ニ於テ第二十七條第一項但書ノ得票者ニシテ當選者ト爲ラサリシ者選擧ノ期日後ニ於テ被選擧權ヲ有セサルニ至リタルトキハ之ヲ當選者ト定ムルコトヲ得ス

第二項ノ場合ニ於テハ町村長ハ豫メ選擧會ノ場所及日時ヲ告示スヘシ

第一項ノ期間ハ第三十三條第八項ノ規定ノ適用アル場合ニ於テハ選擧ヲ行フコトヲ得サル事由已ミタル日ノ翌日ヨリ之ヲ起算ス

第一項ノ事由議員ノ任期滿了前六月以內ニ生シタルトキハ第一項ノ選擧ハ之ヲ行ハス但シ議員ノ數其ノ定數ノ三分ノ二ニ

滿チサルニ至リタルトキハ此ノ限ニ在ラス

第三十一條第一項ヲ削リ第二項中「郡長」ヲ「府縣知事」ニ改メ同條ニ左ノ一項ヲ加フ

當選者ナキニ至リタルトキ又ハ當選者其ノ選擧ニ於ケル議員ノ定數ニ達セサルニ至リタルトキハ町村長ハ直ニ其ノ旨ヲ告示シ併セテ之ヲ府縣知事ニ報告スヘシ

第三十二條ニ左ノ但書ヲ加フ

但シ當選ニ異動ヲ生スルノ虞ナキ者ヲ區分シ得ルトキハ其ノ者ニ限リ當選ヲ失フコトナシ

第三十三條第一項中「第三十一條第二項」ヲ「第二十九條第一項又ハ第三十一條第二項」ニ、同條第三項ヲ左ノ如ク改ム

府縣知事ハ選擧又ハ當選ノ效力ニ關シ異議アルトキハ選擧ニ關シテハ第二十九條第一項ノ報告ヲ受ケタル日ヨリ、當選ニ關シテハ第二十九條第一項又ハ第三十一條第二項ノ報告ヲ受ケタル日ヨリ二十日以內ニ之ヲ府縣參事會ノ決定ニ付スルコトヲ得

同條第四項中「處分」ヲ「決定」ニ、同條第五項乃至第七項ヲ左ノ如ク、第八項中「第三十四條第三項」ヲ「第三十四條第一項若ハ第三項」ニ改メ同條第九項中「處分、」ヲ削ル

第二項若ハ第六項ノ裁決又ハ第三項ノ決定ニ不服アル者ハ行政裁判所ニ出訴スルコトヲ得

第一項ノ決定ニ付テハ町村長ヨリモ訴願ヲ提起スルコトヲ得

第二項若ハ前項ノ裁決又ハ第三項ノ決定ニ付テハ府縣知事又ハ町村長ヨリモ訴訟ヲ提起スルコトヲ得

第三十四條　選擧無效ト確定シタルトキハ三月以內ニ更ニ選擧ヲ行フヘシ

當選無效ト確定シタルトキハ直ニ選擧會ヲ開キ更ニ當選者ヲ定ムヘシ此ノ場合ニ於テハ第三十條第三項及第四項ノ規定ヲ準用ス

當選者ナキトキ、當選者ナキニ至リタルトキ又ハ當選者其ノ選擧ニ於ケル議員ノ定數ニ達セサルトキ若ハ定數ニ達セサルニ至リタルトキハ三月以內ニ更ニ選擧ヲ行フヘシ

第三十條第五項及第六項ノ規定ハ第一項及前項ノ選擧ニ之ヲ準用ス

第三十五條第一項ヲ左ノ如ク改メ第二項中「被選擧權ヲ有セサル者」ノ下ニ「又ハ第二十九條第五項ニ揭クル者」ヲ加フ

町村會議員被選擧權ヲ有セサル者ナルトキ又ハ第二十九條第五項ニ揭クル者ナルトキハ其ノ職ヲ失フ其ノ被選擧權ノ有無又ハ第二十九條第五項ニ揭クル者ニ該當スルヤ否ハ町村會議員カ左ノ各號ノ一ニ

該當スルニ因リ被選擧權ヲ有セサル場合ヲ除クノ外町村會之ヲ決定ス

一　禁治産者又ハ準禁治産者ト爲リタルトキ

二　破産者ト爲リタルトキ

三　禁錮以上ノ刑ニ處セラレタルトキ

四　選擧ニ關スル犯罪ニ依リ罰金ノ刑ニ處セラレタルトキ

第三十六條中「第十八條」ヲ「第十八條ノ三」ニ改メ「郡長ノ處分ハ郡長、」ヲ削ル

第三十六條ノ二　町村會議員ノ選擧ニ付テハ衆議院議員選擧法第九十一條、第九十二條、第九十八條、第九十九條第二項、第百條及第百四十二條ノ規定ヲ準用ス

第三十八條第一項中「郡長ハ府縣知事ノ許可ヲ得テ」ヲ「府縣知事ハ」ニ改ム

第四十五條中「年長ノ議員議長ノ職務ヲ代理ス年齡同シキトキハ抽籤ヲ以テ之ヲ定ム」ヲ「臨時ニ議員中ヨリ假議長ヲ選擧スヘシ」ニ改メ同條ニ左ノ二項ヲ加フ

前項假議長ノ選擧ニ付テハ年長ノ議員議長ノ職務ヲ代理ス年齡同シキトキハ抽籤ヲ以テ之ヲ定ム

特別ノ事情アル町村ニ於テハ第一項ノ規定ニ拘ラス町村條例ヲ以テ町村會ノ選擧ニ依ル議長及其ノ代理者一人ヲ置クコトヲ得此ノ場合ニ於テハ市制第四十八條及第四十九條ノ規定ヲ準用ス

第四十七條第三項中「開會ノ日ヨリ少クトモ三日前」ヲ「開會ノ日前三日目迄」ニ、同條第四項中「三日前迄」ヲ「會議ニ付スル日前三日目迄」ニ改ム

第四十九條ニ左ノ一項ヲ加フ

議長ハ其ノ職務ヲ行フ場合ニ於テモ之カ爲議員トシテ議決ニ加ハルノ權ヲ失ハス

第五十一條ニ左ノ一項ヲ加フ

連名投票ノ法ヲ用ウル場合ニ於テ過半數ノ投票ヲ得タル者選擧スヘキ定數ヲ超ユルトキハ最多數ヲ得タル者ヨリ順次選擧スヘキ定數ニ至ル迄ノ者ヲ以テ當選者トシ同數者アルトキハ年長者ヲ取リ年齡同シキトキハ議長抽籤シテ之ヲ定ム

第五十二條ニ左ノ一項ヲ加フ

第四十五條第三項ノ町村ニ於ケル町村會ノ會議ニ付テハ前二項ノ規定ニ拘ラス市制第五十六條ノ規定ヲ準用ス

第五十八條ニ左ノ一項ヲ加フ

第四十五條第三項ノ町村ニ於ケル町村會ノ會議ニ付テハ市制第六十二條第三項ノ規定ヲ準用ス

第五十九條第二項中「三日以內出席ヲ停止シ又ハ二圓以下ノ過怠金ヲ科スル規定ヲ設クルコトヲ得」ヲ「五日以內出席ヲ停止スル規定ヲ設クルコトヲ得」ニ改ム

第六十四條　有給町村長及有給助役ハ其ノ退職セムトスル日前三十日目迄ニ申

立ツルニ非サレハ任期中退職スルコトヲ得ス但シ町村會ノ承認ヲ得タルトキハ此ノ限ニ在ラス

第六十五條　町村長及助役ハ第十五條第二項又ハ第四項ニ掲ケタル職ト兼ヌルコトヲ得ス又其ノ町村ニ對シ請負ヲ爲シ又ハ其ノ町村ニ於テ費用ヲ負擔スル事業ニ付町村長若ハ其ノ委任ヲ受ケタル者ニ對シ請負ヲ爲ス者及其ノ支配人又ハ主トシテ同一ノ行爲ヲ爲ス法人ノ無限責任社員、取締役監査役若ハ之ニ準スヘキ者、清算人及支配人タルコトヲ得ス

第六十六條第一項中「及有給助役」ヲ削リ「郡長」ヲ「府縣知事」ニ改ム

第六十七條第三項、及第四項ヲ削リ第五項ヲ左ノ如ク、第七項中「郡長」ヲ「府縣知事」ニ改ム

第六十三條第二項及第四項、第六十五條並前條第二項ノ規定ハ收入役及副收入役ニ之ヲ準用ス

第六十八條第二項ヲ左ノ如ク改ム

區長及其ノ代理者ハ名譽職トス町村公民中選擧權ヲ有スル者ヨリ町村長ノ推薦ニ依リ町村會之ヲ定ム

第六十九條第二項中「町村會ニ於テ町村會議員又ハ町村公民中選擧權ヲ有スル者ヨリ之ヲ選擧ス」ヲ「町村會議員又ハ町村公民中選擧權ヲ有スル者ヨリ町村長ノ推薦ニ依リ町村會之ヲ定ム」ニ改メ同條第三項中「常設」ヲ削ル

第七十條第一項ヲ左ノ如ク改ム

町村公民ニ限リテ擔任スヘキ職務ニ在ル吏員又ハ職ニ就キタルカ爲町村公民タル者選擧權ヲ有セサルニ至リタルトキハ其ノ職ヲ失フ

第七十四條第四項ヲ左ノ如ク、第六項中「郡長」ヲ「府縣知事」ニ改メ同條第七項中「府縣參事會ニ訴願シ其ノ裁決ニ不服アルトキハ」ヲ、同條第八項ヲ及第九項中「及第四項」ヲ削ル

第二項ノ裁決又ハ前項ノ處分ニ不服アル町村長又ハ町村會ハ行政裁判所ニ出訴スルコトヲ得

第七十五條第一項中「郡長」ヲ「府縣知事」ニ改ム

第七十八條第一項中「郡長ノ許可ヲ得テ」ヲ削ル

第八十條第二項中「町村ハ收入役故障アルトキ之ヲ代理スヘキ吏員ヲ定メ郡長ノ認可ヲ受クヘシ」ヲ「町村會ハ町村長ノ振薦ニ依リ收入役故障アルトキ之ヲ代理スヘキ吏員ヲ定ムヘシニ」改メ同條第四項中「郡長ノ許可ヲ得テ」ヲ削ル

第八十七條第二項中「前項ノ異議ハ」ヲ「前項ノ異議ノ申立アリタルトキハ町村長ハ七日以内ニ」ニ改ム

第百一條ノ二　町村ハ公益上其ノ他ノ

事由ニ因リ課税ヲ不適當トスル場合ニ於テハ命令ノ定ムル所ニ依リ町村税ヲ課セサルコトヲ得

第百六條第五項中「郡長ニ訴願シ其ノ裁決ニ不服アルトキハ」ヲ削ル

第百九條第一項中「其ノ條例中ニハ五圓以下ノ過料ヲ科スル規定ヲ設クルコトヲ得」ヲ削リ同條第二項ヲ左ノ如ク改ム

詐僞其ノ他ノ不正ノ行爲ニ依リ使用料ノ徴收ヲ免レ又ハ町村税ヲ逋脱シタル者ニ付テハ町村條例ヲ以テ其ノ徴收ヲ免レ又ハ逋脱シタル金額ノ三倍ニ相當スル金額(其ノ金額五圓未滿ナルトキハ五圓)以下ノ過料ヲ科スル規定ヲ設クルコトヲ得

前項ニ定ムルモノヲ除クノ外使用料、手數料及町村税ノ賦課徴收ニ關シテハ町村條例ヲ以テ五圓以下ノ過料ヲ科スル規定ヲ設クルコトヲ得財産又ハ營造物ノ使用ニ關シ亦同シ

第百十條第三項中「前二項ノ異議ハ」ヲ「前二項ノ異議ノ申立アリタルトキハ町村長ハ七日以内ニ」ニ改ム

第百十一條第六項中「前三項ノ處分ヲ受ケタル者其ノ處分ニ不服アルトキハ」ヲ「前三項ノ處分ニ不服アル者ハ」ニ改ム

第百十七條中「郡長」ヲ「府縣知事」ニ改ム

第百二十二條第一項中「六月三十日」ヲ「五月三十一日」ニ、同條第三項中「第八項」ヲ「第五項」ニ、同條第四項中「郡長」ヲ「府縣知事」ニ改ム

第百二十五條中「郡長」ヲ「府縣知事」ニ改ム

第百二十七條中「郡長」ヲ「府縣知事」ニ「府縣知事」ヲ「内務大臣」ニ改ム

第百二十九條第三項、第百三十條第三項、第百三十一條第三項及第百三十三條第二項中「内務大臣ノ許可ヲ得」ヲ削ル

第百三十四條第一項中「府縣知事ノ許可ヲ受クヘシ」ヲ「之ヲ定ム」ニ改メ同條第二項中「内務大臣ノ許可ヲ得」ヲ削ル

第百三十五條第一項中「前條第一項」ヲ「前條第二項」ニ、同條第三項中「前項ノ異議ハ」ヲ「前項ノ異議ノ申立アリタルトキハ組合ノ管理者ハ七日以内ニ」ニ改ム

第百三十七條　町村ハ第一次ニ於テ府縣知事之ヲ監督シ第二次ニ於テ内務大臣之ヲ監督ス

第百三十八條中「郡長」ヲ「府縣知事」ニ改メ「府縣知事ニ訴願シ其ノ裁決ニ不服アルトキハ」ヲ削ル

第百四十條第二項ノ次ニ左ノ一項ヲ加フ

決定書又ハ裁決書ノ交付ヲ受ケサル者ニ關シテハ前二項ノ期間ハ告示ノ日ヨリ之ヲ起算ス

第百四十條ノ二　異議ノ決定ハ本法中

別ニ期間ヲ定メタルモノヲ除クノ外其ノ決定ニ付セラレタル日ヨリ三月以内ニ之ヲ爲スヘシ
府縣參事會訴願ヲ受理シタルトキハ其ノ日ヨリ三月以内ニ之ヲ裁決スヘシ
第百四十三條第一項及第二項中「郡長」ヲ「府縣知事」ニ改メ同條第三項中「府縣知事ニ訴願シ其ノ裁決ニ不服アルトキハ」ヲ削ル
第百四十五條　町村條例ヲ設ケ又ハ改正セムトスルトキハ内務大臣ノ許可ヲ受クヘシ
第百四十六條第四號中「手數料及加入金」ヲ削ル
第百四十七條中「郡長」ヲ「府縣知事」ニ同條中左ノ如ク改ム
一　町村條例ヲ廢止スル事
二　基本財產及特別基本財產竝林野ノ處分ニ關スル事
五　手數料及加入金ヲ新設シ增額シ又ハ變更スル事
第百五十條第一項中「又ハ郡長」ヲ、同條第四項中「郡長ノ處分ニ付テハ府縣知事ニ訴願シ其ノ裁決ニ不服アルトキ又ハ府縣知事ノ處分ニ付テハ」ヲ削ル
第百五十二條　削除
第百五十三條ノ二ヲ削ル
第百五十六條ノ二　本法中官吏ニ關スル規定ハ待遇官吏ニ之ヲ適用ス

附　則

本法中公民權及議員選擧ニ關スル規定ハ次ノ總選擧ヨリ之ヲ施行シ其ノ他ノ規定ノ施行ノ期日ハ勅令ヲ以テ之ヲ定ム
第三十八條ノ規定ニ依リ町村會ヲ設ケサル町村ニ付テハ本法ノ施行ノ期日ハ勅令ヲ以テ之ヲ定ム
次ノ總選擧ニ至ル迄ノ間從前ノ第十四條第十七條、第十八條、第三十一條、第三十三條及第三十六條ノ規定ニ依リ難キ事項ニ付テハ勅令ヲ以テ特別ノ規定ヲ設クルコトヲ得
本法ニ依リ初テ議員ヲ選擧スル場合ニ於テ必要ナル選擧人名簿ニ關シ第十八條乃至第十八條ノ五ニ規定スル期日又ハ期間ニ依リ難キトキハ命令ヲ以テ別ニ其ノ期日又ハ期間ヲ定ム但シ其ノ選擧人名簿ハ次ノ選擧人名簿確定迄其ノ效力ヲ有ス
本法施行ノ際大正十四年法律第四十七號衆議員選擧法未タ施行セラレサル場合ニ於テハ本法ノ適用ニ付テハ同法ハ既ニ施行セラレタルモノト看做ス
本法施行ノ際必要ナル規定ハ命令ヲ以テ之ヲ定ム

府縣制施行令

第一章　府縣會議員ノ選擧

第一條　府縣制第六條第二項ノ規定ニ依リ除外スヘキ學生生徒左ノ如シ

一　陸軍各部依託學生生徒

二　海軍軍醫學生藥劑學生主計學生造船學生造機學生造兵學生竝ニ海軍豫備生徒及海軍豫備練習生

第二條　府縣制第十五條第四項ノ規定ニ依リ市町村ノ區域ヲ分チテ數投票區ヲ設ケ又ハ數町村ノ區域ヲ合セテ一投票區ヲ設ケタルトキハ府縣知事ハ直ニ其ノ區劃ヲ告示スヘシ

第三條　府縣制第十五條第四項ノ規定ニ依リ市町村ノ區域ヲ分チテ數投票區ヲ設ケタル場合ニ於テハ左ノ規定ニ依ル

一　投票管理者ハ投票區ノ一ニ於テハ市町村長トシ其ノ他ノ投票區ニ於テハ市町村長ノ指定シタル市町村吏員ヲ以テ之ニ充ツ

二　市町村長ハ選擧人名簿ニ依リ投票區（市町村長投票管理者タル投票區ヲ除ク）毎ニ名簿ノ抄本ヲ調製シ選擧ノ期日ノ告示アリタルトキハ直ニ之ヲ關係投票管理者ニ送付スヘシ

三　市町村長ノ指定シタル市町村吏員投票管理者タル投票區ニ於テハ府縣制第十八條第三項及第二十一條竝ニ本令第八條中選擧人名簿トアルハ選擧人名簿ノ抄本トス

四　選擧人名簿ノ抄本ハ市町村長ニ於テ議員ノ任期間之ヲ保存スヘシ

第四條　府縣制第十五條第四項ノ規定ニ依リ數町村ノ區域ヲ合セテ一投票區ヲ設ケタル場合ニ於テハ左ノ規定ニ依ル

一　投票管理者ハ府縣知事ニ於テ關係町村長ノ中ニ就キ之ヲ指定ス

二　町村長ハ選擧ノ期日ノ告示アリタルトキハ直ニ選擧人名簿ヲ投票管理者ニ送付スヘシ

三　町村費ヲ以テ支辨スヘキ投票所ノ費用ハ之ヲ關係町村ニ平分スヘシ

第五條　府縣制第十八條第七項ノ規定ニ依リ盲人カ投票ニ關スル記載ニ使用スルコトヲ得ル點字ハ市制町村制施行令別表ノ定ムル所ニ依ル

點字ニ依リ投票ヲ爲サントスル選擧人ハ投票管理者ニ對シ其ノ旨ヲ申立ツヘシ、此ノ場合ニ於テハ投票管理者ハ投票用紙ニ點字投票ナル旨ノ印ヲ押捺シテ交付スヘシ

點字ニ依ル投票ノ拒否ニ付テハ府縣制第十九條ノ例ニ依ル、此ノ場合ニ於テハ封筒ニ點字投票ナル旨ノ印ヲ押捺シテ交付スヘシ

前項ノ規定ニ依リ假ニ爲サシメタル投票ハ府縣制第二十五條第二項及第三項ノ規定ノ適用ニ付テハ同法第十九條第二項及第四項ノ投票ト看做ス

第六條　府縣制第二十三條ノ二ノ規定ニ依リ開票區ヲ設ケタルトキハ府縣知事ハ直ニ其ノ區劃ヲ告示スヘシ

第七條　開票管理者ハ府縣知事ノ指定シタル官吏又ハ吏員ヲ以テ之ニ充ツ

開票管理者ハ開票ニ關スル事務ヲ擔任ス

開票所ハ開票管理者ノ指定シタル場所ニ之ヲ設ク

開票管理者ハ豫メ開票ノ場所及日時ヲ告示スヘシ

第八條　開票區ノ區劃內ノ投票管理者ハ其ノ指定シタル投票立會人ト共ニ町村ノ投票區ニ於テハ投票ノ翌日迄ニ、市ノ投票區ニ於テハ投票ノ當日投票函、投票錄及選擧人名簿ヲ開票管理者ニ送致スヘシ

第九條　投票ノ點檢終リタルトキハ開票管理者ハ直ニ其ノ結果ヲ選擧長ニ報告スヘシ

第十條　開票管理者ハ開票錄ヲ作リ開票ニ關スル顚末ヲ記載シ之ヲ朗讀シ二人以上ノ開票立會人ト共ニ之ニ署名シ直ニ投票錄及投票ト併セテ之ヲ選擧長ニ送致スヘシ

第十一條　開票管理者ハ第九條ノ報告ヲ爲シタルトキハ直ニ選擧人名簿（選擧人名簿ノ抄本アルトキハ併セテ其ノ抄本）ヲ町村長ニ返付スヘシ

第十二條　選擧長ハ總テノ開票管理者ヨリ第九條ノ報告ヲ受ケタル日若ハ其ノ翌日（又ハ總テノ投票函ノ送致ヲ受ケタル日若ハ其ノ翌日）選擧會ニ於テ選擧立會人立會ノ上其ノ報告ヲ調査シ府縣制第二十五條第三項ノ規定ニ依リ爲シタル點檢ノ結果ト併セテ各議員候補者ノ得票總數ヲ計算スヘシ

第十三條　選擧ノ一部無效ト爲リ更ニ選擧ヲ行ヒタル場合ニ於テハ選擧長ハ前條ノ規定ニ準シ其ノ部分ニ付前條ノ手續ヲ爲シ他ノ部分ニ於ケル各議員候補者ノ得票數ト併セテ其ノ得票總數ヲ計算スヘシ

第十四條　開票區ヲ設ケタル場合ニ於テハ選擧長ハ府縣制第三十一條第一項ノ報告ニ開票錄ノ寫ヲ添附スヘシ

第十五條　第四條第一號若ハ第七條第一項又ハ府縣制第二十三條第一項ノ規定ニ依リ投票管理者、開票管理者又ハ選擧長ヲ指定シタルトキハ府縣知事ハ直ニ之ヲ告示スヘシ

前項ノ規定ハ第三條第一號ノ規定ニ依リ市町村長ニ於テ投票管理者ヲ指定シタル場合ニ之ヲ準用ス

第十六條　府縣制第十六條ノ規定ハ開票立會人ニ、同法第十七條第一項及第二項ノ規定ハ開票所ニ、同法第二十二條、第二十五條、第二十六條及第二十八條ノ規

定ハ開票所ニ於ケル開票ニ之ヲ準用ス

第二章　府縣會議員ノ選擧運動及其ノ費用竝ニ公立學校等ノ設備ノ使用

第十七條　選擧事務所ハ議員候補者一人ニ付選擧區ノ配當議員數ヲ以テ選擧人名簿確定ノ日ニ於テ之ニ登錄セラレタル者ノ總數ヲ除シテ得タル數一萬以上ナルトキハ三個所ヲ、一萬未滿ナルトキハ二個所ヲ超ユルコトヲ得ス

選擧ノ一部無效ト爲リ更ニ選擧ヲ行フ場合又ハ府縣制第十三條第二項ノ規定ニ依リ投票ヲ行フ場合ニ於テハ選擧事務所ハ前項ノ規定ニ依ル數ヲ超エサル範圍內ニ於テ府縣知事（東京府ニ於テハ警視總監）ノ定メタル數ヲ超ユルコトヲ得ス

府縣知事（東京府ニ於テハ警視總監）ハ選擧ノ期日ノ告示アリタル後直ニ前二項ノ規定ニ依ル選擧事務所ノ數ヲ告示スヘシ

第十八條　選擧委員及選擧事務員ハ議員候補者一人ニ付選擧區ノ配當議員數ヲ以テ選擧人名簿確定ノ日ニ於テ之ニ登錄セラレタル者ノ總數ヲ除シテ得タル數一萬以上ナルトキハ通シテ二十人ヲ、一萬未滿ナルトキハ通ルテ十五人ヲ超ユルコトヲ得ス

前條第二項及第三項ノ規定ハ選擧委員及選擧事務員ニ之ヲ準用ス

第十九條　選擧運動ノ費用ハ議員候補者一人ニ付左ノ各號ノ額ヲ超ユルコトヲ得ス

一　選擧區ノ配當議員數ヲ以テ選擧人名簿確定ノ日ニ於テ之ニ登錄セラレタル者ノ總數ヲ除シテ得タル數ヲ四十錢ニ乘シテ得タル額

二　選擧ノ一部無效ト爲リ更ニ選擧ヲ行フ場合ニ於テハ選擧區ノ配當議員數ヲ以テ選擧人名簿確定ノ日ニ於テ關係區域ノ選擧人名簿ニ登錄セラレタル者ノ總數ヲ除シテ得タル數ヲ四十錢ニ乘シテ得タル額

三　府縣制第十三條第二項ノ規定ニ依リ投票ヲ行フ場合ニ於テハ前號ノ規定ニ準シテ算出シタル額但シ府縣知事（東京府ニ於テハ警視總監）必要アリト認ムルトキハ之ヲ減額スルコトヲ得

府縣知事（東京府ニ於テハ警視總監）ハ選擧ノ期日ノ告示アリタル後直ニ前項ノ規定ニ依ル額ヲ告示スヘシ

第二十條　衆議院議員選擧法施行令第八章、第九章及第十二章ノ規定ハ府縣會議員ノ選擧ニ之ヲ準用ス

第三章　府縣出納吏及府縣吏員ノ身元保證及賠償責任

第二十一條　府縣出納吏其ノ管掌ニ屬スル現金、證券其ノ他ノ財産ヲ亡失又ハ毀損シタルトキハ府縣知事ハ期間ヲ指定

シ其ノ損害ヲ賠償セシムヘシ但シ避クヘカラサル事故ニ原因シタルトキ又ハ他ノ者ノ使用ニ供シタル場合ニ於テ合規ノ監督ヲ怠ラサリシトキハ府縣參事會ノ議決ヲ經テ其ノ賠償ノ責任ヲ免除スヘシ

第二十二條　府縣出納吏以外ノ吏員其ノ執務上必要ナル物品ノ交付ヲ受ケ故意又ハ怠慢ニ因リ之ヲ亡失又ハ毀損シタルトキハ府縣知事ハ期間ヲ指定シ其ノ損害ヲ賠償セシムヘシ

第二十三條　前二條ノ處分ヲ受ケタル者其ノ處分ニ不服アルトキハ府縣知事ニ異議ノ申立ヲ爲スコトヲ得

前項ノ異議ノ申立アリタルトキハ府縣知事ハ七日以內ニ之ヲ府縣參事會ノ決定ニ付スヘシ、府縣參事會ハ其ノ送付ヲ受ケタル日ヨリ三月以內ニ之ヲ決定スヘシ

前項ノ決定ニ不服アル者ハ行政裁判所ニ出訴スルコトヲ得

第二項ノ決定ニ付テハ府縣知事ヨリモ訴訟ヲ提起スルコトヲ得

府縣制第三十八條及第百二十八條ノ規定ハ本條ノ規定ノ適用ニ付之ヲ準用ス

第二十四條　賠償金ノ徵收ニ付テハ府縣制第百十六條ノ例ニ依ル

第二十五條　府縣出納吏ニ對シ身元保證ヲ徵スルノ必要アリト認ムルトキハ府縣知事ハ其ノ種類、價格、程度其ノ他必要ナル事項ヲ定ムヘシ

第四章　府縣費ノ分賦

第二十六條　府縣ハ臨時少額ノ費用ノ爲特ニ賦課徵收ヲ爲スヲ要スル場合ニ於テハ當該年度ノ府縣稅既定豫算額ノ十分ノ一ノ範圍內ニ於テ其ノ費用ヲ府縣內市町村ニ分賦スルコトヲ得

第二十七條　前條分賦ノ割合ハ豫算ノ屬スル年度ノ前前年度ニ於ケル市町村ノ直接國稅及直接府縣稅ノ賦課額ニ依ル但シ本條ノ分賦方法ニ依リ難キ事情アルトキハ府縣知事ハ府縣會ノ議決ヲ經內務大臣ノ許可ヲ受ケ特別ノ分賦方法ヲ設クコトヲ得

第二十八條　市部會及郡部會ヲ設ケタル府縣ニ於テハ府縣會ノ議決ヲ經テ其ノ市部ニ屬スル部分ニ賦課スヘキ額ヲ市ニ分賦スルコトヲ得

第二十九條　第二十七條ニ規定スル直接國稅及直接府縣稅ノ種類左ノ如シ

國稅

地租　所得稅（所得稅法第三條第二種ニ係ル所得稅ヲ除ク）營業稅、營業收益稅、鑛業稅、砂鑛區稅、取引所營業稅

府縣稅

特別地稅、戶數割、家屋稅、營業稅、雜種稅（遊興稅及觀覽稅ヲ除ク）

第五章　府縣稅ノ賦課徵收

第三十條　府縣ノ內外ニ涉リ營業所ヲ

定メテ爲ス營業ニ付營業收益税ヲ分別シテ納メサル者ニ對スル營業收益税附加税ノ賦課ニ關シテハ府縣制第百八條第一項ノ例ニ依ル

第三十一條　市町村ハ其ノ市町村內ノ府縣税ヲ徴收シ之ヲ府縣ニ納入スルノ義務ヲ負フ

府縣ハ前項徴收ノ費用トシテ地租附加税及特別地税ニ對シテハ其ノ徴收金額ノ千分ノ七、其ノ他ノ府縣税ニ對シテハ其ノ徴收金額ノ百分ノ四ヲ其ノ市町村ニ交付スヘシ

第三十二條　市町村ハ避クヘカラサル災害ニ因リ既收ノ税金ヲ失ヒタルトキハ其ノ税金納入義務ノ免除ヲ府縣知事ニ申請スルコトヲ得

府縣知事前項ノ申請ヲ受ケタルトキハ七日以內ニ之ヲ府縣參事會ノ決定ニ付スヘシ、府縣參事會ハ其ノ送付ヲ受ケタル日ヨリ三月以內ニ之ヲ決定スヘシ

前項ノ決定ニ不服アル者ハ內務大臣ニ訴願スルコトヲ得

第二項ノ決定ニ付テハ府縣知事ヨリモ訴願ヲ提起スルコトヲ得

府縣制條三十八條及第百二十八條ノ規定ハ本條ノ規定ノ適用ニ付之ヲ準用ス

第三十三條　府縣税ヲ徴收セントスルトキハ府縣知事又ハ其ノ委任ヲ受ケタル官吏吏員ハ市町村ニ對シ徴税令書ヲ發シ市町村長ハ徴税令書ニ依リ徴税傳令書ヲ調製シ之ヲ納税人ニ交付スヘシ

府縣知事又ハ其ノ委任ヲ受ケタル官吏吏員ハ直ニ納税人ニ對シ徴税令書ヲ發スルコトヲ得

府縣ハ內務大臣及大藏大臣ノ許可ヲ得タル場合ニ限リ前二項ノ規定ニ依ラス其ノ府縣ニ於テ發行スル證紙ヲ以テ府縣税ヲ納入セシムルコトヲ得

第三十四條　徴税傳令書ヲ受ケタル納税人ハ其ノ税金ヲ市町村ニ拂込ミ其ノ領收證ヲ得テ納税ノ義務ヲ了ス

徴税令書ヲ受ケタル納税人ハ其ノ税金ヲ府縣金庫ニ拂込ミ其ノ領收證ヲ得テ納税ノ義務ヲ了ス但シ府縣知事ハ市町村吏員ヲシテ納税人ニ對シ徴税令書ヲ發セシムル場合ニ於テハ前項ノ例ニ依ラシムルコトヲ得

市町村ハ其ノ徴收シタル府縣税ヲ府縣金庫ニ拂込ミ其ノ領收證ヲ得テ税金納入ノ義務ヲ了ス

税金ノ拂込又ハ其ノ拂込金ノ納入ニ付郵便振替貯金ノ方法ニ依リタル場合ニ於テハ納税人又ハ市町村ハ税金ヲ郵便官署ニ拂込ミ又ハ納入スルニ依リテ其ノ義務ヲ了ス

第三十五條　第三十三條第二項ノ規定ニ依リ市町村吏員ヲシテ徴税令書ヲ發セ

シメタル場合ニ於テハ府縣知事ノ定ムル所ニ依リ其ノ市町村ニ對シ取扱費ヲ交付スルコトヲ得

第三十六條　徴稅令書又ハ徴稅傳令書ヲ受ケタル納稅人期限內ニ稅金ヲ完納セサルトキハ府縣知事又ハ其ノ委任ヲ受ケタル官吏吏員ハ直ニ督促狀ヲ發スヘシ

督促狀ニハ府縣知事ノ定メタル期間內ニ於テ相當ノ期限ヲ指定スヘシ

第三十七條　督促狀ヲ發シタルトキハ手數料ヲ徴收ス

手數料ノ額ハ府縣知事之ヲ定ム

市町村吏員ヲシテ督促狀ヲ發セシメタル場合ニ於ケル手數料ハ其ノ市町村ノ收入トス

第三十八條　市制町村制施行令第四十五條乃至第五十二條ノ規定ハ府縣稅ノ賦課徴收ニ之ヲ準用ス

第三十九條　府縣ハ內務大臣及大藏大臣ノ指定シタル府縣稅ニ付テハ第三十一條第一項ノ規定ニ拘ラス其ノ徴收ノ便宜ヲ有スル者ヲシテ之ヲ徴收セシムルコトヲ得

前項ノ府縣稅ノ徴收ニ付テハ第三十三條ノ規定ニ依ラサルコトヲ得

第四十條　前條第一項ノ規定ニ依リ府縣稅ヲ徴收セシムル場合ニ於テハ納稅人ハ其ノ稅金ヲ徴收義務者ニ拂込ムニ係リテ納稅ノ義務ヲ了ス

第四十一條　第三十九條第一項ノ規定ニ依ル徴收義務者ハ徴收スヘキ府縣稅ヲ府縣知事ノ指定シタル期日迄ニ府縣金庫又ハ郵便官署ニ拂込ムヘシ其ノ期日迄ニ拂込マサルトキハ府縣知事ハ相當ノ期限ヲ指定シ督促狀ヲ發スヘシ

第四十二條　第三十一條第二項、第三十二條及第三十四條第三項、第四項竝ニ市制町村制施行令第四十五條乃至第四十八條ノ規定ハ第三十九條第一項ノ規定ニ依リ府縣稅ヲ徴收セシムル場合ノ拂込金ニ之ヲ準用ス

第四十三條　府縣稅ノ徴收期ハ府縣知事之ヲ定ム

第四十四條　府縣稅ノ徴收ニ關スル細則ハ府縣知事之ヲ定ム

第四十五條　町村制ヲ施行セサル地ニ於ケル府縣稅ノ徴收ニ關シテハ本章ノ規定ヲ準用ス、其ノ準用シ難キ事項ハ府縣知事之ヲ定ム

第六章　府縣ノ監督

第四十六條　府縣行政ニ關シ主務大臣ノ許可ヲ要スル事項中左ニ揭クルモノハ其ノ許可ヲ受クルコトヲ要セス

一　公會堂、公園、病院、試驗場、商品陳列所、倉庫、敎員養成所、產婆看護婦養成所、棧橋、墓地、火葬場、上屋、荷揚場、繫船浮標、種畜、種畜場、用水其ノ他之ニ

類スルモノノ使用料ニ關スルコト
二 市部會及郡部會ヲ設ケタル府縣ニ於テ府縣ノ費用ヲ以テ支辨スヘキ事件ニシテ其ノ市部ト郡部ト利益ノ程度ヲ異ニシ均一ノ賦課ヲ爲シ難キ事情アルトキ其ノ費用ニ限リ不均一ノ賦課ヲ爲スコト
三 支出總額五十萬圓以內ノ繼續費ニ關スルコト
四 繼續費ヲ減額スルコト
五 元本總額五十萬圓ニ達スル迄ノ府縣債ニ關スルコト
六 借入ノ翌年度ニ於テ償還スル府縣債ニ關スルコト但シ借入金ヲ以テ償還スルモノニ付テハ此ノ限ニ在ラス
七 府縣債ノ借入額ヲ減少シ利息ノ定率ヲ低減スルコト
八 府縣債ノ借入先ヲ變更シ又ハ債券發行ノ方法ニ依ル府縣債ヲ其ノ他ノ方法ニ依ル府縣債ニ變更スルコト
九 府縣債ノ償還年限ヲ短縮シ又ハ其ノ償還年限ヲ延長セスシテ低利借替ヲ爲シ若ハ繰上償還ヲ爲スコト但シ外資ニ依リタル府縣債ノ借入又ハ外資ヲ以テスル借替ニ付テハ此ノ限ニ在ラス
十 府縣債ノ償還年限ヲ延長セスシテ不均等償還ヲ元利均等償還ニ變更シ又ハ年度內ノ償還期若ハ償還期數ヲ變更スルコト

第七章 市部及郡部ノ經濟ヲ分別シタル府縣ノ行政ニ關スル特例

第四十七條 從來市部及郡部ノ經濟ヲ分別シタル府縣ニ於テハ內務大臣ハ其ノ區域ニ依リ市部及郡部ノ經濟ヲ分別シ市部會及市部參事會竝ニ郡部會及郡部參事會ヲ設ケシムルコトヲ得

第四十八條 市部會及郡部會ハ各市部郡部ニ於テ選出シタル府縣會議員ヲ以テ之ヲ組織ス

市部又ハ郡部ニ於テ選出スヘキ府縣會議員ノ數十二人ニ滿チサルトキハ府縣制第五條ノ定員ニ拘ラス之ヲ十二人トス

第四十九條 府縣會ノ權限ニ屬スル事件ニシテ府縣會ノ議決ヲ經ヘキモノト市部會又ハ郡部會ノ議決ヲ經ヘキモノトノ分別ハ府縣會ノ議決ヲ經內務大臣ノ許可ヲ受ケ府縣知事之ヲ定ム、許可スヘカラスト認ムルトキハ內務大臣之ヲ定ム

第五十條 市部會及郡部會ヲ設ケタル府縣ニ於テハ名譽職參事會員ノ定員ヲ十二人トス

市部會及郡部會ヲ設ケタル府縣ノ名譽職參事會員ハ各會ニ於テ其ノ定員ノ半數ヲ選擧ス

市部參事會及郡部參事會ハ議長及各部會ニ於テ選擧シタル名譽職參事會員ヲ以テ

之ヲ組織ス

第五十一條　府縣費ニ關スル市部及郡部ノ分擔及收入ノ割合ハ府縣會ノ議決ヲ經内務大臣ノ許可ヲ受ケ府縣知事之ヲ定ム、許可スヘカラスト認ムルトキハ内務大臣之ヲ定ム

第五十二條　第四十九條及前條ノ事件ニ付テハ議員定員ノ五分ノ四以上出席スルニ非サレハ會議ヲ開クコトヲ得ス

第五十三條　市部及郡部ノ經濟ヲ分別スル府縣ノ行政ニ關シテハ本章ニ規定スルモノノ外府縣制ノ規定ヲ準用ス

第五十四條　市部會又ハ郡部會解散ヲ命セラレタルトキハ其ノ議員ハ府縣會議員ノ職ヲ失フ

第八章　島嶼ニ於ケル府縣ノ行政ニ關スル特例

第五十五條　島嶼ノ經濟ト所屬本地ノ經濟トハ府縣會ノ議決ヲ經内務大臣ノ許可ヲ受ケ之ヲ分別スルコトヲ得

第五十六條　東京府下伊豆七島及小笠原島ニ於ケル府稅ノ賦課及府會議員ノ選擧ニ關シテハ當分從前ノ例ニ依ル

第九章　雜則

第五十七條　町村組合ニシテ町村ノ事務ノ全部又ハ役場事務ヲ共同處理スルモノハ本令ノ適用ニ付テハ之ヲ一町村、其ノ組合管理者ハ之ヲ町村長、其ノ組合吏員ハ之ヲ町村吏員ト看做ス

附則

本令中議員選擧ニ關スル規定ハ次ノ總選擧ヨリ、其ノ他ノ規定ハ大正十五年七月一日ヨリ之ヲ施行ス

左ノ勅令ハ之ヲ廢止ス

明治三十二年勅令第二百二十七號
明治三十二年勅令第二百二十八號
明治三十二年勅令第二百八十五號
明治三十二年勅令第三百十六號
明治三十三年勅令第八十一號
明治三十一年勅令第二百四十八號
府縣會議員選擧區分區令
大正十三年勅令第二百二十七號

從前ノ規定ニ依ル手續其ノ他ノ行爲ハ本令ニ別段ノ規定アルモノヲ除クノ外之ヲ本令ニ依リ爲シタルモノト看做ス

明治三十三年勅令第二百四十八號第二條ノ規定ニ依ル處分ニ關シ提起シタル訴願ニ付テハ仍從前ノ規定ニ依ル

明治三十三年勅令第二百四十八號第二條又ハ同年勅令第八十一號第三條ノ規定ニ依リ爲シタル決定又ハ處分ニ對スル異議ノ申立期間又ハ訴願ノ提起期間ハ決定又ハ處分アリタル日ノ翌日ヨリ之ヲ起算ス

明治三十三年勅令第八十一號第二條ノ規定ニ依リ府縣知事ニ爲シタル申請又ハ同令第三條ノ規定ニ依リ府縣參事會ノ決定ニ付セラレタル申請ニシテ大正十五年六

月三十日迄ニ府縣參事會ノ決定ニ付セラレサルモノ又ハ府縣參事會ノ決定ナキモノニ付テハ第三十二條第二項ノ期間ハ同年七月一日ヨリ之ヲ起算ス

本令中議員選擧ニ關スル規定施行ノ際大正十五年勅令第三號衆議院議員選擧法施行令又ハ市制町村制施行令中公民權及議員選擧ニ關スル規定未タ施行セラレサル場合ニ於テハ本令ノ適用ニ付テハ同令又ハ同規定ハ既ニ施行セラレタルモノト看做ス

市制町村制施行令

第一章　總則

第一條　市町村ノ設置アリタル場合ニ於テハ市町村長ノ臨時代理者又ハ職務管掌ノ官吏ハ歳入歳出豫算カ市町村會ノ議決ヲ經テ成立スルニ至ル迄ノ間必要ナル收支ニ付豫算ヲ設ケ府縣知事ノ許可ヲ受クヘシ

第二條　市町村ノ設置アリタル場合ニ於テハ府縣知事ハ必要ナル事項ニ付市町村條例ノ設定施行セラルルニ至ル迄ノ間從來其ノ地域ニ施行セラレタル市町村條例ヲ市町村ノ條例トシテ當該地域ニ引續キ施行スルコトヲ得

第三條　市町村ノ廢置分合アリタル場合ニ於テハ其ノ地域ノ新ニ屬シタル市町村其ノ事務ヲ承繼ス、其ノ地域ニ依リ難キトキハ府縣知事ハ事務ノ分界ヲ定メ又ハ承繼スヘキ市町村ヲ指定ス

前項ノ場合ニ於テ消滅シタル市町村ノ收支ハ消滅ノ日ヲ以テ打切リ其ノ市町村長（又ハ市町村長ノ職務ヲ行フ者）タリシ者之ヲ決算ス

前項ノ決算ハ事務ヲ承繼シタル各市町村ノ市町村長之ヲ市町村會ノ認定ニ付スヘシ

市制第百四十二條第三項又ハ町村制第百二十二條第四項ノ規定ハ前項ノ場合ニ之ヲ準用ス

第四條　市町村ノ境界變更アリタル爲事務ノ分割ヲ要スルトキハ其ノ事務ノ承繼ニ付テハ府縣知事之ヲ定ム

第五條　市制第八十二條第三項ノ市ニ於テ新ニ區ヲ劃シ又ハ其ノ區域ヲ變更セントスルトキハ市ハ内務大臣ノ許可ヲ受クヘシ

第六條　市制第十一條及町村制第九條ノ規定ニ依リ除外スヘキ學生生徒左ノ如シ

一　陸軍各部依託學生生徒

二　海軍軍醫學生藥劑學生主計學生造船學生造機學生造兵學生竝ニ海軍豫備生徒及海軍豫備練習生

第二章　市町村會議員ノ選擧

第七條　市制第二十一條ノ五第三項又

ハ町村制第十八條ノ五第三項ノ規定ニ依リ選擧人名簿ノ調製、縦覧、確定及異議申立ニ對スル市町村會ノ決定ニ關スル期日及期間ヲ定メタルトキハ府縣知事ハ直ニ之ヲ告示スヘシ

第八條　市町村ノ境界變更アリタル場合ニ於テハ市町村長ハ選擧人名簿ヲ分割シ其ノ部分ヲ其ノ地域ノ新ニ屬シタル市町村ノ市町村長ニ送付スヘシ

市町村ノ廢置分合アリタル場合ニ於テ名簿ノ分割ヲ以テ足ルトキハ前項ノ例ニ依リ、其ノ他ノ場合ニ於テハ從前ノ市町村ノ市町村長（又ハ市町村長ノ職務ヲ行フ者）タリシ者ハ直ニ其ノ地域ノ新ニ屬シタル市町村ノ市町村長ニ選擧人名簿ヲ送付スヘシ

市町村長選擧人名簿ノ送付ヲ受ケタルトキハ直ニ其ノ旨ヲ告示シ併セテ之ヲ府縣知事ニ報告スヘシ

第九條　前條ノ規定ニ依リ送付ヲ受ケタル選擧人名簿ハ市町村ノ廢置分合又ハ境界變更ニ係ル地域ノ新ニ屬シタル市町村ノ選擧人名簿ト看做ス

第十條　第八條ノ規定ニ依リ送付ヲ受ケタル選擧人名簿確定前ナルトキハ名簿ノ縦覧、確定及異議申立ニ對スル市町村會ノ決定ニ關スル期日及期間ハ府縣知事ノ定ムル所ニ依ル

前項ノ規定ニ依リ期日及期間ヲ定メタルトキハ府縣知事ハ直ニ之ヲ告示スヘシ

第十一條　市制第二十五條第六項又ハ町村制第二十二條第六項ノ規定ニ依リ盲人カ投票ニ關スル記載ニ使用スルコトヲ得ル點字ハ別表ヲ以テ之ヲ定ム

點字ニ依リ投票ヲ爲サントスル選擧人ハ選擧長又ハ投票分會長ニ對シ其ノ旨ヲ申立ツヘシ、此ノ場合ニ於テハ選擧長又ハ投票分會長ハ投票用紙ニ點字投票ナル旨ノ印ヲ押捺シテ交付スヘシ

點字ニ依ル投票ノ拒否ニ付テハ市制第二十五條ノ三又ハ町村制第二十二條ノ三ノ例ニ依ル、此ノ場合ニ於テハ封筒ニ點字投票ナル旨ノ印ヲ押捺シテ交付スヘシ

前項ノ規定ニ依リ假ニ爲ナシメタル投票ハ市制第二十七條ノ二第二項及第三項又ハ町村制第二十四條ノ二第二項及第三項ノ規定ノ適用ニ付テハ市制第二十五條ノ三第二項及第四項又ハ町村制第二十二條ノ三第二項及第四項ノ投票ト看做ス

第十二條　市制第二十七條ノ四又ハ町村制第二十四條ノ四ノ規定ニ依リ開票分會ヲ設ケタルトキハ市町村長ハ直ニ其ノ區劃及開票分會場ヲ告示スヘシ

第十三條　開票分會ハ市町村長ノ指名シタル吏員開票分會長ト爲リ之ヲ開閉シ其ノ取締ニ任ス

第十四條　開票分會ノ區劃內ノ投票分

會ニ於テ爲シタル投票ハ投票分會長少クトモ一人ノ投票立會人ト共ニ投票函ノ儘投票錄及選擧人名簿ノ抄本ト併セテ之ヲ開票分會長ニ送致スヘシ

第十五條　投票ノ點檢終リタルトキハ開票分會長ハ直ニ其ノ結果ヲ選擧長ニ報告スヘシ

第十六條　開票分會長ハ開票錄ヲ作リ開票ニ關スル顚末ヲ記載シ之ヲ朗讀シ二人以上ノ開票立會人ト共ニ之ニ署名シ直ニ投票錄及投票ト併セテ之ヲ選擧長ニ送致スヘシ

第十七條　選擧長ハ總テノ開票分會長ヨリ第十五條ノ報告ヲ受ケタル日若ハ其ノ翌日（又ハ總テノ投票函ノ送致ヲ受ケタル日若ハ其ノ翌日）選擧會ニ於テ選擧立會人立會ノ上其ノ報告ヲ調査シ市制第二十七條ノ二第三項又ハ町村制第二十四條ノ二第三項ノ規定ニ依リ爲シタル點檢ノ結果ト併セテ各被選擧人（市制第三十九條ノ二ノ市ニ於テハ各議員候補者）ノ得票總數ヲ計算スヘシ

第十八條　選擧ノ一部無效ト爲リ更ニ選擧ヲ行ヒタル場合ニ於テハ選擧長ハ前條ノ規定ニ準シ其ノ部分ニ付前條ノ手續ヲ爲シ他ノ部分ニ於ケル各被選擧人（市制第三十九條ノ二ノ市ニ於テハ各議員候補者）ノ得票數ト併セテ其ノ得票總數ヲ計算スヘシ

第十九條　開票分會ヲ設ケタル場合ニ於テハ市町村長ハ市制第三十二條第一項又ハ町村制第二十九條第一項ノ報告ニ開票錄ノ寫ヲ添附スヘシ

第二十條　市制第二十三條第五項及第六項竝ニ町村制第二十條第四項及第五項ノ規定ハ開票立會人ニ、市制第二十四條第一項及第二項竝ニ町村制第二十一條第一項及第二項ノ規定ハ開票分會場ニ、市制第二十七條ノ二、第二十七條ノ三及第二十九條竝ニ町村制第二十四條ノ二、第二十四條ノ三及第二十六條ノ規定ハ開票分會ニ於ケル開票ニ之ヲ準用ス

第二十一條　市制第八十二條第三項ノ市ハ其ノ區ヲ以テ選擧區ト爲シタル場合ニ於テハ市制第二章第一款（第十六條第三項ノ規定ヲ除ク）及本令第二十二條ノ規定ノ適用ニ付テハ之ヲ市制第六條ノ市ト看做ス

第三章　市制第三十九條ノ二ノ市ノ市會議員ノ選擧ニ關スル特例

第二十二條　議員候補者ハ選擧人名簿（選擧區アル場合ニ於テハ當該選擧區ノ選擧人名簿）ニ登錄セラレタル者ノ中ヨリ本人ノ承諾ヲ得テ選擧立會人一人ヲ定メ選擧ノ期日ノ前日迄ニ市長（市制第六條ノ市ニ於テハ區長）ニ屆出ツルコトヲ

得但シ議員候補者死亡シ又ハ議員候補者タルコトヲ辭シタルトキハ其ノ届出テタル選擧立會人ハ其ノ職ヲ失フ

前項ノ規定ニ依ル選擧立會人三人ニ達セサルトキ若ハ三人ニ達セサルニ至リタルトキ又ハ選擧立會人ニシテ參會スル者選擧會ヲ開クヘキ時刻ニ至リ三人ニ達セサルトキ若ハ其ノ後三人ニ達セサルニ至リタルトキハ市長（市制第六條ノ市ニ於テハ區長）ハ選擧人名簿（選擧區アルトキハ當該選擧區ノ選擧人名簿）ニ登錄セラレタル者ノ中ヨリ三人ニ達スル迄ノ選擧立會人ヲ選任シ直ニ之ヲ本人ニ通知シ選擧ニ立會ハシムヘシ

前二項ノ規定ハ投票立會人及開票立會人ニ之ヲ準用ス但シ選擧人名簿ニ登錄セラレタル者トアルハ分會ノ區劃內ニ於ケル選擧人名簿ニ登錄セラレタル者トス

第二十三條　市制第二十五條第五項及第七項ノ規定中被選擧人トアルハ議員候補者トシ同規定ヲ適用ス

第二十四條　投票ノ拒否ハ選擧立會人又ハ投票立會人ノ意見ヲ聽キ選擧長又ハ投票分會長之ヲ決定スヘシ

市制第二十五條ノ三第二項乃至第四項ノ規定ハ前項ノ場合ニ之ヲ準用ス但シ投票分會長又ハ投票立會人トアルハ投票立會人トス

第二十五條　市制第二十八條ノ規定中被選擧人トアルハ議員候補者トシ同規定ヲ適用ス

前項ノ規定ニ依ルノ外議員候補者ニ非サル者ノ氏名ヲ記載シタル投票ハ之ヲ無效トス

第二十六條　投票ノ效力ハ選擧立會人又ハ開票立會人ノ意見ヲ聽キ選擧長又ハ開票分會長之ヲ決定スヘシ

第二十七條　市制第三十三條第一項ノ規定ハ同項第六號トシテ左ノ一號ヲ加ヘ之ヲ適用ス

六　府縣制第三十四條ノ二ノ規定ノ準用ニ依ル訴訟ノ結果當選無效ト爲リタルトキ

第二十八條　市制第三十六條第一項ノ規定中選擧人トアルハ選擧人又ハ議員候補者トシ同規定ヲ適用ス

第四章　市制第三十九條ノ二ノ市ノ市會議員ノ選擧運動及其ノ費用竝ニ公立學校等ノ設備ノ使用

第二十九條　選擧事務所ハ議員候補者一人ニ付議員ノ定數（選擧區アル場合ニ於テハ當該選擧區ノ配當議員數）ヲ以テ選擧人名簿（選擧區アル場合ニ於テハ當該選擧區ノ選擧人名簿）確定ノ日ニ於テ之ニ登錄セラレタル者ノ總數ヲ除シテ得タル數一千以上ナルトキハ二箇所ヲ、一

千未滿ナルトキハ一箇所ヲ超ユルコトヲ得ス

選擧ノ一部無效ト爲リ更ニ選擧ヲ行フ場合又ハ市制第二十二條第四項ノ規定ニ依リ投票ヲ行フ場合ニ於テハ選擧事務所ハ前項ノ規定ニ依ル數ヲ超エサル範圍內ニ於テ府縣知事（東京府ニ於テハ警視總監）ノ定メタル數ヲ超ユルコトヲ得ス

府縣知事（東京府ニ於テハ警視總監）ハ選擧ノ期日ノ告示アリタル後直ニ前二項ノ規定ニ依ル選擧事務所ノ數ヲ告示スヘシ

第三十條　選擧委員及選擧事務員ハ議員候補者一人ニ付議員ノ定數（選擧區アル場合ニ於テハ當該選擧區ノ配當議員數）ヲ以テ選擧人名簿（選擧區アル場合ニ於テハ當該選擧區ノ選擧人名簿）確定ノ日ニ於テ之ニ登錄セラレタル者ノ總數ヲ除シテ得タル數一千以上ナルトキハ通シテ十五人ヲ、一千未滿ナルトキハ通シテ十人ヲ超ユルコトヲ得ス

前條第二項及第三項ノ規定ハ選擧委員及選擧事務員ニ之ヲ準用ス

第三十一條　選擧運動ノ費用ハ議員候補者一人ニ付左ノ各號ノ額ヲ超ユルコトヲ得ス

一　議員ノ定數（選擧區アル場合ニ於テハ當該選擧區ノ配當議員數）ヲ以テ選擧人名簿（選擧區アル場合ニ於テハ當該選擧區ノ選擧人名簿）確定ノ日ニ於テ之ニ登錄セラレタル者ノ總數ヲ除シテ得タル數ヲ四十錢ニ乘シテ得タル額但シ三百圓未滿ナルモノハ三百圓トス

二　選擧ノ一部無效ト爲リ更ニ選擧ヲ行フ場合ニ於テハ議員ノ定數（選擧區アル場合ニ於テハ當該選擧區ノ配當議員數）ヲ以テ選擧人名簿（選擧區アル場合ニ於テハ當該選擧區ノ選擧人名簿）確定ノ日ニ於テ關係區域ノ選擧人名簿ニ登錄セラレタル者ノ總數ヲ除シテ得タル數ヲ四十錢ニ乘シテ得タル額

三　市制第二十二條第四項ノ規定ニ依リ投票ヲ行フ場合ニ於テハ前號ノ規定ニ準シテ算出シタル額但シ府縣知事（東京府ニ於テハ警視總監）必要アリト認ムルトキハ之ヲ減額スルコトヲ得

府縣知事（東京府ニ於テハ警視總監）ハ選擧ノ期日ノ告示アリタル後直ニ前項ノ規定ニ依ル額ヲ告示スヘシ

第三十二條　衆議院議員選擧法施行令第八章、第九章及第十二章ノ規定ハ市制第三十九條ノ二ノ市ノ市會議員選擧ニ之ヲ準用ス

第五章　市町村吏員ノ賠償責任及身元保證

第三十三條　市町村吏員其ノ管掌ニ屬スル現金、證券其ノ他ノ財産ヲ亡失又ハ毀損シタルトキハ市町村ハ期間ヲ指定シ

其ノ損害ヲ賠償セシムヘシ但シ避クヘカラサル事故ニ原因シタルトキ又ハ他ノ者ノ使用ニ供シタル場合ニ於テ合規ノ監督ヲ怠ラサリシトキハ市町村ハ其ノ賠償ノ責任ヲ免除スヘシ

第三十四條　收入役、副收入役若ハ收入役代理者又ハ收入役ノ事務ヲ兼掌スル町村長若ハ助役市制第百三十九條第二項又ハ町村制第百十九條第二項ノ規定ニ違反シテ支出ヲ爲シタルトキハ市町村ハ期間ヲ指定シ之ニ因リテ生シタル損害ヲ賠償セシムヘシ區收入役、區副收入役又ハ區收入役代理者ニ付亦同シ

第三十五條　市町村吏員其ノ執務上必要ナル物品ノ交付ヲ受ケ故意又ハ怠慢ニ因リ之ヲ亡失又ハ毀損シタルトキハ市町村ハ期間ヲ指定シ其ノ損害ヲ賠償セシムヘシ

第三十六條　前三條ノ處分ヲ受ケタル者其ノ處分ニ不服アルトキハ府縣參事會ニ訴願シ其ノ裁決ニ不服アルトキハ行政裁判所ニ出訴スルコトヲ得

前項ノ裁決ニ付テハ府縣知事又ハ市町村ヨリモ訴訟ヲ提起スルコトヲ得

府縣參事會訴願ヲ受理シタルトキハ其ノ日ヨリ三月以内ニ之ヲ裁決スヘシ

市制第百六十條第一項乃至第三項又ハ町村制第百四十條第一項乃至第三項ノ規定ハ第一項及第二項ノ訴願及訴訟ニ之ヲ準用ス

第三十七條　賠償金ノ徵收ニ關シテハ市制第百三十一條又ハ町村制第百十一條ノ例ニ依ル

第三十八條　市町村吏員ニ對シ身元保證ヲ徵スルノ必要アリト認ムルトキハ市町村ハ其ノ種類、價格、程度其ノ他必要ナル事項ヲ定ムヘシ

第三十九條　本章中市町村ニ關スル規定ハ市制第六條ノ市ノ區及市制第百四十四條ノ市ノ一部及町村制第百二十四條ノ町村ノ一部ニ之ヲ準用ス

第六章　市町村税ノ賦課徵收

第四十條　市町村ノ内外ニ於テ營業所ヲ設ケ營業ヲ爲ス者ニシテ其ノ營業又ハ收入ニ對スル本税ヲ分別シテ納メサル者ニ對シ附加税ヲ賦課セシトスルトキハ市町村長ハ關係市長又ハ町村長（町村長ニ準スヘキ者ヲ含ム）ト協議ノ上其ノ本税額ノ歩合ヲ定ムヘシ

前項ノ協議調ハサルトキハ府縣知事之ヲ定メ其ノ數府縣ニ渉ルモノハ内務大臣及大藏大臣之ヲ定ムヘシ

第一項ノ場合ニ於テ直接ニ收入ヲ生スルコトナキ營業所アルトキハ他ノ營業所ト收入ヲ共通スルモノト認メ前二項ノ規定ニ依リ本税額ノ歩合ヲ定ムヘシ

府縣ニ於テ數府縣ニ渉ル營業又ハ其ノ收

入ニ對シ營業税附加税、營業收益税附加税又ハ所得税附加税賦課ノ步合ヲ定メタルモノアルトキハ其ノ步合ニ依ル本税額ヲ以テ其ノ府縣ニ於ケル本税額ト看做ス

第四十一條　鑛區（砂鑛區域ヲ含ム以下之ニ同シ）カ市町村ノ內外ニ渉ル場合ニ於テ鑛區税（砂鑛區税ヲ含ム）ノ附加税ヲ賦課セントスルトキハ鑛區ノ屬スル地表ノ面積ニ依リ其ノ本税額ヲ分割シ其ノ一部ニノミ賦課スヘシ

市町村ノ內外ニ於テ鑛業ニ關スル事務所其ノ他ノ營業所ヲ設ケタル場合ニ於テ鑛產税ノ附加税ヲ賦課セントスルトキハ前條ノ例ニ依ル、鑛區カ營業所所在ノ市町村ノ內外ニ渉ル場合亦同シ

第四十二條　住所滯在カ市町村ノ內外ニ渉ル者ノ收入ニシテ土地家屋物件又ハ營業所ヲ設ケタル營業ヨリ生スル收入ニ非サルモノニ對シ市町村税ヲ賦課セントスルトキハ其ノ收入ヲ平分シ其ノ一部ニノミ賦課スヘシ

前項ノ住所又ハ滯在カ其ノ時ヲ異ニシタルトキハ納税義務ノ發生シタル翌月ノ初メヨリ其ノ消滅シタル月ノ終迄月割ヲ以テ賦課スヘシ但シ賦課後納税義務者ノ住所又ハ滯在ニ異動ヲ生スルモ賦課額ハ變更セス其ノ新ニ住所ヲ有シ又ハ滯在スル市町村ニ於テハ賦課ナキ部分ニノミ賦課スヘシ

住所滯在カ同一府縣內ノ市町村ノ內外ニ渉ル者其ノ住所又ハ滯在ノ時ヲ異ニシタル場合ニ於テ其ノ者ニ對シ戶數割附加税ヲ賦課セントスルトキハ前項ノ規定ヲ準用ス

第四十三條　市町村税ヲ徵收セントスルトキハ市町村長ハ徵税令書ヲ納税人ニ交付スヘシ

第四十四條　徵税令書ヲ受ケタル納税人納期內ニ税金ヲ完納セサルトキハ市町村長ハ直ニ督促狀ヲ發スヘシ

第四十五條　督促ヲ爲シタル場合ニ於テハ一日ニ付税金額ノ萬分ノ四以內ニ於テ市町村ノ定ムル割合ヲ以テ納期限ノ翌日ヨリ税金完納又ハ財產差押ノ日ノ前日迄ノ日數ニ依リ計算シタル延滯金ヲ徵收スヘシ但シ左ノ各號ノ一ニ該當スル場合又ハ滯納ニ付市町村長ニ於テ酌量スヘキ情狀アリト認ムルトキハ此ノ限ニ在ラス

一　令書一通ノ税金額五圓未滿ナルトキ

二　納期ヲ繰上ケ徵收ヲ爲ストキ

三　納税者ノ住所及居所カ帝國內ニ在ラサル爲又ハ共ニ不明ナル爲公示送達ノ方法ニ依リ納税ノ命令又ハ督促ヲ爲シタルトキ

督促狀ノ指定期限迄ニ税金及督促手數料ヲ完納シタルトキハ延滯金ハ之ヲ徵收セス

第四十六條　納税人左ノ場合ニ該當スルトキハ徴税令書ヲ交付シタル市町村税ニ限リ納期前ト雖モ之ヲ徴收スルコトヲ得

一　國税徴收法ニ依ル滯納處分ヲ受クルトキ

二　强制執行ヲ受クルトキ

三　破産ノ宣告ヲ受ケタルトキ

四　競賣ノ開始アリタルトキ

五　法人カ解散ヲ爲シタルトキ

六　納税人脱税又ハ逋税ヲ謀ルノ所爲アリト認ムルトキ

第四十七條　相續開始ノ場合ニ於テハ市町村税、督促手數料、延滯金及滯納處分費ハ相續財團又ハ相續人ヨリ之ヲ徴收スヘシ但シ戸主ノ死亡以外ノ原因ニ依リ家督相續ノ開始アリタルトキハ被相續人ヨリモ之ヲ徴收スルコトヲ得

國籍喪失ニ因ル相續人又ハ限定承認ヲ爲シタル相續人ハ相續ニ因リテ得タル財産ヲ限度トシテ市町村税、督促手數料、延滯金及滯納處分費ヲ納付スルノ義務ヲ有ス

法人合併ノ場合ニ於テハ合併ニ因リ消滅シタル法人ノ納付スヘキ市町村税、督促手數料、延滯金及滯納處分費ハ合併後存續スル法人又ハ合併ニ因リ設立シタル法人ヨリ之ヲ徴收スヘシ

第四十八條　共有物、共同事業、共同事業ニ因リ生シタル物件又ハ共同行爲ニ係ル市町村税、督促手數料、延滯金及滯納處分費ハ納税者連帶シテ其ノ義務ヲ負擔ス

第四十九條　同一年度ノ市町村税ニシテ既納ノ税金過納ナルトキハ爾後ノ納期ニ於テ徴收スヘキ同一税目ノ税金ニ充ツルコトヲ得

第五十條　納税義務者納税地ニ住所又ハ居所ヲ有セサルトキハ納税ニ關スル事項ヲ處理セシムル爲納税管理人ヲ定メ市町村長ニ申告スヘシ其ノ納税管理人ヲ變更シタルトキ亦同シ

第五十一條　徴税令書、督促狀及滯納處分ニ關スル書類ハ名宛人ノ住所又ハ居所ニ送達ス名宛人カ相續財團ニシテ財産管理人アルトキハ財産管理人ノ住所又ハ居所ニ送達ス

納税管理人アルトキハ納税ノ告知及督促ニ關スル書類ニ限リ其ノ住所又ハ居所ニ送達ス

第五十二條　書類ノ送達ヲ受クヘキ者カ其ノ住所若ハ居所ニ於テ書類ノ受取ヲ拒ミタルトキ又ハ其ノ者ノ住所及居所カ帝國内ニ在ラサルトキ若ハ共ニ不明ナルトキハ書類ノ要旨ヲ公告シ公告ノ初日ヨリ七日ヲ經過シタルトキハ書類ノ送達アリタルモノト看做ス

第五十三條　市町村ハ内務大臣及大藏大臣ノ指定シタル市町村税ニ付テハ其ノ

徴收ノ便宜ヲ有スル者ヲシテ之ヲ徴收セシムルコトヲ得

前項ノ市町村税ノ徴收ニ付テハ第四十三條ノ規定ニ依ラサルコトヲ得

第五十四條　前條第一項ノ規定ニ依リ市町村税ヲ徴收セシムル場合ニ於テハ納税人ハ其ノ税金ヲ徴收義務者ニ拂込ムニ依リテ納税ノ義務ヲ了ス

第五十五條　第五十三條第一項ノ規定ニ依ル徴收義務者ハ徴收スヘキ市町村税ヲ市町村長ノ指定シタル期日迄ニ市町村ニ拂込ムヘシ、其ノ期日迄ニ拂込マサルトキハ市町村長ハ相當ノ期限ヲ指定シ督促狀ヲ發スヘシ

第五十六條　市町村ハ前條ノ徴收ノ費用トシテ拂込金額ノ百分ノ四ヲ徴收義務者ニ交付スヘシ

第五十七條　第五十三條第一項ノ規定ニ依ル徴收義務者避クヘカラサル災害ニ依リ既收ノ税金ヲ失ヒタルトキハ其ノ税金拂込義務ノ免除ヲ市町村長ニ申請スルコトヲ得

市町村長前項ノ申請ヲ受ケタルトキハ七日以内ニ市參事會又ハ町村會ノ決定ニ付スヘシ市參事會又ハ町村會ハ其ノ送付ヲ受ケタル日ヨリ三月以内ニ之ヲ決定スヘシ

前項ノ決定ニ不服アル者ハ府縣參事會ニ訴願シ其ノ裁決又ハ第四項ノ裁決ニ不服アル者ハ内務大臣ニ訴願スルコトヲ得

第二項ノ決定ニ付テハ市町村長ヨリモ訴願ヲ提起スルコトヲ得

前二項ノ裁決ニ付テハ市町村長又ハ府縣知事ヨリモ内務大臣ニ訴願スルコトヲ得

府縣參事會訴願ヲ受理シタルトキハ其ノ日ヨリ三月以内ニ之ヲ裁決スヘシ

市制第百六十條第一項乃至第三項又ハ町村制第百四十條第一項乃至第三項ノ規定ハ第三項乃至第五項ノ訴願ニ之ヲ準用ス

第二項ノ決定ハ文書ヲ以テ之ヲ爲シ其ノ理由ヲ附シ之ヲ本人ニ交付スヘシ

第五十八條　第四十五條乃至第四十八條ノ規定ハ第五十三條第一項ノ規定ニ依リ市町村税ヲ徴收セシムル場合ノ拂込金ニ之ヲ準用ス

第七章　市町村ノ監督

第五十九條　市町村行政ニ關シ主務大臣ノ許可ヲ要スル事項中左ニ掲クルモノハ府縣知事之ヲ許可スヘシ

一　基本財産、特別基本財産、造林、傳染病豫防救治ニ關スル一時給與金、有給吏員ノ年功加俸、退隱料、退職給與金、療治料、救助金、手當金、死亡給與金、弔祭料及遺族扶助料竝ニ市町村助役ノ定數増加、町村長及町村助役ノ有給、市町村副收入役ノ設置、委員ノ組織及學務委員ニ關スル條例ヲ設ケ又ハ改正スル

コト
二　著シク人口ノ増減アリタルニ因リ議員ノ定數増減ニ關スル町村條例ヲ設ケ又ハ改正スルコト
三　浴場、共同宿泊所、病院、消毒所、住宅、產婆、胞衣及塵穢物燒却場、市場、屠場、墓地、火葬場、棧橋、林野、土地、通船、用水、溜池其ノ他之ニ類スルモノノ管理及使用竝ニ其ノ使用料ニ關スル條例ヲ設ケ又ハ改正スルコト
四　手數料又ハ加入金ニ關スル條例ヲ設ケ又ハ改正スルコト
五　特別稅段別割又ハ特別稅戶數割ヲ新設シ、增額シ又ハ變更スルコト及之ニ關スル條例ヲ設ケ又ハ改正スルコト但シ特別稅段別割ニ付テハ大正九年勅令第二百八十二號ニ依リ府縣知事ニ於テ許可スル課稅ノ限度ヲ超エサルモノニ限ル
六　府縣ノ基金又ハ教育資金ヨリ借入ルル市町村債及市町村ニ轉貸ノ爲主務大臣ノ許可ヲ得テ借入レタル府縣債ノ收入金ヨリ借入ルル當該市町村債ニ關スルコト
七　小學校舍ノ建築、增築、改築等ニ關スル費用、傳染病豫防費、急施ヲ要スル災害復舊工事費ニ充ツル爲借入ルル市町村債ニ關スルコト但シ小學校舍ノ爲ニスル市町村債ニシテ償還期限十年度ヲ超ユルモノニ付テハ此ノ限ニ在ラス
八　借入ノ翌年度ニ於テ償還スル市町村債ニ關スルコト但シ借入金ヲ以テ償還スルモノニ付テハ此ノ限ニ在ラス

第六十條　市町村行政ニ關シ監督官廳ノ許可ヲ要スル事項中左ニ揭クルモノハ其ノ許可ヲ受クルコトヲ要セス
一　耕地整理ノ爲市町村ノ境界ヲ變更スルコト但シ關係アル市町村會ノ意見ヲ異ニスルトキハ此ノ限ニ在ラス
二　所屬未定地ヲ市町村又ハ市制第六條ノ市ノ區ノ區域ニ編入スルコト但シ關係アル市町村會又ハ區會ノ意見ヲ異ニスルトキハ此ノ限ニ在ラス
三　公告式、印鑑、書類送達及建物證明、市町村ノ一部ノ區會又ハ區總會ニ關スル條例ヲ設ケ又ハ之ヲ改廢スルコト
四　公會堂、公園、水族館、動物園、植物園、鑛泉、幼兒哺育場、商品陳列所、勸業館、農業倉庫、殺蛹乾燥場、種畜、牛馬種付所、獸畜解剖場、獸醫、上屋、荷揚場、貯木場、土砂採取場、石材採取場、動力農具ノ管理及使用竝ニ使用料ニ關スル條例ヲ設ケ又ハ之ヲ改廢スルコト
五　積立金穀等ニ關スル條例ヲ設ケ若ハ之ヲ改廢シ又ハ使用料、手數料、加入金、特別稅及委員ニ關スル條例ヲ廢止スルコト

六　府縣制施行令第二十六條ノ規定ニ依リ府縣費ノ分賦ヲ受クル市ニ於テ明治十三年第十七號布告第一條及第二條ニ掲クル種類ト同種類ノ特別稅ノ賦課ニ關スル條例ヲ設ケ又ハ改正スルコト但シ漁業稅又ハ採藻稅ニシテ從來ノ慣例ヲ改正シ又ハ新ニ課稅スルモノニ付テハ此ノ限ニ在ラス

七　三年度ヲ超エサル繼續費ヲ定メ又ハ其ノ年期內ニ於テ之ヲ變更スルコト

八　繼續費ヲ減額スルコト

九　市町村債ノ借入額ヲ減少シ利息ノ定率ヲ低減スルコト

十　市町村債ノ借入先ヲ變更シ又ハ債券發行ノ方法ニ依ル市町村債ヲ其ノ他ノ方法ニ依ル市町村債ニ變更スルコト

十一　市町村債ノ償還年限ヲ短縮シ又ハ其ノ償還年限ヲ延長セスシテ低利借替ヲ爲シ若ハ繰上償還ヲ爲スコト但シ外資ニ依リタル市町村債ノ借替又ハ外資ヲ以テスル借替ニ付テハ此ノ限ニ在ラス

十二　市町村債ノ償還年限ヲ延長セスシテ不均等償還ヲ元利均等償還ニ變更シ又ハ年度內ノ償還期若ハ償還期數ヲ變更スルコト

第八章　市制第六條ノ市ノ區

第六十一條　府縣知事ハ市會ノ意見ヲ徵シ府縣參事會ノ議決ヲ經テ市條例ヲ設定シ新ニ區會ヲ設クルコトヲ得

第六十二條　區內ニ住所ヲ有スル市公民ハ總テ區會議員ノ選擧權ヲ有ス但シ公民權停止中ノ者又ハ市制第十一條ノ規定ニ該當スル者ハ此ノ限ニ在ラス

第六十三條　區會議員ノ選擧權ヲ有スル市公民ハ區會議員ノ被選擧權ヲ有ス

在職ノ檢事、警察官吏及收稅官吏ハ被選擧權ヲ有セス

選擧事務ニ關係アル官吏及市ノ有給吏員ハ其ノ關係區域內ニ於テ被選擧權ヲ有セス

市ノ有給ノ吏員敎員其ノ他ノ職員ニシテ在職中ノ者ハ其ノ所屬區ノ區會議員ト相兼ヌルコトヲ得ス

第六十四條　區會議員ハ市ノ名譽職トス

議員ノ任期ハ四年トシ總選擧ノ日ヨリ之ヲ起算ス

議員ノ定數ニ異動ヲ生シタル爲解任ヲ要スル者アルトキハ區長抽籤シテ之ヲ定ム但シ闕員アルトキハ其ノ闕員ヲ以テ之ニ充ツヘシ

前項但書ノ場合ニ於テ闕員ノ數解任ヲ要スル者ノ數ニ滿チサルトキハ其ノ不足ノ員數ニ付區長抽籤シテ解任スヘキ者ヲ定メ闕員ノ數解任ヲ要スル者ノ數ヲ超ユルトキハ解任ヲ要スル者ニ充ツヘキ闕員ハ

最モ先ニ闕員ト爲リタル者ヨリ順次之ニ充テ闕員ト爲リタル時同シキトキハ區長抽籤シテ之ヲ定ム

議員ノ定數ニ異動ヲ生シタル爲新ニ選擧セラレタル議員ハ總選擧ニ依リ選擧セラレタル議員ノ任期滿了ノ日迄在任ス

第六十五條　區會ノ組織及區會議員ノ選擧ニ關シテハ前數條ニ定ムルモノノ外市制第十三條、第十七條及第二十條乃至第三十九條竝ニ本令第七條乃至第二十條ノ規定ヲ準用ス但シ市制第十三條第四項ノ規定ノ準用ニ依ル市條例ノ設定ニ付テハ市ハ區會ノ意見ヲ徴スヘク、市制第三十二條及第三十四條ノ規定ノ準用ニ依ル報告ハ市長ヲ經テ之ヲ爲スヘシ

第六十六條　第三章及第四章ノ規定ハ市制第三十九條ノ二ノ區ノ區會議員選擧ニ之ヲ準用ス

第六十七條　區會ノ職務權限ニ關シテハ市會ノ職務權限ニ關スル規定ヲ準用ス

區長ト區會トノ關係ニ付テハ市長ト市會トノ關係ニ關スル規定及市制第九十二條ノ規定ヲ準用ス

第六十八條　區會ヲ設ケサル區ニ於テハ區會ノ職務ハ市會之ヲ行フ

第六十九條　市ハ區會ノ意見ヲ徴シ區ノ營造物ニ關シ市條例又ハ市規則ヲ設クルコトヲ得

市制第百二十九條ノ規定ハ前項ノ場合ニ之ヲ準用ス

區ハ前二項ノ市條例ノ定ムル所ニ依リ區ノ營造物ノ使用ニ付使用料ヲ徴收シ又ハ過料ヲ科スルコトヲ得

第七十條　區ハ其ノ財産及營造物ニ關シ必要ナル費用ヲ支辨スル義務ヲ負フ

前項ノ支出ハ區ノ財産ヨリ生スル收入、使用料其ノ他法令ニ依リ區ニ屬スル收入ヲ以テ之ニ充テ仍不足アルトキハ市ハ其ノ區ニ於テ特ニ賦課徴收スル市税ヲ以テ之ニ充ツヘシ

前項ノ市税ニ付市會ノ議決スヘキ事項ハ區會之ヲ議決ス但シ市ノ定メタル制限ヲ超ユルコトヲ得ス

市制第九十八條第四項ノ規定ニ依リ市ノ負擔スル費用ニ付テハ前二項ノ規定ヲ準用ス

第七十一條　前數條ニ定ムルモノノ外區ニ關シテハ市制第百十四條、第百十五條、第百三十條第二項乃至第六項、第百三十一條第一項、第二項、第四項乃至第八項及第百三十三條乃至第百四十三條竝ニ本令第一條乃至第四條ノ規定ヲ準用ス但シ第百三十條第三項中市參事會トアルハ區會、第百四十一條第二項中名譽職參事會員トアルハ區會議員トス

前項ノ規定ニ依リ市制第百三十一條第一項ノ規定ヲ準用スル場合ニ於テハ市ハ區

會ノ意見ヲ徴シ市條例ヲ定メ區ヲシテ手數料ヲ徴收セシムルコトヲ得

第七十二條　區ノ監督ニ付テハ市ノ監督ニ關スル規定ヲ準用ス

第八章　雜則

第七十三條　市町村組合又ハ町村組合ニ關シテハ第一條乃至第四條ノ規定ニ拘ラス組合規約ニ於テ別段ノ定ヲ爲スコトヲ得

第七十四條　本令中府縣、府縣知事又ハ府縣參事會ニ關スル規定ハ北海道ニ付テハ各北海道、北海道廳長官又ハ北海道參事會ニ、本令第一章中町村長又ハ町村條例ニ關スル規定ハ北海道ニ付テハ各町村長又ハ町村條例ニ準スヘキモノニ之ヲ適用ス

附　則

本令中公民權及議員選擧ニ關スル規定ハ次ノ總選擧ヨリ、其ノ他ノ規定ハ大正十五年七月一日ヨリ之ヲ施行ス

左ノ勅令ハ之ヲ廢止ス

明治四十四年勅令第二百四十號
明治四十四年勅令第二百四十一號
明治四十四年勅令第二百四十四號
明治四十四年勅令第二百四十五號
明治四十四年勅令第二百四十八號
大正九年勅令第百六十八號
大正十年勅令第四百十二號

從前ノ規定ニ依ル手續其ノ他ノ行爲ハ本令ニ別段ノ規定アル場合ヲ除クノ外之ヲ本令ニ依リ爲シタルモノト看做ス

大正十年勅令第四百十二號第二條ノ規定ニ依リ爲シタル許可ノ申請ニシテ大正十五年六月三十日迄ニ許可ヲ得サルモノハ之ヲ本令第五十九條ノ規定ニ依リ府縣知事ニ爲シタル許可ノ申請ト看做ス

大正十五年市制中改正法律又ハ同年町村制中改正法律中選擧ニ關スル規定ノ施行セラレタル市町村及未タ施行セラレサル市町村ノ區域ノ境界ニ渉リ市町村ノ廢置分合又ハ境界變更アリタル場合ニ於テ右選擧ニ關スル規定ノ施行セラレサリシ市町村ノ區域ニ屬シタル地域ニ關シ必要ナル選擧人名簿ハ其ノ地域ノ新ニ屬シタル市町村ノ市町村長之ヲ調製スヘシ、此ノ場合ニ於テハ大正十五年市制中改正法律附則第二項又ハ同年町村制中改正法律附則第四項ノ例ニ依ル

明治四十四年勅令第二百四十五號第四條又ハ大正九年勅令第百六十八號第四條ノ規定ニ依リ爲シタル決定又ハ裁決ニ對スル訴願又ハ訴訟ノ提起期間ハ決定又ハ裁決アリタル日ノ翌日ヨリ之ヲ起算ス

從前市町村長ニ爲シタル申請ニシテ大正十五年六月三十日迄ニ市參事會又ハ町村會ノ決定ニ付セラレサルモノニ付テハ第五十七條第二項ノ期間ハ同年七月一日ヨ

リ之ヲ起算ス
從前市參事會若ハ町村會ノ決定ニ付セラレタル申請又ハ府縣參事會ニ於テ受理シタル訴願ニシテ大正十五年六月三十日迄ニ決定又ハ裁決ナキモノニ付テハ第三十六條第三項竝ニ第五十七條第二項及第六項ノ期間ハ同年七月一日ヨリ之ヲ起算ス
本令ニ依リ初メテ區會議員ヲ選擧スル場合ニ於テ必要ナル選擧人名簿ニ關シ市制第二十一條乃至第二十五條ノ五ノ規定ノ準用ニ依ル期日又ハ期間ニ依リ難キトキハ命令ヲ以テ別ニ其ノ期日又ハ期間ヲ定ム但シ其ノ選擧人名簿ハ次ノ選擧人名簿確定迄其ノ效力ヲ有ス
本令中公民權及議員選擧ニ關スル規定施行ノ際大正十五年府縣制中改正法律中議員選擧ニ關スル規定若ハ同年市制中改正法律中公民權及議員選擧ニ關スル規定又ハ同年勅令第三號衆議院議員選擧法施行令未タ施行セラレサル場合ニ於テハ本令ノ適用ニ付テハ同規定又ハ同令ハ既ニ施行セラレタルモノト看做ス

府縣制暫行特例

第一條　本令ハ大正十五年府縣制中改正法律附則第二項ノ規定ニ依ル特例ヲ定ムルモノトス
第二條　町村長ハ毎年九月十五日ヲ期トシ其ノ日ノ現在ニ依リ十月十五日迄ニ其ノ町村內ノ選擧人名簿ヲ調製スヘシ
第三條　町村長ハ十月二十日ヨリ十五日間其ノ町村役場ニ於テ選擧人名簿ヲ關係者ノ縱覽ニ供スヘシ、若シ關係者ニ於テ異議アルトキ又ハ正當ノ事故ニ依リ府縣制第十一條ノ手續ヲ爲スコト能ハスシテ名簿ニ登錄セラレサルトキハ縱覽期限內ニ之ヲ町村長ニ申立ツルコトヲ得、此ノ場合ニ於テハ町村長ハ其ノ申立ヲ受ケタル日ヨリ十日以內ニ之ヲ決定スヘシ
前項町村長ノ決定ニ不服アル者ハ府縣參事會ニ訴願シ其ノ裁決ニ不服アル者ハ行政裁判所ニ出訴スルコトヲ得
前項ノ裁決ニ付テハ府縣知事町村長ヨリモ訴訟ヲ提起スルコトヲ得
府縣參事會ノ裁決確定シ又ハ訴訟ノ判決ニ依リ名簿ノ修正ヲ要スルトキハ町村長ニ於テ直ニ之ヲ修正スヘシ
本條ノ規定ニ依リ町村長ニ於テ名簿ヲ修正シタルトキハ其ノ要領ヲ告示スヘシ
第四條　府縣制第二十一條ノ規定ニ依リ町村長ニ於テ投票函及投票錄ヲ選擧會場ニ送致スルトキハ併セテ選擧人名簿ヲ送致スヘシ
第五條　選擧長ハ府縣制第三十一條第一項ノ報告ヲ爲シタルトキハ府縣制第三十條ノ規定ニ拘ラス直ニ選擧人名簿ヲ町

村長ニ返付スヘシ、町村長ハ選擧及當選ノ效力確定スルニ至ル迄之ヲ保存スヘシ府縣知事ノ指定シタル官吏選擧長タル場合ニ於テハ府縣制第三十條ノ規定ニ依リ選擧長ノ保存スヘキ選擧錄、投票其ノ他關係書類ハ府縣知事之ヲ保存スヘシ

第六條　府縣制第十四條、第二十三條第一項及第二項、第二十四條第一項、第二十五條第一項及第二項竝ニ第三十四條第六項ノ規定ニ依ル郡長ノ職務權限ハ府縣知事ノ指定シタル官吏之ヲ行フ

第七條　本令ニ依ル異議、訴願及訴訟ニ付テハ府縣制第三十八條及第百二十八條ノ例ニ依ル

第八條　府縣制第三十九條第二項ノ規定ハ本令ノ適用ニ付之ヲ準用ス

第九條　本令中郡長ニ關スル規定ハ島司ニ之ヲ適用ス

附則

本令ハ大正十五年七月一日ヨリ之ヲ施行ス

府縣制第十二條第一項ノ規定ニ依リ郡長ニ爲シタル異議ノ申立ハ之ヲ第三條第一項ノ規定ニ依リ町村長ニ爲シタル異議ノ申立ト看做ス

府縣制第十二條第一項ノ規定ニ依リ郡長ノ爲シタル異議ノ決定ニ關スル訴願ニ付テハ仍從前ノ規定ニ依ル、此ノ場合ニ於テハ訴願ノ提起ハ處分ヲ爲シタル行政廳ヲ經由スルコトヲ要セス

前項ノ裁決ニ對スル訴訟ニ付テハ仍從前ノ規定ニ依ル

府縣制第十二條第三項及第三十四條第六項ノ規定ニ依リ郡長ノ提起シタル訴訟ハ之ヲ府縣知事ノ提起シタル訴訟ト看做ス

府縣制改正經過規定

第一條　從前ノ府縣制第三條第三項ノ規定ニ依リ府縣知事ニ於テ市參事會ノ意見ヲ徵シタル場合ニ於テハ府縣制第三條第三項ノ規定ニ依リ市會ノ意見ヲ徵シタルモノト看做ス

第二條　大正十五年七月一日現ニ在任スル名譽職參事會員及其ノ補闕名譽職參事會員ノ任期ニ付テハ仍從前ノ規定ニ依ル

第三條　郡廳舍建築修繕費及郡役所費ノ負擔ニ關シテハ大正十五年度ニ限リ仍從前ノ規定ニ依ル

第四條　從前ノ府縣制第百十五條第五項ノ規定ニ依リ郡島ノ官吏吏員ノ提起シタル訴訟ハ之ヲ府縣制第百十五條第五項ノ規定ニ依リ府縣知事ノ提起シタルモノト看做ス

第五條　從前府縣制第百十六條第七項ノ規定ニ依リ郡島ノ官吏吏員ノ爲シタル處分ニ關スル訴願ニ付テハ仍從前ノ規定

ニ依ル、此ノ場合ニ於テハ訴願ノ提起ハ處分ヲ爲シタル行政廳ヲ經由スルコトヲ要ス

前項ノ裁決ニ對スル訴訟ニ付テハ仍從前ノ規定ニ依ル

前條ノ規定ハ府縣制第百十六條第八項ノ規定ニ依リ郡島ノ官吏吏員ノ提起シタル訴訟ニ之ヲ準用ス

第六條　從前府縣知事ニ申立テタル異議又ハ府縣參事會ノ決定ニ付セラレタル異議若ハ府縣參事會ニ於テ受理シタル訴願ニシテ大正十五年六月三十日迄ニ府縣參事會ノ決定ニ付セラレサルモノ又ハ府縣參事會ノ決定若ハ裁決ナキモノニ付テハ府縣制第九十六條第二項、第百十五條第三項又ハ第百二十八條ノ二ノ期間ハ同年七月一日ヨリ之ヲ起算ス

附　則

本令ハ大正十五年七月一日ヨリ之ヲ施行ス

町村制暫行特例

第一條　本令ハ大正十五年町村制中改正法律附則第三項ノ規定ニ依ル特例ヲ定ムルモノトス

第二條　町村制第十四條、第十七條第一項、第十八條第十三項及第三十一條ノ規定ニ依ル郡長ノ職務權限ハ府縣知事之ヲ行フ

第三條　府縣知事ハ選擧又ハ當選ノ效力ニ關シ異議アルトキハ選擧ニ關シテハ町村制第三十一條第一項ノ報告ヲ受ケタル日ヨリ、當選ニ關シテハ同條第二項ノ報告ヲ受ケタル日ヨリ二十日以內ニ之ヲ府縣參事會ノ決定ニ付スルコトヲ得

前項ノ決定アリタルトキハ同一事件ニ付爲シタル異議ノ申立及町村會ノ決定ハ無效トス

第一項ノ決定ニ不服アル者ハ行政裁判所ニ出訴スルコトヲ得

第一項ノ決定ニ付テハ府縣知事又ハ町村長ヨリモ訴訟ヲ提起スルコトヲ得

第四條　本令ニ依ル異議、訴願及訴訟ニ付テハ町村制第三十六條及第百四十條ノ例ニ依ル

第五條　本令中郡長ニ關スル規定ハ島司ニ之ヲ適用ス

附　則

本令ハ大正十五年七月一日ヨリ之ヲ施行ス

町村制第十四條ノ規定ニ依リ郡長ニ爲シタル許可ノ申請ハ之ヲ府縣知事ニ爲シタル許可ノ申請ト看做ス

町村制第三十三條第三項ノ規定ニ依リ郡長ノ爲シタル處分ニ不服アル者ハ府縣知事ニ異議ノ申立ヲ爲スコトヲ得、此ノ場合ニ於テハ府縣知事ハ二十日以內ニ府縣

參事會ノ決定ニ付スヘシ

前項ノ注定ニ不服アル者ハ行政裁判所ニ出訴スルコトヲ得

第三項ノ決定ニ付テハ府府知事又ハ町村長ヨリモ訴訟ヲ提起スルコトヲ得

市制町村制改正經過規程

第一條　從前ノ市制第十條第二項又ハ町村制第八條第二項ノ規定ニ依リ爲シタル市町村稅增課ノ處分ニ付テハ仍從前ノ規定ニ依ル

第二條　大正十五年七月一日現ニ在任スル名譽職參事會員及其ノ補闕名譽職參事會員ノ任期ニ付テハ仍從前ノ規定ニ依ル

第三條　市會ニ於テ市長候補者ヲ選擧推薦シ大正十五年六月三十日迄ニ裁可ヲ得サル場合ニ於テハ仍從前ノ規定ニ依ル

町村會ニ於テ町村長ヲ選擧シ大正十五年六月三十日迄ニ認可ヲ得サル場合ニ於テハ同年七月一日町村會ニ於テ之ヲ選擧シタルモノト看做ス

第四條　市町村會ニ於テ市町村助役、市町村收入役又ハ市町村副收入役ヲ定メ又ハ選擧シ大正十五年六月三十日迄ニ認可ヲ得サル場合ニ於テハ同年七月一日市町村會ニ於テ之ヲ定メ又ハ選擧シタルモノト看做ス

第五條　町村會ニ於テ町村長ヲ選擧シ又ハ市町村會ニ於テ市町村助役ヲ定メ若ハ選擧シタル場合ニ於テ從前ノ町村制第六十四條第一項又ハ市制第七十五條第二項ノ規定ニ依リ府縣知事ノ爲シタル不認可ノ處分ニ不服アルモノアルトキハ仍從前ノ規定ニ依ル

第六條　市長又ハ市助役退職ノ認可ノ申請ヲ爲シ大正十五年六月三十日迄ニ認可ヲ得サル場合ニ於テハ同年七月一日市制第七十三條第三項又ハ第七十五條第三項ノ規定ニ依リ退職ノ申立ヲ爲シタルモノト看做ス

有給町村長又ハ有給町村助役退職ノ申立ヲ爲シ大正十五年六月三十日迄ニ退職セサル場合ニ於テハ同年七月一日町村制第六十四條ノ規定ニ依リ退職ノ申立ヲ爲シタルモノト看做ス但シ同日ヨリ三十日以內ニ從前ノ規定ニ依ル期間ノ滿了スル場合ニ於テハ仍從前ノ規定ニ依ル

第七條　市會ニ於テ市參與ヲ選擧シ大正十五年六月三十日迄ニ認可ヲ得サル場合ニ於テハ仍從前ノ規定ニ依ル

第八條　市町村ニ於テ市町村收入役故障アルトキ之ヲ代理スヘキ吏員ヲ定メ大正十五年六月三十日迄ニ認可ヲ得サル場合ニ於テハ仍從前ノ規定ニ依ル

第九條　從前ノ町村制第百二十五條ノ

規定ニ依リ郡長ニ於テ町村會ノ意見ヲ徴シタル場合ニ於テハ町村制第百二十五條ノ規定ニ依リ府縣知事ニ於テ町村會ノ意見ヲ徴シタルモノト看做ス

第十條　從前ノ規定ニ依リ郡長ニ爲シタル許可ノ申請ニシテ大正十五年六月三十日迄ニ許可ヲ得サルモノハ新規定ニ依リ府縣知事ノ許可ヲ要スル事項ニ限リ之ヲ府縣知事ニ爲シタル許可ノ申請ト看做ス

前項ノ規定ハ從前ノ町村制第七十四條第六項ノ規定ニ依リ郡長ニ爲シタル處分ノ申請又ハ從前ノ町村制第七十五條第一項乃至第三項ノ規定ニ依リ郡長ニ爲シタル指揮ノ申請ニ之ヲ準用ス

第十一條　從前ノ町村制第百六條第五項ノ規定ニ依リ郡長ニ爲シタル訴願ニシテ大正十五年六月三十日迄ニ裁決ナキモノハ之ヲ町村制第百六第五項ノ規定ニ依リ府縣知事ニ爲シタル訴願ト看做ス

第十二條　從前ノ市制第百五十四條第一項又ハ町村制第百三十四條第一項ノ規定ニ依リ府縣知事ノ爲シタル處分ニ對スル訴願ニ付テハ仍從前ノ規定ニ依ル

第十三條　從前ノ規定ニ依リ郡長ノ爲シタル處分又ハ裁決ニ關スル訴願ニ付テハ仍從前ノ規定ニ依ル、此ノ場合ニ於テハ訴願ノ提起ハ處分又ハ裁決ヲ爲シタル行政廳ヲ經由スルコトヲ要セス

前項ノ訴願ノ裁決ニ對スル訴願及訴訟ニ付テハ仍從前ノ規定ニ依ル

第十四條　從前市町村長ニ申立テタル異議ニシテ大正十五年六月三十日迄ニ市參事會又ハ町村會ノ決定ニ付セラレサルモノニ付テハ市制第百七條第二項若ハ第百三十條第三項又ハ町村制第八十七條第二項若ハ第百十條第三項ノ期間ハ同年七月一日ヨリ之ヲ起算ス

第十五條　從前市町村組合又ハ町村組合ノ管理者ニ申立テタル異議ニシテ大正十五月六月三十日迄ニ組合會ノ決定ニ付セラレサルモノニ付テハ市制第百五十五條第三項又ハ町村制第百三十五條第三項ノ期間ハ同年七月一日ヨリ之ヲ起算ス

第十六條　從前市參事會、町村會若ハ市町村組合町村組合ノ組合會ノ決定ニ付セラレタル異議又ハ府參事會ニ於テ受理シタル訴願ニシテ大正十五年六月三十日迄ニ決定又ハ裁決ナキモノニ付テハ市制第百六十條ノ二又ハ町村制第百四十條ノ二ノ期間ハ同年七月一日ヨリ之ヲ起算ス

第十七條　本令中郡長ニ關スル規定ハ島司ニ之ヲ適用ス

附　則

本令ハ大正十五年七月一日ヨリ之ヲ施行ス

府縣制準用選擧市區指定令

第一條　市制第三十九條ノ二ノ規定ニ依リ市ヲ指定スルコト左ノ如シ

東京市　京都市　大阪市　堺　市
横濱市　横須賀市　川崎市　神戸市
姫路市　長崎市　佐世保市　新潟市
長岡市　前橋市　宇都宮市　津　市
名古屋市　豐橋市　靜岡市　濱松市
甲府市　岐阜市　長野市　松本市
仙臺市　青森市　山形市　福井市
金澤市　富山市　岡山市　廣島市
呉　市　下關市　和歌山市　德島市
高松市　松山市　高知市　福岡市
久留米市　門司市　大牟田市　八幡市
大分市　熊本市　鹿兒島市　那覇市
札幌市　函館市　小樽市　旭川市
室蘭市

第二條　市制第三十九條ノ二ノ規定ニ依リ區ヲ指定スルコト左ノ如シ

東京市ノ區

附　則

本令ハ次ノ總選擧ヨリ之ヲ施行ス

島嶼町村制改正

島嶼町村制中左ノ通改正ス

島嶼町村制中「島司」ヲ「支廳長」ニ、「島廳出張所長」ヲ「支廳出張所長」ニ改ム

附　則

本令ハ大正十五年七月一日ヨリ之ヲ施行ス

從前ノ規定ニ依リ島司ニ爲シタル許可又ハ指揮ノ申請ニシテ大正十五年六月三十日迄ニ許可又ハ指揮ヲ得サルモノハ之ヲ新規定ニ依リ支廳長ニ爲シタル許可又ハ指揮ノ申請ト看做ス

從前ノ規定ニ依リ島司ニ於テ町村會ノ意見ヲ徵シタル場合ニ於テハ新規定ニ依リ支廳長ニ於テ町村會ノ意見ヲ徵シタルモノト看做ス

從前ノ規定ニ依リ町村長ノ決定又ハ處分ニ付島司ニ訴願シ得ヘキ場合ニ於テ新規定ニ依ル支廳長ニ對スル訴願提起期間ハ決定又ハ處分アリタル日ノ翌日ヨリ之ヲ起算ス

從前ノ規定ニ依リ島司ニ爲シタル訴願ニシテ大正十五年六月三十日迄ニ其ノ裁決ナキモノハ之ヲ新規定ニ依リ支廳長ニ爲シタル訴願ト看做ス

從前ノ規定ニ依リ島司ノ爲シタル處分又ハ裁決ハ第十二條第二項及第四項、第三十三條第五項、第三十五條第二項、第七十二條第三項及第四項竝ニ第七十三條第四項ノ規定ノ適用ニ付テハ之ヲ支廳長ノ爲シタル處分又ハ裁決ト看做ス

第五編

新潟縣

新潟縣　新潟縣は北陸道の最北端に在りて西に富山西南に長野東南に群馬東方福島並に山形の諸縣に境し西北一帯は日本海に臨す佐渡を合して總面積八百二十四方里ありて人口百八十二萬餘あり地勢諸縣に面する方山岳多く海岸一對の地は頗る開豁なり河川は信濃川縣の中央を貫通し西に荒川保倉川姫川北に阿賀川荒川三面の諸川ありて交通は鐵道北陸本線中央線信越本線岩越線魚沼鐵道越後鐵道長岡鐵道村上鐵道頸城鐵道栃尾鐵道の諸線の外汽船は佐渡との交通は更なり新潟より北海道行き伏木行き直江津より新潟及伏木行きの便船の便ありて尚縣を區劃して越後國新潟市高田市長岡市北蒲原郡中蒲原郡西蒲原郡南蒲原郡東蒲原郡三島郡古志郡北魚沼郡南魚沼郡中魚沼郡刈羽郡東頸城郡中頸城郡西頸城部岩船郡佐渡國佐渡郡の三市十六郡とす。

新潟市　は信濃川口海に瀕する處にあり人口六萬三千餘を有す全國屈指の大都市にて商工共に殷盛なる處なり新潟公園一名白山公園は四千五百坪ありて四時花卉の眺に適す池に臨んで一樓あり偕樂館といひ頗る雅致に富む園内に白山神社ありもと眞言宗の一寺刹なりしかも今神祠となる市の西南常磐ケ岡の丘上に招魂社あり日和山は小岳なれども海に面して眺望絶佳の勝區なり

長岡市　舊牧野氏七萬四千石の城下にて現今人口三萬五千餘ありて最も商工業盛なる地にて寶田石油會社等幾多の石油會社等あり

高田市　は古來積雪を以て名高く舊時榊原氏十五萬石の城下にて現今人口二萬七千餘ありて長岡に次ぐ繁昌の地なり舊城地は四方に濠渠を繞らし壘壁高く聳え大手門の跡は今尚存す

北蒲原郡　新發田町舊時溝口氏十五萬石の城下にて現今人口約二萬舊城は慶長二年豐臣秀吉の始めて溝口秀勝を此地に封したるとき築きたるもの町に諏訪神社あり健御名方命外一神に溝口氏の祖秀勝を配祀す。乙村の乙寶寺は眞言宗の巨刹にて天平八年聖武帝の勅を奉じ僧行基の創建なり、本尊大日如來は行基の手刻と云ふ參詣者常に斷へず、尙郡中に黑川城址、五十公野古城址、加治城址等ありまた瀑布鑛山に富み瀧谷出湯等の温泉は常に浴客多し

中蒲原郡　津川町人口一萬餘石油の産地として知らる新

潟まで五里五丁あり、沼垂町人口一萬二千餘町に菊理姫命を祀る白山神社あり、今新潟市に併合せらる柄目木の火井は新津町の東方半里にありて井の深さ測るべからず所謂越後七不思議の一つにて火氣井中に移せば筒を傳つて燈火を得ると國見嶽の附近に三十三丈瀧あり

西蒲原郡　巻町人口六千三百郡中第一の繁華地たり彌彦村彌彥山の麓に國幣中社彌彦神社あり天香語山命を祀る海拔二千七百社域一萬五千坪に鎮座し千秋萬古北越全州に臨みて守らせ給ふ、角田山背後の海岸二里餘の間を浦濱と稱し、巨巖海中に散在して、姿態百出し、たへず北海の狂濤に襲はるゝ山腰崩れて崖壁を爲し頗る奇勝に富む和納には佛頂山料巖寺あり、村上天皇の王子桃井法親王の建立せられしものなり

南蒲原郡　三條町人口一萬六千の商業地たり町に西本願寺別院あり古來三條御坊と稱し、高安寺阪は戊辰の古戰塲なり、加茂町人口一萬五千町に縣社靑海神社あり、本成寺村に長久山本寺あり、日蓮宗務劣派の本山にて、永仁三年の建立にて日印上人の開基せしものなり

東蒲原郡　五泉町人口一萬に近く、淸流底を透かし視る早出川の西岸に在り、古來五泉平と稱する袴地を産す、三河村字岩香の平等寺に余五將軍の墓あり余五將軍維茂の夫人、良人の病篤きを聞き訪ふの途既に死せりと聞き嘆きて身を淵川に投じ殉して死せる所と傳ふ御前ケ淵附近にあり、津川町の北方阿賀河を隔つる麒麟山は、往昔盧名氏の臣金上遠江守の古城址にて山容奇抜頗るちよう望に富む

三島郡　與坂町は往昔上杉氏の家老直江山城守の居城の址は町の字城越に在り、北越の奇僧良寛和尚の墓は島崎村に在り、寺泊町は往昔順德帝の佐渡へ流され給ひし時、暫らく駐まらせ給ひし遺跡ありまた冷泉爲兼卿が佐渡に貶せられし時、滯在中に仕へたる遊女初君の碑は愛宕神社の境内にありまた海水浴塲あり、浦濱の奇勝も又近くにあり

古志郡　名邑を栃尾町と云ふ刈谷田川の西岸にありて人口六千餘の小市街なり、王内村字藏王の縣社金峰神社は金山彥命を祀る和銅二年大和吉野山の藏王權現に模したる處なり、中貫村字長右衛門悠久山の蒼紫神社は長岡の舊藩祖牧野忠辰と專代主命とを祀る、荷頃村の比禮に火井あり栖吉村には油井あり

北魚沼郡　小千谷町人口七千七百餘越後縮緬の產地として世に知られ行商を各地に派遣す、城川村に縣社魚沼神社あ

り、天香語山命を祀る、津山村字和南津の水門舊址は垂仁天皇の皇子に關する傳說あるを以て知らる、入廣瀨村大白川の瀧は高さ百二十丈國內第一の大瀧にして布引の瀧と稱し郡內温泉多く大湯、折立、池平三ッ又温泉等著名なり

北魚沼郡　浦佐村の毘沙門堂は眞言宗新義派にして普光寺と稱し大同年中阪上田村麿が草創したるものなり湯澤村の湯澤温泉は三國街道にありて單純泉なるを以て浴客多し、三國峠附近に二俣二居淺貝とて一に三宿と稱し此邊り積雪多く宿と宿との間には高山聳へ沿道には水田なく馬士が歌ふ俚謠にも『私しや三宿淺貝育ち米はまだ見ない』といふ程の地なり而して夏季修學旅行には趣味多く、土用の中にも溪間の所々に積雪を踏むと

中魚沼郡　信濃川郡の中央を貫流し十日町は郡治の中心にて人口五千二百餘郡中第一の繁盛地なり本郡南端倉俣村の南方二里のところにある小松原山の半腹にある、七釜の瀧は縣內屈指の名瀑にして風景絕佳多くその北を見ず

刈羽郡　柏崎町人口一萬三千に近く町の近傍に石油の產出多く日本石油會社は本社を此地に置き其規摸の壯大なる、全國中稀に見る所なり、町の東端路傍に閻魔像あり、僧行基の作にて、聖武帝の神龜三年に建立せられしものと傳ふ、町の西方十丁下宿村の海中へ斗出したる岬の端に三十番神の堂あり往時文永年間、僧日蓮が、佐渡の配流を赦され本土に歸着の日、此所に勸請したるものと云ふ、枇杷島村字劍野に縣社三島神社あり大山祇神を祀る尙郡の荒濱の桃林、西山油田等は著名なるものなり

東頸城郡　河流に澁海保倉の二流あり郡役所は安塚村に在り人口僅に一千に滿たざるの僻村なり、其東南四里、松の山村に同名の温泉あり夏季浴客多し

東頸城郡　直江津町は荒川の下流にありて商業殷盛の地なり人口一萬三千港は北陸の要津なるを以て各地の旅客、貨物常に輻湊し、米山の頂上は海拔二千九百三十尺、其所に藥師あり、米山峠には、上杉謙信の壯時、叔父景政と戰ふて大に敵を破りたる瓶割阪の險あり、また源義經主從北國へ落去の時憩ひたりといふ山上の茶屋に辨慶の力餠と云ふを賣る春日山城址、直江津より西傅一里餘なる春日村にあり、是北越の英雄上杉謙信の居城たり、山上に曹洞宗の林泉寺あり、寶德元年越後の國守長尾高景の創建せしものなり、田口驛より一里十丁、妙香山の麓に赤倉温泉あり、直江津より三十丁に

して五智の國分寺あり天平年間聖武帝の勅を奉じて僧行基の創建する所

西頸城郡　糸魚川町松平氏の舊下城にして人口八千餘あり有名なる親不知の險は靑海村より市振村の海濱の總稱にして山勢海に迫りて所々懸崖を爲し旅客は海波の退くときを覗ふて走り海波來れば逃れて山腹の巖穴に避るなり、故に其の走るや親子互に救ふ能はず、是れ親不知子不知の名ある所頭上の山腹なる崖を磨して、如レ砥如レ矢の四大文字を刻す、方今鐵道はトンネルを山腹に貫きて通ず

岩船郡　村上町舊時内藤氏五萬石の城下にて人口八千三百餘あり町の北端を流るゝ三面川は毎年晩秋より鮭漁を以て名あり、其群り來るときは一日數千尾を捕ふ、頗る壯觀なり、瀨波より船を艤して北に航すれば海府浦の奇勝あり、海岸概ね屛風を立てたる如く斷岸絶壁遠く連なり、奇巖海中に散在し、海上五里に粟生島あり、此邊風景の雄大なる北越第一と稱せらるゝ岩船町に縣社岩船神社あり祭神字摩遲命が往昔船著したまひし處なりといふ

佐渡郡　新潟を西北に距る三十二浬の海中に孤立する一小島にして周圍五十三里二十一丁在り、相川町人口一萬三千餘古來鑛山に賴て其繁を保ち、三浦常山の無名異朱紫泥燒の陶器、本間琢齋の銅器等を特産とし字下相川の山の神は縣社にて大山祇命を祭る、鑛山『いもりよりモッと利くのが佐渡の土』と古來より川柳にも傳へらるが如く德川幕府時代より通用金の最大産出地たり、順德帝の山陵、平泉村字泉に黑木の御跡あり、此所は帝の假の御所を置かせ給ひし所當時承久三年北條義時は帝を佐渡に流し奉りてより帝には其後二十二年の憂き春秋を此の孤島に送らせ給ひ仁治三年九月黑木の御所に崩じ給ひしを後に延寶七年佐渡の國司曾根吉正五十間四方の地を寄附し、國分寺末の眞輪寺をして之を護らしむ明治維新の後、眞輪寺を以て眞野宮と爲す、眞野山陵に近き眞野村の阿佛坊に妙宣寺あり日蓮宗にて蓮華王山といふ、同宗の開宗日蓮の弟子阿佛坊日得の開基なり、境内の東北隅に日野大納言資朝の墓あり尙此島は古來名勝古蹟に富み殆んど枚擧に遑あらず長柄村の熱串尼神社祭神は阿田都久志尼命、高千村の眞言宗淸水寺は弘法大師の開基、外海府村の大幡神社の祭神は大若子命三宮村の眞禪寺内にある僧文覺の墓、畑野村の飯持神社の祭神は保倉神にて、小木町に眞言宗蓮峰寺あり、本鄕村には國幣小社度津神社ありて、五十猛命外二神を祭る

富山縣

富山縣 は北陸道の中部にありて北は日本海に面し東は新潟縣及長野縣と境を界り南岐阜縣の飛彈を負ふて西北に石川縣を控へ居り其面積二百六十六方里人口七十七萬二千餘あり地勢に山嶽多く亘互す從て地もまた高く、北方に至つて漸く低地となる現今行政上の區劃を左の二市八郡に分ち越中國富山市高田市上新川群中新川郡下新川郡婦負郡射水郡氷見郡東礪波郡西礪波郡とす交通鐵道は北陸本線中越鐵道富山輕鐵立山輕鐵礪波鐵道の五線あり

富山市 此地は天正年中神保某の城を築き後に佐々成政の越中を領するに及びて大に修築したる所なり後に成政豐臣氏に抗して克たず終に亡ぶるに及び加賀能登と共に前田利家此地に封ぜられ其孫利次をして居らしめ爾來明治年間に至る迄前田氏世々之に居る十萬石の城下なり此地古來賣藥を以て著はれ反魂丹熊膽圓感應丸等行政人を全國に派遣して廣く販賣す一年の販賣額八十萬圓に近しと梅澤町の大法寺は日蓮宗にて舊藩主前田正甫之に歸依し累世の菩提所となしたりと云ふ

高岡市 此地は慶長十四年前田利長加能三州に主たる時築きたる所高岡公園は市の東隅の舊城址にて一堆の高丘松杉森然として茂り周圍の城濠は依然たり中に國弊中社射水神社あり又園の內外に十勝あり二上の朝霞公園の盛花深田採苗中川杜月小松原秋草古城池の水鳥立山晴雪射水港連帆高岡炊烟社頭松風と云ふ鍋釜鐵瓶鉢等の錢材什器と漆器とは本市の多產なれば其工場また多し

上新川郡 は縣の中部に位し北は日本海に面す富山灣より富山市を中に挾んで南飛彈の國境に至る偏長の一郡之れなり地勢東南に山多く北は槪む平地なり山嶽には御鷹山大雙嶺高幡山奥山等を有す河流には神通川常願寺川あり名邑を新庄町東岩瀬町とす本郡には名所舊蹟の敢へて記する足るものを有せず

中新川郡 名邑を滑川町と云ふ人口一萬餘を有し居民多く漁業に從事す東西水橋町また滑川に次ぐ名邑なり此町に樑原神社と云ふ名祠あり素盞鳴尊を奉祀す境內老樹繁茂して風景絕佳居民遊樂の地なり南加積村字眼目の立川寺は大徹禪師の開基にして堂塔の美國內に冠絕しりたしが上杉輝虎父子の侵略の時兵災に罹りて凋落す現今の堂宇は前田氏の建つる所なりまた大岩村字茗荷谷の大巖山腹に日岩寺といふがあり國

郡內屈指の古刹にして僧行基の創ねる所境內巨巖到る處に峙立し夫々の趣致を存するを以て名あり、また八景を數ふ山中の二大飛瀑また名あり富山灣の名物とて名高き螢烏賊と蜃氣樓とは魚津と滑川との兩地にてのみ賞すべく殊に螢烏賊は滑川町の特產となす地獄谷大日嶽は活火山にて今尙硫烟を噴出す人誤つて足を此地に入るれば土皮脆弱なるを以て半土中に埋り宛かも焦熱地獄に落ちたる如く爛死するを以て地獄谷と稱す立山はまた休火山にして加賀の白山に亞ぐ高山なり其の高峰を雄山といひて頂上に雄山神社を鎭す縣社なり攀路頗る難澁にして山質すべて岩石より成りたるを以て奇岩怪巖隨處に起伏し宛かも梯子を空中に立てたるかと思はるゝ難所さへ數ヶ處ありて詣客常に艱むと云ふ從てまた山中の景趣雄大にして中に稱名瀧と稱する直下百餘丈の瀑布は天下の奇觀なりとす麓に立山溫泉あり地は海拔五千尺山間には雪積存し人は盛暑も綿入の羽織を着る

下新川郡　魚津川は人口一萬四千餘の都會にして漆器珊瑚蝦等を產するも殊に富山灣の奇觀として古來名高き蜃氣樓は此町より眺むれば最も美しと云ふ是れ首夏の候海上より水蒸氣の盛んに立ち騰りたるが下層に淡し上層に濃き時西に能登の半島と東に生地の岬とを以て海灣を抱く陸地の影は朦朧として海上の空間に横はる水蒸氣に映じ風のまに〳〵動搖するなり本縣には尙泊町三日市町入善町等の小名邑を有す溫泉二あり一つは山崎村字溫甲山中にありて小川溫泉といふ一つは片貝谷村大字西鐘釣にありて西鐘釣と云ふ

婦負郡　上新川郡の西にありて射水東礪波の二郡を控へ飛彈に連る其の北は富山灣に面せり地勢中部より以北は平坦にして耕田あれども南部は山嶽重疊して土地耕耘に適せず山嶽には祖父山金剛堂山あり河流は東境に神通川あり熊野井田の二郡を併せて富山市を貫き海に入る名邑を八尾町四方町となす郡役所は富山市平傳町にあり八尾町は製糸を業とするもの多く警察署稅務署等は此の町にあり山田村字湯村に山田溫泉あり鹽類泉にして浴客一千年二萬五千人に及ぶと東吳羽村の街傍に吳服山と云ふ一小丘あり其の昔豐臣秀吉前田利家と共に此國の領主佐々成政を攻むるに當り其の陣所を搆へたる地にして試に之を登つて回顧すれば富山市の全部一眸の中に集まり風景頗る絶佳なり

射水郡　婦負郡の西北部に隣りて東北に氷見東に西礪波南に東礪波を廻し北は日本海に面す高岡市の東隅にあり地勢概

平夷にして耕田多くたゞ其の西境に於て小山脈を見るのみまた其の沿岸は漁業繁昌にして伏木港の如き良津を有す河流には礪波より來る射水川あり小矢部川を合せて東北に流れ伏木港より海に入る瑞龍寺は高岡市の南八丁下關村にあり曹洞宗の巨刹にして高岡山瑞龍寺と號す伏木町は射水川の河川伏木港頭にありて人口七千餘を有する北陸屈指の海港なり特別輸出港なるを以て汽船常に阜頭に輻輳す海岸には測候所燈臺の設けありてまた海務署をも置かる新湊町はまた海岸にある名邑にして射水川を隔てゝ伏木と相對す人口一萬八千餘を有す市民多く漁業に從ひ鱸鰤干鰮等を產出す其の東に放生津潟あり湖中に魚類多く產す伏木町は古へ國府のありし地にして其の舊址今尙同町大字古國府に存せり古祠ありて四方に古居濠を殘す之れ其跡なりと國府址を右に過ぐる所にまた勝興寺と云ふ古刹あり順德天皇の皇子善空房信念の開基にして昔大伴家持が城を築きたる地なり縣社氣多神社は字一の宮にありて大己命外三柱の神を祀る養老二年の創建にして今の殿堂は正保二年前田利常の建つる所地景勝の位置を占むるを以て市人の遊樂するもの頗る多し二上山は本郡の二上守山の二村と氷見郡の宮田の二村の間に跨る登路十六丁程の小山にて古來紅葉と月とを以て賞せられ登臨すれば遙に佐渡に對し伏木新湊の諸街脚下にあり

氷見郡　縣下の最極北にしてまた最東端たる處射水の郡境より彎狀に灣入して能登に隣るを以て東は一面海を抱けり氷見郡は人口一萬三千餘を有する都邑にし伏木新湊と共に北陸の要津を以て知らる國泰寺は太田村大字太田にある臨濟宗にして惠日聖光國師が後醍醐帝の勅を奉じて草創せし處なり古歌に有名なる有磯の海は太田宮田の二村に亘れる近海の名稱にして伏木町より西北僅に一里半の地なり古へ大伴家持の遊覽所にして海岸には多く奇巖磊々として起伏し風趣に大に掬すべきものありまた其の西北の海濱にある一つの岩洞は往古義經主從が奥州に落ける時雨を避けたる洞穴なりとて今雨晴らしの窟と呼ぶ

西礪波郡　越中の西境にして西は加賀能登に隣り東は射水東礪波に連る北は即ち氷見郡あり地形南北に長く北西境には山嶽連亘すれど東部は平夷にして地味また佳なり大門山は加賀の石川郡界に峙つ高山にしてに有名なる礪波山あり河流には源を大門山より發して郡の中部を貫流する小矢部川あり下流射水郡に入りて射水川に合す本郡の名邑を石動山と云ふ

ふ小矢部川の舟運により伏木高岡に通ず其の西南一里の地は所謂天田越にして加賀の國境に入る處なり石動町に次いで福岡町福光町戸出町また名邑の中に數へらる埴生村大字埴生の縣社護國八幡宮は譽田別尊を祭る養老年中の勸請にして壽永の後木曾義仲が願文を奉げて戰勝を祈りたる社なるが其の願文今尚神庫に存す倶利伽羅峠は即ち礪波山にして加賀と越中との國境に聳つ、山の名は泰澄禪師が倶利伽羅明王を念せし事あるより來りしなり、かの木曾義仲が齊の田單の故智に倣ひて牛五百頭の角に松明を結び付け樋口兼光今井兼平等と共に平維盛の六萬餘騎を鏖殺し大捷を博したる古戰場にして、その東麓に礪波の關址あり

東礪波郡　西礪波の東にありて北に射水、東に婦負と連なり、その南境は長く飛彈、加賀に突入す地勢は東境をよび南部に嶽重疊し頗る崔嵬を極むるを以て地味やせて耕田至くなし、然れども北部より中部は田圃大に開けて平地多し、山嶽は飛彈の國境に聳ゆる人形山を最として袴腰山、八乙女山等幾多の連山を有す、河流は飛彈より來りて郡内を貫流し、射水郡に入りて射水川となる庄山あり山田川あり、名邑井波町は郡役所稅務署ある所、出町は警察置のある處にして別に中田町、福野町、城端町等あり、眞言宗千光寺は栴檀野大字芹谷にありて文武天皇の御代開基したる寺院なり、寺宇中觀音堂は大さ方七間半にして悉く樫材を以て造れり、城端町の善德寺は眞宗にして本願寺第八世の蓮如上人が文明四年に創建したるものなり堂宇の結構壯麗なるが中にもその門扉棟梁は飛彈内匠の作なりといひてその名かしまし、境内また眺望に富み數百年來の大樹蓊鬱として繁茂す庄川の上流に沿ふ平村大字松尾の高原中に一巨巖あり兀として鯨魚の直立したるが如く天に冲す名けて天柱石といふ高さ凡そ二十丈幅二十五間ありその頂上には樹木生ずれどもその名を知らず、此邊はすべて五箇山と唱へ庄川の兩岸の風色頗る賞すべきものあり梨の附近にては鐵鎖又は藤蔓を兩岸に渡して之にふごを釣り以て人を渡すの用に供し居れるが里人は之を猿橋と呼殊に大字下びて頗る趣味あるものなりといふ

中越鐵道は高岡市を起點とし、北は能町驛伏木港を經て氷見港まで十哩四鎖、南は戸出、油田、出町、高儀、福野、福光の諸驛を經て城端町まで十八哩五鎖の鐵道にて途中福野驛より井波、高瀬を經て青島町に至る礪波鐵道は城中の平野を貫通し、其間幾多の小市街を連珠の如くに接續す

石川縣

本縣は北陸道の西部に位し、その北端は日本海に突出して半島を爲す、富山縣、岐阜縣は東界を限り、南は福井縣に接し西方及び北一對は日本海に面す、その廣袤東西に短く南北に長し、即ち東西は廣きところと雖も十里に過ぎず狹きは尙三里の間にあり、されど南北は四十二里餘ありて之を面積に算すれば二百七十方里餘となる、地勢は東南に山多く西北は平野なり、現今行政區劃を左の一市八郡に分ちて其人口約八十萬に及ぶ、加賀國、江沼郡、能美郡、石川郡、河北郡、金澤市、能登國、羽咋郡、鹿島郡、鳳至郡、珠洲郡とす、交通鐵道は北陸本線七尾線、石川鐵道、温泉電氣軌道等あり

金澤市 は舊時前川氏百萬石の大藩の城下、今は石川縣治の中心として、北國第一の大都市街は東西約一里一丁、南北一里十三丁、人口約十萬、淺野川は市の西部を貫流し、東北に流れて河北湖に注ぎ犀川は市の東部を貫流し、西北に流れて上金石港に注ぐ、支流また市中に散布す、市の物產には羽二重漆器、蒔繪、綿織物、九谷陶器、銅器等あり、金澤城稱は當初尾山城と稱し、藩祖前田利家天正十一年に豊太閤より此の城を賜はり舊居城能登の七尾より移り住み、其子利長に命じて大いに城池を擴張せしめ、始めて金澤城と改稱す慶長三年利家致仕し、翌年利長封を嗣で以來、明治二年朝廷に奉還するまで曾て敵の攻撃を受けたること無く、石垣高く堀深く加能越の三國を領し日本第一の大藩として、久しく北國の雄鎭たりし所、明治十四年火災あり、舊城は盡く燒け、今は僅に石川門のみ存するも、其城内は、第九師團司令部と步兵第七聯隊の兵營として、依然北陸の鎭臺たり、城址の東南百間堀を隔てゝ對岸に兼六公園在り、水戸の偕樂園、岡山の後樂園と共に、本邦の三大公園と稱せられて、泉石亭樹其の間に散在し、能く人工を施して天然の景趣を失はず、東西四丁四十間、南北四丁十八間、面積二萬三千五百九十八坪是れ寬永年間、當時の藩主前田齋廣の改築したる底園の跡にて白川樂翁の命名するものといふ、尾山神社は市内西町の高丘にある別格官幣社にて、藩祖前田利家及二世利長、三世利常三人の靈を祀る、此地は舊藩主齋泰の別邸ありし所、明治六年加能登三州の舊領地人民相謀神社を創建したるにて、境內の庭苑頗る美山水竹樹の布置巧妙を極め、三層の神門は建築甚だ奇に、其の上層に堂れば市中の一半は眼下に在り、また石浦

神社は廣阪通に、利家の子利常の室天徳夫人のために創建されたる天徳院は小野立上鶴間町にあり

江沼郡 大聖寺町は加能越三國の太守前田氏支封十萬石の舊城下にて人口約一萬、九谷燒陶器と山中の漆器とを特產とす、市街の西端錦城山の麓に江沼神社あり金澤の尾山神社と並んで藩主前田利治を祭る境內また風致に富み市中第一の勝區と稱せらる、福田村大字敷地の菅生石部神社は縣社にして彥火々出見尊外二柱の神を祭れり、山中溫泉は大聖寺川の上流、兩岸の山岳峭立して相迫る所に在り、大聖寺町にて販賣する山中漆器は皆此地の產なり、山代溫泉は山中溫泉より西南一里十餘町動橋驛より一里電氣鐵道の便あり、此地には九谷陶器の窯元あり各地にて賣る九谷陶器は概ね此所より產するなり動橋の西北約一里作見村大字片山津の柴山湖畔に又片山津溫泉あり

能美郡 小松町は舊時村上義明の城市にて人口一萬三千餘あり、安宅の古關趾は文治年中、源義經其兄賴朝の嫌疑を受け、裝を變じて北國より奧州へ下る時之を物色する關所を設けしめたる古蹟にて、世に武藏坊辨慶勸進帳を朗讀したりと傳ふるは即ち此地なり、然れども古關趾は後年海に沒し今は二三里の沖と爲るといふ方今の安宅町は小松驛より西北一里の海岸にあり、小松町に縣社多太神社あり延喜式內の舊社にして衝鉾等平留比古命を祭る本社に齋藤實盛の錦の直衣を藏す、白山一に城の白峰と呼びて富士山に次ぐ內國第二の高山なり加賀、飛彈の二國に跨がり、山脈は南方越前美濃に連なり北方は遙に能登に走る旅客の越前加賀の國道を通過するとき東北群峰の上に傑出し、四時多く雪を戴くを見るは乃ち是大御前岳を中央とし、北に大汝、劍ヶ峰、南に別山、三の峰の五峰を總稱す

石川郡 松任町は嘗て丹羽長重の領地たりしところ今は郡治機關の中心地たり、上金石町は犀川の河口にある一小港なれども水深淺くして風波多く大船の碇泊に適せずされど漁村として繁榮を極め居れり本郡に三個の城趾あり一を小原城といひ內川村大字小飛原にあり

河北郡 津幡町は本郡の名邑にして北陸の要衝たり、かの源平戰亂の時木曾義仲が平氏の軍を殲滅したる倶利加羅峠は此地の東二里のところ越中の國境にあり、その西麓倶利加羅峠村の手向神社は素盞鳴尊を祭る鄉社にして倶利迦羅峠西麓の山頂にあり、小金村大字卯辰山は上杉輝虎の壘を築きたる

舊址にして大巳貴命、少彦名命を祭る卯辰神社のあるところまた臨濟宗の古刹傳燈寺は小金寺にあり開山運良和尚が奇難の身代りとなりて刀痕をその身に受けたりと傳へらるゝ行基作の地藏尊を藏するを以て其名高し

羽咋郡　本郡は能登の西南部にして地勢到る處に山嶽或は丘陵を有し高低平均せずたゞ西南沿海の地に僅かの平地を有するあり、而して西北の海濱は山脚海に迫りて斷崖屹立し山中に暗礁多し、山は河北郡と越中とに跨る三國嶺を始めとしてその北に寶立山あり、東北に志雄山あり、邑知潟の西北に眉文山あり、鹿島郡、鳳至郡の境界には別所山あり、山境には高瓜山等あり、河流は羽咋川、神代川、大海川ありまた郡の中央には邑知潟ありて鹿島郡に跨る郡の名邑羽咋町は郡中の中央にありて郡役所の在る所、國幣中社氣多神社は大巳貴神を祭る祠にしての宮村にあり

鹿島郡　七尾町は能登國第一の都會にて人口一萬二千餘、明治三十一年以降開港場と爲り日露貿易の上に重視せられて日本海線の定期航路發着所たりこの地應永年間畠山氏の領する所なりしが天正年間に至つて前田利家の手に握られ終に維新前に及ぶ、町の西北二里十五丁の海岸に和倉温泉あり、其地もと海中より温泉湧出せる故涌浦と呼びしを後今の名に改めたるなりとぞ、矢田郷村大字所口にある縣社生國玉比古神社は境内幽邃を以て知られ、越路村石動山頂の上にある延喜式古格の伊須流被比古神社は古雅を以て鳴る、餘喜村大字酒井に在る永光寺はその珍寶を藏する點に於て珍とせらる、本郡に著名なる瀑布二あり其一は瀧尾村の不動瀧其二は桃瀧なり

鳳至郡　名邑輪島町は七尾町と伯仲の間にある能登屈指の都會にして人口一萬一千餘を有す、輪島港は本町の北に接する港しにしてその西端の岬角に燈臺を置く、また宇出津町あり輪島に亞ぐ名邑なり、櫛比村大字門前に在る總持寺は越前の永平寺と並びて曹洞宗本山の一なり

珠洲郡　能登の最東端にして三面海に對し、西鳳至に連るその境界に寶立山あり、また東北隅に山伏山ありその餘脈北に延きて海に沒し三個の岬角を作る之を珠洲岬と呼ぶ何れも十數丈の巍岩峨々として聳ゆ、この海面に航海の危險なる暗礁數多あり、若山川は本郡の河流なり寶立山より源を發して東流し以て海に入る、名邑を飯田町といふ郡役所の所在地なり

福井縣

福井縣は若狹、越前の二國を含みて石川、岐阜、滋賀の三縣及び京都府に連なり日本海に沿ひて不規則をなし瓢形をなし面積凡そ二百七十四方里あり

縣內は足羽、吉田、坂井、大野、今立、丹生、南條、敦賀、三方、遠敷、大飯の十一郡と福井市とに分たれ人口合はせて、六十五萬あり

山岳到る所に蟠踞して面積の八割を占むるも長さ二十八里に及べる九頭龍川の流域には平野稍や開け海岸には若狹、敦賀の二灣入し島嶼の大なるものを缺く

平和よりは米麥を產し山地よりは木材薪炭を出し沿海地方は鯛、鯖、鰤、雲丹、蟹等を與へ工產に羽二重、紙、若狹塗等あり就中羽二重最も名高し

鐵道北陸本線は三國線を分ち武岡輕便鐵道京都電燈會社鐵道及び丸岡輕便鐵道と共に陸上交通の便を與へ敦賀よりは露領浦潮斯德に至る定期船の航海あり

福井市 は越前國にあり舊稱北ノ莊と云ふ北陸第三の都會にして松平氏三十二萬石の舊城市なり市街は城址を中心として發達して東西二十四町南北二十二町面積一方里北は吉田郡に接し他の三方は足羽郡に圍まれ足羽川市內を貫流す其の幸福九十九橋に依りて自ら橋北橋南の稱あり福井縣廳を初め市役所地方裁判所監獄吉田郡役所足羽郡役所稅務署測候所工業學校工業試驗場師範學校中學校商業學校高等女學校女子技術學校等市の內區外に散在す市は機業甚だ盛んにして力織機使用の工場多く輸出羽二重を第一とし綸子薄絹着尺羽二重リボン奉書紬縮緬繻子傘地生麻布モスリン等を製織す又蠟燭竹製品漆器玻璃石鹼等の工業行はる橋南の足羽山は一に愛宕山と云ふ山中堂塔散在し頂上には男大迹の皇子（繼體天皇）の石像並に碑を建つ眺望絕佳市人行樂の公園たり東面に別格官幣社藤島神社中履に縣社足羽神社舊社內に縣社佐佳枝神社寶永上町に縣社神明神社あり孝顯寺（常磐木町）運正寺（綠町）は足羽山麓に善慶寺は山麓に近き相生町に本派本願寺別院は尾上中町に本瑞寺は乾中町に專照寺は豐町にあり鐵道北陸本線は車驛を城址の東に置く面積一五二方里人口六萬餘

大飯郡 四境西は丹後國加佐郡西南は丹波國何鹿郡南より東は遠敷郡北は海東西約六里南北約三里面積約八方里行政上高濱町靑鄉內浦佐分利和田本鄉加斗大島の一町七村に分ち郡

役所を高濱町に置く戸數五千五百人口二萬五千本郡は國の西偏にして地形險隘土壤亦瘠薄なり郡境は山岳連亙し地勢北に低下すれども幅員狹くして大河なく唯佐分利の一谿流あるのみ海岸は出入多く押廻崎及和田山の大半島出て、高濱内海の二大灣を擁す山岳の著名なるは青葉及飯盛山とす道路は丹後街道小濱より來り海岸に沿ふて丹後に入る產物多からず生業の主なるものは農にして海濱の民は漁業に從事す農產物は米六千石麥三萬石外食用農產物四萬二千圓桐實桑葉大麻等の特用農產物四萬圓其の他繭木材薪炭材漁獲物三萬八千圓蠶絲釀造物等とす大飯は天長二年遠敷郡より分置せられたるものなり

遠敷郡 の東は三方郡南は近江國高島郡及丹波國北桑田何鹿二郡に隣し西北は大飯郡北は海なり東西十二里九町南北八里二十八町面積約二十三方里行政上小濱町及雲濱西津內外海鳥羽瓜生熊川三宅松永野木宮川國富遠敷今富口名田中名田知三魚名田の十七村に分ち郡役所を雲濱村に置く戸數一萬三千人口五萬八千あり山嶽郡境に連亙し三方郡界には加賀見山鈴ヶ峰あり近江丹後の界には木地山三國岳八峰頭巾等峙ち大飯郡堺に飯盛山の山脈あり又縣の中央に多太ヶ岳聳ゆ河流郡中の水西なるは南川に集り東なるは北川となり小濱町に至りて相會して小濱灣に入る其の沿岸は肥沃にして村落も概ね此本支流に沿ふ海岸は屈曲甚しく久須夜ヶ岳の半島北に斗出して東に矢代灣西に小濱灣を擁す小濱灣頭には小濱海あり若狹の首邑とす道路は丹波街道三方郡より來り安賀里日笠小濱を經てに大飯郡に入る又日笠より分れ熊川を經て近江に通ずるものあり南川に沿ひ丹波に入る山徑あり農產物總計百八十萬圓米（六萬石）麥大豆蘿蔔大麻（二萬五千圓）桐實三萬圓桑樹（十萬圓）繭（三十萬圓）林產物は木材（十萬圓）木炭（十五萬圓）水產物（二十萬圓）鯖鯛を主とす士產物は蠶絲百萬圓織物和紙（十萬圓）油漆器（若狹塗十萬圓）瓦釀造物（二十萬圓）あり天長二年郡の西部を割きて大飯郡を置き本郡は三方大飯の中間にあるを以て中郡とも稱し近世上中下中に分ちて呼びし事あり

小濱港 は小濱市街の西なる大港灣にして久須夜嶽和田山の二半島に依りて外洋と隔陣す市街は灣の東南隅にあり西支灣は大飯郡加斗村本郷村を沿岸とす敦賀へ三十四海里舊酒井氏の治城にして人口一萬五千を算へ若狹一州の都邑とす

三方郡 の東は越前國敦賀郡西は遠敷郡南は近江國高島郡に接し北は海に面す東西八里十八町南北七里十八町面積十四

方里行政上八、十、西田、南西郷、北西郷、山東の七村に分ち郡役所を八村に置く戸數一萬八口六萬六千郡境山岳を以て圍まれ南方殊に高峻にして地勢北に向て低下すれども斷崖直に海に迫り平地極めて少なし山岳は東境に野坂峙南境に三十三間山西境に鈴ヶ峰加貧見山あり耳川南境より發し北流す其の中間に矢笘岳雨乞岳あり又郡の西北に三方湖あり三湖相連りて未流海に通じ其傍に日向湖あり道路は丹後街道越前國より來り佐柿三方倉見の三驛を過ぎて遠敷郡に入る農産物は米（十萬石）麥粟甘藷桐實繭林産十五萬圓水産物十五萬圓（鯛を主とす）工産物は蠶絲水油酒等孰れも二十萬圓に達す此郡戰國の頃は北方郡と呼び大飯を西方と呼べるに對せり

敦賀郡 の東は南條郡及近國江伊香郡南は近海國高島郡西は若狹國三方郡北は海に面す東西三里二十五町南北九里二十町面積約十三方里行政上敦賀町及東浦、東郷、愛發、中郷、粟野、松原の六村に分ち郡役所を敦賀町に置く戸數一萬五千八口十萬三千あり郡の三方峻嶺重疊して自ら一境を成し北には敦賀灣深く灣入して其の灣頭に敦賀灣あり郡中の水町の南部に相會し敦賀港に入る其の附近は平垣にして土地豐饒なり山岳は南條郡界に本茅峙あり敦賀福井街道の懸る所にして越前の地勢此を限りて差異あり北を嶺地と云ひ本郡と嶺南と云ふ南境には三國ヶ岳の山脈あり此に近江に通ずる山路あり古へ愛發關を置かれし地にして今も其北麓を愛發村と云ふ西境には野坂嶺椿峙等あり其の脈北走して榮螺岳の半島を成し敦賀灣の西側を限る河流は笙ノ川あれども細流なり農産物は米（十萬石）繭（十萬圓）工産物は石灰竹製品傘蠟燭あり林産物水産物共に十六萬圓あり敦賀は舊名を笥飯といひ後角賀都怒我等に作る古來韓人來朝の門戸にして其名風に著はる

南條郡 の東南は美濃國揖斐郡南は近江國伊香郡北は今立丹生の二郡に接し西は一半敦賀郡に連り一半海に面す東西五里十町南北七里十三町面積三十三方里行政上武生町及神山、王子保、南日野、北杣山、南仙山、湯ノ尾、宅良、今庄、鹿、堺、河野、坂口の十二村に分ち郡役所を武生に置く、戸數一萬七千八口十一萬五千を數ふ郡の三方山岳連亘し東に日野岳南に栃ノ木嶺、木ノ芽嶺あり西海岸は一帶の高山北に走りて丹生郡の越智山に連り郡の中央に一の谷を作る郡中の水之れに集り北走す日野川と云ふ郡内の村落は概ね此の本支流に治ひ田圃は武生町附近に多し道路は北陸道今立郡より來り武生、脚本、湯尾、今莊、板取を經て栃木嶺に懸り近江國に

入る今莊より西に分れ木芽嶺を經て敦賀に通ずる縣道あり農產物は米（十二萬石）麥豆大麻藺（十六萬圓）林產物（十八萬圓）水產物（十六萬圓）鯖鯛等工產は織物（百五十萬圓）主として輸出羽二重打物（三十萬圓）和紙石灰等たり本郡は何時の頃より一郡となりしか詳かならず

丹羽郡 の東は足羽今立の二郡南は南條郡北は坂井郡に接し西は海に面す東西六里南北十一里面積二十八方里行政上朝日、立待、吉川、豐、吉野、大虫、宮崎、百山、城崎、四箇浦、下岬、越廼、國見、殿下、織田、萩野、常磐、糸生、志津、西安居、三方、天津の二十二村に分ち郡役所を朝日村に置く戶數一萬八千人口十萬二千西は日本海岸は國見岳越知山厨ヶ城山、若須ヶ岳、鬼ヶ岳等連亙し山脚直に海に迫り有名なる越前岬あり地勢東に低下し日野何畔に至る日野流域は一帶の冲積地にして豐饒なり農產物は米（十七萬石）麥大豆小豆甘藷馬鈴薯蘿蔔大麻藺藺（三十五萬圓）林產物十萬圓漁獲物三十三萬圓（鯖鰈柔魚を主とす）工產物は織物（百十萬圓羽二重を主とす）蠶絲（二十五萬圓）疊表ゴザ陶磁器瓦酒等二十二三萬圓あり

今立郡 の東は大野郡南は南條郡及美濃國揖斐郡西は丹生郡北は足羽郡東西八里南北九里二十町面積三十一方里行政上鯖江町及北白野味直野、北新莊、國高、新横江、舟津、神明、中河、片上、北中山、南中山、粟田部、岡本、服間、河和田、上池田、下池田の十七村に分ち郡役所を鯖江町に置く戶數二萬五千人口九萬八千郡の北境には文珠山一乘山あり東に延びて部子山となり南美濃國界の厨嶽に連り其脉南條郡界の田倉坂日野岳となる此間總て山岳圍繞し西北日野川の沿岸に至り僅かに平地を見る郡の中央には又一帶の嶺ありて地勢を東西に分つ東部は所謂池田谷にして全く別境を成し足川の水源たり道路は北陸本道及鐵道北陸線郡の西北偏を通び鯖江驛を過ぎ南は武生町北は福井町に至る又池田谷を通じて南條郡宅倉に出づる山徑あり郡の生產は工業を第一とし農業之に次ぎ林業復た之れに次ぐ農產物の主なるものは米（十八萬石）麥大豆蘿蔔藺（三十五萬圓）林產物（三十七萬圓）工業品の主要なるものは織物（二百九十萬圓）蠶糸和紙釀造物等畜產物七萬圓其他水產物鑛產物あるも共に三萬圓に達せず本郡は弘仁十四月丹生郡を割きて置きしものにして後東西二郡に分ち更に今南西郡今北東郡の稱あり

大野郡 の東は飛彈國大野郡及美國郡上南は美濃國武儀木

巣揖斐三郡西は今立足羽吉田町北は加賀國能美江沼二郡東西十七里十八町南北十七里七町面積六十六方里行政上大野勝山の二町及び小山、乾側、下庄、芦見、羽生、上味見、下味見、上莊、西谷、小穴馬、下穴馬、石徹白、五箇、阪谷、富田、平泉等、猪野瀬、村岡、北谷、野向、荒戸、北郷、廉谷、遲羽の二十四村に分つ郡役所を大野町に置く戸數一萬二千人口六萬一千あり本郡は白山嶽の南なる一大山谷にして高山峻岳四方を圍繞し中央に荒島岳峙ち南部を西ノ谷穴馬谷の二谿に分つ河流は西ノ谷川を眞名川と云ひ穴馬谷の川を穴馬川と云ふ二川大野の北に會ひ合流して九頭龍川となる大野町の西に飯降岳あり其の西は足羽川の谷にして上味見下味見の二村あり地勢寧ろ足羽郡に屬すべし本郡は山間に僻在すれども土地稍開け物産亦少からず殊に九頭龍川邊を然りとす生業は農蠶最も盛にして大野勝山の二町より輸出する生糸の額甚だ多し農產物は米（十四萬石）麥（二萬三千石）大豆小豆粟稗蕎麥馬鈴署蘿蔔菜種大麻楮繭（四十七萬圓）等林產物三十七萬圓工業品總計二百七十萬圓和紙釀造物十七萬圓等

足羽郡 の東は大野郡南は今立郡西は丹生郡北は福井市及吉田郡北の一隅は坂井郡面積九方里行政上和田、酒生、下宇坂、上宇坂、一乘谷、東郷、上文珠、下文珠、麻生津、六條木田、社、東安居の十三村に分ち郡役所を木田村に置く人口十萬八千あり東部に山地多く山岳には吉野岳劍ヶ岳白椿山一乘山等河流には足羽川あり其の間を貫流して福井市に入り其の附近は平田沃野多し郡の西境は日野川流るゝも河岸は丘陵起伏して平かならず道路は北陸の本道福井市より鯖江武生に向ひ郡の西部を貫通す別に足羽川に沿ひて大野郡に通ずる街道あり物產は農產物三百萬圓林產物二十二萬圓工等あり

吉田郡 東は大野郡南は足羽郡西より北は坂井郡に接す東西五里三十四町南北二里三十三町面積八方里行政上河合、森田、西藤島、中藤島、東藤島、圓山東、圓山西、岡保、松岡、吉野、五領ヶ島、志比谷、下志比、上志比、淨法寺の十五村に分ち郡役所を圓山西村に置く戸數一萬人口六萬二千あり郡の東南部は吉野岳劍ヶ岳等聳え高峻なれども西北に至るに從ひ漸く低下し福井市の北に連れる地は平坦にして九頭龍川之を灌漑し土地肥沃なり道路は北陸道坂井郡より來り舟橋を經て福井市に至る別に勝山街道坂井より起り九頭龍川に沿ひ大野郡勝山に至る農產物は米（十二萬石）麥（二萬石）大豆蘿蔔菜種繭林產物二十萬圓水產物二萬圓畜產物十三萬圓工產物

は織物（二百九十萬圓主として輸出　二重）酒（二十三萬圓）醬油等あり

坂井郡　東北は加賀江沼郡東は大郡郡南は吉田、足羽、丹生三郡西北一帶日本海に面し東西九里二十町南北八里の廣さとす面積は二十三方里ありて行政上三國金津丸岡の三町及雄島、加戸、芦原、北潟、吉崎、細呂木、坪江、劍嶽、伊井、東十郷、長畝、竹田、高椋、鳴鹿、濱四郷、鶉、大安寺、本郷、棗、鷹巢の二十八村に分ち郡役所を三國町に置く戸數二萬七千人口十五萬二千あり本郡は越前の北端なる大郡にして左加賀國境右丹生郡界には山岳あれども其の他は平垣にして九頭龍川の中部を流れ廣濶なる沖積層の沃地を作る山岳は加賀國境に高洞山劍ヶ嶽火燈山丈競山あり丹生郡界には火山性の國見岳鷹巢山あり海岸は砂濱多く唯三國港の北に斷崖絶壁をなせる安島岬あり岬端に雄島あり共に玄武岩より成り一奇景を呈す道路は北陸本道吉田郡より來り丸岡、牛ノ谷を經て加賀に入る鐵道は稍西を走り新莊會津、細呂木に車驛を置きて加賀に入る農産物四百五十萬圓米（四十萬石）麥（四萬石　大豆蘿蔔藥種繭等あり林産物十八萬圓水産物廿二萬圓（眞鰛、鯖、鯛、鰈、等）工産物三百五十萬圓内羽二重二百萬圓を占め其他和洋紙蠶糸油等あり本郡は繼體天皇の遺蹟を傳へ後世南都興福寺の春日領となれる事あり

宮城縣

本縣は奧羽地方の東部にありで岡手、秋田、山形、福島の四縣に接し東方一對大平洋に沿ひ陸前の大部と磐磐の一を含み東西凡十八里南北凡卅里ありて其面積五百四十六方里人口八十三萬餘あり縣内を分つて陸前の國仙臺市、柴田郡、名取郡、宮城郡、黑川郡、加美郡、志田郡、玉造郡、遠田郡、栗原郡、登米郡、桃生郡、牡鹿郡、本吉郡、の一市十三郡と磐城國の刈田郡、伊具郡、亘理郡、の三郡に分る地勢は東北部及び南部西部北部山嶽重疊すれども中央は概ね平坦なり、交通、鐵道東北本線縣内を貫通し陸奧線、仙北鐵道、常磐線、鹽釜その支線ありて又軌道等諸々にあり

仙臺市　市は縣の東南部にありて東北第一の都會にて人口九萬七千餘、伊達氏の舊城地にして其祖政宗の築きし青葉城は市の西南隅にあり市内八ッ塚の孝勝寺に忠女淺岡の墓、南鍛冶町の東漸寺に力士谷風の墓、荒町の佛眼寺に遊女高尾の墓北八番町に林子平の墓、北山町の光明寺に支倉六右衛門の

墓ありて又躑躅ヶ岡の下は昔の宮城野なり停車場より十八丁にして藩祖政宗を祭れる青葉神社に至る市街を隔て愛宕山と相對し共に市内の好眺地なり櫻岡公園に大町一丁目にありて境内に櫻岡神社あり此市特有の製産物ば仙臺平、八橋織、葛籠、埋木細工等なり

刈田郡 白石町に伊達の老臣片倉小十郎氏の舊城市人口八千餘を有する一小都會なり町の西南二里十五丁白石川の上流に小原溫泉あり其途中二ヶ處の小石門あり其門を過れば山水自ら異態を生し雲の靡き山のめゆる皆畫中の景なり又其上流七ヶ宿と渡瀨との間に材木巖あり岩石轟々聳立、高さ數千仭上霄漢を摩し奇景言ふべからず、福岡村大宗藏本に鎌先溫泉あり正長年間白石農夫某の鎌の先に發見せられたるを以て其名ありと白石停車場より五里餘宮村岩崎山の麓に遠刈田溫泉あり客浴又多し其附近に伊達政宗が試掘せしといふ金の廢坑あり

伊具郡 此郡は著大なる名邑なく角田町人口七千二百餘郡治の中心地たり名所としては丸森町圓山町等あり

亘理郡 亘理町人口五千郡役所所在地たり停車場より三十丁阿武隈川の河口荷濱の南鳥海鷗の北岸に鳥の海海水浴場あり波靜にして飄颻之に泛び、海光水照、一に畫中の景なり物産は大に海産物に富む

柴田郡 大河原原人口六千四百餘にして郡役所此地にあり川崎村に二溫泉あり一を青根溫泉と云ふ藏王山の半腹にありて風景絶佳なり二を峨々溫泉と云ひ名詮自稱、峨々る萬山の中にあり四面峨岩壁立恰も天然の石屏風を連ねたるが如し

名取郡 岩沼町人口七千五百町に武駒神社あり承久九年の創建にして稻荷明神を祭り奥羽に於ける稻荷の頭領として名高し武隈の松あり笠谷街道の途中秋保村字湯本に秋保溫泉あり浴室三箇いづれも軟石を積みてこれを造り廣くして且淸し增田驛より四里馬車の便あり

宮城郡 岩沼驛より一里半愛島村字壇手に實方中將の墓あり、作並溫泉仙臺市を去る七里にして古湯、新陽の二浴室あり共に廣瀨川の上流に沿ふて湧出す、燕澤蒙古の碑、原の町北三十町岩切村字燕澤にあり、多賀城址、聖武天皇の御代大野東人が蝦夷を鎭める爲めに設けたものにて三十一町多賀城址一名壺の碑は共側にあり此所を去る東方十町路傍に一小渠あり傍に老松數株蟠屈し碑に能因法師の歌を刻せり其邊は昔の野田玉川のありし地なりと鹽釜、此の地は松島灣に臨み

鹽釜神社ありし地なりと祭神は左宮を武甕槌命と爲し右宮を經津主命と爲すこれに岐神の別宮を合せて奥州一宮正一位塩釜大明神と稱し、鹽釜驛より東南一里半菖蒲田濱眺望ヶ崎と稱する海岸に海水浴場あり松島、日本三景の一にして松島灣は深く陸地に入りて一の內海を爲す灣內東西百八丁南地九十丁其口は南に向ひ滿潮七尺干潮三尺數百の島嶼其間に星散羅列し島として松影を帶びざるなく松として奇姿を備へざるなく烟波浩蕩として鷗鳧之に浮び白帆の其間を往來する眞に天下の奇觀なり

黑川郡 吉岡町人口三千五百郡治の中心地たり町の北一里許にして大掛原あり其原大瓜大衡の兩地に誇れるを以て大衡村曠野と云ふ物產として故薪炭木材を主とす

加美郡 中新田町人口五千郡役所所在地なり鳴瀬川の南方に王城寺あり素、大原、更原の二原なりしを併稱して斯く名づけしなり此地に第二師團の練兵場を置く物產は良馬を出すを以て名あり又宮崎村より石膏を產出す

志田郡 古川町人口九千石卷に次ぐ繁華の地なり松山町の南一里に品井沼あり郡の東南隅にして宮城黑川兩郡に接し周圍五里餘ありて鯉鮒を產する事多し郡中平衍にして鳴瀬川三本木松山の近傍を流れ頗る運漕の便あり

玉造郡 此郡は温泉各地に湧出し温泉村八湯、鬼首温泉の如き實に繁盛を極めたり八湯とは川渡、田中、赤梅、舊車、新車、鳴子、河原、中山の八ヶ所にてこの附近小黑崎、池月沼、美豆小島、白糸瀧、辨天淵、三條山、潟山、潟沼、屛飛岩等ありて皆浴餘の散步に適す、鬼首温泉は五湯よりなり寒風澤、神潛、轟、吹揚、荒雄等にて中にも吹上は間歇性の沸騰泉にて其上騰すること一丈乃至三四丈に至る其音雷の如く天下の奇泉なり

遠田郡 涌谷町人口七千六百餘郡治の中心なり又兵衞山の附近に薫粟沼あり其南に名鰭沼在り共に大にして魚鰕の利あり水禽を得るの利あり特に灌漑に便ず物產は主に農產物なり

栗原郡 築館町人口四千二百郡役所此地にあり玉造の郡境に上ノ原あり東西二里廣原にして現今牧場となる花山村に泉ありて又浴客多く其西方に白糸の瀧あり郡の物產は農產物にて其他蒲柳の蚊張又鶯澤村の金銀鑛等世に知らる

登米郡 佐沼町人口四千六百郡治の中心たり郡中池沼甚だ多く其大なるもの伊豆沼にて長沼之に亞き以下北方の田中沼善王寺沼船越池等あり物產は農產物多く特に麻を產す

桃生郡 飯野川町人口五千五百餘郡役所此地にあり大鷹森宮戸島にあり登臨の美富山に及はざる遠しと雖も猶東南諸島を一望の中に收め岩洞の門より白帆の往來するを見る眞に奇なり、扉谷一に鷗沙灣と呼ぶ松島の景を扇形に見得るを以て名あり

牡鹿郡 石巻町一小港にして人口二萬商業繁盛の地町中に日和山公園ありて眺望佳なり金華山は牧鹿半島の一孤島にして其高さ八十丈周圍大凡十二里怒濤險岩に富み其風景の絶佳なる蓋し東北に冠たり山腹に天女堂ありて寺を金華山大金寺といふ延喜式に載せれる黃金山神社は鳥汀より鮎川の江濱に至る山腹にありて所謂奥州小田郡の陸奥山は則是なり

本吉郡 志津川人口五千六百にして郡役所此地に置かる氣仙沼町は人口八千二百ある良港にして一に鼎浦とも云ひ附近鑛山多きを以て船舶の出入常に絶へざるなり町の北方に羽黒神社ありて亦頗る雅致に富めり其海濱の地なる故岬灣多く又島あり物産は海產物に富む

岩手縣

巖手縣は奥羽地方の東北部にありて北は青森縣に接し東は太平洋に面し南は宮城縣と境し西は秋田縣に隣れり、管轄區域は左の一市十三郡とし、陸中國、盛岡市、巖手郡、紫波郡、稗貫郡、和賀郡、膽澤郡、江刺郡、西磐井郡、東磐井郡、上閉井郡、下閉伊郡、九戸郡、陸前國、氣仙郡、陸奥國、二戸郡にして、西積は八百九十九方里餘人口八十四萬五千餘あり、交通は東北本線縣を南北に貫通し岩手輕便鐵道花卷驛より仙人峠に至り諸々に軌道開通以て本線に接續せり、鑛山到る處にありて鐵、銅、銀、石炭等の礦業物に富み良材多く亦南部馬の產出夥し北上川の沿岸には平野開け、地味膏沃五穀豐熟す

盛岡市 舊南部侯の居城にして岩手縣第一の都會なり、現今人口四萬二千餘にして縣法の中心地たり中津川の對岸に不來方城址り、盛岡公園は内丸にありて中津川の北岸に位す、中央なる小岳を瓢山と稱して境内に招魂社あり、縣社八幡神社は延寶七年南部行信の建立せしところにて、譽田別尊を祀れり、櫻山神社は南部氏の藩祖を祀りれる所にて現今縣社に例す

巖手郡 厨川棚盛岡驛を距る三十丁、阿部貞任の城趾にて今尙空濠の跡を存し、岩手山、一名岩鷲山又岩手富士の稱あり絶頂は海拔六千八百七尺ありて岩手山神社ありて祭神には

稻倉魂命、大己貴命、日本武尊を奉祀し、御堂村北上山新通寺畔に弓弭清水あり、源賴義が安部賴時を攻むる途中炎暑甚だしく士卒渇を訴ふるも一滴の水なきより皇天に祀りて路傍の岩角を弓の弭を以て突き碎きたるに清水滾々として湧出せしと、後に義家玆に一字の堂を建て觀世音を安置す

柴田郡 縣下の最小郡にして郡役所日詰町にあり人口二千餘此町に陸奥の豪族藤原秀衡の族たる比爪氏の館址あれど今は宅地となりてその跡を求め難し、町內に又延喜式內の古社利和神社あり、古館村字陣ケ岡の陣岡蜂社は源義家が貞任を伐ちし時の陣所にしてまた賴朝が藤原泰衡の臣河田次郎の首を刎ねたるところなり

稗貫郡 花卷町は古への鳥谷城にして、安部賴時の始めて築きし所、天正十九年淺野長政九戶を鎭し其臣北秀愛に此地を守らしめ初めて今の名に改稱したる所現今人口三千五百餘あり

和賀郡 黑澤尻町人口七千餘を有する名邑にして此地より北方を所謂昔の南部領たり、谷內村谷內に鎭する丹內山神社は多遲知比古命を祭る處にして神代よりの舊社なりといふ、往古蝦夷人の崇拜したる神にして境內の男杉女杉は頗る古く女杉の周り七丈二尺餘、男杉の周りは三丈四尺餘共に亭々として高く天を摩す

膽澤郡 水澤町舊伊達家の國老伊達將監の居りし所にして方今人口九千九百餘の名邑なり、町の日高神社は天神中主神を祭り之に源賴義その子義家を配祀す衣川柵舊趾、衣川橋の上流五六丁の所にありて琵琶柵と相對せり、即ち安部賴時、貞任の居館にして、歷史上甚だ著名の地なり、この附近衣の關跡衣の里、清衡が京の東山になぞらへしといふ東稻山など訪ふべく探るべき地甚だ多し、衣川の上流に衣の瀧といふ高さ七丈餘の飛瀑あり

江刺郡 岩谷堂町は盛岡街道の要衝にして人口六千七百餘ありて郡役所此地に置かる町に多門寺重染寺の古刹ありまた黑石村字黑石に正法寺といふあり曹洞宗總持寺本山二代峩山禪師の高弟、無底和尙の開山にして數々北朝の帝より綸旨を降下され奧羽に散在する末寺千餘寺を統轄したるが今はその權本山に移りたり、藤里村字餠田の豐田館址は安倍賴時の女婿、亘理經淸の居城たりし地なり、伊手村に戶隱神社あり

西磐井郡 一の關町一に磐井と稱し、人口八千七百餘舊時に田村將監三萬石の城下にて、舊城址は町の傍を流るゝ磐

井川の右岸にあり町の中央の御館山公園ありて其所に阪上田村麿を祀る、磐井川對岸山ノ目村には釣梅山公園ありて遠く平泉の平野を望む、此地に延喜式の古社配志和神社及び曹洞宗願成寺あり平泉村はかの奥州の豪族藤原基衡、秀衡、泰衡相踵いて此處にあり、秀衡の四子の居所も皆その附近に散在す、同村字高館は一に判官館と稱し源義經が頼朝に追はれて秀衡を賴り此處に來りて身を攻め後その子泰衡の詭計に落ちて自殺したる高館域のありし處なり其附近義經主從に關する遺跡多し同村の中尊寺は仁明天皇嘉祥三年の創建にかゝり、清和天皇貞觀元年始めて今の寺號を賜ひ堀川天皇の御宇長治二年藤原清衡に命じて造營せられし所境内の金色堂には藤原氏三世の棺を納め各現在す、古より最も因緣深き奥羽第一の古名刹にしてまた天下の靈場たり尚同村の毛越寺も中尊寺と共に國内の古名刹にして往昔より歷朝の因緣深く藤原氏その他に關する名蹟多く存在す

東磐井郡　名邑を千厩町といひ人口三千七百餘ありて郡役所此地に置かる大原村字大原の山吹城址は大原信光の築きたる居城のありし地なれど今は多く田圃となりてその址探を得ず東稻山は長島村字長部にありて秀靈の景平泉第一となす矢越村の矢越神社は源賴義が賴時を伐つ時、祀願を込めて矢を山頂に放ちその矢の山を越へん事を願ひて吉兆となしたるよりその紀念のため創建したるものなり、黃海村の薬山神社は松柏蓊鬱たる薬山の山頂にあり

氣仙郡　名邑を盛町と謂ひ人口二千二百餘の一小港なれど港灣常に小商船輻輳す景色又絕佳なり今郡役所此地に置かる今泉村にある北野神社は太田道灌の創始にして菅原道眞を祀る、また竹駒川の上流に不動瀧あり今泉川に注ぐ源流には白糸の瀧あり、今泉川の上流、種山原は今陸軍、軍馬補充部の牧場たり

上閉伊郡　遠野町は人口六千四百餘郡治の中心地なり釜石町は釜石港頭にありてその繁華遠野町に匹敵す、人口二萬六百餘あり、港は深からずと雖も船舶の碇泊に便なり、有名なる釜石鑛山は市街の西方二里餘の山中にありて銑鐵多量に產す遠野町に諏訪神社あり

下閉伊郡　宮古町は東海の良港なると共に要地なり人口八千七百餘ありて郡役所また此所に在り、同町字横山八幡神社あり往時阿波の鳴戸の激流を本社の禰宜某が一首の神歌によりて鎭めたりとの傳説により阿波人の本社を崇敬すること

深し、また此地は義經辨慶等が高舘を逃れて蝦夷に渡らんとしたる時參籠したる祉なりと傳ふ

九戸郡 縣下の北端にあり東は外洋に面し、西方は二戸郡に連り南方下閉伊郡と隣る地勢海に沿へる地平坦なれどもその他は多く山嶽に依りて構成せられる、されどもまた廣濶の地なきにしもあらず、名邑久慈町は郡役所の在るところにして人口五千五百餘ありて海岸線の要路たり。

二戸郡 福岡町人口四千四百餘あり、一戸町人口三千四百餘盛岡に亞ぐべし此一戸の北にある國境の阪路には羊腸として頗る險しくその左右の岩石宛かも波に浸されたるが如く今尙貝殼などの固着する處あるを以て士人之を古へ波の打寄せたる跡なりとし波打嶺といふ俗に末の松山とも呼べり。

青森縣

青森縣は奧羽地方の東北端に在りて東は太平洋に面し、北は津輕海峽を隔て、北海道の渡島國に相對し、西は日本海に臨み南方は岩手、秋田の二縣に接し其面積六百七方里にして、地勢は東南、西北の海濱に沿へる地方は低地あれども他は槪ね高峻なり、現今行政區劃を二市八郡に分つ、人口七十萬二千餘なり其郡市名は下の如し、弘前市、青森市、東津輕郡、西津輕郡、中津輕郡、南津輕郡、北津輕郡、上北郡、下北郡、三戸郡とし交通鐵道は東北本線、奧羽本線の二線ありて八戸線、黑石線の二支線あり海運は青森市より函館港に至る院線接續船あり

青森市 青森灣に臨める一市街にして青森縣廳の所在地なり此地昔は眇たる一寒村に過ぎざりしものを寛文年間、津輕信牧家臣に命じ始めて埠頭を築かしめしが今日基礎となりたるなり市内主なる名勝は、善知鳥神は安方町の停車場を出でゝ五六丁、大町一丁目二丁目と其境を接せり、縣社にして布杵島姫命、多羅理姫命を祀り本社、拜殿、社務所等あり境内頗る廣濶なり、安部比羅夫肅愼を征する時、戰勝を祈りて勸請せしものなりと、社の緣起はかの謠曲善知鳥の中にある傳說に基くといふ、今浦公園は荒川の流を隔てゝ浦町停車場を距る二十町、園内に招魂社あり、前に澎湃たる蒼海を望み、眺望甚だ佳なり、又外ヶ濱は青森灣一帶の總稱にして勝地に富む、其他廣田神社、常光寺、正覺寺、蓮心寺、蓮華寺等あり

弘前市 は商業の活潑なると交通の盛なるとにては青森市に及ばざれども、人口の多きと、市街の整頓せるとに遙かに

その上にあり、現今人口三萬餘を有し、市中見るべきものは弘前舊城なるべく、今猶牙城市の一櫓と、辰己、丑寅、申酉の三櫓は巍然として空に聳え、追手、追手、外東、內東、內南の七門を存せり、二の丸、三の丸は陸軍省用地となりて弘前兵器支廠は城市內にあれど、牙城は公園と爲し、以て四時遊樂の地となれり而して其地は稍丘陵を爲せるため遠落近村皆脚下に集り、岩木山の雪は人をして襟を扱いてこれに向はしむ、城南、大圓寺の故址に五重塔あり、寛水七年の創建にして高さ十七間餘、登臨すれば十里餘の平野を望むべし、其他東照宮、八幡宮、招魂社、長勝寺、報恩寺等あり此地產物多く、津輕塗の如きは特に世人の珍とする所、林檎も亦多額の產出あり

東津輕郡　淺虫溫泉は淺虫停車場より一丁を隔つるに過ぎず、地は海に面し、山を負ひ、氣候又甚だ中和に、尤も避暑避寒に適す、泉源を椿湯、大湯大湧の湯、五郎兵衛湯、裸の湯、柳の湯、目の湯、鶴の湯に分ちいづれも鹽類泉なり、昔時圓光大師東北に巡錫して一頭の牝鹿のこの海中に浴するを見里人に諭して浴場を此地に開設せしむるを以て濫觴とす、然れども土人は恐れて之に浴せず、唯布に織るべき麻を浸して蒸しける故に、誰言ふとなく麻蒸と言ふに至りしを中古今の名に改めたるなりと、田茂木野は青森停車場を距ること約三里、八甲田山の東麓にあり明治三十五年一月二十三日步兵第五聯隊雪中行軍の折り凍死の地として其名を知らる、同年七月二十三日立見第八師團長祭主となり、招魂祭を此地に擧行せられ、紀念をやすの森に建つ、今別村の本覺寺は淨土宗にして形勝の位置にあり

西津輕郡　東は中津輕郡、西は一帶日本海に臨み、南は秋田縣の山本郡、北は北津輕郡に接し、地勢は郡の中央より西南に亘りて山嶽重疊し、その西方にに艫崎岬角をつくる、山嶽は泊嶽、白神嶽、岩木山あり、河流は岩木川、赤石川、追良瀬川あり、十三潟は郡の北端にある巨津にして、其廣さ東西一里三十丁、南北三里十丁周圍七里餘、岩木川、田光沼の下流皆こゝに注ぐ、津輕氏の祖左衞門秀榮が今を距ること七百年前居せし福島城址は今猶存す

中津輕郡　名邑は清水町にして人口五千餘にして弘前聯隊區司令部、郡役所を置く、藤代村なる岩木川の傍に津輕氏中興の祖爲信の古廟あり金碧燦然として壯麗を極む、暗門瀑は弘前停車場を距る西方十一里西目屋村大字川原平の山中にあ

り、三層にして一層毎に其方向を異にし奇觀極りなし第一は高さ二十丈巾二十間第二は高さ十八丈、巾二十二間第三は高さ十二丈巾十六間あり、相馬村大字紙漉澤に長慶天皇の御陵參考地あり、大浦村には津輕爲信の據りし大浦城趾あり、岩手山は津輕富士又は奥富士の名あり、海面を拔くこと二千五百六十尺山容倒扇を懸けたるが如く、その裾は長く西津輕郡に跨る

南津輕郡 黑石町は人口七千餘を有し、土地高燥、四望快濶甚だ風景に富む黑石神社字市の町にありて黑石藩租津輕信英の靈を祀れり、猿賀村に上毛田道を祭れる縣社猿賀神社あり、中野神社は下山形村字中町にあり、紅葉の勝地として知らる、浪岡城趾は南朝の名臣北畠顯家の子顯季の義を唱へし古跡にして、長慶天皇の潜幸あらせられし地と稱す大鰐温泉は平川を隔てゝ藏館と相對し兩村の人口併せて二千餘、頗る山水の風趣に富み、温泉場亦甚た完備せり泉質は鹽類泉なり

北津輕郡 東は東津輕、西は西津輕、南は南津輕郡に接し、北方一帶は海に瀕す、地勢は大釋迦ヶ嶽の山脈東に並峙し、北走して海に入り龍飛崎となる、西は概して平衍なり、中尺以北は低濕にして動すれば水害を蒙る、名邑五所河原町は人口五千三百餘ありて郡役所、區裁判所等此地に在り、小泊村西南海中に斗出する岬角を小泊岬といふ、長さ約一里岩石峨々として連なり、その盡くる所に獅子岩あり

上北郡 東は大平洋に面し、西は東津輕、南津輕の二郡、南は三戸郡、西南は岩手縣、北は下北郡に連る地勢西南に山嶽多く、中央及東海岸は原野多し、山嶽は噴火山たる高田大嶽あり海拔五千十六尺と稱す河流は奥入瀨川、天間館川、七戸川あり、名邑を七戸町、野邊地町とす、七戸町は舊七戸藩の城市にして人口約七千を有せり、所謂南部地方の牧馬はこの地を中心とし、農商務省直轄の種馬牧場は其西北一里餘にあり二才駒の糴賣は毎年十一月一日より十三日に至り、諸國の馬喰陸續として來集す、附近に小川原沼、壺の碑等あり、三本木原にては軍馬養成所あり、野邊地町は陸羽街道より左折して、右に斗南半島を起す、人口六千餘を有し、また青森灣に臨み良港を成す、冬期降雪甚だしく、往々汽車の進行を阻害することあり爲めに乙供停車場と此停車場の間に雪除裝置あり

下北郡 は長く青森灣に突出したる斗南半島にて北海道の

の地として歴史上甚だ著名なり

渡島南岸と相對す、此地は舊會津藩君臣の維新後遷されたるところなり、地勢は北部及び中央部に山嶺綿亘し、漸く傾斜して海岸に連り、其沿海に港灣多く、南海は風波殊に靜穏なりと雖も、北方は津輕海峽に面し、潮勢殊に急險なり、朝比奈嶽は半島第一の高峰にして北に隣れるを宇曾利噴火山一名恐山と爲す田名部町は半島第一の都邑にして恐山及び大湊等の通路に衝る、人口四千餘を有し、恐山はこれより北三里三十町其中腹に圓通寺あり

三戸郡 西方は秋田縣、東は海南は岩手縣下の二戸郡、北は上北郡に接し地勢山峻にして東北の一部のみ平衍の地を有す、山嶽には戸來嶽、尖嶽、三ッ嶽、來滿嶽、名久井嶽、四角嶽、陸上嶽等あり河流に馬淵川、市川、鷹巣川あり八戸町は本郡の首都にして舊八戸藩南部氏の城下にて人口一萬六千餘を有し青森、弘前につぐ有數の都會なり現今郡役所區裁判所等を置く、同町大字八幡町に縣社三八城神社あり南部直房、南部光行の靈を合祀す、汽車はこれより支線を起して湊町に達す、有名なる鮫町は港町の東方一里の海岸にありて蕪島あり前に横はり灣内水清く魚介に富み風景又絶佳なり

三戸町は人口三千餘を有する一名邑にして、殊に南部家基業

靜岡縣

總說　靜岡縣は神奈川、山梨、長野、愛知の四縣と接して太平洋に沿ひ遠江駿河の二國と伊豆の大部を含み面積五百四方里あり、縣內に靜岡、濱松の二市と賀茂、田方、駿東、富士庵原、安倍、志太、榛原、小笠、周智、盤田、濱名、引佐の十三郡あり人口合せて百六十萬を超ゆ。富士山、赤石山等縣境に聳え富士、大井、天龍の諸川南流し伊豆半島は風色絕佳なる駿河灣の東を限る。茶、洋紙の產出最も多く和紙、漆器織物、綿糸、蠶糸、水產物、木材、米麥、蜜柑亦少なからず鐵道東海道線は本縣を東西に貫通して駿豆、富士身延、藤相濱松等の諸鐵道と連なり數多の軌道亦備はる。

靜岡市　面積〇、四三方里人口六萬二千、舊名を府中又は駿府と云ひ今は縣廳所在地にて漆器、竹器等を產し茶の集散行はれ國幣小社神部神社、淺間神社、大歲御祖神社、淨土宗寶臺院及び華陽院あり又臨濟宗に屬する臨濟寺あり東京を距る四十六里

濱松市　井上氏六萬石の舊城下にて帽子、樂器、形染等の製造頗る榮え諏訪神社、五社神社あり人口六萬五千

賀茂郡　面積五四、八〇方里人口七萬七千、郡內の名邑を下田町とし郡役所の所在地なり我が開港史に名高く淨土宗海善寺、風色宜しき鵜島等あり。河津溫泉は下河津村にあり河津三郞の古跡なり。白濱神社は濱崎村大字白濱にありて縣社なり石廊崎は太平洋に突出し眺望雄大なり

田方郡　面積三七、六五方里、人口十三萬六千、三島町には官幣大社三島神社ありて祭神は大山祇命なり町の人口一萬六千。伊東溫泉は伊東町にあり東林寺、佛光寺、久豆彌神社等名跡少なからず人口一萬二千あり。熱海溫泉は熱海町にあり著名の溫泉にして二十餘湯あり就中大湯は間歇泉に屬す熱海公園、臨濟宗溫泉寺あり。伊豆山溫泉は熱海溫泉を距る約半里に過ぎず伊豆山神社あり。修善寺溫泉は修善寺村にあり土地幽邃、史上に名ある修善寺あり。韮山村には韮山城址、江川太郞左衞門の反射爐の址、蛭小島、臨濟宗國淸寺等あり。

駿東郡　面積四一、八〇方里　人口十二萬九千、沼津町は水野氏五萬石の城市たりし處にて有名なる保養地の一なり縣社丸子神社、鄕社日枝神社あり、海岸を千本松原と云ふ牛臥海水浴場、桃鄕の桃林に遠からず、人口二萬一千、御殿場町は富士登山口の一なれば夏季頗る賑ふ。富士山駿河甲斐の二國に跨

り八面玲瓏、帝國第一の名山なり最高點劒ヶ峰は海拔一萬二千尺を越ゆ近年登山するもの次第に增加す。小山町は紡績業盛に行はれ人口一萬八千あり。佐野瀑園は小泉村にある勝地なり。我入道海水浴場は楊原村大字我入道にあり

富士郡 面積三五、九五方里、人口十二萬三千、大宮町は富士登山表口に當り官幣大社淺間神社あり製糸工場あり人口一萬八千田子浦村は古來著名なる勝地なり。福泉寺は鷹岡村にある曹洞宗の寺にて曾我兄弟の墓あり、大石寺上野村大字上條にある日蓮宗の巨刹なり。白糸瀧は白糸村大字原村にあり幅四十丈に餘る

庵原郡 面積二一、四〇方里、人口八萬、吹上の濱は富士川町にあり風景田子浦に讓らず。淨瑠璃姫の墓は蒲原町にあり興津町禪宗清見寺、清見潟海水浴場を有す。小島村は松平氏一萬石の治所なりき

安倍郡 面積六八、二七方里、人口十一萬三千、淸水町は長さ一里に近き三保松原を控え茶の輸出多き開港なり人口二萬龍華寺は不二見村大字村松に位し法華宗にして高山樗牛の墓あり。御穗神社三保村の三保ヶ崎にあり羽衣松を有す。久能山久能村にあり別格官幣大社東照宮あり。凧の森は南藁科村大字牧ヶ谷に屬す

志太郡 面積三三、八五方里、人口十三萬九千、宗津谷峠は庵原郡に跨り蔦の細道の古蹟あり。藤枝町には眞宗蓮生寺あり人口一萬、島田町越すに越されぬと歌はれし大井川の東岸に位し對岸金谷との間に昔は輦臺渡ありき木材の集散行はれ人口一萬九千を算す。燒津町日本武尊に因あり燒津神社及び海水浴場あり人口一萬四千。田中城址は西益津村にあり本多氏四萬石の藩治たりき

榛原郡 面積四四、八〇方里、人口九萬一千、小夜の中山金谷停車場に遠からず名高き夜泣石あり。菊川の里金谷町大字菊川にあり又町に牧野原茶園あり相良町相良氏一萬石の舊城地にて附近に石油の產出あり人口一萬一千

小笠郡 面積二六、〇四二方里、人口十一萬六千、掛川町は太田氏五萬石の治所たりし事あり茶を產す。横須賀町西尾氏三萬五千石の舊城地なり。八幡神社は東山口村大字八阪にある縣社なり

周智郡 面積五二、五〇方里、人口四萬九千、可睡齊三尺坊久努[illegible]村の久能にあり。參拜者多し小國神社一宮村にあり國幣小社に列す。秋葉神社犬居村大字領家にあり縣社なり

磐田郡 面積三五、三〇方里、人口十三萬七千、見附町縣社淡海國玉神社及び矢奈比賣神社あり。中泉町八幡神社あり上古國府のありし處と云ふ。熊野侍從墓池村行興寺にあり。二俣町淨土宗淸瀧寺あり。久根銅山佐久間村にあり

濱名郡 面積一八、六一方里、人口十六萬三千、濱名湖周圍二十里の大湖にて今は直ちに海に連なり風色佳なり。舞阪町辨天島に海水浴場あり、鷲津海水浴場吉津村大字鷲津にあり新居町德川時代には番所ありし處なり。三方ヶ原古戰場三方村にあ、開墾頗る進みたり。普濟寺富塚村大字富塚にあり禪宗の名刹なり

引佐郡 面積二三、七〇方里、人口五萬一千、氣賀町避暑客の來遊するもの少からず、井伊谷宮井伊谷村に祭る官幣中佐なり。方廣寺奥山村に位し半僧坊大權現あり縣下の官公衙學校は左の如し

縣廳（靜岡市追手町）賀茂郡役所（下田町）田方郡役所（三島町）駿東郡役所（沼津町）富士郡役所（傳法村）庵原郡役所（江尻町）安倍郡役所（靜岡市追手町）志太郡役所（藤枝町）榛原郡役所（川崎町）小笠郡役所（掛川町）周智郡役所（森町）磐田郡役所（見付町）濱名郡役所（濱松市高）引佐郡役所（氣賀町）靜岡市役所（靜岡市追手町）靜岡市電氣部（靜岡市追手町）濱松市役所（濱松市利）靜岡師範學校（靜岡市追手町）濱松師範學校（濱松市名殘）女子師範學校（靜岡市西草深町）縣立靜岡中學校（安倍郡安東村）縣立濱松中學校（濱松市名殘）縣立韮山中學校、（田方郡韮山村）縣立掛川中學校（小笠郡掛川町）縣立沼津中學校（駿東郡楊原村）縣立榛原中學校（榛原郡川崎町）縣立豆相中學校（賀茂郡稻生澤村）縣立見付中學校（磐田郡見付町）縣立靜岡高等女學校（靜岡市安西）縣立下田高等女學校（賀茂郡下田町）縣立三島高等女學校（田方郡三島町）縣立沼津高等女學校（駿東郡沼津町）縣立巴高等女學校（安倍郡入江町）縣立藤枝高等女學校（志太郡藤枝町）縣立見付高等女學校（磐田郡見付町）縣立靜岡工業學校（靜岡市東鷹匠町）縣立濱松工業學校（濱松市濱松寺島）縣立濱松工業補習學校（濱松市濱松寺島）縣立中泉農學校（磐田郡中泉町）縣立藤枝農學校（志太郡西益津村）縣立大宮農學校（富士郡大宮町）縣立蠶業學校（濱名郡曳馬村）縣立田方農學校（田方郡函南村）縣立安倍農學校（安倍郡豐田村）縣立小笠農學校（小笠郡六郷村）縣立周智農林學

校（周智郡森町）縣立引佐農林學校（引佐郡金指町）縣立靜岡商業學校（靜岡市追手町）縣立濱松商業學校（濱松市三組）縣立沼津商業學校（駿東郡沼津町）靜岡縣三島商業學校（田方郡三島町）靜岡實踐商業學校（靜岡市追手町）靜岡縣清見渡商業學校（安倍郡入江町）靜岡縣御殿場實業學校（駿東郡御殿場町）靜岡縣駿東農林學校　駿東郡沼津町）靜岡縣佐野實業學校（駿東郡小泉村）靜岡縣志太郡燒津水產學校（燒津町）濱松市立濱松高等女學校（濱松市松城）靜岡縣富士高等女學校（富士郡傳法村）大宮高等女學校（富士郡大宮町）榛原高等女學校（榛原郡川崎町）靜岡縣掛川高等女學校（小笠郡掛川町）靜岡縣島田高等女學校（志太郡島田町）大仁高等女學校（田方郡田中村）二俣實科高等女學校（磐田郡二俣町）町立氣賀實科高等女學校（引佐郡氣賀町）森町實科高等女學校（周智郡森町）

沼津測候所（沼津町）濱松測候所（濱松市高）縣立農事試驗場（安倍郡豐田村）靜岡工業試驗場（安倍郡豐田村）濱松工業試驗場（濱松市濱松寺島）靜岡水產試驗場（安倍郡清水町）靜岡市商品陳列所（靜岡市追手町）靜岡縣立三保學院（安倍郡三保村）原蠶種製造所（靜岡市安西外新田）蠶業取締所（縣廳內）濱松市立圖書館（濱松市紺屋）縣立川邊病院（安倍郡大里村）縣立鴨江病院（濱松市鴨江）縣立沼津病院（　東郡沼津町）市立靜岡病院（靜岡市尾形町）靜岡市傳染病院（靜岡市安西外新田）市立濱松病院（濱松市東鴨江）

鳥取縣

總説

位置、面積、戸口

本縣は山陰道の中部に位し、因幡、伯耆の兩國を管轄し、行政上鳥取市及岩美、八頭、氣高、東伯、西伯、日野の一市六郡一八九ヶ町村に區劃す。

東は兵庫縣に接し西は島根縣に隣し、南は岡山、廣島兩縣に境し、北は渺茫たる日本海に瀕し、西北部の一端長く海中に斗出して半島をなし、一葦帶水を隔てゝ島根半島と相對する。即ち本縣の位置は東經一三三度一四分乃至一三四度二六分、北緯三五度三四分に起つて三五度三六分に終る。其廣袤東西三二里二町、南北一五里二七町、海岸線の延長四四里一〇町に達し、總面積二四一方里二四を有する。

現在人口は男二二六、三〇〇人。女二三五、九〇〇人。合計四六二、二〇〇人。現在戸數八四、九八九戸にして一戸平均五人四四の割合であり、一方里に付九一六人の密度を示してゐる。

地勢、地質及氣候

地形東西に長く南北に狹く、北及西部の一部に平野展開せるものありと雖も、域內一般に山野に富み殊に東及南部は峻嶺を以て但馬と境し、峰巒重疊、南に高く北に低い。從つて河川は總て源を是等國境に發し支脈の間を點綴し北流して日本海に注ぐ。西南部山岳地帶は深く岡山、廣島、島根三縣の間に突入し、西北部は弓濱半島をなし遠く島根半島の中腹部に向つて斗出し中海と日本海とを遮斷す。而して其北端に境水道ありて兩海を聯絡してゐる。日本海及中海に面せる沿岸四十四里餘の間崎岬の突出若は砂丘蜒々數里に亘り以て水陸を境界してゐる。

陰陽兩道の界を成す中國山脈は縣の東南部に入りて沖ノ山那岐山を中心とせる一大山彙を形成し西に走りて大山、蛭山矢筈山等の諸山に連り更に進みて奥日野の高原を形成し、伯雲備の國境に位置する三岡山に至り本縣を離れる。其間數多の高山屹立し更に其支脈は分れて北走し域內に幾多の山岳峰巒を起伏せしめて急傾斜をなし日本海に盡きる。

大山は陰陽兩道に於ける最高峰にして海拔五六五三尺、山容秀麗にして富岳に酷似せるを以て伯耆富士又は出雲富士の稱あり。其他大倉山、船通山、菅ノ山、扇ノ山、氷ノ山等は兩州に於ける高峰にして孰れも火山岩より構成せらるゝも總て死火山である。如上を以て本縣には到る處に温泉湧出して十指を屈する。

山脈の走向、河川の流態前述の如くなるを以て一般に國境方面は地勢急峻にして海岸部を除けば耕地に乏しく只日野郡の奥部は高原狀をなし大山々麓は普通火山地方に見るが如き裾野狀の原野をなすの外、日野川、千代川の流域は比較的大面積の平野をなし、地味肥沃にして農耕に適する。而して本縣の地質は概ね火山噴出物より成り、其表面は腐壚土を形成するものが多い。

氣候は東南西の三方は山脈を以て包み北方一帶海に面し海上約十里の沖を黑潮の暖流西より東に流るゝを以て、四時の氣候は概ね温暖で、全年の平均華氏五〇度、盛夏は平均七四度である。然れ共秋冬の候降雨雪の量多く常に陰鬱なる天候に閉され奥部國境に接する山間部に於ては冬季積雪期長く且積雪量多く數尺に達するも、毎年四月より九月頃迄は比較的雨天少く殊に梅雨期中雨を見ること少きは他地方人士の想像だも及ばざる所である。

河川、池沼湖、港灣

因幡國に於ける主なるものは千代川、河内川、日置川及蒲生川とする。千代川は源を八頭郡に發して日本海に注ぐ。伯耆國にありては其主なるものを天神川、加勢陀川、由良川、佐陀川、日野川とする。日野川は日野郡に源を發し西伯郡を貫流して美保灣に注ぐ。其本支流の沿岸は伯州鐵の產地にして砂鐵の採集盛である。要するに本縣の河川は中國山脈に發して幅狹き地方を流るゝが故に大河と稱すべきものがない。

縣内の主なる池沼湖の構成は海成沖積層及砂丘の日本海の一部を包鎖して成れる所謂閉鎖に屬する。而して湖山及東鄉の兩湖は淡水魚族に富み其產額も年々多い。主なる池沼湖は左の如し。多鯰池、湖山池、水尻池、東鄉池。

更に港灣に就て見るに日本海に面せる沿岸四十餘里、其間良港に乏しく、獨り西伯郡夜見半島の北端にある境港を以て山陰に於ける唯一の良港とし、船舶の碇泊に適する。其他米子港、網代、浦富、賀露、青谷、泊、橋津、赤碕等がある。

交　通

三面山を以て圍まれ一面海に臨むを以て天然的一區劃をなし往時は交通極めて不便なりしも近時山陰鐵道及其支線の開

通、港灣の築造、道路の開設等諸般の機關漸次備り大いに其面目を一新した。即ち鐵道山陰本線は海岸に沿ふて東より西に走り更に支線として境線は米子と境港間を連絡し、又鳥取智頭間の因美線、井上、倉吉間の倉吉線、伯耆大山、上石見間の伯備北線は派して中國山脈を横斷し、縣下主要林業地を貫いて近く山陽線に連絡せんとしてゐる。外に米子、法勝寺間の伯陽電鐵線がある。以上管内鐵道の總延長は一三五哩にして三八驛を有し一ヶ年の旅客貨物收入金は三、〇五一、三五六圓に達する。

道路は國道、縣道、市町村道を合せ延長三、六〇二、〇六七間であり、其の平均幅員は二間一を示してゐる。更に本縣には比較的良港に乏しく僅に境港の外淀江、赤碕、橋津、賀露浦富等を有するに過ぎぬ事は前述の通りであるが、山陰唯一の良港たる境港は大正十一年度より築港工事を起し、將來滿鮮航路の中心點たらんとしてゐる。今大正十二年度に於ける境、米子兩港の入港船舶に就て見るに、船數一二、二五一、噸數一、七九三、〇五七に達してゐる。

教育

小學校は大正十二年度に於て本校四三〇、分敎場五二にして二、二五四學級を有し、教員一、八七二人。在學兒童は總數八七、五九七人にて、一學級に對し四五人三を示し、更に一教員に對し四一人四二の割合である。而して就學步合は最早理想に近く管内を通じ平均百人に付九九人五五に達し、前年に比し〇・一五、十年前に比し〇・九五の向上を示してゐる。尙上記の外師範學校附屬小學校一校がある。

中等學校は公私立中學校六校、高等女學校四校、實科高等女學校及技藝學校三校、商業學校一、工業學校一、農林學校一、農學校五、其他鳥取縣教育會講習所、鳥取盲啞學校等がある。此教員總數三五三人、學級一七八を算する。

師範學校は現在一校にして九學級あり教員一九人、囑託二人、生徒男二八九人、女三三人を有する。

社會教育に關しては本縣に於ては此種の機關は未だ設置されず、されど協調會主催の講習會に講習生を派して社會事業の中心人物を養生するに努力しつゝある。其他私立幼稚園六市立圖書館一、町村立同二、私立同三がある。

以上は本縣教育に關する大體であるが、大正十二年に於ける縣教育費は六九八、〇三七圓を要し、又市町村の教育費は、二、一二六、六四二圓を算した。今一學級に對する經費を見るに前者に於ては五三、六九五圓を要し、後者に於ては五、二七一圓を算してゐる。

産　業

本縣の生産額は農産を主位に工産を次位に林産、水産、畜産、鑛産の順位を示し、大正十二年の生産總額は八六、八三八、一九七圓にして一戸當り平均一、〇二二圓となり、現住人口一人當り一八八圓の割合である。

生産價額	八六、八三八、一九七圓
内　譯	
農産價額	四五、九四五、〇五〇圓
工産價額	二六、九五一、六七四
林産價額	八、六九九、六三七
水産價額	二、九二三、五六八
畜産價額	一、七四三、八六三
鑛産價額	五七四、四〇五

而して右各種價額は其前年に比し林産の一、三五五、七六四圓、畜産の七五、五九九圓の減少を見るの外、孰れも増加を示してゐる。即ち農産に於て四、〇六四、八三五圓、工産に於て一九九、八〇四圓、鑛産四一二、〇六一圓、水産四五九、九三二圓の増加にして差引三、七〇五、二六九圓の増加を示した。

(1)農　業　米を以て生産の第一位とし、繭之に亞ぎ、桑葉麥、甘藷等の順序である。而して大正十二年に於ける生産總額は四五、九四五、〇五〇圓にして、農家一戸當り七九二圓となり、同一戸當作付反別は專業者九反歩、兼業者四反歩に當つてゐる。米の平年作は六九八、九四四石。麥は一四九、二二三石で一反歩の收穫高前者は一石七一三。後者は一石〇九四とす。尙果樹園反別は二四九町一、蠶種製造戸數一〇六とある

(2)工　業　主なるものに生絲の一一、一七五、八四〇圓。酒の四、八二五、七二一圓。醬油一、三四七、六九四圓。菓子一、〇四八、一〇七圓。和紙一、〇九八、一九四圓等があり、其他建具、指物、瓦、稻扱、藁製品等は孰れも年三十万圓以上の産額を有し、大正十二年に於ける工産總價額は二六、九五一、六七四圓に達し、此製造戸數一〇、六四七戸にして、一戸の生産價額は二、〇六五圓である。

(3)林　業　本縣は三面山嶽部なるを以て自ら林産に惠まれ林野の推定面積は國有二九、四一一町歩。公有一一七、三〇九町歩。社寺有一、四七六町歩。私有一一五、五一八町歩。計二六三、七一四町歩にして管内土地總面積の約七割を占め、國境に

接する山岳地方は地勢稍急峻なるも雨量多き爲め基岩の風化完全に行はれ、地味概して肥沃にして各種有用樹種は到る處に繁茂する。之等を森林植物帶上より見れば大部分は暖帶林に屬し、凡海拔二千尺以上の山岳地は温帶林で南部の林相と一致する樣である。

昔時は域内全部に亘り欝蒼たる森林を以て其大面積を占領せしもの丶如くなるも、近世亂伐野火の爲漸次林相を破り地力又減退して荒廢に歸しつゝある所も亦尠くない。

現時の林相は大體より云へば、北部海岸に沿ひて帶狀に黑松林連亘し、内部には巾廣き針濶混淆樹林及原野等交々分布し、南部國境附近及高原地方には山毛欅、椈、栗、シデ等の原生林あり、稀に天然生杉、樅等を混生する所もあり。山陰線の開通せざりし當時は此山岳地方の森林は利用の途拓けず到る處美林尠からざりしも、今や陰陽を横斷せんとする鐵道數條此地方を貫き、加之最近林產の需用增加のため亂伐せられ林相は昔日の觀なきに至つた。

本縣下に於て最も美林を有するは八頭郡智頭及若櫻地方並日野郡根雨及宮内地方にして、前者は古來之が植栽をなし百年生の長幹、無節の良材に富む美林尠くない。後者は樹齡尚低いが其面積の大なる點に於て前者と共に縣下人工造林の白眉である。日野郡奥部地方は舊藩時代より砂鐵採集事業盛なりし爲め、鑛山備林多く現今尚濶葉樹林に富み、原野狀をなすもの比較的少く薪炭林として價値あるものとある。

左に大正十二年の林產價額を掲ぐる。

用材	一九九、二八三石	一、二二一、六一九圓
薪炭材	一七一、四四〇棚	一、三四一、二六六
木炭	六、六八七、七三五貫	一、七三七、七八三
計		八、六九九、六三七

(4)水產業　四十餘里の海岸線を有する本縣の水產業も相當に發達して居る。明治三十三年水產試驗場を創設して其初年より漁撈、製造及養殖の各種試驗をなして約十年間に亘り、重要なる試驗事項に就ては一階段を經たるを以て、明治四十三年本場を廢止するに至つた程に長足の進歩を見た。爾後試驗の必要に際しては團體に委託し、其他は隨時相當の措置を採る事になつた。漁船は新造船二二七隻。大正十二年末船數三、四三四隻にして内發動機船は一八一隻を算し、漁網は同年末に於て二、五二五を有し水產總額は漁獲物に於て二、四二一、六一五円。製造物五〇一、九五三円。計八六、八三八、一九

七円に達し漁業者一戸に對する價額は四二七円である。

(5)畜　産　業　種畜場は東伯郡社村にありて種畜及家畜の改良酪業の普及、畜産智識の普及を目的とする講習、實地指導等の任に當り逐年良好の成績を得つゝある。

牛は本縣畜産中首位にあり年一一、七二七頭、八〇一、六二〇圓を産出し、産牛地として古來より其名が高い。豚は之に亞ぎ七、二三一頭。六二、一四六圓を産し、馬は一三七頭。一〇、二七二円を算する。其他生産物としては牛乳、鷄卵、鶩卵等にして大正十二年の生産總額實に一、七四三、八六三圓に達し、而も其前年度よりも七五、五九九圓の減少とある。其他に就ては左の如し。

年末頭數牛四二、八三四頭。馬二、一二三頭。豚七、一四七頭。山羊六四頭。(農家百戸に付牛七四頭)牧場一九。屠殺場數三。家畜市場數二七。獸醫四〇八。

(9)鑛　業　本縣に於ける製鐵の起源は古より有名なるものありしが、維新後洋鐵の輸入盛となり、和鐵は爲に壓倒せられて、往日の盛况を見るに由なきも、大正十二年中に於ける産額は左の通りである。

鐵	二二八、四七〇貫	二六九、一一一圓
格魯謨鑛石	七六四、一三一貫	八二、三四六圓
銅　鑛	一、五〇六、九九五	二二三、九四八
計	二、四九九、五九六	五七四、四〇五

會　社

大正十二年に於ける會社の本社の總數は二五〇社にして、内合名會社三四社。合資會社八二社。株式會社一三三社。株式合資會社一社にして、外に支店八四社あり。之を十年前に比すれば實に本社に於て九六、支店に於て五一、計一四七社の増加である。資本金總額は六二、六九四、六四二圓に達し積立金は四、五三五、五三〇圓を有する。

衛　生

醫療機關は大正十二年末に於て醫師三一八人。齒科醫師六〇人。藥劑師五一人。藥種商一六二人。製藥者一五人。賣藥製造業者二五一人。産婆二〇二人、看護婦三一〇人の散在と公私立病院六の外、傳染病院四。隔離病舍一四六。娼妓病院二の設備を有する。而して醫師一人に對する人口は市部に於て七六五人、郡部に於て一、四四二人平均一、四五四人の割合で又産婆一人に對する産兒は市郡部の平均八八人である。

大正十二年中に於ける傳染病患者五七二人中死亡一六三人

を算し之が百分比は死亡腸チブス二六八七、ヂフテリア三五八二、パラチブス一九八二、痘瘡七八七で最も多きは流行性腦脊髓膜炎の五七八一、赤痢之に亞いで五四八一である。

警察

大正十二年中に於ける檢擧犯罪件數は刑法犯三、二二五、警察犯處罰令九五四。廳府縣令違犯三、三六八。其他の法令違犯一、五九二〇。計九、二三九件である。火災度數は一三一回。罹災戶數三九〇戶。四、八六三坪にして、火災一度の罹災戶數は平均二戶九八であり、坪數に於て三七坪二の割合となる。尙火災の最も多き月は一月の一八度で最少は十二月の七度で一年平均一一度とある。

社會事業

社會狀態の進歩と推移とは社會的施設の急を告げ、大正七年大阪府及大阪市に社會課設置を始めとして今や全國の半分以上の府縣には社會課の特設を見るに至つた。本縣に於ては社會課を設けず、依然庶務課を主務課とし、事業の性質により學務、勸業、保安、衞生の各課に分掌せしめてゐる。之れ本縣の社會事業は今の處左迄複雜でなく社會課の特設なくとも庶務課に於ける聯絡統一にて十分であるからである。

左に各種の社會事業機關を列擧する。

1 救濟基金…鳥取縣大禮恩賜賑恤基金。鳥取縣恩賜慈惠救濟基金。鳥取縣軍人援護資金。鳥取縣罹災救助基金。縣下各市町村救貧罹災救助資金。

2 感化…私立奬業園。

3 育兒…財團法人鳥取育兒院。同因伯保兒院。

4 盲啞教育…財團法人鳥取盲啞學校。

5 救貧其他公益…財團法人奬恵社。

6 無料宿泊…眞報園。

7 釋放人保護…財團法人鳥取縣給會。米子和光會。

8 軍人救護…財團法人愛國婦人會鳥取支部、同帝國軍人後援會鳥取支部。

9 市場…町營米子公設市場、食料品市場並簡易食堂。

01 住宅供給…經營團體ニハ鳥取市、東伯郡倉吉町ガアリ又西伯郡米子町住宅組合、西伯郡境町住宅組合、西伯郡淀江町住宅組合等ガアル。

11 人事相談…鳥取、倉吉、米子警察署ニ於テ取扱ヒ家庭ノ不和、紛議抗爭ノ仲裁、職業紹介等ノ斡旋、相談ヲ受ケ一ケ年中ノ取扱件數八三一件ニ及ブ。

財　政

大正十二年度にける財政は左表の通りであるが、其一戸當り負担額は國稅四六圓一〇〇、縣稅二五圓一一八、市稅四一圓七三一、町村稅三七圓八八五となつてゐる。

決算	縣費	四、三四四、〇〇〇圓	三、七〇六、六九五圓
	市費	六六九、八九九	五〇九、三四四
	町村費	六、〇八七、七七〇	五、三六四、一六〇
	國費	二五三、四八三	一、二一八、五三〇

鳥取市

本市は鳥取縣の東北部に位し四周悉く岩美郡に屬し廣袤東西三四町、南北三〇町、面積零方里七四を有し、松江市と共に山陰道に於ける二大都市として市街殷賑を極め縣廳の所在地である。今戸數六、九一五、人口三八、五七三を數ふ。

地勢平坦にして源を岩美郡雨瀧に發する袋川は、市街の西北部を環流して千代川に合し、賀露港に至りて日本海に注ぎ久松山一帶の連山は其東北に聳立して舊時の要害を存し景勝の地たり。今や鐵路山陰線全通し運輸交通至便となつた。

本市の歴史を按ずるに其昔沼澤にして水禽多く棲み鳥を捕へた鳥取場が轉じて地名となれりといひ、或は又上世鳥取造《ミヤコ》の姓を帶びたる族人此地方に住し、又は此地方を領したりしが故に地名に呼ぶとある。曾て天正九年六月毛利氏の驍將吉川經家久松山の城を守り豐臣秀吉の爲めに圍まれて陷落し元和二年池田光政之に封ぜられ、後に寛永九年八月光政備前に移封せらるゝに及び從弟光仲代つて之に居り、近く明治四年の廢藩迄池田氏の統治二七七年間因伯二州の首府とはなつた

明治四年十一月鳥取縣を置かれ、同九年八月島根縣に合し同十二年四月郡區町村編制施行に際し、邑美法美岩井郡役所に屬し、同十四年九月鳥取縣を再設され、同二十二年四月市町村制の施行に際し邑美、法美の二郡より鳥取附近の地を割いて市制を布き、翌年市役所を開廳するに至つた。爾來拮据經營敎育、勸業の發達振興に努力し自治の實績逐年進歩の狀態にある。左に市制の一班を示す。

(1)敎　育　小學校六校、實業專修學校一校、學齡兒童男女計四、九九四。就學兒童四、九八四。就學步合平均九九・八〇學級八八にして敎員數一〇二、圖書館一にして一五、六三〇の藏書を有す。尙官公私立學校は鳥取高等農業學校、鳥取第一

中學校、同第二中學校、鳥取高等女學校、鳥取縣師範學校、靜修高等女學校、技藝女學校、久松幼稚園、愛眞幼稚園。

(2)生産物　大正十二年の生産總額六、二四〇、三九六圓にして其前年に比し三一五、一〇九圓を増加し現住一戸當り生産額九〇〇圓、同一人當一九〇圓の割合である。而して其主要物産は土管、漆器、綿織物、建具、酒、菓子、飴、賣藥、白珊瑚、醬油、疊、海松細工、生絲、杞柳製品等を數へる。

(3)交通　山陰本線は本市の南端を走り、因美線は本市と智頭間を連絡し、道路は若櫻街道、智頭街道、鹿野街道、但馬街道、岡山街道、米子街道、賀露街道、雨瀧街道等がある、郵便局五、郵便物の引受配達共一四、二五〇、九一九。電話加入戸數七三九あり。

(4)衛生　醫師五〇、齒科醫師一三、藥劑師二六、藥種商四九、産婆三一、看護婦六九、其他鍼灸術、按摩等七五あり。傳染病患者一ヶ年一一六名の內三六名の死亡者を出したが大正十二年末現在に於て腸チブス患者二名あるに過ぎなかつた

岩美郡

本郡は縣の最西北端に位置し南は八頭郡に接し、西は氣高郡に、東は兵庫縣美方郡に接し、北に日本海を控え、鳥取市を抱擁して其廣袤東西五里二九町、南北五里二三町、二一方里一七の面積を有する。行政上本郡を二二ヶ村に分ち今戸數七、一九五戸、人口四二、〇一四人あり一方里に付一、九八五人弱の稠密度を示す。

郡民の大部分は農を生業として四、九四〇戸に達し、漁業の七六九戸、商業の五五五戸、工業の三七二戸の順位を常態とし雜業其他に類するもの五五九戸がある。而して一ヶ年の生産額は大正十二年度に於て六、五七六、二九八圓の巨額に上り之を前年度に比すれば四二、九〇五圓の増收とある。今現住一戸當り及同一人當の生産額を見るに前者は九一八圓であり、後者は一五一圓の割合ひである、尙、重要生産物は左に示す如きものである。

米麥、生絲、繭、桑葉、紫雲英、蘿蔔、果實、豆類、水産漁獲物及同製造物、和紙、瓦、木材、薪炭、鷄卵等。

交通は山陰本線、郡の北端海岸より更に中央部を西に走る外、因美線は鳥取、智頭間を連絡して至便に加ふるに鳥取市を抱擁する關係上補助機關發達し又港灣には網代港と田後港とがある。道路は國道九里、縣道二六里、村道二二四里に達し四通八達である。

小學校二五、實業補習學校二四、乙種實業學校三あり。小學校の就學步合は男九九・五〇、女九九・三八、男女平均九九・四九に相當してゐる。

八頭郡

縣の東南部の地域を占め六〇方里三四の面積を有して縣下第一位にあり、三町二六ヶ村を管轄し戶數一一、三八一、人口六四、七〇〇に達し一方里に付一、〇七二八、一戶平均五八六八の稠密度を示す。

本郡は山岳地なるを以て其產物の如きも自ら疋、土管、製茶、和紙、陶器、柿、牛、米、麥、大麻、楮、三椏、木炭等なるも本郡に於て特筆大書すべきは智頭地方の林業であらう左に其一班を示して見る。

智頭町は本郡の南部千代川の沿岸に位する小都邑にして人口三、五八九人を有し、此地方一帶に杉及檜の人工林の盛なる所にして其造林面積の大なる點に於て又其技術の進步せる點に於て縣下唯一の地である。而して就中造林の最も盛なるは智頭町以南に屬する富澤、那岐、土師、山鄕、山形及智頭町の一町五ヶ村の地域にして南は中國山脈を隔てゝ岡山縣英田勝田、苫田の三郡に境する、陰陽兩道の境を劃する中國山脈は此地方に於て沖山、那岐山を崛起して一大山彙を形成し幾多の連峰其間を連ね更に多くの支脈は北走して日本海に盡きる。沖の山は標高四、九八三尺を示し、那岐山は標高四、〇九三尺あり。前者の大部分は國有林にして欝蒼たる天然林をなし、後者は死火山にして山麓一帶は地味肥沃である。此外篭山、副山、穗見山、釋山等の高山がある。

河川の主なるものは千代川の上流たる智頭川あり源を山鄕村に發して本谷川と稱し北腹川と合し、智頭町に入り土師川及新見川と合して智頭川となる、域內林野面積極めて多く地勢急峻なりと雖も地味槪して良好であり、耕地は僅かに其間に介在するのみである。今や因美鐵道鳥取市より智頭町に開通し近々山陽線に合せんとす、貫通の曉に於ては此の無限の一大富源も容易に開拓せられ本縣の林業界は一段の活況を呈するに至るであらう。因に本郡一ヶ年の各種總生產額は大正十二年度に於て一一、〇〇二、六七四圓にして其前年度より六八二、九九六圓の減收なりと云ふ。

氣高郡

北は日本海に臨み南は八頭郡に隣り東は千代川を距てゝ岩

美郡と相對し、西は東伯郡に接す。而して其廣袤東西六里一三町南北四里二二町にして面積二二方里三四を有する。

地勢は南部に中國山脈を控いて高峻にして北に向つて傾斜をなし海に面して平坦部をなし、山陰鐵道は此處を東西に走る、之れ本郡唯一の交通機關であらう。

行政區劃を二町二五ヶ村とし、現住戸數九、一〇七、人口五二、二五八あり、一方里に付き二、三三九人の密度を示し毎戸平均五八七四の割合である。

郡民の生業は農業が主であり商業、工業、漁業の順序で、大正十二年の生産總額は七、四七四、三三三圓に達するも其前年の大正十一年に比すれば七二、一五四圓の減收であり更に前々年に比し實に六一八、一七三圓の激減を來してゐる、從つて毎戸及一人當り生産額も左表に見る通り逐年減少の狀態にあるは一考すべきではあるまいか。

十二年	一戸當	八二一圓	一人當	一四三圓
十一年	同	八五五	同	一四九
八　年	同	一、六〇五	同	二〇二

尚本郡の重要物産は和紙、賣藥、米麥、甘藷、鯛、鯖、蟹柿、生絲、繭、漆器等を數へる。

小學校は尋常校四、同分教場五、併置校二五、實業補習學校二八、高草農學校一、生徒總數一一、三七六八、教員數三三七名であるが、今小學校のみに就て見るに

一學校ニ對スル教員數	六八七九
一教員ニ對スル兒童數	四四八一三
百學級ニ對スル本科正教員	五七二
一學級ニ對スル兒童數	四五八七六
就學步合	九九・八九

となり、一町村の教育費は平均八、〇二八圓に當り、一戸平均二三圓八〇の負擔額となる。

東伯郡

縣の稍中央に位置し、北邊の日本海に面する以外の三面は土地高く、氣高、西伯、日野各部と岡山縣苫田、眞庭兩郡に接する。山の高きものに大山、蛭山等あり、前者は海拔五、六五三尺、後者は三、九五九尺にして河川は總て此等中國山脈に源を發して北流し日本海に注ぐ。而して其大なるものに天神川があり、日野川、千代川に亞ぐ大河なれ共本縣の地形上其流域僅かに八里一八町に過ぎない。

本郡の面積は五七方里一八、東西一一里四町、南北七里三

四町あり、四町四二ヶ村を管轄し今戸數一九、二五〇、人口一〇七、七〇〇を有し、一方里平均人口一、八八四、一戸平均五人五九を示す。

小學校は尋常校九、併置校四〇、高等校一、實業補習學校一七計六七校。教員數四四九、學級數五一七、兒童數一八、九五六にして經費は小學校分四一八、六〇八圓と補習學校分一九、三六五圓を算する。尙倉吉中學校、育英中學校、倉吉農學校、倉吉女學校、幼稚園、圖書館等がある。

物産の重なるものに瓦、製油、和紙、倉吉絣、繭、生糸、酒、米麥、甘藷、水産物、畜産物等がある。大正十二年の生産總額二一、三八〇、一五六圓に達し其前年より一、一八四、一八一圓の增收とある。而して一戸當生産額は一、一一一圓にして一人當一九九圓である。

倉吉町は山陰線上井より派したる倉吉線の終點にして、郡の中央に位し南に打吹山を負ひ、小鴨川の流域にあり人口一三、二四二八、縣下屈指の都會にして郡の首邑である。産物として生糸、織物、稻扱、米、酒、醬油等がある。東郷池は東郷村に屬し一に鶴の海と稱する周圍三里餘、下流は橋津川となりて海に注ぐ。美德、鉢伏、羽衣石、馬ノ山等の山巒は

湖邊に峙ちて山色波に溺り、瀲灎たる波上小舟を浮べ、釣るべく網すべく又暑を避るに適する。而して最も奇なるは湖中の水底より湧出する温泉にして加賀の片山津温泉と共に夙に世に知られ、浴舍を湖上に設けて浴客を招ぐ、湖上の晴好雨奇の景、曉烟暮嵐の觀名狀すべからず、而も泉量多く湖底を穿てば何所よりも噴出し、山陰屈指の勝區との稱がある。

西伯郡

東西八里二四町、南北八里三二町、二九方里四七の面積を有する西伯郡は縣の西北部に位置し、東は東伯郡に、南は日野郡に接し西は島根縣能義郡に境し北は日本海に臨み其一角北に延びて海中にに斗出し長砂嘴を爲し島根半島と相對して外に美保灣をなし内に中海を作る。之を夜具ヶ濱半島又は弓ヶ濱半島と云ひ其嘴端に境港がある。又半島の根地に米子町ありて境港と相距る僅か四里に過ぎない。東南境に大山あり豪圓山あり更らに南部に鎌倉山ありて餘脈蜿々日野郡に入る前者は直立五、八八〇尺と三、〇〇〇尺、後者は三、二四〇尺あり。斯の如く其他勢は東南に高く北部海に至るに從つて平坦であるが故に河川の流態も總て北流し縣下第一の日野川を初め佐陀川、阿彌陀川、甲川等があり其流域は地味肥沃にして

農耕に適する。

本郡は維新の際鳥取藩に屬し池田氏の襲領にして廢藩置縣の折鳥取縣に屬し縣廳を鳥取に置いた。明治九年八月鳥取縣は島根縣に合併せられて其管轄となりしが同十四年九月再び鳥取縣に復し、郡制は明治二十八年八月實施せられ翌年四月汗入會見兩郡を廢し合して西伯郡を置かれ今日に至つた。今戶數二四、〇七三、人口一二三、〇〇〇を有し、四町四二ヶ村を管轄する。而して稠密度は一方里に付四、一七四人で一戶平均五人一一であり、郡民の生業は農、商、工、漁の順位の常態に在る。

本郡の交通は頗る發達して居り鐵道は山陰本線の海岸に沿ふて走る外、境線は米子と境港間を連絡し、伯耆北線は伯耆大山、上石見間を結んで居り近々山陽線に達せんとし、又米子法勝寺間の伯陽電鐵線がある。國道一一里、縣道四七里、里道六三四里に達して馬車、自動車の便があり船舶に依る利便も亦尠くない。

小學校は尋常校二七、併置校二三、高等小學校四、計五四校にして正教科學級三九一、兒童數一八、七四一である。就學步合は逐年良好の成績を示し左表は明かに之を語る。

大正	三年	九九・四一强	大正	八年	九九・五三强
同	四年	九九・四〇	同	九年	九九・六四
同	五年	九九・一九	同	十年	九九・六一
同	六年	九九・三四	同	十一年	九九・六四
同	七年	九九・五六	同	十二年	九九・七一

尙公私立實業補習學校は農業四二、商業一、其他六及幼稚園二、私立米子產婆看護婦學校一等がある。

生產物の重なるものは瓦、漆器、米麥、濱目絣、生糸、酒醬油、水產物、牛、甘藷、甘橘類、繭等にして大正十二年の生產總額二七、六五九、二〇三圓に達し其前年に比し二、九二〇、九五二圓の增收であり現住一戶當一、一一一圓、同一人當り一九九圓の生產額である。

米子町は伯耆第一の都會にて西北は弓ヶ濱半島長く日本海を掩ふて內に中海を抱擁し町は中海の東岸に在り。半島の西端に境港ありて共に水陸交通の便は山陰の第一にあり、從つて貨物の集散は松江、鳥取を壓する狀態にあれば、他日伯耆北線の延長して山陽線に開通の曉に於ては米子は終に山陰全道の中心地となるであらう。郡役所所在地にして人口二五、二〇四を有する。

境港は弓ヶ濱半島の西端、中海の灣口三丁許を隔てゝ島根半島と相對し、日本海沿岸の要港にして一ヶ年輸出入價額は三千萬圓以上に達する。人口五、八三二。

日野郡

北は西伯郡と島根縣能義郡に境し、東は岡山縣眞庭郡に、南は同縣阿哲郡と廣島縣比婆郡に接し、西は島根縣仁多郡に隣り、東西一〇里二三町、南北六里一八町、面積五〇方里〇四を有する。地勢は全郡山嶽崛起し平地稀なるも、日野川は郡の中央部を貫流して美保灣に注ぎ流域は農耕に適する。

山嶽は大山、道後山、烏ヶ山、毛無山、花見山等數多の諸山あり從つて自ら林業發達し、智頭地方の林業と共に本縣主要林產地であり、郡の總生產額六、五二八、三四六圓の内一ヶ年優に一、三〇三、五四九圓に達するの盛況にある。

今、本郡の行政區劃は一町一七ヶ村にして戶數七、二一八人口僅かに四萬に過ぎない。

鐵道は山陰線大山驛より本郡上石見間の伯備北線がより近く山陽線に連絡せんとしてゐる、之が開通の曉に於ては宮内地方の林業の發展刮目して俟つべきものがあらう。國道一線七里一七町、縣道二二線四九里三二町、町村道三二四線にして此延長一五七里一町あり。

小學校二九、學級一三〇、農業補習學校一八、學級六二、敎員は本科正敎員一一〇の外に五〇八である。小學校の就學步合は男九九•八九、女九九•六六、平均九九•七七强を示す。

尙縣立日野農林學校、根雨實科高等女學校等がある。

根雨町は人口三、四二七を有し郡役所の所在地である。

島根縣

總説

位置、地勢

島根縣は出雲、石見及隱岐を包括し、東經一三一度四〇に始まつて一三三度二三に終り、北緯三四度一八に起つて三七度一〇に盡きる。其南は蜿々たる中國の分水嶺を以て廣島縣に境し、北一面渺茫たる日本海の荒波を隔てゝ遠く露領沿海洲と朝鮮に相對して居り、東は鳥取縣に、西は山口縣を挿んで九州に臨んで居る。今や鐵道山陰線の全通は近畿、九州地方の繁華を左右に握り、陰陽横斷線連絡の曉には山陽、四國をも亦向背地として前面、海上四十浬に飛ぶ隱岐島を踏臺として大陸發展の形勢を示してゐる。

今其地形を見るに、出雲、石見は其形恰も西南から東西に向ふ蠶兒の如く、其延長四七里に渉り、幅六里より十二里に及んで居る。縣の南境の中國山脈は最も古き水蝕を受けて、高峻の山容を留むるものなく、其支脈は處々に延びて北するに從つて低く、有名なる白山火山脈中の三瓶山を除いては花崗岩質の波狀を描く臺地となり、山群となり、丘陵をなし、終に處々に僅少の海岸平野と斷崖を殘して水に盡きてゐる。

山間低地を縫ふて湖海に注ぐ諸川の流域、多少の平野を開くと雖も農耕の地は總面積の割合に少ない。只一目八萬石の稱ある簸川平野は其廣袤に於て山陰第一を誇るのみならず、其肥沃なる點に於ても本邦有數の地と稱せられる。

海岸は岩壁常に斷續して風致に富むも海岸線の長い割合に良港に乏しい。濱田港は本縣唯一の貿易港で、松江、安來、溫泉津、江津、西鄕等の商港もある。惠曇港は漁港として名高い。出雲の國島根半島は沿岸東西十五里に亘り、隣縣鳥取の夜見ヶ濱(弓ヶ濱)と相對して中海を擁き、更に西方大橋川を通じて宍道湖を湛へてゐる。此附近一帶の地は我神代國史發祥の地で、風光の明眉、光彩ある史話と相俟つて天然の公園である。

白扇倒に懸る出雲富士(伯耆の大山)白砂靑松の夜見ヶ濱(天の橋立の稱あり)、神代を語るソリコ舟(中海)東洋ゼネバの宍道湖、何れ劣らぬ山紫水明、之山陰の誇りであらねばならぬ。

隱岐は一群の火山島で、島前、島後等四箇の主島と僅かの小島より成る。島後の西鄕港は水深く灣形整ひ絕海の地に良港の素質を具へて將來あるを疑はぬ。

土地及地質

大正十三年首現在の本縣の面積は石見は最大で二三二方里出雲之に亞いで一七四方里、隱岐は最小で僅か二三方里を占むるに過ぎない。此總面積四二九方里一〇にして之を本邦内地の總面積二四、七九四方里二六に比すれば一、七三パーセントに當り、全國面積中第十九位にあり。栃木縣より一一方里大にして、隣縣鳥取よりも約一割廣く、岡山縣よりは一一方里六七小である。今之を所有者別に見るに官有地は極めて少なく總地積の七分で、九割三分は民有地で占めて居り、更に地目別に考察すれば總面積の七割五分は山林原野で、耕地は僅かに二割　爾餘は宅地と其他である。耕地は出雲に多く石見、隱岐に少ないが其地味は海岸河畔を膏腹として米麥其他農產に富み山麓庇蔭の地は概ね磽角にして耕作に適しない。

地質は中國山脈及其支脈は花崗岩にして、其噴出に依る被覆面は縣下總地積の七割を占めて居り、殊に出雲、石見の奥部は殆んどさうである。

島根半島の北海岸一帶の地質は中生層に屬し又簸川、能義の兩沃野地方は沖積層であるが、之は斐伊、飯梨、伯太の諸川の川上で、往古行はれたカンナ流し（砂鐵採集）の爲土砂を流下して出來たもので、一面過古に於ける本縣の砂鐵採集事業の如何に盛大であつたかを物語るものゝ一である。

戸　口

大正十二年の調査に依る現住戸數は一五一、〇四一戸にて現住人口は七四四、一四五人、内男三七一、五九八人、女三七二、五四七人である。地積の約七割を覆ふて櫛齒の如く聳つ峻嶺は自然、人口密度を全國平均より低下せしめて、一方里當り一、七三四人、一戸平均四人九三の低率である。

今戸口の増減に就て記述せんに

明治四二年末	戸數	一四七、九八〇	人口	七三七、五三四
同　四四年	同	一四八、五四五	同	七四九、〇〇六
大正　四年	同	一四八、五九八	同	七六二、一一五
同　一一年	同	一五一、一一五	同	七三九、三五七
同　一二年	同	一五一、〇四一	同	七四四、一四五

の統計を示し、現住戸數の前年に比し減少したるは全戸出稼者の尠からざると、且つ實業方面不振等に基因したものである。又本籍人口に比し現住人口の少數なるは本縣過去に於ける産業の不振等の事情により、由來進取の氣象に富む本縣人をして出稼、移住等を促進し之が爲現住人口は常に女子超過の趨勢を示してゐる。現在本縣人中殖民地に在る者一萬二千人、外國に在る者二千人を算し、殖民地では朝鮮、臺灣、最も多く、外國では支那及北米が最も多い。

戸口の増加率は極めて低いが、最近に於ける交通機關の發達、工場工業の擡頭、教育機關の増設等は、稍之が増加率を高めつゝある。尚本縣の戸口を職業別に見るに全戸數中九割八分は有業者で、其内農が約六割を占め、商業之に亞いで一割二分、工業、水産業等の順位にある。

氣　候

縣の地勢已に三面山岳重疊し、北方一帶海に臨み、海岸線の長さ一八〇里、海上には暖流の一派西より東に流れて氣候は調和され四時の變化概ね順調である。

盛夏は平均氣溫七十八度、北陸沿岸より稍々低く、内海附近よりも約一度の低溫であり、酷暑は九十七八度に上昇することあるも、海邊の涼風、山部の冷氣と時に雷雨ありて夜間睡眠に苦しむことは稀である。

冬季は可なりの酷寒ありと雖も北陸地方の半にも達せず海

邊は地上積雪の存留すること少なきも、山部に至りては可なりの降積雪がある。雲石の南境の高地は海拔六百米餘で雪多く、海邊は平均四十一度内外にて嚴寒と雖も三十度を降る事稀である。只惜くは陰欝の日多く降雨屢々である。春秋に於ては平均氣温五十五、六度より六十四度を示し晴朗の天氣多くして又降雨も少ない。

沿革及行政區劃

出雲は神代に於ける我國政治文化の中心地にして舊き沿革を有し、國史發祥の地である。從つて縣下舊蹟頗る多く、到る處の一木一石は千古の遺韻を傳へて舊事を語るものがあり出雲の神話は、實に千古に傳ふべき國史の精華である。

出雲は献國以來、政治の中心に遠ざかつて、世の文化に遲れ勝となつたが、出雲朝以來の隨性を保持し、天穗日命の後裔は代々國造となつて政治した。

王朝時代より上國に列せられて國司を置き、鎌倉時代以後武門政治となり降つて幾變遷を經、世は德川となり、寛永十五年、家康の孫松平直政を此地に封じ、爾來世襲して明治維新に及んだ。其支封に廣瀬、母里の二小藩がある。

石見は出雲に比し、稍後世に開けた樣であり、隱岐は其名は神代史に現はれて居る。奈良朝以來國府を置いて本島を管し、鎌倉時代以後、多くは出雲の附庸の地位に居つて明治維新に及んだ。

以上の歷史を殘し、明治四年十一月、島根縣を置かれ、出雲、隱岐を管したが、同五年十二月、隱岐は鳥取縣に分割し明治九年四月、出雲、石見兩國を管し、同十年八月、再び隱岐を合せ更に因幡伯耆の各三郡を管せしが、明治十五年九月より現在の出雲、石見、隱岐の三國及竹島を管し、一市十六郡二八三市町村の行政區に分つ。其郡市別は

松江市、八束郡、能義郡、仁多郡、大原郡、飯石郡、簸川郡、安濃郡、邇摩郡、邑智郡、那賀郡、美濃郡、鹿足郡、周吉郡、穩地郡、海士郡、和夫郡で隱岐は四郡を合して島廳で支配してゐる。

敎育

敎育は年々進歩向上の一路を辿り益々重要視せらるゝに至つた。本縣の學事も初等、中等、高等の各種敎育を通じて、近時之が施設漸次普及し初等敎育の如きは各町村共大低尋常小學校に高等科を併置し、其就學、出席歩合の如きは全國平均に比して著しく高く、中等學校に於ては、實業敎育頗る盛

にして、其生徒數、人口一萬人に付、五十八以上の割合であり、之に中等普通教育の生徒を加ふれば人口一萬人に對して百人に達し、全國の平均に比して決して遜色がない。左に順を追ふて説明を加へる。

(1)小學教育　管內二八三市町村に對し、尋常小學校一一七、尋常高等小學校二八七。計四〇四校を設置し、其配置は概ね適當にして就學上著しき不便もなく、村內に尋常小學校を有せざるもの一村もなく、高等小學校を有せざるもの僅に十一村に過ぎない。

都會地では人口の增加に因つて校數を增すのが普通とされて居るが、一般には道路の改良等に依り通學の利便を得る所から學校の合併が行はれ、本縣に於ても漸次校數を減じてゐる。大正十四年六月一日現在に於ける學級は、尋常科二、〇一一、高等科四三〇、合計二、四四一にして、兒童數一一〇、二九一人を算し、共に逐年增加の一方である。

縣下の學齡兒童總數は一一二、八一一人にして、之が就學步合は九九・四九を示し、全國平均九八・九二に比し遙かに上位に居る。

教員は年々男女師範學校からの卒業生百數十名と、檢定に依つて免許狀を授與さるゝ數も年々百名以上に上り、其待遇も漸次良好となりつゝあるが然し全國平均よりは餘程低い。

(2)師範教育　師範教育の施設として男女二校の師範學校を有し、女子師範學校は、もと男子校に併置せられたりしを明治三十六年四月分離して簸川郡今市町に新設し、更に大正十二年四月、那賀郡濱田町に移轉し今日に至つた。兩校共二部制を採つて居り學級男一部一〇、二部二。女一部五、二部二、總計一九學級で。生徒數男四五八、女二八三に達した。

(3)中等教育　中學校入學志願者は年と共に增加し、近年は每年募集人員の二倍乃至三倍の間にあり。從つて中學校の增設又は擴張の必要に迫られ、大正十年度に大田中學校、同十二年度に三刀屋中學校、同十四年度に津和野中學校を設立し、大正十五年度より開校の豫定とある。今縣立中學校は六校を有し、私立等の中學校は一校もない。

大正十四年六月一日現在の學級數は、五九にして、生徒總數は二、五九〇八人である。

縣立高等女學校は現在四校、組合立一校、私立一校、町立實科高等女學校二校。合計八校があり、此學級數本科四八、補習科三にして生徒總數二、四五二八人、此就學步合〇・六五である。尚學級は漸次增加が行はれつゝある。

(4)實業敎育　大正十四年六月一日現在の縣立並市町村立に係るもの通じて二十校あり。內譯すれば農林學校二、農蠶學校商業學校、工業學校、商船水産學校各一校、男子農學校五女子農學校一、男女を收容する農學校一、農商を併せ課し尙男女を收容する實業學校三、計十校にして何れも縣立である。

市町村立に係るものに女子技藝學校がある。總て五校であり何れも裁縫手藝の敎授を主とし、內譯は市立一、町立二、村立一校である。

實業補習學校は青年男女の爲、又小學校敎育を一層徹底せしむる意味に於て本縣の夙に其普及發達に努力せし處にして縣下町村中未設置の村は僅かに二二村に過ぎない。現在校數三一三校。此專任敎員一七一人、兼任敎員一、四三七である。尙外に縣立農業補習學校一校がある。

(5)特殊敎育　幼稚園は現在公立六、私立六、計十二にして、園兒一、〇四四の收容に對し保姆二七人を有し、設備概ね佳良にして、保育狀態亦良好である。

縣立盲啞學校は一校にして松江に在り。大正十四年度本校普通科を初等部に改め更に中等部技藝科を設置した。現在敎員數五人、生徒盲生一三人、啞生三五人、計四八人を收容してゐる。尙其他松江工科學校、松江高等簿記學校、看護婦學校、裁縫學校、神職養成部、看護婦講習所等がある。

(6)高等學校。大正十年始めて松江市外に設置され、年々二百名の生徒を募集し、定員六百名で、大正十三年始めて卒業者を出した。

(7)社會敎育　社會敎育の施設としては青年團、處女會、婦人會等夫れ〻各町村設置のない所はなく、更に郡市に統一せられ青年團は縣青年團もあつて組織的に活動をなし、一方戶主會、在鄕軍人會等と相連絡して會員の修養に努めてゐる。

圖書館は各島郡市に各一館宛の外に近時町村圖書館の設置增加し、縣民の讀書熱を煽りつゝある。其他敎育會、學校醫會、體育協會等ありて心身兩方面の敎育に資する所尠くない。

兵　事

一般壯丁の兵役義務尊重心强く、徵兵忌避等は殆んど見る事が出來ない。在鄕軍人會も近年著しく發達して、各種の事業をなして地方の信賴を高め、模範分會として選奬せられたもの三十六分會に達してゐる。

本縣の徵兵合格者の步合は、全國平均に比して著しく高く又海軍志願兵の全人口に對する歩合も、其素質も良好で、合格歩合は六割以上になつてゐる。

交通、運輸

中國山脈に支配せられ交通運輸の惠澤に浴するに比較的薄かつた本縣も、鐵道の布設、道路河川の改修、港灣の築造、郵便、電信、電話の施設漸く發達し、往時に比すれば盡し、隔世の感あるに至つた。

大正十二年末鐵道線路開業線一七七哩二中、國有一五一哩一にして私設二六哩一で、之を既往に見るに、初めて鐵道の開通を見たる明治四十二年當時に於ては國有僅かに三八哩三のみであつた。今や山陰本線全通して本縣を縱貫し、東は京阪地方、西は九州方面との連絡をなす一大動脈線である。

此外、出雲大社參拜に便なる大社線、一畑藥師寺に達する一畑輕便鐵道は共に山陰本線出雲今市驛より分岐する。又出雲奥部開發の使命を有する簸川線は宍道驛、木次驛間を結び延長僅に一三哩に過ぎないけれども將來、木次、落合間開通せば廣島縣との連絡線となり有望なる線路である。

豫定線には益田、萩間と、中國山脈を横斷する濱田、廣島線、江津三次線、木次、落合線及び伯備線等があり、開通後の利便は茲に述べる迄もない事である。

道路は四通八達してゐる。大正十二年末の調査に係る道路延長は國道六七里、縣道五六〇里、市町村道八、二七〇里にして國道に架設せる橋梁の數は一四〇個所で、道路延長一五町で一橋梁を渡る割合である。國道第十八號線は山陰本線と併行して本縣を縱貫する重要路線で、又縣道松江廣島線、濱田廣島線、大田三次線は何れも國道に準ずべき三大幹線である。各樞要地間には乘合自動車の運轉がある。

五里以上管内を經過する河川九あり。江川の幹川の二三里一四町を最大とする。港灣數は三四港にして、内商港六、漁港一、避難港二、商港及漁港五、商港及避難港五、漁港及避難港七、商港、漁港及避難港八で、各港中碇泊所の最も深きは隱岐浦郷港の一一五尺で、碇泊所の最も廣きは簸川郡十六島灣であつて、杵築港、隱岐浦郷港之に亞ぐ。

隱岐汽船株式會社は隱岐、本土間の定期航海を爲すの外、境、大阪間の不定期航海がある。島根半島の浦廻りをするには出雲浦航路があり、又中海、宍道湖通ひの汽船は松江を中心として發着してゐる。通信施設は漸を追ふて完備しつゝあり。松江局には朝鮮元山並に隱岐西郷町に至る直通海底電信ある爲に朝鮮との通信は其局を經由して居る。

社會事業

本縣には社會課の特設がなく、社會事業事務は庶務課に於て處理して居る。左に本縣社會事業の概略を記述する。

1 救濟基金…大禮恩賜賑恤資金、縣下各市町村窮民救助資金、軍人遺家族廢兵救護資金、恩賜慈惠救濟基金、罹災救助基金。

2 窮民救助…恩賜財團濟生會、財團法人松江惠愛會、石見佛教興仁會。

3 軍事救護…社團法人愛國婦人會島根支部。

4 住宅供給…本縣內ニ住宅組合法ニ依ッテ政府ノ低利資金ノ融通ヲ受ケ住宅組合ヲ組織シタルモノ十五組合ニ達シ、又公營住宅ヲ建設シテ居ル市町村ハ松江市、安濃郡大田町、那賀郡濱田町、美濃郡益田町ニシテ、既ニ住宅完成ノモノ一二二戶アリ。

5 公設市場…松江市母衣市場、同上天神市場、簸川郡今市町公設市場、那賀郡濱田町公設市場、同上江津町公設市場。

6 育兒…財團法人松江育兒院、愛隣社、財團法人山陰慈育家庭學院。

7 感化…財團法人山陰慈育家庭學院。

8 盲啞教育…島根縣立盲啞學校、山陰盲啞教育保護會。

9 出產保護…愛國婦人會島根支部。

10 釋放人保護…財團法人島根授產會。

11 人事相談…大正十一年ヨリ本縣警察部ニ於テ人事相談ニ關スル施設ヲ開始シ縣下各警察署ニ於テ取扱ヲナス。

財政

時運の進展に伴ふ地方經費の增加は當然の結果であるが、明治二十二年度に於て僅かに三十八萬餘圓に過ぎなかつた本縣經費は大正十二年度には五百萬圓を突破し實に十三倍以上に達した。即ち大正十二年度歲入決算は五、九五六、〇二二圓前年に比し七〇八、二一二圓を增加して居る、而して歲入の大部分は稅收入である。同年度歲出は五、〇四一、六三六圓にして前年に比し七五八、六四九圓の增加となる。

町村費の大正十一年度總收入は八、九四一、〇一六圓、總支出は八、四九五、五五八圓。之を前年に比すれば收入に於ては一、六八八、七八七圓、支出一、六一九、〇四八圓の增加にして更に之を十年前に比すれば、收入六、一〇一、一七〇圓、支出

五、八一三、九七一圓の增加である。

今諸税一戸當負擔額を見るに八〇圓二四、一人當一六圓四〇にして前年より一戸當六圓〇五、一人當一圓二一を增し、十前よりは一戸當四八圓六〇、一人當一三圓二四の增加を示してゐる。

產　業

前項土地の部に述べた通り、其地勢上本縣は林野面積最も廣く、耕地極めて少ない。けれども氣候温暖地味肥沃であるから林業は勿論の事、農業牧畜に好適し、湖海河川の魚族多く、地に砂鐵、銀、銅鑛石、石膏等を包藏し、海陸共に天與の富源は無盡藏である。

最近に於ける生產總額は約一億圓を超え、農產首位に在りて五割を占め、工產之に亞ぎて三割、林產、水產は共に九分餘、其他畜產、鑛產等の順位の常態に在る。されど商工業は未だ農林業と駢進するに至つてゐない。然し輓近產業の諸機關漸く備はり、山陰本線貫通して陰陽を結び、加ふるに豫定線たる益田萩線、並に中國山脈を横斷する諸鐵道の開通も遠きに非ざれば之等交通の便益と、又通信機關の整備、電氣事業の擴張、實業教育の振與等に伴ひ產業の發達は蓋し、刮目して俟つべきものがあらう。由來本縣は地理上大陸發展の好位置を占め近く完成する鳥取縣境港の築港と、本縣の惠曇港の修築に伴ひ、濱田港又大いに活躍すべく、本縣產業界は正に革新の黎明期に在りと云ふべきである。

尙物產としては、米麥、甘藷、繭、蠶糸、牛、木炭、木材、清酒、醬油、菓子、和紙、瓦、鯛など何れも百萬圓以上の產額を有し、其他三椏、楮、陶器、茶、藺、鯖、柔魚、鑵詰等を主たるものとし、大體逐年增殖の狀態にある。一戸當生產額は六八八圓で、一人當同一四〇圓である。

(1)農　業　農家は古來米作を主とする普通農作を本業とし、養蠶、飼畜、養雞等を副業としてゐるものが普通で、山間部では造林、製炭等を。海岸部では漁業を副業とし居るを通例とし、專業農家七割、兼業同三割であり、之を縣民生業別に見れば農家の數は約六割に達してゐる。

大正十二年度の普通農產額は三千九百萬圓にして、副業其他を合すれば實に五二、五八一、三一〇圓に達し、縣生產總額の過半を占める。

縣は農事試驗場、穀物檢查所に設けて專門技術員を置き、主要食糧の改良增殖、肥料の檢查、施肥の改良、病蟲驅除豫防、改良農具の普及奬勵、園藝の改良等斯業の指導誘掖に努め或は副業共進會等を開催して農漁村振興の講究と實行とを忘れない。

耕地は河川及湖海の沿岸、溪谷の一部に介在するのみで他は山嶽重疊の地である。從つて其總反別は、九萬四千餘町歩で簸川平野を其最たるものとし、能義平野之に亞ぐ。田は耕地の六割、畑は四割で、農家毎戸の耕作地反別は一町七畝歩餘で全國平均よりも多い。然も耕地整理及開墾の餘地多く、本縣の農業は今後益々有望であらう趨勢にある。

米作は本縣農業の主業であつて平年百萬石餘を產し、其約八割は縣內に消費せられ、縣外移出高は爾餘の二割である。麥は收穫十六萬九千石、其他大小豆、甘藷、馬鈴薯、粟、蕎麥、蠶豆、玉蜀黍、綠肥用作物を主なるものとする。園藝作物の主たるものは茄、牛蒡、蕪菁、靑芋、漬菜、葱等で、名產としては三瓶(安濃)の山葵、津田蕪菁と濱佐陀蘿蔔及秋鹿(八束)川戶の牛蒡(邑智)八川の山芋(仁多)島田の筍(能義)三階の百合(那賀)等を數へる。果樹は大部分は農家が數本を植へるに過ぎざるも、松江附近、能義、那賀、美濃、簸川郡の一部には稍專門的の裁培を見る。

工藝作物の主なるものは、三椏、楮、大麻、藺、茶等で何れも二十萬圓內外を產出し、地方的に特產物として名高い。

(2)蠶糸業　本業は縣の氣候風土に恰適し、最近著しい進步發達を遂げ、農家の主要なる副業として生產額一千七百萬圓に達し益々增收を見るべく、現に生糸は重要工產物の地位にある。縣は蠶業試驗場、蠶業取締所を設置して蠶種、養蠶の改良と生徒の養成に腐心し、蠶業同業組合、養蠶組合、乾繭市場の設置等其事業に見るべきものを殘し、近來總てに改善の跡を見る事が出來る。

養蠶は上述の如く農家副業の第一位にありて飼養戶數三萬九千六百、農家戶數の四割五分に當り、掃立枚數二十二萬餘收繭額百二十餘萬貫、價額千二百六十萬圓に上り、養蠶每戶當收繭高三十一貫匁餘、此價格三百十八圓に當る。桑園又大いに增加して反別約六千七百町步、反當收繭額は春蠶十貫餘夏秋蠶約八貫四百匁を示してゐる。製糸に就ては工產の項に記述する。

(3)畜產業　飼畜は本縣の風土に適し、就中、飼牛は古來盛にして產牛地の名を博し、役肉兼用の所謂、島根種は著しく資質向上し、飼牛數も逐年增加を示し、美濃、飯石、那賀、邑智及隱岐が最も盛である。今飼養戸數四七、六七〇戸にして六九、一六八頭、一ヶ年の生産一萬四五千頭である。

乳牛は松江市附近に於て稍多く飼養せらるゝ外未だ少なく三百頭に足らず、其搾乳場も九一個所に過ぎない。

馬は一地方に限られて頭數少なく、大正十二年度の飼養戸數四、〇〇四戸、頭數四、九三一頭、一ヶ年の生産二百四五十頭の間を上下し、其最も多きは那賀、美濃、鹿足郡等とす。

豚及養鷄は飼育易き爲、農家の副業として漸次普及する傾向にある。豚の大正十二年末現在頭數は五、八六九頭、飼養戸數二、八九九戸にして前年度より頭數に於て二、一八六、戸數一、〇二三の增加を示してゐる。而して一ヶ年の生産は四、三一六頭に及ぶ。同年六月末養鷄戸數は四萬三千戸以上にして、成鷄二十萬、雛十七萬に達してゐる。

以上は畜産業の大體であるが、之が機關たるものに島根縣種畜場があり、仁多郡に國立島根種馬所がある。

(4)林　業　地積の約七割五分は林野を以て占め、隱岐の如きは全島山であると云ふも過言ではない。

林野面積四十一萬町歩の林相は針濶混淆林最も多く三割五分、濶業樹林、針葉樹林、未立木地、竹林の順序で、樹種は松、杉、扁柏、櫟、楢、栗、樫等を主とし其他は雜木類で概して海岸部には松多く、奥部には針濶混淆林が多い。然も美濃郡奥部には尙千古斧鉞を入れざる處女林さへある。

林野物産は頗る豐富で、近時交通の完全と林産物需要の增加に伴ひ、山林の亂伐となり、惹いて植栽漸く多きを加ふるに至つた。最近五ヶ年に於ける一ヶ年平均の植栽反別は約千二三百町歩で、天然造林の四千五百餘町歩を合せて造林反別五千七八百町歩である。

林業の奬勵に就ては公有林野の造林及整理、山林會の事業荒廢地復舊、砂防林の設置等に對する補助をなし、縣には技術員を置いて指導奬勵に當らしめ、明治三十二年度から飯石郡來島村に九百町歩の縣有林を經營し、更に縣營苗圃を各島郡に置き、樹苗を配付して造林の發達を期してゐる。

主なる林野物産は左の如し(大正十二年度)

木材	七五五、六九五石	二、五三一、四六三圓
木炭	一五、二三四、九九八貫	三、三八七、三九八圓
椎茸	四九、六四七斤	一二七、〇一四圓
其他		五、四九八、四五〇圓
計		一一、五四四、三二五圓

(5)水産業　長き海岸線と廣き海床並に二萬三千町歩に亘る河川湖沼等の水面を有する本縣は水産物に富んで居る。最近に於ける水産業者は三萬四千人にして。生産額は約九百萬圓に達し内、漁獲物八割を占め。製造物一割八分。殘る二分が養殖高の割合である。

漁船の總數は八千二百四十艘にして漸次大型に改めらるゝ傾向にあり。發動機漁船三百五十餘艘を有して最近漁場の狹隘を告げ九州方面へ出稼するものあるに至つた。水産漁獲物として鯛、鯖、鰮、柔魚、鯵、鰻、鰤、白魚、公魚、鮎、藻介等がある。

淡水養殖は地の利を得て居り、宍道湖を始め大小五十五ヶ所、千百町歩の面積に達し、藻介、鯉、鰻、公魚、鼈、海苔等二十萬圓の年産がある。藻介は中海の特産であり、海苔は簸川郡十六島地方が有名であり、鯉、公魚等は山間部の稻田溜池等を利用し得て前途益々多忙であらう。

本縣の水産製造物は食用、肥料其他を合し年額一、六六八、一一六圓を算し其主なるものに鑵詰、鯣等がある。鑵詰は濱田、松江、安來地方で製造され、鯣は隱岐が主縣地である。

島根縣水産試驗場は如上列記の各種水産業の機關であつて斯業の指導啓發に任じ、大正十年度に建造せられし開洋丸は是等の調査試驗に從事する機關である。

(6)鑛　業　本縣は古來砂鐵、石炭、銀銅等を産したので有名であるが、今は財界の不況に襲はれて何れも休業の狀態にありて鑛産に就て特記すべきものがない。

採掘鑛區數は六九にして一一、五〇二一、四八四坪あるも目下稼業のものは三鑛區一、〇一三、三七〇坪に過ぎず。大正八年の二一鑛區の稼業に比すれば轉た感なきを得ぬ。鑛産物の主なるものは前記の外石膏、石材、瑪瑙、硅藻土等とす。

(7)工　業　本縣は工業資源が豐富である計りでなく、勞力多くして從つて勞銀が廉いので、交通機關の完備と共に家庭工業の域を脱し工場工業へと進む傾向にある。島根縣工業試驗場は釀造業、製紙業、窯業、染織業の四部門に分ち、工業の發達を助ける機關である。

大正十二年度の本縣工産總額は二九、六八八、二二五圓にして農産に亞ぎ、工場數三七八、職工七、二〇一を有し、主なる工産物は清酒、生糸、醬油、紙、陶器、瓦、鑵詰、菓子等である。清酒は八百十萬圓以上に達して工産の首位に居り、之に亞いで蠶糸類の四百八十八萬圓餘がある。近時製糸小工場は漸次合併又は廢業し、現在十八工場、釜數千八百、外に座繰製糸約四千戸あり。陶器の主要なるものに石見燒、出雲燒の六拾萬圓があり、瓦は石見に赤瓦、出雲に黒瓦を產し、紙は農家の副業であつて、半紙、中折、書院紙、半切紙等を產く。鑵詰業は近時著しく發達し產額百二十萬圓を超し、製造地として濱田町、松江市が盛である。松江市は主として宍道湖產の白魚、公魚、鰻を製造する外、濱田町と共に日本海產の鯖、鮑、鰮、螺蠑等を材料とする。

(8)商　業　從來餘り振はなかつた本縣の商業は、交通機關の完備と共に近時漸く發展の機運に向ひ、其取引範圍も次第に擴大して木材は朝鮮、九州方面に、紙は北陸方面へ、粗陶器は朝鮮、北陸地方に搬出せらるゝが、主要取引先は關西方面で、最近關東方面にも伸びた。

(一)會社　株式會社一七九社、合資會社五〇社、合名會社四四社。資本金總額五二、九四五、九四〇圓。

(二)銀行　縣內に本店を有する銀行一五行。この資本金總額一七、一九七、五〇〇圓。

(三)朝鮮貿易　一般に於て本縣移出入貿易の狀態を見るに、鐵路に依るもの移出多く移入少く、海路に依るものは移入多くして移出が少ない。是れ本縣の產業が海外發展の域に達せざる證左である。由來本縣と朝鮮とは一葦帶水、殆んど指呼の間にありて、昨今頻りに識者の間に之が航路開始の提唱を見るに至りしは故あるかなである。

若し夫れ本縣濱田港と朝鮮慶尙北道浦項とを結ぶ航路の實現を見るに至らんか、距離と時日とに於て著しく短縮せられ惹いて取引物資の原價を高からしめ、從來關釜連絡に依りて內地に仕向けられたる米穀類の如きは漸次浦項に集注せらるべきは自然の勢である。現在は主として濱田港、江津港、温泉津港、鳥取縣の境港等を利用するものが多い。主要なる移入品は、生魚、鹽魚、肥料、大豆等で、移出品に於ては、木竹材、半紙、粗陶器、瓦、木炭等である。

(四)主要商品　米、清酒、繭、生糸、醬油、和紙、陶器、瓦鮮魚、鑵詰、疊表茣座、木材、木炭等。

(9)電氣事業　本縣に於ける電氣事業の發達は各府縣中長足の普及を爲したる部に屬し、明治二十八年松江市に於ける點燈を以て嚆矢とし、姫路、廣島、新潟に先だつこと數年である。

現在電氣事業經營の會社は九社及一村營あるに至り、電力供給高は四、五三五kwで其六割は工業用其他に利用せられ、燈用に供せらるゝは四割の見當である。

發電力は三、四四二kwにして之を本縣現住戸數一五萬餘戸に割當て其一戸平均に見る時は一燈六分餘に當り、需用家一戸平均燈數に見れば二燈四分の貧弱である。されど地勢の關係上本縣の水利は極めて有望であり近時水力發電增加する一方なれば貧弱なる現在の發電力もやがて盛大を見るに至るであらう。

松江市

出雲の北、島根半島の略中央地頸部に位し、宍道湖の吐口に跨り人家櫛比して概ね水に瀕し、大橋川は市の中央を流れて中海に入る。市内は縱横に湖水を引き、架するに大小の橋梁を以てする。之れ水郷としてヴエニスに例へられ、湖水の景色はゼネバに優ると稱せらるゝ以所である。

廣袤東西一九町、南北一里で〇、三一方里の面積を有し、戸數九、三一〇、人口四一、九〇〇。貨物集散の中心地として山陰第一の都會である。島根縣廳はこゝにある。

本市は元、松江藩主松平氏の城下で、市の西北部に殘る城址は之が舊事を語るものである。左に市勢の概要を示す。

(一)學校　小學校五、學級一〇二にして十年前に比し學校數に變りなくて二四學級を增した。學齡兒童六、三八〇人。就學步合九九・六二、十年前の就學步合九九・一三。其他市立實業補習學校三、同女子技藝學校一、私立諸學校四、幼稚園三圖書館一。

(二)交通　道路延長一七里二七町一間内、國道三三町二三間縣道二里五町一七間、市道一四里二二町二一間。鐵道官設一哩。郵便局五。諸車三、五四二。船舶三九五艘。

(三)物産　米、蔬菜、果實、タール、屠畜、牛乳、卵、蒲鉾鱸、鯔、清酒、醬油、汽機、罐詰等年約六百萬圓内外を產出し、十年前の二倍以上であり、現住一戸に付六四一圓、同一人に付一四二圓に當つて居る。

八束郡

松江市を中心として南北に擴がり更に西に伸びては宍道湖を抱き東に開いては中海を挾んで居り、古來政治、文化の中心と爲つて居た。今戸數一五、六三二戸、人口八五、三〇三を有し、郡の大部分は島根半島を以て占め、其面積二八方里六四にして宍道湖の五方里三九は本郡域内である。

島根半島と夜見ヶ濱半島とを以て抱く中海は本郡の東端に當り、この中海に於ける俚稱ソリコ舟は所謂丸木舟で神代の保を存するものとして珍らしがられ、今でも漁業に盛に用ひられてゐる。

島根半島の尖端に近い所に美保關港がある。日本海岸西部の良津にして灣に沿ふて狹長き街衢を爲し、三面は山で、前は灣を隔てゝ出雲富士、海を拔くこと六千尺、其秀容は賞すべきである。港内、汽船、帆船の碇泊するもの多く、常に絃歌の聲絶ゆることなき山陰の別天地である。この地の特産物は、竹細工品なりと云はる。俗謠に名高き關の五本松は街の西四五町の小丘上に在る。

郡の產物は米麥、繭、甘藷、木竹材、鷄及卵、牛、水產漁獲物、淸酒、蠶糸類、陶器等で年產一二、六二二、八一五圓を出し、十年前に比し二倍以上に增加して居る。

能義郡

本縣最東部の郡にして飯梨、伯太兩川の流域を以て一區域をなし、東は鳥取縣西伯、日野兩郡に境し、他は仁多、大原八束各郡に接し、北の一面は中海に臨んでゐる。

面積二五方里六一を有し、戶數八、二一七、現住人口總計四四、二五五あり中部以北は土地平坦にして耕作に適するも南部は中國山脈に支配されて山岳重疊し、又郡の中央部も丘陵をなす。

明治四年十一月島根縣を松江に置き本郡は其管轄に屬し、降つて同二十二年一月郡內八二村一四町に四四戶長役場を配置し、能義郡役所を廣瀨町に設け、其後町村制を施行して戶長役場を廢止し、又郡制を施行し、大正十二年四月之を廢止以て今日に至るものにして、現在二町一四ヶ村を管する。

小學校は二五校、在學兒童六、三〇三、學齡兒童六、九三七就業步合九九•五九にて十年前の夫れは九九•〇八であつた。其他の諸學校は實業補習學校二五、幼稚園一と圖書館の一館がある。郡民の大部分は農業を主とし商業之に亞ぎ工業其他の順位にありて年產額八、七〇二、一二二圓に達し、農產、工產、林產、畜產、水產の順序である。

安來港は郡の樞軸をなし、一時天下を風靡した安來節の本場にして、人口六千二百、松江を距る東十二哩、中海南岸の良港で、大阪商船の航路に當り、商業殷盛である。

廣瀨町は安來の南三里に在り。元松江支藩のあつた土地で人口三千八百餘り。郡役所所在地であり、名產廣瀨絣、吐月糖、鋸を出し、又木炭、紙の集散地である。

仁多郡

出雲の南部中國山脈に接する土地にして、全郡山岳重疊し出雲第一の大河斐伊川は其源を本郡に發し所謂簸の川上の地方で、神代の昔盞素男尊の大蛇退治の行はれた處と傳へ、手名槌、足名槌の遺蹟を初めとして之に關する傳説が多い。

面積は二四方里五二にして四、五八二の戸數と二四、二一七の人口とを有し、行政區劃を一〇ヶ村に分つ。本郡一ヶ年の生産額は三、九一一、六八二圓に達し毎戸及一人當りの生産力を見るに前者は八六二圓であつて縣下第二位に居り、後者は一六二圓に當つて第四位に居る。

交通は頗る不便である。鐵道は現在一線もなく、將來木次より廣島線三次町間豫定線の實現を待つより外ない。

横田村は郡の東部にあり市街は斐伊川の上流横田川に跨り人口三千三百餘。此地牛馬市を開くを以て名高い。三成村は人口二千七百餘、郡衙の所在地である。

大原郡

宍道驛と木次町を結ぶ簸川鐵道は本郡の稍中央部を通過して中程に大東町があり、終點に木次町がある。本郡は八束、能義、仁多、飯石、簸川郡に圍まれ、面積僅か一五方里五一二町一〇ヶ村に過ぎぬ小郡ではあるが、産業等に於ては異數の發達を示し、毎戸の生産力八二六圓、一人當一六五圓で前者は縣下第三位に居り、後者は第二位で、其總産額の如きは五、三二一、一六四圓に達してゐる。

今人口三二、三四六人、戸數六、四一九戸。

郡民の生業は農業が主業で、工業、商業等の如きは數ふるに足らず、從つて生産價額の如きも農産の四、〇三〇、五五三圓を筆頭とし、工産、林産、畜産、水産の順位で、十年前に比すれば總額に於て三百萬圓以上の増加である。

大東町は松江市を距る南二十哩、郡の中央に位し、人口三千九百餘。赤川に沿ふて市街をなし、郡役所がある。此地の主要産物は牛、生糸、茶、紙、三椏、楮等とす。

木次町は郡の西南、斐伊川右岸提防の下に市街を形成し、鐵道簸川線の終點で、又當町と廣島縣三次との間に聯絡自動車の便がある。此處は出雲奥部交通の要衝にして商業取引盛で、牛、生糸、紙、繭、三椏等を産する。人口三千四百餘。

飯石郡

仁多、大原兩郡の西に接し、前記の兩郡と共に所謂西南の地をなしてゐる。即ち南は廣島縣比婆、雙三兩郡に、西は邑智、安濃兩郡に接し、北は簸川郡に隣る。面積三八方里六五を有し、域内一般に山多く薪炭、木材の産に富み其他米、繭大根、三椏、牛、淡水魚、酒、紙、及物等年額四、三九六、二一六圓を出し、十年前に比し二百二十萬圓の増加とある。

郡内は一七村に區劃し、戸數七、〇七八、人口三四、〇二九にして郡民の大部分は農を營み、工、商等の順序である。

廣島街道は郡内を縦貫し之に沿ふて三刀屋、掛合、頓原、赤名の小邑が相連る。是等の諸邑は簸川鐵道の終點木次より廣島線三次町に通ずる自動車の便がある。三刀屋村は郡の入口にある小邑で縣立三刀屋中學校があり、これより南四里半の處に掛合村がある。郡の中央に位し郡役所の所在地たり。今人口二千に垂んとしてゐる。而して此地山間に位するも廣島街道の衝に當り人馬の往來頻繁にして貨物の集散亦尠からず。古來著名の砂鐵は此附近より産出したものである。附近より牛、繭、木材、木炭、三椏等を産する。

簸川郡

連山波濤の如き中國山脈の山麓、配するに出雲の大河斐伊川の下流、神戸川の流域と宍道湖を以てし、山陰第一の曠野を形成する所、之れ簸川平野である。斯くて本郡は出雲の大郡を以て任じ米の産額は本縣總産額の四分の一に上る。

交通は至便である。即ち山陰本線郡の中央部に通じ、今市より分岐するものに一は大社線、他は一畑輕便鐵道ありて郡内に稍十字形をなす。宍道湖には舟を操るべく、海には杵築港がある。

本郡物産の重なるものは前記簸川平野の米を第一とし、其他繭、麥、甘藷、木竹材、水産漁獲物、生糸等生産總額は實に二一、四三一、三八一圓に達し、本郡に比肩すべき郡は縣下に之を見ない。今戸數二七、〇七五、人口一三四、二二三。面積は三五方里六六を有し、三町四四ヶ村を管する。

今市町は簸川平野の中央にあり。大社線、一畑線、濱田線の分岐點にして四通八達の要衝を占め、四圍に生産地を控えて市況殷盛である。近時附近に大工場續々設立せられ縣下有數の工業地となつた。人口八千二百餘、郡役所、縣立高等女學校、同農事試驗場、同蠶業試驗場、同農學校がある。

杵築町は郡の西北隅杵築港に沿ひ、大社線終點にして、海陸運輸の便によく、人口約五千あり。本邦第一の古社、出雲大社の鎮座し給ふ所、神代以來の神境である。其西數町にして稻佐の濱がある。高天原の御使、武甕雷、經津主の二神が國讓りの談判を開かれしと云ふ古蹟で式内因佐神社がある。

平田町は一畑鐵道によりて今市と一畑間とを結ぶ其中間にあり、人口七千五百餘。本縣生糸の主業地にして又名物平田温飩、生姜糖を産し、縣立實業學校がある。

安濃郡

縣下最小の郡にして面積僅かに一二方里三二に過ぎない。石見國の最東部、出雲に隣接し、北部の一面日本海に臨む外は、簸川、飯石、邑智、邇摩の各部に境し、域内を一町九ヶ村に分ち、戸數五、七七四、人口二五、四五五を有する。

本郡の産業は農業を首位に、工産、林産、水産、畜産の順位にして一ヶ年の總産額二一、四三二、三八一圓に達し、一戸當生産力七九二圓、一人當同一六三圓にして縣下上位にあり。交通機關は山陰本線郡の北端、海岸に沿ふて走るのみにて、他に自動車、馬車の便がある。道路延長國道四里三町、縣道一七里九町あり。

小學校は本校一二、分敎場一にして、在學兒童三、四八四學齡兒童四、四四九の内四、〇一〇の就學者あり。この歩合は九九・五五である。其他實業補習學校一〇校、町立女子技藝學校一校あり、圖書館は一館を有する。

大田町は松江を去る西十里、市街は三瓶川に沿ひ、遙かに三瓶山(佐比賣山)に對し、郡の西部にありて最も景勝の位置を占め、然も山口街道の衝に當り、且近く久手港を控ひ、鐵道開通以來は海陸交通の利を得て、頓に貨物の集散增加した久手港を經て移出入する貨物の主なるものは左の如し。

移出品　米、繭、生糸、木材等。

移入品　穀類、呉服類、砂糖、金物類、雜貨等。

尙當町は郡役所の所在地で、又縣立中學校、縣立農學校がある。

邇摩郡

安濃郡の西に連り、郡内山地多く、石見大田驛より三哩五分、五十猛驛は已に本郡である。其驛名の古典的なるは、此地、神代に於て朝鮮交通の要路に當つて居た所で、辛崎、韓島等の神蹟の多いことでも頷かれるであらう。

此地維新以前は石見國銀山と稱し、徳川幕府の直轄にして慶長年中始めて奉行を置き、其後代官に更り明治二年八月を以て大森縣を置き、廢して濱田縣とし、更らに廢して島根縣に合併せらるゝに至つた。

郡治にありては明治五年八月郡役所を置き、超えて明治七年二月、本郡及安濃郡を合せて區役所を大森に置かれ、同十二年一月郡區町村編制法の施行に依り邇摩、安濃兩郡を以て一郡役所を置き、後、安濃郡を分離して今日に至る。今、面積一四方里七八、二町一八ヶ村に區劃し、戸數八、〇五〇、人口三七、四七七を有する。

農業は郡民大多數の生業で、水産業、商業、工業其他の順序であり、年生産總額は四、〇六四、六九八圓である。

鐵道山陽線は郡の北部海岸に沿ふて通ずる外、國道七里餘縣道一八里餘り、町村道四一〇里にして車馬の便がある。

小學校二五、學級一三四、敎員數一三七、實業補習學校は一六校にして、公學費總計一二三、四七四圓である。

大森町は山口街道に在る石見名邑の一にして古來、銀山を以て著はる大森銀山は延慶年間の發見に係り、舊幕府の直轄にして盛に採掘したが維新後個人の手に經營さるゝに至つた

物産の主なるものは金、銀、銅、甘藷、木材、杞柳製品等を出し又郡役所々在地でもある。温泉津町は大森町を距る三里半、日本海に面し、温泉地なると、良津なるとにより名高い。灣内水深く三方山に擁せられ諸船の碇舶に適す。本港の移出品は木炭、木材、赤瓦、粗陶器、玄米、海産物等にして、移入品は雜貨、反物、小間物、石油、砂糖等である。

邑智郡

本郡は邇摩、安濃の南に擴がる大郡にして其面積は六四方里四二を有し之を三〇ヶ村に分つて管轄する。而して全郡山岳重疊して土地高く、鐵道の如きは一線もないが、廣島縣に源を發して郡を貫流する中國の巨川、江川があり、近時飛行船は、那賀郡江津を基點として此川を上下し、郡唯一の交通機關となつた。而して郡中至る處に奇觀景勝の地多く、來り遊ぶものも尠くない。

今戸數一萬二千餘、人口六萬千を超え、主として農を營み其産額四百萬圓に達し、林産又多く百萬圓を出し、總生産額實に六、五八二、二二四圓にして、十年前に比すれば約三倍の增加である。

小學校は本校三六を有し地勢の關係上分敎場一四を算する就學歩合は最早理想に近く、九九・八〇に達した。

郡役所は江川畔、郡の中央川本村に在る。人口三千二百。此地山間に位し道路の通ずるものあるも峻坂にして車行難く貨物の輸送は江川の舟揖に依りて便する。物産は材木、木炭麻、椎茸等である。

那賀郡

本郡は石見の中央部を占め邑智郡に亞ぐ大郡にして、五一方里七三の面積と二四里一六町の海岸線とを有する。

行政區劃を三町三六ヶ村とし、二〇、九八四戸にして人口一〇一、七〇三人あり。大部分は農家を以て占め、本業に於て四一、三八二人を算し、商業之に亞いで五、四〇九人、其他工業、水產業の順位にある。主要生產物は米、麥、繭、甘藷、木炭、薪炭材、用材、清酒、罐詰、瓦、陶磁器等にして、何れも三十萬圓以上の產額を有し、大正十二年度に於ける生產總額は一二、四九三、五四九圓にて、一戸當平均五九五圓とす

交通は山陰鐵道一線と近時本郡江津を基點とし、江川を上下する飛行船がある。國道一七里三町、縣道六七里三〇町、町村道七五〇里七町と六九五の橋梁とがある。

濱田港は郡の中央部、日本海に沿ふ本縣唯一の貿易港にして、市街は濱田川に跨りて人口一萬三千の密度を示し、海路關門、釜山、境、敦賀の諸港と連絡し、陸路廣島街道の起點にして、山口街道に接し、曩に開港場に指定されて以來朝鮮との貿易增進し、商業殷賑である。輸出入品の主なるものは木竹材、木炭、陶器、大小豆、穀類、肥料等である。此地は舊松平氏の治所で、今郡役所、女子師範學校、中學校、高等女學校等がある。

江津港は、濱田を去る東七里、江川の川口に位す。山口街道に接し、近時本港を基點として江川を上下する飛行船あり邑智郡內、飯石地方並に廣島縣三次町の物貨は本港を集散地とするを以て、商業盛である。

美濃郡

那賀郡と鹿足郡との中間に介在し、四七方里五三の面積と一一、二五二戸並に五四、八二一の人口とを有し、今、二町一九ヶ村を管す。地勢は東西に延びて南北に短く、中國山脈は郡の東南を圍繞し、其支脈は郡內到る處に起伏して、五里山大堂山、比禮振山等をなす。河川の大なるものを高津川及益田川とし、前者は鹿足郡より來れる吉賀、匹見兩川を合し高津町を經、後者は益田町を經て各日本海に注ぐ。

此兩川流域の外平坦地少く、土壤肥沃ならざるも樹木及五穀に適し、沿海は漁業の利がある。殊に本郡の奧部は交通不便の爲め、千古斧鉞を入れざる處女林さへあり。近時益田驛を基點とする十八哩の索道、中國山脈の近く迄架設されたるを以て天然の寶庫の開發も刮目するものあらう。

本郡の產業界を一瞥するに、農業最も盛にして、商業、工

業之に亞ぎ、一ヶ年の總生産額は六、八四五、三二五圓と算せらる。益田町は濱田、大田と共に石見の三田と稱し、人口五千二百餘。鐵道萩線の分岐點に當り、益田川其市街を橫斷する。百貨集散、商業殷盛、郡役所、益田農林學校等あり。將來囑望せらるゝ地である。

鹿足郡

面積四一方里四四を有し、山口縣に境する本縣最西の郡である。行政區劃を一町一一ヶ村とし、今戶數六、五一五、人口三二、〇八三にて一町村の平均人口は二、六五三八である。

米麥、紙類、大炭、繭等を産し、本郡一年の生産總額は、四、二九八、二九九圓に達する。高津川は郡の中央部を流れ、鐵道は之に沿ふて走る。國道七里一三町、縣道三八里一三町町村道三五〇里餘。

津和野町は縣の最西端、高山を以て圍まれた山間の都會で人口五千七百餘。郡役所、縣立高等女學校等あり。元津和野藩士龜井氏の城地である。此地製糸業盛にして又紙の集散地たり。町立鄉土館は鄉土偉人の遺物を始め、津和野五百年の歷史を語る種々の資料を蒐集し、鄉土を紹介すると共に、祖先の面影を慕ひ先輩の偉業を偲ばしめる意義深いものである

隱岐島

隱岐は本土の北方約四十浬の海上に在る一群の火山島で、面積二三方里、戶數七千三百、人口三萬六千八百余を有する

東に稍離れて本島面積の三分の二以上占むるを島後と云ひ西に鼎立する三島を合せて島前と稱する。而して本島を四郡に分ち、一島廳の支配下にある。島廳は島後の西鄉町にあり此港は日本海中稀に見る天然の要港にして、灣內水深く、浪靜かで、避難港としても船舶輻湊する。人口五千。

本島は鯣の產を以て著はれ烏賊の漁期には誠に盛觀を呈する。島前の三島は中の島、西の島、和夫島と云ひ、其間に菱浦灣、別府灣、浦鄉灣を抱き、灣內にクロキヅタと云ふ珍らしき海草生じ、地中海以東其類を見ず。天然記念物として內務大臣の指定になつて居る。中の島の菱浦より里余の處に、後鳥羽上皇の行在所址と御火葬場跡がある。松深き丘陵の中にあつて「蛙鳴く」の御詠の中に傳へらるる勝田が池など悲しくも哀れである。

隱岐の西北八十五浬の竹島は無人の岩嶼で、海𩸽の繁殖場として本島に屬してゐる。

隱岐馬は特種のものなれども今は年々減少の傾向がある。

山口縣

總說

位置、地勢、面積

山口縣は山陽道の西端に位し、東經一三〇度四七分より、一三二度三〇分に至り、北緯三三度四三分と三四度四八分の間にあり。周防、長門兩國を管轄し、二市一一郡に分つ。

東北は石見、安藝に接して連山之が境域となし、東は安藝多島海を隔てゝ伊豫に相對し、南は周防灘に面して遙に豐前及豐後を望み、西は響灘、北は日本海に臨み、其廣袤東西凡四〇里、南北三〇里、面積三九四方里六四に達する。

地勢は東西に伸びて南北に短かく、東北山岳多く、海に至るに從ひ平坦部をなす。即ち山脈は中國山系東北より來り、周防、石見の天然界を爲して、遂に石見、周防、長門三國の交界に至る。之を寂地山脈と名づける。此間幾脈の支脈を中國に出し、至る處に山嶺を起伏する。

寂地山脈より分れて北に走り長門、石見の國界を爲すものを德佐峰山脈と謂ひ、鳳翩山脈は其本脈を受け、更に方向を轉じて西南に走り、起伏蜒蜿して遂に宇部岬に盡きる。是防長の天然界にして、其東南を周防とし、其西北は長門である。二國共に山脈連亘し、平坦の地に乏しく、道路險惡にして交通運輸不便なりしも、漸次之が改修をなし、鐵道又官私設開通して、交通の利便を得るに至つた。

河川の重なるものは瀨戶內海に注ぐものに、岩國川、佐波川、厚東川、厚狹川、吉田川等あり、日本海に入るものに、阿武川あるも其流程は何れも大でない。而して美禰郡を除く各郡市は皆海面を有し、海岸は一般に出入多く自ら港灣に富み、海路の利便亦甚だ多い。

地味は海邊河畔を膏腴とし、山麓庇陰の地に磽角なるも、氣候は全縣を通じて概ね暖和なるを以て、播種栽培に適する

沿革及行政區劃

周防國は往古國府を佐波郡に置き、鎌倉時代に至り大內滿盛、周防權介となり、子孫相繼で山口に居り以て之を治めしが、遠孫大內義隆の代に至り其臣陶隆房に弑せられ、隆房又毛利元就に誅せられて、其地悉く毛利氏の所領とはなつた。

元就の孫輝元の代に至り、長門を併て領するに至り、其次子就隆を德山に、毛利敬親を山口に各々分封し、吉川經健を

藩に列して岩國藩となし、明治維新の廢藩置縣に際し、山口岩國の二縣を置かれ、後長門と合して山口縣を置かるゝに至つた。

長門は往古國府を豊浦郡に置き、鎌倉の世、佐々木高綱守護職となり、次で毛利氏の手に歸して爾來子孫相繼で明治維新に及んだ。其廢藩置縣に際しては豊浦、淸末の二縣を置かれ、後周防と合して山口縣となり、萩、豊浦、岩國の三支廳を置いて管轄せしも、間もなく之を廢して山口縣の治下となり以て今日に及んだ。現在

下關市、宇部市、大島郡、玖珂郡、熊毛郡、都濃郡、佐波郡、吉敷郡、厚狹郡、豊浦郡、美禰郡、大津郡、阿武郡の二市一一郡二三町一九七村を管轄し、縣廳を山口町に置く

土　地

大正十三年首の本縣の土地總反別は三七六、四〇九町六反にして、内官有地五、一六一町、民有地三七一、二四八町六反である。管内最大の郡は玖珂郡の七二、五七九町八反にして阿武郡の五五、〇八三町三反之に亞ぎ、最小なるは大島郡の九、六二二町二反である。

而して前記民有地は總面積の六割に當り、逐年增加の趨勢にある。民有地中有租地は九割七分四厘、免租地は二分四厘年期地は二厘で、前二者の割合は漸增し、後者の割合は漸減の狀態にある。全國各府縣の面積中民有地割合の最も多きは山梨の九割二分にして、神奈川、香川の各八割之に亞ぎ、本縣は各府縣中第二十一位にして、全國平均の割合四割九分に比して優に高位にある。

各郡市の面積中民有地割合の最多は玖珂郡の七割二分にして、熊毛、宇部の七割一分、豊浦、下關の七割、大津六割六分、吉敷六割三分、大島、厚狹の六割、美禰五割六分、佐波の五割二分、都濃、阿武の各五割の順位にある。

有租地反別の地目別及其總反別に對する各地目の割合は左表の如くにして、之を人口に對比すれば、一人に付、田は七畝二〇歩、畑三畝五歩、宅地二四歩、山林二反二畝四歩に當り、之を全國の平均田五畝三歩、畑四畝一八歩、宅地二二歩、山林一反四畝九歩に比すれば何れも多い。

有租地地價は二、九八二萬圓、一反歩當地價は八圓で、田は二五圓、畑三圓、宅地八五圓、山林三六錢となる。又地租額は一二一萬圓で、一世帶當五圓、一人當一圓である。

免租地は八、七七七町三反で、各地目の割合は保安林の五

割八分、溜池の二割六分、墳墓地の八分、其他の八分で、之を郡市別に見れば、最も多きは吉敷の三、二〇一町歩、最も少きは下關の六四町歩である。

年期地は八三七町三反歩で、前年に比し四七七町歩を増加し、前々年に比すれば一七九町歩を減少した。之を地目別に見ると、荒地五三九町八反歩、開墾地三五〇町九反歩、新開地五三町四反歩、造林地三四二町歩等である。

民有々租地反別

		總反別ニ對スル比例
田	八一、一一六町九	二二、四七
畑	三三、四一三町九	九、二七
宅地	八、四三三町一	二、三三
鹽田	九八六町一	〇、二七
鑛泉地	—	—
池沼	二九〇町〇	〇、〇八
山林	二三三、三七六町八	六四、六六
原野	三、〇八七町一	〇、八六
雜種地	二四六町八	〇、〇六

戸口

大正十二年十月現在の本縣世帶數は二二三、七四〇、人口一、〇五八、〇〇〇人を有し內、男五三〇、六〇〇人、女五二七、四〇〇人にして、本籍人口百人に付、現住人口は八七人六二に當つて居る。

今、靜態に於ける人口の比例を見るに、現在人口一方里に付二、六八一の稠密度を示し、縣內最も高きは下關市にして八二、五七四人に達し、宇部市之に亞ぎ、最も低きは美禰郡の一、四五六人とする。又一世帶に付四人七三を有し、女百人付男一〇〇人六に當つて居る。

本縣の現住戸口は逐年增加の傾向を有し、人口千に付、大正十年に於て六八一七、十一年に六八二一の增加步合である更に大正十二年に於ける現在人口動態を見るに、人口千に付婚姻九人五四、離婚一人一四、出生三〇人八九、死亡二二人四六、死產一人三四を示す。

職業別現住戸口を表示すれば左の如し(大正八年末實數)

農業、牧畜、養蠶、漁業等	一二〇、三七九戸	六五九、五五九人
工業	二八、二一六戸	一二二、三一二人
商業及交通業	四二、二四六戸	二〇四、〇三一人
公務及自由業	一二、六六二戸	五一、一〇八人

其他ノ有業者　一〇、二九八戸　四二、九二七八
無職及職不詳　八、九四七戸　二七、六六九八

本縣優良町村

熊毛郡三輪村、佐波郡華城村、同郡中關村、同郡右田村、豐浦郡岡枝村、同郡粟野村、同郡豐田下村、大津郡俵山村、阿武郡明木村、同郡佐々並村。

社會事業一覽

1 縣罹救助基金
2 窮民救助…恩賜財團濟生會支部、伊保庄村救濟
3 育兒事業…普濟院、山口育兒院。防長孤兒院
4 感化事業…山口縣立育成學校
5 盲啞敎育事業…愛國婦人會山口支部、下關盲啞學校
6 幼兒保育事業…長陽育兒園、下關市幼兒保育所
7 軍事救護事業…軍事救護資金。愛國婦人會山口支部
8 釋放人保護事業…大島郡保護會。玖珂郡修道義會、熊毛郡佛敎團保護會、都濃郡佛敎團保護部、佐波郡南部佛敎團免囚保護會、佐波郡北部佛敎護國團、山口免囚保護會、豐浦郡免囚保護會、美禰郡東部佛敎慈惠會。美禰郡西部佛敎愛護會、大津郡佛敎甲寅會、阿武郡佛敎團、下關保護院、宇部共榮會釋放者保護部
9 職業紹介事業…宇部共榮會人事相談職業紹介部

敎　育

(1)初等敎育　本縣大正十二年度の學齡兒童總數は、一九三、三七九人にして、現住戸數一〇に付八人六四の割合となり、更に人口一〇〇に付一八人二八に相當する。

學齡兒童就學奬勵に就ては、當局の擧げて最も留意し、熱心奬勵の結果、就學步合は漸次良好となりつゝある。即ち大正八年度に於て男九九・五四、女九九・三二、計九九・四三なりしも、大正十二年度に至り男九九・五八、女九九・三五計九九・五三の高率に達した。

校數は尋常校一一七、外に分敎場五、併置校二七七、及師範附屬二、分敎場一二七、高等小學校は一校にして、正敎科學級總數は三、五七四である。兒童總數は一七三、二八四人に達し、一學級に付四八人四八である。

敎員は高等小學校本科正敎員男六三二人、女一八人、合計六五〇人、尋常本科正敎員男一、七一一人、女六二九人、計二、三四〇人、總計二、九九〇人にして、百學級に對し八三人四二の割合となる。(市町村立のみ)

而して本縣に於ける小學校敎員の全數は男二、六二六人、女一、三七二人、計三、九九八人に及び、敎員一人に對する兒童數四三人三四の割合となる。

月俸の平均は本科正敎員五七圓六四一、專科正敎員三七圓四三〇、准敎員三三圓六一二、代用敎員三〇圓三三五である

(2)師範敎育　本縣師範學校は男女二校あり。何れも二部制を採り、學級は男校一部一二、二部一、女校一部八、二部一の設備を有し、大正十二年度の生徒數は男校一部四二八人、二部四〇人、女校一部三〇九人、二部四〇人、敎員講習科は女校のみ一二人である。尙同年度に於ける卒業者男女計一部一五九人、二部男三九人、敎員講習科女一二人を出して居る。

敎員數は有資格者男校二七人、女校一八人、無資格者男校四人、女校二人である。

(3)中等敎育　縣立中學校は岩國、柳井、德山、防府、山口、長府、萩、下關、宇部、安下庄の一〇校あり、私立は鴻城、興風、高水、周東の四中學校、計一四校にして、本科一五三學級、補習科一學級を有し、現在生徒數六、四一三人にて、大正十二年度に於て、本科六七四人、補習科三九人の卒業者を出した。敎員は有資格者二一四人、無資格者七九人である。

而して本縣に於ても逐年入學志願者激增し、大正十二年度に於ける入學步合は、志願者一〇〇人に對し公立四四人〇三、私立六九人一四、通計五一人二一であつた。

高等女學校は縣立一〇校、市立二校、私立二校、實科高等女學校は町村立各二校、私立三校、計七校を算する。學級數は高等科公立一、本科公立八八、私立一二、實科公立二〇、私立一五、補習科公立四、私立一で、生徒總數六、四一三人卒業者は一、六三〇人を出して居る。

有資格敎員は公立一四九人と兼任五人、私立二八人にして、無資格者公私立計一〇〇人に達する。

(4)實業敎育　管內公私立實業學校は農業學校二、工業學校二商業學校三、商船學校一、職業學校四を有する。又實業補習學校は總數三二四校にして、之が內譯は工業補習學校一一、農業同一八二、水產同一、商業同四、其他の補習學校一二六にして、漸次着實の進步を見つゝある。

而して、補習學校の敎員全數は一、五〇三人に及び、生徒總數一八、七四五人に達する。

(5)各種學校　中學校に類するもの私立四校、高等女學校に類するもの私立一〇校、實業學校類似公立一校、其他私立二校

にして、敎員總數一一八八、生徒全數二、〇四六八、大正十二年度に於て五八六名の卒業者を出して居る。

幼稚園は公立六、私立七、計一三あり。保姆數三一八、在園幼兒一、一〇五人の現況にある。

盲啞敎育機關としては私立下關博愛盲啞學校がある。在學生は盲生五五人、啞生五九人とす。

(6)圖書館　は公立一六一、私立四一、計二〇二館にして、藏書册數三九四、六五八册を數ふる。

(7)公學費　大正十二年度公學費は左の如し決算）

	經常費	經常、臨時費計
縣	一、四三九、四六八圓	二、〇三九、七五九圓
市	四四七、三九一	七五〇、一四一
町村	三、三七七、四七七	三、八六七、八三六
合計		六、六五七、七三六

兵事

壯丁の數は逐年增加し、敎育程度の如きも向上の一路にある。即ち壯丁の總數は大正八年度に九、六三三八なりしが、其翌年一〇、四三〇人に增加し、大正十二年度に於て一萬人を超めること五一八八人に及んだ。

今之に就て敎育程度を見るに、帝國大學卒業者及同程度の者九一、高等學校、專門學校卒業者及同程度の者二〇四、中學卒業者又は之と同一の學力と認むる者一、〇四九、尋常及高等小學校卒業者及同程度の者八、八一〇、稍讀書、算術を爲し得る者三〇三と之に六一人の無學者を加へる。

大正八年度以降十二年度に至る間の無學者を見るに、壯丁千人中、大正八年一〇八一七、九年一一八六〇、十年八八三四、十一年九八九六にして、大正十二年度に至り僅かに五八八分に過ぎない向上振りである。

海軍志願兵は漸減の傾向を示し、大正十年度一、〇二四人の志願者中採用者五二九人に比し、大正十二年度に於ては、志願者四九四人に過ぎず中二六〇人の採用者を出した。

警察及衞生

現在の警察區劃は一五署に一四分署を配し、更に警部補派出所二、巡査部長派出所一一、巡査派出所二四、巡査駐在所二四六を設置し、大正十二年度に於ける警察官吏は、警部補以上八四人、巡査七二九人の現員を配置し、漸次充實に向へつゝある。

消防組數一四二、組員一二、二七一八。大正十二年度に於

ける火災度數は二〇八回にして、罹災戸數三四二、之が損害總額は四五四、〇九一圓の巨額に達した。

犯罪件數は一二、八三二に及び、内最も多きは刑法外諸法令の罪にして、竊盜、賭博、詐僞、恐喝、傷害、放失火の順に居る。

更に衛生方面に就て記述せんに、公私立病院數は二九の外に傳染病院三三、隔離病舍一、九一七と七の娼妓病院とがある。大正十二年末現在に於ける醫師は九〇一、產婆四六八、鍼灸術六九一、藥劑師一四六、藥種數四二五、製藥者一四の點在を見る。近時公衆衛生の思想、施設漸く進みつゝありと雖も、尙年々傳染病の絕えざるは誠に遺憾とする所、本縣同年度中傳染病患者は實に二、九〇三人の多きを示し、而も七一九人の死亡者を算した。

傳染病中罹病者の多きは腸チブスの一、七〇〇人、赤痢の八五五人にして、死亡率の最も高きはコレラの十割、流行性腦脊髓膜炎八割五七、猩紅熱三割五二、赤痢の三割二六で、傳染病の平均死亡率は二割四七强に當つて居る。

交通、運輸

道路は國道第二、第十七及第十八號線の延長五七里餘の外縣道四七四里餘、市道八〇里、町村道五、二七六里、總計五、八八八里に達する。

又水路は岩國川、阿武川、佐波川、厚東川、木屋川、厚狹川等の諸川あり、何れも流路延長十里以上にして、殊に岩國川は實に二九里餘に及び、内十二里は舟楫の便がある。

港灣には、久賀港、柳井港、室津港、德山港、三田尻港、仙崎港、萩港、下關港、新川港等の良港あり、其他の港灣を含み大正十二年度の入港船舶は、汽船、帆船を合し船數總計七〇二、七三三隻、此噸數一八、五二四、四八六噸に及ぶ。

鐵道山陽本線は内海沿岸の低地を東西に走つて下關に盡き、連絡船を以て九州門司と結び、更に關釜連絡船は朝鮮釜山に達する連帶線を爲す。

此外小郡驛より岐れ、山口町を經て島根縣益田町にて山陰本線に接續する山口線、厚狹驛、大嶺驛、萩間を結ぶ美禰線があり、更に小串線、長門鐵道、宇部鐵道、小野田鐵道、船木鐵道、防石鐵道等があり、縣營岩國電氣軌道線は岩國驛、岩國町、港間三哩五分を運轉する。

斯の如く本縣の交通は海陸共に相當發達し利便尠からざる上に、山陰線は益田驛より石見小濱迄延長し居り、近く萩に達すべく、開通後の利便は茲に述べる迄もない。

財政

大正十二年度に於ける本縣の歳出入(決算)は大體左表の通りであるが、縣勢の進展に伴ひ逐年其財政は膨脹し、明治四十四年度に於ける縣歳出計一、四七六、五三五圓が、十三年後の大正十二年度には、七、〇三〇、一〇八圓を算し、實に約五倍の多きに達した。

歳出之部

警察費	九五三、五一一圓
土木費	一、七九一、四二四
衛生及病院費	一一四、一二五
教育費	一、五九三、九一三
勸業費	六六九、一四八
其の他	一、九〇七、九八七
計	七、〇三〇、一〇八

歳入之部

縣税	四、七七六、六四九圓
財産收入	三七、九〇七
其の他	四、一八一、五一六
計	八、九九六、〇七二圓

尙、大正十二年度に於ける縣民の直接税負擔額を見るに、一戸に付、國税二三圓〇五四、縣税一九圓六五五、市町村税三二圓四〇七、計七五圓一一六で、大正八年度に比し三九圓一八六を増し、十一年度に比し六七錢七厘を減じた。

更に一人に付ては、國税四圓八七五、縣税四圓一五六、市町村税六圓八五三、計一五圓八八四に當り、大正八年度に比し八圓八一一の増加を示し、十一年度に比すれば一四錢三厘の減少である。

産業

本縣の産業界は其施設改良と交通機關の整備等と相俟つて漸次活況を呈し、大正十二年度の生産總價額は一九一、四〇一、三〇五圓に達し、現住一戸當八五五圓、同一人當一八一圓の生産力とある。即ち

普通農産	五八、七二五、四三一圓
蠶繭絲	五、二〇六、八九八
畜産	二、九五四、〇一〇
林産	一〇、〇六五、四二七
水産	三五、三四七、一九六

工産	六五、八五五、二四六圓
鑛産	一三、二四七、〇九七
計	一九一、四〇一、三〇五

となり、之を其前年度に比較すれば、普通農産に於て四、三〇六、六三七圓、蠶繭絲九一八、九八二圓、畜産二〇七、〇四二圓の增收を示し、水産一、五三四、二八二圓、工産一、九二五、六五四圓、鑛産一、一五九、一九五圓の減收を見、總體に於ては、二九九、〇八六圓の增收である。

(1)普通農産　大正十二年中は天候不順勝にして、農産の生育に尠からざる影響を與へた。即ち主農産たる米麥を合して、二三〇、三五四石（一割二分八厘）の減收を來し、次で園藝農産物中の柿は四九三、一三一貫（四割七分七厘）夏橙は三、〇〇八、一八一貫（九割四分七厘）を減收し、其他何れも多少の惡影響を受けて減收を見たるも、米價の二割七分の騰貴を筆頭とし、其他各農産何れも相當高價を保持したる爲、總額に於ては却て四、三〇六、六三七圓（七分九厘）の增收となつた。

現在耕作地反別は、田八〇、八一九町歩、畑三二、一四〇町六反歩、計一一二、九五九町六反歩であり、農家戸數は一二五、九〇八戸にして、管内總戸數の五割六分に當り、又農家戸數の割合は自作農三七・四六、小作農一九・四六、自作兼小作農四三・〇八となつて居る。

左に普通農産物の産額を掲ぐ（大正十二年度）

米	一、二七九、七八八石	四三、七八一、四四八圓
麥	二九二、九三八石	三、七二三、九一二
食用農産物		三、四二四、二三〇
果實		七四〇、三二二
蔬菜及花卉		五、三七八、六六四
工藝農産物		五四一、七三四
綠肥用作物	四〇、二七四、七五二貫	九八六、五一四
果樹苗	七、三八九本	一、五六〇
桑苗	一、〇八三、八七二本	一三、八四六
製茶	一二四、六九六貫	一三三、二〇一
計		五八、七二五、四三一

(2)蠶絲業　大正十二年の桑畑反別は二、八三一町四反歩にして、産額は繭二八〇、八一二貫、二、六八七、四九七圓、蠶絲類二六、三一八貫、二、五〇四、九九〇圓、眞綿二六三貫一四、四一一圓、價額計五、二〇六、八九八圓の巨額に上つた

即ち大正十二年は絲價引續き市場に好況を呈したる爲め、繭は三五、一四〇貫（一割四分三厘）を增加し、從て蠶絲の製造亦四、二四七貫（一割八分七厘）を增加し、兩者を合して之を前年に比すれば、九一八、九八二圓（二割一分四厘）の增收となつた。

而して最も產額の多きは、玖珂郡の二百萬圓を首位に、阿武郡の百二十萬圓之に亞ぎ、最少は宇部市の九千六百圓にして下關市からは生產しない。

(3)畜產業　大正十二年末現在の飼畜、家禽數は、

牛……	成牛	五九、四二〇頭	犢	六四二頭
馬……	馬	一八、四一九頭	駒	一、九六四頭
豚……	成豚	一、一五六頭	仔豚	一、三五二頭
山羊…	成山羊	一〇五頭	仔山羊	五三頭
緬羊…	成緬羊	四一頭	仔緬羊	一五頭
鷄……	成鷄	二二六、四五八羽	雛	二五〇、三五九羽
七面鳥…	成鳥	二一四羽	雛	一八八羽
鶩……	成鳥	二、二一一羽	雛	一、七三七羽
蜜蜂…		八、一九五箱		

にして、其生產價額は家畜二七二、七七二圓、牛乳三三三、二〇三圓、屠殺八二二、二一三圓、家禽一三五、六六四圓、產卵一、三六二、三四九圓、蜂蜜、密臘等二七、八〇九圓、總計二、九五四、〇一〇圓に達する。

而して家畜の生產、屠殺、搾乳の成績は殆ど前年と同樣なるも、近時養鷄事業の隆盛により產卵五、七九一、〇〇〇個（二割五分四厘）同價額二〇五、二〇五圓（一割七分七厘）を增したる結果、畜產總額に於て二〇七、〇四二圓を增加した。

(4)林　業　本縣は長門、周防兩國共山脈連亘して平坦の地少なく、從て林野產物も相當に多い。

民有林野の面積三〇七、五三七町二反步の其大部分は樹林地である。即ち立木地は二四〇、四一三町七反步、無立木地は六七、一一三町五反步にして、針葉樹林最も多く、九六、〇〇八町九反步を占めて第一位にあり。針濶混淆樹林の八八、七〇七町五反步を次位に、濶葉樹林、竹林の順序である。樹種は豐富にして、杉、扁柏、松、櫧、欅、櫟、其他分布繁茂して居る。

今、民有林野を各所有別に見るに、公有林野九八、七二七可七反步、社寺有三、〇五五町六反步、私有二〇五、七四三町九反步の割合である。而して年々人工造林及天然造林をな

す一方林野開墾にも意を用ゐ、大正十二年の開墾面積は四八町三反歩に達した。

大正十二年の林産總額は一〇、〇六五、四二七圓を算したりと雖も、主産たる用材、薪炭材の採伐近時年々遞下の傾向を示し、即ち用材に於て四七、四四一石(五分)薪炭材に於て、一二四、三一七棚(一割六分二厘)の伐採減は、價額八六三、五〇一圓(一割四分七厘)の減收となりたる結果、竹材の伐採一七、六一九束(五分七厘)と、副業中の主たる木炭の製出に一六九、二〇七圓(九分三厘)の増加を見たるも、前年度に比し結局五一四、四四四圓(一割四分九厘)の減收となつた。

尚、同年の重要林産物は左の如し。

用材	八九六、九七九石	三、六四七、七八一圓
薪炭材	六四一、二七二棚	二、〇四一、九一八
竹材	三二〇、八一三束	五三四、五六九
副産物		三、八四一、一五九
計		一〇、〇六五、四二七

(5)水産業　三面環海にして大小の島嶼散在し、伊豫灘を隔てて四國に相對し、九州との間に周防灘があり、更に遠く日本海を挾んで朝鮮を望む。地己に魚介の棲息、海藻の繁茂に適し、多數の漁場と進歩せる漁業とは相俟つて、本縣の水産業を益々多忙ならしめる。

水産業者は男四一、〇五九、女七、九二八、計四八、九八七人にして、之を業種別に見れば漁撈四〇、〇五七人、製造七、六一一人、養殖一、三一九人に分つ。

大正十二年の水産漁獲高は

近海漁業	魚類	九、〇一二、〇一七圓
	貝類	二二八、五一九
	其他水産動物	一、一五二、一五〇
	藻類	一三八、二三〇
	計	一〇、五三〇、九一六

水産養殖場數一、六〇六、漁獲一四五、二五〇圓

遠洋漁業　一五、四七二、二六四圓

にして、製造物は食料、肥料、魚油、漉海蘿等計五、一五七、七六二圓、鹽は四、〇四一、〇〇四圓、水産物價額總計實に、三五、三四七、一九六圓に達し、縣産業界の第三位に居る。

今、之を其前年に比較するに、沿岸漁業は、鯖、鰤、鯛、鰮等の不漁にて價額七六六、七九五圓(六分八厘)を減じ、製造物に於ては天候の不良に起因し煮乾鰮の價額一七〇、八五

五圓(一割八分七厘)製鹽事業に於て六八七、一二七圓を減じたるを以て、鯖、鰮の鹽製二、六五三、二七〇貫(三八割九分)の増加を見たるも水産總計に於て結局一、五三四、二八二圓(四分七厘)の減收となつた。

(6)工　業　大正十二年の管内工場數は總計五〇八にして、業體に區分すれば

染織工場	五八	飲食物工場	一〇八
機械及器具工場	六八	雜工場	一一七
化學工場	七八	特別工場	六

となる。而して工場數の最多は、下關市の七二にして、玖珂郡の五九、都濃郡の五三之に亞ぎ、最少は大津郡の九である

同年の工産總額は六五、八五五、二四六圓にして、本縣の主業たる農産に亞ぐ。其内年産額百萬圓以上のものを列記すれば左の通りである。

織物	四、一三九、九九九圓
機械類	二、九三二、四九四
造船	二、一九一、八四五
鐵板	一、五八六、八〇九
陶磁器	一、〇〇八、六八六
セメント	五、八九八、二二五圓
瓦	一、四二八、四八〇
和紙	二、五三五、四六五
ダイナマイト	一、八八一、五五四
工業用薬品	三、一六六、二九一
肥料	三、九五九、七七五
和酒	一六、二〇〇、五二四
醬油	二、三四五、八一二
氷	一、一四八、八〇六
菓子	二、二七二、六〇八
木製品	二、四三四、五七〇

而して生産價額を前年と對比すれば、其主なるものゝ中價額の増加したるものに、織物二九八、三〇四圓(六分二厘)鐵板二二三、二六二圓(一割六分四厘)セメント八五八、四四四圓(一割七分)瓦三一三、九四六圓(二割八分一厘)肥料九七一、四〇四圓(三割二分五厘)清酒一、八六四、一七七圓(一割三分)清涼飲料水二三四、七八八圓(四割二厘)罐詰一九五、九二三圓(六割一分六厘)を擧げ、減少したるものに製綿五二二、三九六圓(八割一分)機械類一、〇〇八、一六六圓(二割五分六厘)

硝子製品七五四、三八一圓(九二割五分九厘)工業用藥品三、九五六、六二五圓(五五割五分四厘)醬油六五一、一九五圓(二割一分七厘)製氷二七〇、九四九圓(一割九分一厘)等があり總計に於て一、九二五、六五四圓(二分九厘)の減少を見た。

(7)鑛　業　縣下の鑛山は、各所に散在し、大正十二年の鑛區數は試堀二六六、採堀二七九にして、採堀稼業に屬するものは銀銅鑛一鑛區、銀銅鉛亞鉛一、銅五、銅硫化鐵一、石炭三三其他の金屬鑛二、計四三鑛區、二四、五〇二、二八六坪である。

鑛産物の主たるものは、銅鑛石、石炭、石材(建築、裝飾用共)有用土石等にして、同年中總額一三、二七四、〇九七圓を算したるも尚其前年よりは一、一五九、一九五圓(八分)の減少を示した。之れ鑛物の採堀及精練業は多少好景氣を示したるも、石炭の價格下落により六二九、三九三圓(五分)石材及有用土石の採堀減に依りて一、〇四九、〇〇六圓(五割四分五厘)を減じた結果である。

下　關　市

嘗ては赤間關と名づけ又は馬關と稱した地である。本州の西南端に位して三方環海、九州の門司市は關門海峽を隔てゝ指呼の間にあり。東は早鞆の瀬戸を出て周防灘に面し以て瀬戸內海の西口を扼し、西は小門の小海峽を挾んで豐浦郡彥島町と相對し、海峽の外は玄海、響灘の渺茫を望み、北東は丘陵起伏の間田野を介して豐浦郡に隣り。交通上、軍事上樞要の地點を占め本邦主要の良港である。

國有鐵道山陽線は本市を終點とし、關門連絡船を以て對岸門司市を起點とする九州各線と連接し、關釜連絡船は僅かに八時間を以て朝鮮釜山港に達すべく、私設長州鐵道は本市を起點として縣の西岸を走る。

更に國縣市道の總延長は六五里を超え、諸車八千に垂んとし、船舶一、五八三隻、三九、三四六噸に達する。

本市の沿革を按ずるに、毛利氏關ヶ原の役に減封せられて防長二國を領するや當地は萩本、長府淸末の兩支藩に分轄支配せられ、明治維新に際し、山口に縣廳を置き、支廳を赤間關に置いて其一部を管理した。其後幾多の變遷を經、明治二十二年彥島、六連の二島を割き、二三町一村を以て赤間關市を布き、同三十五年六月、下關市と改稱したのである。

先是、明治十六年特別輸出港に指定せられて外國貿易港たる形式を備へ、次で海外貿易港となり、三十四年山陽鐵道開通し、三十八年關釜連絡の定期航路を開くに至つたものにして、本港の水面積實に百八十萬餘坪、水深二十五尺餘に達し而も內務省の本港修築工事は着々進捗し、之が完成の曉に於ては蓋し刮目すべきものがあらう。

現在の市街地は商賈櫛比し、旅客、貨物の來往集散逐年殷盛を極め、後に丘陵前に海を控へ、山光水色の佳は山陽地方稀に見る所、若し夫れ史蹟を辿らば、遠き七百年の昔の壇の浦の古戰場より、幕末使命を奉じて外艦を砲擊し勤王の志士集まりて薩長連衡を畫する等、近くは日清役に於ける所謂馬關條約締結の地など皆人の知る所である。

本市現在の戶口は一八、〇二六戶、八四、一一〇人にして之を市名改稱當時の四四、七〇〇餘人に比すれば、駸々たる市勢を窺知するに足る。眞に本邦樞要の港灣都市である。

左に大正十二年度に於ける市勢の概要を記する。

(一)面積…一方里〇一五强。官有地一、一二二反餘、民有々租地一〇、一四六反、民有免租地六八八反餘。

(二)學事…公立小學校八校、學級數一六七、敎員數一九二、兒童數一〇、八九八。盲啞學校一。幼稚園四。市立商業學校一、高等女學校一、實踐學校二、私立各種學校四。

(三)生産價額…農産二五〇、七八九圓、工産四、一六一、八九九圓。水産一三、二六〇、一七四圓。

(四)財政…大正十二年度決算

歲入	經常部	一、〇三一、四三七圓八三九
	臨時部	七四、九四二圓七五〇
	計	一、一〇六、三八〇圓五八九
歲出	經常部	六八七、七六七圓六六〇
	臨時部	二三七、一〇二圓二二〇
	計	九二四、八六九圓八八〇

宇部市

舊時は毛利氏の重臣福原氏の治下に屬する農村に過ぎざりしも、炭坑の發展に伴ひ急促なる發達を遂げ、大正十年十一月に至り村制より一躍して市制を布き、宇部市と稱するに至つた。本市は山口縣長門國の南部に位し、東は防長兩國に境し、北及西は厚狹郡に隣り、南は周防灘を隔てゝ九州と相對する。

中國山脈の支脈は北方市境界線に廻り厚東城山を最高山と

なし、海拔千二百餘尺にして、近時殖林事業進捗の爲、松、杉、檜等漸次繁茂し、厚東川、眞締川の水源地をなしてゐる市の西北部は畑地の高臺で宇部澤庵漬の産地である。海岸線市街地は近年益々發展し、而も鐵道山陽線は市の北境に近く、宇部鐵道線は山陽線宇部を起點として小郡驛に接續し、又船木鐵道とも連絡の便利がある。縣道二線、市道三二線市に縱橫し、漸次大會社、大工場の設置、港灣計劃の擴張等駸々たる市勢の進展は蓋し刮目に値するものがある。

現在市の面積は一方里九一四にして、戸數一一、七七九、人口四八、五八二を有し、最近の四年間に於て實に八萬人の增加を來した。

小學校は五校、一一二學級、教員數一二七人、月俸の平均は五八圓二九である。而して生徒數は六、四九二人で、教員一人に對し五一人一二の割合となつて居る。尚其他の學校としては、縣立宇部工業學校、宇部中學校、市立宇部高等女學校、女子實業補習學校、宇部實業補習學校、私立長門工業學校、市立博愛幼稚園があり、又市立宇部圖書館もある。

大正十三年度に於ける市の生産物は、農産七六九、一九四圓、蠶絲類八、三五〇圓、畜産六七、八八三圓、並に林産物の一一、六七五圓、水産二〇九、八八三圓、鑛産九、〇九五、一六七圓、工産二、〇四一、六七四圓、計一二、二〇三、八二六圓にして、現住一戸當一、一三六圓四六八、同一人當二五一圓七九〇の生産力である。

本市大正十四年度歲入出豫算は左の通り。

歲入	經常部	三二八、一八〇圓
	臨時部	一六、八一五
歲出	經常部	二八〇、七〇七
	臨時部	六四、二八八

特別會計歲入豫算　三六六、七二一（歲出ハ同ジ）

大島郡

本郡は周防國の東南端に位し、十數の大小島嶼より成り屋代島を主島とする一郡にして、伊豫灘を隔てゝ愛媛縣と相對する。其面積は一〇方里二五に過ぎず、縣下最少の郡である現在は三町九箇村に區劃し、人口五五、六〇〇にして、一方里の人口密度は五、四二四人强である。

郡内鐵道一線もなく勿論地勢上河川の大なるものを見ず、交通の不便なるを免れない。されど域內道路縱橫し、又船舶ありて交通を助ける。而して本郡は汽船、帆船の三〇一隻と小船七八五隻を有する。

小學校は尋常校四、併置校一七、分敎場一四を有し、此學級二〇五である。學齡兒童は一一、一一六に達し、現住戶數一〇に付八八六五であり、又人口百人に付一九八九の割合とある。補習學校は二〇を算し、其他の學校に町立安下庄中學校、縣立久賀高等女學校、縣立大島商船學校等があり、又一七の公私立圖書館もある。

本郡は前述の如く大小の島嶼を以て成り、四面環海にして水産物に富み、且工業資源豐富なるを以て各種業界は活況を呈してゐる。大正十二年の生産額は、普通農産二、二五八、四三三圓、蠶繭絲九六七、四三二圓、畜産一二四、〇三七圓、林産一七一、七四二圓、水産一、三七四、八四五圓、工産二、二〇四、一三一圓、鑛産九、五一八圓、計七、一一〇、一三八圓に達し、其生産力は現住一戶當五五三圓、一人當一二八圓の割合となる。

久賀町は郡の北岸にある一港邑にして郡の首都たり。本郡に屬する諸官衙の所在地にして、今戶數千五百、人口六千五百を算す。

玖珂郡

本郡は縣の東端に位し、面積六一方里餘、二町三三村を管轄する。東部北半は小瀨川を以て廣島縣佐伯郡と境し、南半は內海に臨む。西は熊毛、都濃兩郡に接し、南一帶は內海に沿ひ、大畠瀨戶を隔てゝ本縣大島郡と相對し、北は島根縣鹿足、美濃二郡と寂地山脈を以て境す。

郡內に港灣數多あり其主なるものは、東に新港、南に岸の下港あり共に本郡の要港である。

河川の重なるものに錦川、小瀨川、由宇川、田布施川等あり。錦川は源を都濃郡鹿野村に發し、本郡北部より斜に郡の中部を貫流して海に注ぐ。此流路延長二九里餘にして、內一一里餘は舟楫を通ずることが出來る。

本郡中央以北は縣下第一の高地にして、古來山代と稱し、山嶽重疊して平坦の地少なく、交通運輸甚だ便ならざりしも大正三年錦川に沿ふ縣道の改修せられて以來、各町村亦町村道の改修を爲し、舟楫の便と相俟つて交通の利を得るに至り從て島根縣地方の物資は多く此線路を經て吞吐せらるるに至つた。

而して鐵道山陽線は郡の東南部海岸に沿ふて走り、岩國電氣軌道線は岩國驛、岩國町、港間を運轉し、鐵道に沿ふ府縣道と相俟つて沿海地方の交通狀態は完全に近い。

國道延長一〇里餘、縣道八六里、町村道一、〇三八里餘を數ふるも山間部に於ける交通は遺憾の點尠くない。されど岩國町を起點とし御庄、師木野、玖珂、高森、米川を通過する岩徳鐵道は大正二十三年度に於て完了する豫定線なるを以て之が完成の上は山陽線と相並び至大の利便を得べく、更に進んで南北を貫通する岩國日原線實現の曉に於ては其利便茲に喋々する迄もない事である。

土地は耕耘に適する地尠きも林野産物に富み、南半の地は平坦部にして地味肥沃、且氣候は概ね溫暖にして大抵攝氏三二度より零度以下の間を昇降し、農桑の業に適する。人口は一三五、〇二八人にして其六割四分は農を營み、普通農産價額七、五八六、六六七圓に達して郡産業界の首位に在る。以下大正十二年の各種生産額を擧げんに、蠶繭絲類二、〇〇二、九〇八圓、畜産五二九、二四八圓、林産一、一八七、四九五圓、水産五七四、二三〇圓、工産八、一八五、六七七圓、鑛産七九、六〇九圓、計二〇、一四六、八三四圓の巨額に上り、前年に比すれば總額に於て九五六、三六一圓の增加となる。

更に敎育に就て記述を試んに、各小學校の設備は漸次整頓し、就學、出席步合は逐年向上しつゝある。現在小學校七二校、外に分敎場二七あり。學級總數四九一、敎員數五六九、兒童數二二、四一七とす。其他各種學校として、私立幼稚園一、公私立中學校三、公立女學校二、公私立實業學校三と、靑年團三六、處女會五五、圖書館三六の散在を見て居る。

熊毛郡

縣の東南部に位し、南は內海に面する外、他は玖珂、都濃兩郡に介在し、其形恰も蝙蝠に似たり。郡の南端は深く內海に突出して室津半島をなし、東方海上二里を隔てゝ大島郡に相對し、附近に長島、屋島、祝島、牛島の四島を主なるものとして、横島、天田島、宇和島、佐鄕島、馬島等の群島ありて、孰れも本郡に屬するものである。

總面積は一九方里九一にして、域內概ね山地にして平地少なきも、地味膏腴氣候亦暖和、海陸の物産に富んで居る。

現今行政上三町二三村に區劃し、戶數一六、二七〇、人口七四、九〇〇にして、大部分は農を生業とし、商、漁、工の順位にある。

大正十二年の生產總額は一千六十萬圓餘に及び、前年より約四十萬圓の增收を示し、一戸當の生產力は六五一圓で、一人當は一四一圓となつて居る。

交通は山陽線郡の稍中央部を貫通し、室津港は室津半島の南端に在りて、上關海峽彼岸の上關港と相對し共に中國航路の要津にして船舶の出入繁しく、又室積港、平生港も當國屈指の良港である。

島田川は源を玖珂郡に發し、流路延長十里餘、灌漑舟筏の便あり。田布施川は三里一九町にして、灌漑の利あるも、舟楫の便がない。

郡內小學校數四六校、學齡兒童一四、九一六人を算し、此就學步合は九九・六二を示して、玖珂郡と共に縣下第四位に居る。補習學校は四一校七〇學級、幼稚園一、私立中等學校二公立實科高女校二及公私立圖書館二六を有する。

平生町は郡の首都にして千餘戸、人口四千三百餘。

都濃郡

本郡は周防の稍中央に位し、東は玖珂、熊毛の二郡に、西は佐波郡に北は島根縣鹿足郡に接し、南は郡域の笠戸島、大島、粭島、仙島、竹島、西ノ島、大津島の點在を望み、周防灘を隔てゝ九州と相對する。面積は三八方里七にして、其形狀東西に狹く南北に長く、南部は稍平坦部を爲すも、北部は山岳連互す。從つて交通機關の如きも山陽本線沿海部を走るのみで山間部との運輸交通は四、五の縣町村道に俟つ狀態にある。水路には末武川、夜市川等あるも舟楫の便がない。

されど下松港、德山港あり、一箇年の入港船舶は兩港を合して商船九四七隻、五六〇、一五六噸に達する。

本郡現在の行政區劃は四町一八村にして、人口一〇萬を超へ一方里に付二千六百人の密度である。學齡兒童は一八、八一一人で其就學步合は九九・五二を示し縣下中位以下に在る因に小學校數は三八の外分敎場一三を有する。

以下大正十二年の生產額を示す。普通農產五、四〇一、六三七圓、蠶繭絲類一四二、三三一圓、畜產二八二、九四三圓、林產一、〇九九、九〇二圓、水產一、七六五、一八二圓、工產物八、三九八、八四八圓、鑛產一三八、五〇一圓、計一七、二二九、三四四圓。現住一戸當七八〇圓、同一人當一七〇圓。

佐波郡

本郡は面積三三方里五二を有し、向島、野島、鯖島等の島嶼を包含す。現在戸數一七、一四七、人口八〇、四〇〇に及び、其大部分は農を業とし、商業之に亞ぎ工業、水產業等の順序である。本郡大正十二年の生產總額は千三百萬圓を超へ其最も多きは普通農產の四百七十萬圓餘、之に亞いで工產の四百五十萬圓餘があり、最寡は鑛產の十萬圓餘で、生產總額に於て前年より三十四萬圓減である。

本郡は現在一町一三村を管轄し、防府町は郡の首都である山陽本線は本町に三田尻驛を置き、私設防石鐵道は此處を起點として本郡の山間部堀に達する。

源を本郡柚野村に發する佐波川は流路延長一四里餘、防石鐵道線に沿ふて南流し、大海灣に至り盡き舟楫の便がある。

當國第一の良港たる三田尻港は防府町の一部にして、貨物の集散常に夥しく、殊に附近に鹽田多きを以て食鹽の產額大である。中關港は三田尻港西南約二里、防長三關の一にして古來船舶の碇泊するもの多かりしも三田尻港の開けし以來其趣を稍一變した。兩港一ヶ年の入港船舶は合計一六、四〇〇隻、七八五、七二六噸である。

小學校は尋常校六、併置校一八、分敎場一四。敎員二九六名、兒童數一三、六五二八、就學歩合は九九・六四にして其成績縣下第三位に在り。外に實業補習學校一九、圖書館一〇を有する。

吉敷郡

縣の中央部に位し、三面は佐波、阿武、美禰、厚狹各郡に接し、南一面は內海に臨み、周防灘を隔てゝ九州と相對す。

面積三一方里八三にして、二町一八村に分つ。現在戸數は二一、五二二、人口一〇二、三〇〇であるが、郡民の大部分は農を營み、商業、工業之に亞いで居る。從て生產額も此の順位を常態とし、大正十二年に於て普通農產八、二四〇、七三〇圓、工產三、四九九、一〇八圓、水產一、四二八、七八一圓、林產四六一、六一〇圓、畜產四二七、五二三圓、鑛產、蠶繭絲類二七三、〇〇二圓を出し、是が總計一四、三三〇、七五四圓は前年に比し四七九、〇九六圓の增加とある。

鐵道山陽線は郡の南部海に沿ふて通じ、又山口線は小郡驛に分岐して山陰線に接續する。國道第十七號、第十八號線及縣道數條郡内に縱横し、河川に椹野川あり、延長六里二一町にして一里の間舟筏の便がある。

郡内小學校數二八外に分敎場九あり。學齡兒童一八、五三二にして就學步合九九・二二は縣下最下位に在り。

山口町は毛利氏の舊城下にして今は縣廳の所在地である。地勢は南方平坦なるも三面山を繞らし山河襟帶自然の要害を爲したること恰も京都の如く。昔時大内氏此地に據つて中國、九州に覇を稱へしは偶然ではない。爾來文久二年毛利氏の萩より移り治めて市況遽かに榮へて今日の都邑をなし、今は官公私立の各學校、官公署は皆此地に在り。現在戸數六千人口三萬三千餘。

厚狹郡

面積二四方里八一を有し三町一二村を管轄する本郡は長門國の南端にあり。其南面内海に臨んで九州と相對し三面は吉敷、美禰、豐浦郡に隣し、其地勢東に廣く西するに從つて狹長となり、北に高く南に低い。

河川は何れも南流して内海に盡き、其尤なるものに厚東川がある、流路延長一四里半。其他有帆川、厚狹川、木屋川等ありて共に灌漑漕運の便がある。

小野田港は本郡唯一の港津にして、小野田鐵道線によりて山陰線と連絡し、其他船木鐵道線、宇部鐵道線及美禰線がある。何れも山陽本線を起點とし、前二者は宇部驛より萬倉に通じ他は宇部市を經て本線小郡驛に達するもの、後者は厚狹驛に起り大嶺、萩間を結ぶものである。此美禰線は近く山陰本線と接續すべく、開通の曉に於ては本郡の產業、敎育等に一大革命を見るに至るであらう。

敎育方面を見るに、小學校一八、分敎場一六、本科正敎員一九四人（百學級に付七七人六）學齡兒童一三、〇八六人（就學步合九九・五七）補習學校一六、公私立圖書館一六、私立中學校一、町立實科高女一、縣立高女一等の數字を示す。

本郡大正十二年の生產總額は二二、八八五、二七八圓にして前年より五七、七四二圓の增收を見、其結果每戶生產價額は一、五九九圓、一人當三二一圓となり、縣下第一位に在る。

豐浦郡

本郡は往古仲哀天皇、神功皇后行宮の古跡地にして、史上に有名なるは人の知る處、即ち本州の最西南端に位し、蓋井島、彥島、竹子島、角島、厚島等の諸島を含み、其面積四五方里餘に及ぶ。北の一部と東は大津、美禰、厚狹郡に接し、他は日本海と内海に臨み、南端は下關市を隔て一葦帶水九州と相對する。而して郡内山岳多く、一帶の山脈中央を起伏して郡を二分し、從つて平地少しと雖も逐年道路を改修し、鐵道に山陽線、小串線、長門鐵道線あり、河川に木屋川及其支

流田部川、粟野川等ありて灌漑と共に舟筏を通じ交通運輸の利便大いに開けた。又港灣に角島港、特牛港、福浦港がある

地味は概ね膏腴にして灌漑の便を得、氣候は地勢の高低と山海の向背とに依り各地稍異なるも亦其度に適し、平年華氏三十四五度より九十度の間を昇降す。されば農業に、林業に又水産業に異常の發達を見、大正十二年に於ける生産總額は一九、八〇三、七四一圓に達し、縣下第四位を占めて居る。

本郡は現在二町二八村を管し、小學校四二、分敎場八を有し學齡兒童二一、二七三にして十戸に對し九人四一の割合である。此外幼稚園一、縣立中學校一、同高等女學校一、村立實科高女一、補習學校三一、公私立圖書館一九あり。

因に本郡の戸口は二三、六一六戸、一一三、四〇〇人とす

美禰郡

長門の中央部に位して面積二七方里九一を有し、大津、阿武、吉敷、厚狹、豊浦の各郡と境を爲す。

地形東西に伸びて南北に縮り、鳳翩、江舟、花尾、鯨ヶ岳等の高峰峻嶺郡境に聳立して、有名なる秋吉臺の曠原を郡の中央に形成する。郡名美禰は『峰』より起りしもの、一度郡域に入らば人をして林業の利を想はしめるものがある。

從つて平坦の地に乏しきも、土質石灰岩に富み地味膏腴にして、氣候又温和、厚東、厚狹の二川源を北境に發して南流し、何れも流路十里以上に及び漕運灌漑の便を得て耕耘牧畜蠶業に適し又鐵路美禰線は山陽線厚狹驛に分岐して大嶺、萩間を運轉し以て山野に累々たる鑛山の遺利の開發に資する。

又全郡道路四通八達し、車馬の通せざるなく、交通運輸亦便利である。本郡の重要生産物は米麥、蠶繭、木炭、用材、薪炭材、石灰、有用土石等にして何れも年額十萬圓以上を出して居る。大正十二年の生産總額は七百六十萬圓を超へ普通農産を首位に工産、林産、鑛産等の順位に在る。

本郡は現在二町一一村を管し、人口四萬餘り、逐年減少の傾向にあり一方里に付一、四五六人の密度を示し粗である。

小學校は二六校の外に分敎場四あり。敎員一六七人、兒童數六、六七三、就學步合九九・八三にして縣下第一位たり。

大津郡

山陽線厚狹驛に分岐し、美禰線によりて北行し日本海を望む所、即ち大津郡である。面積二二方里六三にして、一町八村を管轄し、戸數九、三八六、人口五〇、七三六を有する。

海岸線は頗る長くして港灣に富み、其重なるものに仙崎港掛淵港がある。仙崎港は周圍七里餘の青海島の屈曲灣内にあり、掛淵港は油谷灣に在りて前者に及ばざる事遠きも尚一ヶ年の入港船舶一萬噸に達する。

郡内一般に土地高峻にして地形南北に狹き爲め大なる河川なく僅かに深川川、掛淵川を以て代表するに過ぎない。

鐵道は前記美禰線郡の南部を走つて萩に達するも、近き將來に於て山陰本線と合すべく、全通の曉に於ける本郡の便益は蓋し想像外であらう。左に敎育及産業の一班を示す。

(一)小學校　二四、兒童數八、三二〇、就學歩合九九。六二農業補習學校九、水産同上一、其他の實業補習學校一四。高等女學校、農林學校、中學校各一。

(二)生産價額農産物三、七〇三、〇〇〇圓、林産物一、五〇六、〇七二圓、工藝品九二四、六五三圓、畜産八四、五〇〇圓、水産漁獲物二、六八二、一五九圓、水産製造物八四一、一六七圓、合計九、七四一、五五一圓。

阿武郡

長門國の東北端に位し、縣下最大の郡にして七一、九六の面積を有し一町二三村を管する。大島、相島、尾島、櫃島、羽島等は本郡域にして、日本海沿岸に散在する。

鐵道山口線は郡の東南端を通じて島根縣に走り、美禰線は山陽線厚狹驛、大嶺、正明市、萩間を結び、更に近く山陰線の全通を見る機運にある。

河川には阿武川、大井川、田萬川等ありて共に灌漑運輸の便をなし、又萩港、須佐港、江崎港の良港もある。

現在人口は一〇三、八〇〇にして農業最多を占め商業之に亞ぎ、工業、漁業の順序である。大正十二年の生産總額は千五百十萬圓を突破し、一戶當六九七圓、一人當一四六圓の割合となる。其他敎育關係は下記の通りとす。小學校四一校、分敎場二三。學齡兒童一九、一七九八(十月に付一〇八一九)補習學校三二。幼稚園一、縣立中學校、高等女學校各一。町立商業學校一。公私立圖書館二一。

萩町は毛利氏累代の舊城下にして、本縣中下關市に次ぐ繁華の地たり。郡の首都にして三面に山を負ひ、前に港灣を擁して水陸の交通至便である。人口一萬四千三百餘。

山梨縣

總說　山梨縣は埼玉縣、東京府、神奈川縣、靜岡縣及び長野縣に依りて圍まれ海なき縣にして面積約二百八十三方里あり甲斐全國を占む。縣内は甲府市と東山梨、西山梨、東八代、西八代、南巨摩、中巨摩、北巨摩、南都留、北都留の九郡に分たれ人口凡そ六十三萬あり、南境の富士山を始とし山岳四境を繞り縣の大部は富士川の流域に屬するが東部には多摩川、桂川の流域に屬する處あり後者を郡内地方と云ふ富士山麓には小湖密集す、養蠶製絲の業頗る榮え甲斐絹傘地類を産すること多く葡萄、葡萄酒亦我が國の主産地たり、鐵道中央線は本縣を貫き笹子峠は日本第一の長隧道に依りて通過し其の長さ一萬五千二百呎以上あり車馬鐵道は桂川及び富士川の二流域に通ず富士川は古來本邦の三急流に數へられ水運の便多かりしが鐵道の開通以來其の利用漸く衰へたり。

甲府市 面積〇、三八方里、人口五萬八千、甲府市は富士川流域の平原に位し東京市を距る鐵路凡そ八十哩、縣治の中心にて明治維新前には德川幕府の直轄地たりし處なり製絲業盛に行はれ水晶細工を產し柳町、櫻町、八日町、綠町、相生町、太田町は最も繁榮なり、舞鶴城址 市の北端にありて舞鶴城公園と呼ばれ舊天守臺よりの眺望甚だ佳なり城は德川氏、柳澤氏等の治所たりしことあり、機山館 天守臺下にあり集會所及び旅舍に充つ、笹子大隧道開通紀念碑 甲府停車場前にあり、豐受神社 横近習町に屬し舊と伊勢兩宮の總社なりき、三藤溫泉 愛宕町にある鹽類泉なり東方なる愛宕山は風色宜し、長禪寺 三藤溫泉を東に距ること三町、臨濟宗にして府中五山の一に數へらる、尊體寺 今中町にあり淨土宗を奉ず、太田町公園 太田町にあり甲府公園とも呼ばれ風色幽邃なり、一蓮寺 太田町に屬して公園と隣し時宗の一刹

東山梨郡 面積三三、八三方里、人口八萬二千、山梨岡岡部村にあり詩歌に吟詠せらる、四阿山 岡部村にあり山水の風景最も佳なり、要害澤古戰場 春日居村にあり寬正年中武田氏と跡部氏との戰ひし處なり、差出の磯 八幡村八幡南組にありて松樹の點綴せる岩丘笛吹川の河床より屹立し風色殊に宜し附近櫻樹に富む、八幡宮 八幡村八幡北組に屬し式內の一社なり境內に大井俣神社あり、小山田城址 中牧村にあり安田義定の據りし處、淨古寺城址 諏訪村の內にて內藤氏の居城たりき、川浦溫泉 三富村字川浦にあり附近の水色見るべきものあり、惠林寺 松里村字小屋敷に屬し臨濟宗なり建築の古雅壯麗なること縣內第一たり內境に武田晴信の祠あり惠林晩鐘は享保年間柳澤氏奏聞勅許の甲斐八景に加へられたり近傍に勝區少なからず、放光寺 松里村字藤木に位し新義眞言宗を奉ず、龍山庵址 松里村字下柚木にあり夢窓國師の居住せし處なり、石森丘 加納岩村にあり奇岩怪石累々として深山幽谷に入るの趣あり、鹽山 亦加納岩村にあり周圍約一里、田園中に聳え滿山松樹蓊鬱たり往古鹽を產せしと云ふ、勝沼町 葡萄產地の中心都會にて眞言宗の古刹大善寺あり近傍岩崎より葡萄酒を產す、鹽山溫泉 七里村上於曾にあり含硫弱鹽類泉、向嶽寺 鹽山の西に位し禪宗を奉ず、雲

峰寺　神金村字上萩原にある臨濟宗の一刹なり、柏尾山古戰場　日川の北岸に位す明治元年官軍と東軍との戰ひし處なり、田野古戰場　初狩野驛の北方凡そ一里、天目山の麓にありて天正十一年武田氏滅亡の地なり附近に景德院あり。

西山梨郡　面積一三、七九方里、人口二萬一千、夢山　里垣村にあり夢見山とも云ひ武田信虎が其の子信玄の出生を夢し處なり夢山春曙は富士晴嵐等と共に甲斐八景の一なり、酒折宮　里垣村酒折にあり日本武尊駐軍の古蹟なり酒折夜雨は甲斐八景に數へられたり、善光寺　里垣村板垣に屬する巨刹なり、鐶臺山　里垣村にあり觀月の勝地なり因に云ふ相川村なる龍華秋月は當國の八景に列せり、王諸社　國里村國玉にあり大己貴命を祭る、武田古城址　相川村字古府中にありて躑躅ケ崎の城址又は古城と呼ばれ武田氏の據りし處なり近傍に梅屋敷即ち古府中梅林あり、武田信玄之墓　相川村の岩窪にあり法性院機山信玄之墓と刻せり、大泉寺　相川村にありて曹洞宗を奉ず、要害山　相川村の上積翠寺にあり武田信玄の生地なり、湯村溫泉　甲府驛より約半里に位する鹽類床なり附近の石地藏堂の會式には參拜者甚だ多し、八幡神社　亦相川村にある縣社にて武田氏の氏神なり近傍の華光院は櫻樹多し。

東八代郡　面積一五、一七方里、人口六萬、石和町　日蓮宗の名刹遠妙寺あり此の地飼鵜行はれ謠曲に著れ石和流螢は甲斐八景に列せり、淺間神社　一宮村の一宮にある國幣中社にて木花咲耶姫尊、瓊々杵尊、大山祇神を祭神とす、國分寺址　亦一宮村にありて尙礎石を存す、檜峰神社　黑駒村大字上黑駒にあり、福岡寺　竹野原村大字大野寺にありて大野寺とも呼ばれ眞義眞言宗を奉ず、廣濟寺竹野原村大字奈良原にある臨濟宗の一寺、花鳥山　竹野原村にあり山梨、八代、巨摩の諸郡を望み風景宜し、圓樂寺　右左口村にありて金剛院或は善勝坊とも稱せらる近傍に大宮神社あり即ち佐久の明神あり、御殿場　右左口村にあり亦風景佳なり。

西八代郡　面積二九、二四方里、人口四萬四千、市川大門町　製紙業榮え糊入紙殊に著はる、精進湖　上九一色村にあり富士八湖の一なり周圍約二里半に及び風色尙佳にして夏季外人の來遊するもの冬季氷滑をなすもの年々增加す、千波ケ瀧　下九一色村にあり高さ四十五丈に達す、表門神社　上野村に位し御崎明神、御陣場御宮とも呼ばる近傍に眞言宗藥王寺、一條氏の砦址等あり、四尾連湖　峨ケ嶽にあり周圍凡そ一里、富士八湖に數へられ湖中魚鳥多し、平鹽岡　四尾連湖の北方に當り松樹に富む、慈觀寺　久那士村字道村にあり方外院　古關村字瀬戸にあり曹洞宗を奉ず、本栖湖　古關村本栖に屬し周圍三里餘あり富士八湖の一なり、下部溫泉　富里村字下部にある著名の溫泉なり。

南巨摩郡　面積三五、四八方里、人口五萬八千、鰍澤町　富士川に沿ひ水運の要地たる價値は近年に至りて減ぜしも身延參詣者の來往少なからず、妙法寺　穗積村字小室にあり日蓮上人の舊蹟なり、硯島村　字稻又より硯石材を產し字雨畑にて加工し所謂雨畑硯を產す、身延山久遠寺　身延村にあり日蓮宗の總本山にて寺域方七十八町と號せられ祖師堂、眞骨堂、位牌堂、日蓮上人の塔、廟所、奥の院等あり、南部城址　睦合村南部にあり南部光行の館址なり、西行阪　萬澤村字西行に屬し西行法師の任ぜし處と云ふ富士三景に數へらる。

中巨摩郡　面積二六、七四方里、人口九萬、山縣大貳墓　龍王村字篠原の金剛寺境內にあり、慈照寺　龍王村字龍王に屬し曹洞宗なり、御嶽新道　宮本村にある勝地なり昇仙峽は西山梨郡千代田村迄荒川の沿岸約二里の間に亘り覺圓峰聳え仙娥瀧懸り昇仙橋あり風景の奇峭なる耶馬溪以上と稱せられ特に紅葉の美を以て知らる山中に金櫻神社あり日本武尊、少彦名命等を祀る、金峰山　御嶽の裏山にて此の邊に水晶を產し金峰暮雪は甲斐八景の一なり、鎌田の螢火　西條村にあり螢のの形大にして光强し、落合の桃林　落合村西山の東南にあり。

北巨摩郡　面積四五、三二方里、人口八萬五千、韮崎町　武田勝頼の築造せし新府城の址あり窟觀音あり青坂には數百株の欄樹妍を競ふ、瑞牆山　增高村にあり風景最も秀でたり、海岸寺　津金村字寺入にある臨濟宗の一刹なり、花水阪　日野春村にありて風景宜しく富士三景の一なり、谷戶城址　大泉村谷戶に屬し逸見淸光の舊跡なり、大瀧神社　篠尾村にあり老樹繁茂し瀧山の泉と稱する飛瀑懸れり避暑の客多く來遊す、白須松原　菅原村白須より鳳來村に跨る御料材にて風趣勝れ松茸を以て知らる、實相寺　新富村字山高にあり日蓮宗を奉じ境內の山高の樓は幹の周圍四丈に近し、武田館址　神山村字武田に位し武田信義が住せし處なり、武田八幡神社　神山村字北宮地にあり、永岳寺　大草村字下條西割に屬し臨濟宗を奉じ賽客多き不動堂を有す、白根山　縣境の高峯にて白嶺夕照は甲斐八景の一なり。

南都留郡　面積四四、七〇方里、人口七萬二千、谷村町

郡內地方の中心都會にて海氣の市場なり、山中湖　中野村にあり周圍三里十二町に達し臥牛湖とも呼ばれ魚類多し桂川之より流出し亦富士八湖に加へられたり、富士嶽神社　福地村字上吉田にあり上吉田は卽ち吉田口にて富士登山北口に當る、妙法寺　小立村にあり日蓮宗を奉ず風色佳なれば內外の避暑客多く來集す、西湖　西湖村に屬し古名剗海、周圍は三里半を以て八湖中の上位を占む、河口湖　河口、小立等の諸村に分屬し富士八湖中最も大にして周圍四里二十六町と稱せらる沿岸の產屋ヶ崎は富士山を望むに最も宜し、御坂峠　河口村より東八代郡黑駒村に跨り名山の倒影を河口湖に望むべく富士三景の一なり、淺間神社　河口村にあり祭神は木花開耶姫なり。

北都留郡　面積三八、〇八方里、人口五萬七千、上野原町　郡內地方の名邑にて海氣を集散す、笹子隧道　笹子村にあり六年の歲月を費して明治三十五年竣工し一哩の費額百三十圓に上れり汽車は約十分を費して之を過ぐ隧道の東口に故伊藤博文の記せる因地利　西口に山縣有朋の代天工なる文字を刻む、岩殿山城址　賑岡村岩殿にあり小山田信茂の居りし處なり、猿橋　海氣の市場たる大原村字猿橋にありて桂川に架せられ日本三奇橋に數へらる橋上より水面まで百五十尺あり、駒橋發電所　東京電燈會社駒橋發電所は廣里村字駒橋にあり。

岐阜縣

總說　岐阜縣は美濃飛驒の二國を管轄し南は愛知三重の三縣に接し東は長野縣に隣り北は富山石川福井の三縣と境し西は滋賀縣に接す、面積七百六方里ありて帝國屈指の大縣なり、美濃は岐阜大垣の二市と稻葉、羽島、海津、養老、不破、安八、揖斐、本巢、山縣、武儀、郡上、加茂、可兒、土岐、惠那、の十五郡とに分かれ飛驒は益田、大野、吉城の三郡に分かる、全縣の人口百十萬八千あり、縣の東境長野縣との境には日本アルプスの稱ある飛驒赤石の兩山脈ありて高峯峻嶽群り立ち此の間木曾川の溪谷の開けるあるのみ、縣の北部は飛彈の中央を東西に貫ける分水山脈あるにより飛驒の北半は北に傾斜し神通、庄仁川の溪谷によりて富山縣に通ず、西方滋賀福井二縣との境にも亦屛風山脈伊吹山の橫はるあり、河川中特に著名なるものは木曾川にして信濃より來り飛驒川を容れ洋々として亦伊勢海に入る、是等諸川の流域は所謂濃尾平野の一部にして地味膏腴縣内第一の生産地たり、米は主に西部地方に産し中部東部北部に亘りて繭、生絲、織物、紙、陶磁器、漆器等を産し又木材、銀、銅、鉛、亞鉛、石墨等を出すこと少なしとなさず。鐵道東海道線は縣の西南部に通じ中央線は東南部を横ぎり美濃電氣鐵道は岐阜市より美濃町に通ず又養老鐵道は揖斐大垣桑名間に通ぜり、道路美濃には中仙道、名古屋街道、美濃路等あり、岐阜より高山に通ずる飛彈街道は往來甚だ困難なり。

岐阜市 長良川に臨む縣治の中心にして人口五萬七千東京市を距ること百六萬、絹織物、提灯、團扇等を産し紙、生絲の賣買盛なり。伊奈葉神社、圓徳寺、西覺寺、瑞龍寺、名和昆蟲研究所あり。

稻葉郡 面積一三、八三方里、人口九萬三千、加納町 岐阜市の南に接續せる都會にして傘製造の盛なるによりて其名著はるもと永井氏の城下たりし所なり。立政寺 市橋村大字西ノ庄にあり淨土宗に屬し縣下有數の寺院なり。

羽島郡 面積六、一五方里、人口六萬一千、笠松町 郡治の中心にして木曾川に臨み舟運の便あるを以て市街繁華なり絹綿交織を産す、竹ヶ鼻町 附近に織物を出だし繁華笠松に次ぐ、西方寺 足近村大字直道にあり淨土眞宗に屬し縣下の一名刹たり。

海津郡 面積六、七五方里、人口二萬八千、高須町 大垣桑名間の一名邑にして市街殷賑もと松平氏の治所たり、今尾町 揖斐川の左岸に位し舟楫の便ありて郡内の名區たり地に常樂寺あり。

養老郡 面積一四、二八方里、人口三萬七千、高田町 養老山の麓にあり郡衙の所在地にして酒を産すること多し、養老公園 養老村白石にあり東海道大垣驛より八、八哩鐵道の便あり山容水色の優麗なる美濃三勝の一たるに恥ぢず附近に孝子傳に名高き瀧並に多藝行宮の趾、多藝行宮神社あり。

不破郡 面積九、八〇方里、人口三萬四千、垂井町 大垣の西二里にあり郡の治所たり、字御所野に足利持氏の遺孤春王安王の墓あり。赤坂町 町の西北に金生山あり古生層に屬する石灰岩より成り種々の化石を含み裝飾材文房具等として廣く使用せらる又溫古燒を出だす、南宮神社 宮代村の東にあり國幣中社にして美濃國の一の宮たり金山彥命を祀る、關ヶ原古戰場 垂井町の西一里半關ヶ原村にありて不破の關址は同村大字松尾にあり共に史上に名高し、妙應寺 今須村にあり曹洞宗の名刹の一なり。

安八郡 面積七、六〇方里、人口四萬九千、大垣市 美濃平野の西部に位しもと戸田氏の城邑にして水陸の便を有し道路四通し人口三萬四千繁華岐阜市に次ぎ米の取引盛なり柿、柿羊羹の名産あり社寺の重なるものは八幡神社圓通寺全昌寺なり、結大明神社 結村大字西結にあり「むすびの」神として俗間に其名甚だ高し。

揖斐郡 面積六七、〇五方里、人口五萬七千、揖斐町 郡の治所にして郡中唯一の都會なり、房島の鮎 房島は大和村に屬し揖斐川に瀕し多く鮎を産するを以て名高し、横倉寺 横倉村にあり最澄の草創にして天台宗に屬す堂塔伽藍の宏壯雅麗なる境内の幽清閑寂なる美濃有數の大寺なり、谷汲の華嚴寺 谷汲村大字德積にあり天台宗に屬する古刹にして西國三十三番の札所たるを以て參拜するもの頗る多し、霞間ヶ谷 本郷村大字藤代にあり櫻花の名所なり。

本巣郡 面積二〇、九四方里、人口五萬一千、北方町 絲貫川に沿ひ郡衙の所在地なり、船木山 席田村大字郡府にある一小山なれども山頂の眺望頗る宏闊にして郡中の名區たり

山縣郡 面積一五、四五方里、人口三萬三千、高富町 小都會なれども郡治の中心をなす。

武儀郡 面積五二、一五方里、人口九萬九千、美濃町 郡衙の所在地にして紙の取引頗る盛なり、關町 飛彈街道の要衝に要し市況殷賑なり古來鍛工多く今尚打刄物類を産すること多し、金剛院 吉田村にあり新長谷寺と稱し後堀河帝の勅願所にして郡中の名刹たり。

郡上郡 面積六〇、二五方里、人口六萬四千、八幡町 吉田川に臨み郡中第一の都會にして商況活潑なり多く生絲を産す又郡役所あり、白山神社 長瀧寺、共に北濃村の長瀧にあり白山神社は伊裝冊命を祀る縣社に列せられ社殿壯嚴なり、長瀧寺は天台宗にして養老年間の創建にして大講堂中講堂等備はり縣下有數の古刹なり。

加茂郡 面積三九、三五方里、人口七萬七千、太田町 小都會なれども郡治の中心にして商業盛に行はる、北方の蜂屋村に名高き蜂屋柿を産す、八百津町 木曾川の右岸に位し舟運の便を有し郡内第一の都會たり。

可兒郡 面積一三、九〇方里、人口四萬二千、御嵩町 郡の治所たり鯉を名産とす、又天台宗の名刹願興寺あり、虎溪山 豊岡町長瀬にあり永保寺に屬す寺は西國三十一番の札所

にして堂舍の多くして壯麗なる國中無比の靈場と稱せられ山水の幽雅にして宏闊なる實に東濃第一の勝境なり、木曾川の寄勝　木曾川の溪谷は處々に勝景を呈すれども錦津村大字錦織附近に至れば峯巒急潭殊に絶佳なり又木曾川を流下せる木材は此處に到りて筏となし下流地方に回漕す。

土岐郡　面積二〇、二四方里、人口六萬二千、**土岐津町**　中央線の一驛にして郡の治所たり陶磁器の製造頗る盛なり、**多治見町**　郡内第一の都會にして人口一萬鐵道の便あり陶磁器集散の一大中心にして市況頗る殷賑なり又近傍に良質の硯石を出だす。

惠那郡　面積七四、二五、人口九萬七千、**中津町**　縣の東境木曾川の南岸に位し中仙道の驛たり木曾山中に入る門戸をなし木材生絲の集散地にして市況盛に人口一萬二千を有す郡役所あり、**坂下町**　髮剃嶽の西麓にあり繭、生絲、紙の製造取引を以て著はる、**岩村町**　もと松平氏の城下にて東方に水晶山あり。

益田郡　面積八〇、六五方里、人口三萬三千、飛驒南部の大郡なり、萩原町益田川に沿ひ飛驒街道の一小驛なれども郡衙の所在地たり。小坂町　木材の集散地をなし又御嶽の登山山口たり。

大野郡　面積一一七、八方里、人口五萬四千，高山町飛驒高原の中心都會にして人口一萬八千岐阜市を距ること三十三里、生絲、春慶塗、紬等を產す寺内町に照蓮寺あり國内第一の名刹なり、水無神社　宮村にあり飛驒國の一の宮にて今國幣小社に列す域内廣濶閑雅なり、白川村　白川の峽谷に散在する二十三の部落より成り交通不便にして今尙上古の風を存する所あり。

吉城郡　面積八五、一〇方里、人口四萬九千、**古川町**　越中路の一驛にて繁華高山に次ぐ、**船津町**　神岡鑛山に近く繁華なる山間市街なり。

徳島縣

總　說

位置、地勢、面積

徳島縣は南海道の一部に屬し、四國の東部に位して、阿波國一市十郡を管轄する。即ち北緯三三度三一分より三四度一五分に至り、東經一三三度四一分より一三四度四九分に至る間に在り。其の幅員東西二七里二一町、南北二一里一八町に亘り、北は香川縣に接し、西は愛媛縣に連り、西南は高知縣に界し、東は紀伊水道を隔てゝ近く和歌山縣を望み、東南は渺茫たる太平洋に臨み、東北は鳴門海峽を挾みて淡路に面する。

總面積は二六九方里〇五を有し、全國面積中第三五位にあり。管內郡市にて最も廣い面積を有するは、美馬郡の五四方里一二にして、海部、那賀、三好、板野、勝浦、麻植、名西名東の各郡之に次ぎ、徳島市は最も狹く僅か零方里七〇に過ぎない。現在行政上、一市十郡二八町一一一村に區劃する。

域內は概ね山岳重疊して全面積の七割を占め、平野は僅かに三割に過ぎずして、地勢、西北に高く、東南に低い。

國內山脈を北、中、南の三部に分ち、北方山脈は讃岐の境を出入し、東に走りて鳴門海峽に入り、中部は土佐國境より連亘し、中央に蟠踞起伏し、竟に東紀の海に至りて盡きる。南部も亦、土佐國境に起り、蜿蜒相連り、蒲田岬に至りて海に奔逸する。隨つて國內は山脈を以て二部に劃せられ、南方、北方の稱がある。國內の最高峻たる劍山は中部に屬し、南部に蟠踞して相重るものを木頭諸山とし、請ヶ峯　槇小屋山之に屬する。其他麻植の高越山、名西の高根山、燒山寺山等の高山各所に聳立する。

諸山の溪流は各低地に向つて注ぎ、合して河川を爲し、其著しきものを吉野川、那賀川、勝浦川、海部川等とす。

吉野川は其の流域、四國四縣に跨る大川にして、源を土佐の山間部に發し、本縣三好郡の西北を北流し、伊豫より來れる伊豫川と合し、徳島に至り數派に分れ東流して海に注ぐ。水源よりの流程六十里餘、管內流域三十一里餘、舟楫の便は二十五里に及び、運輸の便があり、一名四國三郎の稱がある。那賀川は之に亞ぎ、源を海部郡奧木頭に發し、東流三十六里餘にして海に入る。勝浦川、海部川等孰れも舟筏を通じ漕運の便あるも、一朝洪水に遭へば沿岸の地は甚敷水害を受け、殊に吉野川筋が甚しい。故に明治四十二年吉野川改修工事を起し、既に七里餘の改修を了し、漸次上流に進捗するに從ひ、多年の水害を一掃するに至るであらう。

沿革及行政區劃

豐臣氏の四國征定して、蜂須賀家政、此地に封ぜらるゝに及び、先づ封內を統一し、尋で民心を收攬し、法度を制定し特に產業に留意し、善政は能く民心を安定、慰撫した。本縣の主要物產として全國に獨步の聲價を博したりし製藍の如きも全く藩祖善政の餘澤である。

以來二百八十年間蜂須賀氏の領地として、淡路國と共に其支配下に在りしが、明治二年六月、蜂須賀氏版籍を奉還して德島藩を置かれ、次で同四年七月廢藩置縣の際、德島縣となり、阿波國及淡路國の一部を管轄した。同年十一月淡路國津名郡全域を合併し、阿淡兩國全部を管して名東縣と改稱し、同六年二月更に讃岐國を加へたりしが、同八年九月、香川縣を置かるゝに至り、讃岐國を其管轄に移した。

越えて翌年八月、名東郡を廢し、淡路國を兵庫縣の管轄に屬せしめ、阿波國を高知縣の管下に加へて德島支廳を置き、以て阿波全國を支配した。

明治十一年十二月、支廳を廢して德島出張所を置き、同十三年三月、再び德島縣を置き、阿波全國を管轄區域とし以て今日に至りしものにて、現在、

德島市、名東郡、勝浦郡、那賀郡、海部郡、名西郡、板野郡、阿波郡、麻植郡、美馬郡、三好郡

の一市一〇郡二八町一一一村を管する。

土地

本縣の土地反別は左表の如し。

國有地段別		七八二町七反
民有々租地段別	田	二八、四二八町四反
	畑	三五、三六八町九反
	宅地	四、七二三町二反
	山林	一六五、七七一町一反
	原野	一、三一一町九反
	鹽田	四七七町三反
	池沼	一五四町二反
	雜種地	二二五町六反
民有免租地段別		九、九三一町四反

氣象

本縣に於ける氣象狀態は、地勢の關係上所に依りて其趣を異にし、之を一樣には論じ得ざるも、三面環海、南は土佐と騈んで太平洋を受けて居るので、氣候は概して溫暖で、平均氣溫は劍山麓に於て十四度內外の最低を示し、吉野川中部北岸及南部沿海一帶の地は十八度內外の最高を示して居る。

年中の最寒期は概ね一月中旬より二月下旬に亘り、德島に於て零下五度、中央山間部に於ては零下七、八度に達することがある。

初霜は十月末頃より、初雪は十一月下旬に見る所があり、又降水總量は海部川上流より那賀川流域に最多を顯はし、其量三千粍乃至三千五百粍に達し、漸次北方に遞減して、吉野川流域地方に最少を示してゐる。而して本縣は中央に劍山々脈連亘して、南東は太平洋及瀨戶內海の潮流を受ける地勢上冬季は北西地方に降水日數多きも、夏季に於ては、沿海部に多量なるを常態とする。

戶　口

本縣の大正十二年末現住戶數は一二八、〇二六戶にして、現住人口七二九、一〇八人、內男三六六、〇三一人、女三六三、〇七七人にて、明治三十三年の夫れに比すれば、戶數に於て三、一四一戶、人口に於て三九、二八三人の增加を示してゐる

而して現住戶數一戶當人口は五人七分にして、一方里に付二、七一〇八人、又女一〇〇人に付男一〇〇人八一の割合である。

稠密度の最も高きは德島市の九九、三五六人にして、名東郡の七、三七四人之に亞ぎ、板野、阿波、名西郡等の順位にして、最も粗なるは海部郡の九六一人である。

大正十一年末調査に依る職業別に見たる戶口は左の如くである。

農　業	七九、三九四戶	三三三、三三八人
工　業	一〇、〇七六	二七、五九七
商　業	三二、四七二	九三、九八六
漁　業	調査なし	一七、五〇六

優良町村

市町村は國家の基礎にして、其弛張、興廢は國運の伸否に至大の關係を有するは呶々を要せない。郡市町村の開發、振興を促し、以て地方自治の基礎を鞏固にし、健全なる發達を遂げしむるは、地方行政上喫緊事なりとする。內務省は明治四十三年始めて地方改良の一事業として、優良町村旌表の方法を設けた。以來本縣一三九ヶ町村中旌表を受けたるは四町

村に達する。即明治四十三年二月板野郡里浦村、勝浦郡勝占村、明治四十四年二月名東郡佐那河内村、同四十四年十一月海部郡日和佐町である。本縣に於ても亦之が選奬の方法を設け内務省に於て彰表したる以外の町村に對し、治績優良なるものを選拔し、大正七年三月より同十一年二月迄の間に於て、名東郡上八萬村、板野郡松坂村、那賀郡大野村、今津村、三好郡三繩村、海部郡牟岐町を彰表して居る。

社會事業

本縣には社會課の特設なきも、大正九年十二月各課に於て分掌處理せる各種の社會事業は之れを内務部地方課に統一し玆に社會係の設置を見るに至つた。左に本縣に於ける本事業の大體を記述する。

1 救濟基金…大禮恩賜賑恤基金、慈惠救濟基金、罹災救助基金、救助補助費、軍人援護資金、縣救育資。
2 地方改善…地方改善費。
3 軍事救護…愛國婦人會德島支部。
4 部落改善…社會事業講習講話費。
5 窮民救助…濟生會德島支部、阿波養老院、德島慈善會。
6 醫療的保護…好生社慈惠病院、濟生會德島支部、赤十字社支部、靑谷施療院、德島縣結核豫防會、德島十字社、德島兄弟同志會。
7 釋放人保護…德島縣助成協會。
8 職業紹介…德島市職業紹介所。
9 住宅供給…那賀郡羽浦町營住宅、常盤住宅組合。
10 公設市場…德島市立佐古公設市場、同上德島市場。
11 兒童保護…阿波國慈惠院、兒童健康相談所、託兒所二。
12 姙産婦保護…公設産婆ノアル個所ハ那賀郡坂野村、同橘町海部郡宍喰町、美馬郡半田町、同穴吹町。
13 小農保護…自作農ノ創設並維持資金貸付ヲ目的及事業トシ之ガ開始ヲ見ルモノ縣下十一ケ町村ニ達ス。
14 感化事業…德島縣立感化院。
15 盲唖教育…德島縣師範學校ニ盲唖部ヲ附設ス。

教　育

教育の事業は世の進歩と共に益々重要視せらるゝに至り、逐年向上進歩しつゝあり。現在の小學校數は本校三一一、分教場五五、計三六七校の散在と公立中學校五校、同高等女學校六校、師範學校は男女兩校及縣立實業學校四校の設備を有し、外に公私立實業補習學校、私立諸學校等がある。

(1)小學教育　本縣に於ける小學校の設置は、學制頒布の翌明治六年名東郡内に、開きたるに始まり、爾來幾多の變遷を經て漸次振脹し、大正十二年末現在に於て、市町村立尋常小學校一一六、分教場一二、尋常高等小學校一九三（外に師範學校附屬小學校一）分教場四三、高等小學校二、計三六六校にして前年度に比し總數に於て三校を減じた。

學級數は尋常科一、九一六、高等科三五八、計二、二七四學級にして、前年度に比し、高等科二六學級を增加してゐるのは學級整理の結果なりと雖も、近時市町村經濟の膨脹に鑑み、專ら校令に定められたる範圍に於て學級を編成したるに依るものである。

學齡兒童數は男六七、四八七人、女六三、五二五八、計一三一、〇一二人にして、前年度に比し、男三一人を減少し、女一五四人を增加し、其就學步合は、九九。一六にして、前年度男女計に比して、一分二厘を增加した。

今敎員の需要供給の關係を見るに、小學校本科正數員二、六〇六八、尋常小學校本科正敎員三四〇人、計一、九四六人にして、之を前年度に比すれば、小學校本科正敎員二〇八、尋常小學校本科正敎員一七人、計三七八の增加を見た。

而して本年度に於ける學級數二、二七四に對し、正敎員充實步合は百學級に對し、八五八五八を示し、之を前年度八四八九二に比すれば、六分六厘の增加である。

(2)中等敎育　明治八年變則中學校を師範學校に附屬し、舊城址西の丸に創設した。之れ本縣に於ける中學敎育を制定した端緒である。爾來幾多の變遷を經、漸次校數を增して、現在縣立中學校は六校を有し、私立等のものはない。

而して生徒總數は本科二、三〇一人で、大正十二年度に於ける補習科の入學志願者はなかつた。

有資格の敎員總數は六九名にして、內高師卒業一一名、臨時敎員養成所卒業四名、試驗檢定に因る二七名、無試驗檢定に因る者二七名である。

高等女學校は現在六校を有し、創立の最も古きは德島高等女學校の明治三十四年三月にして、郡立より縣に移管した美馬高等女學校が最も新しい部に屬する。

學校數は本科四三、補習科一。生徒總數一、八六六八。有資格敎員は男二四名、女二五名にして、外に男四名、女一名の兼務敎員がある。

本縣に於ける女子敎育は逐年向上の一路にありて、大正十二年度の如き、入學志願者は各校と通じて、一、〇六八名あり、前年度の八五八名に比し、二一〇名の增加とある。

(3)實業敎育　社會の進展は普通敎育以外、特に實業敎育の最も必要なるを敎へ、明治二十八年以來、實業補習學校の設置を見るに至りしが、更に中等程度の實業敎育機關を必要とし遂次各種の實業學校の開設を見るに至つた。

本縣內に在る實業學校は左の通りである。

縣立工業學校、同商業學校、同農業學校、同板西農蠶學校同板西農蠶學校附設實業女學校、同實業補習學校敎員養成所、海部郡組合立海部實業女學校。

尙、實業補習敎育の改善振興は本縣の特に努力せし處にして、大正十二年度に於て二八八校を數へ、之が敎員數有資格者一、〇二〇人、無資格者一四三人、計一、一六三人にして有資格敎員中專任敎員一三三人は何れも助敎諭にして、他は小學校訓導の兼務である。

(4)師範敎育　明治七年五月、德島市に師範期成學校が創設された。之れ本縣師範敎育の嚆矢にして、即德島縣師範學校の濫觴である。現在男女兩校を有し、男校は二部制を採つて居て、學級數男一部八、二部一、女四學級である。

生徒數は男本科二六四、女本科一三四で、又敎員は有資格者男校に於て一九名、女校に於て五名、其他は無資格者或は兼任者である。

縣立實業製習學校敎員養成所は大正十一年四月の創立にして、縣立農業學校に併置し、縣下實業補習學校敎員の養成を目的とするものである。

(5)幼稚園、盲啞學校及各種學校　女子師範學校附屬幼稚園の外に、私立幼稚園は七園あり。盲啞敎育に關しては獨立の學校なく、現在師範學校に特別學級を設けて居るに過ぎずして盲啞敎育の機關は不備である。

各種學校は夙に其設立を見、今日に至り授業を爲すもの三八校あるも、其施設は十分ではない。

(6)社會敎育其他　社會敎育としては、各町村に靑年團、處女會、婦人會、少年團等が設立せられ、各會員の修養機關としての施設をなして居る。靑年團は縣に德島縣靑年團聯合會がありて、縣靑年團聯合會を統一し、更に各市町村に一三九團二八、四四五人の正團員と其他を合して三一、四八七人を有し其設置を見ざる町村は無い。

縣、郡靑年團聯合會は講演、運動競技、表彰等を事業の內容とし、市町村青年團にありては、修養、社會奉仕、體育等團員修養に關する施設をなしてゐる。

青年團の發達に連れて、明治三十八九年頃より婦人會の設置を見、分離して處女會は生れ、大正十二年度に於ける會數は一五三、正會員一五、九九四人、其他一、二〇九人、計一七、二〇三にして、年齡を十二年以上二十五年未滿となし、修養社會奉仕、體育等を目的とする。

又少年團は現在三〇一團あり、正團員男二一、二五六人、女三、七一七人、其他男女二、三七七人、計二七、三五〇人にして、年齡は七歲以上十八歲に限り、團員は青年團、處女會に轉入する道程となるが故に、青年團、處女會員の斡旋を受くる事によつて聯絡を圖つて居る。施設要目は、自習會、社會奉仕、遙拜、貯金、講演、運動に關する會合、遠足、展覽會等である。圖書館も縣民讀書熱普及と共に漸次發達し、現在六三館、内公立二一、私立四二にして、設備に於ては、縣立光慶圖書館及海部郡巡回文庫は特別の建物を有し、相當の設備を有するも、其他のものは所在市町村小學校に附設して内容の定備せるもの尠く、僅かに五明文庫、呉郷文庫、新野圖書館は特設の建物を有するのみである。

教育團體としては縣、郡及私立の教育會一二あり、初等教育研究會、德島縣女教員會、同農業教育研究會もあり、孰れも各方面に貢献する所尠くない。又教育に關する法人として社團法人撫養奬學會、同木頭青年會がある。

(7)公學費　大正十二年度に於ける公學費は左の如し、(決算)

縣	經常	七九三、九一〇圓
	臨時	三八五、一二〇
市	經常	一九六、五四七
	臨時	——
町村	經常	二、〇一三、三九七
	臨時	二四六、二六一
計	經常	三、〇〇三、八五四
	臨時	六三一、三八一
合計		三、六三五、二三五

兵事

本縣は第十一師團の管轄に屬し、多年兵營地に遠くして、軍隊生活の實狀を知ること少なく一般に軍事思想の普及せざる憾みなきに非ざりしも、明治四十二年步兵第十旅團司令部及步兵第六十二聯隊の縣下名東郡加茂名町に移轉以來、軍事思想は善く普及し、軍隊と地方官民との關係は逐日親密の度を加ふるに至つた。

大正十二年に於ける壯丁の體格は、壯丁百人中甲種合格者三一八三五にして、大正八年の三二・〇五、同九年三七・六二同十年三八・四三、同十一年三八・七九に比して、遙かに劣つて居るは慨すべき事である。而して縣下甲種合格歩合の最も良好なるは美馬郡の四〇・八九にして、三好郡の四〇、二七之に亞ぎ、最下位に在るは海部郡の二五・四三である。

同年に於ける徵兵受驗者七、三八一名に就て、教育程度を見るに、中等學校卒業以上の者二七三、中等卒業及同等の學力と認むる者二五六、高等小學卒業の者又は同等の學力と認むる者三、一八五、尋常小學卒業の者及同程度の者と認むる者二、四九七、稍讀書算術を解する者一、一〇六、無學者六四にして、逐年良好に向ひつゝあり。

縣下の海軍志願兵は漸次減少の傾向を示し、大正十二年受驗者一〇二名中、四五名の合格者を出し、三一名の採用者を出したに過ぎない。

交通、運輸

全面積の七割は山地にして、僅か三割に過ぎぬ平坦部を有する本縣の交通狀態は、不便を免れざりしが、近時鐵道、道路の改良に伴ひ、平坦部は素より、山間部も交通開けて隨所に各種產物の增加を來した。

鐵道は德島を中心とし、西は池田、東南は小松島に通ずる德島線あり。此延長五二哩九に及び、縣の北部を縱貫し、本縣に於ける一大幹線を爲す。政府は大正八年より十七年度に至る十年計畫として、四國縱貫鐵道琴平、池田、山田間五九哩の建設費と、大正九年度より十七年度に至る九年計畫として、四國循環鐵道第一期線高松、德島間の四九哩建設費を計上し、已に著手せるを以て、完成の上は本縣の交通狀態は面目を一新すべく、產業界は一段の活況を呈するであらう。

阿南鐵道線は省線中田驛より那賀郡古庄驛間六哩五を運轉し、阿波電氣軌道線は撫養港を起點とし、池谷驛より分岐して一は中原驛に至り、此處より船を以て德島市を聯絡をなし一は上板線にして、鍛冶屋驛迄開通して居る。近々阿波郡を西進して美馬郡へ延長の豫定とある。

更に水路に於ける交通狀態を見るに、海岸は屈曲多く、延長六十餘里に及び、蒲生田岬中央に突出し、遙かに紀伊の日の御崎と相する。小松島德、港島港、撫養港此の間にあり、孰れも本縣に於ける主要港である。此外、橘、由岐、日和佐牟岐、淺川、宍喰等の港灣あるも、港灣の能力は十分でない。

旅客及移出入貨物の輸送は、定期航路として小松島、兵庫大阪を往復する阿攝線。大阪、兵庫、淡路、撫養、德島を經て高知縣甲の浦に至る甲の浦線。大阪、高松線の撫養寄港、德島、兵庫、大阪往復の德島繁榮組汽船、撫養、福良間の各汽船ある外、發動機船、帆船の各地定期往復は其數頗る多い。以上の內、阿攝線は省線と聯絡するものである。

本縣の河川は、山脈の走向に伴ひ、殆んど東流し、各川流路の大半は山間の急峻なる地區を流過するを以て、概ね急流である。吉野川は縣下最たるものにして、縣內の流程三十里に餘り二十四餘里は舟揖に便である。即ち四國三郡とは此川の異名である。

道路は國道三線二一里餘。縣道一〇三線四三二里餘。市町村道二、八三〇里餘。橋梁數六、九三七に達す。

警　察

本縣警察區劃は大體に於て郡市の區劃に依るも、本縣は北方七郡を貫流する吉野川ありて、其下流に分岐し、郡境錯雜し居るを以て、諸事の便宜上、吉野川流域は幹流を限界とし

て、各其の左右の管轄署に屬せしめて居る。

現在の警察區劃は、十一署の下に分署三、巡査部長派出所一一、巡査派出所一七、水上警察派出所五、巡査駐在所二四二を設置し、大正十二年末に於ける配置現員は、警視二、技師四、警部二三、警察醫四、工場監督官補二、技手一七、警部補二〇、巡査部長四九、巡査三六九、雇一八、計五〇八名である。而して現在巡査定員一に對する人口は、市部に於て七一四人、郡部一、七八八人、受持巡査一人に對する人口は市部一、二八三人、郡部二、三九九人に當つて居る。

大正十二年末現在の消防組數は八六組、組員四、九〇九人を算し、同年末に於ける火災度數は、失火二五七、放火一七、雷火不審火一〇、計二八四回にして、此總損害高は四四七、三四〇圓に達する。

更に犯罪檢擧件數は、現行犯八一五件、準現行犯二二四件非現行犯四、二三二件で、此中最も多きは賭博及富籤に關する罪にして、強竊盜之に亞ぎ、總計五、二七〇件を檢擧した。

衞　生

縣下の私立病院數は四二、外に娼妓病院二あり、又市町村傳染病院一四〇と德島縣衞生試驗所とがある。

大正十二年末に於ける醫師は四四二人、齒科醫師六二人、產婆二三八人、藥劑師一一四人、看護婦二八一人、製藥者四一人、藥種商四三三人、鍼灸術按摩五六九人の散在を示す。

又同年中、本縣に於ける傳染病患者中比較的多數を占めしは、赤痢、腸チブス、パラチブス、痘瘡、ヂフテリア等であつて、之れが流行蔓延の原因は各種別に依り異なると雖も、其根柢を爲すものは自衞的衞生思想の幼稚なるに因るものと認め得べく、縣は各種の方法を講じて之が對策をなして居る

左は大正十二年中に於ける傳染病患者及死亡の統計である

腸チブス	患	一九一	痘瘡	患	七三
	死	五三		死	五
赤痢	患	一、四〇七	パラチブス	患	七六
	死	四三八		死	一六
ヂフテリア	患	四一	腦脊髓膜炎	患	五
	死	一四		死	四

財政

明治十三年縣會開始以來大正十二年度に至る間の縣財政狀況を見るに、其決算額は、明治十四年度に於て支出總額僅かに二八八、五二九圓に過ぎざりしが、四十三年後の大正十二年度に至りては、其支出總額實に四、七九〇、八六〇圓に達して、十六倍半以上に當つて居る。是れ土木、敎育、勸業等時勢の進展に伴ふ諸般の事業と各種の施設を完備し、縣自治體の進步發展を期し、以て縣民の福利增進の爲め、必要上已むを得ざる結果にして、其著しき膨脹は、暴風雨災害復舊費支辨と、治水事業費負擔の加重及物價勞力騰貴の爲縣費支辨俸給々與、需用物件費の增加等が其基因を爲して居る。

今大正十二年度に於ける縣民の直接稅負擔額を見るに、一戶に付、國稅一六圓八一、縣稅二三圓八五、市町村稅三〇圓四一、計七一圓〇八で、一人に付ては國稅三圓一八、縣稅四圓二〇、市町村稅五圓三五、計一二圓七三に當つて居る。

尙縣財政其他に於ては左表の通りである(十二年度決算)。

租稅	國稅	四、九九九、二五八圓
	縣稅	三、四〇九、三六三
	市町村稅	五、〇三四、六三二
縣	歲入	五、七九〇、一〇二
	歲出	四、七九〇、八六〇

市	歳入	七三二、九八三
	歳出	五九六、八六八
町村	歳入	六、七七一、八七四
	歳出	六、二三〇、二九一
市町村基本財産	全般	二、九七二、九九一
	特定	四五〇、六九一

産業

徳島縣は總面積二六九方里餘を有するも、山岳多く全面積の七割を占め、平坦部は僅かに爾餘の三割に過ぎない。然し氣候風土は各種の農產にも、林產にも適當し、農產物には平坦部に於て水陸稻、麥、楮、三椏、茶等の各種を栽培し、山間部には煙草、甘藷、三椏、茶等を特產とする。林產は特に縣南木頭地方を以て代表し、杉、松等の生育好く、更に三面環海の關係上、至る所漁業盛にして、あらゆる漁獲物のある外、鹽及マグネシャ類の產出がある。

大正十二年度の本縣總生產額は一二三、〇九六、五九六圓の巨額に上り、一人當生產額は一六八圓八三二である。

農產	三一、二八五、〇四八圓
蠶絲類	二〇、九七二、八五三
畜產	二、四三三、六六一
林產	五、六四一、七三八
鑛產	四〇五、三五四
水產	八、四三〇、七七二
工產	五三、九二七、一七〇
計	一二三、〇九六、五九六

(1)農業　本縣は地理的に、又氣象的に南北事情を異にするのみならず、地質の系統多種に亘り、殊に山嶽の面積廣く、大小の河川多くして、風化作用を受くる事強く、延いて風化生成物の流失することも多く又是等河川の洪水氾濫せるを以て、平坦部に於ける土質は復雜である。而して縣下那賀、海部、板野三郡は米作を主とし吉野川沿岸は畑地多くして藍を產して永く盛況を極めしが、近時藍の不況に伴ひ、米作又は桑作に變換するもの多くなつた。山間部には煙草を栽培し、阿波、板野の一部には甘藷を產する。

大正十二年末現在の耕地反別は、田二八六、四二六反、畑三二四、二九六反、計六一〇、七二二反にして、作付反別は計五四二、四九四反である。農家戶數は本業、副業を合して七九、四二九戶、一戶に付六反八畝九步を作付する。

農産物の主なるものは米の一四、一一九、一四六圓を首位とし、麥の四、三四八、四三三圓之に亞ぎ、大小豆、甘藷、蒟蒻芋、葉藍、葉煙草、青芋、生蘿蔔、澤庵等にして、果實類の三〇、一四一、四二一圓を合し、大正十二年度の生産總價額は三一、二八五、〇四八圓に達し、前年度に比し二、三七〇、三四二圓の減收なるも、尙各種生産物中工業に亞いで第二位を占めて居る。

農事試驗場は各種農作物の改良增收を圖る爲、栽培、肥料品種改良等に關して試驗研究をなし、研究部門を種藝、園藝化學、病蟲害、原種圃、動力用改良農具の六部に分つ。

穀物檢査所は開設以來産米の改良、俵裝の統一を圖り、品位、價格の向上、減損防止を期する等、之が機關となり、縣農會は補助金を交付し、一般農事の啓發指導に任じ、就中米麥採種圃監督指導、動力用改良農具、農業倉庫の經營に關する指定補助等、農業技術の向上と農家經濟の助長に勗めて居る。

(2) 蠶絲業　蠶絲業は本縣産業中古い沿革を有し、延喜の朝既に上絲國として其名と知られしも、中葉以降から藩政時代には事蹟の多く見るべきものがものがない。

明治維新當時、藩主は熱心に之を奬めた結果、勃興の萠芽は此時に初まり、爾來縣立蠶業傳習所の設置、原蠶種製造所の新設、蠶業取締所、蠶種同業組合、蠶絲同業組合の創立等相亞いで起り、加之、藍作の不振に逢ふた北方農家は期せずして力を蠶絲業に傾倒し、遂に今日の盛大を招來した。

繭は美馬、麻植、阿波、板野、三好、名西郡等が主産地であるが、殆んど全縣下に亘つて産出する。大正十二年度に於ける飼養戸數は三二、九〇一戸にして、農家戸數の四割一分强に當り、收繭高一、〇八二、三八一貫、價額一〇、五七四、三七六圓に達して居る。今大正十三年度に於ける養蠶家一戸當に付て見るに、桑園反別一反八畝步、掃立枚數八枚九、收繭額三七、〇六六匁となつて居り、又桑園一反步當收繭高は、二一、一六六匁である。

蠶養が右の盛況にあるを以て、蠶種製造も之に比し、最近の製造枚數は三四六、五二五枚、六九三、〇三〇圓に上り、縣内の需用のみに止らず、弘く各府縣に販出するに至つた。

生絲は最近長足の發達を見、明治四十年頃より漸次工場の數を增し、現在製造戸數七三一戸、繰絲釜數三、五五九、産出生絲七四、五六六貫、此價額九、二六七、四五〇圓に達し、外に屑物、眞綿の五一、八二二圓がある。

(3)畜產業　本縣は古來飼畜の習慣があり、藩政當時已に產馬の奬勵を爲し、牧場を設け、或は吉野川沿岸數十町步の原野に牝馬を放牧して蕃殖を圖る等、相當馬政に意を用ゐた。殊に牛に於ては種々の歷史を有し、八重地牛、上山牛の如きは相當名を知られたるものなるも、一時育成のみの方面に傾いて、生產事業は殆ど閑却されたが、最近一般農家の畜產思想發達し、縣は種畜改良奬勵、畜產技術員の設置、家畜賣買の改善奬勵等各方面に留意し、生產に於ても昔日の面目を一新し來つて居る。

大正十二年末現在牛の飼養戶數は三一、八五九戶、其頭數成牛二八、〇四四頭、犢五、八五七頭にして、年內出產數は四、〇一〇頭である。

馬は飼養戶數一一、九〇〇戶、八、〇五六頭、駒四、一九七頭を有し、年內出產は三八六頭を算して、逐年增加の一方にある。大正十二年の畜產總額は二、四三三、六六一圓に達する

豚――飼育戶數三六七戶、年末頭數成豚九四〇頭、仔一、〇六四頭。年內出產一、四七一頭。

鷄――成鷄二一〇、六二一羽。產卵九五一、七三九圓。

屠殺數――成牛三、〇八五頭。馬四四二頭。豚三八頭。

家畜市場――常設二、定期六九、臨時五。

獸　醫――六六八。蹄鐵工一三三八。

畜產總額――大正十二年度總額二、四三三、六六一圓。

(4)林　業　本縣林野の總面積は、全積の七割を占め、而も其過半の地は樹林地である。今縣下山林の地況を見るに、民有林野の總面積は立木地二、〇二八、三一五反、無立木地三〇四、八〇九反、計二、三三三、一二四反にして、濶葉樹林最も多く、七五六、四七二反を占め、針葉樹林の七一一、三八一反之に亞ぎ、針濶混淆樹林、竹林の順序に在る。

更に前記民有林野を所有別に見る時は、公有林野二七六、四〇五反、社寺有二二、二二六反、私有二、〇三四、四九三反に分つ。更に森林植物帶上より觀察する時は、水平的に於ては全部暖帶の區域に屬するも、垂直的に於ては、其上部界は平均二千五百尺に達し、其以上の地域は温帶林に屬する。是等林野の地味は槪して肥沃にして且つ雨量多く能く植物の成育に適し、生長頗る旺盛である。

森林分布の狀態從つて複雜にして樹種に富み、杉、扁柏、栂、樅、松、櫧、櫟其他落葉樹林繁茂し、實に天與の林業地にして產業上重要の地位を占むるのみならず、之が盛衰は縣

財政の消長にも關するものなるも、其以前は交通運輸不便の爲め木材の價値自然低く、森林に對する一般の觀念薄く、爲に林相惡化し、昔日の美林を見る事が出來なくなつた。

然れ共近時は杉、扁柏等の植栽を盛に奬勵した爲め、隨所に人工林增加し、殊に河川の上流地域には最も盛である。

赤松、黑松等は單純林として、黑松は海岸に、赤松は山岳に多い。斯く林業の將來は囑目すべきもの多いので、夙に模範林を造成し、又最近より縣行造林をも行ふて居る。尙縣下林業中、海部郡域内の一帶は其白眉にして、所謂木頭地方の林業として著はるゝ所のものである。木頭山分の廣袤三萬七千町歩の內、林野面積は實に其九割八五を占め、耕宅地は僅かに四百餘町歩に過ぎない。森林の蓄積は九百六十餘萬石にして、天然造林六、人工造林四の割合を有して居る。

木頭の林業は天然林の樅、栂を擇伐搬出し、燒畑跡地に人工造林を施しつゝ今日に至り、尙年々二百五十餘町歩增加の趨勢にあり。將來增加の餘地の大なるものは、奥、上木頭の兩村であらう。

大正十二年度の林產總額は五、六四一、七三八圓に達し、縣下生產物中第五位にあり。林野產物の重なるものは、用材、薪炭材、竹材の合計三、五五八、八七五圓及造林用種子、樹實樹皮、竹皮、柴草、蔓及莖、木炭、五倍子、椎茸、生松茸の合計二、〇八二、八六三圓とす。

(5)鑛　業　本縣の鑛業に就ては特筆すべきものなく、只銅礦は比較的多量に產出する。產地は麻植、美馬、三好、海部等の各郡に散在し、大正十二年の採鑛高は二五、三三二、〇八〇貫、販賣高は七、三七二、四六七貫、四〇五、三五四圓である。

又大理石の巨材を得る點では本邦有數の地と稱せられる。

(6)水產業　本縣は三面環海、沿海線六十餘里に及び、隨所に島嶼散在して魚類、海藻の棲息繁茂に適し、到る處に漁場を有するのみならず、近く暖流に接して近海に鰹を漁獲し得べく、漁業發達の結果は遠く九州五島沖に出漁するもの多く、連子鯛漁業に一段の進步を見、同地に於ては唯一の地步を占むるに至つた。

又製造事業にありては、食鹽の如き、鰹節の如き、煮干鰮及若布の如きがある。殊々製鹽業は舊藩主以來撫養に於て、鹽田を開拓せしめ、稅を免じて之が發達を圖りたる結果、齋田鹽の名を博し、今日の盛大を見るに至つた。

水產試驗場は明治三十四年本縣の創設せる所、漁撈、製造養殖の三部門に分ち、各種の試驗を行ひ、或は民間の事業を援け、別に水産組合、漁業組合等があり、相呼應して向上の一路を辿りつゝある。

大正十二年末現在縣下の水産業者は、業主六、七四八人、被使用者一〇、三四一人を數へ、一年の生産總額は實に八百四十萬圓を突破し、縣下産業界に於て第四位に在る。今之が種別を見るに、水産漁獲物三、六一五、四〇〇圓、水産製造物八五二、六九七圓、養殖收獲高一一、九二一圓、食鹽賠償額二、三六七、三八七圓、其他を合し、八、四三〇、七七二圓を算す

水産物の主なるものは、漁獲物に於ては鰹、鰮、鯛、鰺、鮑、鰕、烏賊、和布、海蘿等であり、製造物に於ては、鰹節鯣、秋刀魚、鰮、鰕、肥料、漉海苔等とする。

(7)工　業　本縣の位置は、商工業の中心地たる阪神の地に近接し、加之、豊富なる工業資原と比較的低廉なる勞力とを以てし、工業上極めて有利の地歩を占め居たるも、從來本縣は一般に農産製造を主とし各自相當の資力を有したるを以て、團體的資本の運用に意を用ゐざる結果、其發達極めて遲々たるものがあつた。

然るに歐洲戰亂の影響を受けて、化學、機械工業の發展を促進し、殊に隨所に水力電氣の起工を見るに至り、他方に工業試驗場ありて現存工業の改良發達を圖り、共に相呼應して驚異すべき發展を來した。

大正十二年度工産額は五三、九二七、一七〇圓の巨額に上り本縣生産總額の半に近く、縣下産業の首位を占め、今後益々增加の傾向にある。

現在の工場數は二五七、内原動機を有するもの一七八工場同上有せざるもの七九工場にして、更に之を種別すれば、染織工場九九、機械器具工場二七、化學工場二九、飲食物工場一九、雜工場八二、特別工場一の割合である。

工業戸數は本業五、〇八〇、副業四、七五八、計九、八三八戸にして、工場從業者は總て一萬二千人を超える。今各業體に就て其概況を記述する。

染織物＝織物の起源は頗る古く、弘化、嘉永の比に於ては大阪中國地方に移出したと稱せられる。方今縣は補助金の交付をなし、大正六年に縣立工業試驗場に染織部を置き、各組合の奬勵と相俟つて斯業の改良發達に留意し、現在の織物年産額は一六、二六四、二五九圓を算する。種別は阿波縮（阿波しぢら）を首位とし、廣巾綿布、綿ネール、縞織物、織色、

クレップ、モスリン等の各種がある。

製　藍＝化學工業としては製藍、釀造、製藥、製紙其他幾多のものを有し居るも、就中藍は本邦唯一の植物性染料として古き沿革を有し、年産百四十萬圓に達する。

酒類及醬油＝酒は專ら灘造を標準として改良せられたが、最近に於ては、更に濃醇酒に改良の步を進めて居る。主として縣內に於て消費せらるゝも、一部は縣外移出をなして居る大正十二年度の産額酒類は七一、八九一石、四、一八二、二八四圓で、板野郡、德島市を主産地とし、醬油は二六、〇三一石、九三七、二五〇圓にして、縣內需用であり、品質は四國各縣の上位に在る。

足　袋＝は板野郡撫養町を主産地とし、德島市之に亞ぐ、殊に撫養足袋は古く發達を遂げて中國、九州、北陸の各地に販出し、德島市に於ても是と相前後して販路を擴張し、年産總額二、二三〇、三〇〇圓を算する。

砂　糖＝一、六八二、三九三斤、八八五、四〇九圓。

製　紙＝本縣には楮、三椏等の製紙原料富豐なるを以て、機械製紙の外、副業としての製紙は到る處に散在して居る。主として和紙で、麻植郡を主産地とし、那賀、海部、美馬郡等にも産し、年額三九六、〇九七圓を出す。

其他の工産物＝砂糖、紡績絲、マグネシャ鹽類、木竹製品瓦、煉瓦及陶器、傘、度量衡器、石灰、賣藥、菓子類等。

(8)商業及金融　本縣の商業は藩政當時は、多くは農産及水産製造品にして、純工業製産尠く、寧ろ農家の副業たりし觀があつた。然れ共時局以來著しく發達し、殊に染織工業、化學工業等大いに勃興し、縣外移出、縣內消費も年と共に增加を見るに至つた。阪神地方に近邇せる本縣の商業は、將來益々有望である。

商業戶數は縣下を通じて三三、七三八戶にして、最も多きは德島市の五、九九〇戶、板野郡之に亞いで五、二七六戶、其他は那賀、美馬、勝浦郡等の順位にある。而して大正八年度よりも總數に於て七五二戶の增加を來した。

會社の數は株式一六四、合資三七、合名二一、計二二二社であるが、之を業體別に見れば、農業七、工業一〇二、商業九一、水陸運輸業二〇、水産業二となり、此の資本金總額は三六、六九八、九〇〇圓に達する。尚公益を目的とするものに德島商業會議所、商品陳列所がある。又漁業組合四一、産業組合一五七、同業組合準備組合五三を有する。

本縣の金融は主として阪神地方及京都、名古屋等に關係を有し、集散融通共に其影響を受くる事大である。而して縣人は各自相當の資力を擁して居ると雖も、團體的資本の運用に意を用ゐる事尠なきと、團體的資本を要すべき企業尠かりし爲、多くは之を貯蓄して利殖し、從つて郵便貯金の如きは、大正十二年度末に於て、二〇二八七、五六二圓を有し、一人當五六圓二五八に相當し、全國一の現狀である。

本縣内に本店を有する銀行は六行及農工銀行の一行にして前記六行の資本金總額は八百四十萬圓である。

(9) 電氣事業　明治二十七年德島市に電燈の供給を目的として出願したるに對し、許可したるを本縣に於ける電氣事業の濫觴とし、明治二十八年僅か火力直流の二十五kwの發電力を以て開始したるを電燈の嚆矢とする。即ち島根縣の夫れと時を同ふし、姬路、廣島、新潟に先だつ事數年である。

爾來幾多の變遷を經て、現在の電氣事業經營者は六社を算し、外に香川縣に屬する一社がある。以下電燈及電力に就て其概況を示す。

線路長四一六里三二町。線條長一、三二一里一四町。電燈數一八八、〇二五。電燈需用家九九、二四二戶。電力馬力數三、一三一馬力。電力需用家七〇五戶。

(10) 瓦斯事業　本縣の瓦斯事業は明治四十四年事業開始以來大なる發展を見ない。之れ電氣事業に壓倒せらるゝ爲である。現在瓦斯管延長四里一二町。需用戶數は燈火、燃料各一、六九四戶にして、燈數三、五九五、燃料口數一、九三〇とす。

德島市

德島市は、阿波國の東海岸、別宮川の流末南岸に發達した四國第一の大都會である。其の昔は海であつて城山は海中の孤島であつたと語る者あるも、漠然として眞疑定かでない。

此地元、蜂須賀氏の城地にして、明治維新後廢藩置縣に際して名東郡の所管となり、次で明治二十二年市制を布いて德島市と稱した。其廣袤東西一里一〇町、南北二三町、面積零方里七を有し、縣治の中心地である。

市街は眉山の麓を繞り、舊城山を包み、幾多の細流は市中に分布して水利の便あり。而も邇く阪神兩都を控へ、道路は四通八達し、氣候は温和であり、隣郡の地味肥沃にして、農耕に適すると相俟つて、市勢駸々として伸び、今や戶數一六、一〇七戶と、六九、七二二の人口とを有する商工併立の大都市とはなつた。即ち其財政の如きも、市制實施當時に於ては僅かに一萬圓に足らざりしものが、大正十三年度に於ては、歳入豫算八五〇、四八六圓、歳出豫算八五〇、四八〇圓の巨額を計上した。是れ本市發展の證左にして、阿波幾多の都會中建設は最も新しく、其發達の度は最も高い。

交通は便利なるも、尚未だ發達を誇る事は出來ない。幾多の國縣道は市を中心として四方に延び、淡路街道、伊豫街道讃岐街道、三好街道、土佐街道、八幡街道、佐那河内街道、下寄街道、上山街道等を主たるものとす。鐵道官線德島線は市の稍中央部を走る外、阿南鐵道線、阿波電氣軌道線がある德島線は現在縣下池田を終點とするも、近く池田、琴平間の縱貫鐵道及四國循環鐵道も開通すべく、本市の今後は蓋し面目の一新するものがあらう。

本縣の海運は市及其附近を中心とし、輻輳頻繁を極める。其詳細は本編總說の部に記述した通りである。

本市に始めて小學校の設けられしは、明治四年にして、現在二高等小學校と六尋常校を有し、大正十二年度に於ける兒童數は、尋常校八、〇〇二人、高等校の一、三一〇人で、就學步合は男九九・七七、女九九・六〇、平均九九・六八を示して居る。敎員は總て一八一人にして、市の公學費支出は十七萬圓を超えてゐる。其他の諸學校其他は左の通りである。

市立德島商業補習學校一、私立幼稚園六、縣立學校五、官立德島高等工業學校、私立諸學校七、縣立光慶圖書館、五明文庫等。尚敎育の機關として、德島市敎育會、德島縣敎育會がある。

社會事業としては、市營職業紹介所、公設市場、產業組合赤十字社支部、兄弟同志社、大日本海員掖濟會支部、愛國婦人會支部、婦人矯風會支部、好生社病院、阿波國慈惠院、德島縣助成協會、德島縣師範學校內盲啞部、德島慈惠會等があり、又勝浦郡內に阿波養老院が設置された。

市の重要物產は阿波織物、足袋、生絲、繭、指物、淸酒、度量衡器、農產物等にして、大正十二年度の產額は工產二千二百萬圓を超え、農產又四十五萬二千圓餘に達する。

勝浦郡

面積七方里六〇を有し戶數九、六〇五、人口五六、〇四六にして、面積に於て縣下最小の郡であり、人口密度は一方里に付七、三七四人を示し德島市に亞ぎ第二位に在る。

即ち本郡は縣の東部に位し、東西に狹く南北に長く、德島市を抱擁し、海を隔てゝ和歌山縣と相對する。古來德島の繁榮を助けたる最大要素は吉野川の海に注ぐ河口にあり。此川は源を高知縣土佐郡に發し、愛媛縣より來る伊豫川を合せ東流して阿波國を縱斷し、徳島市の北に至りて海に盡きる。流程三十一里、航路延長二十七里に及び、利根川の阪東太郎、筑紫次郎の筑後川と並び、四國三郎の稱がある。彼の有名なる阿波の製藍は實に此川の沿岸より產出するものである。

本郡の交通機關は徳島線一は郡の北部を西走して池田に至り他は東部沿海地方を小松島に延びるものとがある。されど山間部地方は甚だ不便を免れない。

河川は前記吉野川の外に園瀬川、鮎喰川等がある。津田港は徳島港の咽喉を扼する所にして船舶の出入頗る多く、港内水深く大船の繫留に便である。

小學校は一六、分敎場六と實業補習學校一四とを有し、學齡兒童就學步合は九八・〇一を示し、縣下最下位である。

本郡に於ける重要物產は、米麥、蠶繭絲、綿織物、飴等とし、何れも年額五十萬圓以上に達する。

因に本郡は現在二町九村に分ち佐那河內村は模範村である

勝浦郡　縣の東部に位し、北は名東、名西兩郡に接し、南は那賀郡に隣り東は海に面し、面積一八方里九五にして一町六村に分つ。

地形は恰も蠶繭の如く中央部細くして西端に擴がり、西南部に高く東するに從つて平坦部を爲す。されど概して全郡山岳重疊し、勝浦川は此間を縫ふて東流し海に注ぐ、流程一六里餘にして六里の間は舟楫の便がある。

小松島港は縣下に於ける主要港にして、阿攝線の定期航路は本港を終點とし兵庫、大阪間を結び、省線と連絡して居る即ち本縣に於ける關門にして、鐵道徳島線を以て徳島市に達することが出來る。又攝陽商船甲の浦大阪線の寄港地であり、且漁港としても有數の地にして、郡役所の所在地である

本郡現在の戶口は七、一四七戶、三八、〇三七人に及び、人口稠密度は一方里に付二、〇〇七人で縣の平均よりも粗である。小學兒童一〇、二五〇人ありて之を一九校、四分敎場に收容し、就學步合は九九・六七を示して縣下第四位に在る。其他實業補習學校一九、圖書館七がある。

郡中の主なる物產は木材、薪、炭、石灰石、角石、棕櫚、柑橘類、魚類等である　、就中年產五十萬圓以上のものには米麥、綿織物、蠶絲、紡績絲等がある。尙本郡勝占村は內務省の彰表を受けたる模範村である。

那賀郡　美馬、海部兩郡に亞ぐ大郡にして、細長く東西に横り、南北は六里一六町に過ぎざるも、東西は實に一六里一八町に及び、面積三九方里七〇を有する。即ち勝浦、名西麻植、美馬、海部に圍繞せられ、東部僅に海に面するのみである。而して郡域の大部分は山間部なるを以て交通の不便は免れざるも吉野川に亞ぐ那賀川の巨川郡の中央部を貫流し、桑野川、坂州木頭川、赤松川の支川を出し、流程三六里一五町の内舟楫を通ずる所一六里二八町に及ぶ。

港灣には赤石港、橘港、福井港、椿泊港、黑津地港等があり一ヶ年の入港船舶五萬隻、五十八萬噸に達する。就中橘港と椿泊港とは共に攝陽商船の寄港地であり、有名の漁港で、灣內に島嶼點散し、風景頗る佳である。

鐵道は阿南鐵道線、省線中田驛を基點とし、郡の東部を南下し、本郡古庄驛間六哩五を運轉して居るのみであるが、前記各河川と港灣とに依る利便がある。

本郡は現在六町一八村を管轄し、人口九三、三七四を有し一方里に付二、三五二人の密度を示し縣の平均よりも粗である。又小學校四九、分敎場五、兒童數尋常校一三、一二一、高等校一、九七四、就學步合九八、八六（縣下第九位）實業補習學校三四の數を示してゐる。尙縣立富岡中學校、同富岡高等女學校、私立幼稚園がある。

郡內產物の主なるものは銅鐵、木材、石灰　、燧石、砂糖瓦及鰹等の魚類にして就中那賀川より產する芳香肥滿の鮎は其名が名高い。又米麥、魚類、瓦、板其他の製材品は何れも年額五十萬圓以上の產出がある。

富岡町は郡の首都にして戶數一千、人口七萬。

海部郡　縣の南端に位し、美馬郡に亞ぐ大郡にして、面積五一方里二三を有し、行政上四町一一村に分つ。

北は那賀、美馬兩郡に接し、東南一帶は紀伊水道の彼方に渺茫たる太平洋を望み、他は高知縣と境する域內到る處に山嶽起伏し、殊に西北の二面は高峻にして其走向は、湯桶丸より東に延び順次吉野丸、鰻轟山、霧越山、八郎山等の峯巒連互して海に盡き、一は南に走りて土佐國境を爲す。之等山嶽より分岐せる支脈の東南走して海洋に突出する處岬角を爲し又自ら港灣を爲して其數十指に餘る。

本郡の地形は西より東北に向ひ漸く狹くなり、河川は其源を北方分水嶺又は其支脈より發し相列び東南流して海に注ぐ其主なるものに那賀川、南川、北河內川、海部川、日和佐川等があり、前三者は舟楫を通ぜざるも、海部川は流程八里の内五里の間、又日和佐川は五里の内一八町の間舟楫の便がある。

現在郡内には鐵道一線もなく交通上遺憾なきを得ざるも前記各川と港灣及馬車、自働車の利便に俟つことが出來る。

耕地は是等河川又は其支流沿岸或は河口の平野に限られ、本縣北方各郡に見るが如き山腹又は山嶺を開墾して農耕に從事する者なく、随て水田に富み畑地に乏しい。

氣候は西北部の一局部を除き温暖なること縣下第一にして雨量も亦豊富なるを以て林木の生育其他に好影響を與へ米麥木材の如き年産八十萬圓を超えて居る。特に本郡には木頭地方を以て代表する林業を特筆せねばならぬ。

俗に木頭山分と稱するは、那賀川上流一帯の水源地方即ち本郡木頭四ヶ村と、那賀郡坂州木頭村及澤谷村の六ヶ村の總稱で、約三十四方里地域に於て海部郡に屬するもの七、那賀郡に屬するもの三の割合である。今茲には海部木頭にのみ就て其大體を記載するものである。

木頭の林業は從來の天然林を伐採し、杉、扁柏の人工林に改め之が增殖を圖りつゝあるに外ならざるも、近年造林面積著しく增加し、本縣人工造林總面積約五萬町歩の三分の一を占め、下木頭村の如き村林野全面積の八割に達し、尚增加しつゝある現狀である。而して樹種に富み、年々幾千萬才の木材搬出は那賀川を利用し、副產物を初め上げ荷の一切は人肩又は馬脊に依り昔ながらの急坂を越え谷を渡るの現狀にして木頭山分には未だ車道の貫通を見ない。斯くして搬出したる良材は主に坂神地方に仕向けられ、阿波中島物と稱せられてゐる。今後交通運輸機關の布設と尚金融機關の整備するに於ては天下の木頭として誇るに足るべき林業地となるであらう

尚本郡現在の戶口は八、六四八戶、四六、二三八人にして人口密度は縣下最下位にありて九六一人である。

小學校三一、分敎場八、實業補習學校一九の散在を見、學齡兒童八、五八四、此就學歩合は九九・四九を示し縣下第五位に居る。其他組合立の海部實業女學校もある。

日和佐町は郡役所々在地で人口五千二百、漁業の盛な地で隣町三岐田町の漁業者と共に九州五島沖に出漁してゐる。攝陽商船の寄港地にして、内務省より旌表されたる模範町である。

名西郡

本郡は南北に細長き郡にして、名東郡の北に位

し、南は勝浦、那賀兩郡に、西は麻植郡に接し、北は板野郡に隣る。廣袤東西二里二三町、南北一七里一四町、面積一四方里五〇を有し、一町一一村に區劃す。

郡内山嶽多く、僅かに北端吉野川流域に平坦地あるのみである。雲早山、燒山寺山、高根山等は郡内最たるもので、鮎喰川は此間に源を發して郡の中央部を北流し、板野郡應神村に至り、郡の北部を東流する四國三郎の吉野川に合する。此流程一一里餘り、舟楫の便は約五里の間に及ぶ。

鐵道德島線は郡の北部を東西に貫き、石井の一驛を置く。即ち石井町で人口五千二百餘。郡の首都である。

全郡の人口は四六、二三八を有し、密度一方里に付三、一八九人を示して縣下第五位にあり。現在の小學兒童の尋常校六、五二七、高等校一、〇〇七、計七、五三四人を一四校、五分數場に收容して居る、又就學步合は頗る好成績を示し縣下第三位にある。即ち學齡兒童百人中九九八七〇とす。

郡の重要物産には先づ藍に指を屈すべく、又繭、米麥、織物等をも産する。

板野郡　阿河國の東北端に位置し、西は香川縣大川郡と本縣阿波郡に隣り、南は吉野、別宮兩川を隔てゝ麻植、名西、名東各郡に境し、北及東は内海に瀕す。而して郡の東北一角に四五の大小島嶼散在し、兵庫縣淡路島と互に突出して瀬戸内海を扼し水道を開き以て鳴門海峽を現出する。即ち鳴門の奇觀にして、干潮急落して飛島、裸島等の岩礁に激し急湍の形造らるるもの之を鳴門の大渦と稱へる。大毛山は即ち此絕景を俯瞰するに恰好の地にして、明治四十一年及大正十一年の兩度　皇太子殿下の鶴駕を印させ給ふた光榮の場所を千疊敷と稱へて公園として居る。此沖合には鯛、鳴門若布、瀬戸貝をも產し又蛤が繁殖する。

地勢は北部に高峻なるも南部吉野川流域は平坦部をなして農桑の業は主として此地方に營れる。米津萱原、富久萱原、小松萱原等の平野も亦地方に在る。

河川の主なるものは吉野川を最たるものとし、其支派川の宮河内川、今切川等もある。何れも舟を通じ灌漑の利がある

撫養港は小松島港、德島港と共に本縣の三大港にして、大阪高松線、大阪甲浦線の寄航と撫養福良間の定期航海の外に帆船、發動機船の來往繁く、岡崎、黑崎の兩港と相俟つて移出入至便の地である。而して撫養町は縣下第二の都邑で商工業共に盛であり、食鹽と足袋は本縣の主產地で、酒類も亦有

名のものが出來る。郡役所、裁判所、專賣局出張所、中學校女學校の所在地である。

鐵道阿波電氣軌道線は本港を起點とし、池谷驛より分岐して一は中原驛に至り、船を以て德島市と連絡し、一は上板線にして鍜治屋驛迄開通してゐる。近く阿波郡を西進し美馬郡へ延長の豫定とある。竣功の上は産業及文化の發達に資すること尠からざるを信ずる。

本郡現在の面積は一九方里三〇にして四町十七村に分ち、一九、七〇八戸、一一九、一〇六人を有し縣下首位にあり。一方里に付六、一七一人の稠密度を示し縣下第三位に在る。

小學校は四二校、六分敎場あり、就學歩合は九九。一〇にして縣の平均九九。一六よりも劣つて居る。其他實業補習學校一〇校、縣立板西農蠶學校及附設實業女學校、私立幼稚園三等がある。

郡の物産には米麥、繭、瓦、工業藥品、澤庵等があり、何れも年産五十萬圓を超え、又此外に藍、陶器、食鹽等をも出す。里浦村は内務省より旌表されたる模範村で、蜑の男狹磅の名で著はれ又若布で知られて居る。

阿波郡 本郡は阿波國北方の稍中央部に位し、東は板野郡西は美馬郡に接す。南は吉野川をかぎりて麻植郡に對し、北は一帶の山脈を以て讃岐國に界し、面積七方里八にして二町六ヶ村を管轄する。

域内山地多くして吉野川沿岸のみ平坦であり、北境は阿讃山脈の地帶にして、一連嶺を以て分水界を爲す。即ち土地一般に南に傾き、山間を縫ふ溪川は南流して吉野川に合する。就中日開谷川は最大にして郡の中央部を貫き、地勢を兩斷して川東、川西の稱をなさしめる。

現在人口四〇、九一三人、戸數六、七七七戸にして、一方里に付五、二四五人に當り其稠密度縣下第四位に在り。郡民の大部分は農を營みて全人口の六割五分を占めて居る。

又近年蠶業非常に發達し、大正十二年度の如き實に二十四萬八千貫を超え、價額又二百四十一萬圓を突破し、縣下第一の養蠶郡である。而して藍、砂糖は逐年非境に陥り、工業は製絲、製瓦の外見るべきもの少く、商業の如きは亦萎靡不振である。産物は如上の外、袴地、鐵物、木材、薪炭等を出す

更に翻て本郡の敎育狀態を見るに、近時小學敎員を多く出して敎育郡の名ありしも、高等敎育に至つては他郡に一籌を輸せるの感がある。現在小學校は本校一六、分敎場二あり、

一三七學級と六、六〇四人の在學兒童を有し、又就學步合は九九・八八を示して縣內最高である。

交通は縣町村道共近年改修を加へ昔日と趣を異にするも、鐵道は郡內一線もなく、吉野川の對岸を東西に走るに過ぎないので不便尠くない。されど撫養港を起點とする阿波電氣軌道線は已に板野郡鍛冶屋驛迄開通して居り、近く本郡を西進し、美馬郡へ延長の豫定なるを以て之が開通の曉に於ては本郡は正に交通上の革命を見るであらう。

市場町は郡の首都にして、人口五、四六二人、九六五戶あり。又八幡町は市場町と共に郡の名邑である。人口四千餘。

麻植郡　縣の中央部に位し、名西、板野、阿波、美馬、那賀各郡を境界し、國內の最高峰たる劍山は郡の西南端美馬郡と接する處に聳立し、其山脈は縣の中央に連互起伏して東紀の海に盡きる。又高越山等の高峻ありて、全郡山嶽重疊し南部より北部に至りて漸低し郡の北端吉野川流域に平坦部を爲す。

郡の地勢前述の如くなるを以て河川は凡て北流して吉野川に合流する。即ち穴吹川は劍山麓に源を發し郡を貫流し、中央部より美馬郡に折れて穴吹町にて吉野川に入り、川田川は源を高越山麓に發して本郡川田村に至り吉野川に注ぐ。

鐵道德島線は稍吉野川に沿ふて郡の北端を走り、域內に八驛を置く。從つて此附近一帶は吉野川の航路と共に交通至便なるも南方山間部は不便至極と謂はざるを得ぬ。

郡の面積は一八方里三にして現在三町九村を管轄し、戶數八、三一九、人口九一、〇〇三を有し、一方里に付二、八〇三人の密度を示して居る。

小學校二一校の外に一分教場あり、在學兒童總數は七千人を超える。學齡兒童八、四〇〇人に達し、就學步合は九八・八四にして縣內下位に屬する。其他實業補習學校一八、私立裁縫女學校一がある。

郡の物產には米麥、蠶繭絲、氷豆腐、紙、川島燒陶器、藍等がある。

川島町は郡の治所で、後方の小丘は林道灌の城趾にして、北方の平野を俯瞰するに妙である。人口五千四百餘。

美馬郡　縣下最大の郡である。即ち縣の西部に位置し、南北に伸びて香川縣と高知縣とを結び、東西郡境は阿波、麻植、那賀、海部、三好各郡を以てする。其面積五四方里一二に及ぶも人口は九一、〇〇三人に過ぎず、從て稠密度も至つて粗にして一方里當一、六八二人である。

地勢は高峻にして、吉野川流域を除くの外は域內到る處に山丘屹立し、其主なるものに劍山、烏帽子山、黑笠山、寒峰中津山、國見山、雄島山、龍王山、大瀧山、三頭山、八面山妙體山等がある。

是等山間を點綴する溪川は吉野川を中心に南北の二流態を現出し、穴吹川、貞光川　祖谷川は北流し、野村谷川は南流するものである。而して此等諸川は穴吹川を除き、灌漑の利あるも舟楫の便がない。故に吉野川沿岸と之に沿ふ德島線沿線の外は交通不便である。

されど板野郡撫養港を起點とする阿波電氣軌道線は、阿波郡を經て本郡に達する豫定なるを以て之が實現の曉に於ては山間部の交通は便利となる事言を俟たぬ。

郡の物產には米麥、煙草、蠶繭絲、用材、酒類等を出し、殊に葉煙草は年額百萬圓を超える。

更に敎育方面に就て記すれば、小學校五五校、分敎場八、實業補習學校五二、小學兒童數尋常校一一、六五九人、高等校一、五七〇人、學齡兒童一五、四七七人、就學步合九九。二七、縣立中學校、同高等女學校各一等の數を示す。

脇町は郡內第一の市邑で郡役所、裁判所、中學校等があり商業も亦盛である。貞光町は脇町に亞ぐ商業地にして、山村の咽喉を扼し、山產物の賣買盛である。

三好郡　本郡は阿波國の西端の突出したる一角にして、香川、愛媛、高知三縣に依りて境界をなし、東方は本縣美馬郡に接する。

地勢は隣郡の美馬の夫れと略同ふし、黑瀧山、三傍示山、雲邊寺山、大川山、中津山等の高峰を以て圍繞され、域內山岳蟠崛起伏し、此間に流るゝ四國太郎の吉野川がある。

吉野川は源を土佐の山間部に發し、郡の西北を北流し、伊豫より來れる伊豫川を合して更に大をなし、郡の中央部を東流して海に注ぐものである。而して漕運、灌漑の利あり、交通を助けること大である。

其他の河川に藤川谷、白川谷、半田川、松尾川、祖谷川等の諸川あるも舟楫の便がない。

鐵道德島線は本郡の池田町を終點とし、此處より香川、高知縣へは馬車、自働車に依らねばならぬ。

されど政府は大正八年度より十七年度に至る十年計畫として四國縱貫鐵道琴平、池田、山田間五十九哩建設費千六百七十七萬圓及大正九年度より十七年度に至る九年計畫として四國循環鐵道第一期線高松、德島間四十九哩建設費七百四十五萬圓を計上し、既に著手せるを以て完成の曉に於ては交通上面目を一新するに至るであらう。

本郡は其面積三六方里八五を二町一一村に分ち管し、此戸數一二、五九四、人口七四、三三九を有し、一方里の人口密度は二、〇一七人で縣の平均二、七一〇人より遙かに低率である

小學校は四一校、分敎場一〇の設備を有し、學齡兒童就學歩合は九八・九三にして、縣の平均九九・一六に達してゐない。

郡の物産は米麥、蠶繭絲、酒類等を出し何れも五十萬圓以上に達し、特に葉煙草の年産は實に百萬圓を突破する。

池田町は本縣西端の重要市邑、土豫讃の交通中心であり省線德島線の終點である。郡役所々所在地で專賣局の煙草製造所もあり亦中學校もある。

尙郡の名勝に步危の勝地がある。吉野川の上流で高知縣に隣する三名村にありて、大步危、小步危の谿谷として有名である。其名の因る所は步行困難とする所から來たものであるが、今や其悌もない。唯勝地は耶馬溪を大にして、而も雄渾を加へたものである。

茨城縣

總　說

地勢、氣象。本縣は關東平野の東北隅に位し、東經百三十九度四十一分五秒より百四十度五十分四十九秒に至り、北緯三十五度四十四分二十八秒に始つて三十六度五十五分四十五秒に終る。

常陸全國一市十一郡下總三郡を管轄し、東は太平洋に面し西は栃木縣、南は千葉、埼玉の二縣、北は福島縣に接して其の廣袤東西二十六里二十六町、南北三十三里二十二町、周圍百二十六里八町、面積三百九十八方里四四。

常陸國とは水戸市、東茨城、西茨城、那珂、久慈、多賀、鹿島、行方、稻敷、新治、筑波、眞壁の一市十一郡を謂ひ縣の東北部を占めて、縣廳を水戸市に置く。而して東一面は海に沿ひ延長凡そ四十餘里、魚介の利あり。那珂港、平潟港の兩港灣ありて管内中最も著れたるものとする。北は八溝、久慈多賀の諸山脈連亙して西南に走り筑波、加波、葦穗の諸山となる。故に北部は山嶺重疊して平地極めて少しと雖も頗る物

産に富み煙草、蒟蒻、楮紙、諸鑛物等最も著る。

他面那珂、久慈の兩川の流るゝ東海に近づくに從ひ田畝漸く開け、漕運灌漑の便をなしてゐる。西南部地方は次第に廣濶となつて關東平野を形成し、其の間を縫つて鬼怒川、櫻川利根等の諸川流れ、或は霞ヶ浦に入り或は合流して海に注ぐ湖沼の内霞ヶ浦は其の最大なるものにして、北浦、長井戸沼、牛久沼等之に亞ぐ。是を以て水族に富み漕運の便あり。

下總國は縣の西南部に位置し、初め同國を割きて三縣に分屬し本縣の所轄は其の一部にして、結城、猿島、北相馬の三郡とす。其の西北は下野に隣し、東は鬼怒、小貝の兩川あり南に利根川西南に渡瀨、赤堀の諸川あり。地味肥沃、平坦なる地勢にて灌漑運輸に便なり。米穀、茶、紬、蠶繭等の産多し、斯の如く縣の廣袤長距離に亘るが爲に、其の兩端に於ける氣候風土は幾分の相違がある。久慈、多賀の北部福嶋縣に接する地方に於ける初霜の時季は、南方千葉縣に接する地方よりも半月早い。北部の氣温は縣の中央部水戸に比し一度低温であるが、南部は水戸よりも一度高温である。又沿海地方一帶の氣候は夏季冷涼、冬季温暖の現象を呈する。

土地、戸口。本縣の土地は、御料地森林五一町九反歩原野一

○六町五反歩、計一五八町四反歩。國有地森林五六、六二六町六反歩、原野七〇五町三反歩、計五七、三三五町九反歩である。民有地總反別は四二七、一五九町五反歩、此內學校敷地、鄕村社地、荒地等免租に係るもの凡そ三、二〇〇餘町歩其他は皆民有々租地である。此民有々地租を耕地、不耕地に區別すれば、耕地田九一、五三八町三反歩、畑一二四、六一一町七反歩。計二一六、一五〇町歩、不耕地宅地一七、七二五町八反歩、山林一六五、一九六町五反歩、原野二一、七九七町八反歩、其他六、二八九町四反歩、計二一一、〇九町五反歩である。

戸口は本籍男七七四、三二七人。女七七〇、〇七五人。計一、五四四、四〇二人。現在男七一五、八四七人。女七三四五二〇人。計一、四五〇、三六七人。現住戸數二六二、九八三戸。一方里に付現住人口三、六四〇人。一戸に付現住人口は五、五二人に當る。而して稠密度の大なるものは水戸市を最とし、郡としては結城郡が第一位に居り、久慈郡が最下位である。

沿革　神代に於ては武甕槌尊(鹿島の神)經津主尊(香取の神)が東國を經略し給ひ、人皇の代となつては崇神帝の朝、豊城入彥東國を修め、次で日本武尊東征せられて常總地方は夙に皇化に浴する事が出來た。成務帝の朝に始めて國造縣主を置かれ、大化の改新に郡縣の制を定められ時、改めて國司を置かれた。其後東國に源平兩家の武人其勢力を張るに及んで、遂に平將門亂を下總に起し、平忠常武を上總下總に用ひ、東國は屢々兵革の巷とはなつた。

斯くて源の賴朝是等を征して起ち、更に足利尊氏出でゝ大勢は北朝に傾き南朝は微するに至つた。鎌倉管領足利持氏が執權上杉氏と相抗するに及び、結城氏朝は持氏の遺孤を結城に奉じ、管領足利成氏は古河に據るなど、下總の地又兵亂の境となつた、が遂に佐竹氏は江戸氏を滅し逐次水戸城に據つて地方に雄飛した。斯くて星移り年更り種々なる社會相を殘して廢藩置縣の時に及んだのである。

明治四年十一月水戸、笠間、下妻、下館、松岡、宍戸六縣を併せ若森、松川、麻生、石岡、結城、龍崎、峰山、佐倉、川越、淀の十縣を削き常陸國茨城、那珂、久慈、多賀、眞壁五郡を合して茨城縣を設け同時に新治、印旛の二縣を置かれた。而して同國新治、筑波、河內、信太、行方、鹿島の六郡は新治縣之を管し、下總國猿島、結城、岡田、豊田の四郡及び葛飾、相馬二郡の利根川以北の地は印旛縣之を管したのである。六年六月印旛縣は千葉縣と改稱し、八年五月新治縣を廢して本縣に併せ又千葉縣所轄の內上記の郡を本縣に屬せしめた。二十二年四月市町村制の施行されるに及んで東茨城の一部を割いて水戶市を置いたのである。

兵事　徵兵受檢者は逐次增加の傾向を帶び、明治四十四年に於て一一、一六五八人が大正八年には一二、三〇〇人。十一年には實に一三、七五二人となつた。受檢者百人中の無學者は大正八年に於て二、三九人なりしが、十一年には僅に〇、九一人と云ふ少數に減じたのである、又身長に於ても大正八年度に五尺六寸以上のものが二九三八人であつたが、十一年には三二九八人に增加してゐる。橫須賀鎭守府管內に於て本縣は年々多數の志願者と採用者とを出してゐる。

產業　產業敎育の振興を圖ること、產業施設並方針の周知徹底を圖ること、產業團體の自營並目的の遂行徹底を圖ること金融機關の發達を圖ること、產業組合の普及並發達に努むること、以上は本縣が產業全般に對する標語と稱すべきものである。其實行に依つて擧げた所の成績も亦逐年良好となりつゝある。今其實際に就いて見るに、大正十二年調査に依る本

縣の生產額は

農產物	一三九、三〇二、六二六円
畜產物	四、九九八、三〇九
林產物	一八、六九七、八七一
鑛產物	一四、四九一、八七八
水產物	七、七〇八、七八七
工產物	六七、九一三、八九六
計	二五三、一一三、三六七円

の數を示してゐる。而して同年に於ける現住一人當りの生產額は、一七四圓五二錢である。

(1)農業　米を以て生產の第一位とし平年作一、九二七、七七六石。大正十二年一、九三六、四四四石である。麥は之に亞ぎ十二年に於て一、五〇二、二五二石に達する其他の重なるものを示せば左の如し(大正十二年度)

大豆	一九八、四九七石	三、三三七、七三九圓
甘藷	三四、八六五、八〇六	三、九六二、二八七
漬菜	六、六六七、五一一貫	一、〇五〇、五六六
桑葉	三二、六九七、六四〇	七、三六六、五八七
葉煙草	二、八四七、五三九	七、五〇〇、八九八

(2)蠶糸業　縣は蠶業取締所、原蠶種製造所を設け尙民間に同業組合等を有し、相呼應して近時其產額增大し、農業的のものに繭一五、七三八、〇九三圓。蠶種六〇八、六九三圓。工業的のものに生絲七、〇五六、五五五圓。屑及繭眞綿一三八、八四六圓等がある。

(3)畜產業　縣は種畜場を設けて斯業の改善發達を圖り、其結果馬五四、八九二頭。牛七、六五〇頭。豚三〇、五三二頭を算する。

山林　縣の事業として苗圃を設け林野大植栽をなすなど其施設經營の見るべきものあり。用材、薪、木炭等を合し大正十二年の生產價額は實に九、九九四、六三七圓に達する。又林野の副產物である石材は輓近西茨城、眞壁地方より花崗石の產額多く其額八十萬圓に埀んとする。其他砂利、大理石等をも產出す。

鑛山　本縣の鑛業は日立鑛山であると云ふも決して過言ではあるまい。それは凡ての鑛山は多賀郡に集中し他は記すに足るものがないからである。左に大正十二年の產額を示す。

金　二、一四六、二二〇圓　銀　一、〇二九、八七七圓
銅　四、三三七、二四一　石炭　五、〇五四、一三九

水產　海岸線極めて少しと雖も湖沼河川の多い關係から漁場多く水產物の收益も尠くない。其主要なるものは鮪、鰹、秋刀魚、鰯、公魚、鰻、白魚、鰕、鮭、鯉などであり、更に水產製造物としては鰹節、乾公魚、白魚、乾鰯、乾秋刀魚等を擧げる。養殖場は凡て百四十七ヶ所である。

工業　主なるものは酒、麥粉、綿織物、醬油、和紙、瓦、絹織物、蒟蒻粉等で、一ヶ年の產額は孰れも三十萬圓以上である。縣は大正十一年結城町に工業試驗場を設けて、斯業を奬勵してゐる。

商業　水戶市に水戶商業會議所がありて紹介と指導其他同所が中心機關となつて居る。勿論水戶市は縣の商業中樞地である。輓近產業の發達と共に著しく向上發展し、其重要機關たる銀行は縣下を通じて總數四〇、(本縣內に本店を有する銀行のみ)資本金二六、四九七、九〇〇圓。又株式、合資、合名會社數は計二四四。此資本總額三六、五六九、二五三圓。工塲數は計三九〇で大正十二年の生產價額は五三、四九九、三七九圓。

交通、土木。本縣の交通は四通八達と云ふてよい。縣の中央部に常磐線が通じ、橫に水戶線ありて東北本線に接し、更に

大宮町から下小川村に通じてゐる大郡線は近く郡山市に達せんとしてゐるし、官線としては別に眞岡線、東北本線がある其他私設鐵道六線、外に水戸、磯濱間の水濱電車がある。

電信は一ヶ年發着信計一、四八六、二八五通。郵便は引受配達共計一、一六九、〇二六通に達する。郵便局は一八七局自動車は大正十三年に於て一〇六臺である。

道路は國道、縣道、町村道を合して八、九八五、七〇一間あり。橋梁は八、八一〇ヶ所である。

敎育

(1)小學敎育　學齡兒童就學奬勵の結果漸次良好に向ひ、就學歩合は男女計九九、一二に達した。校數は六六九校にして内一七一は尋常校。四七七は併置校。高等小學校は一校にして、外に町立の實業補習學校五八。村立の夫れは四四二校である。而して學級數は四、三三二。一學級に對する兒童數は四八八、三。學級一〇に對して正敎員は九八。六の割合である。月俸の平均は本科正敎員は男六〇圓九九錢。女四五圓五四錢。專科正敎員男四二圓四一錢。女三四圓一九錢。

(2)師範敎育　男女兩師範學校は水戸市に在り。男校の學級本科九。敎員講習科二で敎員は二二名。生徒數は三六七。入學者一三四。其他を合し創立以來の卒業者は凡て二、六八五名を算する。女校は生徒數二〇〇名。敎員は一六名である。創立以來の卒業者は八三二八。尙縣立水戸農學校内に農業敎員養成所がある。

(3)中等敎育　縣立中學校七。學級九〇。敎員一五三名。生徒四、四五〇名。高等女學校は縣及町立の實科高女を加へて九。敎員數は一一四名。生徒數は三、〇〇〇名で卒業者總計四、三二五名。工業學校は水戸市外吉田村に、商業學校は同市上市柳小路にあり。農學校は甲乙兩種の程度のものを合して一〇校。外に實業補習學校數(農業、水産、商業其他)は計五〇九校あり。

(4)補習敎育　明治三十二年に創設實施せられ、三十七年以後次第に勃興し。四十一年後に至つて名實共に伴ひ大正九年後は全く一新機軸を出した。

(5)圖書館　水戸舊城内に縣立圖書館あり。此藏書部數は二九、〇五〇。外に學校附屬の圖書館、或は町村に又は私立等其數二七館。此藏書計一一八、六七〇冊に達し、一ヶ年の閲覽八一八一、二三七名を算する。

(6)青年團　の總數三八一。六四、〇八九名の會員を有する

察警　警察署一八。同分署八。警視二。警部三五。警部補四〇。巡査七三三。警察官一人に付人口一、七二三八の割合である。大正十二年に於ける强窃盜被害件數は二、九四三。詐欺恐喝其他で五、七三四件。大正十二年の犯罪件數は一〇、〇七四。檢擧したのは九、七二一件である。

自殺者男一三七人。女一〇一人。天災其他の事故にての死亡は計四四八。過失其他が二七三人。尙火災の度數は失火、放火其他を合して四、二二四回。燒失坪數一〇、八四八。損害價額は總計六三二、八七五圓である。

衞生　衞生思想と其施設と相俟つて向上の一路を辿りつゝあるも、尙傳染病の年々絕えざるは誠に遺憾である。病院は水戶市に在る赤十字病院の外、私立三八。醫師八〇九。藥劑師一三九。藥種商二九六。製藥者三四。產婆六七〇。看護婦四七六。齒科醫一四二。醫師一人に對する人口は一、七九三人である。傳染病では腸チブス患者一、一九五人中二三一人の死亡者があり。赤痢患者三四八人の內死亡一七九人。ヂフテリヤ患者二七一人中七三人の死亡者を出してゐる。

檢査壯丁千人に付花柳病患者は一四人、四であり、トラホーム患者は一四四人、六を示してゐる。

財政　歲出入は大體左の如し。

歲出之部（大正十二年度決算）

警察費	八三二、七一八圓
警察廳舍修繕費	一二、二七九
土木費	七五九、三八五
縣會議諸費	三九、七六三
衞生及病院費	七四、九一七
敎育費	九八六、五八七
郡廳舍修繕費	一一、五三九
郡役所費	三二五、六五九
救育費	、五九三
諸達書及揭示諸費	五、五七四
勸業費	六七一、五四〇
縣稅取扱費	一三二、八八三
縣廳舍修繕費	五、五八四
衆議院議員選擧費	、三八二
縣會議員選擧費	七、三六二
縣吏員費	一七三、五一八
財產費	、三六三

統計費	八、三五三
神社費	四、〇一三
公園費	五、七五〇
社會事業費	一九、一六八
社司社掌試驗費	、〇七八
官舍修繕費	、一九四
本縣分擔河川維持費	五七、九〇〇
臨時歳出全部	二、二七七、六三〇
計	六、四一三、七三二

歳入之部

地租割	二、三六〇、五四九円
營業税	二一九、〇一八
雜種税	一、一〇七、三一九
營業税附加税	三一〇、九六九
所得税附加税	六一、九七一
鑛業税附加税	五、一九九
砂鑛區税附加税	、〇〇六
戸數割	一、一〇九、四四四
財産收入	二四、二〇五
國庫下渡金	一三八、八五二
雜收入	七三〇、二四五
臨時部收入全部	八二六、九六八
計	六、八九四、七四五

水戸市 水戸市は水戸黄門で名高い。もと水門といつたが後水戸に改まり、徳川賴房、此に封ぜられ三十六石の城下となつて市街は城を中心に發達し、明治四年茨城縣となり、廳の所在地となつた。爾來東茨城郡に屬したが、市制を施行するに當り上市、下市、常磐、細谷、吉田、濱田の六大字を以て獨立の一市をなしたものである。今や戸數九、五四八。人口四六、四七三である。裁判所、稅務署、聯隊區司令部、各學校、圖書館、東茨城郡役所、測候所、商品陳列所等あり、名勝舊蹟として常磐神社、常磐公園、水戸公園等を數へる同市は東西一里十二町、南北十五町四十間。總面積三六方里水濱電車の起點となつて磯濱町との距離を短縮してゐる。尙古今水戸藩から人物輩出して餘りに多く、茲に書き得ない事を悲しみ且つは喜ぶものである。

東茨城郡 本郡は縣の中部に位し、東太平洋、他は鹿島西茨城、行方、新治郡に隣り、水戸市を抱擁し那珂川を隔て、那珂郡と相對す。而して南角僅に霞ヶ浦に臨み、北邊の一部栃木縣に境す。總面積三七方里。人口一二三、二七五。四町三〇ヶ村を有する。

郡內には工兵第十四大隊、縣立農學校、工業學校、水戶高等學校、農事試驗場、種畜場、步兵第二聯隊、水戶衞戍病院等があり。大洗磯前神社、小松寺も本郡にある。物產として煙草、茶、楮、石材、重油等最も著はる。

西茨城郡 西北に山岳多く、栃木縣と境をなす。朝房山金山峠、佛頂山、難臺山、愛宕山など最も高い。四町十ヶ村で面積二十五方里餘、人口六八、二〇七八である。郡役所は笠間町にあり。同町は稻荷神社で名高い處で、縣立農學校、小林區署、穀物檢查支所等がある。此町は舊牧野氏八萬石の城下で笠間特有の人車軌道が珍らしい。本郡の物產としては米、繭、桑苗、薪炭、石材、陶器などで又花剛石は其尤なるものである。笠間燒は一種古風の特長を持つてゐる。

記者は嘗て本郡を視察して素朴の風あるを見て羨しく思ふた。

那珂郡 東は太平洋に面して風致に富むも、他は概して山岳の地が多い。尺丈山、鷲子山は八溝山の連嶺で前者は海拔千五百尺、後者は千四百五十尺。源を栃木縣那須町に發する那珂川は本郡と東茨城郡との間を流れて太平洋に注ぐ。河線約四十里。舟揖の利便あり以て東茨城郡の磯濱町と本郡の湊町と其川口に相對して、商業の地として繁榮してゐる。

本郡は三町三十ヶ村に區別し、面積三九方里五九。一一五、七〇九の人口を有する。交通は頗る便利にして、官私設鐵道總て五線に達し、大郡線は已に下小川に至り、近く郡山市に達せんとしてゐる。尙那珂川の彼岸には水濱電車がある。

名勝舊蹟として湊公園、平磯海水浴場、酒列磯前神社等あり。別に平磯町の北方高原の地にある遞信省電氣試驗所出張所が名高い。これは大正四年一月一日の創設で、近時ラジオ熱の高調に連れ、米國より同所に電信がある樣になるとの說がある。

郡役所の所在地は郡の中央部菅谷村である。

久慈郡 太田町は本郡の樞要地にして、郡役所、縣立中學校等の所在地である。町の西にある太田城址は、桓武帝の御代坂上田村麿の築造せし所と傳ふ。西山は譽田村にあり。水戶義公隱栖せし遺蹟にして、門前に桃源橋あり。有名なる朱舜水の墳墓も亦此村にある。此外袋田の瀑布は有名にして、一名四度の瀧と云ふ月折峠の半腹に懸り高五十丈、幅二十間餘、兩岸楓樹多く霜後の風景最も佳なり。

本郡は地勢概して高く、眞弓、高鈴、南體、八講の高峰重疊し、東南に至り良田美地が開けてゐる、河川の主なるものは久慈川と里川とである。

面積五八方里七九、人口一一九、六七七で、鐵道は今の處太田驛に達する一線と常磐線の一部のみである。物産 煙草蒟蒻粉、木材、炭、楮、紙、茶、米、里川鮎等。

多賀郡 本縣の總説にも述べた通り本郡は縣の東北隅にあつて東一帶は海に面してゐるが他は總て山嶽部である。而して河川は只一筋の大北川があるばかり。

面積三三、九二方里、人口一〇八、四六四。五町十五ヶ村に區別する。松原町は郡役所の所在地で西北に舊中山氏の城址が尙存する。河原子町は海水浴場として著はれ鮎川より助川に至る海岸は風景に富み常陸大磯の稱あり、其他日立鑛山平潟灣は已に人の知る所。日立鑛山からは金、銀、銅の產出が多く、他の諸炭鑛からは石炭等の產出がある。物產としては魚類、鹽辛、煙草、砥石、紙等を數ふ。

鹿島郡 本郡もと、神郡と稱し、擧て鹿島の神領であり平

國香常陸大掾に任じてより子孫相繼で其の職に居り、後致幹に至り五郡及本郡を領した。其の後成幹を鹿島に置いて本郡を領せしめ、鹿島に城いて鹿島氏と稱す。後鹿島氏滅びて、佐竹の領する所となり幾多の變遷を經、明治五年新治縣に屬し八年茨城縣に屬す。地勢平垣海濱の地である。利根川を距て、銚子港と相對する。面積三一、六〇方里、人口八五、三七六八、二町二十村である。鉾田町は本郡の首要地で郡役所中學校等があり、參宮鐵道は石岡町を基点として同町に至るもので目下東茨城郡の小川町迄開通してゐる。

有名なる官幣大社鹿嶋神宮は鹿島町にあり汽船によりて參拜する事が出來る。物產としては海產物を主とし、米、麥、大豆、藤細工等である。

行方郡 本郡は古來潮來で有名な所で鹿島、東茨城兩郡から出た半島と見てよい、東、北浦、西霞ヶ浦に面し南は利根川を距てゝ千葉縣に境する。面積一七、四一方里、人口五七、七二八。三町十七村で鐵道は今の處一線もなく、行くに汽船か自動車をまつのみである、從つて水村情調を多分に味ふ事が出來る。

郡役所は麻生町にあり。稅務署もこゝにある、物產として

は米、柑橘類及水產物多く就中公魚、白魚、鰕、鮒、貝類は其主なるもので近年屋根瓦、藁細工等が出る樣になつた、

稻敷郡 東北及東は霞浦に面し西北相馬、筑波、新治郡に境し南部は其の大河を距てゝ千葉縣に隣る。地勢概して低平で内部に原野多し。面積二八方里一六。人口 一〇六、六九九。區別して五町三十村である。郡役所を江戸崎に、龍ヶ崎町には裁判所、中等諸學校等を置く。又當町は龍ヶ崎鐵達の起点である。其他牛久葡萄園、海軍飛行隊の如きは最も特殊な場所である。鐵道は前記の外に常磐線が郡の西北部を貫いてゐるのみで他は凡そ馬車自動車の便をかるより外はない、

本郡の名勝とし浮島をては擧げる、霞ヶ浦の東南部に位し眺望極めて清雅、霞湖中の勝地である、昔保元の亂に藤原敎長の流された所なりと云ふ、物產は魚類、米穀、佃煮、延方蓆、葡萄、蕃茄等、

新治郡 東霞ヶ浦に接し、北、西茨城、東茨城兩郡に境し西は筑波山脈で郡境をなす、地勢稍高く、本縣の中央に位す面積三三方里四四、東茨城郡に亞ぐ大郡にして人口 一三二、三六八、五町三十村に分つ、

土浦町は近時大土浦建設の聲高く水戸市に次ぐ大都會で、縣南行政產業文化の中心地として交通至便であり行方、鹿島稻敷諸郡行の汽船も亦此處を發着所とする、郡役所、稅務署縣立高女も當町にあり、農學校は石岡町に、中學校は眞鍋町にあり、鐵道は常磐線の外に土浦町を起点とした筑波鐵道がある、物產、米穀、繭絲、製茶、促成蔬菜、霞湖產の公魚、白魚、鰕、外淡水雜魚等、

筑波郡 本郡の沿革を案ずるに古の筑波の國で後郡域に幾多の變更があり、德川時代に及び大名領あり、天領、又は旗本領ある等一郡政治の統一はなかつたが明治四年廢藩置縣に際し新治縣に屬し、九年縣の併合以來茨城縣の所管となつたのである、地勢は西南郡界を流る、小貝川沿岸と、北方筑波山麓を繞る櫻川流域と中部の岡陵地との三部に分つ事が出來る面積二〇方里四〇、人口 八五、五〇一、三町二十四ヶ村、

筑波山は本郡新治と、眞壁の三郡に跨り高さ 二、八九一尺にして關東の名山で、山上に筑波神社あり縣社である、

鐵道は筑波鐵道ありて、常磐線土浦驛と水戸線岩瀬驛間を連絡して筑波遊覽に便する、物產として筑波の蜜柑、北條米谷原糯を數へ大麥、大豆、繭、林產等がある、

谷田部町は郡役所の所在地にして土浦より三里半、〇動車

を以て達する事が出來る。

眞壁郡 北は栃木縣芳賀郡及下都賀郡に境し、他面は本縣各郡に接する。面積二四方里六。人口 一二二、八〇一。四町二十七村である。本郡は縣内でも交通系のよく癸達した處で郡の北部に水戸線、西端を常總線走つて常磐線取手驛に達し更らに下舘より北に眞岡線あり、筑波線は郡の東部を南走して土浦に至る。

下舘町は水戸、土浦に次ぐ都會で輓近大下舘建設の議あり實現可能と見られてゐる、郡役所、稅務署、縣立高女學校等の所在地で、組合立商業學校、縣是製糸會社等がある、產物は米麥、大豆、繭生糸、梨、桃、甘藷、葉煙草、絹織物石材等で就中南部地方の足袋、眞壁町地方の製紛は特に有名である。

結城郡 結城紬を以て知られた郡である、面積一六方里九五、人口一〇三、五四〇。三町二十四村、地勢概ね平坦で郡内に豊饒の地が頗る多い。北部の都會に結城町ありて栃木縣小山町と隣する結城紬の產地として名高く町立の農學校女子技藝學校縣立工業試驗場がある、宗道村。石下町は中部の首要地で郡役所は宗道村にあり水海道町には縣立中學校、高女校等あつて郡南部の都會。尙本郡には模範村西豊田村がある物產の主なるもの米、麥、繭、生糸、織紬、木綿、干瓢等で木綿は石下地方より、紬織干瓢は結城地方より其の他は全郡より產出する。

猿島郡 縣西端の郡にして南利根川を狹んで埼玉縣及千葉縣に、西埼玉縣、北は栃木縣、東は本縣結城、北相馬郡に接する。土地平坦にして丘陵なく沼池極めて多い。

面積 一九、九〇方里、人口 一二一、四八七。三町二十二村である中央の境町は郡役所の所在地なるも汽車の便なく郡内に東北本線古河の一驛があるばかりである。

物產、米麥、甘藷、煙草、茶、繭、生糸、酒、醬油等。

舊蹟、熊澤蕃山墓は鮭延寺内にあり蕃山り貞享四年八月幕府の命を以に此地に移り十月表を上り旨に忤ひ禁錮せられ元祿四年八月此に殘した。又平將門古址は天慶年中平將門僞宮を建てし所にして今尙ほ古址を見る事が出來る

北相馬郡 本郡は四境を江水を以て環らしてゐる形で、東は北稻敷郡筑波、西結城、猿島に境し南は千葉縣に接する、面積 一一、〇〇方里、人口 五三、〇六二、四町二十村。地楔概して平坦で地味肥沃農業に適する、鐵道は、常磐と常總の

二線である。取手町は郡役所の所在地で常總線の分岐点であり常磐線より本縣に入る第一驛（町）である、當町には二町六村組合立の北總實修學校がある。尙當町より汽船を以て東京方面、銚子方面及霞ヶ浦方面との交通運輸が出來る。

物產は農產物が主で米麥、繭等が其の最たるもので、清酒、醬油、生絲、水產物等之に亞ぐ。

（本編の編纂に茨城縣勢要覽、同產業施役概要、產業實施要項、同學事一覽各郡々勢一班、茨城大觀、同古蹟名勝誌、常陸國誌、水戶名勝古蹟。水戶市要覽等を參考とし其他編纂員の實地踏查に據る）

埼玉縣

總說

位地、面積、戶口。本縣は關東平野の西部に位し所謂、武藏野の過半と秩父山嶺とを領有し、東經一三八度四三に起つて一三九度五四に盡き、北緯三五度二九に始つて三六度一七に終る。面積二四六方里六、東西二四里、南北一三里にして之れを川越市、北足立、入間、比企、秩父、兒玉、大里、北埼玉、南埼玉、北葛飾の一市九郡に別ち三四町、三二七村に區劃し、縣廳を浦和町に置く。南一帶は東京府と土地相錯し其の南端は東京市を距る僅に六哩に過ぎぬ。西は關東山脈によつて山梨、長野の兩縣に境し、北及北東は利根川、烏川、神通川、渡良瀨川及其の分流權現堂川、江戶川とを距てゝ群馬、栃木、茨城、千葉の諸縣と相對する。而して西は秩父連峰にして人煙疎なれども東、南、北の三面は一望涯りなき沃野千里、土地肥沃にして田畠多く拓け、農業發達して人家稠密である。人口は第一回國勢調查の結果にすれば一*三一八四一三人で其世帶數は二三七、九三七平均一世帶の人口は五人五分に當り一方里に付五、五七三人の分布を示してゐて全國中第七位である。

地勢、氣候。氣候は全國氣象區域の第五區に屬し地方天氣豫報、暴風警戒等は地勢の狀態により縣下を二分し北足立、入間、比企、兒玉、大里、北埼玉、南埼玉、北葛飾八郡を平原部とし秩父郡を山岳部とする。本縣は北方山脈により裏日本を劃り南東方は房總の平野を隔てゝ太平洋に面するを以て氣候自ら温和なるも稍陸地的平原なるが故に降雨量少く空氣乾燥し冬季より春季に亘りては地方固有の風多く好晴持續して大雪を見る事は稀である。然れ共西部秩父郡は千メートル以上の峻峰屹立するを以て自ら其趣を異にし雨雪多く氣温高低の差がある。要するに本縣の氣候は關西地方に及ばざるも尚東北地方に優り殊に八九月の候と雖も暴風雨の襲來少く、晴天多く野外の勞役に好適してゐる。

氣温　氣温は東部に高く西部山岳地方に至るに從つて低い熊谷に於ける平均氣温は一三度六にして東京より六度の低温なるも同緯度以南に位する長野縣南部、山梨縣等に比し遙に温暖である。熊谷に於ける最高温度は二八度九で最低温度八度四である。風は冬季より春季にありては北西の風毎秒二十メートルを超ゆること往々數日に渉る事がある。而し南方に趨くに隨ひ其勢力を減ずる。上毛武藏の一特色にしてホイン風と稱するものは地勢の然らしむる所で嵐の一種に屬し比較的温かにして且つ乾燥し、俗に空風と稱するものである蓋し水分を含まざる意味であらう。然れども春季を過ぎ夏季に這入つて稍々濕潤なる南東風に變ずる。

暴風雨は八九月の候に少くして寧ろ冬春の季に多く風向は平原地方は北西多きも秩父山岳地方は一樣ではなく、又其の速力も微弱である。縣に於ける最强風速度は一秒三メートル七である降雨は冬季に少く夏季に多く、偶々深厚なる低氣壓の通過に際して、秩父山地に猛雨を齎らし、河川暴漲洪水を見るの虞あり。且初夏の候甲信地方より秩父山地に屢々雷雨性の小低氣壓を生じ平原地方に落雷頻繁にして時々降雹を見ることがあるが概して天候平穩である。尚本縣には熊谷町に測候所があり觀測所は縣下を通じて二五ヶ所である。

土地　本縣の土地は御料地一一町七段步。御料地以外の官有地四四、四三八町五。計四四、四五〇町二段步。民有地は二七〇、四四二町四段步。累計三一四、八九二町六段步である。而して民有々租地は合計二六一、八三二町步で今之れを區別すれば左の如くである。田六七、八九〇町五段歩。畠九八、〇七一町六段歩。宅地一六、〇一七町二段歩。山林七〇、七一四町七段歩、原野八、六八二町歩。池沼雜種地四五六町歩。

沿革　上古國府を多摩郡(今の北多摩郡府中町)に置き源賴朝總追捕使となるに及び平賀義信守護を以て國守を兼ね建武中興の時定利尊氏を以て守護たらしめしが、尊氏制するに及び其子義詮をして本國を管せしむ。爾來其の一族より出でて關東管領となりしが長祿の初め上杉氏の臣太田道灌江戸城を築きて之に居り鉢形、岩槻等の諸城を修めた。其後幾多武門の葛藤を經、小田原の北條氏漸く勢力を得て此地に上杉氏を破り更らに豊臣秀吉大擧北條氏を小田原に改めて之を降し關八州を德川家康をして江戸城に據らしめ以て修めしめた。家康は其子或は其臣をして各忍に川越に或は岩槻に又は岡部に封じて勢力を增大し家康、豊臣氏に代り政權を執るや依然此地に據り傳へて三百余年十五代慶喜に至り政權を奉還し王政維新となるに及び明治天皇都を江戸に遷して東京と改稱し德川氏を駿河に徙し、藩を廢し東京府の外に小菅、品川、神奈川、浦和の四縣を置きしが後東京府及神奈川、入間、埼玉の三縣となし、次で入間縣を廢して熊谷縣を置き又之を廢して埼玉縣の管轄とし、明治二十五年、神奈川縣に屬せる西多摩、南多摩、北多摩の三郡を割いて東京府に移管したものである。尙廢藩當時縣内には左の各藩があつた。

忍藩、岩槻藩、川越藩、古河藩、下妻藩、土浦藩、前橋藩、足利藩、關宿藩、請西藩、久留里藩、佐倉藩、館林藩、牛原藩、西大平藩、泉藩。以上の諸藩を合して八七七、四〇〇石である。

警察　警察署一四、同分署一三、警部補派出所、巡査部長派出所、巡査派出所、巡査駐在所を合して四三八ある。大正十二年度に於ける殺人犯罪は五五件、傷害二八五件、放火三一にして强盜被害四八件、竊盜二、九八五件である。

又帝都に近き爲め智的犯罪も比較的多く詐欺恐喝被害一、二二五件、横領六九八件で以上を通じて犯罪百件に付檢擧數は九二件七である。

火災は三六九回。此の損害見積價格は一、〇九六、五一四圓である。

衞生　衞生思想の發達と設備の完全等と相俟つて良好の成績を見つゝあるも尙傳染病の如きは尠からざる患者を出し死

亡率も可なり高い。大正十一年調査に依れば病院は縣下に五〇、醫師六七七人、齒科醫一五六人、產婆四三一人、人口十万人に付醫師は四九人である。藥劑師一一九人、藥種商四九三人製藥者が僅かに九人のみである。

是れも大正十一年度の調査であるが赤痢患者五一七人中死亡者が一九三人の高率で腸チブス患者八六五人中死亡二〇四人、ヂフテリア患者三三九人内死亡者七二人、コレラは一名の患者もなかつた、つまり傳染病患者百人中二六人余の死亡者を出してゐる譯である。

教育　(1)小學校　本縣の就學歩合は非常に良好で最早や理想に近い、これも縣郡市町村當局に於ける努力と縣人の自覺と相俟つた結果である、即ち就學歩合は九九、六六を示す。(前學年度は九九、六〇である)校數は尋常校六三、同分敎場六、併置校三五三、同分敎場四九、高等校二、合計四七三校此の學級數は四、〇二五を算する。敎員數は總て四、四二二人、學級百に付本科正敎員は七八名余尙敎員一人の平均月俸は五二圓六五錢(男女共)である。

(2)諸學校　師範學校及女子師範學校共浦和町に在り各一枚づゝで中學校は七、高等學校四、縣立の實科高女校一町立又は町村組合立のもの六、甲種程度の實業學校縣立六、私立一乙種程度の夫れは町立一、町村組合立四、私立三。實業補習學校縣立市町村立共計三五六、其地の學校計十二校を算する、大正十二年度の卒業者は師範學校二三四人、女子校一五一人、中學校四五三人、高女校三五六人、實業補習學校では八、七二二人を數へる。

(3)圖書館、其他　圖書館は縣立として浦和町に埼玉縣圖書館があり、外に公立のもの七九、私立一〇。藏書數は公私共計九〇、四六八冊　閲覽人員計一八〇、八四九人(大正十二年度)靑年團數は三七六、少年團二四、處女會三七〇である。

兵事　大正十二年度に於ける本縣の徵兵檢査受檢者は一四*二〇八人で年々增加の傾向を示してゐる。今之を內譯にすれば五尺三寸以上の者四、〇六二人、五尺以上五尺三寸未滿八、〇一六人、其他二、一三〇人で、受檢壯丁千人中五尺三寸以上が二八六、五尺以上五尺三寸未滿五六四。其他が一五〇である。体重は平均一三貫二〇八匁であつた。

敎育程度は比較的高く專門學校程度以上の者一一八人、中等程度　五、一六一人　尋常及高等小學校卒業者一〇、五九三人、尋常校半途退學者二、二六二人であるが今の時世に無學者が五〇〇人あるに至つては驚くの外ない、慨して次第である。海軍志願者は同年度に於て一一三人の受檢者があり內七九人の合格者を有してゐる。

交通及運輸　陸路は仲仙道、奥羽街道、日光街道、水戸街道等の外、之に亞ぐべき數條の支道縱横に貫通して車馬の往來に便なり、鐵道に至りては四通八達と謂ふべく、上野より發し縣の中央を貫通して信越に至る高崎線あり。大宮より岐れて奥羽に至る東北線あり、其他社線としては東京淺草より發し縣の東部を縫ふて上毛に至る東武鐵道あり、中仙道線熊谷驛に起りて西は秩父郡影森に達し東は羽生に至り東武鐵道に連絡する秩父鐵道(電車)あり、又中央東線國分寺驛を起点とし、川越市に達する西武鐵道川越線、川越市より東北本線大宮町に至る西武鐵道大宮線(電車)、東京池袋より川越、松山を經て大里郡寄居町に達する東武鐵道東上線及池袋より飯能に達する武藏野鐵道。南埼玉郡岩槻町に起り東北本線蓮田驛に連絡する武州鐵道あり。本庄電氣軌道は兒玉郡本庄町に起つて同郡兒玉町に達する。

大正十三年度に於ける自動車數は一七一臺 自轉車一二七、五二二臺。人力車一、五九五臺。

郵便局は八六局、電信取扱所一三。大正十三年度に於ける通常郵便引受數は三八、三二九、一八五通、小包郵便同三六九、四六二個、電信發信通數は三九九、二一二である。

產業　本縣の地勢は西は山岳地にして林產に富み東は田畑開けて農工產に富む。縣內總生產額四億に達し產物の主要なものは米、織物、生絲、繭、足袋、麥、鑛物、酒、甘藷、大豆、茶等で、西北地方は養蠶並に蠶種生絲の製造盛に、又北部より南部に至るに從つて機業發達し北部は絹織物、西南部は絹織物、絹綿交織物を產し東南部は綿織物輸出向織物を產する、酒及醬油は中央より東南部に產し茶は西南部地方より出す。又米麥は管內を通じて各地より產出するも荒川を中心として以東は米作地、以西は麥作地である。南部東京府に接する地方は蔬菜地として東京市に移出する額は尠少ではない斯かる狀態に在るを以て鐵道線路に沿ふ地方ば逐年戶口增加する一方で貨物の集散も從つて頻繁である*

今主なる生產品(產額百万圓以上)を左に示す。

染織物	六八、一一四、〇一四圓
生絲	五一、九九八、五五五
麥	二八、六六六、八九〇

鑄物	一六、九三一、三三八圓
甘藷	六、九三七、六三六
菓子	五、二七七、八三一
馬鈴薯	一、三一六、九〇三
瓦	一、一五八、九五三
米	六五、八七〇、二八四
繭	四一、五四六、三五〇
足袋	一八、七六一、七四七
和酒	一〇、九九七、八九六
製粉及製麵	五、三一三、四二七
大豆	五、二四四、三一六
味噌	二、八〇五、七三七
醬油	二、六五四、七八七
木製品	二、二三六、四九六
紡績綿絲	一、八五七、七三三
木炭	一、六六七、九六二
和紙	一、六一五、二八一
藁細工	二、七〇三、二九一
里芋	二、二五五、二六一
製茶	一、九五四、三五三圓
果實	一、七三五、二九〇
煉瓦	一、六九〇、三一二
蘿蔔	一、四一八、三九〇
針線	一、二七四、四〇〇

(1)農業　本縣は一部秩父山岳地方を除けば所謂武藏野沃野で土壤豊饒各種農作物の栽培に適し一部浸潤地以外は農耕地として天與の好適地である縣は採種圃事業として大正二年に着手し各所に採種圃を設置し種子を町村に無償配付するなど鋭意農事方面に力を注ぎ食糧農作物の改良增殖を圖り今や其の成績大いに見る可きものがある。其の產物の主なるものは米麥、大豆、甘藷等にして年產額一億八千万圓に達する、就中二合半米は全國早生米として其の覇を東京市場に唱へてゐる縣內耕地面積は水田六七、五三五町六、畑九七、一六二町九で農家一戶當り耕地段別は大概九段九畝歩內外である。

主要農產物及特產物の一ヶ年產額左の如し（大正十二年度）

米	一、二八一、〇一九石	四三、九二五、二六二圓
麥	一、二四三、五八五	一二、七六七、四五二
大豆	一七二、五一〇	二、七六八、三〇二

甘諸	三九、六三一、一八八貫	六、〇四三、六二三圓
蘿蔔	一〇、三六二、九三六	一、六二三、七九六
漬菜	四、九〇四、五四五	八二二、六七三

(2) **工業** 本縣西部は所謂秩父連峯にして人煙疎なれ共東南北の三面は沃野にして工産豊かで就中縣下南半の地は帝都に接近し工業企畫の地として最も適し近時長足の進步發展を示し其產額二億万圓を突破するに至つた。其の種類は多種多樣なるも重要なるものは織物、生絲、鑄物、足袋、製茶、製紙清酒、製粉及製麵、木竹製品、金屬製品、煉瓦、家具類等とする。是等工業の組織は近年大に改善せられ、殊に織物工業如きは、模範的組織尠からず。今大正四年より同八年迄の工產額を擧ぐれば左の如し。

大正四年	四七、三九八、七五六圓
同 五年	五九、四三〇、四一五
同 六年	八六、三五〇、五三五
同 七年	一二九、八〇二、二六六
同 八年	二〇一、五一〇、四五八

最近の統計に依れば縣下に於ける。工業戶數は三三、七五三戶にして內本業一四、五七〇副業一九、一八三戶である。其の從業者數は九一、六四三人にして、本業五一、四二八人副業四〇、二一五人を算する。工場數は工場法の適用を受るもの六三四同不適用二、六二九、計三、二六三。以上は職工平均一日五人以上を使用あるもの又は五人未滿なるも原動機を使用するもの等のみの調查である(大正十一年調査)

主なる工產物左の如し(大正十二年度調)

蠶絲	四三、四二三、〇二二圓
綿絲紡績	二、一六八、六〇〇
絹綿交織	四、二八七、九四四
絹織物	二三、一〇四、〇一二
其他の織物	二、〇四八、五八九
染物	四、一三二、二八六
煉瓦	一、四一〇、七一五
瓦	二、一二九、四〇一
和紙	一、三三二、三六五
製茶	一、七一八、七一四
和酒	一〇、八五〇、五〇九
足袋	二二、九三五、四四二
撚絲(絹綿)	二、一七六、五七〇

綿織物　二〇、八七〇、〇一六圓
麵類　一、三四一、九九〇
木製品　四、〇五五、二二七
藥製品　一、四五一、六七五
醬油　一、九四〇、二二三
菓子類　二、〇八〇、一五七
麥粉　五、三八八、三四六

(3) 蠶業　本縣蠶業の起源は極めて遠く紀元五百七十年代崇神天皇の御宇既に多少の養蠶が行はれたるもの〻如く、其後高麗人の歸化して入間郡地方に入るに及んで著しく發達したが德川氏の末葉、一度禁絹令の發布を見て一時衰退の狀ありしが安政年間外國貿易の途啓けてより生絲は輸出品中の首班を占むるに至り古き歷史と長き經驗とを有する本縣の蠶絲業は急速の發展を見今日の盛況に至つた。惟たに本縣の蠶絲業は時に盛衰波瀾ありて幾多の艱難を經たが大体に於て輸出貿易の消長と終始し現時の狀態は頗る穩健にして將來益々有望と云ふ可きである。今大正十二年度調べに依る統計を見るに桑園二七、五九九町七段步、養蠶戶數九七、五二九、掃立枚數一、二八六、一七九、收繭貫數四、〇三七、六九八である。蠶種製造額は大正十三年度に於て框製三九、四四二、五三〇蛾平付一、〇六五を算し縣下主要物產の班に列し之が盛衰は縣勢の消長に至大の關係を有する迄に至つた。

(4) 林業　本縣の地勢は、已に記述した通りであるから優良なる森林地は秩父、入間、比企、大里、兒玉の諸郡に存する。玆を以て縣の施設經營は縣造林の設定、公有林野の造林並植樹補助等何れも水源地方に多く施行したが近年一般民有林の發達著しきを見て之に對しても指導奬勵を爲し更らに副業の發展を計る等鋭意力を對した爲め一般林業の成績も良好である。殊に縣は大正九年林野の基本調査を行ひ民有林改良の基礎を確立し更に大正十年埼玉縣山林會が設立されながら將來縣の林政並に林業上大いに刮目すべきものがあらう。本縣の林野は丘陵林及平地林其の大部分を占めて居る而して天然林は荒川水源地たる奧秩父地方に於て、扁柏、樅、栂、唐檜胡桃、鹽地、桂、掬、槭、栗、楢、栃等の有用樹種多く鬱蒼として　厚生狀態をなし又人工林は山岳林の一部或は丘陵林及平地林の大部分を占め主として杉、扁柏、赤松、椚等を植栽してゐるが、就中荒川の支流にして入間川の上流なる入間郡名栗、吾野村地方は杉、扁柏の造林に於て最も古い歷史を有し其施設方法完備し、且つ蓄積豐富にして、只に本縣の林業を代表するに足るのみならず、實に關東の吉野として推賞するに値し其の林産物の大部分は入間川、荒川を利用し筏流により或は鉄路により東京市場に移出せられる。原野は秩父連山の裾野又は斜面等に散在し、從來は僅かに採草をなすの外、野火の侵入に任せたもの多かりしも近年火入を嚴禁すると共に植林をなし又其土地に適應せる利用方法を講ずるに至り其の面積は減少した。

竹林は苦竹大部分を占め淡竹、孟宗竹、黒竹、布袋竹と云ふ順序である。更らに各郡を通覽すれば北足立郡最も多く秩父入間、大里等之に亞ぐも良好な苦竹林は兒玉郡首位にある。

林野面積は國有林一六、六〇二町歩九、公有林七、一九七町歩四、社寺有林三、一七三町歩六、私有林七七、二〇二町歩六、計一〇四、一七六町歩五である。本縣の林産物は大正十一年度に於て總計五百五萬八千圓餘にして尚益々增加の傾向がある。其の主なるものは、

用材	一、七〇八、六一七圓
竹材	一〇四、四七三
薪材	一、一一〇、三〇五
木炭	一、九一一、八四七
其他	二二二、八〇八
計	五、〇五八、〇四九

(5) 畜産業　本縣の畜産業は家禽及豚に於ては相當の成績を擧げてゐるが其他は前者に及ばざる遠く發展の餘地があるが逐年發達の趨勢を示してゐる。

大正十二年度に於ける家畜の飼育數は

牛	七四七頭
馬	二一、八三八
豚	二八、二二九
緬羊	四五
山羊	四四〇

で家禽は同年度に於て

鷄　七二七、七六四羽　鶩　二四、四五〇羽である。

(6) 製茶業　本縣茶業の起原は頗る遠く今より凡七百年前釋榮西(千光國師)宋に學び歸朝の際茶種を携へて歸り我國に移植したるに始まり茶樹に好適したる地を五ヶ所選び銘園五場としたのである本縣の狹山は其の一で爾來茶道空前の發達を為すに及び本縣茶業も漸次發展し宇治、栂尾、狹山の名は

世の定評ある所である、狹山茶の主産地は入間郡で、北足立郡之に次ぎ、南埼玉、比企郡等又順次之に亞ぐ。されど本縣の風土は茶樹の生育に好適し縣下到る處其の生産を見ない所はない。

茶畑總段別一、七六五町五段歩、一ヶ年産額　二六九、二〇五貫、價格　一、四九〇、七一三圓にして全國中茶畑段別第六位にて、生産價額第四に位し實に本縣重要産物の一であるされば製茶は農家主要の副業であつて、之が盛衰は農家經濟縣と經濟の消長に係るものである。

(7)　商業　大正八年末調査による縣下商業戸數は四八、八七一戸あり、之が從業者總數本業八二、九三一人、副業二八五四七人を算する、其重要機關たる銀行は本店五〇、支店六〇、此拂込資本金一九、〇六四、九〇〇圓で近時小資本の地方銀行は漸次大資本を擁する縣內銀行に合併するもの多き狀況にあり又公益を目的とする團体に川越商業會議所がある

本縣は一ヶ年四億の生産額を有し地理帝都に隣接せると及信越奧羽に至る鉄道幹線縣內を縱貫する關係上産業各般に亘る取引極めて多岐で物資の出入亦多く縣內生産品で東京中間商人の手を經て全國各地に仕向けられるもの甚だ多い、要するに取引は殷賑である。

(8)　産業に關する機關　農事方面には機關として農事試驗場と穀物檢査所とがあり、工業には工業試驗場、圖案調製所蚕業に關する機關としては、原蚕種製造所、蚕業取締所等を數へる、又商業方面には商品陳列所があり、教養機關としては農業學校、農林學校、工業學校、蚕業學校等がある。

自治功績者　明治四十年より大正十二年迄の間に於て本縣が自治功績者として表彰したものは左の通りである。

町村長　三八名、助役　六名、收入役　一〇名、書記　一名、合計　五五名である

財政　縣の歳出入の大体は次の樣である

歳出の部（大正十二年度決算）

警察費	九九八、七四五圓
土木費	八六二、六〇六
郡役所費	二九八、三八一
教育費	一、〇七八、六二三
勸業費耕地整理費	八八〇、〇九三
縣税取扱費	一六五、四〇六
其他經常部	二六六、〇八四

河川改良工事費 國庫納付金	一、四二九、〇〇〇
土木費	一、三〇六、二四一
河川改修費	一、一五六、二八六
教育費	二七、八六五
勸業費	五九、五八八
補助費	四六四、五九六
縣債費	一、〇八〇、七三一
其他臨時部	一、五七三、一六〇
合計	一二、六四七、四〇五

歲入之部

縣税	六、二七六、三四七圓
國庫下渡金	一五九、五五〇
其他の經常部	四六六、三〇六
國庫補助金	五〇五、二八五
寄附金	一四六、二一七
縣債	二、六六九、六〇〇
繰越金	二、〇一九、五八九
其他の臨時部	三〇一、一五六
合計	一二、五四四、〇五〇圓

川越市　本市は松平氏の舊封地で埼玉縣の東北部に位する市街地で東京市より約十二里距り埼玉縣廳とは五里餘の地点に在る。西に秩父山脈を望み東に流川の水流を控へ北部は一帶の水田で南部は多く畑地である。其廣袤、東西三 五町。南北一里一五町で面積〇、八五方里あり區分すれば公有地五二町九段一三歩、民有地一、一三〇町四段二〇歩である。川越市は元、入間郡川越町と稱せしが大正十一年十二月一日より川越町と仙波村の合併に依り市制を布き次第に殷盛を呈するに至り、本縣唯一の市である。入間郡役所、川越區裁判所、同税務署、同警察署、同少年刑務所、工業試驗場　等の所在地であり、縣立川越中學校、同高等女學校、工業學校、蠶業學校等も本市に在る。戸數五、六八七。人口三一、三〇六。關東平野に屬する地方は概して交通便利であるが特に川越の如きは四通八達と云つてよい。されば商業殷賑で百貨常に輻輳し商店は一般に活氣を呈してゐる。

　縣道は十三線で鐵道は左の如くである。西武鐵道川越線は川越より入間川所澤等を經て中央東線國分寺驛に達し、同大宮線は東北本線大宮驛に至る。東武鉄道東上線は東京府池袋より本市を經て大里郡寄居町で秩父鉄道と連絡する。

其他自動車馬車は各方面に日〻數回の往復をなし交通上一層の利便を加へつゝあり。本市は上記の樣な環境に在るが其人情は一体に敦厚で仁狹に富み昔から所謂宿場根性はなかつた樣で此風は明治、大正となつても猶殘つてゐる。是本市の誇りとする所である。

物産は多々あるも所謂川越芋の名によつて天下に籍甚たる甘藷の産額五十万圓に達し、又織物は年産額三百萬を超える其他米、製茶、繭生絲、杞柳細工等であるが中にも三方桐簞笥の本場にして、最近年産百二十萬圓を突破し、中部、東郡地方と共に本縣桐製品の覇をなしてゐる。名所舊蹟は川越城趾、三芳野の里、田面の澤等であらう。

北足立郡 本郡は縣の東南部に位し 東南は東京府南足立郡に接し南は東京府北豊島郡に對し西南は同北多摩郡に隣り、西は荒川、柳瀬川を距てて大里、比企、入間郡に界し北には元荒川を以て北埼玉郡に、東は綾瀬川を距てゝ南埼玉郡に界す、地勢概ね平垣で田圃開け其狀南北に長く東西に狹い。廣袤東西六里九、南北一〇里三三、面積三一方里六、で一三町五三ヶ村に區劃する。本郡は元足立郡なりしが府縣の設置に依り一部は東京府の管轄となり之を南足立郡と稱し本縣に屬したる一部を北足立郡となつたものである。郡役所は浦和町に在り。同町は郡內樞要地にして、縣廳、埼玉縣圖書館、地方裁判所、稅務署、男女師範學校、縣立浦和中學校、同高等女學校等の所在地である。

本郡の戶數四七、五六五。人口二七三、八一三で共に本縣の首位に居る。小學校は合計八七校。學級百に對する正敎員數は尋常七〇・四九、高等一〇三・六九である。

本郡の農産物は年額二〇、八九三、八一三圓を産し畜産物は之に亞ぎ 一、六〇三、二八二圓を出し水産物、工産物等を合し其産額實に五八、七五七、一九九圓に達し一戶當り一、二六一圓である。特産物としては川口町の鑄物年額一千万圓石戶村附近の桐簞笥、安行地方の苗木等である。大宮町は官幣大社氷川神社の鎭座せる所で近年迄仲仙道の一小驛に過ぎざりしも鐵道の開通と鐵道工場の設立等が原因して漸く殷賑となり戶數參千六百、人口二万に達し縣下有數の都會となつた。尙同町には氷川神社境內五万坪を修めて公園とした氷川公園がある。

入間郡 本郡は縣の西南部に位し東は北足立郡に西は秩父

の連山を以て秩父郡に接し南は東京府北多摩、西多摩兩郡に北は越邊川を隔てゝ比企郡に隣す。本郡の西部秩父連山地方以外の地は所謂武藏野平野にして田圃開け即ち地勢は西部に高く東するに從ひ平坦部となる。廣袤東西一一里　一八　南北六里、二〇、面積四五方里、〇九にして、六町五六ヶ村に區分す。戸數三九、〇二〇。人口二一八、〇七四。入間川は源を郡内名栗村に發し西より北に流れ越邊川を合流して更に東に走り荒川に注ぐ、高麗川は西部山地に發して越邊川に合し、柳瀬川は郡の南境を東に走り新河岸川に合して荒川に、荒川は入間川を併せて郡の東を南流して北足立郡に入る。舊幕時代には小藩割據して其領地複雜を極め明治四年廢藩置縣後に於ても數次分合所管の變遷ありしが明治十二年四月入間高麗郡役所を川越町に設け入間、高麗兩郡を管轄した。其後東京府及比企郡との交換編入等を經、明治二十九年四月、入間高麗西郡を廢し新に比企郡植木村を編入して入間郡を置き同年八月郡制を施行し爾來二十有八年間郡域に變更なかりしが大正十年七月秩父郡名栗吾野兩村を編入し十一年十二月川越市制施行の爲め仙波村を割き以て今日に及んだのである。

交通は至極便利で縣道四九線町村道三六、九二六線、鉄道は川越國分寺間と川越大宮間の西武鉄道二線、池袋川越寄居間の東武鉄道東上線、飯能池袋間の武藏野鉄道がある。各所へ通ずる自動車は十指を超え馬車も多い、郡役所は川越市に置く。

所澤町は往古府中より兩毛に通ずる鎌倉街道の一驛である戸數千八百　人口九千余を有するが陸軍航空學校の設置以來其名聲を高むると共に人口も甚敷增加を來した。産物としては武藏絣及絹綿交織等の産額多く最近三百万圓を超え所謂所澤飛白の名は特に高い。又製茶年額五百万圓。飯能町は名栗川に臨み風色頗る佳で戸數千七百、人口九千餘。産物として白斜子、生絹、太織、羽二重、絹綿交織等を數へ年産額四百万圓を越え、又製茶は六百万圓を出す、然も西川地方産出材搬出の關門として最も重要な地である。

豐岡町は地方自治体の模範とされてゐる町なるは世人周知の事で「我は我が町村の一員である」と自覺するよりも「我が町村は我の中に在る」と信ぜよと叫んだ自治の功勞者繁田武平氏の故郷である郡の特産物としては前記の外甘藷で川越芋として有名で郡内到る處に產するも所澤附近を主產地とし狹山茶は秩父山岳部に接した高陵に多い。

比企郡 本郡は殆ど縣の中央に位し埼玉縣全管面積の十四分の一強に當る。東は荒川を隔てゝ北足立郡に境し西は秩父山地に連り、東南は越邊、入間の二川を以て入間郡に接し北は大里郡に隣す。其地勢山嶽蟠居し、槻川、都幾川の二川は外秩父に源を發し共に合流し郡の中央を貫き南東に奔流して越邊川に合し又入間川を併せて荒川に入る。

中央部は林野耕地相半し東半部は平地豊かに水田に富む二町二六村を管轄する本郡の廣袤は東西七里三五。南北五里二五。面積二一方里二九にして、戸數一六、八二六。人口一〇三、四五七である。而して松山町に於ける大正十一年の平均氣温は一六度八で最高三九度一最低一一度であつた。生産物としては、米、麥、大豆、甘藷、茶、林産物、和紙、和酒、瓦等を數へる。

交通は府縣道二一線。東武鉄道東上線は池袋より川越を經て郡の中央部を貫通し松山、小川町を過ぎ秩父鉄道寄居驛に連絡する。

松山町は本郡の首都で人口八千余を有し殆ど縣の中央に位する。又驛前の箭弓神社は火盗の難を防ぎ禾穀の守護神として世俗の信仰廣く遠近より來り拜するもの多く今は縣社に列してゐる。又社前のヒトツバタゴは珍木として貴ばれて居る更に其近くに松山城趾がある、應永年中、上杉氏の將、上田某の築く所、其の城趾の麓に岩窟ホテルがある。

有名な吉見百穴は松山城趾の北に連なる丘陵の中腹に在つて砂岩を穿ちて夥多の横穴臚列し遠望すれば蜂窩の如く頗る奇觀である。古來穴居時代の遺蹟なりと云ひ或は松山城主の火器を藏せし所なりとの俗說ありしも明治二十年理學士坪井正五郎氏の發掘により二三〇餘穴を探査し明かに石器時代の墳墓なる事を確めたのである。

小川町は古來八王子、上州間の通路に當る山間の一驛で人口七千余を有する產出する所の小川紙は名聲高く年產額百六十万圓以上、〇織物は一百万圓に達する。特產竹澤の水嚢は本郡竹澤村の產である。

大里郡 本郡は縣の西北部に位し西南は秩父山岳の餘波を受けて一体に高陵であるが他は概して平垣である。東は北足立、北埼玉の二郡に、西は兒玉郡、南比企、秩父二郡に隣り北は利根の長江を隔てゝ群馬縣に界する。廣袤東西五里三二町、南北四里一四町にして面積二一方里八〇である。

本郡の管轄は明治四年廢藩置縣以來岩鼻縣、入間縣、熊谷縣

を經て明治九年埼玉縣の所管となり、明治十二年大里、幡羅、榛澤、男衾の四郡を合し熊谷町に郡役所を置き、明治二十二年一部を兒玉郡に分割し北埼玉郡の一部を合せ降つて明治二十九年郡制施行により大里郡と改稱した。爾來郡域に小異動ありて今日に至るもので四町三五ヶ村を管轄する。

戸數二八、五四六。人口一六二、〇五二。小學校計四二校、學級四九六。敎員は五五二名である。圖書館數一〇。

交通は國道及府縣道の數實に二七線。鐵路は線省信越に至る高崎線郡の中央を貫通し之と併行して秩父鐵道一は熊谷驛より秩父郡影森に至り他は熊谷より行田を經て羽二生に至るもの及東武鐵道池袋より寄居町に達するものとがある。

產物は米を主とし麥、甘藷、蘿蔔、牛蒡等之に亞ぎ工產物としては織物、蠶絲、和酒、麥粉等と數へる事が出來る。

熊谷町は縣下第一の都會で人口二五、四九九。大正十四年五月大災の爲め六百餘戸灰燼に歸したるも其復興振りは實に目覺しい。郡役所、區裁判所、測候所、中學校、女學校、農學校等の所在地で又熊谷寺、熊谷櫻等も名高い。熊谷寺の境內は熊谷次郎直實の古城址で其墓がある。

寄居町は熊谷町の西、荒川の左岸に位し秩父に入る門戸で人口四千五百余を有する。此地近年鮎漁を以て著はる。明治三十九年七月聖上陛下尙皇太子におはせし時、鮎漁の御慰を一日此所にとらせられた所である。產物としては絹織物多く年產五十万圓に達し又木材、竹材等の集散地で木材は平均一萬石を出す。大正十四年七月より東武鐵道比企郡小川町より當町に貫通し非常に便利になつた。

南埼玉郡　本郡は南北に長く東西に短く東は大落古利根川を隔てゝ北葛飾郡に西は北足立郡に境し南方の一部は東京府に連り北は北埼玉郡に接す。東西三里一二町、南北九里二七町、面積一八方里にして六町三六ヶ村を有す。地勢平坦、郡の中央に元荒川の流ありて灌漑の便多く、南部は低くして水田に富み東部並に北部も水田多く西部には高台地ありて山林を交へ畑が多し。

本郡は元、埼玉郡と稱し明治四年廢藩置縣後埼玉縣の所管となり同十二年三月郡區町村編成法實施の際南北に分割せられ郡役所を岩槻町に置き今日に至るものである。現在戸數二四、五六五。人口一四四、六四五。小學校兒童數は二、〇一五で之に對する敎員は四一八名である。

交通は國道一線、縣道三九線、延長計五一里一九に及ぶ。

鐵道は郡の北部を通ずる東北本線、同上線より岩槻に至る武州線郡の南部より北上する東武線の三線で交通至便で本郡南部は東京の郊外とも言ひ得よう。

大正十二年度に於ける各種生産物を見るに

農産	一四、一六三、〇五三圓
水産	三八、〇九七
畜産	五七八、九六五
工産	六、二八五、九二〇
林産	一六九、一二六
計	二一、二三五、一六一

で一戸當り八六四圓、一人當り一五六圓である。

岩槻町は郡役所の所在地で中央部に位する。人口七千七百餘、岩槻葱の產地である。粕壁町は人口五千八百餘、税務署、中學校を置く。町に八幡神社あり。越ヶ谷町人口三千四百餘、大袋村に御獵場あり、由來江戸川の畦飛禽群集するを以て地を此にトし三萬余坪を劃して鴨場を設置せらる。

北葛飾郡 本郡は縣の東端に位し、大落古利根及權現堂二川の間に在る細長の地にして元下總國に屬せり。爾來郡域に幾多の變遷を經て今日に至りしもので、東西二里南北十一里、其面積十三方里餘、四町二七ヶ村を有し戸數一五、三五二、人口九三、四一三を算する。地勢概ね平坦であるが交通機關に見るべきものがない。只鐵道は東北本線が郡の北端部を貫くのみである。

杉戸町は大落古利根川沿岸に位し郡役所の所在地で人口三千三百余、附近一帶の地、糯米の良種を產するので名高い。

幸手町は杉戸町の北にありて人口五千余、町の北十余町の所に行幸堤あり權現堂堤即ち是れで明治九年　明治天皇、奥羽御巡幸の砌畏くも鳳駕を駐めさせ給ひしより其名がある。

栗橋町は郡の最北邊利根川に臨み奥羽街道の要驛にして郡内唯一の停車場である。人口三千四百余。

有名なる牛島の藤は東武線粕壁驛より約十五町幸松村字牛に在り藤樹の周圍丈餘花房六尺地を掠めんとするの狀頗る美觀を呈し其名都門に高い、尙、郡の著名なる產物として米麥、桃子、江戸川の鯉、蓮根等を出す。

北埼玉郡 大里郡の東に位し北は利根川を以て群馬縣と境し地勢平坦。最も水利の便あり地味肥沃農業盛である。其廣袤東西六里三二町、南北三里三〇町、面積一九方里・七七で行政區劃は四町四五ヶ村である。現住戸數二八、〇一八。

人口一六三、一六七。小學校五二、此學級四七六にして學級百に對する本科正教員の數は八五八・二である。

鐵路は東武鐵道と秩父鐵道の二線あり信越線僅かに郡の西南端を走るに過ぎない。が馬車、自動車の數多く交通頗る便利である。

產物は米、麥、大豆、甘藷、胡蘿蔔、里芋類、綿織物、足袋、和酒等。

忍町は郡の西部にあり熊谷町の東、秩父鐵道行田驛で下車する、元城下の邑里にして田圃多し。忍、行田、佐間の三大字より成り戸數二、六一七、人口一三、〇二五を有し郡役所、稅務署、警察署等の諸官衙及實科高等女學校郡あり內第一の都會である。此地古來有名なる足袋の產地で行田足袋の名は人口に膾炙する所である。忍城址、忍公園も名高い。

忍町の北東に羽生町あり秩父鐵道の終点で東武線に連絡する所である。忍、加須等より群馬縣館林に通ずる驛路に當り、戸數一、四八四。人口六、九九一を有し附近は當町と共に青縞の產地として名高い。加須町は人口四、五七七。騎西町は戸數四九五、人口二、六三三有する一小市街で往時武藏七黨の一たる私市《キザイ》黨の據つた所である。

秩父郡 縣內西部の大郡にして關東山脈及其支脈連綿四境を囲み一仙境を作し其の重なるもに三國山、雲取山、武甲山、三峰山、有馬山、二子山、大霧山、大洞山、大山等あり、秩父鐵道開通以來大いに其の趣を異にした。本郡の廣袤東西十一里、南北八里、面積六三方里、現住戸數一八、三五一、人口一〇六、〇二四あり。二町三〇ヶ村を管轄する。

交通は前述の如き地勢なるを以て至便とは謂ひ得ないが、秩父鐵道開通以來稍緩和する事が出來た、最近東武鐵道が小川より大里郡寄居町に達したから今後大いに見るべきものがあらう。この鐵道は現在郡內影森に達してゐる。

重要物產としては米、麥、大豆、茶葉、葉煙草、楮、甘藷、馬鈴薯、木炭、用材、薪炭材、和紙、繭、生糸、蠶種、織物等である。殊に花百合の如きは一ヶ年一、二九五、三〇〇箇を產出する。今左に視察旅行案內を揭げる。

長瀞驛に下車して左すれば荒川の沿岸に出で山水の凡ならざるを認むるであらう。是、長瀞の勝地である。斷崖百仭、疎松を以て衣とし山勢既に奇、加ふるに荒川の淸流數町の碧潭を爲してゐる。之れ秩父赤壁の名の起れる所以で、來り遊ぶもの常に絕えない。秩父町は本郡の首都で郡衙の所在地である。鐵路熊谷を距る二七哩余、電車の便あり。戸數二、七〇〇余、人口一三、〇〇〇を有する。織物、木材、木炭等の集散地で秩父銘仙は年産額二千万圓を越えて居り一名本場秩父縞とも稱し本郡一圓に産出する。木材木炭は郡内産の大部分本市場を經て出さるゝもので木材年額二十万圓、木炭同四百万貫に達してゐる。區裁判所、税務署、營林署、警察署、東京帝國大學農學部演習林事務所、縣立農林學校等の諸官衙學校がある。

秩父神社は秩父驛の近くに在り近世廣く妙見様と云ふ諸樹欝然、社殿儼として立つ所詣者をして思はず襟を正さしめる。

影森村は一山村であるが現在秩父鐵道の終点で總面積一、〇七二町歩。武甲山は海拔一、三三六メートル全山石灰岩にして現今年額二十万噸の石灰石の採堀場である。又本邦屈指の石灰洞がある。

三峯山は本郡の南西部に在り大洞、日原両川の分水嶺を爲し標高二千メートルで、雲坂、白岩、妙法三山の總稱である而して三峯神社は其の一峯法ヶ嶽に在り明治二年三峯神社と号し同六年本邦三十一ヶ村の郷社に列せられ同十六年八月縣社に昇格したのである。本山は實に關東屈指の靈場で世俗の渇仰頗る廣い。尙神社の南方五六町の高峯上に森林側候所がある。小鹿野町は秩父町の西方約二里の所、人口五、四七八を有する小市街で繭、生絲、秩父銘仙、生絹、木炭等を産する。

兒玉郡 本郡は縣の西北に位し東西は平野にして東は大里郡に、西は神流川の急湍を隔てゝ群馬縣多野郡に接す。西南は四五百メートルの山嶽蟠屈して秩父郡に隣り秩父山脈の餘派は南部より漸次北方に蜒長し各所に勝地を殘して平坦となり北部は刀水の流を間さんで群馬縣佐波郡に境す。本郡の大部分は平坦にして農桑に適し養蠶の業盛である。本郡は明治四年廢藩置縣の際、大宮縣に屬し後岩鼻、入間、熊谷の諸縣に變り同九年八月埼玉縣に移れり。同十二年三月賀美、那珂、兒玉の三郡を聯合して兒玉郡本庄町に郡役所を置かれ、廿九年三月之を合併して兒玉郡を置かる。是れ即ち今の郡域にして東西三里十五町、南北五里十八町、面積一一方里九八にして二町一八ケ村を管轄する。其戸數一三、一六四、人口八一、九三六を有する。小學校は一九校を有し二三六學級、教員二六四人、一學級に對する本料正教員の配置は〇・四八人に當る。其他各種學校二六校で圖書館四、鐵道は信越線郡の北部を貫通し本庄電氣鉄道線は本庄、兒玉間を運轉するのみであるが馬車、自動車の利便多き爲め交通は非常に發達してゐる。

物產は生絹、生絲、眞綿、蠶種、米、麥、大小豆、漬菜、甘藷、馬鈴薯、花百合等で年々増加の傾向にあり。

本庄町は人口一〇、八九九。商業盛にして、郡役所の所在地である。兒玉町は人口四、五二〇。本庄町に亞ぐ市街で絹布の產地として著はる。郡內に名所舊蹟あり。

青柳村の縣社金鑽神社、金屋村は塙保己一翁の生地として其名著はる。

第四十一編　群馬縣

總　說

位置、地勢、面積、戸口　群馬縣は東山道の中央に位し、東は栃木縣に連り、西及び北は長野縣に、南は埼玉縣に、東北は福島、新潟二縣に接し、上野國一圓三市十一郡を管轄する。其形恰も鶴の舞ふが如し。全体を五分して東北を勢多、利根の二郡とし、西北を吾妻郡とし、西南は碓氷、北甘樂、多野の三郡で東南を佐波、新田、山田、邑樂の四郡とし、中央部を群馬郡とする。其廣袤東西三〇里二八町、南北三七里二町、面積五二三方里を包括す。縣の三面皆山にして唯僅に東南の一隅のみ平坦である。山勢を二大別し一は西に趨き起伏して刀嶺、烏帽子、稻裏、岩寥、白根、萬座、吾妻、鼻曲等の諸山となり南に折れて碓氷、荒船、御荷鉾の山峯を崛起して武藏に連り、一は東南に蜿蜒して中保、白根、袈裟の諸嶽となり下野に走る。而して山岳の最も高峻なるを上信の國境に聳ゆる淺間山とする。海拔實に八、二五八尺。又赤城、榛名妙義は國中に鼎立して夙に上毛の三山として著名である

地勢斯の如くなれども平坦部は農耕に適し、河川縱横に流れ漸く一巨流をなし東南の方武藏、下野の國境に注ぐもの世に坂東太郎と稱する利根川は即ち是れである。其の縣内の流域實に三五里半に達し、上流は水勢急にして舟揖を通じ得ざるも、下流新田郡に至つては船舶の來往自由である。河川の最大なるものは前記利根川とし、吾妻、烏、神流、鏑、碓氷片品の諸川之に亞ぎ、何れも流域十里餘に及ぶ。渡良瀨川は長からずと雖も往年足尾銅山鑛毒流出事件以來天下に其の名を知らるゝに至つたものである。

戸口は大正十二年(十月現在)の調査に據れば、管内を通じて二一〇五、〇二〇戸。一、〇九六、五〇〇人。內男五三四、七〇〇人。女五六一、八〇〇人にして一戸に對する人口五八一分强に當り、女百人に對し男九五人一八に當つてゐる。

地質、氣象　氣象は河川山岳分布の關係上各地一樣ではないが、中央より以北の諸郡は寒氣烈しく土性磽角にして、稻麥に宜しからざるも溫泉、蠶桑の利あり。以南は氣候溫和、地質壚埴にして農作に適する。されど概して暖和で酷暑の候と雖も華氏九五度に上る事少く、嚴寒の節と雖も尚二五度を下る事がない。北方の山地を除いては降雪も亦稀である。

前橋市に於ける最高氣温は、攝氏三七度三。最低零下一度八。平均一三度四である。

沿革　本縣は古、毛野(ケヌ)と稱へ、後上野と改稱したもので、後鳥羽帝の建久三年、源頼朝始めて霸府を鎌倉に起して、安達盛長上野國に守護となり、後之を交代する事十數回に及び而も武門政治の弊、前世に比して一層の惡辣を極めるに至つた。かくて世は北條氏に歸し、足利氏に移りしが新田義貞の一族　護良親王の令旨を奉じ始めて義旗を新田郡に擧ぐるや、楠氏、北畠氏と相呼應して到る處に尊王大義の精神を喚起し、北條高時遂に誅せられて世は再び後醍醐帝の親政を見るに至つた。實に新田義貞の功勳は本朝の中興史上特筆すべき所、而して群馬縣は此歴史的人物を有する事に於て一段の光彩を添へた。

武門政治は北條氏、足利氏より降つて織田氏、豊臣氏の時代に入り、豊臣氏は徳川氏を關東に封じた。隨つて上野國は徳川氏の領土とはなつたのである。其後物變り星移り無慮三百年の後は前橋、高崎、沼田、安中、館林、小幡、伊勢崎、七日市、吉井の九藩となり、明治元年六月上野國舊幕の采地を合せて岩鼻縣を置き、同二年十二月吉井藩を廢して其の管地を岩鼻縣に併せ、同四年七月廢藩置縣の結果同年十月岩鼻前橋、高崎、沼田、安中、伊勢崎、小幡、七日市の八縣を廢し群馬縣を置いたのである。尚新田、山田、邑樂の三郡は當時栃木縣に隷屬した。

交通、運輸　國道二線あり。埼玉縣境新町を起點として前橋市に到るを九號線とし、前橋市を起點として長野縣境松井田に抵るを第十號線とす。此路線延長計一六里二四町。府縣道一五七線。此路線延長五九〇里二七町。橋梁一、四〇三を有する。

鐵道は官線では高崎、信越、兩毛、足尾、上越南の五線で計九〇哩四。私設鉄道は東部鉄道會社線三線及上信電氣鉄道會社線、上州鉄道會社線、岩鼻輕便鉄道會社線、草津電氣鐵道會社線の各一線計七線で此哩數計七七哩三を算する。此外電車には高崎より澁川を經て伊香保に抵るもの、前橋より澁川を經て同じく伊香保に抵るもの及び澁川より沼田及び中之條に抵るものあり。乘用自動車八九。同馬車六三を有し、交通甚だ便利である。

郵便、電信、電話は總て東京遞信局の管轄に屬し、前橋の一等郵便局を首めとして九六局所あり。主要地に公設若くは特設電話があり、別に縣の事業として警察電話の架設ありて通信極めて自在である。

警察、衛生　大正十二年末現在の配置機關は、警察署一三同分署八にして其所屬機關は署所在地受持六八。派出所二八駐在所二八一である。而して一所屬機關に對し受持戶數五二一戶。人口二、八九七人で、配置官吏は警視三。警部一七。警部補二六。巡査五九二人で、巡査一人に對し受持戶數は、三一戶に當る。

大正十四年に於ける窃盜被害件數は八〇〇件に達したが、七三六件を檢擧する事が出來た。詐欺犯罪二八三件の中、檢擧二四五。强盜被害一四件の內檢擧一二件の成績である。

大正十二年末現在の消防組數は、二〇八。部數一、一七八火災度數は失火三五七。放火三〇。雷火及不審火四四。計四三一。此內直に消止めたるは、火災度數百中四五である。更に衛生方面に就て見るに傳染病患者も多く、比較的高率の死亡者を出してゐるが、今後は縣衛生協會及び衛生組合等の活動に依つて好成績を擧げ得るであらう。

大正十二年度に於ける赤痢患者一八八の內六六の死亡者を出し、腸チブス患者六八七、死亡一二八。パラチブス患者三二七、死亡三三。ヂフテリア患者四〇三、死亡一一六でコレラ患者はなかつた。而して以上の結果に依れば傳染病患者百人中の死亡者は二一人三四に當る。

醫師は五三八人(醫師一人に對する人口二、〇三八人)齒科醫一二〇人。藥劑師一一八人。產婆四六一人を數へる。

產業　本縣は古來本邦產業國の一に數へられ、生產物の種類及產額の饒多なるは又天下に誇るに足る。而かも主要中の主要物產としては農業、蠶絲業、機織業の三者とする。殊に蠶絲業は農家の副業として、或は獨立の工業として到る處に其の經營を見る事が出來る。又機織業の桐生、伊勢崎、邑樂高崎の各地に於て古來盛大を極め居るが如きは他に殆ど其比を見ざる所である。今、縣下に於ける產業の一班を說明する

(1)農業　本縣最近の農家戶數は、一一三、一四三戶で之を縣下の總戶數二〇五、〇二〇戶に比し五割五分强に當る。耕地總面積は田 三三、二五一町三反步。畑 七七、〇五四町二反步計 一一〇、三〇五町五反步にして、農家一戶は九反七畝步を有する事になるが、年々七、八百町步づゝ耕地整理を施行せしめる方針なるを以て、其面積も增加するは勿論である。而して一ヶ年の普通農業生產物總額は九七、四三五、八八四圓に

上り一農家の平均收入は八六一圓餘に相當する。生産の主なるものは米、麥、大小豆とし大正十三年度の産額は 六〇六、五三七石。價額二四、七七九、二五九圓に達した。左に主なる農産物を表示する。（麥は大正十三年度他は同十二年度調査）

麥	九、一六七、七三六圓
大小豆	一、四八四、〇七一
甘藷	一、五九二、〇四二
馬鈴薯	七四九、七八八
牛蒡	四〇四、四九三
蒟蒻芋	一、六六六、〇八二
青芋	一、四三五、六二七
漬菜	七九三、八九七
生蘿蔔	一、〇九三、三三五
茄子	六一三、四八八

(2)畜産　本縣の畜産は、上古甚だ隆盛を極め恰も馬牛野を蔽ふの概あり。國中數ヶ所に朝廷の御用牧場あり。年次馬牛を獻じ牛酪を貢上せる等盛大の狀況は舊記に明かである。中世此制度廢せられて明治維新に及びしが、當時政府は頻に畜産の興隆を畫策したる結果、漸次勃興の機運に向ひ明治四十三年産牛馬組合聯合會の組織成るに及び一段の活氣を呈した

爾來本縣は縣に專任の技術員を置き、斯業の奬勵指導に當らしむると共に、縣有種畜の無償貸付を行ひ種禽、種卵、種豚の育成配付並各種指導を行はしむる爲め、種畜場を設置し且つ聯合會に補助金を交付する等、各般の奬勵事業を遂行しつゝある。

馬匹飼養の起源は極めて舊く、普く各町村に分布して其數家畜中最上位にあり。而して縣の北西部山地にありては牝馬の飼養多く、隨つて生産に從事する者尠からず。東南方平坦部は牡馬を飼養し育成使役を行ふ者が多い。縣内に飼養する畜牛は大部分乳用種系であつて、役牛の飼養は從來少なかつたが、農業勞力の補給を目的として近時飼養を試みる者漸く増加するに至つた。

緬羊、山羊は特記するに足らざるも、豚に至つては飼養管理頗る簡易なると、資本を要することが少ない爲めに、各地に盛に飼養せられ其數に於て増加を見つゝあるも、尚品種に改良すべき餘地が多い。養鷄は愛玩的、或は種禽的に進歩し種類に於て稍見るべきものあり。飼養亦少なからざるも縣の地理上新鮮なる飼料魚肉を得ること困難なると、温泉地に來

集する浴客多く且つ養蠶期中農家の需用多き爲め、卵肉の消費盛にして縣外より年貳拾萬圓以上の供給を仰ぐの狀況にある。以上本縣の畜産總額は三、三九四、九三三圓に達する。

(3)林業　本縣の森林原野面積は 四〇九、二七六町歩にして内御料林野 一三、四〇六町八。國有同 二〇〇、一五六町三。民有同 一九五、七一二町九にして、縣土地總面積の約七割五分に當り、大正十二年度に於ける林産總額一〇、六〇〇、一七〇圓に達して本邦屈指の森林國である。民有林野(一九五、七一二町九)の大部分は私有林野(一七三、四〇六町一)で公民社寺有林野は僅々一割五分に足らず。而して此民有林野は主として水源地方山嶽の中腹以下下流平坦部に亘り、一部原生林を除くの外は、薪炭材たる楢、櫟、槲等の濶葉樹より成る天然又は人口林其の大部分を占め杉、扁柏、松等の針葉樹林其間に造成せらる。

國有林野は主として水源地方の中腹以上に位し、高山峻嶺の地に未だ斧斤を加へぬ大森林多く白檜、樅、栂などの針葉樹と楢、楓、栃、欅等の濶葉樹と共に無限に藏せられ、伐採せられし跡地には造林着々として進捗してゐる。

御料林野は主として赤城、榛名、子持の諸山を占むる無立木地で、其過半は植樹、放牧、開墾の目的を以て民間に貸付けられゐる。

抑々本縣の歴史を案ずるに、舊藩時代に於ては領主の更迭頻々たる爲め目前の收斂を事とし、功を永遠にいたすべき林業の如きに励む者尠く、山地荒廢して水害の大に縣民久敷苦しみたりしが、輓近是等に留意する所あり林業の經營著しく進歩し、大正十二年度の新植林面積は、御料三六六町一。國有一、二六四町二。民有 一、二八三町二。外に竹林一一町五を示すに至つた。又同年度補植面積は合計 五、二六四町六である。

森林の經營的利用は薪炭の料に資するを最とし、一ヶ年三九〇、六五一棚を伐採し、其の大部分は民有林より生産せられ、用材は 四九五、〇二三石。三、〇一八、一二三圓に及ぶ薪炭の用途は主として縣民の家庭用及工業用燃料で、木炭は養蠶業上殊に多量消費せられ、其産額一千一百萬貫の內四百萬貫內外は東京其他隣縣に移出せられ、他は全部管內に於て消費せらるる狀況にある。用材は一般建築、土工用材として利用せらるるの外、近年醋酸石灰製造の爲め木材乾餾工業に、又パルプの原料として製造工業に、新に販路を開拓するに至つた。隨つて從來經濟上利用せられざりし水源地方天然林の一部は漸時開發さるるの機運に向ひて、近年著しく發展し、大正元年に於て二百二十万圓內外なりし林產物は、大正八年に至り一躍八百二十萬圓を突破し、同十二年に於て實に壹千萬圓に達するに至つた。今後既定計畫たる上越鐵道の完成と道路改修の計畫完全するに至らば、縣下北西部地方に於ける無限の大森林は容易に開拓せられ、本縣の林業界に一段の活況を添へる事であらう。尙現在縣の主なる施設事業は模範林經營、樹苗圃經營、公有林野整理統一、同造林獎勵、樹苗養成獎勵、竹林造成改良獎勵、木炭改良獎勵、保安林の調査設定、開墾禁止制限地の設定、荒廢地復舊補助事業等である。

(4)水產　本縣は利根川を始めとし片品、烏、碓氷、鏑、其他河川多く從つて漁獲物も亦尠からず。大正十二年の水產總額四〇〇、五三二圓に達し、逐年增加の傾向にある。

漁船數四四〇。此從業者二、六六八人を數へる。漁獲物は鰡、鮭、鱒、鮎、鯉、鰻、鮒等で、就中利根川の鮎は其の名高く、京濱人士の歡迎する所となり、殊に漁期に至りては遠近より清遊を試みる者が多い。此等諸川の流域には魚族の養殖に適せる地尠からず。縣は之が獎勵に努めた結果、區劃漁業を行ふ者出づるに至り其成績良好である。一面湖沼、溜池に於ける養殖に關しては優良種魚、種卵の無償配付をしてゐる。特に碓氷郡豊岡村の養鯉は近時異常の發達を遂げ、年々他府縣に搬出供給する所多額に上り、保健的食料として大に好評を博してゐる。

(5)鑛業　本縣產出の鑛物は種類極めて多く其分布區域も利根、吾妻、多野、北甘樂、勢多、群馬、碓氷の各郡に亘つて頗る廣大であるが、貧鑛多く事業經營に堪ゆるもの少く隨つて發達することが出來なかつたが、時局の影響に依り一時に勃興し出願件數增加して大資本家の投資經營する者あり。其の產額の如きも大正五年に五一、〇〇〇圓餘に過ぎざりもの同八年に至りて七八七、〇〇〇圓餘に增加し、同十二年に一、〇六六、九六三圓に達してゐる。大正十二年末現在の試掘個所は六九ヶ所。其の面積三一、七六五、二〇六坪である。左に鑛產物の主なる物を示す。

石炭及亞炭	八五・六六五圓
金屬鑛及其他	七一・一七三
花崗岩	四五〇・二〇一
砂利	一二五・三四七

安　山　岩　　九七、八八五

(6)蠶絲業　本縣養蠶の起源は可成遠く古史に和銅六年上野國より絁を朝貢すとあるに徵するも其以前既に發達の緒に就いてゐた事が判る。又蠶種は往昔は各自に製造したものゝ如く、元祿五年上野、信濃外五ヶ國の商人互に規約を結びたること舊記にあるを見れば、其以前より盛に製造販賣せられた事と察する。横濱港一度解放せられ、貿易品として歡迎せらるゝや、本縣の當業者は機先を制し、幾多の變遷波瀾を經て名を海外になすに至つた。尙始めて蠶病檢鏡の行はれたるは明治十九年で、次で縣は檢査施行手續を定めて檢査所を置き明治四十四年蠶絲業法發布せらるゝや、同法に基き地方種繭審査會を設置し、次で大正二年原蠶種製造所を設立して、時代の要求に應ずる備へをなした。製絲業も和銅以前に創まつてゐたが、其の完全なる製法と勃興とは、横濱開港以後の事である。

明治三年速水堅曹、外人を聘して前橋に機械製絲を創め前橋製絲場と稱した。是れ即ち本邦器械製絲の濫觴で、此歲政府が富岡模範製絲工場を創立し、外人指導の下に佛國式器械運轉を開始し、汎く絲製術を傳習せしめたるを本邦に於ける斯業發達の基礎とする。爾來幾多の改良施設と、同業組合の發展と相俟つて、本縣主要物產たる製絲の地位を確保しつつある。

大正十三度年に於ける縣下の養蠶實戶數は 七九、二四〇。其掃立枚數合計一、四三五、六五四枚。總收繭高五、四一五、五五九貫。三六、八八四、五二二圓に達し、一戶に對する收繭額は六八貫四五七に相當する。

大正十二年度に於ける蠶種數（原蠶種、普通蠶種共）は四〇、四三八、九四九蛾。二、六五〇、八一三圓の巨額である。

斯く蠶種製造業の盛大を致したるは、本縣は大體に於て大河巨川の流域に屬し最も廣大なる沖積層を形成せるを以て、處として栽桑に適せざるはないからである。

大正十三年六月現在の桑園面積は 三六、七〇二町九にして縣下に於ける畑の總面積に對し、優に四割七分に當り、養蠶戶數一戶に付四反六畝步に相當する。尙縣下の生絲產額は左の如し。

製絲戶數 一八、二一〇戶。繰絲釜數 五二、二六七釜。數量五二〇、七五九貫（器械絲三七五、八七九貫。座繰絲一〇、一一四貫。玉絲 一二四、七六六貫） 總價額五八、一八六、三〇一圓

（器械絲四八、五二二、七四一圓。座繰絲二、〇三六、二二四圓。玉絲七、六二七、三三六圓）

玉絲は明治初年以來農家の副業として多少の產額ありしが伊勢崎、秩父其他地方織物の發達するに隨ひ、著しく其需用增加し、今や至る處に製造せられ、就中前橋市及勢多、群馬碓氷の各郡最も盛況を極め漸次家庭工業の域を脱して、工場組織の經營に移りつゝある。

(7)工業　本縣於ける工產物は其種類多く、一ヶ年の總產額一七二、七八九、三六〇圓に達し、此內生絲丈けで 五九、二三三、六二六圓。織物丈けでは 六八、四六六、二〇九圓に及んである。工場總數 一、〇九八。此職工 四七、六九四人。重要なる物產は生絲、織物（綿織、絹織、絹綿交織、麻、毛織）、酒類、味噌、醬油、木製品等である。

本縣に於て織物の最も盛なる地は桐生である。德川幕府創建當時に於て既に發達の因をなし、元文年間に至り京都西陣の工人を聘して、其技を傳へて一新紀元を劃し、橫濱開港を以て殷盛を極めた。桐生に亞いで機織業の盛なる地は、伊勢崎である。文政年間附近村落の農民が農業の旁ら僅に粗絲を原料とし、手工の染色を加へて製織したのが伊勢崎織物の起原である。爾來改良の結果、伊勢崎太織の名頓に揚がるに至つた。

高崎の生絹太織は近時染色加工の改良行はれ、優良なる色絹を生產するに至つた。又邑樂織物は元邑樂郡中野村の特產であつたが、漸次其地區擴大して、邑樂郡一圓より生產するに至り、新に市場を館林町に開いて販賣をなすに至つた。

(8)商業及金融　一般生產業の發達と共に、商業も亦遂次進步の狀況に在り。其重要機關たる銀行は、大正十二年末に於て二九行。拂込資本金一一、八一七、五〇〇圓あり。其他の各會社を合すれば社數五七三。資本金總額九六、四一七、四二〇圓で、又公益を目的とする團體に、前橋商業會議所、高崎商業會議所がある。

教育　（一）學齡兒童就學出席ノ成績ヲ良好ナラシムベシ。（二）小學校基本財產ノ增殖ヲ計ルベシ。（三）內容ノ充實ヲ期スベシ。（四）小學校ヲ以テ敎化ノ中心タラシムベシ。

以上は本縣敎育の四大方針である。是に關し縣は夫々適切なる施設をなし、又は青年處女の敎化指導に努むると共に、圖書館巡回文庫等の設置利用等にも力を致して、民風の善導を圖り、實業補習學校の設置及內容の改善に關しては、常に督勵を加へてゐる。中等學校に就ては益々其內容の改善に努力し敎員講習會を開催し又は專門家に囑託して其の視察指導に俟つなど逐年良好の情勢を示し、其他英才にして資力乏しく高等敎育を受くる能はざる者に對しては學資を給與してゐる。

縣下小學校數は本校二七五、分敎場九八、學級數三、二四九、敎員數三、七四四で本科正敎員一人當り最高月俸男一八〇圓、女七八圓、同最寡男十二圓、女一一圓、平均男六五圓〇九九、女四七圓三七六である。

又就學步合は男女共九九・六一で其前年度大正十一年度の九九・五七、同十年度九九・五六に比すれば漸次良好に向ひつゝある事が判る。今左に縣下各學校其他の概況を示す。

	校數	學級	敎員	生徒
師範學校	一	九	二三	二七八
女子師範學校	一	六	一三	二一八
縣立中學校	九	八七	一七二	三、七九九
縣立高女校	九	六三	一二一	二、八三八
町立高女校	二	九	二三	四三七
縣立實科高女校	一	三	七	一二五
縣立實業學校(甲種)	七	三四	九二	一、三九一
私立同(同)	一	六	一〇	一二五
市立同(同)	二	六	一九	三七二
縣立同(乙種)	一	三	八	一三〇
町立同(同)	二	五	一五	二〇八
實業補習學校	二四四	九四六	二、〇一八	三〇、四七四
其他ノ各種學校	三三	一〇〇	一五二	四、五七八
幼稚園	六			
圖書館	一三六	藏書數	一八五、〇六四冊	

兵事　壯丁の數は年々多きを加へ敎育程度に於ても漸次向上しつゝある。大正八年の徵兵受檢者九、四四二人が同十年には一〇、五五五人となり更らに十二年には一〇、七八〇人となつてゐる。受檢者百人中尋常小學校を卒業せざる者一四人六二、同卒業者三八人六、高等小學校同三八人三三、中等敎育を受けたる者八人四五で、受檢者中無學者は大正八年の三二人が十一年には一九人に減じ十二年には更に一八人に減じてゐる。

赤十字社員は九三、六五八人、愛國婦人會員二二、一九一人を有する。

社會事業　本縣下社會事業機關の聯絡及發達を圖り適切なる事業の遂行を目的とするものに群馬縣社會事業協會がある。明治四十一年の創立に係り縣廳內に事務所を置いて現群馬縣知事牛塚虎太郎氏が會長である。委員制のものに伊勢崎町方面委員がある。これは町民生活の改善向上を計り救濟の必要ある者を救濟助成し併せて社會的施設の調査研究を爲すものとある。左に各種の社會事業機關を列擧す。

軍事救護……軍事救護、軍人援護資金、軍人後援會群馬支部。

罹災救助……群馬縣罹災救助基金。

職業紹介……前橋市職業紹介所、高崎市職業紹介所、桐生市積善會職業紹介所、伊勢崎町職業紹介所。

授産所……桐生市授産所、伊勢崎町共立授産所。

宿泊保護……無料宿泊所（桐生積善會）無料宿泊所大月商店（桐生市）伊勢崎町積善會。

住宅供給……前橋市營住宅、有限責任前橋住宅組合、有限責任丸之內住宅組合、同厩橋住宅組合、同前橋文化住宅組合、同厩橋文化住宅組合。高崎市營住宅、高崎住宅組合、高陽住宅組合、甲子住宅組合、更始住宅組合、桐生文化住宅組合、桐生高等工業學校職員住宅組合、伊勢崎住宅組合、館林町住宅組合。

公設市場……前橋市公設市場、勢多郡園藝組合共同販賣部

公設浴場……前橋市公設浴場。

地方改善……社會事業獎勵費、箕輪町向上會、覺醒會、多野郡南部聯合覺醒會、八幡村融和會、豐國村融和會、里見村向上會、中ノ條親善會。

社會敎化……（一）釋放者保護　財團法人群馬縣佛敎聯合保護會、前橋各宗協會、桐生各宗協會、勢多郡各宗協會、大胡積善會、群馬郡佛敎協和會、多野郡各宗協會、碓氷郡各宗協會、高崎各宗協會、其他一五團體。

（二）禁酒宣傳　前橋禁酒會、婦人矯風會高崎支部、伊勢崎町禁酒會、北甘禁酒會。

（三）修養會　前橋修養會、前橋婦人會、高崎修養會、澁川修養會、雙林寺御敎會、下野尻婦人會、外二。

窮民救助……前橋養老院、群馬縣救濟費、群馬縣慈惠救濟資金、群馬縣賑恤資金、館林佛敎積善會。

醫療的保護……（一）病院　前橋積善會病院、濟生會委託病舍、聖バルナバ病院。

(二)委託診療事業　赤十字委託診療。

(三)診療所　前橋市醫師會衛生相談所、前橋市積善會の割引診療券發行部、桐生市醫師會實費診療所、共立實費診療所。

兒童保護……(一)幼兒保護。委託產婆(愛國婦人會群馬支部)幼兒保育所、高崎幼兒院、明照保育院、安中保育園。

(二)就學兒童保護、財團法人上毛孤兒院、高崎育兒院、樹德子守學校、妙華兒童遊園、妙華少年相談所。

(三)特殊兒童保護　群馬學院、前橋盲學校、高崎鍼按學校、高崎聾啞學校、桐生訓育院。

○財政　大正十二年度縣歳出決算額は五、三一九、一六三圓にして、人口一人當四圓八五一、縣歳入は七、五九九、六八一圓一二六である。左表の如し。

縣歳入　(大正十二年度決算)

地租割	一、五一六、〇七七・一五〇圓
營業税	一七五、一三〇・七〇〇
雜種税	一、二三六、一四六・八一〇
營業税附加税	四四〇、五五四・八七〇
賣藥營業税附加税	八七・九八〇
鑛業税附加税	六一五・五六〇
所得税附加税	一〇四、九七九・五四〇
戶數割	九七四、四四一・〇九〇
家屋税	一一六、一二一・三二〇
財產收入	一六、八一三・六九〇
國庫下渡金	一一五、九三六・五七〇
雜收入	四五九、三八五・六八〇
臨事部	二、四四三、三八九・一六六
合計	七、五九九、六八一・一二六

縣歳出　(大正十二年度決算)

警察費	六八一、一八〇・八一〇圓
警察廳舍修繕費	一二、七五九・一二〇
土木費	五一四、七一九・五六〇
縣會議諸費	三一、一九六・一三〇
衛生及病院費	三二、三二九・三五〇
教育費	九五二、九九三・三三〇
郡廳舍修繕費	二、八一二・三二〇
郡役所費	一六八、三〇〇・四一〇
教育費	一、一六六・八二〇

諸達書諸費	二、八三二、七六〇
勸業費	五一四、八四八、六二〇
縣稅取扱費	一二七、六八七、九六〇
縣廳舍修繕費	三、八七五、四四〇
衆議院議員選擧費	七八、六一〇
財產費	一八、一五八、九〇〇
縣吏員費	二〇、九一五、九一〇
縣會議員選擧費	四、五五六、八六〇
行政執行費	五、〇〇〇
統計費	四、二二五、五五〇
神社費	二、六〇九、八一〇
地方改良費	六九四、九七〇
社會事業費	五、一〇三、九七〇
收用審查會費	五、〇〇〇
恩給費	一三、二〇六、三七〇
市町村吏員懲戒審查會費	五、〇〇〇
史蹟名勝天然紀念物調查保存費	七一四、六八〇
補償鑑定費	五、〇〇〇
臨時部全部	二、二〇二、一九四、九九〇
合計	五、三一九、一六三、二五〇

前橋市『汝に關東の華を與ふ』とは慶長の昔、徳川家康が其寵臣酒井重忠に厩橋移封を命じた時の言葉である。厩橋とは今の前橋の事で古來既に樞要の地であつた事が判る。卽ち本市は群馬縣の中央より稍南に位し關東平野の盡頭に在りて、上野三山として有名なる赤城、榛名の連峰西北を劃し、恰も緩く市の障壁を爲す如くであり、利根の巨流滔々乎として其の西崖を洗ふ處である。其廣袤東西一里六町、南北一里十四町にして面積零方里七七を有する。地勢は概ね平坦なるも稍、南高、北低の緩傾斜を爲し海拔一〇七メートルあり。大利根の流水急にして舟揖を行るに便ならずとするも筏を流すべく、支流廣瀨、桃木の二大用水は幾多の細流を市中に分布して水利の便あり。縣下四万キロワットを算する此の水力電氣は工業の發達を促し、隣郡の地味肥沃にして農業に適すると相俟つて當市の生糸製造業も早く既に盛んである。横濱開港當時に於ても前橋生糸の名聲を博して居り價格も亦他を凌駕した。斯くて駸々たる市勢の發達は明治二十五年市制施行以來三十年にして早くも戸口倍加の膨脹を示し現在戸數一三、三五八。人口七三、〇〇五。一戸平均五人四七の稠密度

を示し、桑田麥隴の域今や甍瓦櫛比の市街と化し黒煙天に沖する大工業地となり縣下第一の都會である。縣廳及前橋地方裁判所其他主要官公署の所在地として一縣政治の中心であり更に實業の中樞として商工業殷賑を極め就中繭絲の取引、製絲業に至つては本邦屈指の都會である。

本市は元厩橋と稱し德川氏に至り酒井氏を經て松平氏十七萬石の城下である。明治二年藩制を施行せられて前橋藩と改め同四年七月廢藩置縣に依り前橋縣となり尋で十月群馬縣となり同六年群馬縣廢せられて熊谷縣の治下となり同九年再び群馬縣となり縣廳を舊城内に置かれた。明治二十二年市町村制施行に際し前橋町となり同二十五年四月を以て市制施行地となつたのである。交通は頗る便利にして國道は東西に一線府縣道十三線あり市道は四方に延び而も本市の道路は往昔攻防の戰略上に布設せられたるもの之が基礎を爲して道路の屈折甚だ多きも今や道路整理の議漸く熟して五大道路の開鑿、貨物道路の布設等着々として進捗してゐる。

鐵道は上越南線両毛線と社線二道あり有名なる温泉場草津、四萬及伊香保等の浴客は此處より電氣鐵道によりて北行するを最も便利とし、更に近々上越鐵道の北越及長岡市と連

絡するに至らば本市は三方面に停留場を有するの優勢を來し商工業の進歩更に一段の光彩を添ゆるに至るであらう。

本市立の小學校は尋常校三、併置校一にして縣立學校は男女両師範學校を初め中學校、女學校あり殊に市立商業學校は其名著はる。

社會事業としては群馬學園、財團法人上毛孤兒院、前橋養老園、前橋積善會、日本赤十字社、愛國婦人會、群馬縣佛教聯合保護會、公設市場、職業紹介所、公設浴場、市營住宅等がある。

市の重なる物産は絹織物、絹綿交織物、木製品、麵類、眞綿、晒及染物、米、麥等。

高崎市 前橋市の西南に當り古へは赤阪の庄と呼び大河内氏八萬石の城市で前橋に次ぐ大都會である。信越線と両毛線と相交錯する要扼にして商業の盛なる都市で、其廣袤東西二四町、南北一里一町にして面積零方里三一、世帶數八、二四〇、人口三八、三〇〇を有し一世帶に付四人六五の密度を示してゐる。

市立小學校は尋常校三、併置校一にして外に市立幼稚園、同商工補習學校、縣立中學校、高女校、商業學校がある。國

道一線、府縣道九線、市道は二五、八一〇間餘の延長を有する。鐵道は高崎信越、兩毛の三官線と社線として上信電氣鐵道、東京電燈線を擧げる。

物産は絹織物、小麥粉、生絲、染色加工、鉄器類、ポール紙等であるが就中絹織物は品質、産額等の點に於ても一頭地を抽いてゐる。高崎の生絹太織は主として群馬、多野、碓氷、北甘樂各郡より生産せられ天保年間に於て既に江戸の大丸、三井、白木屋及名古屋の伊藤等を始め代買人を遣はし買入れをなした樣である。爾來幾多の改良進歩を見、近時染色加工の改良漸く行はれ優良なる色絹を生産するに至つた。

桐生市 本縣に於て織物の最も盛なる地を桐生とする、古より其生産を以て内外に聞え、關東に於ける西陣の稱があり、年産額實に三〇、八二三、一九一圓を突破するの盛況にある。

本市は昔、荒戸村又は荒處と稱し後桐生町と改稱し爾來産業に商業に異常なる發展を來し大正十年三月市制を布くに至つたもので上野國の極東に位する都會である。廣袤東西三〇町、南北一里一〇町、面積零方里七八を抱括し、戸數六、九七五、人口三八、九五七を有する。教育に方面於ては桐生高等工業學校、桐生中學校、同高等女學校及桐生幼稚園、私立産婆看護婦學校、同桐生樹德裁縫女學校がある。小學校四校、八七學級、教員九八名で學齡兒童六、五九八人、就學歩合は男九九・七〇、女九九・七八平均九九・七四を示してゐる。

道路は四通八達と謂ひ得、鐵道は西前橋、高崎方面、東足利、小山方面を經て上野に至る兩毛線桐生驛があり、別に太田館林を經て淺草に至る東武線新桐生驛あり。又大間々足尾方面に桐生驛より發する足尾線がありて交通至便である。

本市の物産は前述の如く織物を第一位に擧げ米の一六七、六四八圓之に亞ぎ小麥一九、一二〇圓、大麥一七、五二三圓繭一一、七〇五圓の順序である。今織物の各種別を表示して見ると

絹織物	一、一三六、五一〇點	二〇、三四六、六九六圓
絹綿交織物	一、三〇七、九三七	五、二七八、四二三
綿織物	一一五、一三八	三、九三〇、五六二
毛織物	四三、八六四	一、二六七、五一〇
計	二、六〇三、四四九	三〇、八二三、一九一

となる。之を以て見れば桐生は織物の桐生であるとの一言で盡きる。

群馬郡　本郡は縣の稍々、中央部に位し高崎市を抱擁して其面積三一方里一六、七町三〇ヶ村を有し面積に於て縣下第六位に居り人口、一四九、五〇〇を算して第五位に居る。一世帯に付人口五人五六で稠密度は一方里に付四、七九八人である。

地勢西北榛名山脈の餘波を受けて東南に傾斜し爲に西北は山林原野多く、中部より東南に亘り平坦にして農耕に適する。二三の町村を除くの外、郡民の多くは農業を營み、山岳に接近せる地方にありては林業、牧畜を業とするもの多く、平坦部に於ては田畑の耕作、養蠶に從事するものが大部分を占めてゐる。

小學校四二、學級數尋常校四二九、高等校八二で敎員總數五六八名、就學步合は平均九九・七二を示し一進一退の狀況にある。

鐵道は高崎、両毛、上越南の三官線あり殊に將來上越南線の延長に依り新潟縣に貫通の曉に於ては大いに刮目すべきものがある。社線は高崎を起點とし北甘樂郡下仁田に達する上信電氣鐵道及岩鼻輕便鐵道、澁川、前橋間及澁川、高崎間、伊香保温泉行の東京電燈會社線、澁川、中之條間の吾妻軌道線がある。郡役所を高崎市に置く。本郡の主要物産は米、麥、蠶種、繭、大小豆、靑芋、甘藷、馬鈴薯、木製品、養蠶具等であるが中就繭は其尤なるもので年產額一、一六一、六一七貫、八、〇〇二、六五二圓を計上する。

澁川町は人口九、〇一七、越後街道の要衝に當り、伊香保及吾妻温泉は此地より至るを以て市街頗る繁昌してゐる。

伊香保町は榛名山の中腹に在り海拔二、六〇〇尺一帶の火山岩より成り盛暑尙華氏寒暖計八五度を超ゆることなく、温泉の偉功は地質の高燥と氣候の適應と相俟って我邦無比の避暑地として夙に其名を知られ人口二、三二五を算するに至つた。物聞山の麓に宮內省御用邸あり、大正九年浴舘の大半、烏有に歸したるも今や復舊の工竣り待客の準備に遺憾なきに至つた。附近に伊香保温泉神社、湯元、湯の澤、上の山、黃金の瀧、猿澤、地藏河原等其の他勝地多し。又室田町に榛名山あり上毛三山の一にして温秀を以て名著はる。尙本郡民の氣風は概して淳朴なりしも最近數年間に一般思想界の變調に伴ひ本郡も亦其潮流に襲はれて民心惡化の傾向がある、近年種々社會的問題勃發するは最も憂ふべき現象である。

多野郡　本郡には極めて有名なる日本三碑の一、多胡の碑がある。郡の廣袤東西一一里一七町、南北八里二八町、面積三四方里五七を有し四町一四ヶ村を管轄する。戸數一三、四五六、人口八四、二四二。

地勢郡の大部分は山岳部に屬し僅かに東端部のみが平坦である、從つて水田少く、郡民の生業は畑山林、原野に依るものが多く、農産物三、二六六、九八三圓に對し二、一二九、六一三圓の林野産物と八八、五九八圓の鑛産物を出してゐる。今大正十二年度の主なる生産額を左に示す。

米	八八七、二九一圓	繭	四、八九〇、三一三圓
麥	六二九、八九七	用材	六〇四、九七六
甘藷	二六〇、一八六	木炭	一、一四四、七六〇
馬鈴薯	一三五、四九二	絹糸紡績	九九九、七八七
蒟蒻芋	一九〇、八四〇	織物	一九〇、四一二
花百合	三五二、九一〇		

小學校三〇、實業補習學校二〇、教員二七一人、此の平均月俸本科正教員男六一圓八四、女四六圓八二である。交通狀態は國道一線、縣道二三線で鐵道は高崎線及上信電氣鐵道が郡の東端を走つて居るに過ぎぬが、自動車、馬車の數多くして交通運輸を助けてゐる。

藤岡町は舊松平氏の城下で人口九、〇五六、郡の首都である。吉井町の多胡碑は今を去ること一千二百年、元明帝の和銅四年の建設に係り多賀城碑、那須國造碑と合せて日本三碑として將た上野三碑（本郡內金井澤碑、山ノ上碑）の一として著名な有文古碑である。高さ四尺餘、厚幅各々二尺弱にして頂上に方三尺許りの覆石あり、白河樂翁の集古十種に之を收め、清人の編選せる楷法遡源にも亦之を載せて古體楷書の模範とされ歷史家並に考古家の研究資料に供せられ採尋する者頗る多い。

碓氷郡　本郡は縣の西部に位し南は北甘樂郡北は吾妻郡に接し西は碓氷峠を以て長野縣北佐久郡と境す。其地勢は一般に西方より東部に亙つて緩傾斜をなし中仙道が郡の背梁となつて四囲は殆ど山岳又は丘陵に抱擁せられ、僅に東端の一部が開けて居る計り、所謂碓氷盆地を形成してゐて東西八里六町、南北五里二八町、面積二五方里六を有し六町一二ヶ村に區劃する。而して戸數一一、五九〇戸、人口七一、五四一人、一戸平均人口六人一七の密度を示してゐる。

小學校數は本校二一、分教場九を有し就學歩合は逐年良好に向ひつゝあり。大正元年の就學歩合九九・三二が同十二年には九九・六八に進み更らに十三年には九九・七〇に進んでゐる。尚郡內の公私立圖書館は凡て一五あり此の藏書數は三、六一一冊に達する。

交通としては僅かに信越線が郡の南端を貫通してゐるのみであるが國道一線、府縣道一七線ありて馬車、自動車の便を藉りる事が出來る。

本郡の主要物産は米、繭、麥、青芋、生蒟蘿、甘藷、梨、及林産物、鑛産物等であるが本郡の五大物産たる米、麥、繭、生絲及織物の生産額は大正十二年に於て九、三六九、一八八圓を計上してゐる。

安中町は坂倉氏三萬石の舊城下で人口七、七五四を有し郡の首都である。原市町人口四、八六九此處に養蠶界に名高い碓氷社あり。碓氷峠は關東平野と信濃高原との要衝に當る峻嶺にして、日本武尊の古事は世人の知る所、又紅葉を以て聞え、鐵道信越線の二十六の隧道を以て通ずる事に於ても名高い。

北甘樂郡　本郡は縣の西南に位し東南は群馬、多野の二郡に接し北は碓氷郡に隣り西方は高峻なる山岳を以て長野縣南、北佐久郡に界す。東西九里二三町、南北五里一五町、面積三二方里七六に及び五町一八ヶ村を有する。世帶數一五、四四〇、人口八三、四〇〇を算し一方里に付二、五四六人で密度市部を除き縣下第八位に居る。

妙義山は郡の西北に在り碓氷郡界に亘る峯巒の總稱で頗る峻嶮を極めてゐる從つて本郡の地勢は大部分は山岳地であるが中央、鏑川流域より東部に亘りて平坦にして且つ土壤豊饒である。

交通としては高崎市を起點とし本郡下仁田に至る上信電氣鐵道が郡の中央部を貫通してゐる計りであるから交通至便とは謂ひ得ないがこれを補ふに馬車、自動車の便がある。

小學校數は本校二五、分敎場一〇で、敎員二八八、兒童就學步合は稍良好の成績を示してゐる即ち大正八年度に於て九九・四五が同十年に九九・四〇に下つて同十二年には九九・五六の率となつた。

郡民の生業は農業である。重要物産として、米（九八一、六三九圓）、麥（六一六、三二三圓）、繭（二、七七〇、一五八圓）、生絲（三、八二八、五四二圓）、織物（七六〇、六一四圓）、蒟蒻芋（七三〇、四八七圓）を擧げる。

富岡町は人口一一、〇七六、郡の首都で甘樂社あり。妙義山は碓氷郡に跨り山頂白雲、金洞、金鷄の三峯に別れ上毛三山の一にして奇峭秀拔を以て世に聞ゆるもの、妙義神社は日本武尊を祭神とする。其山腹に妙義町あり人口二、七八〇を有し夏時避暑に適する。

新田郡　縣の東南に位し、織物の都會桐生市の西南に當る、南は利根の流れを挾んで埼玉縣大里郡に對し、西は本縣佐波郡に接す、其廣袤東西三里二〇町、南北五里一八町にして面積一〇方里七六を有し四町九ヶ村に區劃する。戸口は世帶數一二、四六〇、人口六九、二〇〇にして一町村平均六・四三一で一方里に付六、四三一人、其密度市部を除き縣下第三位に居る。

小學校は本校一三、分敎場三を有し此學級數二〇一、學齡兒童數一三、四六七、一世帶に付一・〇八の學齡兒童を有することになり就學步合は九九・六一で縣下中位にあり又敎員は二三二人である。

鐵道は郡の北部を貫通する両毛線と南部と東部とを走る東武鐵道會社線二線があり交通至便である。

主要物産は米、麥、繭、織物等であるが左に其産額を示す。（産額十萬圓以上のもの）

米	二、九四三、七四五圓
麥	八八八、五六四
繭	三、七三七、一八六
蠶絲類及眞綿	一、〇五八、〇四四
織物	一、一二七、九八二
食用農産物	二二九、〇四七
蔬菜及花卉	五四一、一三五
鳥卵	一〇八、六三九
石材	一二七、五一八

太田町は元弘の昔新田義貞の此地より起り王事に盡せしを以て同氏に關する舊蹟頗る多い、今人口五、八〇〇餘郡役所所在地である。町の大光院は金山の西南麓に位し義重山新田寺と稱し又俗に太田呑龍とも謂ふ、淨土宗鎭西派の巨刹にして新田義重の開基に係る、後二百七十年間空しく礎を留むるに過ぎざりしが徳川家康の源家を復興するや始祖の遺蹤を探尋して冥福を祈らむとし慶長十八年此地を相して伽藍を建て呑龍上人を延いて開山としたものである。毎年四月八日と八月八日の開山忌前後には所謂子育呑龍の信徒四方より雲集し日に數萬の多きを算する。附近に金山城址、新田神社（祭神

新田義貞）高山神社（祭神高山彦九郎正之）がある。

山田郡 本郡は縣の東部に位し桐生市を抱擁して南北に長く東西に狹い。西は勢多、新田、邑樂郡に接し東は栃木縣安蘇郡及足利郡と界す。地勢多郡に接する地方は山岳部にして東南に向ふに從つて平坦となり鐵路は両毛線郡の中央部を横貫し、足尾線は桐生市を起點として栃木縣に入り他に東武線一は伊勢崎より郡の南部を縫ふて栃木縣に入り一は桐生市より新田郡太田町に達する。又縣道一六線あり。面積は一〇方里六五、世帯數一〇、〇八〇、人口五五、五〇〇、一方里に付人口五、二一一人、市部を除き縣下第四位の密度を有する、一町一〇ヶ村である。

小學校一四。一六八學級、學齡兒童九、一三八、就學步合は平均九九・七三を示して居り教員數は二〇四名である。

本郡の重要物產として

米	一、四四三、七三八四
麥	四四一、二五九
雜穀及蔬菜類	四〇三、六三三
繭	一、三九八、九七八
生絲	四四四、五三三
林產物	四九五、二六〇
絹織物	二、三〇九、二三八
絹綿織物	五、〇八六、一六七
綿織物	三五六、五五二等を擧げる。

大間々町は渡良瀬川の南に在りて人口七、一四一、足尾街道の要地にして又繭絲の市場である。附近の谿谷は晩秋紅葉を賞すべく又其西に高津の溪流あり奇勝を以て著はる。尚郡役所は桐生市にあり。

邑樂郡 本縣の地勢は恰も鶴の舞ふが如くである。本郡は其の頸に當る所にして即ち縣の東南端にあり東西に長く南北に狹し、西は山田、新田両郡に接し南は利根の長江を距てゝ埼玉縣に界し北東は渡良瀬、矢場の両川を以て武藏、下野の間に突出し山嶽一起なく如上の流域に耕野開け、而して東北部は濕地壚埴にして米、麥、雜穀、蔬菜の類に適す。

本郡は古來上野國に所屬し中古は佐貫莊と稱した。明治四年七月舘林縣を置いて郡一圓を統べ同年十一月栃木縣の管轄に屬し九年八月群馬縣となり、十一年十二月邑樂郡役所を舘林町に置き爾來一統治の下に配した。今面積一一方里九五を有し、二町二〇ヶ村を管轄する。

小學校二二。二七一學級にして學齡兒童は一五、六九六、敎員三一六、就學步合は平均九九・六八を示す。尙中學校一高女校一、農業學校一がある。

交通は縣道二一線の三五里、鐵道は郡の中央舘林を中心として十字形をなす。卽ち東武線一は伊勢崎より太田、舘林を經て淺草方面に至り一は舘林より佐野に至るものと反對に舘林より小泉町に至る上州鐵道がある。

舘林町は元秋元氏の城下で今人口一四、六三五あり郡治の中心地である。

本郡の物產額は食用農產物四、五三四、一〇〇圓、園藝農產物七四一、三二一圓、繭一、五三三、〇二〇圓、各種織物一二、七七二、七四〇圓等が其重なるもので、就中邑樂織物は古來有名である。

勢多郡 本郡は群馬郡と共に縣の稍中央部に位置し北は利根、南は山田、佐波西郡に接し、東は栃木縣上都賀郡に、西は前橋市及群馬郡に隣す。東西一〇里二三町、南北八里三四町、面積四二方里六二を有し一町一六ヶ村を管轄する。而して世帶數二〇、二四〇、人口一一九、六〇〇で一世帶に付人口五八九一、一方里に付二、八〇六人の密度で縣下第六位である。地勢北部は山岳重疊し上毛三山の一たる赤城山此處に雄姿を現はして峻嶺なるも南方に至るに從つて土地次第に拓け耕地多し、故に交通は郡の三面に便利にして北部山岳部は不便の地が多い。卽ち高崎を起點とする両毛線は郡の南端を走り、足尾線東部を、上越南線西部に通じ更らに之と併行して澁川方面行の電車がある。

本郡の小學校は總て四三。三七七學級に對し四二七名の敎員と二〇、四三〇の兒童とがある。今數年間の就學步合を見るに大正八年に於て九九・三四、同九年九九・四五、同十年に九九・五〇、同十一年九九・四七となり同十二年には九九・四八となつて漸次良好の成績に向ひつゝあり。

本郡の生產物は米、麥、繭、蠶種、食用農產物、果實、蔬菜及花卉、綠肥用作物、鷄卵、林產物、石材、生絲、撚絲、酒、麵類等で年產額二一、六六八、八二九圓を算し一人當りの生產額は一八一圓一八錢である。

赤城山は本郡北嶺の總稱で、其峽谷の水、西よりするものは利根川に注ぎ東するものは渡良瀨川に入る、山頂數峯に岐れ其中央に大沼がある。銷夏の樂鄕として都人士の歎稱する所、冬季良質の氷を出し赤城湖氷の名世に著はる。小黑檜峯は北に、大黒檜峯は東に、地藏岳は南に、鈴ヶ岳は西に聳ゆ。直立六、三〇四尺の處に赤城神社あり。

佐波郡 縣の南部に位し面積に於て縣下最小であり密度に於て第一位にある。即ち東西四里五町。南北四里二三町、面積一〇方里四二を有し行政區劃を三町一三ヶ村とする。

戸口は一七、三一〇世帶、九六、四〇〇人、一世帶に付人口五八五七、一方里に付九、二五一人の密度である。

小學校は本校、分敎場共一九校、二八二學級、敎員數三三四、學齢兒童數一八、九一二で就學歩合は九九・五二を示してゐる。

鐵道は郡內伊勢崎町を起點とする東武鐵道會社線と高崎より來る両毛線の二線のみであるが自動車其他交通機關ありて便利である。

本郡の物產は織物の二五、三八〇、〇六七圓を首位とし米の二、八七六、〇二八圓、繭の四、六九六、三五五圓、蠶種八九一、五八九圓、生絲七二一、三〇一圓、撚絲二、〇八〇、七三三圓、染物六四三、二八五圓、酒七九九、一五〇圓、麥八七二、九六九圓等が主なるもので大正十二年度の總生產額は四〇、八九六、一六九圓に達し一人當り生產額四二四圓二三である。

伊勢崎町は桐生に亞いで本縣機織業の盛なる地である。故に伊崎勢を論せんとせば先づ伊勢崎織物に及べば足りる。今、人口一四、二九五、郡の首都である。文政年間附近村落の農民が農業の傍ら僅に自製の粗絲を原料とし手工の染色を加へて製織したるを織物の起原とする。天保年間に至り次第に進步し生產の區域又自ら擴まり、原料を他に仰ぎて染色整理を施し爾來隆々として發展し伊勢崎に市場を開いて賣買を行ふに至つた。嘉永より安政年間に及び染色縞柄次第に改良せられ冬春の衣服用として伊勢崎太織の名頓に揚れり、明治維新後特に夏衣用を製織して需要益々增加し依つて伊勢崎太織會社を創立し後伊勢崎織物同業組合と稱した、斯くして更らに數種織物の案出あり又絹絲紡績を玉絲に代用して世に歡迎せられ今尙製織を持續しつゝあり。因に昔の伊勢崎太織は今の銘仙の事である。

吾妻郡 縣の最西端長野縣に接し全郡悉く山岳部にして吾妻川の流域僅かに平坦部をなすのみである。然も温泉多く十、指を屈すべく其發展に連れて交通も山岳地方としては比較的發達して居り草津温泉行の爲めに長野縣輕井澤を起點とし本郡嬬戀間の草津電氣鐵道があり、四萬其地の温泉の爲めに澁川、中之條間の吾妻軌道がある。本郡は人口五八、九〇〇に過ぎざるも其面積は八二方里八八を有し利根郡に亞いで縣下第二位の大郡である。今四町一〇ヶ村を管轄し一一、六四〇世帶あり。

小學校は本校二〇、同分敎場二二。一七二學級にして九、三一九人の學齡兒童と二一六人の敎員とがあり兒童就學步合は九九・五三の成績である。

物產は地勢山岳部なるを以て自ら林產物に富み年產額一、三九〇、五二七圓を算し尙、繭一、七三二、一三七圓、生絲一、五七七、三一一圓を產出し大正十二年度に於ける郡の生產總額は七、三九五、〇二八圓に達する。

中之條町は人口五、四〇四、吾妻諸温泉に至る咽喉にして市街繁華、郡役所の所在地である。

草津温泉は海拔四、五〇〇尺の處に在り酷暑の候と雖も尙華氏寒暖計八十度に上ること稀にして、殆ど蚊蠅毒蟲類を生ぜず、實に人寰を隔つる避暑の別天地である。温泉發見の時代は皇極帝以前にありと云ひ或は養老年間僧行基の發見せる處なりと傳へらるゝも建久四年源賴朝、三原狩の時代温泉に浴したるより其名頓に揚れるものゝ如し。圓山、光泉寺、琴平神社、西の河原、殺生河原、獅子岩、地獄谷、毒水、小薹の池、常布の瀧等附近に在り、浴餘探尋するものに好し。外に本郡澤田村の四萬温泉、澤渡温泉、長野原町の川原湯、嬬戀村の鹿澤温泉等が有名である。

利根郡

片品川の流域を除けば全郡凡て山岳部である。其位置縣の東北部に亘り西南方以外は周圍皆他縣に接する、廣袤東西一四里一町、南北一四里五町、面積一一四方里二六を有して縣下第一位にあるも人口僅かに七八、〇〇〇。一方里に付六八三人の密度を有し縣下最下位にある。

小學校は地勢及地形の關係上各所に點在し本校二七、分敎場二六。二三二學級で學齡兒童一二、二八二、就學步合は山岳部でありながら尙九九・七二で縣下に於て山田郡に亞いで良好なる成績を示してゐる。

交通は最も不便で、新前橋、沼田間の上越南線と澁川より沼田に至る電車があるのみであるが、今後上越鐵道の完成と道路改修の計畫完成するに至らば本郡に於ける無限の大森林は容易に開拓せらるべく其受くる利便又大なるものがあらう。物產は林產物二、八二二、六五二圓を首位とし繭の二、五六

八、七四六圓、生絲、一、八〇二、三五四圓、米一、四七六、六七四圓の順序で年生産總額一一、六三五、五九〇圓を計上す。沼田町は人口九、七六八、三國、清水越二街道の要衝に當り、郡役所の所在地である。

神奈川縣

総説

位置、地勢、面積、戸口、神奈川縣は武藏の二市三郡及相模一圓の三市十一郡を管轄し、東經一三九度四六分五五に始まつて一三八度五七分五〇秒に終り、北緯三七度七分に起つて三五度四〇分四〇秒に至る。東北は多摩川を隔てゝ東京府に接し地勢概して平坦である。西北は山梨縣に境し山岳重疊して部落其間に点在し、西南は足柄、箱根の峻嶺を以て靜岡縣に界し相模、酒匂の二川源を此間に發して南流し海に近づくに隨つて土地廣濶となりて農耕に適し、次第に人家相接するに至る。

南は三浦半島突出して相模灣に臨み、東は東京灣を間んで房總半島と相對す。氣象は沿海部と山岳部と一樣ではなく、神奈川縣測候所に於ける大正十三年の観測に依れば氣温月別平均最高一八度一八、最低一〇度四九で絶對最高三三度五〇、同最低零下四度三〇である。本縣の總面積は一五二方里四七一にして東京府、大坂府より廣く、佐賀縣と比肩し、全國道府縣中最下第五位にあり。土地は御料地一五、七二九町九、國有地一二、三〇五町七、民有地一九五、一六八町三九にして内民有有租地は一八九、七二二町八一の割合である。

戸口は大正十二年末現在の戸數二四三、六六七戸、人口一、二八四、七三八人にして之を震災前の大正十一年末現在戸數二五五、四八四戸、人口一、三八二、〇四一に比すれば戸數に於て一一、八一七戸、人口に於て九七、三〇三人の減少とある。在留外國人は大正十三年末現在に於て總數二、二六〇人を算し震災前の大正十一年末現在七、六三八人に比すれば五、三七八人の減少を見ると雖も非常なる勢を以て増加しつゝあるを以て震災前の人口に達するには今後遠きに非ざるべし。

今數年前に溯りて其人口狀態を左に示す（各年末現在）

	男	女	計
大正十三年	一、七二八	五三二	二、二六〇人
同十二年	四四七	一五九	六〇六
同十一年	四、七八七	二、八五一	七、六三八
同十年	四、九七四	三、〇〇六	七、九八〇

而して現在在留外國人中最も多きは支那人の一、九〇九人にして英國人の二八八人之に亞ぎ、米國人一九〇人、獨乙人

四〇人、瑞西人四〇人、佛國人三六人、印度人二七人、露國人一七人、瑞典人一五人、和蘭人一一人、ポルトガル人及比律賓人の各一〇人等順次相亞ぎ其他十八ヶ國人を包含する。

神社及寺院　神社は官幣社一、國幣社二、縣社七、鄉社四二、村社七一三にして外に無格社五四七あり。寺院は臨濟宗外八宗を合せて一、七三三ヶ寺で神職二〇六人住職一、二五三人である。

教育　縣教育費の大正十三年度豫算は、一、三一九、五〇〇餘圓にして縣費總額の一割六分に當り、又市町村教育費は四、六四六、九〇〇餘圓を算する。

小學校は大正十三年四月一日現在二八六校にして教員數三、九四八人、學級三、六二二、在籍兒童二〇二、二七七人にして不就學兒童は一、二九五人、內男六四五人、女六五〇人にして就學步合九九・一三パーセントに當り大正七年の九八・六二、同八年九八・七四、同十年九九・〇九パーセントと比較して逐年良好の成績を示して居る。

教員の月俸平均額は高等科に於ける本科正教員男七四圓七六八、女五九圓六三六で、同專科正教員男四八圓三八一、女四九圓一七五とある。

實業補習學校二一六あり、生徒數二一、五九八人を算する。

中等學校は公私立中學校一二の外高等女學校七、實科高女校五、工業學校一、農業學校五、商業學校一、商工實習學校一其他の中等學校九、計四一校にして教員數七二六人、學級三七七、生徒定員一九、七九〇人、現在生徒數一五、五七六人を算する。

師範學校は男女各一校にして教員三四人、學級一五、生徒定員六〇〇人、現在生徒五七一人ありて十三年度に一九三人の卒業者を出して居る。此外實業補習學校教員養成所が一校ある。

專門學校は官立橫濱高等工業學校及高等商業學校の二校あり前者は大正九年四月より授業を開始し教員數四五、學級數一〇、生徒定員三九五、在學生徒數三七七であり、後者は大正十三年四月の開校に係り教員數二〇、學級數六(一學年迄)生徒定員四五〇(三學年迄)在學生徒三〇〇人を數へる。社會教育に關しては縣に社會教育主事及同主事補を置き善導教化の任に當らしめつゝあり。縣下の青年團は總數三二六、團体員六一、三〇四人、經費總額六九、二六六圓であり、處女會數一二四の一七、一一三人の會員を有し此經費九、二七〇圓を計上して居る。

圖書館は現在一一館、此藏書一九、七四五冊であるが、震災前には四〇、六九〇冊に達して居た。

大正十三年度に於ける壯丁の數は一〇、七二六人で敎育程度の內譯は大學卒業及同程度の者七〇、高等學校、專門學校及同程度の者八七、中學校卒業及同程度の者九九二、小學校卒業及同程度の者八、九七四、稍讀書算術を知りたる者四八八にして一一五人の無學者を出して居る。

警察　警察區劃は縣下を二〇區に分ち、配置機關は警察署二〇、同分署九、其の所屬機關は警部出張所一、警部補派出所六、巡査部長派出所五、巡査派出所一二五、巡査駐在所二七二を置く。

大正十三年中の犯罪人檢擧數は刑法犯九、二四〇人、警察犯處罰令違犯六、二七一八、其他の法令違犯七、五一三人、計二三、〇二四人を數へる。消防施設は横濱市內に消防署二、同分署三、同出張所八を設置しある外、公設消防組として縣下に散設せるもの二四〇組あり此消防員數四一、三六六人を有する。

大正十三年中の火災度數は三六八度にして、全燒戶數三二七戶、三三一棟、半燒戶數一七七戶、一六二棟、船舶八隻、此損害見積總額一、五一五、七一五圓と算せらる。

衛生　縣下の公私立病院數四三、外に濟生會施療病院三、横濱市營施療病院一、縣營娼妓病院四あり又傳染病院四隔離病舍一三八の設備を有し衛生設備は完全に近い迄に進んで居る。大正十三年末に於ける醫師は九一九人にして醫師一人に對する人口は一、四二二人、又齒科醫師は二三九人、藥劑師三二八人、看護婦一、〇〇二人、產婆七八三人、鍼灸術者一、〇四五人製藥者一一人、藥種商四三一人、賣藥營業者九二二人、賣藥請賣營業者及賣藥行商人三、〇〇二人の散在を見てゐる。

又同年中に於ける傳染病は赤痢、腸チブス、パラチブス、流行性腦脊髓膜炎、痘瘡、猩紅熱、ヂフテリア等でコレラ、發疹チブス、ペスト患者はなかつた。而して四、二〇三人の患者中一、〇〇一人の死亡者を出して居り前年度よりは高率の死亡者を出して居る。

今、罹病者と死亡者とを表示すれば左の如くである。

病名	患者	死亡	大正十二年度死亡
赤痢	二六八	八五	一三四
腸チブス	三、二六七	七五八	五〇九

パラチブス	一四九	二〇	二〇
流行性脳脊髄膜炎	一一	七	六
痘瘡	七	―	―
猩紅熱	五八	四	四
ヂフテリア	四四三	一二七	七九

交通及通信　國道路線七線、此延長（橋梁共）三九里三二町四一間、縣道一二四線三〇三里一五町三三間、市町村道三、六六二里二町八間に達し、橋梁は八、五九八個を算す。

横濱港に於ける入港船舶は大正十三年中に於て九八、一一七隻三四、六九七、二七〇噸、内、內國航九六、〇二九隻、外國航二、〇八八隻で以上の船舶中最も多きは千噸以上三千噸以下の船舶にして、一、三四一隻、次は三千噸以上五千噸以下のものにして八四四隻あり、而して入港船舶中最も大なるは英國汽船の二一、八六〇噸とする。

鐵道は大正十二年末現在に於て東海道線、横須賀線、横濱線、中央線、熱海線の五線ありて、四〇驛を算し、此線路亘長一一二哩、延長一九八哩にして各驛中旅客の多きは櫻木町驛の一、三六二萬餘人を第一とし横濱驛の九七〇萬餘人之に亞ぎ両驛にて總數の三分の一を占む。

私設鐵道は相模鉄道及湘南軌道の二線、電氣鐵道は横濱市營電車、江ノ島電車、京濱、小田原電氣鐵道の四線あり、其線路亘長四八哩、電車々臺二九一輛あり。

自動車は十三年三月末現在に於て乘用、荷積用計六六一輛あるも前年度に比すれば一七五輛の減少を示して居る、其他人力車二、〇六七輛、荷車五六、六九六輛を算する。

大正十二年度通常郵便物（引受、配達共）一五四、六九〇、九九八通にして最近の二三年に比し激減して居る、これは震災による一時的通信機關の故障が其の因をなしたと見るべきであらう。尚、電信電話に於ても幾分の減少を示して居る。

産業　本縣の産業は多種多樣であるが其生產額は工產を首位に農產を次位に蠶絲類、水產、畜產、林產、鑛產の順位を常態とし大正十二年の生產總額は二五二、二六二、三六九圓にして一戸當一、二三五圓、一人當は一九六圓となり之を大正十年の生產額三三七、五三〇、五二六圓に比すれば八五、二六八、一五七圓の減少を示す。而して其減少額の主なるものは工產額の八三、一五九、〇〇九圓にして農業五、四三五、八七八圓、水產一、一四四、五七六圓、畜產一、一五八、三三一圓等相亞ぎ蠶絲類價格は却つて五、二九二、四八九圓を増加し林産額亦三三七、一四八圓の増加を示してゐる。

大正十二年の各種生産額を示せば左の如し。

農産	三九、四七七、九九六圓
蠶絲	二二、三五六、六三五
畜産	八、九三二、二三九
水産	一一、四〇六、一六七
林産	三、四五三、四二三
工産	一六六、六三五、九〇九
鑛産	ナシ（休業中）

而して生産額最高は橘樹郡第一位にして横濱市之に亞ぎ、中郡、高座郡、三浦郡、足柄下郡、鎌倉郡、足柄上郡、愛甲郡、都筑郡、津久井郡、横須賀市、久良岐郡順序である。

(1)農業　大正十二年來縣下農家の戸數は七七、四一〇戸にして內、專業農家五一、四〇九戸、兼業農家二六、〇〇一戸に別ける。又自作農は二一、三六七戸、小作農は二〇、一八〇戸、自作兼小作農は三五、八六三戸とす。

耕地反別は七五、九〇二町七、內田二三、八四九町八、畑五二、〇五二町九で耕地整理は年々其面積を増し大正十四年四月現在の同施行地區數二二五、面積一三、五八九町一に達してゐる。

米は大正十三年に於て一九、四二三、〇〇〇圓餘、麥は五、九〇四、〇〇〇餘圓、其前年度に於て米は一五、〇四六、四三八圓を、麥は五、四〇九、九五一圓を生産してゐる。即ち前年に比し米は三九、六〇〇石の増收であり麥は五、八二〇石の減收である。以上の外左に大正十二年度に於ける主要農産物の價額を掲ぐ。

食用農産物	一一、七八〇、五四〇圓
工藝農産物	三、五一二、七四一
製茶	二〇八、一八五
桑苗及果樹苗	三二、二〇三
綠肥用作物	五一六、三〇三
果實	二、九七一、九三五

(2)蠶絲業　大正十二年中の生産總額は二二、三五六、六三五圓に達し其養蠶實戸數三一、二三五戸にして高座郡は飼育戸數最も多く縣下の約三割の戸數を占めてゐる。

本縣の春蠶は品質優良なるも秋蚕は之に及ばず、掃立枚數三一〇、二〇〇餘枚にして取繭高一、三六四、九〇三貫にして一三、五一一、八二三圓に達する。

生絲生産額は八、一三二、〇〇二圓、又眞綿の生産二九、四三一圓である。

(3)畜産業　近來著しく發達し殊に養豚業は其頭數全國中優秀の地位を占め大正十二年に於ける豚の飼養數三九、八二三頭にして其前年度大正十一年の三七、五三七頭に比すれば二、二八六頭の增加となる。其肉製品ハムは本邦に於ける該製造の嚆矢にして明治十一年以來逐年進歩し現に産額一、四二二、四〇〇斤、一、〇七六、四〇〇圓に達する、このハムは大體縣下鎌倉郡と横濱市とより生産するものである。

(4)水産業　縣下三市十一郡中三市七郡は沿海部なるを以て水産業は相當に發達してゐる。現在水産業者は業主九、九八四八、被傭者一四、七四三人にして漁船は動力を有するもの二七二、同有せざるもの六、九一九、計七、一九一艘にして大正十二年中の漁獲物は八、九二五、二八〇圓、水産製造物一、三六五、九〇六圓、遠洋漁業四四一、五九〇圓、水産養殖六七三、三九一圓を算する。

(5)林業　公有、社寺有、私有等の林野總面積は一二萬餘町歩にして土地總面積の約五割を占め、主に縣の西北部静岡、山梨両縣に接する部分に偏在し、箱根、大山、蛭ヶ岳の諸峰は其の主なるものである、又、馬入、酒匂の流れは源を此處に發する。

大正十二年度に於ける林産物總額は三、四五三、四二三圓に達し其内譯は左の如し。

用材	一〇二、一一二石	一、二二七、三三二圓
薪炭材	六八〇、一三三棚	七二七、四一六
竹材	七一、〇〇六束	一一五、一〇五
雜材類		一、三八三、五七〇

尚面積二三五、六一〇坪の造林用苗木圃がある。

(6)鑛業　目下本縣の鑛業は休業中にて從つて鑛産額がない。

採堀鑛區數は二にして坪數一五、四三六坪、試堀鑛區數は三二の二二、二二七、九六七坪。鑛産物としては石炭、亞炭、石油が其重なるものである。

(7)工業　工場法適用の工場は震災直前の大正十二年八月末に於て五四六工場ありしが震災に因り其大部分は燒失又は倒壞し同年九月末日には工場總數五二三中休止工場三七〇に及び其の職工の如きも一〇、八三一人の解雇者を出して僅かに二八、一四三人を算するのみの狀態であつた。其後急速なる復興の結果次第に其數を增し早くも大正十三年一月末に於て三五九工場復舊新興し同十四年一月に於て總工場數四二六中休止工場四三、職工總數四〇、四八三人を算するに至つた。其業態別は染織工場一八三、其生産額四三、九一三、八〇七圓、機械器具工場一〇一の五二、五九七、六一〇圓、化學工場五〇の二七、〇〇八、四八五圓、飲食物工場二二の三四、七一三、八五三圓、雜工場六二の二六、〇一四、四五一圓で特別工場八、の四、四四八、〇九八圓とする。

(8)商業　一般生産業の發達と共に商業も亦進歩の狀況にあり、其重要機關たる銀行は、橫濱正金銀行を筆頭として總數四〇、資本金總額一一八、八五〇、〇〇〇圓あり。又公益を目的とする團体に橫濱商業會議所がある。尙橫濱取引所は蠶絲、株式、米穀の賣買をなす。

(9)産業組合及同業組合　産業組合數は一九一、組合員數二〇、六〇二、出資總額八三〇、六一五圓、出資口數五八、四五五。重要物産同業組合數三六、外に同業組合聯合會が二あり。漁業組合は八一組、九、一五三の組合員を有す。

會社　大正十二年末に於ける會社の總數は八九七社にして、內商事會社は五一九社を占め總數の五九パーセントに當り、工業會社之に亞ぎ二六四社にして總數の二九パーセントを占む。其他運輸會社九九社、農業會社五社、其他一二社あり、而して其組織別は合名會社一五〇社、合資會社三〇九社、株式會社四三八社にして資本金總額は五〇一、五八五千圓此の拂込金三六二、二二一千圓である。

貿易　安政六年開港當時の外國貿易と現時の夫れとを比較すれば僅に六十六年にして其發達驚異に値するものがある。即ち安政六年中に於ける貿易は輸出入總額一、一二二千圓に過ぎざりしが明治元年には二〇、九九四千圓に增加した。

大正十三年中に於ける外國貿易輸出入總額一、三〇八、一三三千圓。內輸出額六七二、二八四千圓、輸入額六三五、八四九千圓にして之を前年に比すれば總額に於て一二四、二四二千圓の增額を示し、輸出に於て三、六七三千圓、輸入に於て一二〇、五六九千圓を增加した。之を震災前の大正十一年に比すれば尙總額に於て二三九、四八四千圓、輸出額に於て二二三、一七九千圓、輸入額に於て一六、三〇五千圓の減少を示してゐるも、之を大正十年の夫れに比すれば總額に於て一八四、七三九千圓、輸出額に於て六九、二九一千圓輸入額に於て一一五、四四八千圓を增加してゐる。之等輸出入品中の主なるものは輸出に於ては生絲を第一として五九六、八五八千圓を算し、屑絲の一一、二一〇千圓之に亞ぎ、羽二重四、五三三千圓、罐詰三、六三七千圓、ポンジー及富士絹三、二五七千圓、綿縮二、九〇八千圓、縮緬、百合根、精糖、絹手巾、綿織絲、絹繻子の順序で、輸入に於ては木材の六〇、九六六千圓を首位に、鐵板四〇、五五七千圓、小麥三七、五六七千圓、羊毛二八、六二八圓、油糟二七、八六八千圓、繰綿二五、四四一千圓、大小豆一五、九一二千圓之に亞ぎ羅紗及セルヂス、砂糖、葉鐵、米の順序である。

同年に於ける輸出入重要品の輸出入額は前年に比して著しき差異がある。即ち羽二重、ポンジー及富士絹、綿縮、縮緬、絹手巾等減少し輸入に於て木材、鐵板、小麥、葉鐵等の著しく増加した事である、蓋し震災に因る被害の齎した現象であらう。

更に之を對手國別上より見れば輸出に於ては北米の五五九、六三二千圓、佛國六七、九〇七千圓、英國八、〇七三千圓、支那八、〇四五千圓、關東洲五、三八九千圓が主なるもので英領印度、伊太利、蘭領印度、獨逸等の順序である。又輸入に於ては北米二四〇、〇五八圓、千英國一〇二、二九三千圓、支那四七、五六八千圓、關東洲四五、四七四千圓、獨逸四〇、六四五千圓が主で之に亞ぐに英領亞米利加、英領印度、蘭領印度、白耳義、比律賓、佛蘭西、佛領印度、伊太利を以てする。

尚對支貿易は輸出品の主なるものに精糖、インキ、麥酒、電燈球、晒粉等で輸入品は豆糟、大豆、麩、麻類、石炭、落花生等を數へるが輸出に於ては年々入超の狀態にある。即ち大正九年の輸出總額二八、六八四千圓が同十二年には一〇、三一五千圓となり同十三年に於ては八、〇四五千圓に激減し、輸入に於ては大正九年五一、六五二千圓が同十二年四六、七八九千圓となり同十三年には四七、五六八千圓を指して幾分の減少を來してはゐるが輸出に於ける減少と比較すれば其額に隨分の相違がある。

內國貿易(移出入貨物)は大正十二年の總額橫濱港六九九、二二三千圓、橫須賀港九、九四〇千圓、浦賀港六、八〇八千圓にして其移出額は橫濱港四二三、七一〇千圓、橫須賀港一〇〇千圓、浦賀港一七九千圓、移入額橫濱港二七五、五一二千圓、橫須賀港九、八三九千圓、浦賀港六、六二八千圓である。之等移出入品中の主なるものは移出は橫濱港にありては棉花五二、〇八三千圓、砂糖五一、〇四三千圓、木材三〇、九五七千圓、肥料二八、三三八千圓、石炭及コークス二八、二四二千圓、鐵類二二、九二六千圓、機械及同部分品一七、四六九千圓、麥一四、八七九千圓、米一三、八九七千圓、大豆一三、〇二八千圓、藥品一一、一六四千圓、其他一一七、四四二千圓、横須賀港にありては木製品四五千圓、生魚介二三千圓、硝子製品一九千圓、其他一一千圓、浦賀港にありては清酒三一千圓、米二六千圓、呉服一五千圓、塩一二千圓、砂糖一一千圓、其他八三千圓である。又移入は横濱港にありては砂糖六三、五〇九千圓、生絲四四、八六一千圓、石炭及コークス三五、六六六千圓、米一四、四九一千圓、其他鐵類、木材、藥品等で、横須賀港にありては米二、〇七〇千圓、鳥獸肉六六〇千圓、砂糖、木材、洋酒、塩及乾魚其他で、浦賀港にありては、機械類の四、〇〇〇千圓、管類七八〇千圓、米、木材、塩、清酒、其他等とする。

水道事業　上水道事業は横濱、横須賀、川崎の三市及秦野町に於て公營せられ、震災の爲多大の損害を受けたるも大正十三年三月末に於ける狀況は導水管延長二六里一三町一二間、送水管同三里三三町五七間、配水管同一五六里七町二二間、水道栓二九、三四〇個、使用戸數四一、三八九戸にして其給水量一一四、九八萬石、使用料金三市一町の分二三六、〇一一圓、船舶用水料六、五〇一圓計二四二、五一二圓を算した。

瓦斯事業　震災を受けて殆ど壞滅に歸し今、復舊の途上に在りて事業の見るべきものなし。

電氣事業　大正十二年末の調査に依れば本縣の電氣事業は公營三、株式會社一八、計二一にして、其資本金は實に、四七六、四五六、〇六〇圓の巨額に達し益々發展の狀況にあり。而して公營事業の外、管内に本社を有するもの六社あり。線條長一〇、九三八哩四分、電燈取付戸數は一九八、七二六戸にして縣下戸數の約七割五分を占め、電燈は四七六、七七三燈にして人口五人に對し二燈の割合を示してゐる。尙電氣鐵道に關しては交通の部に記載せり。

社會事業　最近に於ける社會狀態の推移と進歩とは社會事業の振興を必要とし本縣に於ける社會的施設も私設團體の經營と自治團體の夫れたるとを問はず異常の發展を來した。然るに大震災は總てのものを破壞し、總ての事業を中絕し、其受けたる災害も甚大であつたが災後社會事業施設の急に迫られ復舊新興の事業と共に漸次幾多の施設經營を見つゝある。

本縣に於ける現在の社會事業は恩賜財團濟生會、横濱市救護所、横濱市療養院等の救濟施設を初め、育兒事業三、貧兒敎育事業四、幼兒保育事業八、各種兒童保護事業四、職業紹介所縣立六、市立六、感化事業二、授産事業一〇、盲啞敎育事業四、養老事業二、免囚保護事業四、宿泊事業一〇、公設市場二七、簡易食堂六、公設住宅二八ヶ所、公設浴場四、集會所三、兒童相談所一、公設産院一、公設質舗九、其他海水浴場、林間學校等の諸施設がある。

外國公使館及領事館　從來二八館ありしも震災の爲め減少し大正十四年一月末現在に於ては總領事館は英國、支那、ブラジルの三館、領事館は米、伊、佛、葡、瑞、希、亞、蘭、西、白、諾の一一館である。

永代借地　大正十四年二月五日現在に於て二一七、七九五坪あり。

財政　縣費は明治二二年市町村制施行當時年額僅に五九、〇〇〇圓餘なりしも大正十三年度に於ては約二二倍即ち八九〇萬圓を算するに至つた。之を大正十年に比すれば四三〇、九〇〇圓餘の減少を見る、而して本年度豫算中主なるものは土木費、警察費、敎育費、勸業費等とする。

横濱市は明治二二年、市制施行當時の經費僅に五九、〇〇〇餘圓なりしも今や約三百倍の一七、七三一、〇〇〇餘圓を算し之を大正十年度の豫算に比すれば一、四〇五、〇〇〇餘圓の增加を示す。横須賀市制の施行は明治四十年にして當時二八五、〇〇〇圓の市費豫算は大正十三年度度に於て約三倍即ち八六八、〇〇〇圓餘を算するも、之を大正十年度に比すればば二四七、〇〇〇餘圓の減少を示してゐる。

町村費は町村制施行の當時三三四、〇〇〇餘圓なりしが今や三一倍、即ち一〇、三七五、〇〇〇餘圓に上るも大正十年年度に比すれば四、一三〇、〇〇〇餘圓の減少を示してゐる。

今左に大正十四年度の縣財政を表示する。

縣歳入(豫算)

地租割	八八九、九一三圓
營業税	一六九、五五九
雜種税	一、二一四、三七一
營業税附加税	三四五、〇四六
所得税附加税	一〇四、二六四
鑛業税附加税	七九
戸數割	三八七、九六二

家屋税	二五二、五八二
財産收入	二〇、八二七
國庫下渡金	五三五、二五八
雜收入	七八五、一一六
市豫算編入額	二、〇七〇、三三四
臨時部全部	一三、六一〇、三三五
歳入總計	一九、三八五、六四六

縣歳出(豫算)

警察費	二、七八二、六九四圓
警察廳舍修繕費	四〇、六七六
縣廳舍修繕費	七、五〇八
郡廳舍修繕費	二、七〇九
土木費	六二〇、八六六
縣會議諸費	五〇、四五四
郡役所費	一九三、三九七
衞生及病院費	一五二、〇二九
教育費	一、四九九、四一四
救育費	四五、八六〇
勸業費	五六九、八五四
諸達書及掲示諸費	七、〇〇一
縣税取扱費	一一三、〇〇七
衆議院議員選擧費	五四二
縣會議員選擧費	六九三
縣吏員費	五五、二〇一
財産費	二五、六〇四
收用審査會諸費	六一五
統計費	九、六四三
行政執行費	七五
神社費	二、七五九
地方改良費	一二、一四一
吏員職員給與費	五〇九
豫備費	三六、一四五
其他	五〇、七六九
臨時部合計	一三、一〇三、四八〇
歳出總計	一九、三八五、六四六

横濱市 幕末尊王攘夷の議論囂しく、天下混沌たりし安政六年開港以來茲に六十餘年、漁火の微かに明滅した東海の一小漁村が一變して本邦隨一の貿易港となり、大正十三年十二

月末現在に於て八九、四六二戸、人口三八〇、六八九を有する商工併立の大都市となつた。今、其發達の大勢を一瞥するに、舊横濱村の地域は文化文政の頃に在りては、東西一二、三町、南北一七、八町に過ぎざりしが、今や著しく擴大せられ、東西一里三〇町四〇間、南北二里二三町、面積二方里四〇一に及び、周圍一五里二六町、海岸線延長五里二七町に達する。

戸口は開港當時百餘戸に過ぎざりしが慶應年間には早くも八、五八〇戸、二〇、八八〇人となつた。更に貿易の趨勢を見るに開港當初の安政六年の一、一二一、九一二圓（當時の貨幣を現在に換算す）に始まり、明治元年には二〇、九九一、二三三圓、同二十年六〇、九五〇、一五〇圓に進み大正十一年には一、五四七、六一七、三五二圓に及び、同十三年に於て稍々減じて一、三〇八、一三二、一七四圓となるも生絲の世界的貿易港として其首位に居る。尚詳細に付ては本編總説貿易の項に述べた通りである。

次に當港に出入せる外國船舶に就て見るに、明治元年に於ては七八六隻、五九四、二八六噸（以下總て登簿噸數）を算したものが、明治四十年は二、三一七隻、六、八一四、八五九噸に達し、

大正十一年	三、九五〇隻	一五、三四一、五六〇噸
〃　十二年	三、四一九	一四、〇六八、九三一
〃　十三年	三、九九七	一六、三七一、一〇五

となつた。

此數字に徴すれば横濱市の發展實に目覺しく、歐米の大商港と對抗して覇を世界に爭ふに至るべきは遠からずとされた。然るに大正十二年九月一日關東地方を襲ひたる大震災は一朝にして横濱市の大部分を焦土と化し、剩へ幾萬の生靈を奪ひ去るの大慘事を惹起し損害額五五七、二六八、四七六圓の多きに達したのである。此時に當り市當局及び市民は相協力して復舊に努め今や復興復舊事業費として巨額を計上し大正十七年度迄完成せしめる計畫とある。其總額實に一一八、二八二、〇七四圓にして內、國執行復興費三五、五一四、四〇〇圓を除いた八二、七六七、六七四圓は、市執行復舊、復興費として横濱市が負担するもので、其大部分は市債に依り、他は國又は縣の補助と、其他の收入に俟つものである。此大資金の運用其他に就ては獨り横濱市の研究材題たるに止まらず、一課目として廣く研究の價値十分に存する。

今、市勢の一班を左に示す。

(1)社會事業施設　救護所一。產院一。方面事務所五。職業紹介所四。市營住宅六六七戸。小住宅一、〇〇〇戸。兒童相談所一。託兒所二。質舖五。職業補導所三。婦人授產所二。公衆集會所一。隣保館一。勞働合宿所一。市場七。公衆食堂五。公設小賣市場二九。

(2)教育　小學校三六校、八三六學級、兒童數五〇、八三九、教員數八六三。商業學校一校、一五學級、生徒數六三七。補習學校九校、六八學級、兒童數二、三二八。

(3)震災前の銀行數は本店二三、支店二〇ありしが大正十三年十一月現在に於て本店一四、支店一八に減じ、其資本金（本店のみ）も震災前一二六、四〇〇、〇〇〇圓が一一七、三五〇、〇〇〇圓に減じてゐる。

(4)會社數調（大正十三年十二月現在）社數七三四、資本金額三二三、七〇〇、〇〇〇圓、拂込金二四二、三九〇、〇〇〇圓。

(5)電氣事業調（大正十四年二月末現在）軌道亘長一三哩六、變電所容量二、六〇〇KW、車輛一六七、平均一日運轉數八九、大正十八年度迄には軌道亘長一九哩の豫定である。

(6)水道事業調（大正十四年四月末現在）給水戸數六九、四一三戸、給水量四二一、三七〇石。

(7)瓦斯事業調（大正十四年六月末現在）復舊の途上に在りて其實況を見るに至らざるも目下、供給戸數九、六七一、製造能力（一晝夜）百萬立方呎。大正十八年度以降に於て供給戸數二二、〇〇〇、二百五十萬立方呎の製造能力を發揮して震災前の夫れに復舊すべき豫定である。

横須賀市　本市は縣の東南端三浦半島の北部に在りて軍港要區の大半を包擁し、到る處丘陵起伏し人家最も櫛比の街は沿岸平坦の地にして其大部分は海面埋立地である。其他は陵間の窪地若くは山巓に亘り傾斜地を拓き田圃を埋あて市街地を形成点在する。

市の北方一帶は東京灣にして横須賀驛の位置する所に海水深く灣入し、灣に波島と箱崎間を遠く隔てゝ波濤を遮ぎるに防波堤を以てするもの是即ち横須賀軍港である。

交通は至便なりと謂ひ得ず唯一の國道線の改修未だ完全するに至らずして隣町田浦町との交通は山路若くは水道隧道に依るの外なく、縣道は武山及浦賀に通じ半島の南端三崎に達するも坂路多く交通の利便は海路と鐵路横須賀の一線に俟つのみである。

今本市の沿革を案ずるに、源頼朝幕府を鎌倉に置きてより半島は概ね三浦一族によりて支配せられ一盛一衰し幾變遷をなし、徳川幕府の晩年沿海守護の必要より本市と指呼の間にある猿島に砲臺を築造する等沿海防備の急を告ぐるに及び、外艦警備として諸侯の來往頻繁となりて此地次第に樞要地となつた。

慶應元年幕府は佛人技師を聘して横須賀に造船所を建設した、是れ今の横須賀海軍工廠の前身である。降つて王政維新後は神奈川縣の治下となり、明治十一年七月府縣を郡區に別ちて郡區長を置かるゝに及び半島は三浦郡と改稱し爾來駸駸たる發展をなし明治四十年二月附近町村を合併して市制を施行し横須賀市と稱するに至つた。而も日露戰後、本市の膨脹は驚くべき發達をなして漸次街衢の狹隘を告ぐるに至り市内田戸海岸七〇、七〇三坪を埋築して安浦町となし、更に市役所の附近沿岸地先二萬七千餘坪の埋立を見るのも近きにある。今本市の面積は零方里八〇六を有し戸數一六、二二四戸、七八、六四二人を算する。蓋し斯の如き類例なき發展は陸海軍殊に海軍工廠擴張の餘澤にして、本市は海軍と離すことの出來ぬものとなつた。本市震災に於ける被害は各方面に亘り擧て數ふべからざるも今や復舊復興の途上にあり。左に市勢の概况を示さんとす。

(1)教育　小學校九校、一七〇學級、學齡兒童九、七七六人、就學步合男九九・八四、女九九・七四、平均九九・七九。教員數男九五人、女九八人、計一九三人。

(2)社會事業　横須賀救濟會…孤兒貧兒窮民救助。横須賀海軍下士官兵家族共勵會、退職軍人授産會…授産。神奈川縣佛教慈德會支部…釋放人保護。軍事救護。公設市場。市營住宅二二四戸。職業紹介所。

(3)貿易　本項に就ては總說貿易の部に詳悉しあるも其他に就き一斑を示す。大正十二年度に於ける主要輸移出入貨物は總計一三三、四一九噸、其重要品種類は輸入に於ては米、醬油、洋酒、砂糖類、鳥獸肉、綿織物、銅鐵材、飼料等にして輸出に於ては生魚介、硝子製品、木製品等である。

(4)生産物及價額　農産物四七、六〇四圓。水産漁獲物九〇、五二五圓。工産物一、五二〇、〇三七圓等。

川崎市　川崎市は京濱兩都の中間に位する工業都市にして、昔は東海道五十三次の一宿場として、又川崎大師の靈場と共に有名な所であつた。其廣袤東西一里、南北二里半、橘樹郡の東に位す。北は多摩川を隔てゝ東京府荏原郡と相對し、東は東京灣に面す。土地平坦にして、水陸の交通頗る便利なれば、近年大會社、工場相亞いで設置され、一大工業地として特色ある發展をなし、戸口の激增と共に商業の殷賑亦著しく、大正年十三年七月一日、川崎町、御幸村、大師町の三町村を廢して其地域に市制を施行し、川崎市と稱するに至つた。今面積一方里四四一、戸數九、〇六五、人口四六、一九四を算し、一戸平均五人一を示す。

小學校五の外、市立の實科高等女學校一、特種夜學校一、實業補習學校三あり。又私立の川崎工手學校、川崎幼稚園、小山工業學校、橘女學校各一校、外に裸育院がある。

左に本市勢の概要を示す。

(1)社會施設　公設市場、職業紹介所、公設住宅の市營と、縣匡濟會經營の社會館、同公設浴場、同簡易食堂及縣營の托兒所がある。

(2)工場生産　工場として主なるもの一二、主なる製品は綿絲、砂糖、電球及器具、調味料、蓄音器、銅鐵線、氷及菓子等にして其生産額年三九、四三四、一六四圓に達し、外に農產、畜產、水產等の四、一四〇、〇〇〇圓がある。

(3)運輸、交通　國道一線二二町三〇間。市道二五里一町。鐵道は東海道線、京濱電車(省線)、京濱電氣鐵道線、自動車二二、船舶一、〇五五。

橘樹郡　本郡は縣の東部に位して其大部分の地域は東京府と東京灣に面し、西北は、小山脈連互して都筑郡及東京府南多摩郡に連り、西南は丘陵に依りて鎌倉、久良岐二郡と横濱市に接する。總面積一〇方里二九七を有し、行政區劃を四町一〇ヶ村とする。

戸口は今、二二、六七〇戸、一二九、一七三八人を算し益々增加の傾向にあり就中南部の田島、鶴見、保土ケ谷の三ケ町は、東海道線、京濱電氣鐵道線、國道東海道線に沿ひ、加ふるに多摩鶴見両川の舟楫の便を得て近時人口の增加著しく、諸工業の勃興も目覺しくて、商業亦殷賑である。四町を除く十ケ村は農村にして、良田よりは稻毛米を出し、縣下第一の産額あり、且つ京濱間の地の利を得て運輸に便なるに加へ地味又園藝作物は適し、特に梨、桃の名世に高い。近時田園住宅の計畫多く、二子架橋と玉川電車の延長とは該地方の土地を開發し、東京横濱電鐵會社の電車布設計畫決定して沿線に大住宅地の計畫盛である。又、郡の西北部は山地大部分を占め、稼穡に適せざるも、蚕桑の如きは産額尠からず。沿海の地は漁撈の利に富み、殊に優良なる海苔を產する。而も繁雜なる商工業の地たる以外、地の利と風景とに恩まれて遊覽の地としても名高い。

河は多摩、鶴見、帷子の三川あり、多摩川は源を山梨縣北都留郡に發して郡の東南端を流れて東京灣に注ぐ。此の下流を六鄕川と稱する。

鶴見川は、東京府南多摩郡に源を發し、鳥山川の支流と下流早淵、矢上の二支流とを合せ、鶴見町の中央部を縫つて東京灣に注ぐ。何れも灌漑漕運に便である。

尚、郡内川崎町、大師町、御幸村の二町一村の地域を以て大正十三年七月一日より市制を施行せられ、川崎市となつた。

郡内の小學校は本校二九、分教場一〇、學級三五四にして、實業補習學校一四、二三學級がある。

交通は國道一線、縣道二六線。鐵道は東海道線と京濱電車線及横濱線の外、私設は京濱電氣鐵道一線あり。

產物として米二、五〇二、六三一圓、麥七〇二、五八六圓、雜穀類一六五、五一四、蔬菜一、四五八、二二七圓、果實一、一二二、二三一圓、繭二六四、八一二、酒類二、一二一、九九九圓、雜工業品七〇七、八六九圓等を擧げる。

鎌倉郡　本郡は縣の東南部に位し地形東西に狹く、南北に長く、東は久良岐郡に、北は橘樹、都筑の兩郡に隣し、西は境川を隔てゝ高座郡と相對し、東南は三浦郡に界し、南は相模灣に臨み、二町一三ヶ村に區劃す。

地勢は西北に高く、東南に低く岳陵諸所に起伏して、其間に田圃を交ひ、面積九方里七九九を有する。戶數は一一、〇〇三戶、人口六六、二五二。其大部分は農家にして、工業之に次ぎ、商業、公務自由業、交通業の順である。

鎌倉は天正十八年、德川氏の所領となりて小坂鄕と呼び、後貞享の頃に至り各鄕を合せて更に鎌倉と稱し二町四六ヶ村となつた。其後明治十七年、同四十一年に郡域に幾多の變更があり、更に町村の併合をなし以て今日に及んだ。今郡勢の一斑を示せば左の如し。

(1)土地　御料地六町六四、國有地八二七町三、民有地一二、五二三町四一。

(2)產物　農產に於ては米の一、三九七、五八二圓が第一位にありて、麥の四五六、三三九圓之に亞ぎ、甘藷、青芋等の順序で、農產總額二、八四七、五一三圓。其他繭六五三、〇〇五圓。生絲類一、八三七、二六〇圓。林產二〇五、二四五圓、工産九三一、九四四圓。又ハムは本郡の特産にして普通鎌倉ハムと稱し年産額一、〇四二、八〇〇圓に達す。

(3)教育　小學校一六、學級二〇二。兒童數一〇、七七五。就學步合平均九八・一三。實業補習學校一七、學級五〇。幼稚園二。中學校一。高等女學校一。

(4)交通　國道一線、縣道三〇里餘、町村道一〇一里半。鐵道は東海道線、橫須賀線、及藤澤、鎌倉間の江の島電氣鐵道線。

戸塚町は人口五千餘、郡役所の所在地である。鎌倉町は源賴朝が始めて覇府を開きしより久しく武門政治の中心たりし處にして、町の内外史蹟名勝に富み、長谷の大佛及觀音、由井ヶ濱、鎌倉宮、八幡宮、建長寺、圓覺寺等著名なるもので、就中關東に於ける名刹たる建長寺、圓覺寺に於ては、震災に際し著名の建造物悉く倒潰し昔日の俤を止めざるは惜しむべき事である。尚、江ノ島（周圍十八町二十一間）七里ヶ濱、龍口寺等は世人に膾炙する所のものである。

高座郡　縣の稍々中央に位し、足柄上郡に亞ぐ大郡にして、其廣袤東西二里二〇町、南北七里三町。面積一八方里六九を有し、二町一七ヶ村を管轄する。東は境川に依つて鎌倉郡に境し、西は相模川を隔てゝ中、愛甲、津久井の三郡に相對し、北は東京府南多摩郡に接し、南は相模灣に面す。其地勢北方の丘陵部を除き、南するに從つて廣濶となり、概して平坦である。而して地味肥沃にして農耕に適し、唯西北一帶の所謂相模原は降霜多く、地下水低下し時々農作物の霜害、旱害を受くる事ありと雖も湘南一帶の砂地は氣候概ね温暖にして、作物、促成園藝等に適する。

沿海の地は漁撈の利に富み、且西南遙かに伊豆、天城、函嶺の連山を眺め、西に富嶽の秀峯を望み、天下の名勝江の島指呼の間に在り。遠近の風光を愛でつゝ避寒避暑に適する。

河川の大なるものに相模川あり、源を山梨縣南都留郡山中湖及富士山麓に發し、郡の西部を南流し、茅ヶ崎町に至りて相模灣に注ぐ。境川之に亞ぎ、其他、九尻川、鳩川、引地川、小出川等の諸川ありて、孰れも灌漑の利と水運の便を有して交通を助け道路は東海道線、厚木藤澤線、都田平塚線、厚木八王子線、藤澤町田線、厚木調布線、厚木橫濱線の外一九線あり。鐵道は東海道線郡の南端を、橫濱線は郡の北部を走り、茅崎、寒川間の相模鐵道は近き將來に愛甲郡厚木に延長せんとしてゐる。此外、江ノ島電氣鐵道線は藤澤、鎌倉間を往復し、又目下工事中なる神中鐵道は、濱濱、松田間を結ぶものにして、本郡中部を通過することゝなり、近く竣工の豫定とある。

左に本郡勢の概要を示す。

(1)戸數　一九、二三〇戸。人口一二〇、二八七人。現住人口一戸當六人二六。

(2)敎育　小學校本校二三、分敎場二二、學級三八一。就學步合平均九九・六五。中等學校五。林間學校一。家庭學校一。幼稚園一。

(3)物産　本部總戸數一九、二三〇戸中、農家戸數は一三、七四六戸を占め、米は縣下總産額の一割五分に當り、橘樹郡及中郡に次ぐの産額を有す。特に陸稻は縣下總産額の三割以上に達する。以下各種産物を別記す。

米	三、一四六、〇五七圓
麥	一、三四〇、九七一
蔬菜及花卉	二、二九八、六六二
林野産物	三二三、二三〇
繭及生絲	八、四七五、九六〇
水産物	五九四、九九六
工産物	三、一〇〇、一三七

三浦郡

本郡は縣の東南端、關東山脈の一脈小佛峠より東南に突出せる半島にして東京灣と相模灣とを劃する。其の東は東京灣に面して近く房總の半島と相對し、西は相模灣に、南は太平洋に臨み、北は久良岐、鎌倉の二郡に接する。

總面積八方里九〇二。五町八ヶ村に區劃する。郡の中央は山勢紛糾して海に終り海岸線は頗る長く隨つて港灣岬角の出入多く近海には島嶼岩礁散布して風景絶佳、全島は一大公園を成す。然も氣候は一般に海洋性に屬し最高氣温平均八十五度内外にして最低三十六度内外を示す。されば此地世人に膾炙し四時淸遊を試みるもの多く眞に避寒避暑に適する。

本郡の戸數は一八、七二九。人口一〇五、七三七。此内學齡兒童一九、一二八人を算する。小學校は本校二三、分敎場二、此學級數二九八學級にして外に實業補習學校一一、幼稚園一、町立實科高等女學校一、中學校一がある。

交通は橫須賀線の鐵道一線ある計り、他は船舶と自動車の便がある。國道延長三里餘、府縣道二〇里餘、主要町村道六八里餘あり。

本郡の物産は穀類一、三〇一、三二一圓。蔬菜六九六、八〇七圓。果實三〇七、六一九圓其他を合し農産物總計二、四三ものである。
五、九四八圓。水產物四、二三七、三五七圓等が其の主なる

都筑郡 本郡は縣の東北に位し東南は橘樹郡に接し、南は鎌倉郡に、西北は東京府南多摩郡に對して海に面する部分は全くない。其廣袤東西三里二十六町、南北三里三十二町にして總面積一一方里四〇九を有し、一二ヶ村に區劃す。

本郡には山嶽原野と稱すべき程のものなく、郡內到る處に丘陵起伏し其間に鶴見、谷本、恩田、帷子、早淵等の諸川貫流して其流域は平坦である。地勢は概ね西北に高く東南に低く東北は肥沃にして西南は稍瘦地である。然れ共其生產額は農產に於て三、一五五、六四三圓、繭及蠶絲類一、三二四、九四三圓畜產一六九、二八三圓、林產三二七、〇二五圓。工產四七七、三七七圓合計五、四五四、二七一圓を計上して居り現住一戶當り生產額は七六二圓六二錢、同一人當りは一二三圓八二錢に相當する。

本郡の戶數は七、一五二。人口四四、〇五〇人を有し一戶に付六人一六に當つて居る。

學齡兒童八、四二七人に對して現在小學校一九校あり在學兒童七、八五二人を算し就學步合は男女平均九九・六三の率を示してゐる。

鐵道は横濱線郡の中央部を横貫して中央京線八王寺驛に至るもの唯一線あるのみ。されど縣道縱横に走りこれに依る利便も亦尠くない。都田村は戶數八七四戶、五、一四六の人口を有し郡役所の所在地である。

足柄下郡 本郡は縣の西南に位し、關所と箱根八里で有名である。東は相模灘に面して太平洋の遙か渺茫の處に大島を眺め東北は僅に中郡に接し北は足柄上郡に隣す。西は函嶺を以て靜岡縣駿東郡に、南方は伊豆田方郡は界す。

酒匂川は相駿甲の境地に源を發して東南流し其支流狩川は箱根外側の水を集め、早川は其內側の水を溢來するものである。酒匂川の流域は本郡農作の主腦地にして北半の沙濱と南半の斷崖との中間の斜面は氣温無比の良地にして柑橘の果樹栽培と避寒避暑の好適地である。而して郡の廣袤東西六里一二町、南北四里。二〇方里〇〇七の面積を有し、三町二三ヶ村に區劃す。現住戶數一五、四六八、人口八九、〇九〇人。

左に本郡々勢の概要を示す。

(1)生產物年總價額 農產三、一七八、七九一圓。蠶業三二九一、五一二圓。林產一五九、六八一圓、水產二、九一〇、五

三〇圓、畜産一三一、三九〇圓。鑛産三〇四、五三七圓、工産六、七三四、六二九圓。以上合計一三、八一一、〇七〇圓。

(2)小學校二三、學級數二九〇、兒童數一五、二五二人、實業補習學校一五。

(3)温泉　箱根湯本温泉、同宮ノ下温泉、同堂ヶ島温泉、同底倉温泉、同木賀温泉、同小涌谷温泉、同蘆ノ湯温泉、同湯ノ花澤温泉、同姥子温泉、同仙石原温泉、同强羅温泉、湯ヶ原温泉、尙郡內名勝舊蹟多し。

小田原町は箱根山を控へたる要害の地にして明治維新前は大久保氏十一萬石の城下にして町に小田原城、御幸ヶ濱等あり今人口二四、八五二を有し郡役所の所在地である。

箱根山は駒ヶ岳、神山、双子山等を含む火山にして、前記の温泉各所に湧出し山中には蘆湖を湛へ縣社箱根神社、離宮古關址あり探勝入浴の客年を逐うて多い。

愛甲郡　本郡は縣の稍中央部に位し東は高座郡に界し、北は津久井郡に、西は僅に足柄上郡に接し、南方は中郡に隣す。

地勢概ね山岳部に屬するも相模川の流域は平坦である。斯の如き地勢に在る本郡には未だ一線の鐵道なく、交通の利便餘りに薄きも現在高座郡寒川迄開通し居れる相模鐵道は近き將來に於て本郡厚木に達すべく、目下馬車、自動車に依りて其目的を達しつゝある狀態に在る。

面積は一二方里三四四を有し周圍一七里〇三町に及び一町一六ヶ村を管轄する。其總戶數六、八九四戶、人口四〇、六二四人を有し郡民の大部分は農を生業として居る。

本郡の小學校は二一校一三七學級にして兒童數六、六二二、其の就學步合は九九・六〇の成績を示して居る。今本郡に於ける物產を示せば左の如し。

農産一、九一四、三七六圓。蠶絲二、七五〇、一四七圓。畜産二八八、八六四圓。水產三六、七四一圓。林產二五九、九七五圓、工産二三四、三二〇圓以上合計五、四八四、四二三圓。現住戶數一戶當生產額七九六圓。現住人口一人當同一三五圓。

厚木町は相模川の左岸にあり郡內第一の地にして今戶數九二六戶、人口四、七二四人を有し、郡役所の所在地で、厚木神社、長福寺、寶安寺、最乘寺等がある。

足柄上郡　本郡は縣の極西に位し全郡山を以て環らして土地一般に高く僅に酒匂川の流域のみ平坦、農作も此處に營まる。

東は中郡及愛甲郡の一部に接し、北は津久井郡と山梨縣に隣り、西は靜岡縣に界す。而して南方は足柄下郡に連り、其の周圍三〇里餘に及ぶ。現在面積二六方里五一を有し、縣下第一の大郡にして、戸數八、〇五五戸、人口四九、五八〇人を算し今、行政區劃を一町一八ヶ村となす。

抑々本郡はもと小田原藩知事大久保岩丸の所轄たりしが、明治四年七月の廢藩置縣に際して小田原縣に改まり同年十一月足柄縣に屬し更に同九年四月神奈川縣の所管となつた。

今、本郡の交通狀態を見るに東海道線郡の中央部を横貫して靜岡縣に入り、湘南鐵道は中郡二宮より同郡秦野に抵る間本郡の最東端一部の地を走つてゐるに過ぎないが近くに大磯あり、小田原あり、御殿塲あり又箱根の温泉を控へてゐる關係上其他の交通機關も相當に發達して車馬、自動車の來往頻繁である。

物產としては農產物の三、九八七、四三八圓が首位に居り蠶絲の一、五〇三、一六〇圓之に亞ぎ、工產物一、三九七、一八一圓、畜產物一一一、六七二圓、林產物四八〇、九一〇圓、水產物一四、六三九圓の順序である。

松田町は人口四、二九二人を有し郡の首都である尙櫻井村の二宮尊德翁生地と墓、足柄古關は有名である。

久良岐郡　本郡は縣の東南に位置し、東西に狹くして南北に延び、面積僅かに三方里に滿たず縣下小最の郡である。即ち東は東京灣に臨み、西は鎌倉郡と相對し、北は横濱市と橘樹郡に接し、南は三浦半島に界す。

地勢は概ね丘陵に富むも東京灣に面する地域は平坦にして勝地尠からず、中にも金澤村六浦莊村の地一帶は風光明眉を以て著はる。郡の中央部山地より發する淸戸川は北に流れて途中日野川を合せ、横濱に入りて大岡川と稱し、郡中第一の河川である。

淸戸川上流の西北に長野山あり海拔七二〇尺に及び郡中第一の高山に推し此地を中心として山脈四方に走り區劃自ら成りて五ヶ村に分れ日下村に郡役所を置く。

本郡往昔の郡域は神奈川、鶴見より川崎をこめ又西方は保土ヶ谷、二俣川の邊迄なりしが、北部の地は橘樹郡に編入され其後の調査に依れば一町四四ヶ村を管轄して居た。

明治二十二年三月市町村制實施に依り町村合併の結果一町八ヶ村となりしが其後も幾度か郡域に變遷ありて次第に縮少し今僅に舊域の約三分の一の面積を有するに過ぎぬ。

而して交通機關には自動車を有するに過ぎずして一線の鐵

路なく従つて至便と謂ひ得ない狀態にある。

今左に本郡勢の大要を示す。

(1)戸數三、三五四戸。人口男一〇、一〇六、女九、五三五、計一九、六四一人。

(2)小學校八校、兒童數三、五九七人、教員數七五人、就學步合男九九・二九、女九九・五四、平均九九・四七。

(3)物産　水産漁獲物一七七、三二五圓、米三一一、三五四圓、麥一〇一、三九四圓、食用農産物一五九、一三九圓、蔬菜二三三、三一三圓、果實及花卉一〇四、七二〇圓。

尙本郡内の名勝舊跡としては杉田の梅林、金澤八景、金澤文庫等がある。

中　郡　本郡は縣の稍中央に位し、東は高座郡に對し、西は足柄上、足柄下の二郡に隣り、北は愛甲郡に界し、東は洋々たる相模灘に面す。其廣袤東西四里三三町、南北五里二町、面積一五方里五八を有し、行政區劃を五町二二ヶ村に分つ。

國道一線、縣道二一線を有し、鐵道は東海道本線郡の南端、海に沿ふてを走り、湘南軌道線は郡の西部二宮驛より本郡秦野町に達す。

河川の主なるものは相模川にして、源を山梨縣南都留郡山中湖に發して郡の東部を南流し、下流は馬入川となつて相模灘に注ぐ、金目川は其源を本郡東秦野村に發し郡の中央部を流れて相模灘に入る、其の下流を花水川と稱する。

本郡内に於ける山嶽の大なるものを塔ヶ嶽とし海拔一、四九一メートルあり一名尊佛山と稱するもの是れにして、大日ノ峯之に亞ぎ其海拔一、二七〇メートルに達する。

小學校は三〇校あり、四二二學級にして就學步合は九九・八七を示して居る。其他縣立農業學校一、同高等女學校一、私立學校三あり、社會教育機關として教育會一一、青年團三一、同窓會二一、婦人會二二がある。

左に本郡の生産物及其價額を示す。

工産物九、二七七、八一一圓、農産物七、五八三、七三八圓、蚕絲類一、八〇八、六六九圓、畜産物八一三、〇九八圓、水産物七八〇、四〇四圓、林産物三三〇、六五八圓。

尙本郡の戸數は二〇、八〇四戸、人口一二一、〇九一人を算して居る。

大磯町は海水浴創始の地として世に著れ今人口八、五六九人を有して郡の首都であり、小餘の浦、鳴立澤、虎子石、高麗寺山等の勝地がある。

津久井郡　本郡は縣の最北端の一部を占め、東南は高座郡及愛甲郡に境し、西は山梨縣南都留、北都留の二郡に、南は本縣足柄上郡に接し北は東京府西多摩、南多摩の二郡に隣り、郡中山嶽多く殊に西南北の界最も峻嶮にして山嶽は藥師ヶ嶽（一名毘廬ヶ嶽又は蛭ヶ嶽）を以て郡中第一の高山とし、尙燒山丹澤山等の連峰ありて、概ね西南より東走して居る。又溪流多く河川縱横橋梁を架するもの漸く多きを加へたるを以て交通開けたりと雖も、鐵路は僅かに郡の北端一部を走るに過ぎず、從つて西北部山間の村落にありては不便なる地が多い。

　而して河川の重なるものを相模川、串川、道志川、早戸川の四流とする。相模川は其源を山梨縣山中湖に發し郡の北部を貫流して東南に奔り高座郡に入る、其両岸の風景絶佳にして、夏季都人士の遊覽するもの多く、道志川は横濱市水道水源地として有名である。

　郡の東端に城山あり一名寶ヶ峰と稱し古城跡あり、又內郷村に石老山あり古刹にして共に著名である。而して本郡の氣候は概ね順和にして氣温の最も高きは八月にして極暑平均八〇度內外にして其最低は一月の平均四十度內外である。

左に本郡勢の一斑を示して本稿を終ることにする。

(1)戸數五、四二七、人口三二、四九五、一戸當平均五人九八。

(2)土地官有地一二九七反七、御料地八八六反四、民有地二〇六四九反九。

(3)小學校二四校、一〇四學級、就學步合男九九・六八、女九九・七六、平均九九・七二。

(4)本郡に於ける各種の總生產額は五、一七〇、八九九圓にして其內譯は左に通りである。

　蠶絲類二、一五八、七三二圓、工產物一、五七八、一二九圓、農產九五二、四三六圓、林產物三五〇、九九七圓、畜產物一一八、五〇七圓、水產一二、〇九八圓。

　尙本郡々役所は中野町にあり。

香川縣

總説

地勢、氣象、土地及海岸線

本縣は讃岐本土及瀨戸內海に點在する三十有餘の島嶼より成り地積甚だ狹少にして、本土の廣袤僅に二十五里、南北十里、總面積一一九方里六五に過ぎずして、四國四縣總計面積一、二一〇方里の十分の一に及ばず、之を全國各府縣面積に比すれば四十五位にある。

此の飛鷗の形をなす讃岐は、四國の東北隅に位し南は山嶺を以て德島縣に界し、西南は愛媛縣に接し東北西は瀨戸內海を隔てゝ兵庫、岡山及廣島の三縣に相對する。

地勢は東西北の三面は、海に面して海岸線の延長本土は五一里、蜿蜒屈曲して岬角浦灣をなし、海峽には大島小嶼碁布散在して其海岸線小豆島の最大延長二八里を合し一二六里餘に及ぶ。而して高山大川の誇るべきものなく、德島、愛媛兩縣の國境に一條の山脈東西に連互し其數三十餘峰ありと雖も其最高峰と稱せらるゝ鷹山は僅に海拔三、九〇〇尺に過ぎない。

河川も亦概ね阿讃の國境山脈地帶に發源し北西海に注ぐもの二十餘流あり、鄉東川、土器川、綾川、財田川等は其主なるものであるが、流域十里を出づるものなく、河幅甚だ大ならず且平素は涸渇して水利の便乏しきを以て、縣下處々に溜池を設けて灌漑の便に供し、其數大小一七、三五一、總面積八三一町步に達し、就中最大なるは滿濃池である。周圍二里二五町、面積一〇〇町步にして其灌田面積一、五〇〇町步に達する。斯の如きは全國に其例を見る事が出來ない。

氣候は概して温暖である、之れ地勢の然らしむる所にして則ち讃の東西を通じて北部は內海を流るゝ温潮の爲に自ら緩和せらるゝも、南するに從て氣温の較差次第に加はり、霜雪の如きも先づ南方より初まると例とする。又雨雪の量も北部沿海の地には最も少く、南に增加し南境山岳の部分にありては殊に甚敷い。されば本縣は四國中雨量最も少い地で、俗に讃岐旱魃に米買ふなと云ふ程にて、盛夏の候は往々旱魃に苦しむ事がある。冬期は西風頻りに吹荒び、而も其時間の長くして風力の强きこと、亦四國附近に其の比を見ない。

如上の原因は種々ありと雖も本縣の地勢と位置とに關係し

就中、四國主山脈の爲に支配せらるゝ事最も多い。

大正十三年末に於ける民有土地反別は一四一、四九九町歩にして其内有租地の地目反別は左の如し。

田	三九、八四八、〇五町
畑	一〇、九六八、三九
宅地	四、八四八、二九
山林	七八、〇七七、〇五
原野	二三七、八一
鹽田	八九二、二二
池沼	五二、一〇
其他	七三、八七
計	一三四、九九七、七八

沿革、行政區劃及戸口

本縣は元高松、丸龜、多度津、津山（岡山縣）の各藩及舊幕領にして、明治四年二月に至り多度津藩を廢して倉敷縣に合し、四月舊幕領及丸龜藩を丸龜縣に合併した。同年六月津山藩を廢して津山縣を置き、七月高松藩を高松縣と改め十一月津山縣を北條縣に併す。此月新に香川縣を置き、讃岐一國は擧げて其所管となつた。

明治六年二月香川縣を廢し名東縣（徳島縣）に合し、八年九月再び香川縣を置き九年復廢して愛媛縣に合し、同廿一年十二月更に又舊に復し、香川縣を置く事前後三回である。

現在縣內を高松市、丸龜市、大川郡、木田郡、小豆郡、香川郡、綾歌郡、仲多度郡、三豐郡の二市七郡に區劃し、更に一七四町村に分つ。

其戸口は大正十三年末現在に於て、戸數一四〇、七一九、人口七一六、〇三五にして、一戸平均五人强、人口密度は一方里當り五、九八四人に達し、大都市を包含する府縣を除いては實に全國に冠たるものである。今縣內一角の高地に據りて展望する時は人家相接續して內海沿岸一帶の平野を縫ひ一縣一國恰も田園都市を見るの感がある。

而して管內人口稠密度の最も高きは、高松市の九二、五一四人にして、丸龜市の四一、〇七六人之に亞ぎ、最寡は大川郡の四、一二四人である（一方里に付）

更に大正十二年末現在に於ける職業別に見たる戸口を擧ぐれば左の如くである（但し本業のみ）

農業	七三、三五一戸	四〇八、二九九人
漁業	六、六四二	三四、三六八

製塩業	一、五九七戸	一〇、一〇八人
工業	一三、七七一	六五、七二一
商業及交通業	二三、七三四	一〇九、五五三
公務及自由業	七、七九七	三五、一四九
其他	一〇、八六六	五一、二二九

尚縣內人口一萬以上を有する町村は左の三町である。

綾歌郡坂出町	一七、四八〇八
仲多度郡善通寺町	一六、二〇四
三豊郡觀音寺町	一六、〇〇〇

財政

(1)縣經濟　本縣の財政は分縣以來時運の進展に伴ひ、敎育に產業に土木に衞生に其他必要に應じ年々諸般の事業、施設增進し、大正十二度の決算額は實に四、五四〇、一二七圓の巨額である。之を十年前の大正三年度の經費に對比すれば約四倍の額に達し、左の內譯に見る通りである。又縣民の租稅負擔平均一戸當は約二十四圓とす。

警察費	四八六、〇六一圓
敎育費	一、一六八、三一三
勸業費	二八八、二〇五
土木費	五四一、七三一圓
郡役所費	一五〇、二一四
縣債費	二九二、〇四〇
其他	一、六一三、五六三
計	四、五四〇、一二七

(2)市町村經濟　市町村財政は財產の收入に依るを本旨とするも該收入の多くは之を市町村稅に俟つの實況にある。今大正十二年度決算額を示せば左の如し。

	市	町村
役所役場費	一五六、八四九圓	九四四、五〇九圓
土木費	七〇、六一七	一五〇、五〇一
敎育費	四二四、七三六	二、〇九八、四七八
勸業費	八、八〇八	一三、二七三
衞生費	五〇、三六五	一四八、三〇九
警備費	一五、七一四	三四、六三八
其他の支出	一六〇、八九〇	一、一七一、七四八
計	八八七、九五〇	四、五六一、四五六

(3)租稅　本縣に於ける大正十三年度の租稅總額は一二、九二一、三五八圓に達し、之を國縣市町村別として其決算額を示

せば左の如し

	總額	現住一戸當
國税	五、八一三、七〇一圓	四一、三一圓
縣税	三、三四二、三五一	二三、七四
市町村税	三、七六五、三〇六	二六、〇四
計	一二、九二一、三五八	九一、八二

(4) 財産　縣下市町村に於ける基本財産に關しては、各市町村何れも蓄積條例を設けて之が造成を圖り、尚縣は部落有財産或は共有財産の整理統一を奬勵すると共に、一面官行造林縣行造林を奬めて林野の施設保護と財産の増殖とに努めてゐる。大正十二年度末現在の基本財産總額は左の如し。

	基本財産	特別基本財産
縣	―圓	二、七六九、八五六圓
市	二〇、八四九	二七、四七六
町村	二、九一七、〇二三	六七二、七〇八

(5)公債　大正十二年度末各公債の狀況は左の通りであつて災害の復舊費、高松港修築費、道路改良費並市町村に轉貸を目的とする自作農創設維持住宅施設費等に充てる爲め、大正十二度末迄に起したる縣債は其額二、九五二、四〇〇圓に達し又市町村債の總額は一、七七〇、七七一圓である。

縣	土木費	二、六三八、四〇〇圓
	社會事業費	三一四、〇〇〇
	計	二、九五二、四〇〇
市	敎育費	二二五、〇〇〇
	土木費	一三、〇五〇
	上水道布設費	一、一九五、〇九二
	社會事業費	一〇六、四八七
	計	一、五三九、六二九
町村	敎育費	八二、八三九
	土木費	八、三〇三
	社會事業費	一四〇、〇〇〇
	計	二三一、一四二

都市計畫

高松、丸龜兩市は本縣に於ける二大都市にして、最近商工業の發展と接續村の合併に依り、市勢駸々として上り、其戸口の如きは、前者は一四、二五八戸、六三、七四〇人、後者は六、二五二戸、二七、一五二人を算するに至つた。而して商工業の發達と交通機關の整備は隣接村にも及び、各種工場は設立せられ都市計畫の必要を感ずるに至つた。

大正十四年三月勅令を以て兩市とも都市計畫指定都市に編入せらて以て港灣の修築、水道工事、街路整理の計畫等幾多の事業を抱懷し或は竣成し、都市計畫への道程を急いてゐる

社會事業

近時社會狀態の推移と進歩とは社會事業の振興を必要とし本縣に於ける社會的施設も亦尠くない。今縣下に於ける社會事業の主なるものを揭ぐれば大略左表に示す通りである。

感化事業…香川縣立斯道學園、斯道學園助成會
釋放者保護事業…財團法人讚岐修齋會
公設市場…丸龜市公設市場、屋島村公設市場
方面委員…財團法人丸龜鷄鳴學館、帝國在鄕軍人會高松市聯合分會
日用品購買業…産業組合法に依るもの七四
住宅施設事業…高松住宅購買利用組合、丸龜建築信用購買利用組合、高松住宅組合、高松甲子住宅組合、土庄住宅組合、市營住宅五〇戸、町營住宅六一戸
一般的社會事業…財團法人高松共濟會、同鎌田共濟會、同松平公益會、香川郡地方改良協會
育兒事業…財團法人讚岐學園、同海南慈善會。
授産事業…尙武義會
職業紹介…市立丸龜職業紹介所、財團法人高松共濟會經營高松職業紹介所、
特殊敎育…香川縣立盲啞學校、財團法人丸龜鷄鳴學館
救療及衞生　三豐施療病院、財團法人香川縣結核豫防會、財團法人丸龜鷄鳴學館救濟會、大島療養所

敎育

敎育に對する縣民の自覺徹底し、當局亦之に向て全力を致し年と共に敎育機關の增設擴張行はれ、初等、中學敎育方面に於ては勿論、實業敎育に關しても良好の成績を收めてゐる左に順次之が說明を試みる。

(1)初等敎育　國民文化の基礎を建設すべき初等敎育の充實完成は急務中の急務である。縣は敎員の素質向上、貧兒救濟の施設、學校衞生及體育、敎育費の增額等に意を致し、之等事業の達成を期して居る。

現在小學校數は尋常校四六、併置校一七一、高等校二、計二一九校、學級數二、四三七、在籍兒童一二一、五七六八、就學步合百分中九九・三〇を示し、其前年の大正十二年度に比

すれば〇・〇二の増加である。而して各校多くは高等科を併置し又一學級平均兒童數は四九人八九に當る。

敎員總數二、八一四人、正敎員の學級に對する配置步合は八四八四二にして全國中優位にあり。又本科正敎員一人に對する兒童數は尋常校六一人六三、高等校四七人二一とす。

大正十三年度小學校敎育費總額は二三〇萬圓、一校に對して一〇、四二九圓、一學級宛九五六圓、兒童一人宛一八圓八三となる。之を全國平均に比すれば、一校に付九四圓、學級に付二三四圓、兒童一人付四圓四八少い。

補習敎育も亦普及し各市町村全部補習學校の設置を見、校數現在二〇四校、生徒一六、〇七三人を有する。而して經常費八三、二六二圓にして一校平均四〇〇圓となり、全國平均よりも一一二圓少く、又專任敎員配置步合は六校に一人の割であるが、全國平均は二校半に一人の割合である。

(2)中等敎育　近時一般父兄及兒童の向學心旺盛となり、中等學校入學志願者は年々增加の一方であつて、小學卒業者の中等學校就學步合は全國第三位に在る。而して縣費負擔敎育費縣歲出總額に對する百分比は全國中上位にあり、敎員給支給額も亦全國の優位にある。

現在中學校は縣立五、組合立一、私立一、高等女學校縣立七、市立一、私立八、商業學校縣立三、市立一、町立一、縣立農業學校四、同工藝學校一、同航海學校一、同盲學校、聾學校二、同實業補習學校敎員養成所一の散在を見てゐる。

而して縣立中等學校の經費を見るに、大正十三年度經常費總額中學校二一〇、九七七圓、高等女學校一七二、五五九圓實業學校二七五三三一八圓で之が一校當經費を全國の平均に比すれば、中學校に於て三、一八八圓、高等女學校に於て四、九二一圓少い。

(3)師範敎育　本縣には男女師範學校各一校あり、各校共二部制を採つて居る。學級數は男一部一三、二部二、女一部五、二部二の設備を有し、現在生徒數男校五一四人、女校二七〇人を算する。

大正十四年度豫算に依る經費總額は男校一一三、二六三圓（附屬小學校を含む）女子校七五、七六七圓（坂出高等女學校及附屬小學校を含む）となる。

(4)官立學校　高等專門の敎育に官立高等商業學校がある。大正十二年十二月より開校し、同時に生徒を募集し、翌年四月廿四日より授業を開始し、同年十二月廿四日を以て全部の校舍建築を終つた。

現在六學級、三一八名の生徒を收容して居る。

(5)社會敎育其他　社會敎育は近時益々發達し、各町村に靑年團一九八、團員三六、一〇一八、處女會一九五、會員二萬千を超える。其他幼稚園公立一〇、私立八、圖書館九六あり。

産業

本縣の生産總額は最近五ヶ年平均一二五、五七〇、一〇八圓にして、産額の多きは農産及工産である。之が大正十三年末現在の生産額を掲ぐれば左の如し。

農産	五四、六一三、七一七圓	百分比　四一・八
畜産	二、五二八、九一三	一・九
林産	一、四二三、五一三	一・一
鑛産	一、二〇八、四一二	一・〇
水産	一二、三八六、一六〇	九・五
工産	五八、二〇五、三二一	四四・七
計	一三〇、三六六、〇三六	一〇〇・〇

(1)農業　農業は本縣産業の大宗をなし、縣下農耕地面積は五〇、六二二町歩に達し縣内全面積の約二割七分を占め、其内七割三分は二毛作田である。されど農家戸數八萬八千戸に對比すれば一戸當面積僅に五段七畝餘歩に過ぎず、土地利用の度は其極に達して居ると云ふ事が出來る。

農産物の主要なるものは米麥にして、其産額は年々總生産額の四割乃至五割を占め、又生産數量の内米にありては約三割五分麥は約三割を移出する。從つて米麥の豐凶、價額の高低は縣經濟の消長に及ぼす影響頗る大である。之に亞ぐ農産は繭、果實、甘藷等とする。

本縣に於て耕地整理法實施以來整理施行の認可を與へたる地區總數一一二、此面積四、七八二町歩餘にして、縣下耕地の總面積五〇、六二二町歩に對し整理の必要を認むるもの極めて多い。

大正十三年中産額五十萬圓以上の主要農産物は、左の如し

(但し表中同年中に五十萬圓に滿たざるものをも掲ぐ)

米	八五三、〇二二石	三五、八八三、五五一圓
麥	六二二、四八一	一〇、九八九、〇一一
蠶豆	二二、八五〇	四七五、一二二
甘藷	三、八〇〇、九九五貫	六二〇、六三一
靑芋	二、〇六九、一二九	五三二、七〇六
蘿蔔	七、五七二、二八六	五一七、四八七

甘蔗	三、四六五、七一九貫	二七四、四八三圓
果實	――	一、一三二、五二一
繭	二五三、三七三	二、四二六、四六〇

尚本縣の特産オリーブは東洋各地に産するを見ない。之が本邦に於ける栽培は古く文久年間より行はれたるも生産を擧ぐるに至りしは明治四十年農商務省が本縣外二縣を指定し試作せしに始まつて居る。爾來二十餘年本縣に於ける成績は極めて良好にしてオリーブ油、オリーブ鹽藏佳品を産するに至つた。栽培地は縣立農事試驗場經營の小豆郡西村に於ける一町七反歩と其他縣下各地民間の栽培約三町五反餘にて、生産は精油年平均三石、鹽藏約二石にして逐年增加の傾向にある。

農事方面の機關に農事試驗場、穀物檢査所等がある。

(2)畜産業　畜産業の最も盛なるは三豐郡にして仲多度郡之に亞ぎ、高松市、綾歌郡等の順序に在る。大正十三年末現在の畜産總額は二百五十萬圓を超え、縣下産業界の第四位に居る

畜産の主なるものは牛、豚及鷄にて其生産年二百五十萬圓餘に達する。而して畜牛は農家の四割五分に普及し、勞役採肥をして自家農業に自給しつゝ育成、育肥又は犢の生産を圖る外、輓近農家共同經營に依る餘乳利用の副業を爲すもの增加するに至つた。

養豚は小豆大川兩郡に最も多く生産飼育の上阪神地方へ移出するものである。養鷄は副業として農家の五割に普及し其一戸當飼育數は十羽未滿のもの七千餘戸、五十羽未滿のもの五千戸、五十羽以上は數ふるに足らず、又專業的のものも稀である。又鶩の飼養戸數は三百戸に過ぎない。

主用畜産物

	飼養數	出産數
牛	三八、七〇五頭	二、八四八頭
豚	一二、一〇八	九、〇三五
鷄	一七八、八六八羽	二三、九四八、二三六卵
雛	三四八、三一五	――

(3)林業　本縣の總面積は一八六、〇〇〇町歩餘內林野面積は九六、五〇〇餘町歩にして約五割三分に當り、之を一人當りにすれば一段三畝歩に過ぎない。而して阿讃國境地帶の如き植物の生育良好にして、針濶混淆林及人工美林を見るなど面積の大部分は樹林地帶なるも其多くは赤松林に化し、甚敷は禿赭地に變じて水源涸渇し、比年旱魃又は洪水の慘害を蒙つて居る現狀に在る。

縣は之が豫防をなし併せて林業の發展を策し、明治三十五年以來造林奬勵に努め縣民をして造林及愛林の思想啓發に勗め或は部落有林野の整理統一、入會林野の整理、模範林事業個人造林奬勵をなし、又は樹苗圃設置の奬勵、公有林造林補助及林野縣行造林、荒廢地復舊工事、林間裸地造林等に意を致し着々其成果を收めつゝある。

今上記面積を森林所有別に區別すれば

國有林　九、二四〇町
公有林　二八、八六三
社寺有林　二、三三〇
私有林　五六、〇六二

となり、又更に林相別に見れば左の數字を示してゐる。

樹林地　七三、九〇七町
林間裸地　一七、五一三
未立木地　三、三〇〇
荒廢地　一、七七五

民有林野の開墾は逐年其面積を増し、田、畑、宅地、其他形質の變更等にして、大正十二年中に於ける開墾面積は公有四町五、社寺有一町三、私有五七町、計六二町八反歩である。

又同年の民有林野の人工造林は新植針葉樹一五〇町九反歩七七〇、九八〇本、濶葉樹三二町五反歩、一五八、〇九五本竹林二町七反歩、一、九八〇本となり、補植は針葉樹八七、七〇〇本、濶葉樹一七、八五〇本にして、其前年に比すれば新植に於て三四〇、三五六本を減じ、補植に於て四五〇本の増植となつてゐる。

尚大正十二年の縣林産物を掲ぐれば左の如し。

用材　六三六、〇〇〇圓　薪炭材　七二二、八三五圓
竹材　七七、九三七　林野産物　四五九、一七五

(4) 鑛業　本縣の鑛産物としては石材を主なるものとし、之が採取は古くより行はれ、小豆島石材の如きは大阪築城の當時多く採取せられたる歷史を有する。其他各郡よりも産出を見るが小豆郡を以て尤なるものとする。

石材中小豆郡より産出する花崗岩大部分を占め、亞で數ふるべきは同郡に産する石炭である。

大正十二年の鑛産總額は

土石類　一、二六〇、四八九圓
石炭　三、一三二
計　一、二六三、六二一とす。

香川郡直島村には直島精煉所あり、三菱鑛業會社の經營にして、九州、奥羽の諸地方に産する金銀、銅、鉛等の製煉をなし、大正十三年中の製煉總額は、三、六六四、五三五圓に達す。

(5) 水産業　本縣は三面環海にして大小の島嶼散在し、海岸線延長本土は五一里、島嶼は一二六里に達し、本縣沖合に於ける漁業面積は六百方哩餘に及ぶ。而して各都市共海に面し海岸は殊に屈曲多く港灣に富み、船舶の繫留避難に適すると共に他面又淺海遠く連りて介類の發生育養に適し、藻類の繁茂は稚魚の保護育養を助ける。

流入河川は十指を屈し以て淡鹹調和して魚の餌料たる小形動物の發生を促し、島嶼の碁布は潮流を激せしめ以て魚族を誘致し水族頗る豐富である。加ふるに千五百町歩の鹹水養殖場と一萬七千有餘の溜池を有し、漁獲、養殖共に盛である。

本縣現在の漁船は七、二七一隻、漁撈者二一、七二八人、水産製造業者二、一五〇八人、同養殖業者一八〇人、漁獲總價格は統計に依れば三百萬圓に過ぎざるも、實際に於ける縣内漁獲高は六百萬圓、縣外即關東洲、朝鮮等の漁獲高は百五十五萬圓にして、合計七百五十萬圓に達する。

養殖業は無數に散在する灌漑用の溜池を利用して鯉、鰻、鯔、鮒等の養殖行はれ、漸次收約的の方法に依るに至つた。

本縣は近く京阪地方を控へ且水運の便多きが故に、漁獲物は生鮮の儘輸送し、從つて水産製造は比較的發達しない。

左に大正十二年中の水産物價額を掲げる。

水産漁獲高	鯛	六四五、〇一五圓
	鰆	三五〇、九六二
	鰕	一五一、一〇〇
	鰮	一九九、六五九
	其他	一、五六一、一五三
	計	二、九〇七、八九〇
水産製造高	煮乾	四二一、五九四
	蒲鉾類	三七六、二七一
	其他	一五五、三四六
	計	九五三、二一一
水産養殖高	鯉	一二、五一八
	其他	三二、一二三
	計	四四、六四三
遠洋漁業高		一六九、一〇三

水産試驗場は斯業の機關にして、水産組合、漁業組合等と相呼應し、水産業の改善進歩を圖り、漁村の振興發達に努めつゝあり。

(6)工　業　本縣の工業は輓近の發達に係り、施設經營の如き明治四十二年始めて勸業七年計畫樹立と共に其端緒を顯したるに過ぎない。爾來交通機關の整備と電氣事業の勃興に伴ひ漸次助長され、社會時局の影響を受くるに及んで亦著しく殷賑を來した。

現在工場四九二（五人以上の從業せるもの）職工九、六一六八を算し、大正十二年中の工産總價額は四八、九八七、八二五圓に及び、縣産業の四四・七パーセントを占め其首位に居る

今大正十三年中の産額百萬圓以上のものを左に揭ぐ。

醬油	八、七九四、四二四圓	綿絲紡績	四、〇二七、〇二六圓
清酒	四、七三〇、八二〇	木製品	三、〇二〇、八四八
織物	二、一四一、四六一	藁製品	二、五四四、九七四
和紙	一、八九四、五二一	麥稈眞田	一、四一三、〇二五
瓦	一、二四四、五三八	飴菓子	一、六一六、八二二
麵類	一、一七〇、二〇一	蠶絲類	一、六六七、二五三
麥粉	二、五九九、一二六	扇子團扇	一、六七二、〇一九
傘	一、二三〇、〇八九		

尚人口稠密にして手工に長ずる結果、家庭工業として頭角を著して居るものも尠くない。彫拔細工品（年産額五二六、四四六圓）砂糖（年産額一、一九四、三六九圓）等は本縣の特産物である。

(7)製鹽業　本縣鹽業の起源に就ては正鵠なる記錄なきも、沿海屈曲に富み、海潮干滿の差多く且つ氣候温暖にして四季雨量寡なき等製鹽に適する地勢を有する點より考慮せば往昔既に相當盛況にありしを想はせる。

近時世運に促されて企業組織の變更改善せらるゝもの相生じ、現在會社組織のもの二十一、資本金二、九二五、〇〇〇圓に達して居る。主産地は綾歌郡を第一とし、木田、三豐之に亞ぐ。大正十三年縣下の鹽田總面積は一、二九七町歩にして、高松丸亀兩市の近郊及木田郡屋島村、綾歌郡坂出町、宇多津町、林田村三豐郡詫間村、仁尾町には各五〇町歩以上の大鹽田がある。同年中の産額は二六九、七五二、八一八斤、價額八、三五五、九五五圓にして、全國産額の約三割に當つて居る。

尚、工業施設機關に工業試驗場、敎養機關に縣立工藝學校がある。

(8) **商　業**　本縣は瀨戸內海に面し地勢上商業地に適するも由來大商業地たる阪神に近邇せると交通諸般の關係から反て著しき發達を爲さず只傳統的商業たるに過ぎない憾があつた然るに近時海陸共に交通の便開け各種商工業相亞いで興り物資の集散從て增加し、高松、丸龜、坂出町を中心として縣下の商況又長足の進歩をなし、縣外は勿論、滿鮮、シベリア地方との商取引を開始するに至つた、殊に大阪、神戸、名古屋、岡山、尾道、廣島、愛媛縣下各都市及九州、北海道方面との取引は最も盛に行はれてゐる。

現在の商業戸數は三四、六五六戸にして縣下總戸數の二割五分を占め、人口は一三二、八五六人である。

縣下高松、丸龜、坂出、多度津、坂手五港の輸移入總額は四三、九二八、九八四圓、輸移出總額三八、七七四、二八四圓にして其內譯左の如し、

輸移入	農産物	四、四四六、〇二三圓
	畜産物	五一七、一六二
	水産物	二、七〇七、三四七
	林産物	四、三三五、八四三
	鑛産物	二、一二一、八〇七
	工産物	二九、八〇〇、八〇二円

輸移出	農産物	一一、六六〇、〇五一
	畜産物	九〇七、三一六
	水産物	六、七四四、二一三
	林産物	二八六、〇一五
	鑛産物	九三、五三六
	工産物	一九、〇八三、一五三

商業會議所及商工會、商工聯合會は斯業の機關であり、敎養機關に商業學校あり、又重要物産同業組合、商品陳列所もある。

(9) **會社、銀行、工場、産業組合**

イ、銀行　近時商工業の發隆に伴ひ金融機關として縣內銀行の業務發達し、金融上に貢献する所大である。大正十三年末現在縣內に本店を有する銀行一二、他府縣に本店を有し管內に支店を有するもの一七である。而して貯蓄銀行一行を除き他は普通銀行にして、資本總額一九、五三〇、〇〇〇圓、預金高一六八、九二六、六二七圓、貸付高八三、四二一、〇八八圓に及ぶ。

ロ、無盡業　株式會社二、合資會社一、個人經營一、資本金

一三〇、〇〇〇圓。

ハ、會社數（大正十三年末現在調）

業體別	農業會社	四	組織別	
	工業會社	一四五	株式會社	二一七
	商業會社	一〇八	合資會社	六五
	運輸會社	—	合名會社	二二
	水産會社	—	計	三〇四
	鑛業會社	一		
	計	三〇四		

ニ、工場數（大正十三年末現在調）

業體別	染織工場	四三
	機械工場	四二
	化學工場	一〇二
	飲食物工場	一六〇
	其他工場	一四三
	計	四九〇

ホ、產業組合　本縣の產業組合は明治三十五年香川郡佛生山町に於ける有限責任佛生山信用組合の設立を以て嚆矢とし爾來其發達遲々たりしが、明治四十年以降銳意之が普及發達を圖りたる結果、其數漸增し地方產業振興上多大の效果を擧ぐるに至つた。大正十二年末現在數左の如し。

組合數	一八五組
組合員數	六二、三〇一八
出資口數	一八一、九一九口
拂込出資額	二、〇四二、六八三圓
積立金	七三三、〇五九
貯金	七、四七二、九一五
貸付金	八、四七四、〇四〇
販賣額	六九〇、五七九
購買額	二、二六九、〇五一

土木、交通、運輸、通信

海陸交通の現狀を見るに本縣は其地勢概して峻嶮なる爲め陸上交通は便利なりと謂ふと得ない。されど海路は灣港、船舶の數多く陸路に勝る事數等である。

大正十一年度末現在國道三線延長三六里三〇町、縣道延長一〇〇里、其他市町村道に屬すべきもの一六〇里は縣內縱橫し車馬の通せざるもの稀なるも、必ずしも近時の交通と新時代の交通機關とに適せざるを以て第一期（四線二一里、二二四萬圓）第二期（五線一九里、一、五二九、五〇〇圓）の改修計劃を樹て十五ヶ年繼續事業とし、三、七六九、五〇〇圓を投じて目下之が改修を實行しつゝある。

尙施行中なる高松港改修完成の曉、新棧橋と高松市主要部とを連絡せしむべき臨港道路の築設は、經費四〇萬圓を以て大正十四年四月竣工を見るに至つた。

鐵道讃豫線は一は高松と伊豫大井間七六哩八を運轉し、延長して將に松山に達せんとし、一は多度津より分岐して本縣仲多度郡財田を結ぶものである。此線は四國縱貫鐵道琴平、池田、山田間五九哩の一部にして近く徳島縣池田に連絡せんとして居る。

更に政府は大正九年度より十七年度に至る九年計畫として四國循環鐵道第一期線高松、徳島間四九哩の建設費を計上し既に高松、志度間は開通し、徳島に通ずる近きにある。

電車は高松志度間、高松長尾間、丸亀琴平間及多度津善通寺間に架設され延長計約三四哩に達する。又乘合自動車は縣內各所にありて各地との交通を助けて居る。

而して海上の交通は陸上に比して稍勝り、鐵道省連絡船を以て高松宇野間を運航し、尾道連絡船、下津井連絡船等によりて中國、九州との連絡をとつて居る。剩へ沿海各港には日日汽船の定期寄港ありて阪神、三備、愛媛、徳島、高知への運輸航行の途開けた。されど港灣の改修全からざる爲め港灣の能力不充分である。玆に於てか本縣は曩に港灣調査會を組織し之が調査に着手した。

大正十年高松港は內務省第二重要灣港に編入され、近年國庫補助百十萬圓を得、總工費二百二十萬圓を以て修築工事を計畫し、大正十一年度より十六年度に亘る繼續事業として工事施行中である。之が竣成の曉は四國鐵道の完備と赤俟つて名實共に四國の關門として運輸航行史上一新紀元を劃するに至るであらう。

尙、高松、多度津兩港を始めとし、丸亀、坂出、坂手の主要港の入港船舶は大正十二年中六二、一三五隻、八、七三五、一一二噸に及んだ。

通信事務も完備に近つき、長距離電話、海底電線の沈架も夙に實現せられ以て萬里比隣の便を得るに至つた。電信の一年發信度數五九七、九七八、著信度數六一四、八二二、郵便の引受、配達計七、六八〇萬餘、電話加入者數二、六九〇、通話數一〇、五二二、八六六の多きに達した。

警察

本縣の警察區劃は警察署一〇、同分署七、巡査部長派出所二、巡査駐在所一九六、巡査派出所一三、水上派出所四を置き、警視三、警部一八、警部補二三、巡査部長五七、巡査三七一、計四七三人の現員を配置し以て一般警察事務を管掌する。大正十二年中の犯罪件數は七、九五五件に達し最も多きは横領、詐欺及脅喝窃盗の罪にして犯罪數の大部分を占め、檢擧件數は六、八三七件、此人員三、三九五人とある。

而して事件發生の多きは高松警察署の四、九八六件、丸龜四九四件、之に亞ぐは坂出の三五〇件である。

消防機關には消防組一〇八、組員九、一八四人、自動車喞筒一臺、ガソリン同四臺、腕用同二三六臺あり。大正十二年中の火災度數は一九八回にして、失火最も多く一八二件、其他は放火、雷火不審火等である。月別に見れば一月、二月、八月、十二月は最も多い數字を示して居る。

衛生

本縣に於ける傳染病は古き歴史と悲慘なる經驗とを有せるが、近來漸次減少の域に進み、赤痢の如きは頓に減少したるも腸チブスは多少増加の傾向にある。縣は常に是等傳染病に對し豫防施設を細密嚴重にし、一面各種機關及機會を以て縣民衞生思想の向上啓發を計り、且飲用水井泉、便所、飲食物取締等を勵行し爲に其効果見るべきものがあつた。

今大正十三年末に於ける衞生關係機關を擧ぐれば左の如し

病院	九	看護婦	七八四人
娼妓病院	二	藥劑師	八一
傳染病院	五	製藥者	五三
隔離病舍	一三五	藥種商	一三八
醫師	三九七人	柔道整腹術	一二
齒科醫師	九四	鍼灸術摩	一、三一五
產婆	四六七		

大正十二年中の傳染病罹病者は一、一九〇人にして内三五六人の死亡者を出した。內譯は左の通りとす。

	患者	死亡		患者	死亡
赤痢	二五五	五八	パラチブス	二四	三
疑似赤痢	一一八	三〇	ヂフテリア	八八	三八
疫痢	一二三	一一三	猩紅熱	一〇	一
腸チブス	四九二	九五	痘瘡	三一	七
右疑似症	四二	八	流行性腦脊髓膜炎及疑似症	七	三

社寺

イ、神社　大正十三年末に於ける神社數二、ノ五二八社、神職は僅に一八三人にして、祭祀の執行に缺くる憾あるを以て明治三十九年以來維持困難なる神社は之を合併し、存續神社の基礎確立を督勵しつゝあり。神社中最も完備し參拜者の多きは國幣中社金刀比羅宮とす。神社及神職左の如し。

社格	神社	神職
國幣社	二	九人
縣社	一一	一七
鄕社	七九	八三
村社	二四五	六七
無格社	二、一九一	七
計	二、五二八	一八三

ロ、寺院　大正十三年末に於ける寺院數六一五、住職五三七人である(佛堂及副住職を除く)

本縣は眞言宗の開祖弘法大師の出生地として眞言宗の信者多く、又寺院も同宗に屬するものが多い。仲多度郡善通寺町なる善通寺は實に弘法大師の誕生寺である。同派に屬する巨刹として金剛峰寺、讃岐別院、三谷寺、志度寺等がある。之に次で眞宗の信者多く、同宗派に屬する巨刹としては興正寺別院、敎專寺等がある。

大正十三年末の寺院及住職は左の如し。

宗派別	寺院	住職	宗派別	寺院	住職
天台宗	二一	一三人	曹洞宗	四	三人
眞言宗	二六九	二二九	眞宗	二四一	二二七
淨土宗	二七	二〇	日蓮宗	三二	二七
臨濟宗	二〇	一七	時宗	一	一

ハ、敎會　本縣民は古來深く佛敎を信仰するの風習あり、從て敎會の發達遲々として振はずと雖も尚左の數字を示す。

基督敎	一三	神理敎	三
神道	九	金光敎	二六
黑住敎	二〇	天理敎	七一
大社敎	四	計	一四六

高松市

香川縣廳の所在地にして、縣の中央北端に位し地勢平坦香東川其西を流れ本市水道の水源地を爲す。西南は丘陵起伏して自然の風致を具へ、紫雲山下に天下の名稱栗林公園がある北は瀨戸內海に臨み、東に近く屋島の翠黛を望み雌雄二島其前面に横はる。此間海波靜穩にして漁舟に宜しく航行に便なれば、汽船の來往舟楫の游弋絕ゆる事がない。

市の入口なる高松港は四國關門の衝に當り、西北一一浬を隔てゝ岡山縣宇野港と相對し、本土、四國鐵道連絡の航路にして最近貨車航送の便がある。

本港は曩に築港竣りて海面遠く防波堤を築き、港內八萬餘坪、干潮尙十二尺の水深を保つ。近年內務省は本港を重要港灣に指定し、國庫補助百十萬圓を得、總工費二百二十萬圓の巨費を以て修築工事を計畫し、大正十一年度より十六年度に亘る繼續事業として工事施行中にして、之が竣成の上は四國鐵道の完備と相俟つて四國運輸交通の關門となり、港の面目を一新すべきは言を俟たぬ。

現在は宇野間の連絡航路の外、大阪商船、宇和島運輸、攝陽汽船の各社、尼崎汽船、住友汽船等の寄航港にして、每日數十艘を下らない。

陸路の交通も比較的便利にして、本港を起點として東に電車、西に汽車の便あると、四國循環鐵道第一期線たる香德線は大正十二年一月起工、目下工事中にして、本市と志度間は己に大正十四年八月一日開通を見、德島との接續も近きにある。

抑々本市は舊高松藩の所在地にして松平氏の治下にあつたが、明治維新の廢藩置縣と共に高松縣を置かれ又阿讃を連ねて名東縣となし高松に支廳を置いた。

明治五年始めて香川縣を置き、同六年二月又名東縣となり八年九月再び香川縣となり、同九年八月豫讃を連ねて愛媛縣となつた。然るに同十一年十二月三度香川縣となり爾來今日に及びしもにして、高松は行政上香川郡下に屬した。

明治二十三年二月十五日市制を布いて高松市と稱し、大正三年以降三ヶ村を合併し、現在面積零方里六三五、各種の事業を抱懷し都市計畫への道程を急ぎつゝある。

現在戶口は一四、二五八戶、六三、七四〇人にして之を職業別(本業)に見れば、商業及交通業、工業、農業、漁業等の順位を常態とする。左に本市勢の概要を揭ぐ。

イ、敎育　小學校數一〇、學級數一六八、敎員一九一人、生徒九、三九〇八、學齡兒童一〇、四七六人、就學步合九八・八九、外に市立商業專修學校、同實科高等女學校各一。其他の學校には官立高松高等商業學校、縣立中學校、工藝學校、商業學校、高等女學校、師範學校及附屬小學校、盲啞

學校あり。又私立幼稚園七、私立各種學校四、圖書館一がある。

ロ、主要生産品（年額二十萬圓以上のもの）

綿絲	二、二九九、一二四円	彫拔品	四二五、〇〇〇円
和紙	一、六四一、九九六	罐詰	二五四、九七〇
木製品	一、四六三、五三〇	清酒	二三七、八七三
織物	一、四九五、九三〇	白下糖	四〇八、六〇〇
鹽	四三九、二九〇	米	二四二、五四〇
菓子	二四三、七五〇	肥料	二九六、七五九
賣藥	二一二、五五〇	マッチ	二一二、六五三
傘	九一二、〇〇〇	製綿	二〇九、六二三

丸龜市

本市は讃岐海岸線の稍中央に位し、古より琴平參詣者を集むる地として名高い。其境域東は土器川を隔てゝ綾歌郡に界し、西及南は仲多度郡に隣り、北方一帶海に面して丸亀港あり、僅に八海里を隔てゝ岡山縣下津井港に相對し、沖合に上眞島、下眞島の二小離島を包含する。

本市は昔時より本土四國間連絡の最短距離を保つ海運の要樞港である。其三百年以前には沼海の一小寒村に過ぎざりしが、慶長中生駒氏の支城を築いてより戸口漸增し、山崎、京極二侯相繼で治府を此地に定めてより遂に一都會を爲すに至つた。

明治四年廢藩置縣の際丸亀縣廳を置かれ、同年十一年香川縣の管轄に屬し、爾來幾多の變遷を經、十一年那珂多度郡役所の管內に入りしが明治三十二年四月、市制を施行し丸亀市と稱するに至つた。

現在の面積は零方里六五三、戸數六、二五二、人口二七、一五二を有し、逐年增加の趨勢にあり。市街は繁昌を極め高松市と共に本縣に於ける二大都市にして、大正十四年三月、勅令を以て兩市とも都市計畫指定都市に編入せられ、本市は已に水道工事に着手し、一面街路整理の計畫、港灣修築等幾多の事業を抱懷し、都市計畫への道程を急ぎつゝある。

今、市の交通狀態を見るに、國道延長三〇町、縣道二里餘市道四五里は市內に縱橫し、鐵道に讃豫線、電車に琴平參宮線がある。琴平、山田、池田間の四國縱貫鐵道完成せば本市の文化、產業上に大なる進展を見るに至るであらう。

汽船は從來本港水淺きを以て寄航に便ならざりし爲、其多くは多度津港に賴りしが、近年に至り阪神を始め、中國九州とも本港より交運を為すに至つた。

本市の主要生産物は米、團扇、團扇骨、木製品、酒、各種染料等にして、大正十二年の生産總額は三百七十萬圓を超えて居る。其內譯左の如し。

農産	五九三、〇一一圓
畜産	二一五、一五四
鑛産	二〇、五七六
水産	三三〇、八五五
工産	二、五八三、三六七
計	三、七四二、九六三

左に教育に關し其概要を示す。

市立小學校四校、學級數六六、兒童數三、八二三、教員數七六、學齡兒童四、六七九、就學歩合九九・七三。外に市立商業學校一、實業補習學校二、市立幼稚園二あり。尚縣立中等學校二私立學校三及文庫二あり。教育團體としては丸亀教育部會、丸亀皆就學義會がある。

名勝舊蹟としては丸亀城址、明治天皇行在所址等がある。前者は山崎家治の居城にして京極高和入府してより二百十六年間の治城である。城内に亀山公園がある。後者は歩兵第十二聯隊西練兵場内にあり、明治五年七月四日 明治天皇御駐輦聖蹟とす。

大川郡

本郡は東西七里、南北五里餘、縣の東端に位し西は木田郡に接し東南一帶は山脈を以て阿波に境す。東北は總て瀬戸內海に面して小豆郡を控へ、斜に淡路島と相對し、遙に播州を望む。

海岸の屈曲甚だ多く岬角彎曲出入して延長三七里に及び、沿海の高底脈は國境の連山と相呼應して東に走り斷續起伏し笠ヶ峰、大窪山等を崛起し自ら數區の地域を為して居る。

河川は源を國境の山岳に發し北流して海に入り、主なるものに馬宿川、湊川、與田川、津田川、鴨部川等あるも流程何れも五里以下である。

氣候温暖にして土地肥沃なるを以て農耕に適し、兼て漁獲の利がある。今本郡の交通狀態を見るに、國縣道郡內縱橫に通じ、國道九里餘、縣道三二里を有し町村道の延長八一〇里に及ぶ。鐵道は四國循環鐵道第一期線たる香德線は已に高松と本郡志度町を運轉し居り、郡の海岸を東進して近く德島に接續せんとし、又電車に高松志度間、高松長尾間がある。

又海路方面は大阪、高松間、高松、德島間の各航路は本郡の各港に寄航し、他に百數十の船舶を有して各地との交通を便ならしめて居る。要するに本郡の交通利便は北部沿海方面に厚く、南部國境山嶽部に薄い。

今本郡の沿革を按ずるに元高松侯の藩治に屬し、明治維新の廢藩縣置と共に香川縣の支配下となつた。爾來幾多の變遷を經、明治十一年大內寒川郡を置かれ、同十五年三木郡を合せて一管區となし、更に三十二年三木郡を割いて大內寒川の二郡を合せて大川郡と改稱し今日に至りしものである。

現在郡域を六町一七村に區劃し、戶數一六、二〇七、人口八〇、九一五を有し、稠密度は一方里に付四、一二四人で縣下最も粗である。而して郡民の大部分は農を營みて全人口の六割に及び、漁業、商業、工業等順次相亞いで居る。

大正十二年の生產價額は農產五、二四四、二八三圓、畜產一七五、八四六圓、水產六七〇、五二七圓、鑛產八、〇二七圓、水產一、三五六、六七八圓、工產四、二二七、七〇〇圓、此の合計一一、六八三、〇六一圓に達した。

尙現在は小學校二八校、分敎場二の設備を有し、在籍兒童一三、八七五人、又學齡兒童數一六、二四八人は人口百人に付二〇八〇八の割合であり、就學步合は九九・五三を示し、丸龜市に亞いで縣下第二位の好成績である。其他中學校、高等女學校、商業學校各一、實業補習學校二八あり、又圖書館公立四、私立三がある。

木田郡

本郡は讃岐の東部に位し東は大川郡に接し、西は香川郡に連り、南は一帶の山脈によりて德島縣美馬郡と境し、北方の一面は內海に突出して半島をなし、其側面の屋島と相對して檀の浦をなす。源平二氏の古戰場なるは人口に膾炙する所である。

地形狹長にして南北七里以上に達するも東西僅に二里に過ぎない。南部は國境山脈の餘波を受けて峰巒起伏するも中央部以北は土地慨して平坦にして耕地拓け地味膏腴、農產物に富み、又北部瀕海の地は漁鹽の利がある。

河川の主なるものに春日川、新川あり、源を南部連山地帶に發し北流して海に注ぐ、流程四里內外に過ぎず、共に短急にて平素乾涸するを以て水利の便に乏しければ各地に溜池を築き灌漑に資する。主なるものに男井間池、城池、神內池、松尾池等がある。

鐵道は現在高松を發して郡の北部を東西に貫き隣郡志度町に至るものがある。これは四國循環鐵道第一期線高松徳島間の一部開通したるものにして、近く徳島市に達するものである。電車は二線あり何れも高松を基點とし一は隣郡志度町、他は同長尾町を結ぶ、共に郡の中央部以北を通過するを以て交通利便は北部に惠まれて居らぬ。

而して本郡の面積は一三方里三〇を有して二町一七村に分ち、戸數一三、八八九、人口七五、七五二、其密度一方里に付五、八〇五人を示し縣下第五位にある。

今大正十二年に於ける郡の生産額を掲ぐるに、農産六、六八八、三四三圓、畜産二〇四、四五三圓、林産一四六、一八二圓、鑛業一三八、六六四圓、水産一、四一一、八七〇圓、工産三、一九〇、一〇二圓、計一二、〇七九、六一四圓で産物の主なるものに米麥、繭、魚類、清酒、醬油、麥稈眞田、蠶絲類及眞綿、瓦等がある。

小學校は四〇校、此學級數二七三にして、一三、四〇七人の兒童を收容する。學齡兒童數一三、六六八人、就學步合は九九・二七を示してゐる。其他實業補習學校二一を算する。

公學費は小學校に於て二五五、九六三圓、實業補習學校に於て七、三五一圓である。

屋島は檀の浦と共に源平二氏の古戰場にして、遺跡景致の世に傳ふべきもの尠くない。即ち本郡屋島村である。昔時離島にして其形屋宇に似たるを以て此名がある。東西三一町、南北一里一四町、面積零方里六七を有し、山は海を拔くこと六九七尺、地質概ね火成岩にして山石重疊して奇觀を呈し、全山青松を以て衣とし其展望は實に雄大であり又歷史上吾人感の慨を深からしめるものがある。

小豆郡

小豆島を主島とし沖島、小豐島、葛島、豐島、大餘島等多數の島嶼を包含し、本縣と岡山、兵庫の間、内海の中央部に位置するものを小豆郡と稱する。廣袤東西七里一四町、南北四里四町、一〇方里八の面積を有し、ラクダの步行する如き形の小豆島最大にして其海岸延長二八里に及び縣内島嶼海岸總延長の二割二分强に當る。

域内山嶽起伏し其代表するものに星ケ城山、寒霞溪山がある。前者は嶮岨山とも稱し郡中第一の高峰にして海拔八一六メートル、後者は神懸山、浣花溪とも書し海拔三七〇メートル、峰巒奇絶、怪岩秀絶、松杉雜樹其間を點綴し、澗水其中に流れ、天下の絶景は豐の耶馬溪を凌ぐと稱せられる。

本郡の地勢前述の如く且つ面積狹少なるを以て河川の大なるものがない、只傳法川は中央山地に源を發して西流すと雖も流程僅に三里に過ぎず。又池沼に於ても見るべきものがない。

鐵道は一線もなく陸路の交通は不便を免れず、されど良港灣に富み、殊に坂手港は本縣に於ける主要港にして、郡内各港と共に各地との航行頻繁である。因に坂手港に於ける大正十二年の入港船舶は五六二、四三〇噸に達する。

郡の行政區劃は二町一四村にして郡役所は土庄町にある。戸數九、六五一、人口四七、四二八にして人口の密度は一方里に付四、三九一人を示し、縣の平均五、九七一人に及ばざる事甚だ遠い。

而して郡民の半數以上は農を生業とし、商、工、漁、製鹽の順序にある。大正十二年中の生産價額左の如し。

農産	一、四八三、九四三円	水産	八六二、一三二円
畜産	二六五、〇八九	工産	七、二一八、一九六
林産	一七一、一三八	計	一〇、六二四、六九二
鑛産	六二四、一九四		

更に學事方面に就て見るに、小學校一八校あり外に一一の分敎場がある。之れ本郡の地勢の然らしむる所であらう。學齡兒童數九、二六三八、此就學歩合は九九。二一を示し、縣下三豐郡に亞で第六位にある。其他の學校としては縣立小豆島高等女學校、組合立小豆島中學校がある。

香川郡

縣の稍中央に位し、南北に長く、東西に狹い郡である。東は木田郡に、西は綾歌郡に接し、南方一帶は嶮峻なる一脈の連山を以て徳島縣三好、美馬兩郡と境し、東方の一面は海に瀕し、此處に高松市がある。本郡の屬島に直島の島嶼及女木島、男木島があり、郡の總面積一四方里四八、現在二町二〇村に分ち管する。

地勢南に高峻にして北するに從て平坦となり、海に盡きる山岳の重なるものに鷹山、大瀧山、寒風山等あり何れも海拔四千尺に近い。地勢斯の如くなるを以て河川の流態も北流し内海に注ぎ、其主なるものに本津川、香東川がある。前者は流程四里餘、後者は源を木田郡の南國境に發し流路延長九里に及び縣下最大のものである。

鐵道讃豫線は高松より出てゝ郡の北部を西進し、電車長尾線も北の一部を東進するのみで山間部の交通は不便である。

只高松市と德島線の穴吹に至る乘合自動車が郡の中央を縦斷するものがある。

本郡現在の戸口は一三、七四三戸、七四、三三八人にして一方里の稠密度五、二四二人を示す。而して上記戸數を職業別に見ると左の通りとなる。（本業のみ）

農業九、四二八、漁業五一三、製鹽業一七〇、工業九四七商業及交通業一、七〇三、公務及自由業四〇四、其他有業者四三三、無職業一四六、計一三、七四三戸。

左に學事、産業の大要を記述する。

イ、學事　小學校數尋常校一三、尋高校一三、高等校二、計二八校。學級計二六三。敎員數男一七八、女一二八。在籍兒童一三、〇八八。就學步合百人中九九八五二にして縣下第三位。一學級に付兒童數四九八四二。本科正敎員一人對兒童數尋常五六八七五、高等四七八四八。

ロ、産業　大正十二年の生産總價額左の如し。

農産	六、四六四、八三三円	鑛産	二〇、七四〇円
畜産	一八七、三九五	水産	七五八、〇六二
林産	二二六、八四五	工産	一、九二〇、二三四
計	九、五七八、一〇九円		

綾歌郡

縣下最大の郡にして面積二五方里六四を有し、縣線面積の五分の一以上を占む。其位置は香川、仲多度兩郡の間に橫はり、南は山嶽を以て德島縣三好郡に境し、北は內海に面して本土の岡山縣と相對する。

地勢は南部に高峻にして北部海に至るに從つて平坦をなすと雖も域內到る處に高峰起伏し、此間を點綴して海に注ぐものに綾川、大束川、土器川等あり。又此處に三十有餘の大小原野を成してゐる。されど河川は常に涸渇して水利の便に乏しきを以て郡內各所に池沼を設け灌漑するものである。

鐵道讃豫線は郡の北部沿海に通ずる外、高松、琴平、奥の院間に自動車の運轉があるばかり、陸路の交通は不便であるされど海路は坂出港ありて各航路の寄港地となり大なる不便あるを見ぬ。

現在の行政區劃を二町三〇村とし、戸數二三、四七二、人口一二〇、五〇五を有し一方里當り人口四、七〇〇の稠密度を示す。而して全人口の六割七分餘は農を營み、爾餘の三割三分は商業、工業、製鹽業、漁業等の順序にある。

本郡大正十二年の生産總額は二一、四二四、七八三圓に達し縣下第一位に居る。其内譯を示せば左の如し。

農産	一〇、九二九、三一〇円	鑛産	五〇、三五一円
畜産	二八〇、六〇五	水産	三、五二五、九〇二
林産	四三六、四〇〇	工産	九、二〇二、二一七

尚本郡の特産品として、工業薬品、蠶絲、鹽、綿絲紡績、竹細工、瓦、團扇、叺等がある。

小學校は三六校、四〇〇學級の設備を有し、一九、九七五人の兒童を收容して居る。教員數男二六六人、女二〇三人にして、百學級當平均八八人五の正教員を配置し、又本科正教員一人に對する兒童數は尋常科五八人三九、高等科四五人五二である。

仲多度郡

縣の西部に位置し恰も鼓の形をなして、南北に長く東西に狭少である。其積一二方里五八を三町二三村に區劃する。

而して東は土器川を隔てて綾歌郡に相對し、西は三豐郡に隣り、南は山脈を以て德島縣三好郡と境界する。北一帯は瀕海部にして東端に丸亀市あり、更に海上に佐柳島、高見島、廣島、牛島、本島、手島等の大小二十有餘の屬島を有し、遙かに岡山縣を望む。

本郡の交通機關は海陸共に最も整備し尚今後益々發達すべき機運にある。鐵道讃豫線は郡の北部海に沿ふて走り、更に多度津より分岐して郡の中央部を縱貫し、三豐郡財田に達するものとがある。

この線は四國縱貫鐵道琴平、池田、山田間五九哩の一部分にして、大正十七年度に於て德島縣池田に接續せんとするものである。

更に電車には現今參宮電鐵線がある。丸亀、琴平間を運轉するものである。其他自動車線は琴平を中心として各地に延び交通を助けること甚大である。

河川には財田川の上流及金倉川、弘田川等あるも平素涸渇して灌漑、運輸共に用を爲さない。

多度津港は縣下有數の良津である。各地との連絡至便にして船舶の輻輳繁く、大正十二年の入港船舶は商船二六、八六九隻、漁船四五六隻、避難船一、三〇五隻に達し、高松港に亞いで居る。

本郡現在の戸口は一八、五一〇戸、九三、九三五人にして一方里に付七、四六七人の稠密度を示し、縣下第三位にある。

郡民の五割五分は農を營り其大部分を占むと雖も商業亦盛にして全人口の二割四分强に當つて居り、工業、漁業等の順位を常態として居る。而して本郡に於ける特産物は鹽、飴、水産物、叺、彫拔、金物、織物等にして、大正十二年の生産價額は左の如し、

農産	六、二二五、八〇五円	水産	六九三、四三一円
畜産	三六二、五九九	工産	四、二三六、五二七
林産	一〇二、八三九	計	一二、〇〇六、二八三
鑛産	二九五、〇八二		

敎育に關しては其大要を左に揭げる。

小學校三三校、學級數三三一、敎員數男二三四人、女一五五人、在籍兒童一五、八二三、就學步合九九・四八、一學級平均兒童四七八八〇、百學級に對する正敎員配置步合八一人八七、本科正敎員一人に對する兒童數尋常科五九八二八、高等科五四八二五、公私立幼稚園三、公私立中學校各一。私立高等女學校一。公私立圖書館一四。

本郡の名邑に多度津町、善通寺町、琴平町がある。多度津は舊京極氏の支封にして、其港は讚岐海岸中に冠たるものである。普通寺町は弘法大師の誕生地として其名高く、大師が父佐伯善通の名を取りて一寺を創めたるより其名起る。善通寺は四國第一の巨刹である。又琴平町は象頭山金比羅宮の所在地として名高く町は殆ど參拜者の爲に成立するものである

尙神野村の滿濃池は周圍二里二五に及び、縣内池沼中の最たるものである。

三　豐　郡

本郡は縣の西端に位し、東は大麻、彌谷等の諸山を隔てゝ仲多度郡に接し、南は阿讚山脈及其支脈を以て愛媛縣宇摩郡と德島縣三好郡に界し、西北は燧洋に面し莊内村箱の岬角海中に突出すること凡三里餘、備中六島と相對する。

而して郡域内丘陵所々に起伏し、山勢斷續し西山原等の高原或は平野其間を交綴し、地勢は概ね北に趨る。河川の主なるものに高瀨川、柞田川、財田川あり、前者は北流し、後二者は西流して海に注ぐ。財田川の流程七里、其他は五里である。

氣候は中和にして土地肥沃、人口蕃殖農産物に富み、又漁鹽の利もある。

本郡は元丸龜、多度津兩藩に分屬し、明治四年藩を廢し香川縣を置かれて以來幾多の變遷を經、明治二十一年三度香川

縣を置かるゝに及び明治三十二年三野、豊田二郡を合して三豊郡と稱したものである。

本郡現在の面積は二二方里四五にして、内海に點在する栗島、志々島、大蔦島、小蔦島、伊吹島の島嶼を郡域となし行政上三町三三村に區劃する。

今郡の交通狀態を見るに、國道二線九里二一町、縣道三一線五四里域内縱横に通じ、自動車の利便もある。鐵道讃豫線は高松より來り郡の沿海部を過ぎて伊豫に去るものと、四國縱貫鐵道琴平、山田、池田間の一部分は己に開通し、仲多度郡琴平町と本郡財田間を運轉してゐる。

斯の如く交通は漸次整備に向へつゝあり。又港灣一を有す

戸口は二五、一六一戸、一三一、九四四人を有し、一戸平均五人二三、一方里に付五、八七七人の密度を示し縣下第四位にある。郡民の大部分は農を生業とし其數八七、〇四八人、商業及交通業の一五、四八〇人之に亞ぎ、漁業、工業等順次相次ぐ狀態にある。

本郡大正十二年の生産額は農産を首位に、工産、水産、鑛産、林産の順序で其總價額は實に二〇、二三九、三三九圓に上り、綾歌郡に亞で縣下第二位を占める。特産品として鹽、工業藥品、硝子玉、土管、煉瓦、水産製造物、織物、叺、貝釦等がある。

尙學事に就て記述せんに、小學校數尋常校三、併置校三八計四一にして此學級數四七三、在籍兒童二三、二七四人、就學歩合は九九・三二を示し縣下第五位にある。又敎員數は男三五六人、女一九七人で、百學級に對する敎員は七九八四二であり、本科正敎員一人に對する兒童數は尋常科六六八六〇高等科四四八九五の割合である。

其他實業補習學校四一、公立幼稚園二、縣立中學校、同高等女學校各一、町立商業學校一及栗島所在縣立栗島航海學校があり又三八の圖書館もある。

觀音寺町は財田川口に臨み。郡の治所である。今戸數三千人口一萬六千餘。

廣島縣

總説

位置、地勢、面積

本縣は山陽道の中央に位して安藝、備後兩國を管し、東經一三二度四分より同一三三度二七分に及び、北緯三四度二分に起り同三五度六分に終る。其廣袤東西三二里二一町、南北二八里一八町にして、面積五四〇方里九四に達する。

安藝國は二市七郡より成り、備後國は二市九郡に分つ。其彊域東は岡山、北は鳥取、島根の二縣に接し、西は山口縣に境する。南方一帶の地は瀬戸內海を隔てゝ愛媛、香川兩縣と相對し、能美島、江田島、大崎島、嚴島、蒲刈島、倉橋島、因島、生口島、向島等の大小島嶼一五七島海中に碁布點在し伊豫、周防の諸島と相交錯する。

而して地勢は一般に山岳に富み、平地は河川の流域及沿海地方に於て僅に之を見るに過ぎずして、林野の面積は實に全面積の約八割を占め、殊に北部地方は隆起して陰陽兩道の分水嶺を爲し、其支脈は蜿蜒として備中、備後、安藝、周防各

國境を南走し、幾多の峰巒を重疊起伏せしめ遂に瀬戸內海に至りて盡きる。

山嶽は特に峻嶺と稱すべきものなきも冠、苅尾、大都智、吳娑々宇、十方及野呂等の諸山を著しきものとする。

河川は多く源を北方に發し、可愛川の北流して島根縣に入るの外、諸川は何れも南流して瀬戸內海に注ぐ。其大なるものに太田川、蘆田川、黑瀬川等があり、木野川、沼田川、東城川等之に亞いで居る。又港灣の重なるものを宇品港、吳港尾道港、吉浦港、竹原港、御手洗港、糸崎港、鞆港とする。

土地

大正十二年調査による本縣民有地總反別は五五八、八四五町五反歩にして、之が內譯は有租地五四三、四八四町四反歩免租地一三、六〇六町二反歩、免租年期地一、七五四町九反歩で、前者は漸減し、後二者は漸增の傾向にある。

今有租地を地目別に見れば

田	一七六、六四四、一 町
畑	一三五、五七七、〇
宅地	八、三九二、一
鹽田	五四四、二

山林	四九、三六六、七町
原野	二、六六八、四
池沼	七三、二
雜種地	二九八、七
牧場	二、〇

となり、民有耕作地としての田及畑合計一一二、二二一町一反歩は一戸當平均三反三畝二五歩、一人當七畝八歩の割合にして、之を全國の總平均九畝二一歩に比較するときは一人當に於て二一畝三歩、一戸當一反一九歩の小額を示して居る。

由來我國は國土に對する耕地面積の比例は世界最下位に屬するものなるに、尙其一戸口當平均反別の小額なること大體叙上の如く、產業政策上考慮を要すべき點である。

沿革及行政區劃

明治以前に於ては安藝備後兩國は廣島藩、福山藩、中津藩及幕領の四に分れ、廣島藩は安藝國一圓及備後國の內御調、世羅、三谿、三次、惠蘇、奴可、三上の七郡、甲奴郡の內八村を治下とし、福山藩は備後國の內深津、沼隈、蘆田、品治の四郡及安那郡の內二七村、神石郡の內一五村を治め、中津藩は備後國神石郡の內二二村、甲奴郡の內一二村、安那郡の內二村とし、又幕領は甲奴郡の內一二村、神石郡の內一村を支配したものであつた。

明治元年朝廷は德川氏の領地を收め、同年五月倉敷縣を置き備後の舊幕領を管轄した。

明治四年七月廢藩置縣の際、廣島、福山、中津の三藩は共に縣と稱せられ、同年諸縣を廢して安藝一圓及備後八郡を廣島縣に、備後六郡を深津縣に分轄せしが後之を小田縣と改稱し、更に小田縣を廢して岡山縣に合併し、明治九年岡山縣より備後國の一部を割いて廣島縣に移し、備後、安藝の兩國を管してより今日に及びしものである。

現在の行政區劃は四市、一六郡、四二六町村に分轄し、三九六の役場を置いて居る。而して所管區域は平均一町村役場に付一方里三五餘、一市役所に付〇九五方里に當る。郡市名左の如し。

廣島市、吳市、尾道市、福山市、安藝郡、佐伯郡、安佐郡、山縣郡、高田郡、賀茂郡、豐田郡、御調郡、世羅郡、沼隈郡、深安郡、蘆品郡、神石郡、甲奴郡、雙三郡、比婆郡

氣候

山岳起伏して諸所に大小の盆窪地を有し廣漠たる平野殆ど

なく、氣象の變化亦從て複雜にして或は小區域に豪雨を注ぐことあり或は降雹、旋風の害を醸すことあり、又沿海部と山岳部とは氣候の異る點が多い。殊に冬期に於ては山岳部たる北部地方は日本海の影響を受くること鮮からず、之に反して南部地方は內海特有の狀況に在る。

冬季氣節風の卓越する際は沿海部地方は西風又は北風强く更に西偏風となる。之を概觀するに各地とも四時の序正しく沿海部は氣候好適、山岳部は夏季日中暑熱烈しきも夜間は凉氣を覺ゆる等一日中氣溫の變化甚だ著しい。

戶口

由來本縣民は海外に渡航するもの多く、從て本籍戶口の割合に現住戶口の尠き常態に在る。大正十二年末現在に於ける戶數は三三六、七八八戶、人口男八四二、九一〇人、女八一一、九三二八、計一、六五四、八四二人にして、之を十年前たる大正二年末現在戶口に比すれば戶數に於て一〇、六四三戶を增加し、人口に於て一六、七〇一人の減少を示した。

而して一戶平均現住人口は四人九にして男一〇〇人に付女九六人三二の割合となつて居る。今縣內現住人口の密度を見るに一方里に付三、〇六三人を示し、縣下稠密度の最も高きは尾道市の一四五、四四七人にして、廣島、吳、福山の各市順次相亞ぎ最も粗なるは比婆郡の八七一人である。

大正十二年末現在に於ける職業別戶數は左表に如くにて、農業最多を占め、商工業之に亞ぎ從業戶數より云へば兩者相伯仲の間にありと雖、從業者に於ては商業よりも工業に從事するものが多い。而して近時農業從事者の漸次減少するに反し、工業從事者の著しく增加するを見る。

農業	一五八、八〇六	交通業	一一、三三五
商業	四九、四七七	公務自由業	二〇、四二四
工業	四六、五三七	其他ノ有業者	二六、〇二一
漁業	八、八七五	無職業	一五、一〇四
鑛業	二三九	計	三三六、七六八

大正十三年中に於ける人口動態の狀況を示せば左の如し

（死產は現住其他は本籍に依る）

出生	六〇、一〇五	離婚	二、一九八
死亡	四〇、八五四	死產	二、八五一
婚姻	一五、八七六		

土木、交通

縣の管理に屬する國縣道は路線數一九八、總延長八三三里餘にして、大正九年道路法施行の際認定したるもの縣道六五線、延長三七七里に及び、更に大正十二年四月郡制廢止に伴ひ縣道に認定したるもの一二九線、延長四〇九里に達する。

今縣內道路の內譯を見るに、國道延長四六里五町七間、縣道七八七里二一町五間にして、之を面積に對比するに一方里に付國道は三町、縣道は一里一六町にして、之を全國平均より見るに國道は第二四位に、縣道は第一四位にある。

鐵道は國有山陽幹線縣の南部沿海地方を東西に通じ其支線に宇品線、吳線があり、此延長計一〇七哩六とする。私設鐵道は福山市、鞆町間の鞆線七哩六、福山市、府中間一三哩七と其支線四哩八は岡山縣界に延びて兩備線と稱する。更に藝備線五五哩八は廣島と備後庄原とを結び縣の稍中央部を南北に通ずるものである。又廣島瓦斯電氣の宮島線もある。

軌道は廣島瓦斯電氣軌道單線二哩七、復線五哩三、廣島吳電氣復線七哩一、可部軌道單線八哩四、復線一哩とする。此他既免許のものに尾道鐵道、藝石鐵道、藝南鐵道ある外、三呉線、廣濱線は國に於て敷設の計畫がある。

港灣には軍港一、開港一、敷港二七、漁港一五、避難港一計四五がある。內內務省指定港灣は宇品、吳、尾道、吉浦、竹原、御手洗、糸崎、鞆の八港にして、宇品港は廣島市街の南端太田川口に位し土砂流入交通を遮斷せる爲、明治十七年より二十三年に至る繼續事業とし、三〇四、五〇〇餘圓を投じ大改築を行ふものである。灣內の面積一五六萬坪を有し、四千噸級の汽船の出入し得る良港とはなつた。

尾道港は全長二里餘、波浪靜かにして灣の面積一〇四、八五〇坪を有するも逐年土砂埋沒の度を高むるを以て明治三十三年以來巨費を投じて浚渫、補修、砂防設備等の事業をなし現在連續浚渫を爲しつゝある。而して一ケ年出入船舶噸數三百萬噸に上るものは宇品、御手洗の二港あるのみである。

尙本縣に於ける治水事業は土砂扞止の爲にする砂防工事、河川改修、河川浚渫及堤防護岸修理となし、砂防工事は明治三十一年頃より、又大正十二年四月以降各河川に順次河川法を施行し、毎年多額の復舊工事を施す外、河底の浚渫護岸等の修理に努めつゝあり。

警察及衞生

本縣の警察區劃は警察署二四と一四分署を置き、其下に巡査部長派出所二二、巡査派出所六二、巡査駐在所四〇七を置く。而して警視は警察部保安課長及東、西、吳、尾道、福山の五警察署長の五名にして、警部は現員三七名の內警察部の一一名、市部二名、郡部二四名、警部補は六二名中警察部の七名、市部一一名、郡部六二名、巡查部長及巡查は警察部勤務四一名、市部二二八名、郡部九〇六名を配置する。

大正十三年に於ける犯罪被害件數は一七、八五〇件を算し內最も多きは窃盜八、四九二件にして、詐欺三、二二五件、橫領及業務上橫領二、七一六件之に亞ぐ。

而して同年中に於ける檢擧件數は一八、六四六件にして、內管內事件一五、四〇四件、管外事件は三、二四二件とす。

更に衞生に就て見るに

一、法定傳染病　各種傳染病中累年比較的大なる慘禍を蒙るは腸チブスにして大正十三年の如きは實に左表の如き數を示してゐる。縣は是等傳染病の豫防撲滅に付ては縣民の衞生思想の向上、豫防施設等あらゆる手段方法を講じて居る。

	罹病者	死亡者
赤痢	八三〇	三八
腸チブス	三、五三四	一、〇三三
パラチブス	三九	一〇
ヂフテリア	一四七	五六
猩紅熱	二九	二
流行性腦脊髓膜炎	二八九	二二
計	四、八六八	一、六五九

二、流行性感冒　大正十三年中流行性感冒患者の發生數は七、九六一人にして、內二一五人の死亡者を出して居る。而して患者の最も多きは廣島市の二、三三三人にして深安、神石二郡を除く他市郡には何れも發生を見た。

三、トラホーム　本縣のトラホームは全國に比し、患者數多きに非ざるも沿岸及島嶼に病毒濃厚の部落あり、一般の衞生思想の向上を俟つと共に市町村に對し檢診治療を獎勵し、其費用の幾部を縣費より補助して居る。陸軍省の發表に依れば、十二年度全國徵兵檢查に於て廣島縣は檢查千人に付九八人三三の割合を示し、全國平均患者率一四六・六四に比し低位にして第三六位にある。

四、結核其他　結核に對しては豫防法の規定に基き每年縣に於て特殊業態者の檢診を行ひ、又は法に基く警察取締を勵行すると共に縣民の結核に對する智識の向上を圖る爲、講話展覽會を開催し、廣島縣結核豫防協會と協力し病毒の蔓延防止に努めつゝあり。更に本縣寄生蟲保卵者の狀態に就て見るに蟲卵は蛔虫を最多とし、鞭虫、十二指腸虫、東洋毛様線虫肝臓ヂストマ、横川氏メタゴニムス及蟯虫にして、就中蛔虫は縣下到る處に蔓延し、檢査人員百中八〇乃至九〇の高率を示す部落がある。之が驅除には縣より技術員を派遣指導に任ぜしめ、其他各種の方法を講ずると共に市町村の驅除費支出額三分の一を縣費より補助して居る。

社寺、宗教

官幣中社に嚴島神社、國幣神社に速谷神社、國幣小社に沼名前神社がある。縣社は七、郷社二六、村社九四八の外無格社四、三四三にして合計五、三二七社を算し、神職は四〇九人に達する。

寺院は眞宗七三一、曹洞宗一八五、臨濟宗一二三、眞言宗一八八、淨土宗八八、日蓮宗九四、天臺宗五、合計一、四一四にして住職一、二五四人あり、眞宗が最も盛である。

基督敎會は其數二八を算するも盛ならず。

敎　育

我國の學問は古より數回の變遷ありと雖も、德川幕府迄は漢學を主とし且敎育の方法に紀律なかりしが、明治五年學制の頒布以來其局面は一變して敎育の方法備はるに至つた。而して本縣敎育の發展亦頗る見るべきものあり。今や縣下如何なる山間僻地と雖も學校の設備を見、亦學に就かざる徒なく敎育の內容漸次改善せられ爲に人文は大に發達した。

即ち本縣の敎育機關は官立に廣島高等師範學校、廣島高等工業學校、廣島高等學校あり、縣立以下に中等學校七二、小學校六九六校、實業補習學校五三四校、幼稚園、各種學校及感化院等の特殊敎育機關四七、合計一、三四九校を有する。而して其生徒、兒童、幼兒等通じて三十萬七千餘に及び、人口一萬人に對し約千九百三人に相當する。

大正十三年度本縣敎育費總額は二百四十六萬九千餘圓にして縣費總額の三割强を占め、同市町村敎育費總額は六百四十八萬六千餘圓にして、市町村費總額の四割弱に當つて居る。

(1)初等敎育　小學敎員の自覺發奮を促し敎育の振興を期するの目的を以て、大正五年四月普通敎育改善要項を訓令して今日に及び益々敎育內容の改善進歩を圖らんとして居る。

其結果學齡兒童就學歩合は大正十三年度に於て九九人五六に達し、出席歩合は九四人四六を示すに至つた。

敎員の待遇に關しては勤務成績に依り有能を拔擢するの方針を以て常に當り、大正十三年七月現在敎員平均月俸額五二圓二〇錢にして、同上本科正敎員六〇圓五九錢である。尚本科正敎員の配置は大正十四年三月末に於て百學級に對し七六人に當つて居る。

小學校の設備は近時著しく面目を改め、理科敎室、音樂室圖書室、雨天體操場、講堂等を設くるもの次第に增加し、敎授用器具の設備も亦漸く整頓せんとす。

(2)中等敎育

イ、師範學校三校、男子師範學校は廣島市及福山市に、女子師範學校は御調郡三原町に在る。近年師範學校入學志願者激增し、大正十四年度入學志願者は九七四人に達し、志願者百に對する入學許可者は一七に及び、生徒學資縣支給月額男一二圓、女一一圓にして男子自宅通學は一〇圓である。

尚福山師範學校は大正十一年四月の開校に係り校舍其他の設備は略完成した。

ロ、中學校一七校　中學校は縣立七校、市立二校、町村組合立一校、私立七校、計一七校とす。入學志願は比年增加の傾向を示し、大正十四年度に於ける中學校入學志願者數は縣立三、一五八人、公私立二、七三一人に達し、其入學許可は志願者百に對し縣立四三、公私立四四である。

ハ、高等女學校　は縣立一一、市立二、町村組合立三、町立一、私立一二、計二九校あり。外に實科高等女學校に町村組合立二、町立二、村立一、計五校ありて、中學校に比し其設置普及し、地方子女の敎育上甚敷遺憾を認めず、入學志願者は逐年增加し來り女子敎育の前途寔に洋々たるものがある。

而して縣は公私立高等女學校には同中學校と同樣縣費補助を爲し、其內容の充實を奬勵しつゝある。

大正十四年度入學志願者は縣立高等女學校三、〇一九人、公私立高等女學校二、八三二人、實科高等女學校一八二人にして、入學許可數は志願者百に對し縣立高等女學校四六、公私立高等女學校五一、實科高等女學校九三とある。

ニ、其他の各種學校　中學校に類する各種學校八校、高等女學校に類するもの六校あり、就中財團法人私立廣島女學校は基礎固く、設備、內容は私立中の白眉とし、本科の外專攻科及附屬小學校、幼稚園を設置す。

(3)實業敎育

イ、中等實業學校　は縣立に農學校八校、商業學校二校、工業學校二校、商船學校一校と、市立商業學校一校、私立商業學校二校あり、入學志願者は比年多きを加へ、生徒卒業後の需用亦尠くない。殊に縣立工業學校、商船學校卒業者は其供給に苦しむ狀況にして、其の斯界に活動するもの多きは他に多く其の例を見ない所である。

左に大正十四年度に於ける入學狀態を示す。

	入學志願者	同上百ニ對スル許可數
農學校	六八八人	七四
工業學校	五九八	三九
商船學校	一三九	六四
商業學校	一、四九四	三九

ロ、實業補習學校　實業補習教育は本縣の夙に其普及發達を期したる所にして、曩に實業補習學校規程の改正に伴ひ、該教育施設要項を訓令して施設の方途を示し、實業補習學校專任教員俸給國庫補助の實施と相應して縣費補助規則を公布し、國庫交付金の外相當縣費（大正十四年度六三、一〇〇圓）を支出して其普及改善を促し、或は視學委員を設け、又は實業補習學校教員養成所を設けて優良なる專任教員の養成を圖る等其實績を擧ぐるに努めて居る。

今や實業補習學校は五三四校（內農業四八八校）と教員專任三四四人、兼任一、七六九人とを有し、生徒男二〇、二三八人、女七、四五七人、經費俸給手當三二萬圓、其他七六、五五〇圓を算するに至つた。

(4)中等教育指導機關　中等學校に於ける各教科教授の改善を促すの目的を以て大正九年度以降毎年數回帝國大學、高等師範學校教授を招聘して各中等學校の視察を求め指導を受けつゝあり。而して視察終了後縣廳に關係教員を召集して講師の講評を求め、研究教授並該學科に關し意見交換を行ひ、結果其成績は良好である。

(5)特殊教育

イ、幼稚園　縣立、市立、町立各一、私立一三を有し、保姆三八人、幼兒一、二〇七人を收容す。

ロ、盲啞學校　は縣立一校にして、教員一二人、生徒數盲啞兩部にて定員二五〇名とす。

ハ、各種學校　は市町村立四校、私立三七校あり。

ニ、感化院　私立一校あり、職員現在七名、收容兒童四三名である。

(6)社會教育

イ、縣及郡市の施設　社會教育に關する縣の施設は社會教育主事の設置及社會教育調査費、青年團處女會指導獎勵費、體育奬勵事業並體育調査費等の支出なりと雖、斯教育に關する實際施設は概ね縣教育會に必要の經費を補助して之に當らしめるものである。郡市に在りては呉、山縣、御調、深安の諸郡市に於て之に關する吏員を特設する外、郡市教育會又は郡市聯合青年團等に經費を補助して適宜の施設を行はしむるを例とする。

ロ、通俗教育　一般民衆の教化を目的とする通俗教育として行はるゝものに通俗講演、觀覽的施設及活動寫眞等がある之等の施設を奬勵し其普及を圖る爲、通俗教育奬勵規程の設けがある。尚觀覽的施設として常置するものに、嚴島神社寶物館、廣島淺野觀古館及呉海光館等がある。

ハ、青年團　は其組織整備し、今や各町村に其組織を見るに至り、團體數四八三、團員數六一、一六三に達した。大正十三年度經費は五八、六五三圓、資産一二三、二四五圓に及び成績亦見るべきものがある。

ニ、處女會　は近時大に普及し、縣下町村中其設立を見ざるもの稀である。現在團體數五〇二、會員三四、三二〇名に上り、且大正十三年度經費一七、〇一五圓、資産七、二〇九圓に及んだ。

ホ、書圖館　舊廣島藩主淺野侯は私財を捐てゝ廣島市に淺野圖書館を設置すべく目下工事中にして、其他福山私立義倉圖書館、市立尾道圖書館、同呉圖書館等を始め成績見るべきものあり。目下簡易圖書館は公立二五八、私立七を算し、漸增の傾向にある。

(7)**教育會**　廣島縣教育會は縣內教育關係者及有志者を以て組織する社團法人にして、其活動見るべきものあり。現在會員三、五〇〇餘人にして二七、〇〇〇圓餘の財産を有し、大正十三年度經費豫算三二、二二九圓を計上した。其施設事業の主なるものは、雜誌發行、尋常小學校本科正教員養成所經營小學校教員講習會開設、各種教育調査機關の設置、海外視察員派遣。體育奬勵機關の設置等である。

郡市教育會は各郡市に於て小學校教員及其他の關係者を以て之を組織し、夫々地方適切の事業を爲しつゝありて、現在會員約一萬三千人を算する。

社會事業

社會事業に關する事務は逐年繁多を加へ、社會の趨勢は益々其完備を必要とするに至つた。本縣に於ける社會事業は元地方課に於て處理せしが大正十一年六月、分離して一課をなし、社會課の特設を見るに至つた。左に事業內容の大體を示す。

1 聯絡統一機關…廣島縣社會事業聯合會、廣島縣聯合保護會、廣島社會協會、吳同濟義會

2 感化救濟事業…廣島修養院

3 兒童保護事業…廣島育兒院、廣島修道院、吳堅德社會事業協會育兒部、廣島修養院、廣島陸軍被服支廠保育所、宇品陸軍糧秣支廠保育所、吳托兒所、尾道托兒所、廣島社會協會兒童保護委員部、積善館

4 防貧事業…廣島市方面委員會、尾道市方面委員會、廣島市公設市場、吳市公設市場、廣島社會協會小資融通、公益義倉質店、廣島市營住宅、吳市營住宅、福山市營住宅、忠海町營住宅、吳施宿所、福山無料宿泊所、尾道無料宿泊所、廣島社會協會經營中央職業紹介所、同東松原職業紹介所、同宇品職業紹介所、同宇品日傭勞働紹介所、吳市職業紹介所、尾道市職業紹介所、福山市職業紹介所、吳海軍下士官兵家族共勵會

5 特殊敎育事業…縣立盲啞學校、樂石社廣島支部、尾道市立特別夜學校、三次子守學校

6 施藥救療事業…尾道慈善會、尾道トラホーム治療所、森原慈善救療院

7 姙產婦保護…廣島社會協會巡回產婆、尾道市巡回產婆

8 釋放者保護…廣島縣聯合保護會、廣島保護院、吳感化保護樹德會、吳保護會、雙三郡同仁會、尾道保護會、福山保護會、御調保護會、深安郡保護會、蘆品郡成德會、甲奴郡佛敎會免囚保護部、安佐郡安立會、賀茂郡興仁會、高田郡保護會、比婆郡明德會、沼隈郡保護會、佐伯郡佛敎奉公會、安藝郡聯合保護會、山縣郡太田保護會、豐田郡獎善會、世羅郡保護會、神石郡佛敎奉公會

9 窮民救助事業…財團法人義倉、福山義田、報德財團、蟻集財團、尾道慈善會

10 養老事業…廣島養老院

11 隣保事業…廣島市に東西兩隣保館あり共に兒童を通じ家政改善を目的とす

12 矯風事業…吳市に帝國海軍々人ホーム及吳海兵寮あり共に海軍々人の慰安修養を目的とす

13 地方改善…大正九年以降相當施設を爲し、特に大正十一年五月廣島縣地方改善委員會を設置し、官公吏其他を

委員に任命囑託して調査審議に當らしめ、一般的對策を研究せしめて好成績なりしに鑑み、大正十二年各郡市に同樣委員會を設置せしめ、大正十三年には更に指導委員十名を委囑し、著々効果を擧げつゝあり。尙其他漁村改善民力涵養、戶主會、主婦會、勤儉奬勵等の施設、事業がある。

財政

大正十四年度に於ける縣市町村の歳出入豫算は左の如し。

	歳出合計	歳入合計
縣	八、五九〇、一三四圓	八、五九〇、一三四圓
市	五、九〇二、九〇四	六、〇二一、一八三
町村	九、九七九、〇三三	九、九九一、九五二

縣市町村の財產左の如し。

縣有財產	造林收入見込額	二五、〇〇七、〇〇六圓
	縣有基金及株式	三、五四八、二二六
市有財產（大正十三年末現在）		七、三三五、三六五
町村有財產		二二、一五七、九三二

產業

本縣の各種生產額は物價の影響を享けて多少の消長あるが如く見ゆるも一般に進歩發達の跡顯著である。即ち過去十二年間に於ける生產總額増加は二倍七分を示し、蠶業の十倍を筆頭とし工業の三倍四分、畜產の三倍弱之に亞ぎ其他何れも相當の増加率を示して居る。

大正十三年に於ける生產總額は左表の通りにして、其產額最も多きは工業にして縣下全產額の約六割を占め、農耕之に亞ぎ其他は產額何れも少額にして懸隔甚しい。

今之を郡市別に見る時は生產額の最多は廣島市の五千九百八十萬圓にして、賀茂、佐伯郡の二千萬圓以上、御調、蘆品郡、福山市の千五百萬圓以上順次之に次ぎ、最寡は甲奴郡の三百萬圓とする。

更に大正十一年に於ける本縣生產總額を全國生產總額平均に對比するときは、農產に於て千百八十二萬圓、畜產に於て二百四十萬圓、水產に於て九十四萬圓の優位にして、反對に工產に於て千五百萬圓、蠶業に於て九百六十萬圓、鑛產に於て二十五萬圓、林產に於て三十四萬圓の劣位にある。即ち本縣產額順位は全國中第十六位に居る。而して本縣現住人口一人は一七五圓四六の生產力を有し、逐年增加の趨勢にある。

農產	八二、三五〇、〇五六圓

畜産	八、四三五、六三三
蠶業	六、〇三六、一三九
林産	一〇、四〇二、五三七
水産	一〇、三三六、四八七
鑛産	八二五、八二三
工産	一七三、九八七、七七三
計	二九二、二五四、四三七

(1)農業　農業は本縣の主要産業にして、其振興發達に關しては單に生産技術方面のみならず經濟方面に向つても指導奬勵を怠らない。即ち部落農區の設置或は米麥鹽水撰種、水稻正條植、共同苗代設置、麥黑穗拔取、綠肥栽培、堆肥舍建設等の訓示、又は米麥品種改良普及、米種の統一、短册形苗代の利用擴張、自給肥料の普及發達、耕地の深耕奬勵、簡易排水の速成及空地利用方に付指示するなど、當局の指導奬勵と當業者の自覺とに依り逐年面目を革めつゝあり。

大正十二年に於ける狀況を見るに、農家戸數は二〇三、〇二八戸を算し縣下總戸數の六割三厘弱を占め、耕地反別は田七七、〇七一町一、畑三五、六七一町三、計一一二、七四二町四反歩を示して居る。

而して大正十二年に於ける農産總額は前記十三年より尠く六九、八八〇、八二四圓にして、中米一、一八六、五〇二石、價額三七、四一九、一七四圓、麥五一一、二五五石の六、六七五、二九七圓を主とし、食用作物一二、九八四、四八九圓、特用作物五、〇〇五、二〇〇圓、果實二、九七一、四五四圓、桑葉其他四、八二五、三〇八圓を算する。而して本縣重要農産物は前記米麥、桑葉を初め甘藷、菌、大根、蒟蒻芋、葉煙草、密柑等であり何れも年産額百萬圓以上を突破し、就中縣の沿海島嶼部に生産を見る廣島密柑は最も名高く、又除蟲菊は本縣の特産品にして年産九十萬圓を超える。

今縣に於て施設せる事業の主なるものを擧ぐれば左の如し縣立農事試驗場、農作物病蟲害驅除豫防、主要食糧農産物改良增殖奬勵、農會費補助、耕地整理、穀物檢査、肥料檢査。

尚本縣の池質は花崗岩地最も多く石英斑岩地之に亞ぎ、秩父古生層の如きは備後東北部及安藝の西端に於て稍廣濶の地盤を構成せるに過ぎず。其他は玄武岩第三紀層、第四紀層と共に花崗岩若は石英斑岩地帶に介在する。

(2)畜産業　本縣の風土は畜産業に適し、大正十二年の畜産生産總額は七、四四五、〇〇〇圓にして其中產牛五五七千圓、屠肉四、二二六千圓、產卵一、一三六千圓、雛一三七千圓、其他四五萬圓を算する。

而して本業は概ね農家の副業として發達したるものにして就中畜牛の如きは農家二〇三、〇二八戶に對し九六、四二三頭を飼養し、二戶に付約一頭の割合に當り、馬は八、四四七頭、豚は一、八四四頭、緬羊四三頭、山羊四一三頭を有し、家鷄は六一五、四一三羽の現在を示してゐる。

尚是等家畜の生產は大正十三年中に於て牛一八、七八一頭馬二九三頭、豚三、九一五頭、緬羊一四頭、山羊一四四頭である。

今本縣に於ける斯業に對する施設を擧ぐれば左の如し。

技術員等の設置、縣立種畜場、種牡牛馬の供給、牝馬購入費補助、國有種牡馬種付費補助、種牡牛檢查、畜牛結核病檢查、馬匹去勢、家畜市場、畜產組合聯合會補助

(3)蠶絲業　本縣に於ける蠶絲業は漸次發達の狀況にありと雖も之を先進地に比すれば猶遜色あると免れぬ。今大正十二年に於ける產額を見るに繭七、六三七、七七二圓、蠶種原蠶種の二九、三八四圓、普通蠶種四七一、〇〇二圓、計八、一三八、一五八圓を算する。

本業は主として農家の副業として行はるゝものにして、大正十二年に於ては桑園反別三、九七一町八反步、養蠶戶數二三、五五三戶、蠶種掃立枚數一六四、六五五枚、收繭額七六、四〇六石である。今收繭の平均を見るに桑園一反步に對して一石九二三、掃立枚數一枚に對し四斗六四、養蠶戶數一戶に對して三石二四四である。然れ共畑總反別に對する桑園反別の割合は一割一分に過ぎず、即ち本縣蠶絲業上の諸要素に照し將來尚大いに發展すべき餘地を有する。

之が振興方法として施設奬勵しつゝある主なる事項は左の如くである。

技術員の設置、縣立蠶業試驗場、蠶業取締所、桑園改良增殖奬勵、養蠶組合奬勵、蠶絲業教師派遣、乾繭器設置補助蠶絲同業組合費補助、製絲同業組合費補助

(4)林　業　本縣は一般に山地に富み、林野面積左表の如く其廣大なること全國中優位にあり。即林野は全地積の約八割三分を占め、田地面積の九倍强、畑地面積の二十倍弱に該當する。而して國有林野は優良なる林相を呈するもの多きも民有林野に至つては豐富なる蓄積を有するもの少く、是を概觀す

れば海岸部並に都會地近方に於ては成績不良なる赤松及黒松林にして夥しい禿裸崩壞地を包有し、中部一帶は赤松の生育比較的良好にして其間雜木並優良樹林點在し、奥部に至れば地況概して良好にして雜木林を主とし、杉、扁相等の優良樹林此間に點綴する。

今大正九年度より同十一年度に至る三ヶ年間に亘り實行せる森林基本調査の結果によれば立木地推定面積約五八萬餘町歩、未立木地一九、四〇〇餘町歩、散生地一、四〇〇餘町歩伐採跡地一八、〇〇〇餘町歩、砂防工事濟地一、三〇〇餘町歩、禿裸荒廢地四、七〇〇餘町歩、牧場柴草採取地其他四三、〇〇〇餘町歩とある。而して前記立木地面積中林況不良にして荒廢の狀況にあるもの八八、八〇〇餘町歩に達し、町村有林野又は部落有林野の之に屬するものが多い。其他の立木地に生成する樹種は松三四五、五〇〇餘町歩を最多とし（全立木地の五九％）雜木二一七、三〇〇餘町歩の三七％を次位に杉、扁相一〇、五〇〇餘町歩（二％）等の順位にある。

林野經營の狀況を見るに民有林の多くは今猶依然舊態を脱せず、殊に過去歐洲大戰の影響により濫伐暴採の結果、林野の荒廢を來せること甚しく、將來產業並に治水上憂慮に堪えない次第である。

大正十三年の林產總額は一〇、四〇二、五三七圓にして、其中用材二、九四三、一〇九圓、薪炭材二、三四五、〇七一圓竹材一〇九、〇五〇圓、其他五、〇〇五、三〇七圓なりとす。

林野面積調（大正十三年分）

種別	臺帳面積	推定面積
	町	町
國有	三八、四〇四・三	三九、一四三
公有	九八、三八二・七	一一七、〇八〇
社寺有	三、二一一・二	四、一八三
私有	三八六、一〇二・八	五四九、三六八
計	五二六、一〇一・〇	七〇九、七七四

縣の施設せる事業左の如し。

技術員等設置、公有林野縣營造林、縣有模範林設置、荒廢地復舊費補助、水源林野造成費補助、竹林造成費補助、公有林野整理奬勵金交付、社團法人廣島縣山林會經營補助

(5)商　業　本縣は海陸の交通至便にして商業都邑尠くない。就中沿海部地方は特に發達し商業に從事するもの比較的多數にして本業戶數のみで四九、四〇〇餘戶ありて本縣全戶數の約一割四分七厘に當り、之に副業戶數一九、六〇〇餘戶を合

算すれば約二割に相當する。されど其多くは内地取引にして外國貿易に從事するもの尠く、且營業組織及營業方法に於ても改善を要すべき點尠くない。

イ、會　社　各種の會社は年々其數を增し既往十二年間に約六割の增設を見るに至り、殊に其資金は約五倍の增加を爲せるは商工界盛況の證左である。而して組織別及業體別に見たる會社の數は左表の通りにして、農事關係會社は少く、商工業會社は伯仲の間にある。資金は多く商事會社に投ぜられ、特に金融會社に於て然りとする。

大正十年末に於ける本縣の會社數を同年末に於ける全國會社平均數に比較するに、店數に於て九五優位にあるも、拂込資本金に於て一億千萬圓の劣位にあり。尙一會社平均拂込資本金二八萬圓に對し不足する處一七萬圓に達するは其貧弱さを證するものである。殊に本縣商工業は小規模にして何れも孤立の狀態を呈し、而も有機的關係を以て共存共榮の實擧がらざるは將來斯界振興上改善を要するものがある。

業體別會社數				
	工業會社	四六	農事會社	三
	商事會社	四〇七	計	八五七

組織別會社數				
	合名會社	一八	株式會社	四三〇
	合資會社	二〇二	株式合資會社	四

ロ、銀行及金融狀態　本縣銀行は既往に於て盛に設置せられ大正八九年頃一部の整理を行ひたりしも尙現在本店數三五行資本總額三一、四〇七、〇〇〇圓、拂込金一一、九九八、五二九圓の數を示し未だ整理の餘地あるを感ずる。即ち資本金の割合に行數甚だ多く、一行拂込平均三四萬餘圓は全國拂込平均八八萬圓に比し遙に少額であり、殊に普通銀行本店のみの三三行たるは正に一府縣に於ける全國平均行數二九に對比すれば尙超過し、支店、代理店數の如きは全國平均約六〇に對し三倍以上に當り、之に他府縣設立の銀行を合算するときは實に四倍以上に達する現狀である。

更に金融狀況に就て見るに、本縣民の貯蓄心强きと海外出稼者の送金とは各種預金の多額を算し、大正十二年中の預金扱額は實に一一億圓の巨額を突破し、其年度末現在にても優に一七、四〇〇萬圓にして縣民一人平均一〇八圓の預金を有する計算とはなつた。

而して其貸付扱高は四八、〇〇〇餘萬圓にして預金に對する四割一分に足らず、年末現在高に於ても六割に過ぎない狀況である。啻に銀行のみならず産業組合に於ても貸出は預金の八割四分に過ぎずして其の差額金は多く銀行預金となるもの丶如く、一面地方農家並に小企業家等の資金不足缺乏に窮しつゝある現狀は考慮に値するものがある。

八、貨物取引　本縣貨物の出入狀況を見るに、其輸移出一九、八〇〇萬圓、輸移入一八、六〇〇萬圓、總額三八、四五〇萬圓にして、出超一、二〇〇萬圓である。

今取引の內容を考察するに、取引額の最も多きは織物類の四、八〇〇萬圓以上にして、米の一、五〇〇萬圓之に亞ぐ。

尙之を出入別に擧ぐれば輸移出に於ては二、一〇〇萬圓の綿織物を筆頭とし、紡績綿糸の一、五〇〇萬圓、生糸の一、二〇〇萬圓、清酒の八三〇萬圓順次之に亞ぎ、以下三〇〇萬圓以上の額に達するものに繭、罐詰、牛、疊表、縫針、丸太材、ゴム製品、洋砂糖、雨傘等がある。輸移入に於ては洋產繰綿一、三〇〇萬圓、人造肥料一、一〇〇萬圓、玄米及紡績綿絲一、〇〇〇萬圓に亞いで、綿織物、絹織物、絹綿交織、洋砂糖、角材、丸太材の八〇〇萬圓乃至三、四百萬圓の入貨等を主なるものとする。

二、外國貿易　本縣の商取引は專ら內地的にして外國貿易は不振である。是れ一には本縣主產品の輸出向なるもの尠きと適當なる仕出地なきに起因するものである。即ち糸崎、宇品港は港灣能力十分でなく、汽船の寄港度數僅少にして貨物を托するに不利不便の爲め貿易品は多く西は門司、下關を經由し、東は神戶、大阪を經由するの止むなき狀況にある。從て輸出入狀況も糸崎港は殆ど石油の輸入に止り、年額二八〇萬圓、宇品港は多く大連、青島に對する貨物出入にして僅に三九〇萬圓を算するのみである。

即ち縣の外國貿易は支那、布哇取引を主なるものとするも其貨物は多く內地人の需用品に過ぎない。貿易品中稍認むべきは支那よりの輸入品にして大豆粕八〇〇萬圓を首位とし、牛肉、鷄卵、人毛獵毛の各一〇〇萬圓以上に達するもの等であり、輸出品中一〇〇萬圓以上に及ぶものは染料にして、綿織物、縫針九〇萬圓、罐詰は五〇萬圓の輸出額を示してゐる

(6)工　業　本縣民の生業は專ら農業にして工業從業者は比較的少數である。其本業戶數は縣下現住戶數の一割六分にして從業員數は六分八厘、副業を合算するも戶數二割、人口一割に過ぎない。されど年々其數の漸進的傾向あるは堅實なる發展を意味するものと謂ふべきである。

而して工場數も漸增し、大正十二年末現在に於て直接作業に從事する者五人以上を使用する工場は一、五五〇にして、前年度に比し六五工場の增加を示した。其中原動力を用ゐるもの六割九分、又一工場平均人員は二四人餘にして、全國平均に比し四人多い割合となる。

抑々本縣に於ける工業の發達は明治維新以前の家庭工業時代は暫く措き、機械工業は明治十四年廣島に紡績會社の蒸氣機關据付を以て原動力使用の嚆矢とし、明治二十六年電燈會社の設立、明治三十二年水力電氣會社の送電等は各種工業界に一大變革を來し、加へて明治三十三年石油發動機を据付くるものありてより、瓦斯機關と共に之が使用工場は漸次其數を增加した。業體別に見たる工場數左の如し。

染織工場	三四	飲食物工場	四二
機械及器具工場	一九二	雜工場	四一五
化學工場	一四五	特別工場	九

本縣の重要工產物は酒類、綿絲紡績、綿織物、製造煙草、蠶絲類、疊表、罐詰、醬油、菓子、ゴム製品、人造絹絲、指物等にして何れも三百萬圓乃至二千五百萬圓の年產である。

而して生產狀況は概ね良好にして、其生產額の如きも既往十年間に、三倍五步餘の進步を見、常に縣下總生產額の大半を占め、從業者の生產力も亦他の夫に比し遙に優秀にして、縣下平均生產力の數倍に相當し漸次進步の跡を認める事が出來る。尙、商工關係施設機關は左の如し。

商品陳列所、福山工業試驗場、廣島工業試驗場、廣島釀造試驗場、商品檢查所、物產紹介所

(7)鑛業　本縣に於ける鑛業は不振の狀況にあり。即ち縣に鑛脈の少きに起因するものである。大正十二年中に於ける現在鑛區數七四、坪數二三、八九〇、六六一にして、鑛產物としては硅酸、石材、硫化、鐵鑛、辨柄、石炭、有用土石、鑛水、銅鑛の七種、此價額八八四、五三三圓に過ぎない。

從事者の如きも戶數に於て、本業と副業を合するも僅に三六三戶、其從業者も同一、三三九人を算するのみである。

(8)水產業　本縣は一六四の大小島嶼と二四七里餘の海岸線とを有して魚族の棲息、藻介の繁茂に適し、水族の主なるものに鯛、鰯、黑鯛、鰈、鰕、章魚、烏賊、牡蠣、海苔、鯔等があり、縣の主要產物として特に製鹽、鯛、鰮、海苔、牡蠣を擧ぐべきである。而して其出漁海區は本縣海面は勿論の事、讃岐灘、備前灘、燧洋、伊豫灘、周防灘、豊後灘、水島灘を

始め、遠く朝鮮、關東州、青島及南洋方面等となす。

大正十三年本縣統計の示す所に依れば、水産業戸數一五、七八〇戸、業者三七、〇一三八、漁船數一一、三一六艘あり漁獲高五、〇七三、五七二圓、養殖高八〇四、〇四一圓、製鹽高三、〇八四、五五四圓、遠洋漁業の一、〇〇四、九五〇圓、之に製造高の三百萬圓餘を加ふる時は千三百餘萬圓を算し、工農に亞ぐ重要なる產業にして順位全國第二十位に居る

是等水產物は廣島、吳、尾道各市、糸崎、草津、阿賀各町を主なる集散地とし、主なる移入地は縣內各地及四國、九州下關、朝鮮等であり、又縣內各地、岡山、神戶、大阪、京都名古屋、東京、支那等を主なる移出地とする。

イ、漁業　漁業の趨勢を見るに明治三十年當時は其生產額二二〇萬圓にして以降大正五年に至る二十年間は年に多少の豐凶ありと雖も常に二〇〇萬圓を上下し、大正六年より同八年に至る三ヶ年間に於て一躍七〇〇萬圓に達し、本縣に於ける空前の盛況を呈した。之れ魚價の騰貴に依る所多かりしと雖漁具漁法改善の結果で、漁獲數量に增加を示せるは亦統計に明かである。以後順次金額數量の減少を來し、大正十三年に至り五〇〇萬圓に減退し即ち二〇〇萬圓を減じた。之亦魚價の關係あるは勿論なるも、其數量に於ても減ずるに至りたるは魚族の蕃殖に影響を及ぼしたるものにして、內海に於ける生產量を物語るものである。

ロ、製造業　水產製造業の趨勢は漁業に於けると同樣、明治三十年以降大正五年に至る間は百萬圓內外にして、以後漸次增加の傾向を示し三百萬圓を上下するに至つた。是れ新製品として削鰹製造勃興したると、價格の騰貴並に蒲鉾製造の發達に依る處が多い。

水產製造物は背黑鰮煮乾、玉筋魚煮乾、蝦煮乾、蒲鉾及竹輪、佃煮、漉海苔其他にして、大正十二年に於ける價額合計は三、二九一、〇三八圓である。又鑵詰は工場四三、從業人員五五〇人、數量三一八、〇〇〇箱(軍用鑵詰を含まず)價額四、三〇四、〇〇〇圓を算する。

ハ、養殖業　水產養殖業の趨勢は明治三十年當時數萬圓に過ぎざりしも漸次其進步發達を見、大正九年以降百萬圓を上下するに至つた。之れ淺海利用の途を講じたる結果にして、大正十三年に於ける統計は養殖場數四、七〇八、養殖場總面積三、二七八、九六七坪、收獲高一、〇一八貫、八〇四、〇四一圓を示した。而して其主なるものは鯽、鰻、鯔、牡蠣、蜊

紫菜等である。

ニ、遠洋漁業　の趨勢は明治三十年當時、産額僅に三萬六千圓の少額なりしも漸次増加の傾向を示し、大正元年には五八萬圓に及び大正八年に至り大に増加して一五〇萬圓に達し、其操業海區は朝鮮海を始め、支那海或は南洋マニラにも及んだ。大正十年に至り其統計より移住形式に依る漁業を控除せられ其結果産額六〇萬臺に減少を示したるも尚漸增し、大正十三年には一、〇〇四、九五〇圓の巨額を算するに至つた。

將來本業をして其發達を爲さしむるは是れ本縣漁業界の使命にして、全水産業を双肩に擔ふべき可能性充分なるものと謂ひ得る。即ち最新の科學を應用して漁具、漁船の改良、漁業組織の改善を計り、輸送機關の發達と相俟つて遠く南北に大洋の遺利を收むるに至らば水産界の面目を一新し、惹ては食糧問題並に輸出貿易振興に寄與する所多かるべく、斯業の前途洵に洋々たりと謂ふべきである。

ホ、製鹽業　は業態上其生産は天候に左右せらるること最も多きを以て、向後は自然を征服すべき機械の研究に俟ち經濟的に小面積より大量の産出を計るは最緊な事なりとする。而して其趨勢は明治三十年當時百萬圓より大正十一年三百四十萬圓の記錄を殘したるも、是は概して價格の騰貴に起因する所が大である。大正十三年の統計に依れば製造戸數二九二戸、從業者二、九六四人、鹽田反別五七三町二反、窯數三一四、製造高九九、五〇一、一四四斤、三、〇八四、五五四圓とある。

(9)産業組合及産業團體　本縣に於ける産業組合の設立は明治三十四年五月に始まり、爾來逐年其數は增加し、大正十三年度に於て組合數四九一、組合員一二二、一五五人、運轉資金三〇、六二七、〇八九圓を算し、其成績見るべきものありて縣民の福利を增進し、地方自治の啓發に貢献する所甚だ大である。今同年度の狀況を全國各道府縣の成績に比較するに、出資金の如き未だ全國の平均に及ばず、販賣品販賣高の一組合平均は四十七道府縣第二十七位にして、利用料の一組合平均第四十三位にあるは其の事業の甚だ不振なる證據である。

又大正十四年三月末現在産業團體は左の如くである。

イ、農　會　縣農會一、郡農會一六、市農會二、町村農會
三九九

ロ、同業組合　養蠶同業組合聯合會一、同業組合七、器械製糸同業組合一、蠶種同業組合一、蠶業同業組合一、木炭同業組合五、柑橘同業組合聯合會一、同業組合三

八、畜産組合　聯合會一、産牛馬畜産組合八、産牛畜産組合一一、産馬畜産組合一

ニ、水産會　縣水産會一、郡市水産會一〇

ホ、水産に關する組合　廣島鰛網漁業組合、廣島縣海苔業組合、廣島縣養蠣組合

廣島市

本市は淺野氏の舊城下にして今は縣治の中心地である。即ち安藝國西南に位し、東及北半面は安藝郡に、西は佐伯郡に北半面は安佐郡に接し、南一帶は廣島灣に瀕して中國の中樞を占め、古來重要の市街なりしに、日清の役には大本營を本市に進めさせ給ひ、又北清の變、日露の役等にも軍隊出入の要地となり、爾來愈々大發展を來し、今や戸數四四、三九九人口一七一、七九八を算し、其稠密度一方里に付九七、〇六一人を示し、尾道市に亞ぎ縣下第二位に在る。

地勢は東北西の三方は山脈に圍繞せられ、南一面は海に瀕し、市内は僅に北より南に傾斜し河川又南流して廣島灣に注ぐ。街衢は概ね平坦なるも東方に比治山の孤丘あり、西南に江波山、丸子山、皿山の小陵あり、海上宇品灣頭には宇品島ありて、其平地は太田川に依て數多の三角洲を成して居る。

而して本市の交通は水陸共至便にして、國有山陽本線は市の北部を稍半周し、廣島驛より分岐するものに宇品、吳の二支線がある。藝備鐵道は市の東端より安藝、安佐、高田、雙三の四郡を經て比婆郡庄原町に通ずるものである。

私設電氣軌道は市内及宇品に達し延長八哩餘とす。此宇品港は市の南端に突出せる築港にして、明治十七年工を起して同二十二年竣り、本市の海運は其面目を一新した。

明治二十七八年役に際し、其大部分は陸軍用地となり、同時に鐵道宇品線を軍用として敷設し以て出征軍隊、軍需品等輸送の用に供せられ、爾來宇品が平時戰時を問はず、軍事上樞要の地區となりたるは洽く人の知る所である。大正十二年中に於ける同港入港船舶は入港一七、八五六艘にして、棧橋通行人員は乘船一五二、九五一人、上陸一五九、五八〇人とある。大正十二年末に於ける道路延長は九〇里餘、其面積三一五、九八三坪にして、内國道一里二〇町餘、縣道三里二一町餘である。左に市勢の一斑を掲げる。

イ、教　育　大正十二年末に於ける小學校は公私立計二四校にして、教員數四八一名、兒童數二三、七三九名である。之

を前年に比するに敎員一三名減少し、兒童五二〇名の增加を來した。而して同年度末に於ける學齡兒童は二七、九一八名である。其他官公私立學校は高等師範學校一、師範學校一、高等工業學校一、中學校六、商業學校二、工業學校一、幼年學校一、高等女學校六、盲啞學校一、幼稚園三、各種學校一五等の數を示し、又高等師範學校所屬の圖書館がある。

ロ、衞　生　大正十二年末現在醫師は二五四名にして、昨年に比し七五名の減少を見た。而して醫師一人當現在人口は六六九八人である。齒科醫師は六七名、藥劑師一一四、產婆二〇八、看護婦四六〇の散在を見る。

病院は縣立二、市立一、私立一一あり。傳染病患者は大正十二年中四三四人にして內一二六人の死亡者を出した。其死亡者の最も多きは腸チブスにして赤痢之に亞ぎ、痘瘡、チフテリア等の順序である。

ハ、產　業　大正十三年に於ける本市の生產額は左の如し。農產一、二四三、四五一圓、畜產二、九五九、六五一圓、水產三二六、三二四圓、工產五五、三四四、一七四圓、計五九、八七三六〇〇圓。物產には花莚、綿絲、山繭紬、雨傘等、又名產に牡蠣、海苔、鮎等がある。

呉　市

本市は安藝郡の南端に接し、東西北の三面は峰巒及丘陵を以て圍み、南方は洞開して呉灣に臨み、前面に江田島、渡子島、能美島を控える。其廣袤東西二里餘、南北二里半、人家稠密極めて殷盛なる一都市にして又著名なる軍港である。

此地元一漁村に過ぎざりしが、灣內水深く巨船の碇泊に適するより明治十九年海軍鎭守府を此處に設けて軍港となりし以來年と共に來住するもの夥しく、亦商工の業も彿々として興り、其急速なる發展は最近に於て遂に人口十五萬を突破するの市勢を示して居る。尙大正十二年より都市計劃實施せられたるを以て、大呉市建設も近きにあらう。

汽車は山陽本線海田市驛に分岐して本市に通ずる呉線があり、電車線路延長二哩三、國縣市道合計二五〇、七九七坪、船舶六〇四隻を有する。

左に本市々勢の一斑を示す。

イ、敎　育　大正十四年四月末現在調査に依る敎育に關する統計は、市立小學校高等校一、併置校五、尋常校一〇、計一六校、學級數三三二、學齡兒童一八、六六六人にして人口百に付一二八一九四の割合となつて居る。而して敎育費は一戸に對し一九圓八八、小學兒童一人に對し二四圓九四とある。
敎員は正敎員本科三一九名、專科二四名、代用敎員二六名にして俸給の最多は一四五圓、最少三三圓で平均六〇圓八八に當つて居る。尙官公私立學校は官立敎習所一、中學校縣立一、市立一、私立六、女學校縣立一、市立一、私立四、市立商業學校一、私立特殊學校三、私立幼稚園二の點在を見る。

又圖書館に市立圖書館、和庄圖書館がある。

ロ、衛　生　醫師八二、齒科醫師二八、藥劑師二四、獸醫二產婆一八七、病院三の散在を示す。大正十二年調査に依れば傳染病患者八九九名を出し、內二二九名の死亡を算した。

而して發生の最も多きは腸チブスの六四九人にして、赤痢の一〇六人之に亞ぎ、ヂフテリア、疫痢等の順序であり、又死亡率の高きは疫痢の六割三分、流行性腦脊髓膜炎五割、猖紅熱三割三分等の數を示して居る。

ハ、社會事業　は下記の如き設備がある。職業紹介所、公設市場、市營住宅、託兒所、濟生會支部、吳施宿所、吳海兵寮積善館、帝國海軍々人ホーム、吳堅德社會事業協會育兒部及保護所、吳樹德會、社團法人吳同濟義會、吳保護會。

ニ、產　業　大正十三年の生產總額は千四十一萬九千圓。

尾道市

備後の南海濱にある一商區にして、古往は玉の浦と稱せし地である。市の北方に大寶、摩尼、瑠璃の三嶺を負ひ、南方一帶海峽を控へ向島其前に橫はりて海は恰も河流の形をなし市街は其北岸に連り、天然の埠頭を形成する。是れ尾道港灣にして烈風海嘯の虞なく、東西海門を通じて船舶出入の自由を有し帆檣常に林立する。

又陸上に在りては國道東西に通じ、北方山陰、山陽交通縣道の基點で、國道三〇町、縣道一五町餘、市道一七里餘、計一九里一町五二間を有す。

鐵道山陽線は市の中央を東西に貫き、中央に停車場を置き其接續埠頭より聯絡船を特設し以て四國各港との交通に至便である。其一ヶ年の入港船舶は一六、九〇二隻、二、〇三一、六二四噸に達する。其他郵便、電信、電話等各種交通機關を具備し旅客の來往、貨物の集散亦繁盛を致した。

抑々本市は明治三十一年四月市制を施き尾道市と稱するに至りしものにて、古來諸侯の城地あるに非ず、全く中國街道に傍ひ、海に瀕する水陸交通の利便の爲めに今日の殷盛を爲せるものである。現在面積零方里三一、戸數六、四二五、人

ロ三三、六七〇を有し、一戸平均五人二の密度を示してゐる

左に大正十三年末現在の本市勢の一斑を記述する。

イ、教育　市立尋常小學校三、併置校一、計四校を有し、學級數六八、生徒數三、七九〇人にして、就學歩合は九九人八二二を示して居る。

其他尾道商業實務學校、市立尾道中學校、縣立尾道商業學校、同尾道高等女學校、私立尾道幼稚園とがあり、又市立尾道圖書館もある。

ロ、社會事業施設　として下記のものがある。尾道市方面委員會、尾道無料宿泊所、尾道保護會、尾道溫情會、尾道慈善會、濟生會、日本赤十字社、愛國婦人會、日本海員掖濟會特別夜學校、職業紹介所、巡回產婆、市營住宅、尾道託兒所

ハ、衞生　縣立及市立病院各一と醫師三五人、齒科醫師一〇人、藥劑師八人、產婆一〇八の散在を示してゐる。大正十三年度末現在の傳染病患者は一五七人を算し、內死亡者四三人を出した。其種別は腸チブス、赤痢、ヂフテリア、流行性腦脊髓膜炎である。

ニ、產業　本市の特產品として食鹽、花莚、疊表等がある大正十三年の生產額は農產六一、一八八圓、畜產四七、五一七圓、蠶業一、三三六圓、水產三六五、一四〇圓、工產四、三一四、三五五圓、計四、七八九、五二六圓とす。

福山市

福山市は水野氏の創業、阿部氏の守成により、星霜茲に三百年、今や備後の中心地として海陸運輸の衝を占め、大正五年七月市制施行以來特に市勢駸々として發展し、今や面積零方里四六、戸數六、九四二と三三、五〇〇の人口とを有する大都市とはなつた。

市街は稍海に隔りたるも、潮水溝渠に通じて舟楫の便あり後に藏王山脈を負ひ、前に川口、牛城諸村の沃野を展開し、右に熊ヶ峰の連峰と左に蔀山及引野地方の岳陵とを望み、四隣廣濶にして水利の便がある。

鐵道省線は市の中央を東西に過り、私設線兩備輕便鐵道は北部府中町及神邊より分岐して岡山縣高屋町に、鞆輕便鐵道は南、鞆港に向つて共に端を此處に發する。而して備後一の大川蘆田川は西境を流れて海に注ぎ、入江の潮汐は干滿を示して福山港を形成して居る。此地勢は頗る工業に通じ、且商業的活動を助成し、近年著しき發展を促した。

左に本市勢の概要を示す。

イ、生産物　市の主産物に木綿縞、繰綿、生絲、素麪等があり、大正十三年の生産總額は一五、六三八、二七九圓に達し其内譯下記の如し。農産三三一、八二八圓、畜産三八二、七六三圓、蠶業八、八五九圓、水産七、一八四圓、工産一四、九〇七、六四五圓。

ロ、衛　生　市立傳染病院一、私立病院二。醫師四一人（醫師一人に對する人口八一七人）齒科醫師一二人、藥劑師一二人、産婆二三人、看護婦六八人、藥種商三五人。

　傳染病患者六〇人内治癒三七人、死亡二三人。

ハ、社會事業施設　市營住宅、義倉財團、義田財團、職業紹介所、福山保護會、福山警友會人事相談所、公衆浴場、市費窮民救助、濟生會

ニ、敎　育　尋常小學校四、高等小學校一、計五校。學級數八一。兒童數四、三六五人。敎員數九三人。小學校費八四、五〇九圓、小學校費一戸當負擔額一四圓〇三、小學兒童一人に對し一九圓三六、市費百圓に對する小學校費歩合五〇圓一九。

　其他幼稚園一、商工實業學校一、縣立師範學校、同中學校同高等女學校各一、私立商業學校、同女學校、同實科女學校各一。敎育會、青年團、婦女會、圖書館等がある。

安　藝　郡

　本郡は安藝國の南部に位し東は賀茂、豐田の二郡に接し、西は佐伯郡及廣島市に、北は安佐郡に隣り、南方一帶の地は内海に瀕し、金輪島、似の島、江田島、瀬戸島、渡の子島、倉橋島、蒲刈上島、蒲刈下島、鹿島等の島嶼を隔てゝ遠く伊豫と相對する。而して其面積は二一方里五六を有し、郡内に吳市を包擁する。今戸數二萬九千餘、人口十五萬七千餘。

　地勢は概して北部に高く南方に低く、太田川の下流に沖積層の平野をなすも概して平地に乏しい。而して太田川、瀬野川、三河川等の下流は水産養殖頗る盛であり、沿海部は漁利に富む。大正十三年中の水産額は二、一九六、四八五圓に達した。

　郡の氣候は地勢南方に長きを以て其趣一樣ならざるも概して四時和順にして雨雪多からず、就中沿海殊に倉橋島の如きは年中殆んど霜雪を見ざる處がある。されば各種産業は相當に發達し、大正十三年に於て左の如き産額を示した。

　農産四、七一七、二四五圓、畜産二七〇、八二九圓、蠶業一八六、二七九圓、林産一二一、五一三圓、水産（前述）鑛産

二三四、二七五圓、工產六、七一三、四〇四圓。

本郡の交通は至便にして道路は國道二線一は郡の北部を西より東に、他は海田市町に分岐して呉軍港に通ずる。縣道は四二里餘、町村道一四二里を超える。

鐵道山陽線は國道に沿ふて東西に通じ、又別に廣島を基點とする呉線ありて沿岸を南北に貫通して山陽線と丁字形をなし、陸上交通の主幹である。又藝備線ありて郡の西部を過ぎ双三郡三次に通ずる。

更に水路に至りては中國航路の汽船は勿論、宇品を起終點とする四國、尾道の兩航路、又は宇品倉橋間を航行する汽船便あり其他各地との航行頻繁である。港灣には吉浦、音戸の二港其他の良港ありて以て水路交運に便である。

現在小學校は尋常校二七、併置校四三、外に二分教場がある。學級數五八〇、就學歩合は九九・七二を示してゐる。又補習學校四一、青年團六八、處女會七〇、圖書館三八、教育會等を有する。因に本郡は六町二二ヶ村に分ち、江田島に海軍兵學校がある。

佐伯郡

本郡は縣の西端に位し、東は安佐郡、廣島市及海を隔てゝ

安藝郡に隣り、西は山口縣玖珂郡及島根縣美濃郡と境し、北は山縣郡に、南は海を以て山口縣大島郡及愛媛縣溫泉郡と相對する。現在面積五六方里三二を七町三四ヶ村に區劃し、戸數二三、〇五一戸、人口一一一、三五九人を有し、一方里平均一、九八七人の稠密度を示す。

本郡に屬する島嶼に能美島、嚴島、黑神島、阿多田島及山口縣と領域を二分する兜島等がある。能美島は周圍十五里を超え、嚴島は自然美と人工美と相俟つて、古來帝國の三大勝區として賞せらるゝものである。

道路は國道九里、縣道五八里、町村道二五二里に達し郡內を縱橫に馳驅し、鐵道は山陽幹線郡の南部沿海地方に通じ、又己斐、廿日市間六哩二の廣島瓦斯電軌線がある。

港灣には草津、五日市、廿日市、嚴島港等があり、嚴島港は大阪汽船の寄港地である。河川の主なるものを太田川、木野川、八幡川、水內川、玖島川等とす。

左に教育產業の一斑を示す。

イ、教育　尋常小學校一三校、併置校四〇校、分教場二〇學級數四四九。在籍兒童二〇、〇八五人。學齡兒童二〇、一五七人。就學歩合九九・七二。教員數四五三人。實業補習學

校四〇校。青年團四二。處女會四〇。縣立工業學校一。郡教育會一。

ロ、産　業　大正十三年の各種産額左の如し。

農産五、九二七、二二二圓、畜産二五七、二二六圓、蠶業二二四、六九九圓、林産八七三、一三二圓、水産一、〇〇九、四〇〇圓、鑛産二三、二七八圓、工産一一、八二九、八五七圓。

安　佐　郡

本郡は安藝國の稍中央に位し、東西九里、南北六里、南一面は安藝郡に接し、一面は太田川の下流及國道を隔てゝ廣島市と相對し、他三面は賀茂、高田、山縣、佐伯各郡に包まる。其面積二五方里四六にして地勢概して平坦肥沃、農利多し可部町は郡の中央に位し、古來商業繁盛にして出雲、石見の物貨集散地として著名である。

西北一帶の山峰は峻嶺重疊して山縣、佐伯二郡の山脈に連り吳娑々宇、堂床、白木の三大山は安藝、高田、山縣の三郡境を限り、阿武、高松、銀山、茶臼の諸山は古城趾として郡の中央に起伏する。

河川の多くは南流し、太田川最も大にして舟筏の便あり、支川三篠川、安川等も亦舟楫の便がある。

道路は國道僅かに二町に過ぎざるも縣道は縱橫に通じて三六里半に及び又町村道五一五里之に合する。鐵道に橫川、可部間の可部軌道線、東部に藝備鐵道ありて交通至便である。

現在郡の行政區劃は二町二五村にして、現住戸數一五、七八四、人口七六、八二一を有し、海外渡航者は一萬人を超える小學校は尋常校一〇、併置校二八、分數場五の設備を有し一二、六五八人の兒童が在學して居り、學齡兒童就學步合は九九・一九とある。而して小學校費一戸當負擔額は一九圓八九五にして、兒童一人に對し一九圓七〇二を要して居る。尙實業補習學校三七校、中學校、高等女學校各一校がある。

大正十三年本郡各種生産額は下記の通り。農産四、八三一、六〇五圓、畜産一九九、八五五圓、蠶業二一二、三三六圓、林産四二七、一五三圓、水産四二、七三二圓、鑛産二六、一〇七圓、工産七、二八五、一六七圓、計一三、〇二四、九五五圓

山　縣　郡

本郡は安藝國西北の邊境にして中國山系の脊骨に位し、高田、安佐、佐伯各郡と島根縣邑智、那賀、美濃郡と郡境をなし、面積六三方里四三にして縣下比婆郡に亞ぐ大郡である。而して郡内山嶽最も多く峻嶮なる山嶺は至る處に起伏し、就

中郡の西北境は佐伯郡の一部分と共に中國山系の最高地である。山系の主軸たる高峰には十方山、苅尾山、雪月山、阿佐山等漸次北走して陰陽兩道を界し、更に幾多の分派を郡内に蟠崛せしめる。

地勢斯の如きを以て自ら四大部落を形成し、口筋、中筋、奥山筋、太田筋の稱がある。而して口筋は地勢最も平坦にして耕地に富み、中筋は平坦ならざるも小丘の間田畑尠からず奥山筋は地勢平坦なるも氣候寒冷にして地味亦豊饒ならず、畜産に適する。太田筋は峻嶺の間を蟠流せる太田川流域の地にして、耕地少きも造林の見るべきものがある。河川の流態は極めて複雜なるが如きも、口筋一帶の水は悉く可愛川に集まり、中筋、太田、奥山の諸水は合して太田川となり廣島灣に注ぐ。流程二三里、舟楫の便多く且つ川漁に富み就中香魚最も著名である。又可愛川に注ぐものは東流し更に南流して江川となり島根縣に入り日本海に注ぐものである。即ち山陽道の諸流中、中國山脈の分水嶺を越えて日本海に入るものは獨り本流あるのみである。其他本郡の河川は大小十指を屈し又瀑布の見るべきもの尠くない。

地勢巳に斯の如し、交通の不便なるは言を俟たない。僅かに水路を利用する船舶二九六隻、其他馬車、自働車等に依るのみである。

本郡現在の行政區劃は四町一六ヶ村にして戸數一二、三六五戸、人口五九、三〇八人、一方里當人口八四三人にして縣下最下位の密度である。

小學校は尋常校三七、併置校二〇、分敎場六と二一四學級の設備を有し一學級平均兒童數は四二人三五を示して居る。敎員全數は男一五一八、女七八八、計二二九八で、男女月俸の平均額は本科正敎員五五圓七五、專科敎員を除く全敎員の平均額は男五六圓〇〇七、女三八圓五九一、計五〇圓六八五である。尚大正十二年度小學校公學費は總計一七七、一七八圓であつた。

左に大正十三年の生産額を掲ぐ。

農産	四、三七九、一四五圓	水産	三二、九九六圓
畜産	一七六、三一〇	鑛産	二八、三七三
蠶業	一一四、一〇〇	工産	一、六〇四、三五三
林産	一、七〇四、四六七	計	八、〇三九、七四四

高田郡

安藝國の東北境にあるを高田郡とする。即ち其境界北は島根縣邑智郡に接し、東は可愛川を隔て、雙三郡と相對し他は豊田、賀茂、安佐、山縣の各郡と隣る。周圍三九里二町、面積四〇方里二一に達し、一町二五ヶ村に分つ。

地勢は全郡山岳重疊し、平延の地は可愛川と三篠川沿岸並來原村に於て見るのみである。而して山嶽の主なるものに大土山、備前坊山、阿牟陀山、犬伏山、鷹巣山等があり、河川には可愛川、三篠川の兩大川がある。前者は山縣郡より來り郡の北大部を灣迴し、處々小川を容れて北流し備後の三次川と合し中國山脈を貫き島根縣に入りて江川となり日本海に注ぎ、後者は東境大土山等より發し南下して太田川に合し内海に盡きるもので、共に灌漑漕運の便がある。

鐵道に藝備線がある。廣島を發し本郡東部を過ぎ比婆郡庄原町に達するもので其利便尠くない。

本郡現在の戸口は一三、一三二戸、六二、六三三人にして郡民の大部分は農を營み、全戸數の八割以上を占めて居る。從て生產額も亦農を最多とし生產總額の約六割を占むる現狀にある。大正十三年の產額左の如し。

農產四、五九〇、一五〇圓、畜產一九三、九四〇圓、蠶業八〇、五五五圓、林產八七四、五六八圓、水產二五、一七七圓、鑛產二三、〇〇五圓、工產二、〇三五、〇七〇圓。

小學校は尋常校一六、併置校二五、計四一校あり、現在二三六學級ありて一〇、五二八人の兒童を收容して居り、又就學步合は九九・七〇であつた。教員數二三一名で月俸の最高は一二〇圓、最低三〇圓で平均五三圓である。

其他實業備習學校三五校、縣立農學校一、高等女學校一、私立學校一がある。

賀茂郡

本郡は縣の南部に位し、東及北は豊田、高田兩郡に接し、西は安藝、安佐二郡に隣り、南一帶は瀬戸内海に面して藍ノ島、大芝島、馬島、情島等大小島嶼を領有し、安藝、豊田の諸島と相對し風景最も佳である。其廣袤東西一二里一〇町、南北一一里一九町、面積四〇方里九四にして八町三一ヶ村に分つ。

山は野呂山を最高とし、郡の南方に峙ちて其山脈は東に延び、竹原の西方に達し以て中部と沿海部とを劃する。而して沿海部は平地に乏しく、北方は一般に臺地を爲して所々に丘陵蹯踞するも其間平坦の地がある。西條、黑瀬の二郷は其最も廣きものである。

川は西條川を第一とし南流して內海に注ぐ。其他賀茂川、黒瀬川、瀬野川等あり或は北流し又は南流するものである。

海岸線は約十里餘に及び其間屈曲灣に富み、就中竹原、阿賀、長濱、仁方、川尻、三津口、三津等は船舶の出入多く、郡の北部を通過する山陽線と相俟つて運輸交通至便である。

氣候は南北多少の差異あるも一般に四時和順にして雨雪少く沿海部は殊に溫暖である。

大正十四年の調査に依れば本郡の戶口は二五、二五七戶、一二六、三五一人である。今之を職業別に見るときは全戶數に對し農業五割五分、商業一割二分、工業六分、漁業三分、其他二割四分の割合を示して居る。大正十三年の生產總額は實に二千萬圓を突破し、縣下第二位に在る。

左に教育の一斑を示す。

イ、小學校數五三、分教場八。學級數四五五。兒童數二一、四六九人。學齡兒童二二、六三〇人。就學步合九九・五四。教員數四八三人。平均月俸額五四圓九九四。補習學校四二校

ロ、中等學校縣立農學校一、私立商業學校、同中學校各一、公立高等女學校一、私立高等女學校二、公立實科高女校一。

豊田郡

本郡は縣の中南部即ち安藝國の東南端に位置し、東は御調郡に、北は世羅、雙三、西は高田、賀茂兩郡に接し、南は忠海、竹原兩市街と伊豫の大陽崎との間、島と島とを以て幾條となく瀬戶をなし遙かに愛媛縣と相對す。

地形概ね北彊に高く、順次流域に沿ふて中部に低夷す。西隅に郡內第一の高峰鷹の巢山あり、海拔九二二米突にして高田郡に跨る。之に亞ぐ海拔七五八米突の天神嶽は北境世羅郡界に聳立する。

沼田川は郡內第一の水系にして源を此等北方の諸山に發し地方の溪流を香集して漸南し中部の地を貫流して內海に注ぐ流路延長一一里餘に達する。

山嶽の位置、河川の流態前述の如くなるを以て地勢自ら北部、中部、南部に分れ、北部は山嶽重疊して連互の間に村落をなし、中部の地は平坦にして田疇稍展開するも低山性の丘陵到る處に起伏して居る。

南部は沿海島嶼に屬し、背後には低山屏列し、中部の地を北に遮つて居る。島嶼は大別して大崎島、生口島とし、大崎

島は更に大崎上島、大崎下島の二つに分れて遙かに西南に横はり、生口島は郡の東南に浮ぶ。

郡の面積は四二方里四一にして、六町四一ヶ村に區劃し、戸數二四、二〇一戸、人口一二七、一一一人に達して一方里に付三、〇二八人の密度を示し縣下中位に在る。而して郡民の大部分は農を生業として全戸數の六割三分八厘を占め、商業、工業、水産業、交通業等順次相亞ぐ現狀にある。

鐵道山陽官線は沼田川に沿ふて郡の中部を東西に貫く外自働車線一一線、國道一線、縣道三四線、航路線一六線がある

小學校は尋常校一八、併置校四八、計六六校あり、敎員數四八二名、之が平均月俸額は五一圓九四八である（專科敎員ヲ除ク）實業補習學校六一枚あり學級一四〇に達し、生徒數二、六一二人である。尚敎員數は二一一名である。

左に大正十四年の生産額を掲ぐ。

農産	八、八二〇、七七六圓	林産	四八〇、九五七圓
工産	二、六四三、〇三九	鑛産	七七、八二九
水産	一、六三九、二四七	計	一四、一三九、四八四
蠶産	一〇七、三八七	一戸當	五八四
畜産	三六〇、二四九	一人當	一一一

御調郡

本郡は備後國の西南端にあり、東西北の三面は蘆品、沼隈世羅、豊田の各郡及尾道市と境界をなし、南は內海に面し、向島、岩子島、大細島、因の島等の諸島を領有して愛媛縣と相對する。其總面積は二五方里八八にして現今之を五町二九ヶ村に分つ。

郡の地勢は概して高峻にして、山は宇根山を最高とし郡の北方に峙ち其山脈蜿蜒起伏して郡內に蟠踞する。就中郡の中央部に在る龍王、木項の山脈は東西に走りて地勢を南北に兩斷する。

御調川は源を宇根山に發し北部の諸流を合せて東流し蘆田川に合し、藤井川は木項山に源を發して內海に注ぐ。

交通は瀬海地方に山陽鐵道通じ、糸崎港があり又近く尾道港を控へて利便南部に厚きも北部は甚だ薄い憾なしとせず。尚國道三里半、縣道四一里、町村道九三六里に達する。

小學校は四五校外に分敎場二あり、學級總數四三四に二二、〇四六人の兒童を收容する。敎員は四五三名にして之が平均月俸は本科正敎員六二圓〇六、其他五五圓三四である。其他實業補習學校四〇校、縣立女子師範學校、三原高等女學校、

市村農學校、三原敎員養成所、土生實科高等女學校等がある
本郡現在の戸口は二五、六七六戸、一三〇、五〇二人にして、之を職業別に見るときは農業の一四、七五〇戸首位を占め、工業の三、二二六戸之に亞ぎ、商業、水產業、交通業等順次相亞いで居る。大正十三年度本郡生產額は左の通りとす

工產	七、五八八、二五四圓	畜產	六五七、七九二圓
農產	七、二六六、九三三	林產	二九九、八九三
水產	一、三六七、八〇九	計	一七、一八〇、六八一

世羅郡

本郡は稍縣の中央部に位し、蘆品、甲奴、雙三、豊田、御調の各郡に圍繞せられ廣袤東西一一里、南北四里、面積二六方里を算す。而して土地は高燥にして全郡山岳起伏し、其主なるものに天神嶽、宇根山、頭士山、新山、男鹿山、波他古也山等がある。

河川は源を悉く郡內に發し大田川、美波羅川は其大なるものである。前者は源を神田村に發し田打川、牛網川、山田川矢多田川を合せ東流して蘆田郡に入りて蘆田川となり、後者は西大田村に發し、吉原川、飯田川を合して馬洗川に合するものである。

地勢上述の如きを以て耕地は僅かに各河川の流域にのみ之を見、平野の廣きは大田川流域の大田郷、徳良郷、津田郷等とす。交通は一の鐵道なく至極不便である。

本郡現在の行政區劃は一町一二ヶ村にして、戸數七、五五四戸、人口三八、七五四人あり。

小學校は二四校、一四三學級の設備を有し、在籍兒童六、三六六八、敎員一五九人、敎育費一戸當一八圓五七二、兒童一人當二二圓二六六の數を示す。尚補習學校一九校、中學校高等女學校各一校がある。

大正十四年の生產額左の如し。

農產	三、一〇三、六八五圓	工產	一、二八五、八五〇圓
蠶絲業	一二三、七二八	林產	八一五、八一七
畜產	一五〇、一九三	計	五、四六八、二六〇

沼隈郡

縣の東南部內海に突出したる半島狀の郡にして、東は蘆田川を隔てゝ福山市及深安郡に、北は一帶の山脈を限りて蘆品郡に、西は尾道市と御調郡に接し、南は賀島、箕島、仙酔島走島、宇治島、田島、横島、百島等の島嶼碁布散在して遙かに讃豫の諸島と相對する。

面積は一三方里三を有し現在二町二八ヶ村に區劃す。地勢は域内山脈縱横に起伏し、中央に聳ゆる熊ヶ峰は郡中第一の高峰である。河川の大なるものは多く源を西北蘆品、御調の諸郡に發し南流して海に入り、其大なるものに蘆田川、藤井川がある。之等諸川の沿岸及山陽線に沿ふ一帶は土地概ね平坦であり地味膏腴、又氣候中和にして農耕に適する。

鐵道山陽線は郡の北部を東西に、鞆輕便線は郡の東海岸を南北に通じ、鞆港は各航路の寄港地で共に便利である。

郡の戸口は現住一七、一三一戸、八九、八五九人にして、一方里六、七五六人の密度を示して居る。今戸數を職業別に見るに、農家最も多く九千戸を超え、商業之に亞いで二千六百戸、其他工業、漁業の順序にある。而して郡の主要物産には疊表、花莚、藺草、生繭、酒、鹽、海參等があり、大正十四年の各種生産總額は一九、〇〇八、六七九圓に達し、一戸當千百圓、一人當二百圓の生産力とある。

小學校は現在尋常校一一、高等校二、併置校二二、分教場四、學級三四六の設備を有する。又兒童數一六、二二九八、就學步合九九・八三、職員三五六人、俸給の平均（專科ヲ除ク）は五七圓八二三の數を示して居る。

深安郡

本郡は縣の東南端、岡山縣と接する處に位する縣下最少の郡にして面積僅に一二方里五一に過ぎない。其彊域北は神石郡に、西は蘆品、沼隈兩郡と境し、南は内海に面す。

地勢は南北に延びて東西に狹く、北境一帶の地は山岳連亙人烟密ならず、中部以南は概ね平坦にして沃野拓け戸口稠密である。河は沼隈郡境を流るゝ蘆田川及其支流高屋川並に山野川等にして共に灌漑の便がある。

鐵道は郡の南部に山陽線あり、又福山市を起點とする兩備線は郡の中央部を北進し、分れて一は蘆品郡府中に、一は岡山縣高屋に達するもので、郡の交通は便利である。

氣候は概ね中和なれども北部山間地は冬季寒氣強く、積雪尺餘に及ぶことがある。左に郡勢の一斑を示す。

イ、町村數　三一村。戸口一一、四六八戸、六四、三一四人。

ロ、敎育　小學校數二六、分敎場四、學級數二四一、兒童數一一、九一七人。就學步合尋常科九九・九〇、高等科七五・九一。職員二六一人。實業補習學校二一校。圖書館村立一、私立巡回文庫一。

ハ、生産額　農産四、七〇四、一一七圓、畜産二四五、七一七圓、蠶業五七四、四六五圓、林產一五八、三二二圓、水產二七、六七二圓、鑛產二九、四五六圓、工產七、七八三、五一一圓。

蘆品郡

縣の東部に位し、神石、甲奴、世羅、御調、沼隈、深安各郡に連りて一四方里四の面積を有し、三町一七ヶ村より成る

地勢郡の西北部は山岳重疊し其山脈東西に連亘し、南部亦峰嶺起伏する。其中間は平坦にして沃野が多い。山岳の著しきものは東北に蛇園山あり、東南に武倍山、中央に龜ヶ獄がある。前者は郡中第一の高山にして海拔千八百尺、後二者は共に蛇園山に亞ぐ高峰である。

蘆田川は世羅郡に源を發し御調郡を經て本郡に入り、東南流し郡內に於て阿字、出口、神谷其他の諸流を併せ深安郡を經て海に入る。其流域殆ど郡の全體に及び灌漑至便である。

道路は縣道二一里半、町村道は縱橫に通ず。汽車は福山より來りて府中町に停る兩備鐵道線がある。延長六哩九。

戶數は一二、〇七〇戶、人口六四、九八一人にして郡民の大部分は農を營み、工商從業者は伯仲の間にある。大正十三年本郡の生產總額は千五百五十萬圓に及び、之が內譯を示せば左の通りである。

農產	三、六九九、一四一圓	林產	二〇七、八二三圓
蠶絲	三、七九六、五六二	水產	四二、〇二四
畜產	一九、五三三	工產	七、五四五、三二〇

其生產力は現住一戶當一、二八三圓、一人當二三八圓である

小學校は二四校、分敎場七で此學級二三八に一一、三八八人の兒童を收容する。敎員は二六〇人にして學級數に對する本科正敎員步合は〇・七四に當る。又全敎員の平均月俸は五七圓〇八である（專科敎員を除く）。

其他實業補習學校二四校、縣立中學校、同高等女學校、同實業學校各一校がある。

神石郡

備後國の東部に位し、東は岡山縣に接し他の三面は比婆、甲奴、深安各郡と郡境をなす。面積二四方里六八にして一町二二ヶ村より成る。

地勢は高峻にして山嶽多く平地少い。即ち其主なるものに北部に御神山、中部に二子山、南部に星居山等がある。河川の主なるものを帝釋川、小田川、東城川等とし、何れも東流して岡山縣に去るものである。

地勢前述の如くなるを以て交通機關は甚だ不備である。即

ち鐵道は一線もなく四五里の縣道、五〇二里の町村道と馬車自働車の便によらねばならぬ現狀にある。

戸口は現住戸數五、三七二戸、人口二八、二九三人、一方里に付一、一四六人に當り其密度縣内下位の部に屬する。而して全戸數の八割以上は農家にして商工之に亞いで居る。從て生產總額三百九十萬圓の中農產は二、五二八、五七〇圓（六割）を占め、其他は左の通りにして、現住一戸に付七四二圓同一人に付一四一圓の生產力を示して居る。

林產五六一、九八七圓、工產四七九、〇九三圓、畜產二〇九、四六〇圓、蠶產一七二、五一五圓、鑛產二九、〇九九圓水產六、七二九圓。

小學校は尋常校一〇、併置校一六、分教場四、學級一〇七の設備を有し、在籍兒童は四、八三一人にして就學步合は男女平均九九・六三とある。職員は一一二八、俸給總額七一、八三二圓にして、正敎員の最高月俸一二〇圓、最低三三圓である。其他實業補習學校一二校、縣立農學校一校、圖書館一三館あり。

名勝の地として本郡に帝釋峽がある。即ち帝釋川の沿岸は到る處深溪幽谷を成し奇峰秀巒、斷崖絶壁、奔流深潭相連り實に本邦稀有の勝地である。

甲　奴　郡

備後國の中央に位し、面積一三方里二六、戸數三、六二六人口一九、四八三を有し、現在一町八村に分つ。

地勢一般に高燥にして平地少く、山岳の主なるものに丸嶽山、嶽山、龍王山、鷹志風呂山、德樂山ありて丸嶽山最も高く八四三米突あり。

江川の支流たる馬洗川は吉野村に源を發し、北流して雙三郡に入り、廬田川は神石郡に源を發し本郡の南部を南流して世羅郡に入る。氣候は温和、四時の序正しきも、夏季は日中暑熱烈しく夜間は涼風を覺え、又冬期は寒冷にして結氷期永きも積雪尺を超ゆるは稀である。

郡の交通狀態は至極不便である。只二三八里餘の縣町村道に依り交通の便を達して居るに過ぎない。尙大正十三年本郡の生產總額は三、二五六、四九三圓にして縣下最下位である。

雙　三　郡

備後の西北部にありて、面積四一方里〇五にして縣内第五位の廣袤を有し、四町一四村に分つ。現在戸數一二、八六七人口六六、一四三。地勢は北部は高峻にして陰陽の分水嶺に窮り、南は世羅郡界に隆起し、東西の兩部亦漸く高い。郡中至る處山岳重疊し女龜山、冠山、小桅山、高幡山、岡田山等の高峰がある。而して氣候は概して溫暖なるも北部は寒冷積雪數尺に達することがある。又三次近傍は夏秋の候霧が深い

鐵道は廣島より本郡西部を北進し、三次町より東に折れ比婆郡庄原町に達する藝備鐵道がある。尙縣道五三里、町村道二〇六里あり。

本郡は米麥を以て主産物とし、林産、蠶業、畜産等之に亞ぐ。就中養蠶は近時長足の發達を爲し今や縣下に於ても最重要なる地歩を占めるに至つた。大正十三年末本郡生産總額は一一、九八二、八六六圓に達し、一人當り一八圓とある。

比　婆　郡

縣下最大の面積七五方里六一を有し、備後國最北部に位するを比婆郡となす。即ち東は岡山縣阿哲郡、西は島根縣飯石郡及本縣雙三郡、南は本縣神石、甲奴、雙三三郡に、北は鳥取縣日野郡及島根縣仁多、飯石郡に接し、三町一九ケ村より成る。地勢高燥にして山嶽隨所に蟠起し、殊に北境は中國山脈の高嶺東西に走りて千二百米突內外の高さを有ち、備後に於て最も高峻なる地方である。而して只河流の沿岸及山谷の間稍平衍にして村落邑里をなすのみである。

郡內の水系は之を分ちて二となすことを得。即ち一は三次盆地に注ぎて江川となるものにして之を西城川、高野山川、本村川、山內川とし、一は高梁川の支流をなすとのにして東城川即ち之れである。氣候は土地により多少異なるも北部の地は概して寒冷を極め積雪數尺に及び、庄原及東城附近は稍溫暖にして積雪一尺を超ゆることは稀である。

鐵道は廣島と本郡庄原間運轉の藝備鐵道がある。外に縣道九二里、主要町村道二一八里餘、馬車、自働車ありて交通運輸に資して居る。

戶數は一三、〇八九戶、人口六五、九二三人にして全戶數の六割四分は農を營み、商、工の順位にある。從つて其生産額の如きも農産を首位に、工、林、蠶、畜、鑛産の順序にありて、大正十三年の生産總額は千二百九十萬圓餘に達した。

小學校は五一校、分敎場二あり、學級數二三四にして一學級平均四五八五八の兒童を收容する。而して一戶當敎育費負擔額は一七圓五八七、學童一人に對し二一圓五六四を要する其他實業補習學校四六校、縣立實業學校、町立高等女學校等がある。

高知縣

總説

位置、地勢、面積

本縣は四國の南半を占め、東經一三四度一七分四秒より一三二度二九分二二秒の間、北緯三二度四三分四九秒に始まり三三度五二分三六秒に終る。其形弓月の狀を爲し、北の地は山脈連亙して德島、愛媛の兩縣と境を爲し、他の三面は太平洋に臨み、黑潮の暖流常に岸を洗ひ、氣候溫和にして地味肥沃、人情質實剛健にして夙に健依別の稱がある。

維新の際幾多の志士王事に勤勞して薩長二藩と共に天下に併稱せられたる所以は、風土氣候の人心を感化せしめしものか。

北部、四國脊梁山脈は支脈を國內に派し、香美、長岡、土佐三郡の南部一帶は平坦にして人煙稠密し、沃野多しと雖も其他は高原山地にして平野少く、山岳崎嶇の間に村落を爲し沿岸亦良港に乏しきを以て交通不便である。されど北方に源を發して南流する河川は灌漑の便多くして田畑は耕種に適し山地は林產に富み、海面の漁獲も亦頗る豐富である。

地勢前述の如くなるを以て縣內に山岳多く其主なるものに瓶ヶ森山、手箱山、平家平、椿山、白髮山、甚吉森、不入山鷄形山等あり、何れも高さ千三百米以上のものである。

河川は北部山脈に源を發して南流又は東南流し太平洋に注ぐものなるも、獨り土佐郡本川村に源を發する吉野川は北流して德島縣に入る。河川の主なるものに伊尾木川、物部川、吉野川、仁淀川、渡川等があり、流程何れも十里餘以上に及び舟筏の利便多い。殊に渡川の如き其流路延長四八里二三町に達する巨川である。

原野は總反別二千餘町歩にして野ノ鷹山、大野ヶ原、小奈路原等を主なるものとする。又本縣は沿岸百里を超ゆるも島嶼は極めて少く稍著名なるものを擧ぐれば沖ノ島、鵜來島にして、何れも幡多郡の西南端にありて最近陸地を距る三里餘の位置に在る。

行政區劃

高知市及安藝、香美、長岡、土佐、吾川、高岡、幡多の一市七郡一九四町村にして、總面積四五九方里五八を有し、其最も大なるは幡多郡の一二五方里六六、高岡郡の九三方里餘之に亞ぐ。其他安藝、土佐、長岡、香美、吾川郡の順位にありて、最少なるは高知市の一方里三四七である。

土地

土地の總反別は五二三、二七九町歩、其內譯は官有地一二七、〇八四町歩、民有地三九六、一九〇町歩である。更に民有地を分つて有租地三九〇、〇三四町歩、免租地六、一五七町歩、荒地九九七町歩とする。

今、民有々租地を地目別に見る時は

田	三七、〇九九町
畑	八七、七〇三
宅地	三、四八七
山林	二五九、二八〇
原野	二、一〇四
鹽田	六一
池沼	一九八
雜種地	一〇〇
計	三九〇、〇三四

となり、地租は合計八二一、一二八圓にして、地價一反歩の平均は田三七圓六二二、畑二圓五二四、宅地一三七圓八〇六、山林〇圓一二五となつて居る。

地質

本縣の地質は主として水成岩より成り、北部四國三脈より南部海濱地方に向つて稍規則正しく結晶片岩古生層、白堊紀層及第四紀層の順序に分布し、第三紀層及火成岩は極めて少く、石灰岩は所々に露出する。第四紀新層及古層共に本縣に於ける重要の農耕地を形成し、其他は概ね森林地帯となす。

氣象

本縣は北に山を負ひ長く海洋に南面するを以て、海風常に陸地に及び四國島中氣候最も溫暖である。年中平均氣溫は攝氏一六度にして四季を通じ西南風が多い。

冬季は大陸方面の高壓部大に發達するを以て北西風強く、酷寒を伴ふことありと雖、平均溫度は五度を降らず、從て山間地方を除く外は降雪稀にして、沿岸の暖地に於ては霜雪を知らざる所が多い。

夏季八月中の平均氣溫は二六度にして暑熱甚しからざるも其期間稍永く、九月下旬に至りて往々三十度を超ゆることがあり、颶風の來襲古來頻繁にして大雨を伴ひ損害を被ることが多い。又降雨日數は一ヶ年平均一四八日、雨量年計二、七〇〇粍餘にして地上一坪の水量實に五〇餘石の多きに達し、其多量なること全國稀に見る所である。

戸　口

大正十三年末現住戸口は戸數一三三、六九八戸、人口男三六一、一二九八、女三六一、七九二八、計七二二、九二一人にして、之を前年に比すれば戸數一、五〇八戸、人口五、四一七人を増加し、更に十年前たる大正三年に對比すれば戸數に於て八、五七二戸、人口に於て三四、七三七人の増加を示した。

現住人口一方里の密度は一、五七三人にして、一戸に付五人四一であり、又女百人に付男は九九人八二の割合である。而して全人口の過半は農業に從事し、商、漁、工業者之に亞いで居る。今世帶を職業別に分類すれば左表の統計を得。

農業	六五、二〇三	官公吏教員	三、七四九
漁業	一〇、三六二	勞働者	一四、五八五
商業	一八、四四九	其他有業者	六、一六六
工業	八、九三八	無業	二、七三九

大正十二年中に於ける人口動態の狀況を示せば左の如し。

出産	二三、三三八人	結婚	六、四三六組
死産	一、四九〇	離婚	八七五
死亡	一五、三八五		

交通及土木

道路の總延長三、〇七九里、内國道は第二十三號一線一五里にして高知市より東北に延び、德島縣池田を經て香川縣琴平に通ずる。縣道は一〇三線、五五二里にして高知德島線は高知を基點として東部海岸に沿ひ、安藝、室戸、甲浦の各町を經て德島市に達するものである。

高知松山線は西北に向ひ仁淀川に沿ひて愛媛縣松山市に、高知、中村、宿毛線は須崎、窪川、中村、宿毛を經て愛媛縣宇和島方面に至る。是等は何れも陸路交通の幹線にして縣内樞要の地を連絡し自動車の定期運轉がある。又市道二五里、町村道二、四八七里とす。

鐵道には高岡郡須崎港より高知市に達する高知線あり、是は近く德島縣池田町に延長の豫定線である。本縣は從來鐵道の寸影を見ず、之が建設は實に縣民多年の宿望なりしが、大正十三年十一月を以て須崎高知間二六哩三の高知省線の開通を見、一面幾許もなくして大篠、手結間に私設高知鐵道七哩四の敷設を見、又土佐電鐵に後免線六哩八、伊野線六哩八、棧橋線一哩八の運轉ありて交通運輸の面目頓に一新するに至つた。

然れども是等の運轉區間未だ短少にして、將來豫定線の竣工を見るに非ざれば利用厚生の實効を收め難き憾がある。

翻て水路方面を見るに本縣は大船を容るゝ良港に乏しきも海岸線長く大小海澳百に達し漁利亦甚だ多く古來海運は相當に發達し、港灣の修築整備は多年熱望せる所なるが、明治初年以來土木事業は道路政策を第一義として畫策經營せられ、港灣は只其天然の地形能力の利用に過ぎざりしが、海運業の發展、漁業の進歩は港灣修築の必要を感ずるに至つた。

恰も大正十年來政府は港灣調査會に諮問し、四國南岸に於ける重要港灣指定の議ありて、縣及關係市町村に於ては是が實現に努力しつゝある。

而して本縣に於ける主要港灣には浦戸港、甲浦港、須崎港清水港、片島港等がある。就中浦戸港は高知市の關門、縣下に於ける重要移出入貨物の呑吐港にして、歐洲戰亂以來著しく出入船舶の數を増したるを以て縣は巨費を以て浚渫工事中である。船は本港より十二時間を以て神戸港に達する。其他手結、室津、佐喜ノ濱等の諸港を經て甲浦港に至るもの及西部沿岸須崎、清水等の各港を經て片島港に至り九州方面に通ずるものとの二線がある。是等は何れも定期航路にして縣外諸港との連絡至便である。

本縣の河川は地勢の關係上概ね急流にして舟楫の便少く、仁淀、物部二川の流域を除けば幹川の灌漑水に利用せらるゝもの稀である。

由來本縣に於ける治水、灌漑に關する費用は藩政時代に於ては幡多郡の地元負擔を除き他の六郡は藩費を以て共通支辨となし施行し來れる慣行にして、施設比較的行屆きしが廢藩置縣以後一時林政弛緩し濫伐頻りに行はれ、水源荒廢に歸し一面河川費は總て地元負擔に移されたる爲め其經營に困憊し多年之が對應策に腐心しつゝあつた所である。

然るに縣は大正十一年八月一日より縣費支辨河川を決定し重要河川に對し河川法準用の規定を發布し、一段落の解決を告げた次第である。

通信機關としては一等郵便局一、三等局一三二にして、長距離電話は高松、徳島を通じて阪神間と交換の便がある。郵便物の遞送は縣外より來るもの及縣外へ出るものは共に普通一日海陸三回である。而して高知市を中心として東西郡部への遞送は東は和倉局迄一日三回、安藝以東は一日二回、西は日下局迄普通三回、佐川、須崎以西は一日二回である。

警察及衛生

本縣現在の警察區劃は九警察署の下に五分署を置き、別に一水上警察署ありて沿海、港灣、河川に關する警察事務を取扱ふ。更に警部補及巡査部長派出所計九、巡査派出所一〇、請願巡査派出所四、巡査駐在所一九〇を置く。

配置現員は警察部長一、警視二、技師二、警部一六、技手一〇、警部補二一、巡査部長四〇、巡査三四九、屬一、防病官吏二、計四四四人にして、內警察部四〇名、市部八〇名、水上警察一五名、郡部三〇九名の割合である。

今、警部補巡査一人に對する人口を見るに、市部に於ては定員に對し一、二七〇人、外勤に對し一、七八二人であり、縣全體に於ては定員に對し一、六三三人、外勤に對し二、四二七人となる。

犯罪の傾向は概ね財物に關する事犯多數を占め、就中智能犯に於て逐年増加の傾向がある。大正十二年の被害件數は財物に關する犯罪四、一四六、其他の犯罪二、二五八、計五、四七八件にして、檢擧件數は財物に關する犯罪三、五〇〇、其他の犯罪一、二九二、計四、七九二件とす。

火災防止に對しては近時一般に覺醒し、其設備等に於ても從來の面目を一新せんとするの傾向にある。大正十三年の火災度數は一一六回にして失火最も多く九〇回を占め、不審火一五回、放火一一回とある。而して是が總損害見積高は實に二四六、三九七圓の巨額に達した。

大正十三年首現在の消防施設の狀況は組數三三、部數四二組員一、三六七名、器具一、五〇九點を算する。

更に衛生方面に就き概觀するに、縣民の健康狀態は一般に良好なるも近時其體力は稍銷凋の傾向あるを以て縣は各種の施設經營をなし、縣民保健の爲め最善を盡しつゝある。

現在縣內病院は縣立四、私立三六あり、醫師は五二五名にして一人に對し人口一、三六八人の割合となる。其他齒科醫師八三、藥劑師八六、藥種商二一五、製藥者一〇、產婆三三四、看護婦三〇九等の散在を見てゐる。

又各種傳染病は全國の中位にある。卽ち大正十三年の傳染病患者は七八四名の內三一〇名の死亡者を出した。而して患者の最も多きは腸チブスの三三七名にして赤痢、ヂフテリア流行性腦脊髓膜炎之に亞ぎ、死亡率の高さは腦脊髓膜炎六割二分五厘にして、赤痢五割二分五厘、ヂフテリア三割八分五厘である。

尙水道には高知市江ノ口水道、中村町私設水道、須崎簡易水道、高知市水道がある。

兵　事

本縣は元廣島鎭臺の管轄に屬したりしも明治三十年、步兵第四十四聯隊の設置せらるゝに及び爾來第十一師團の管轄に屬した。海軍は明治二十二年、志願兵の徵募區を定められ、本縣は吳鎭守府の管下にありしが、大正四年十二月より佐世保鎭守府の管轄に移され以て今日に及びしものである。

大正十三年の壯丁檢査人員は六、九五四人にして、之が結果は花柳病患者は僅に三分二厘に過ぎざりしも、トラホーム患者は二割六分六厘の高率である。

同年に於ける海軍志願人員は二二九人にして內八一人の合格者を出し、採用人員は五四人である。尙兵事上に關する主なる團體に高知武揚協會、土佐在鄉將校會等がある。

社寺、宗敎

本縣に於ける神社數は四、七〇五社にして國幣社一、縣社一三、鄕社二〇九、村社一、二七〇、無格社三、二一一、官祭招魂社一社とし、神職は三二二名とす。

國幣中社土佐神社は土佐郡一宮村にあり、其本殿は特別保護建造物である。官祭招魂社は維新前後國事に斃れたる志士及西南並に日淸、日露戰役戰病死者の靈を祀るものにして、之が祭典を莊嚴盛大ならしむる協賛機關に官祭招魂社祭祀會がある。

更に寺院に就て見るに、中古佛敎の渡來するや行基、空海等の名僧來りて寺院を建立してより其數次第に增加し佛敎甚だ盛なりしが、維新後一般に舊物打破の傾向を呈し、殊に明治四年の頃、排佛毀釋勵行の結果寺院の廢滅に歸したるもの多く、維新前の寺院數六一五の內四三九は廢寺となつた。現在の寺院數は天台四二、眞言四三、淨土一六、臨濟二八、曹洞二〇、眞宗七九、日蓮二〇、計二四八寺を數へ、又敎會所は一五に過ぎない。

神道は佛敎の荒廢に代り勢力を得、明治二、三年の頃より黑住敎、中敎院、多賀敎等陸續設立せられ、就中中敎院は全力を注ぎて東西各地に布敎し、縣民の八割を信徒とするの盛況を呈した。然るに政論の盛なるに伴ひ宗敎心の冷却を來し神道亦振はざるに至つた。

現在の神道說敎所は一一〇にして、其內天理敎最も盛にして信徒多數を有し、黑住敎、金敎、大社敎等之に亞ぐ。

基督敎は明治十八年五月、日本基督敎高知敎會の設立以來新舊兩派各敎會所を設けて布敎に從事し、現在市內に七ヶ所郡部に四ヶ所の說敎所あり、信徒數は約二千人にして槪ね中流以上の家庭に屬する。

財政

縣經濟は從來は專ら緊縮整理を旨とし、其歲計額は全國各府縣の末位に在りしが、大正七年度以降大戰の影響に依る經濟界の變動に伴ひて自ら經費の增加を來せるのみならず、縣廳舍の改築、敎育の振興、交通機關の整備等、時勢の進運に伴ふ必要の施設を要せし爲、歲計逐年增大せるに際し、大正九年に於ける大風水災被害の爲、縣に於て巨額の復舊費を要せしのみならず、郡町村以下の復舊工事に對し、政府より低利資金を受けて貸出すことゝなれる爲、大正十年度以降に於ける歲出額は特に急激の膨脹を示した。

今、大正十二年度決算額を以て十年以前の大正三年度と比較するときは實に約八倍の增加である。而して縣廳舍の改築道路、橋梁、港灣の改修並災害復舊費等に就ては一時に之を一般負擔に求むる能はざるを以て、之が資源を起債に求めたる爲、縣債總額も亦近年著大の增加を示した。

左に大正十二年度に於ける歲出入並縣債額を示す（決算）

		歲入 圓	歲出 圓
縣歲出入	經常	三、三七二、七二〇	二、三八三、〇二四
	臨時	五、二六四、三八六	三、〇〇五、四二一
	計	八、六三七、一〇六	五、三八八、四四五
縣特別會計	經常	三一七、八〇三	三三〇、三二四
	臨時	一一三、五九七	七一、五一九
	計	四三一、四〇〇	四〇一、八四三
市歲出入		九八六、八六四	七五四、三一八
町村歲出入		六、一三八、八〇〇	五、五七三、〇四一

	大正十二年度現在額
縣債	八、二二四、三八六

社會事業

1軍事救護…軍人救護資金を以て、現金救護、醫療救護を爲す。

2住宅改良…公營住宅建築資金の貸付、住宅組合貸付資

金として政府の低利資金を借入れ住宅改良に充つ、現在の住宅下の如し。高知市營住宅。

3 民力涵養…縣は毎年縣費六百圓を計上し、各種團體と連絡して之が宣傳に努む。

4 地方改善…必要の經費を置き、指導者の縣外優良地方視察、功勞者選奬、講習會等の開設、助成金の交付、職業傳習、勤儉貯蓄、地區整理、道路改修其他部落改善等に資す。

5 感化事業…高知報德學校（代用）。

6 救濟事業…縣罹災救助基金。

7 育兒事業…社團法人高知博愛園。

8 盲啞敎育事業…高知縣師範學校附屬小學校附設。

9 貧兒敎育事業…私立土佐婦人會。

10 釋放人保護…私立高知自彊舍。

11 窮民救助事業…財團法人高知慈善協會、私立長濱惠濟會。

12 救療事業…恩賜財團濟生會。

敎育

本縣は土地僻遠にして交通不便なる爲、文化の發達十分ならず、隨て敎育の事業亦他府縣に比して遜色ありと雖、一般に人情敦厚質實なるが故に敎育的薫化行はれ、當事者の職に忠實にして修養心の盛なる決して他に讓らざるものがある。

而して近時一般に向學心勃興し、小學校に於ける就學歩合並に中等學校入學志望率の增加など凡てに向上を見るに至つた。殊に大正十二年度に高知高等學校の開校ありてより之が刺戟を受くること尠からざるものがある。

縣は中等敎育振興の爲、大正十一年度に於て中學校、高等女學校各一校を增設し、郡立高等女學校二校を縣に移管し、同十二年度に於て私立工業學校の經營を繼承して縣立とした只遺憾とするは、中等學校敎員を得ること頗る困難にして、相當優遇の途を講ずるも屢々缺員を生ずることあるが如き即ち之れである。

大正十二年度末現在本縣の學校總數は六〇五、學級總數二、五九四、專任敎員全數二、八九七名、生徒又は兒童の總數は一一八、二六九名である（附屬小學校を除く）

(一)初等敎育　大正十二年度末現在の小學校數は本校尋常校二六九、併置校一四一、高等校一一、計四二一校、外に分敎場七八の設備を有し、學級總數二、一六六とある。

而して校地、校舍、校具は逐年完備の域に進みつゝあり、兒童は一〇〇、四〇五名を有し、一學級に對し約三〇名乃至七〇名にして五〇名內外を普通とする。

兒童の就學、出席に就ては學校管理者及敎員の鋭意督勵する所、又貧困兒童に對しては學用品費、食費の補助給與等の方法を講じて普及向上を圖りつゝあり。同年度學齡兒童就學步合は男九九・五三、女九九・三九、計九九・四六にして前年度に比し稍良好である。

敎員は正敎員本科一、八二七、專科七三、准敎員二四四、代用敎員二九七、計二、四四一名、其他附屬小學校の一四名がある。而して學級數に對し本科正敎員缺きを以て之が補足は准敎員又は代用敎員を以てするものである。

年功加俸は規定の年限に達したる者に對し、可成全部に支給の方針を執り、特別加俸は資格者全部に之を給し、休職給諸給與、疾病療治料は力めて之が給與の途を講じて居る。

(二)師範敎育　師範學校は明治九年十月創立し男生徒を養成し同十一年三月女子師範學校を創設せしが十九年四月男子部に合併した。

明治卅年四月簡易科を設置し、翌年三月女子部を廢し、三十五年七月には簡易科を廢止す。卅六年四月女子部を再興し四十一年九月男子第二部を設置せしが大正四年七月之を廢止し以て今日に至るものである。

即ち高知縣師範學校は校地、校具の設備は略完成し、一二學級を有して男女を收容する。

大正十二年度に於ける入學志願者は男二〇一名、女一五七名にして、前年度に比し男四〇名、女一四名の增加を見た。入學試驗の結果、入學許可者は男八〇名、女四一名にして、入學試驗の成績も前年度に比し頗る良好であつた。

大正十三年三月一日現在生徒數は四四八名、十二年末現在敎員數は有資格者一八、無資格者六、計二四名とす。

(三)中等敎育　中學校は縣立五、私立一、計六校にして、學級數本科五六、補習科三とし、大正十三年三月一日現在の生徒は二、二三〇名である。

大正十二年度に於ける入學志願者は公立一、五七四名、私立一〇〇名を算し、入學許可者は公立に於て五八二名、私立六四名にして、逐年增加の一方である。敎員數は有資格者八二名、無資格者二九名とす。

高等女學校は縣立四、私立二、組合立實科高等女學校一、計七校である。學級數は高等女學校に於て本科五六、實科二補習科四、計六二學級、實科高等女學校に於て本科四、選科四、計八學級にして、生徒數は前者が二、八五〇名、後者が一四三名である。

大正十二年度の入學狀況を見るに、前者は志願者二、四三〇名の內一、〇六四名入學し、後者は六八名の志願者中、入學許可者は四七名であつた。

敎員數は高等女學校有資格者六三名、無資格者三七名、實科高等女學校有資格者四名、無資格者二名とある。

(四)實業敎育

イ、中等實業學校　縣立高知工業學校、縣立農林學校、市立高知商業學校あり、以上は何れも甲種程度なるも乙種のものに私立城東商業學校がある。學級總數は四一、敎員數八一名、生徒數一、四七八名の數を示して居る。

今大正十三年に於ける入學狀況を見るに入學志願者の數は各校を通じ概して增加の傾向あり、左に之を表示する。

	入學志願者	入學者
縣立工業學校	四八八	九八
縣立農林學校	一八六	一五九
市立商業學校	三八四	一四六
私立商業學校	一三五	四四

ロ、實業補習學校　校數一二三校內公立一〇九、私立一四にして、更に之を種別すれば商業一、農業九八、其他二四となる。學級數は公立一八四、私立一五、計一九九、生徒數は男三、九四四名、女二、三二七名であり、敎員は專任七二名兼任三一五名に達する。

(五)特殊敎育

イ、幼稚園　市立二、町立一にして、保育兒童は男一八一女一六八、計三四九名とす。而して各園共相當設備を整へ、保姆を置きて良好の成績を舉げつゝあり。

ロ、盲啞學校　盲啞學校として特設のものなきも、師範學校附屬小學校普通學級に隷屬せしめて盲啞敎育を施しつゝあり。同兒童には國語、算術、圖畫、手工、裁縫、體操の六科目に就き尋常小學校第四學年の程度を標準として敎育しつゝあるも、專任の敎員なく遺憾の點がある。

ハ、感化院　財團法人高知慈善協會經營の高知報德學校を代用感化院となし、現在の收容人員二六名、職員七名とす。

(六)各種學校　小學校に類する各種學校は公立三〇、私立四、計三四校、生徒數女一、四二二名、其他の各種學校八校、生徒數男一〇六名、女五六四名、敎員は小學校敎員より兼務するもの多く、女子は專任者が多い。學科目は女子は裁縫手藝を主とし、地方女子敎育上効果頗る多い。

（七）社會敎育其他　青年團及處女會は縣下各町村に亘り普く設立せられ義務敎育終了後の青年及處女を網羅し鋭意修養に努めつゝあり。縣は大正九年度より社會敎育主事を置いて其指導の任に當らしめ、同十年八月、青年團及處女會に關する設置準則を示し以て其精神の徹底を期し、併せて體系の統一を企圖しつゝある。大正十一年十月、縣下青年大會を開催し、同時に本縣聯合青年團を組織し、以て縣下各郡市聯合青年團を統合するを得、其活動漸次見るべきものがある。

圖書館は縣立一、町村立六三、私立四、合計六八館にして前年度に比し一三館の增加を示した。

縣立圖書館は大正四年一月の創立に係り、一般閲覽の外圖書の携出を許し、又市町村に巡回文庫を廻送し、一般人士の便益を圖つて居る。現在藏書册數は和漢書三八、六八八、洋書八九七、合計三九、九八五册にして、閲覽人員五四、〇六六人、一日平均一六二人を算し、前年度に比し一日平均三人を減じた。其他の公私立圖書館は未だ內容設備充分ならざるも社會敎育上稗益する所甚大である。

尙敎育に關する團體に敎育會及社團法人組織のもの三、財團法人組織のもの三等がある。

產業

大正十三年中に於ける本縣の生產總額は一二三、六三二、五三二圓にして、之を生產種類に區別すれば左の如くである。

農產	五〇、六七九、一四九圓
畜產	二、〇四五、五四八
林產	三、九六六、一八一
鑛產	三九〇、五七〇
水產	一六、二三一、五七三
工產	四一、三六九、四六六

而して此總計金額を前年に比すれば一〇、〇一〇、五五一圓を增加し、生產額一戶當九二四圓、一人當一七一圓となつた年生產百萬圓以上のものにして價額の多きものより順次掲ぐれば米、生絲、和紙、繭、酒、桑葉、木炭、鮪、薪炭材、甘藷、セメント、節類、麥、楮、三椏、鰹、用材等にして、其他珊瑚珠、鯨等も著名の物產なりしも、今や其漁獲は甚だ尠くなつた。

イ、普通農業　本縣は地勢の關係上耕地至て少なく、其面積水田三六、五六七町八反歩、畑八五、〇六七町八反歩にして之を八一、九八七戸の農家戸數に平均すれば一戸當田は四反五畝歩餘、畑は伐畑を合して僅に一町歩に過ぎない。

されど地味一般に肥沃にして、氣候亦温暖なるを以て穀菽其他の農作に適し、古來より農業開けたるも未だ幼稚の域を脱する能はざりしが、明治廿三年縣立農學校の創立、同三十二年農事試驗場の設置、尋で三十八年系統的に縣郡町村農會設立せられ、茲に始めて農事改良機關の完備を見るに至り、且各種專門の技術者を配置し、又當業者間には小組合を設けしめ實行を督勵せる結果、頗る農事の改良發達を促すことを得た。されど主要食糧農產物たる米麥作に關しては他府縣に比し著しき遜色あるのみならず、其收量未だ縣民の需要を充すに足らず、年々米一五萬石、麥一萬石內外の不足を告ぐるの狀況にある。

茲に於てか縣は之が改良增殖の必要を認め、耕地の改良擴張、病菌並に害虫の驅除豫防を督勵すると共に、農事試驗場をして米麥品種の改良、耕種方法並に農具の改良等に關し周到なる試驗研究を行はしめ、其成績と相俟つて合理的栽培及優良品種の普及奬勵に努め、更に各農會をして米麥增收品評會を開催せしめ以て當業者の自奮自發を促しつゝある。

大正十三年の收穫高は米六四一、八七五石、價額二四、二五一、〇七五圓、麥は九八、三八二石、價額一、七一五、四三五圓に達し、平年作に比すれば米は一三、四六五石を增し麥は三八、〇〇九石の減收を示した。尙反當收穫高米は一石六八七、麥は一石〇〇四である。

本縣食用農產物にして五〇萬圓以上產出するものは、玉蜀黍、甘藷、蘿蔔等にして六、八〇九、三三五圓に及び、又特用農產物總價額二、二三六、二三八圓、果實總價額八〇七、三九四圓がある。

翻て本縣耕地改良の狀況を見るに、田地總面積三萬六千餘町步の內、改良を要すべき面積は調査の結果二萬六千餘町歩にして、明治三十九年耕地整理事業を開始し、基本調査並に設計調査の傍ら講習、講話並に實地指導に依り年々之が奬勵勸誘に努めたる結果、縣下各地に耕地改良事業逐年勃興するに至つた。又一面斯業奬勵の目的を以て施行者に對し補助金を交附し事業の促進を計りし結果、縣下斯業の趨勢は漸次進展しつゝあり。

ロ、蠶　業　本縣の蠶絲業は極めて晩近の發達に係ると雖も其起原は頗る遠く、已に土佐は中絲國に屬せられたるに見ても之を推することが出來る。

然れども戰國亂離の世となりて從來發達に向ひたる蠶業も他の農業と共に頽廢するに至り、稀に山間地方に其餘喘を保つに過ぎなかつた。山内氏入國後其執政野中兼山、盛に蠶桑の業を奬勵して復興に努めしも毫も其効なかりしが、明治維新後海外貿易の勃興と共に斯業次第に發達の域に進み、本縣の如きも四圍の趨勢に鑑み當業者の奮起となり、養蠶に、製絲に將又蠶種の製造に更に適當の施設を圖り之が奬勵に努めたる結果、今や是等三業は何れも全國の中位を占むるに至つた

大正十三年の桑園反別は五、七九〇町一にして養蠶戸數は四四、六一五戸、掃立枚數二〇七、〇九一枚、收繭高は春蠶五七二、四六四貫、四、〇八一、〇八五圓、夏秋蠶五二二、四三三貫、四、三三七、四六一圓、總計一、〇九四、八九七貫、八、四一八、五四六圓にして、飼育戸數一戸に付二四貫五四一の割合に當る。

本縣の蠶種は約百七十年前土佐郡に本川蠶種、香美郡に韮生蠶種と稱するものあり又高岡郡に紅蠶、毛蟲蠶、黑蠶なる各種の蠶種ありし等の記錄に徵するときは、封建時代に於て既に相當の生産を見つゝありしは明かである。

明治七年以後本縣授産係其他に於て長野縣より數百枚の蠶種を購入して各町村に配付飼育を試み、或は東國地方より蠶種を移入試育を行ふ等、爾來改良蠶種の製造普及に努めし結果、著しく斯種蠶の嗜好と需要とを喚起するに至り、又滋賀長野、愛媛、京都等の各府縣の蠶種の移入盛となり、一面縣内に於ても蠶種製造販賣者逐年增加し來つた。

而して優良蠶種の製造に關しては蠶種檢査法、蠶病豫防法蠶絲業法等に基き、檢査、取締、豫防驅除を勵行すると共に原蠶種製造所を新設し、大正四年以降毎年約三萬七千蛾の蠶種を製造し、蠶種製造者所用原種として無償配付を行ひ以て斯業の改良發達に努めつゝあり。

以上斯業の趨勢は概して順調なる發達進歩を遂げ、年産額五百萬蛾乃至八百萬蛾を往來し、且聲價漸く昂り需給關係も亦漸次均衡を保つの域に進んだ。

大正十三年の蠶種製造戸數は一一一戸、製造高框製八、一六六、九〇〇蛾、五三五、〇七四圓、平付三六、二〇〇蛾、二、三五三圓、袋製三〇八蛾、二八圓、計五三七、四五五圓

である。尚製絲業に就ては工業の項に記述する。

八、畜産業　本縣の氣候風土は家畜、家禽の飼養に適し縣民亦愛畜心に富み、古來土佐駒、韮生牛の名は夙に世に知らるゝ所である。されど時代の要求に應じ之が改善增殖の必要を認め、畜牛は明治十二年、馬匹は同十三年、豚、鷄は同三十七年より優良種畜種禽を買入れ之が指導奬勵に努め、爾來多少の盛衰ありしも漸次改良發達の實績を示し、近時大に面目を一新するに至つた。

大正十三年の畜産總額は二、〇四五、五四八圓にして、前年に比し約一萬五千圓の減少を見た。左に一覽表を掲ぐ。

		十三年末現在	同年内出産	價格
牛		三、四九四頭	二、七二二頭	一〇八、四五三圓
馬		一八、二八八	九九三	八四、四〇五
豚		二、〇一五	一、五四九	一〇、八四三
山羊		二、一六五	一、〇〇五	一、七〇九
緬羊		二九	一	二〇
屠殺	牛	（頭數）	三、三二〇	四三五、八八三
	馬	同	一、一二四	六七、一九六
	豚	同	二七五	一二、三四六
牛乳		（搾乳高）	二、四三二石	一七七、八二三圓
山羊乳		同	三八一	三八、四一七
家禽	鷄	成禽	二五三、〇四四羽	三七三、一九〇
		雛	一五七、六二二	七四、九六八
	鶩	成禽	四、四五〇	五、七一九
		雛	四、〇〇六	一、九五四
	七面鳥	成禽	八一	三二一
		雛	四三	六七
産卵	鷄		一六、九四六、二二四個	六三六、三〇五
	鶩		二〇〇、九四七	七、四二七
	七面鳥		三、五一〇	二八九
蜜蜂	蜂蜜		五、三八六貫	九、三〇五
	蜜蠟		四三一	九一八

二、林業　本縣の山林は國有林一二五、〇〇〇餘町歩、公私寺社有林推定四二一、〇〇〇餘町歩、合計五四六、〇〇〇餘町歩の大面積を有し、縣下全面積の七割六分を占め、其大部分は樹林地帯である。而して山岳の形狀、氣候地質等營林事業に適應し、之が施設宜しきを得、經營其當を誤らざるに於ては實に縣に於ける無限の寶庫である。

本縣山林の經營は過去六百年前に於て既に土佐木材は本邦の物產に數へられ名聲遍かりし事實より見て起源は尙其以前に在りしことを推知することが出來る。而して森林の保護經營に就ては古來深く留意し廢藩に至る迄之が保護監督の點に於ては毫も遺憾ありしを見ない。故に隨所に鬱蒼たる美林ありて年々數多の良材巨木を產出し、之を國外に移出し献納せし實例尠くない。

然るに明治初年に至り斧鉞漸く山林に入り昔日の美林は其殘影は國有林に止むるの外、民有林は年々濫伐せられ漸次荒廢して禿山赭峰と變じ、隨て土砂の崩壞、洪水の氾濫等患害一にして足らざる慘況を呈した。

明治三十年森林法發布せられ始めて林政上に關する上下の注意を喚起すると同時に林業界の前途、漸く多事ならんとするの好況を示した。縣は明治三十年度より縣費を支出し、私有林に對する補助奬勵の方法を設け、或は林業巡回敎師を置き、又は縣內各地に講話會を開設する等益々林業の鼓吹に努めたる結果、爾來林業思想は著しく發達し、殖林面積は年々倍加するの盛況を見るに至つた。

大正十三年の造林面積は國有新植九五五町四、民有新植一、四二一町一、下種萠芽一一、二七二町八、竹三町八、補植は五〇八、六六三本である。尙林產物は左の如し（國有林野物產は大正十二年度調、民有林野物產は大正十三年內調）

	國有林野	民有林野
用材	一一五、八一三圓	一、一三九、三八一圓
薪炭材	一四六、八七六	三、一五六、一一七
木炭	五四〇、四〇〇	——
製材	二、二二六、五〇二	——
苗木	五九、四〇五	七四〇、三五〇
竹材	——	八二、六二五
副產物	一、〇二六	四、七五二、六五八
其他	五五、〇二五	——

ホ、鑛業　本縣には白瀧、別役等の鑛山があり、前者は銅硫化鐵鑛にして鑛區坪數四四二、五七三坪、後者は銅鑛にして七一、三七〇坪あるも何れも不振である。

大正十三年に於ける鑛產は白瀧鑛山より採掘せし銅硫化鐵七、六五八、二三二貫、此價額三九〇、五七〇圓に過ぎない。

ヘ、水產業　本縣の海岸線は約百里に達し、然も黑潮の暖流は常に沿岸を洗ひ、各種漁族の棲息蕃殖に適して、水產上天恵に浴する所至大である。

漁獲物は最近年額一二、三六三千圓、水産製造物三、八一五千圓餘を示し、漁獲物の主なるものは鮪、鰹、鰮、鰤、赤物、鯖、鯨及珊瑚等にして、尚眞珠介、鰻、鯔等の養殖行はれ、眞珠介の産額亦尠くない。製造物は鰹節、鮪節、鯖節、煮干鰮、煮干雜喉等を主たるものとする。

漁村は六三ケ町村にして漁業戸數一萬五千餘戸、漁業者三萬六千五百餘人、漁船六、七一四艘、漁網七、七八二張を有する。

當業者は明治二十一年海面漁業組合なるものを組織し、其後之を水産組合に改め、水産物製造並販賣業者をも組合員に追加し一般水産業の改善進歩に資する所ありしが、大正十一年水産會法に依る縣水産會の設立に伴ひ解散するに至つた。

又漁村には明治三十五年漁業法の發布に依り漁業組合を設立し、其數現在一二五に達し漁業及漁村の改良發達を圖りつゝある。而して縣に於ては同三十四年水産試驗場を設置し、各種の試驗調査を行ひ指導奬勵に努め、特に漁船の改良に就ては縣外より改良漁船を移入し又は新造し、且縣費一萬圓を補助して三百餘隻の改良漁船を新造せしめたる結果、其數前記に達し、就中動力漁船は五百四十隻を算するに至つた。

漁村の改良に就ては漁業組合に對し之が施設經營すべき要項を指定し、專ら其實行を督勵すると共に更に魚揚場の設置を促し、現時各組合共漁獲物の共同販賣を實施するに至つた
尚叙上の外港灣其他遠海の出漁、燈臺及暴風雨信號標の建設、技術員の設置等施設奬勵を加へ、漸次斯業の發展を企圖しつゝあり。左に大正十三年の水産額を掲ぐ。

漁獲物	鰹	九三二、九九一圓
	鰤	七一一、一八九
	鮪	二、〇八二、九九五
	珊瑚	一、四八五
	其他	五、五九六、六〇四
	計	九、三二五、二六四
水産製造	節類	一、七二〇、一一三圓
	其他食料品	二、〇五五、七六〇
	肥料	三六、一一五
	魚油	三四五
	其他	三、三八四
	計	三、八一五、七三六

遠洋漁業	鰹	三七、四〇二圓
	鮪	二、五四五、九二四
	鱶	三五、九一六
	其他	八三、七一〇
	計	三、〇四二、九七二

水産養殖	鯉	三〇圓
	鰻	二、〇八〇
	鰡	八五八
	其他	四四、六三三
	計	四七、六〇一

ト、商工業　本縣の商工業は近時海陸交通機關の整備と水力電氣事業の發達に伴ひ長足の進歩を示した。之を既往の實績に徴するに、大正元年に於て移出入總額二千六百餘萬圓なりしが同十三年には一躍一億圓に垂んとするに至つた。

重要移出品は紙、生糸、木炭、魚類、繭等にして、移入品の主なるものは織物、穀物、金物、砂糖、酒類等である。而して其取引先は移出入共主として阪神地方にして、漸次發展の趨勢にある。

工場數は從業者五人以上使役のものにして、原動力を有するもの二六八、同有せざるもの一〇〇、計三六八工場あり、又商事會社の數は二六八社にして、資本總額四〇、八三七、九六一圓、之が組織別、業體別は左表の通りである。

業體別	農業	二社
	工業	六六
	商業	一六六
	漁業	七
	水陸運輸	二七
	計	二六八

組織別	株式	一三一社
	合資	一四
	合名	一二三

大正十三年に於ける本縣工産物製造總價額は四一、二八九、四六六圓の巨額を算し、之が内譯を示せば左の如し。

和紙	九、一〇六、一九九圓	醬油	四一六、八一五圓
蠶絲	一〇、〇九六、六二四	砂糖	一五八、一七九
眞綿	一八、二五八	製茶	二四五、六六三
織物	八九五、一一七	セメント	二、五三四、七九〇
酒類	七、三二一、二三三	其他	一〇、四九六、五九九

左に縣下重要工産物の梗概を掲ぐ。

紙　和紙は本縣の重要産物にして、大正八年には其産額實に一千八百萬圓を突破せるも年々遞減し、大正十三年末現在に於て九、一〇六、一九九圓を算し、縣下工産物中蠶絲に亞で第二位にある。其産地は各郡に亘り、就中土佐、高岡、吾川の三郡は最も盛である。

本縣に於ける製紙業は山内一豊氏入國以來、歴代の藩主特に斯業の奬勵に力を致したるより漸次縣下各地に普及するに至り、明治維新後は更に一層の發達を遂げて産額著しく增加せるのみならず、紙質亦向上し、遠く海外迄輸出するに至つた。明治二十九年土佐紙業組合設置せらるゝや年々縣費を補助し、指導奬勵を爲したる結果、産額、技術共他府縣に比し一頭地を抽いて居る。

製絲　本業は明治維新後世人の注目を惹くに至り、群馬、福島等の先進地に學び、或は敎師を聘して製絲傳習所を設置し、又は補助費の交付、器械の購入等各種の施設經營の結果今や製造戸數一、一五八戸、釜數四、九六四、産額一〇、〇九六、六二四圓を算するに至り、縣下工産物中首位を占む。

織物　斯業の發達は明治二十八年より各郡市に縣費を補助して羽二重傳習所を設置して之が振興を圖りたるに端を發し同四十二年高知縣織物同業組合の設置に縣費を補助して技術員を置き、更に大正八年縣に專任技術員を置く等指導啓發に努めたる結果近年漸く發展の機運に向つた。生産品の主なるものは輸出羽二重、縮緬、木綿織等にして、生産額は八九五、一一七圓に達する。

セメント　土佐、幡多兩郡より産し、年額四五九、六四九樽、二、五三四、七九〇圓に達し、販路は阪神地方を主として遠く南洋、印度方面にも輸出せられ、漸次發展の趨勢にあり

清酒　明治三十二年自家用釀造を禁止せられてより産額次第に增加し、又酒質は逐年向上しつゝある。大正十三年の酒類産額は清酒六、七六六、七八五圓、味淋一二五、五〇六圓燒酎一六八、一四四圓、其他を合し八〇、一五二石、七、三二一、二二二圓とす。

チ、金　融　本縣の銀行業は明治十一年第七國立銀行の創立を以て嚆矢とする。其後普通銀行、不動銀行等各種銀行の新設又は縣外より移轉せられしもの多數ありたるも近時合併せられ、現在は普通銀行二、貯蓄銀行二、計四行である。

大正十三年の調査によれば資本金總額は一二、五五〇、〇〇〇圓にして內拂込濟額六、六四三、七五〇圓であり、又積立金五五三、六〇四圓、諸貸付金二三、八四二、七七五圓、諸預り金二五、四三六、〇二八圓とある。

尙其他の統計は左表の如し。

貯金	銀行	一、一三〇、三〇七圓
	郵便	二、一六〇、八〇三圓
	計	三、二九一、一一〇圓
組合貯金	組合數	一、六六七
	組合人員	八二、五九七人
	貯金高	一、六三六、三四八圓
質屋	貸出	八二、二五八口
		二五四、八五三圓

り、産業組合　明治三十三年産業組合發布以來、專ら組合の設立を奬勵したる結果、漸次普及するに至り、成績亦良好に向ひたりと雖も、之を他府縣に比すれば尙遜色あるを免れない。故に縣は大正四年度より縣費の補助、係員の增加等鋭意之が指導奬勵に努めし結果、大正十二年末現在に於て組合數一九七、組合人員四七、七六六人、出資總額二、一五三、八九九圓、運轉資金八、四九一、〇八〇圓、貸付金五、七八五、七九五圓、貯金六、四七五、六二六圓、販賣額三九九、四〇三圓、購買額八三二一、九六四圓の成績を示し、地方産業及經濟の助長發達に資する所甚だ大である。

ヌ、水力電氣事業　本縣は山岳に富み急傾斜にして、加ふるに河川亦多くして發電可能地點多く、而も本邦第一の最多雨地方にして、年雨量三千粍を超過すること稀ならざるも、其降雨時は夏季短期間に偏し、冬季は却て渇水甚だしき爲、河川の平均流量は割合に少ない。

其一方里當僅に七立方尺内外にして、富山縣等の一五、六立方尺に比すれば河川の發電的利用能率頗る低きを免れざるも、本縣の面積は廣大なるを以て、其發電出力は相當豊富である。

本縣の未發電力は名古屋以西、關西、中國、四國方面に於ては最多の部に屬するを以て、將來送電方法若は電氣需給の方途にして適當に考察せらるゝに於ては、本縣は發電地方として相當活躍し得べき前途を有するものである。

大正十二年末現在の動力使用戶數は一、七五七戶にして、此馬力數六、一一六・一、又電燈引用戶數は九三、九五五戶にして二〇〇、八二八燈とす。

高知市

山内一豊公、居城を大高坂に卜して市の基礎を定めしより年を經ること茲に三百有餘年、寂寥たる沮洳の寒村より發達し、今や繁華殷盛の都市を形成するに至りしは、固より時勢の進運なりと雖も、祖先以來市民の自發的努力に因るもの大なりと言はざるを得ぬ。

本市は浦戸灣の奥部北端に發達したる市街にして、縣の關門である。即ち縣の稍中央に位し、四國は土佐、長岡、吾川の三郡に境界し、鏡川の清流は市の中央部を西より東に流れ更に幾多の支流を派して浦戸灣に注ぐ。

此池元、一面の入海なりしが、後洲渚を生じて一村落を見るに至り、之を大高坂郷と稱した。故に地勢は大高坂城址及西北部を除くの外は概して平坦である。

今本市の沿革を按ずるに、明治維新の廢藩置縣の際は土佐郡に屬し、爾來幾多の變遷を經、明治二十二年四月高知四九ケ町を合併して高知市と稱し市制を施行するに至つた。其後駸々たる市勢の發展は隣接町村の合併を促し、大正六年江ノ口町、同十四年旭村及鴨田村の一部、同十五年には更に土佐郡下知町並に潮江村の兩町村を合併し、今や市勢全く舊觀を改め、面積一方里三四七、戸數一七、〇九四、人口七九、四四八に達し、縣廳始め各種の機關市中に集まつて縣治の中心地とはなつた。

海陸交通の便は共に備はり、電氣軌道は浦戸埠頭潮江棧橋に起り、北して市に入り更に東西に貫きて遠く郡部に延び、道路亦四通八達し、鐵道は近年漸く其一部の開通を見、船は本市より十二時間を以て神戸港に達する事が出來る。從つて縣下の貨物は大半市内に集散し、商業盛である。

大正十二年四月高知高等學校は市内江ノ口に開校せられ、上水道は布設工事竣功して全市に給水を見る等、本市の將來は蓋し刮目すべきものがある。

左に大正十三年に於ける市勢の一斑を掲ぐ。

イ、敎　育　小學校市立九校、學級一三七、在籍兒童七、四六四人、就學歩合九九・六二、敎員正敎員男八一、女六三計一四四名、准、代用敎員男二、女二、計四人。其他の學校には官立高等學校一、縣立中學校二、高等女學校縣立一、私立二、實業學校縣市私立各一、其他公私立各種學校七、市立幼稚園二等とす。

ロ、浦戸港移出入貨物　移出の主なるものは紙、生絲、蔬菜類、繭、セメント、魚節、鹽魚、乾魚、生魚、石灰等にして價額四五、〇七〇、六二三圓。移入品には織物、米、衣類及附屬品、藥品、製紙原料、機械類、石炭、苧及麻、煙草、履物及附屬品、綿、綿糸等あり總額三二、六四四、五五六圓を算し、主なる仕向地は神戸、大阪等とす。

ハ、衛　生　病院四、醫院四三、醫師一五五八、藥劑師三二人、看護婦二二一人、產婆八三人。傳染病患者一二八名內死亡者五四名。

土　佐　郡

本郡は縣の中央に位し、其形鞍形を爲して東は長岡郡に、西は吾川郡に隣り、南は高知市を距てゝ浦戶灣に臨み、北は國境山脈を以て愛媛縣宇摩、新居兩郡と腹背をなす。

地勢一般に高峻にして、郡の中央に樫山の峻嶺聳え、其脈東西に延びて地勢を兩分し、俗に嶺北、嶺南の稱がある。嶺北の地は山嶽重疊し、氣候寒冷、交通不便にして民俗並經濟的狀態等之を嶺南に比し多少其趣を異にするものがある。而して林野は大廣袤を有し、戶口比較的稀薄、耕地狹少なるも各種の物產に富み、近時水力の利用せらるゝ等將來に期待するものがある。嶺南の地は土地概して平坦、豐饒にして農耕に適し、戶口稠密す。

明治二十二年四月、高知市に市制實施の際、本郡域の一部は市に合併せられ、爾餘を一九ヶ町村に區劃せしが、其後大正六年以降同十五年に至る間に於て江ノ口町、旭村、鴨田村の一部、下知町、潮江村は擧げて高知市と合併の結果、現在本郡の面積四七方里餘を一五村に分ち、戶數八千餘、人口四萬五千餘に減少した。

而して住民の生業は農業其大半を占め、米麥、楮、三椏を主とし、又養蠶、造林、木炭製造業盛にして逐次盛況を呈しつゝあり、生產總額一千萬圓を突破する。左に大正十三年の生產額を揭ぐ（工產、林產は大正十年調）

農產	四、二〇四、〇七四圓	水產	三六、三六九圓
畜產	三六三、四九七	工產	八、一六一、七六七
鑛產	三九〇、五七〇	林產	六六八、三四二

本郡の交通は高知市附近は道路四通八達し、鐵道高知線及土佐電氣伊野線は共に郡の南部を通過するなど嶺南の地は交通運輸至便なるも嶺北の地に至つては不便である。

河川には國分川、大津川、鏡川、江ノ口川等あり、何れも舟筏を通ずることが出來る。

大正十三年に於ける小學校は尋常校二一、併置校一九、計四〇校、學級一八六の設備を有し、八、三一九人の兒童を收容して居る。教員數は正教員本科一六四人、專科三人、准教員及代用教員計四七八、總計二一四人である。

今各比例を見るに百學級に對する本科正教員數は尋常科八三八、高等科一三三人に當り、兒童數は一學級に對し尋常科四五人三九、高等科三八人五六、教員一人に對し尋常科四〇人七八、高等科二五人七〇に當る。

香　美　郡

縣の西部に位し、東は安藝郡に界し、西は長岡郡に接し、北は連山を以て德島縣に連り、南一帶は土佐海に面す。

面積は四一方里餘、地勢東北より西南に向つて低下し、四國中央山脈は其脊髓を形成する。東北山地は林產物に富み西南の平野は長岡郡に連る縣下隨一の廣野にして禾穀豐穰である。殊に養蠶業は近時異常の發達を示し、大正十三年に於ける縣下蠶產額に對し繭は二割九分、蠶種は三割三分を占む。

山嶽の主なるものは三嶽、白髮、京柱、高坂、鉢ケ森等ありて劍山々脈に屬し、又海部山脈に赤城尾、久々場、行者、雨岡等の各山ありて、何れも千米突以上のものである。

河川の主なるものに物部、夜須、香宗等の諸川がある。物部川は源を郡の東北部に發して中央を流れ、香長兩郡の平野は野中兼山の遺業に依り概ね此水の灌漑する所にして、約八里の間は舟楫を通ずることが出來る。

道路は域内縱橫して北方山岳部に於ても大なる不便を見ず高知鐵道は長岡郡後免と本郡手結とを聯絡し、又手結、浦戶の諸港を有して、郡南の地は交通至便である。

本郡現在の自治區劃は四町二四村とし、戶數一五、二一〇戶、人口七九、九九七人を有し、其大部分は農を營みて六割四分を占め其他は商、工、漁業、官公吏教員等の順位にある左に大正十三年の生產額を揭ぐ(工產、林產額は大正十年)

農產	一〇、六二九、三〇二圓	工產	二、〇四三、八二三圓
畜產	二七五、五二九	林產	八八九、三七六
水產	六三九、〇七六		

小學校は四七校と七分教場あり、學級二四七、兒童一〇、九五四人、教員二九〇人の數を示す。而して比例は百學級に對し正教員尋常科九四人、高等科一〇三人、教員一人に付兒童尋常科三七人八六、高等科三七人二四、又學級一に付兒童尋常科四四人八九、高等科四一人二七の割合である。

長　岡　郡

本郡は北に開いて南に狹く、香美、土佐郡及愛媛、德島兩縣を境と爲し、南部は土佐海に面する。面積四五方里餘、分ちて二町二三村とし、戶數一三、六九五、人口七六、二〇三一方里の密度一、六九〇人を示す。地勢は嶮夷相半し、南部は沃野遠く香美郡に連り、北するに隨つて漸く峻峭となる。京柱、工石、白髮、大森、梶ヶ森、三榜示等の峻嶺は北部國境に重疊し、國見山は郡の中央に屹立して、何れも千米突以上の高さを有する。而して白髮山は特に杉、檜の良材を出すを以て有名である。

河川には北に吉野川、南に國分、船入の兩川がある。船入川は香美郡より溝渠を開鑿して物部川の水を引き、國分川の下流に疏通し灌漑舟運の便に供する。野中兼山の遺業である。

國道第二十三號線は高知市を起點として東北に延び、郡の中央を北走して德島縣に去る。縣道は南部に密に北部に粗である。後免町は南部中樞の地にして、土佐電氣軌道後免線あり、又同町と香美郡手結間の高知鐵道線七哩四がある。

本郡に於ける產業狀態は最近年生產額一千萬圓にして、其約七割は農產物、爾餘の三割は工、林、水產の順である。而して北部山岳地方には木材、製紙原料等を出し、工藝品には漆器、檜笠がある。

小學校は四六校の外に分敎場四あり、學級二四九を有して一一、二八〇人の兒童を收容する。敎員全數二六二名にして其一人に付兒童數尋常科四三人二七、高等科四一人六三に當る。又百學級に付本科正敎員尋常科七八人、高等科百人とする。

吾川郡

縣の中央部に位し郡界頗る畸形である。即東及北は山脈長く連りて土佐郡と境を分ち、西境は嶮峻なる國境山脈を以て愛媛縣と腹背を爲す。南一帶は仁淀川を以て高岡郡に對し、東南は細長く土佐、高岡兩郡の間に挾まりて僅に海に面し、浦戸灣を隔てゝ長岡郡と相對する。地勢北方は山嶽重疊して手筥、筒城の二山最高峻を極め、其脈左右に延びて中津明神雪光等の諸山となり、南に走りて黑森山脈となる。

名野川、小川、川口川は此兩側の谿谷を南流して共に仁淀川に注ぐものにして、此流域には平地少しと雖も、仁淀川の下流沿岸の地は沃野遠く連り農桑の業は此處に營まれる。

地勢斯の如きを以て北部は木材、楮、三椏等を產し、南部は米麥、蔬菜を出し、沿岸は漁利に富み、又工業品として製紙を多產する。

現在面積は三三方里餘、分て二町二四村とし、戸數一二、八〇一、人口七一、九二七を算し、其過半は農業に從事し、商工業之に亞ぐ。

交通運輸の狀況は南部に便利なるも、北及西の地方は不便を免れぬ。即ち鐵道高知線は郡南部を僅かに通過し、土佐電氣伊野線は本郡伊野町を終點とする。北部には縣道上八川線嶺北線ありて車馬を以て交通し、又仁淀、小川、新川、落合久萬等の諸川は舟筏を通ずることが出來る。

小學校數五三、學級二二〇の設備を有し、在學兒童一〇、二四九人、敎員二三四人を算す。之が諸比例を見るに、敎員一人に付兒童尋常科四四八九、高等科三六八四〇の比を示し、百學級に對する本科正敎員は尋常科八二人、高等科一一二人の割合である。

高岡郡

縣の中央以西に位し、東西稍長く、東南部廣濶にして西北部次第に蹙まり、其形略三角形を爲す。廣袤東西一五里餘、南北一二里餘り、中ノ島、戸島等を領域とし、九三方里六五の面積と八町三〇村を有する大郡にして、面積は幡多郡に亞ぎて縣下第二位にある。

地勢は概ね山地にして平野少く、鳥形、不入の二大山西北に聳立して峻嶮を極め、其山脈遠く東南に走り、横倉、虚空藏、鶴松、火打森の諸山を成し、海岸亦山岳相連る。仁淀川は源を愛媛縣に發して北部吾川郡境を環流し、岩屋森、遊行寺、柳瀨、日下、波介等の諸川を合して南流し海に盡きる。水運灌漑の便がある。新莊川は東津野に發して南流して須崎港に入り、四萬川は西北國境に源を發し、松葉川は不入山に發して共に幡多郡に入り、共に渡川の上流である。

鎌田堰は野中兼山の遺工にして、仁淀川の水を引いて川內以南の平野に注ぎ、良田六百町歩を養ふとある。

本郡の戸口は二七、四九六戸、一五二、四三八人にして其過半は農を生業とし、米麥、繭、甘藷、三椏、楮等を主とし尙牛馬の產地として有名である。特に東南一帶の地は平野山脈の間に點在し、氣候溫暖、地味肥沃にして農業盛である

西北の山地は概して氣候寒冷、交通不便、耕地に乏しきも地形上林業は頗る有望にして將來に期待するものがある。產額の多きものを楮、三椏等とす。農業に亞ぐは工業にして和紙、蠶絲、酒類を出し、漁利の主なるものは鰹、鰤、貝類等とし、節類、鹽乾製造品亦多產し、特に上ノ加江港の鰤漁は海南第一との稱がある。

交通は縣道高知松山線は郡北仁淀川に沿ふて愛媛縣松山市に、高知中村線は高知市を起點として郡の東南部を縱貫し幡

多郡に去り、何れも陸路交通の幹線をなして居る。其他須崎宇和島線、佐川須崎港線、江川崎窪川線等ありて郡内樞要地點を連絡する。鐵道は高知市、須崎港間の高知線あり、港灣には興津、上ノ加江、久禮、須崎、野見、浦内、宇佐の諸港あるも、特に須崎港は縣下の重要港にして、海水深く灣入し船舶の出入に至便である。尙以上の諸港は大阪商船土佐沿岸航路の寄航地である。

小學校數八七校及分敎場九あり。學級四七六を有して二二、一九九人の兒童を收容する。敎員全數五三五人、百學級に付本科正敎員尋常科七八人、高等科一一四人の割合であり、又一學級當兒童尋常科四六人二九、高等科五〇人〇五とす。

幡多郡

縣の西南端に突出し、沖、鵜來、柏、大島、泌浦等の島嶼を有し、總面積一二五方里餘を算する縣下最大の郡である。其彊域東及南は渺々たる太平洋に臨み、北は高岡郡に、西は山脈を以て愛媛縣と境する。

地勢一般に高峻にして、滑床、大黒、讓葉森、篠山等の諸山ありて土豫國境山脈に聳立し、何れも千米突以上とす。

河川の主なるものには縣下最大の四萬十川を初め、後、中筋、松田、下ノ加江の諸川がある。四萬十川は源を高岡郡の山間部に發して南流し、更に東南流して海に注ぐ。松田川は西部國境に發して南流宿毛灣に注ぎ、共に舟筏の便がある。

陸路の交通には縣道高知中村線、中村宇和島、宿毛下田港の各線、宿毛宇和島、片島港岩松の各線及川登宿毛線、淸水足摺崎線其他數線ありて車馬の便よく、海には下ノ加江、上川口、淸水、柏島、三崎、宿毛、片島の諸港あり、就中淸水片島港は本縣に於ける重要港灣の一である。

本郡現在の行政區劃は三町三三村とし、戶數二四、九六六人口一二三五、〇八九を有し、一方里に付一、〇七五人餘を示し其稠密度は最も粗にして縣下最下位にある。而して郡民の大部分は農を生業として全人口の五割五分を占め、漁業、商業、工業等順次相亞いで居る。

小學校は尋常校六八、併置校三〇、高等小學校二、計一〇〇校と分敎場二七を有し、學級三九七に一八一人の兒童を收容する。敎員は四六五人にして之が諸比例は左の如し。百學級に付本科正敎員尋常科七三人、高等科一二四人。敎員一人に付兒童尋常科四〇人〇一、高等科三一人五四。一學級に對する兒童尋常科四六人一二、高等科四二人六二。

安藝郡

縣の東端に位して稍三角形をなし、西は香美郡に連り、北は連山を以て德島縣と腹背をなし、東は海を隔てゝ遠く紀州の連山を望み、南は太平洋に面する。而して東南の一角海中に突出すること三里餘、海波常に怒號する所を室戸崎と稱す現在面積七二方里餘、分ちて五町二〇ヶ村とする。

地勢山嶽重疊して平地少く、野根、魚梁瀨の二大山脈東北に聳え、本邦有數の森林にして杉檜の良材を出す。南方は稍平坦耕耘に便にして沿海の地は漁業盛である。

河川は南流若くは東南流して海に入り、其主なるものに野根、奈半利、伊尾木、安藝等の各川ありて舟筏を通じ得る。

縣道高知德島線は高知市を基點として郡の沿海部を經て德島市に達するものにして、陸路交通の幹線を爲し、其他の縣町村道は山間部との連絡をなして居る。汽車は寸影を見ずと雖も、沿岸二十餘里の間甲浦、佐喜濱、津呂、室戸の四港あり、佐喜濱以下三港は海水淺くして單に漁船の避難港たるに過ぎざるも、獨り甲浦港は水深くして船舶の出入に便に、且郡の東端に在つて高阪間航行船舶唯一の避難港である。

其他甲浦、佐喜濱、室津港を經て高知市に達する定期航路ありて縣外諸港と連絡を爲して居る。

現住戸口は一四、八〇九戸、八五、〇四八人にして、一方里に付一、一七五人の密度を示し、又女百人に對し男は九八人八の割合である。而して郡民の半數は農を生業とし、漁業商業、工業等順次相亞いで居る。

郡の重要物產は米、麥、蠶繭絲、織物、和紙、甘藷、木炭用材、酒類、水產漁獲物等にして年產一千萬圓を超える。

小學校は尋常校一九、併置校二〇、高等校一、計四〇校と二二分敎場、二七四學級の設備を有し、一二、七〇一人の兒童を收容する。

學齡兒童總數は一五、一四四人にして、最近の就學步合は九九・二六を示して居る。敎員の全數は三一二名を算し、內正敎員本科二一五名、專科七名、准敎員三〇名、代用敎員六〇名とす。今各比例を見るに百學級に對し、本科正敎員は尋常科七六人、兒童數同四、七〇七人、高等科は本科正敎員一〇〇人、兒童同三、八七〇人とし、又敎員一人に對する兒童數は尋常科四一人二二、高等科三五人八三である。

岡山縣

總説

位置、地勢及面積

岡山縣の管轄たる備前、備中、美作の三國は古來廣島縣の備後と共に合せ稱して吉備の國と號し、其名已に上古の史上に顯はれ、諾冊兩尊時代に於て吉備の子洲を生む等の記事あり、以て縣下の土地の古國として今日に至る迄經過せる時代の如何に久遠を重ねたるかを知るべきである。

即ち本縣は山陽道の中央に位し、北緯三四度一八分より三五度二一分に至り、西經五度一八分に起り、六度二八分の間に在り。東は兵庫縣に界し、西は廣島縣に、北は鳥取縣に接し、南は瀬戸内海を隔てゝ香川縣と相對する。廣袤東西二七里一町、南北二六里四町、周圍一六四里餘にして、四五五方里七六を有する。

地形略方形にして北境は分水嶺たる中國山脈東西に走りて陰陽に於ける天然の境界を爲し、那岐、泉、蒜等の高山起伏し、其餘脈蜿蜒として南下し更に分れて二脈となり、東して龍天、熊等の諸山となり、西しては鷄足、太平等の諸嶺を起し、餘脈南下して海に盡きる所兒島の大半島となる。

此東西二分脈によりて包まれたる平地は實に本縣第一の曠野にして、其他の原野に茅部野、日本原野、奥日本野、小日本野、大ナル、長野、西野、黒川野等があり、山の高きものに後山、花知山、那岐山、毛無山等ありて、何れも海拔四千尺以上のものである。

地勢已に前述の如くなるを以て諸川は何れも其源を北方分水嶺に發し南流して海に入る。幹流に旭、百間、吉井、高梁砂、笹ケ瀬、千町、足守等の諸流あるも、就中吉井、旭、高梁の各川は本縣に於ける三大川の稱がある。

吉井川は源を美作の北境に發し、加茂、吉野等の諸流を合せ縣の東部を貫流し、流域三四里、南流して海に注ぐ。旭川亦作北に發源し、縣の中部を南流し、新庄、備中等の諸川と相合して備前に入り、宇甘川を併せて一帶となり、岡山市を經て兒島灣に注ぐ。其流程三七里に達する。

高梁川は源を備中北部に發し成羽、小田の小流を合せて縣の西部を貫流南下し、都窪郡清音村に至り分れて二派となり共に水島灘に入る。流程二八里餘。高梁町は此の中流に臨み縣下の名邑である。

叙上山脈の走向、河川の流態により縣治上三國に分ちて一市一九郡とする。而して岡山市は備前の南方に位し、縣治の中心地である。

本縣は瀬戸内海に南面して鹿久居島、北木島、神島、犬島等の大小島嶼碁布點在し、是等島嶼の海岸線延長四八里二七町に本地の七一里一二町を合する時は實に本縣は一二〇里三町の海岸線を有する。

港灣には備前に日生、片上、牛窓、小串、宇野、日比、田ノ口、下津井、備中に玉島、寄島、笠岡等の諸港あり、何れも瀬戸内海に瀕し、交通運輸至便である。兒島灣は縣下の名灣なれども水淺くして船舶の碇泊に適する良港を有しない。

沿革及行政區劃

明治維新の後諸侯封土を奉還するに及び、備前に岡山藩を置き、備中に足守、庭瀬、淺尾、成羽、岡田、鴨方、松山、牛坂、新見の九藩を置き、美作に津山、眞島、鶴田の三藩を置いて各々舊藩主を以て知事に任じた。尋で明治四年の廢藩置縣に際し、備前に岡山縣、備中に小田縣、美作に北條縣を置きしが、同八年十二月小田縣を、同九年四月北條縣を岡山縣に合併し、後明治三十三年郡の分合を行ひ一市一九郡となし以て今日に至りしものである。現行政區劃は左の如し。

	全管	備前國	備中國	美作國
郡	一九	六	八	五
市	一	一	—	—
町	五一	一六	二六	九
村	三四六	一〇八	一三五	一〇三

土地

土地の總反別は五十三萬五十町歩にして、内官有地六萬餘町歩、民有地四十七萬餘町歩とす。地價は五千五百三十八萬餘圓にして、内民有々租地五五、二七〇、二九五圓、年期地一一六、六四四圓となり、更に一反歩の平均を見るときは、田四〇圓七七、畑一四圓三二、宅地一四八圓〇二、山林一六錢、原野一七錢、年期地三圓一六となる。

而して土地の比例を見るに耕地たる田畑は約二割五分、山林原野五割五分、宅地其他二割に相當する。即ち左表の如し

地質は其大部分は石英粗面岩にして其間に花崗岩及閃綠岩を交へ、秩父古生層所々に小區域を爲して露出して居る。中部は秩父古生層大部分を占め、花崗岩及閃綠岩之に次ぐ。

而して是等岩層の間に石英斑岩、石灰岩、片岩系等の諸岩及中生紀層、三坂層、三疊層、第三紀層、第四紀層を交錯するを以て岩石及土壤の分布は頗る複雜である。殊に備中の中部以北は最も甚だしい。

地味は中央より北するに隨つて瘠土となり耕作に適せずと雖も山林繁茂し、其利に乏しからず、蠶桑の業は此地方に盛である。南部は之に反し氣候溫暖、土地肥沃にして農耕に適し林産に乏しい。

土地反別

官有地		田畑	町 二、四
		林野	三三、四一〇、九
		宅地	、八
		其他	二六、七五六、六
民有地	有租地	田	八八、五二〇、〇
		畑	三六、八三四、七
		宅地	八、九五〇、二
		山林	二六一、六〇六、三
		原野	四、一一四、〇
		其他	四四三、五
	免租地		六五、五九四、五
	一年期地		三、五八六、三

氣候

本縣の氣候は山嶽に北面し、內海に南面するを以て各地一樣ならざるも槪して南部沿海地方は溫暖にして嚴寒の候と雖も降雪寸餘に及ぶことは極めて稀である。されど北するに從ひ寒威凜烈にして常に降雪多く、堆積數尺に達し道路を沒するに至る地方珍らしからず。

盛夏の候に至りては岡山地方は所謂岡山の夕凪と稱し、日沒より風死し蒸し暑く徹宵夢を結ぶこと得ざることあり之に反し備作の北部は降雨の度繁く極暑中と雖も朝夕は常に冷氣を感じ炎熱は僅々晝間の數時に過ぎない。

今大正十二年中の測候に徵するに平均溫度は上道郡西大寺町の一七度四を最高とし、眞庭郡八束村の一二度四の最低を示すに過ぎない。尙岡山最近五ケ年平均氣溫は一四度七、所謂晴天多く降水量一、一八三粍八にして、其少きこと本土中一、二位にある。

測候所は縣立、私立各一あり、又觀測所は氣象二三、雨量一三の外、森林測候所一がある。

戶口

大正十三年末に於ける本縣現住戸數は二五四、九二五戸、人口一、二九八、六二三人を算し、一方里に付二、八〇〇餘人の稠密度を示す。今戸口を前年末の夫れに比すれば戸數に於て二九五戸、人口に於て四、五四一人の増加を來した。

大正十四年國勢調査による現在人口概數は一、二三八、四三九人、内男六一三、六一〇人、女六二四、八二九人にして女の男に超過すること一一、二一九人であり、女一〇〇に付男九八に當り、全國の女一〇〇に付男一〇一と反對の現象を見る。之れ本縣が紡織工業の盛なるに基因するものである。

而して大正九年の國勢調査の結果と比較するに二〇、七四一人の増加、即ち人口千に付一七人にして、全國の六七人に比し其増加率極めて低率である。之れ師團廢止の關係及本縣人が海外に發展するもの多きに因るものと認められる（海外在留人員男六、二一六人、女二、四六一人）

縣民の生業は農業最多にして全戸數の六割を占め、商業、工業、水產業等順次相亞ぐ。即ち左表の如し。

農業	一五〇、一九三戸	工業	二五、九九五戸
漁業	七、三二二	商業	四〇、一二六
鑛業	五一七	交通業	六、二五四
公務及自由業	一〇、〇三七	家事使用人	一、〇一二
其他ノ有業者	七、三〇三	無職業	四、一六六

大正十三年末現在の人口動態統計を左に掲ぐ。

出生	公生	男	二〇、二五六人	死產	二、七二二人
		女	一九、五三四		
	私生	男	九四	死亡	二九、四〇六
		女	一、〇四八		
婚姻組數			一一、四四三組		
離婚組數			一、〇八〇		

交通

本縣は中國の要衝に當り、交通機關は近時都鄙を通じて普及發達し、昔日の面目を一變するに至つた。鐵道は國有山陽線縣南を東西に貫通し（五七哩五）宇野線二〇哩四は岡山驛より起り兒島半島の東部を走り宇野驛を終點とし、此處より連絡船を以て四國に達する。

伯備南線は山陽線倉敷驛を起點とし、吉備郡美袋驛に至る一四哩一の國有にして縣の西部を北上し、又作備線は縣北津山勝山間二四哩五を運轉する。此兩線は山陰山陽兩道聯絡を目的とするものにして、目下延長工事中なるを以て、之が完成の上は私設鐵道と共に縣を循環することになり、更に山陰方面との交通頻繁を加ふべく、本縣の產業界は一段の活況を呈するに至るべきは言を俟たぬ。

私設鐵道には中國鐵道、西大寺鐵道、下津井鐵道、井笠鐵道、三蟠鐵道、片上鐵道、岡山電氣軌道の諸線を有し、此の總延長二二三哩五、驛數一一五ありて交通運輸の便よく、未開通の地方には自動車の便がある。

道路は國道第二、第一九、第二二號の三線にして管內に於ける總延長六一里、縣道一七九線、延長五七八里一一町ありて地方樞要の地點を連絡し、多數の市町村道之を補ひ四通八達し交通運輸至便である。而して馬車三、〇五〇、人力車二、五六七輛を有するも近時自動車（三五三臺）及自轉車（一一八、三六四輛）著しく增加して、馬車、人力車は漸次驅逐せられ遞減しつゝある。

海運は瀨戶內海に面して沿岸港灣に乏しからず、其重なるものは備前に日生、片上、牛窓、九蟠、三蟠、宇野、八濱、日比、田ノ口、下津井の諸港あり、備中に玉島、寄島、笠岡神島の諸港を有す。河川中舟楫を通ずるは旭、吉井、高梁、吉野、成羽、小田の六川なるも就中旭、吉井、高梁の三川は通舟各十數里に亘り、海路と共に運輸交通至便である。

管內郵便局二一八、電信取扱所一五六ヶ所、電話加入者六、一〇四ありて通信、通話便利にして其利用は益々旺盛である。

兵事

本縣に於ける壯丁の體格及學力等は逐年向上し、良好なる成績を見つゝあるは寔に喜ぶべき現象である。

大正十三年本縣壯丁受驗人員は一一、六〇七人にして、內甲種四、二九二人、乙種四、八二七人を出し、壯丁一〇〇人中甲乙種は七八人六の割合を示した。

身長は過去五ヶ年間は一進一退なるも體量に至つては大正九年に於て平均一三貫八七一なりしが、十三年に於て一三貫九一九に增加した。又學力試驗の成績を見るに受驗全員に對し高等小學校卒業以上の者三割八分强、尋常小學校卒業以上の者三割强、其他は尋常小學校を卒業せざる者と中學卒業以上の者である。

同年に於ける海軍志願兵總人員は三六七人にして、內一九二人の合格者を出し、採用人員は一三四名であつた。

社寺

本縣に於ける神社は官幣中社吉備津神社、國幣中社中山神社、安仁神社を始め、縣社二七、郷社一〇五、村社一、二〇六、無格社三、六九八、計五、〇三九社、神職四八三人にして、官國幣社は總て由緒尊く規模亦整然として居る。

寺院は總數一、五〇一ヶ寺にして、眞言宗の六二一寺最も多く、天台宗の二五六之に亞ぎ、日蓮宗一八五、曹洞宗一八三、臨濟宗一〇四、眞宗九五、淨土宗四九、黄檗宗四の順位に在る。而して日蓮宗不受不施派本山妙覺寺等ありて巨刹尠からず、現在住職は一、〇六九人を算へる。

說敎所は神道三一一、佛道三五、基督敎會三一にして、神道中には黑住敎本廳、金光敎本廳信徒多く、今や全國に於て前者は百萬、後者は數百萬を有する盛況にある。

警察

時運の進展に伴ひ社會事象益々複雜を加ふるに當り、一般警察の更張普及を要するもの多く、又一面警察の社會化に努め、民衆と警察との親和協力を圖る等各般警察の圓滑進展を期し、着々之が改善に努めつゝあり。而して社會の複雜及一般經濟界の不況に伴ひ犯罪發生件數、檢擧件數及檢擧人員等年々約四割の率を以て增加しつゝある。

本縣警察區劃は警察署二二、同分署七の下に警部補派出所七、巡査部長派出所一六、巡査派出所三三、巡査駐在所四〇六、水上派出所一五、請願巡査派出所七を置く。而して警察電話の延長は五一二里餘に達した。

大正十三年の犯罪發生件數は二一、六〇一件にして、刑法犯其大部分を占め、之が檢擧件數は二一、一九三件に達した又盜難被害屆出件數は强盜二三、竊盜五、六二九、詐欺二、九三〇、計八。五八二件、此被害額は一、一七七、四六五圓にして、發見は七、八二四件、一、〇六〇、五六三圓に達した。

同年に於ける火災度數は失火四九六、放火三〇、不審火八六、計六一二件にして、住家六二二戶、非住家七七八棟を燒失し、實に一、一四五、〇三四圓の損害を蒙つた。

尙大正十二年の消防施設は組數二七四、組員六四、五一二人、器具六八、三三四點を算する。

衞生

人口の增加、交通の繁劇、產業の發展向上等直接間接に國民保健上に係る所大なるを以て、縣は衞生の各般に亘り施設計畫又は實施したる結果、一般に衞生狀態良好にして、縣民の健康狀態亦漸次改善に向へつゝあり。而して水道の敷設は岡山市を始め、淺口郡玉島町、兒島郡八濱、宇野町、上道郡西大寺町、都窪郡倉敷町等ありて、給水戸數二五、〇〇四戸平均一日の給水量五二二、四八一立方呎の數を示して居る。其他飲料水改良の目的を以て縣は補助規程を設け、水質の改良施設を奬勵して居る。

病院は官立岡山醫科大學附屬病院の外、縣立一、私立三二あり。開業醫師は市部三四一名、郡部七四九名にして、醫師なき村は八四ヶ村を算する。

而して醫師一人に付現住人口一、一九八名、又市部三四七人、郡部は一、五七六人に相當し、其最も少きは岡山市の三四七八、都窪郡の九七八人之に亞ぎ、最も多きは川上、阿哲兩郡にして二千人以上に相當する。

其他齒科醫二九〇人、藥劑師一九一人、看護婦一、〇一三人、產婆五〇一人、鍼灸術按摩七四七人、藥種商六八六人、製藥者六〇人の散在を見て居る。

傳染病院は二四、隔離病舍三〇二にして逐年增加すると同時に內容は漸次改善せられつゝあり。病床數前者は四二九、後者は三、三四四とある。

大正十三年に於ける傳染病患者は二、〇〇七人にして、腸チブス患者最多にして六八五人を出し、流行性腦脊髓膜炎、赤痢、ヂフテリア、パラチブス、猩紅熱の順位にあり、死者八六七名を出した。以上の內死亡率の高さは流行性腦脊髓膜炎の七〇、六%を首位に、赤痢四二、六%、ヂフテリア三一一%、腸チブス二二、九%、パラチブス一〇、六%、猩紅熱二、九%の順序であつた。

社會事業

本縣に於ける社會事業は逐年發達しつゝあり。行政機關に岡山縣內務部社會課及岡山市社會課がある。今大正十三年に於ける一般救濟事業に關する事實を擧ぐれば軍事救護戸數五七一萬、人員一、六二七人、救恤四七二人、罹災救助八二一人、感化六二人、職業紹介三、〇一三人、育兒三四人、幼兒保育三一人、養老一九人、施藥救療三、六八〇人、盲啞敎育五六人、貧兒敎育七一人、棄兒養育一一人、免囚保護六六五人とす。左に施設事業の一斑を揭ぐ。

1聯絡、研究及綜合的實施機關…岡山縣社會事業協會、岡山縣社會事業同盟會外二〇ヶ團體。

2濟世事業…濟生顧問、濟世委員、岡山濟世協會外五五ヶ團體。

3窮民救助…岡山縣救育費、岡山縣窮民慈惠救濟基金、岡山縣賑恤慈惠救濟基金、御津郡外三郡慈惠救濟資金、岡山救護所、報恩積善會。

4 軍事救護…軍事救護、岡山縣軍人遺族廢兵及家族救護資金、愛國婦人會支部外五ヶ團體。

5 罹災救助…岡山縣罹災救助基金、岡山縣郡市罹災救助資金

6 醫療的保護…恩賜財團濟生會、岡山博愛會施療院、悲眼院、得壽醫院、津山施療院外七ヶ所。

7 職業紹介…岡山職業紹介所、愛國婦人會岡山支部職業紹介所、笠岡社會事業協會職業紹介所、倉敷職業紹介所。

8 宿泊保護…岡山縣社會事業協會共同宿泊所。

9 住宅供給…岡山市營住宅、岡山住宅組合、西大寺住宅組合、津山住宅組合、岡山第二住宅組合。

10 共同浴場…旭東共同浴場、岡山濟世協會公益浴場、同上楮畑共同浴場、東北谷共同浴場、阿哲郡刑部村聶濟美會共同浴場。

11 簡易食堂…柳川簡易食堂外四ヶ所。

12 公設市場…野田屋町公設市場外八ヶ所。

13 小資融通…岡山縣社會事業協會、豊田村辛酉俱樂部。

14 宣傳事業…岡山縣社會事業協會經營連帶時報。

15 矯風事業…愛時同盟會、岡山基督教婦人矯風會外二〇箇所。

16 隣保事業…岡山博愛會、聶濟美會。

17 地方改善事業…岡山縣地方改善費、岡山縣協和會、久米郡共和會、八出修養團。

18 釋放者保護…岡山縣保護聯合會、備作惠濟會保護院、岡山明德會外一八ヶ所。

19 兒童保護…岡山博愛會保育園、岡山姙婦保護會、二葉學園、愛國婦人會支部經營岡山實習女學校、吉備撫育院、甘露育兒院、釋尊修養院、備作惠濟會三門學園、岡山盲啞學校外四七ヶ所。

財政

大正十二年度に於ける諸稅總額は二〇、六五六、九八三圓にして内、國稅六、〇〇五、九九八圓(二割九分)縣稅六、三八五、七〇九圓(三割一分)市町村稅八、二六五、二七六圓(四割)である。而して其一戶當は平均八一圓一三に相當し、市町村制施行當時の一戶當一二圓餘に比すれば隔世の感がある。

左に大正十二年度の歲出入及財產、負債を示す。

		歳入	歳出
歳入出	縣	九、五〇六、四三七圓	八、二四五、三二一圓
	市	二、二六五、一〇三	一、三九八、一六四
	町村	一三、一四五、六七八	一二、五二六、二八二

		財産	負債
財産及負債	縣	八、六六六、一六八圓	一、二四六、〇〇〇圓
	市町村	一七、八二三、〇〇六	二、七三〇、七六四

教育

本縣の教育は寛永九年池田光政、封を備前に受くるや自ら黌舍を創設し、鋭意教育の普及を奬勵し、爾來官民擧つて益々之が普及進歩に努めたる結果學府の稱があり、現今各種の教育機關は概ね整備するに至つた。

大正十四年四月末現在の學校數は小學校六二〇校、中等學校六九校、實業補習學校四三三校、兒童及生徒總員二四五、一一一人を算する。

尚官立に岡山醫科大學、第六高等學校がある。

(一)初等教育　大正十四年四月末現在に於ける本縣小學校數は尋常小學校一三一、併置校四〇四、高等小學校二、分教場八三、計六二〇校、學級數は尋常科三、三六三、高等科七六〇計四、一二三學級を有し之が設備に關しては概ね其緒に就きたりと雖も、學齡兒童は逐年增加の一方なるを以て、校地の擴張又は變更、校舍の增改築、器具機械の購入等設備の完成に努めつゝあり。

在籍兒童は一九一、二七五人、學齡兒童數二〇一、二九六人にして、出席步合は尋常科九六・三一、高等科九五・三六を示し、又就學步合は男九九・四〇、女九九・三三、計九九・三七とす。

教員の待遇に就ては物質的並に精神的に優遇の途を講ずると共に漸次其俸給を高め、年功加俸、特別加俸をも給し、更に教員住宅費に補助を與ふる等待遇の向上を圖りつゝあり。

現在教員數は正教員本科三、四〇二、專科三六九、准教員四三二、代用教員四二七、計四、六三〇人にして、一人平均月俸額は市部六五圓二九、郡部五二圓四七、市郡の平均五三圓二七となる。又正教員一人當月俸の平均は本科五九圓七七專科三八圓五三、准教員三四圓五〇、代用教員三五圓二三の割合である。

(二)幼稚園　本縣に於ける幼稚園は三七園あり、内公立二五私立一二にして、公立に屬するものは諸般の設備完整の機運にあるも、私立に屬するものは不備の點尠からず。而して園兒は現在一、七二七人を有し、入園幼兒は概して家庭の良好なる者の子弟が多い。

（三）師範敎育　男女師範學校各一あり、男校は本科第一部一五學級、二部二學級、研究科一學級にして、生徒定員五一四名在學生六四九名とし、女師校は本科第一部八學級、二部二學級、生徒定員四〇七名、在學生三九九名、職員は男師校三二名、女師校一九名とする。

大正十四年度に於ける募集人員は男師三二〇名、女師二四〇名にして、志願者は前者は八一三名、後者は七八五名に達し、入學者は男師三〇三名、女師二三八名を算した。

尙縣は時勢の要求に應じ適良なる敎員を養成せん事を圖り益々敎授訓育に力を對し、小學校敎育の効果をして一層完美ならしむべき根柢を培養せんことを努めつゝある。其他實業補習學校敎員養成機關に實業補習學校敎員養成所がある。

（四）中等敎育　初等敎育の普及、女子敎育の發展に伴ひ中等敎育は益々旺盛に赴くを以て、中學校にありては特に人格の陶冶に重きを置き、堅實有用なる智識を授け、國家の中堅人物の養成を主眼とし、高等女學校にありては品性の陶冶に重きを置いて家庭に適切なる智識を授け、以て國情に適合する良妻賢母の養成を主眼とする。

大正十四年四月末現在に於ける中學校は縣立八、私立五、計一三校、一九〇學級の設備を有し、在學生徒八、五五二名を算する。入學志願者は中學校、高等女學校共に逐年增加の一方にして、大正十四年度に於ける中學校入學志願者は募集人員二、六七九名に對し四、九八〇を算し、入學許可者は二、六〇六名、入學者は二、四七二名とある。

敎員は有資格者二二九、無資格者七五、計三〇四名にして一人當平均月俸額は一一六圓である。

高等女學校は縣立四、町村立一一、組合立七、私立五、計二七校の外に實科高等女學校一〇校、學級總數二七一にして一二、〇八五名の生徒を收容する（大正十四年四月末現在）

同年度に於ける入學志願者の狀況を見るに、高等女學校は四、七五六名の志願者中四、五一一名の合格者を出し、志願者に對する入學歩合は五割五分弱の率を示し、實科高女は四八八名の志願者中四三六名の合格者を出し、志願者に對する入學歩合は八割四分弱である。

敎員は實科高女の分を合し四七八名、一人當平均月俸額は八七圓とす。

（五）實業敎育

イ、中等實業學校　は工業學校縣立一、市立工藝一校、縣立農林一、農學校縣、私、組合、村立各一校、商業學校縣立二、町立二、市立一、私立一、縣立商船學校一校の外に女子職業學校、興除實業學校、計一五校あり。何れも學校と實業界との關係互に相接近し、學理と實際との調和宜しきを得、兩者互に其改進を助くるの形勢を見るに至つた。

學級の總數は一四一、生徒數五、七九一名、敎員二一九名を算する。

大正十四年度の入學志願者は募集人員一、八八七名に對し三、五四八名を算し、受驗者三、三二九名中一、八八八名の合格者を出し、志願者に對する入學步合は五割一分弱に相當した。又敎員一人當平均月俸額は一〇三圓である。

ロ、實業補習學校　實業補習敎育の發展を圖り、小學敎育の効果をして一層增大せしめ、更に進んで實業に要する知識技能を授くるは最も緊要なることにして、縣は之が普及徹底に努力しつゝある。

大正十四年四月末現在に於ける補習學校の設置狀況を見るに、校數四三三校、一、〇五二學級にして內農業最多を占めて三九四校、其他は商業、女子補習學校等である。而して本縣三九七ヶ町村中未設置は三六ヶ町村に過ぎない。

生徒數は二六、三二一人にして、同年度に於ける入學者は九、七八五人、其前年は七、二七八人の統計を示し、就學、出席步合は逐年良好となりつゝある。

（六）特殊敎育　社團法人岡山縣敎育會經營の岡山盲啞學校を本縣代用盲啞學校と爲し、盲部、聾啞部共初等部、中等部に分ち、現在生徒數盲部二一名、聾啞部五六名を有す。

備作惠濟會三門學園は縣代用感化院にして、不良少年の矯正感化を爲す。

（七）社會敎育　社會敎育の重要なるは今更喋々する迄もない事である。本縣に於ては隣保事業及學校中心の社會敎育事業とを適宜に施設せしめ、補習敎育の振興に、青年團、處女會の發展に力を注ぎ、次で一町村一館の圖書館を設けしめ、一面縣下に圖書館網を張りて相互の連絡を圖り、學校と合せて地方的機關の根據となすものである。

現在本縣內に於ける施設に左の如きものがある。

岡山縣公民大學講座の開設、自治公民養成所の設置、圖書館設置の奬勵（現在公立六一、私立一〇四、計一六五館、一館平均豫算三〇五圓餘）、一般敎化團體に對する援助、青年團處女會の指導奬勵、社會體育の指導、其他。

産　業

本縣の地勢は已に記述せる通り海あり山あり、曠野ありて氣候南北に相違し、雨量に厚薄あり、又交通の便否ありて産業の狀態自ら異なるものがある。

而して縣民の大部分は農を生業とし、北部山間の地方は伐木、炭燒、養蠶、畜産に適し、中央及南部は土壤肥沃にして穀栽善く稔り、工業は主として岡山市附近及備中南部に渉り機業、花莚、麥稈眞田紐製造盛である。就中花莚、麥稈眞田紐の製造は蓋し本邦に於ける嚆矢にして、輓近海外に輸出するもの頗る多額である。

南部沿海地方は漁撈に從事するもの多く、近年遠海漁業を企つるもの續出した。彼の暮春の鯛網は人口に膾炙せらるゝものなるも一般の漁獲物年々減少するは遺憾とする所である

産物の主なるものは米麥、綿糸、織物、清酒、花莚、麥稈經木眞田紐、藺、生糸、足袋、鹽、木材等にして、其他陶器疊表、牛等は産出價額多からざるも古來著名なものである。

本縣大正十三年の生産總價額は三一八、七二六、四八八圓にして工産物第一位を占め、農産、蠶産、林産、水産、畜産鑛産の順位にありて逐年增加の傾向にある。

今之を郡市別に見るときは岡山市の四六、七四六千圓餘最多を占め、兒島郡の四四、九七九圓餘之に亞ぎ、最少は英田郡の四、七二二圓餘である。

大正十三年の各種生産價額を掲ぐ。

農産物	八九、九四二、八三三圓
蠶業	一九、一五六、三一五
畜産物	四、三八三、五一〇
水産物	八、二八七、二七三
林産物	九、〇三八、七八七
鑛産物	二、九七一、二五一
工産物	一八四、九四六、五三〇
計	三一八、七二六、四八八

1 農　業　縣の耕地は田八九、五三四町八、畑三五、五二七町五にして、農家戸數一六二、一五六戸を有する。而して近時勞銀暴騰の爲、之が經營方法大いに改善せられ、殊に其機械化は著しき現象にして、農用發動機三、一九〇臺を有し、

肥料需用高一四、四一二千圓餘に達し、大正十三年の農產總額九千萬圓に垂んとした。

地勢南北に依り氣候に差異あり、雨量に厚薄ありて昔年に於ては生產に逕庭ありしと雖も近時耕種肥培の方法大いに改善せられしと施設奬勵機關の完備とに依り山陰國境に接する所謂寒冷地に在りても亦相當の秋收を見、加ふるに特用作物の增加と園藝の發達、產繭の增加等に依り益々生產增加の現象を呈するに至つた。

農產物にして年產二〇萬圓以上のもの二六種を算し、米は其第一位にあり。麥は之に亞ぎ、其他大豆、蠶豆、蕎麥、甘藷、馬鈴薯、青芋、漬菜、生蘿蔔、牛蒡、蓮根、葉煙草、三椏其他とし、繭（五百萬圓餘）蒟蒻芋（百萬圓餘）薄荷（百六十萬圓餘）除虫菊（七十七萬圓餘）は本縣の特產物である。

最近五ヶ年の統計によれば米の作付反別八八、四三〇町歩收穫高一八〇萬石にして、一反歩當一石〇三四とす。而して縣外に移出するもの約四〇萬石に達し、就中優良米に屬する雄町、日ノ出、吉備穗、多平選又は之に類する系統產米は全國各地の酒造用として歡迎せられる。

大正十三年の麥作付反別は四九、六一五町歩にして水田の裏作多きを占め、產額七一一、〇六〇石、價額一〇、二三七、二九七圓に達する。而して貿易品中權威を有する本縣麥稈眞田紐は實に源を優秀なる麥稈原料に發するものにして、裸麥コビンカタキ及矢筈の兩種即ち之れである。

2 蠶　業　上古美作、備中兩國は上絲國としての歷史を有し、本業の起源極めて遠い。而して明治の初年頃より漸次發達し、現在桑園七、三〇八町七、養蠶實戶數三五、九二四戶掃立枚數二一六、五四五、收繭高一、一三三、一五六貫、價額八、六三四、七二三圓に達し、桑園一反歩當收繭高一五貫五〇四、蠶種一枚に付五貫二三三の收繭とす。

蠶種製造戶數は七〇戶、其製造高原蠶種一六三、四五七蛾普通蠶種七、一六五、六二五蛾とす。

製糸は工場的に經營せられたるは明治七年頃にして、爾來製糸工場を設置する者續出し、幾多の變遷を經て今日を致した。現在製絲戶數一八六戶、繰絲釜數二、七五五、生絲七五、五八三貫、價額九、二三七、九〇六圓、屑物四五、八八五貫價額二五八、一二三圓に達する。

3 畜　產　大正十三年の畜產總額は四、三八三、五一〇圓にして、同年に於ける狀況左の如し。

	飼養戸數	現在數	年內出產
牛	七五、八四四	一〇二、八七六頭	一五、二七五頭
馬	六、四八三	七、一八二	一三四
豚	一、四一二	五、八四八	三、三八七
山羊	五九五	一、一七六	三九五
緬羊	二五	八七	二
鷄	八三、七〇九	七七一、九七二羽	三九、九五一、四四六卵
屠畜　牛		八、四一五頭	一、一七一、三一五圓
屠畜　馬		八三	五一、三三七
屠畜　豚		五七一	一四、七八二
牛乳			四六一、〇三三
乳肉製品　乳製品			二三六、四〇七
乳肉製品　肉製品			三五一

本縣は古來和牛の產地として其名を知られ、就中眞庭、川上、苫田の各郡を主とす。馬は阿哲、眞庭、苫田、上房の諸郡に國有種馬の種付所を設置して馬格の向上を圖りつゝあり豚は縣內各地に、鷄は邑久、淺口、上道、兒島郡に盛である

4 林　業　本縣の林野總面積は四八三、一五三町步にして全地積の約六割七分を占め、內國有林二七、九四四町步とす

地質は花崗岩、石英粗面岩、秩父古生層大部を占め、此間に諸種の岩層を交錯し分布頗る複雜にして、特に備中の中央以北に於て甚だしい。

地味は南部の山林は概して瘠惡なるも中部に至るに從ひ漸次肥沃の度を增し、秩父古生層の發育に從ひ著しく膏腴となり、北部花崗岩地帶に至れば原生林の地域を除いては地味稍中部に劣ると雖も南部の花崗岩地帶に於ける如きことはない

林況は林野面積の約七割八分は樹林地にして、其他は無立木地に相當し、南部は赤松及黑松の單純林最も多く土地荒廢せる箇所尠からず。中部は赤松に落葉濶葉樹を混淆し、北部は純然たる濶葉樹林にして無立木地の大部分は此地方に存するも近年杉、扁柏、櫟等人工植林地を見るに至つた。

縣に於ける林業に關する施設事項の大要は公有林野整理、保安林設定、砂防工事及荒廢地復舊工事等にして、之が施設は漸次林相を改め、今や多くの禿山は變じて鬱蒼たる森林を形成し、往時の如き洪水の災厄は殆んど其跡を絕ち、連年の旱害に苦しみし地方も近年禾穀の豐穰を見、治水上は勿論林

業經濟上與へたる利益は實に多大である。

大正十三年に於ける民有林野植栽面積は針濶樹林九〇九町八、竹林四六町一にして、同年の伐採は用材、薪炭材、竹材の二、八九七、三三五圓である。其產額は叙上伐採額の外木炭二、四二七、九八六圓、副產物三、七一三、四六六圓、計九、〇三八、七八七圓とす。

5 鑛業 本縣の地質は古生紀に屬する粘板岩、輝綠凝灰岩豐富にして、幾多の火成岩其間に迸發するを以て各種の鑛床に乏しからず、隨て鑛物の分布は頗る廣く、重なる鑛山に吉岡、柵原、本山、樫銀井谷の各鑛山がある。

大正十三年の鑛山試掘は一三八箇所、四七、七三九、八五六坪、採掘一八四箇所、二六、三〇九、七二七坪にして、含金銀銅、亞砒酸、綠礬紅柄、鑛石等を產出し、獨立製煉として荒銅、綠礬を算へ、產額總計二、九七一、二五一圓に達した。

6 水產業 本縣は中部瀨戸內海に面し本土及屬島を併せたる海岸線の延長一二〇里に達し、領海の幅員狹きは二町、廣きも五里を出でず、漁場甚だ狹隘なるに水產業者の總計一八、九七一人にして、內漁撈に從事するもの一七、六三五人、製造業者五八一人、養殖業者七五五人を算し、沿海線一里に付漁撈者一四七人に相當する。

而して之等當業者を以て組織する漁業組合數八二、郡市水產會九あり、又漁船は動力を有するもの四五隻、同有せざるもの七、六三一隻を算する。

沿海に於ける漁業の主なるものは打瀨網、漕網、曳網及釣等にして、漁獲物の主なるものは鯛、鰆、鰕、蛸、黑鯛、烏賊、鰈等である。而して之が漁獲の消長を按ずれば養殖魚介等は漸次增加せるも、其他は漸減の傾向を示し、加ふるに航海の頻繁其度を增し且沿岸島嶼は各種工場の侵す所となり、又漁具の精巧、漁法の進步に伴ひ逐年漁獲數量減少し、漁撈の命脈危殆に瀕せるを以て、之が救濟策として縣は明治卅一年以降遠洋漁業に對しては出漁及新造船に補助金を交付し、明治三十五年水產試驗場を設置して斯業の啓發指導奬勵に努め、又移住漁業に對しては朝鮮慶尙南道に岡山村を、全羅南道に吉備村を建設し以て移民の送致に努めつゝあり。

大正十三年の水產額左の如し。

近海漁獲高	三、五六〇、九六八圓
遠海漁獲高	四四一、六六七
水產養殖	二〇二、一三〇

水産製造物　　六一八、九三一圓
食　　鹽　　三、四四三、五八五

尚朝鮮海に於ける遠海漁業は流網漁業を主とするも、近時太平洋沿岸、紀州沖、土佐沖等に於ける秋刀魚流網、鯛一本釣等亦漸く増加せんとし、又養殖業は鹹水養殖にありては灰貝、藻貝及牡蠣を主とし、淡水にありては鯽、鰡、鰻等の養殖を主とし、就中美作地方山間部に於ける流水養殖鯉事業の勃興は注目に値するものがある。

水産製造の主なるものは食鹽にして、鹽田四五二町歩を有し、其他竹輪、蒲鉾類、煮干鰛、乾鰯、漬鰯等とす。

7産業組合及其他　縣下三九七ケ町村中産業組合設立町村數三三〇にして、其數は四五五、聯合會一三の多きを算し、縣産業の爲に貢献する所多大なるは誠に欣ぶべき事である。

惟ふに組合法施行せられて茲に二十有六年、此間縣下組合發達の跡を尋ぬるに經濟生活上の苦しき經驗に迫られて設置せられたるものは其數少く、多くは當局の奬勵と先進組合の好成績に促されて設立經營せられつゝあるもの多く、隨て眞に自治發達を遂ぐるもの多からず、且つ市街に於ける組合の發達遲々たるものあり、組合未設置町村六七を算する。

其他の各種組合を左に列記する。

重要物産同業組合二三、同聯合會二、畜産組合一七、同聯合會一、漁業組合八二、同聯合會二、養蠶組合二四〇。

8商　業　縣南は輓近交通機關の整備と共に工業は異常なる發達を示し商況益々盛である。岡山市、津山、倉敷、玉島笠岡、高梁町等は各地方物貨の集散の市場として商業殷賑である。今重要品移出入を見るに最近移出總額一五三、一八八、二九八圓、移入一五八、五四八、八一三圓、即ち入超五、三六〇、五一五八圓なるは刮目すべき點とす。

移出の重なるものは米、小麥、食鹽、清酒、綿布及同製品生糸、綿糸、花莚、疊表、煙草、足袋等の三〇〇萬圓以上、藺、人造肥料、煉瓦、礦石等の二〇〇萬圓以上にして、移入の主なるものに米、小麥、生魚、砂糖、絹布及同製品、綿布及同製品、綿糸、繰綿、石炭、大豆粕、人造肥料、和洋雜貨材木等の各三〇〇萬圓以上がある。

移入超過の重なるものは小麥、雜穀類、生魚、鹽干魚、砂糖、絹布及同製品、繰綿、鐵、金屬製品、器具、機械、石油石炭、肥料各種、和洋雜貨、洋紙、材木、セメント等とす。

商況調査並に販路擴張等に關しては縣立商品陳列所及岡山

商業會議所等ありて商工業の穩健なる發達を期しつゝある。

左に會社及銀行に就き表示す。

會社組織別		
株式	四二三社	資本金一二三、三九三、六〇〇圓
合資	二一五	四、九五二、九一八
合名	八一	二、二八六、〇〇〇
計	七一九	一三〇、六三二、五一八

會社業體別		
農業	八	一、一三三、四〇〇
工業	三七八	六八、三七四、二四八
商業	二七四	四九、六三二、九〇〇
運輸	四九	一一、四九二、九七〇
計	七一九	一三〇、六三二、五一八

銀行種類別		
普通	一四行	資本金二七、三三〇、〇〇〇
貯蓄	三	一、六五〇、〇〇〇
普通倉庫兼	一	一、〇〇〇、〇〇〇
計	一八	二九、九七〇、〇〇〇

9工　業　本縣の產業は輓近著しく發達し、就中製造工業は岡山市を中心として勃興し、和氣、兒島、都窪、小田、後月郡最も盛にして其製品饒多あり、現時聊か不況の裡に在るが如しと雖も、市況恢復の時運到來し隆昌の域に到達するも遠きにあらざるべし。現在職工徒弟五人以上使用の私設工場は一、〇七六、原動機數一、七〇〇臺、其の馬力數五萬馬力にして技術員七七六名、職工三七、一九六名を算する。尙官營煙草製造工場二あり、此職工數一、一九四名とす。

私設工場數			
紡織工業	二九九	製材及木製工業	六二
金屬工業	一〇	機械器具工業	五九
窯　業	三七	食料品工業	三六二
化學工業	六四	電氣瓦斯業	六
印刷工業	三	其他ノ工業	一五

大正十三年の工產總額は一八四、九四六、五二〇圓に達して縣產業界の首位を占む。其主なるものは絹綿紡績、織物、淸酒、生糸、醬油、花莚及野草莚、麥稈經木眞田、足袋、疊表等である。

絹綿紡績　大正十三年の絹糸紡績工場一、綿糸工場一二、職工總數一二、二二六名、生產價額四六、二二八、五四七圓。

織　物　同年の產額は綿織物、絹及絹綿交織物、其他を合し三五、〇八九、九五四圓にして、大部分は綿織物を以て占め、關西の機業地との稱である。現今兒島郡に製產するものを備前織物と稱し、袴地を筆頭に着尺地、雲齋、小倉等を主たるものとし、輸出製品は支那人用腿帶子とす。小田、後月郡に產するものを備中織物と稱し、着尺を主とし小倉之に亞ぎ又邑久、上道郡に產するを邑久、上道織物と稱し、主として雲齋を產する。

清　酒　近時長足の改善進步をなし、大正十三年に於て一九五、六七七石、一五、七五二、〇八〇圓を出し、之が主產地は淺口、兒島、赤磐、岡山、苫田の諸郡市にして、年々五・六萬石内外は縣外に移出せられつゝある盛況にある。之れ產米及水質等酒造に好適なると、當局の指導獎勵宜しきを得、當業者の研鑽努力とに因るものと謂ふべきである。

花　莚　本縣の花莚は海外輸出を主とするものにして、從つて一進一退は免れざるも逐年增加を示し、十三年の產額六、五二四、二三三圓に達し、全國中第一位にある。主產地は都窪、吉備、御津、兒島、淺口の諸郡にして、販路は米國を主とし、其他諸國及内地各地に販出す。本業は往年工場工業として發達せるものなるも現今に於ては家庭工業に變轉した

疊　表　本縣產藺草は其質柔靭にして備後藺の如く剛硬ならず、之を花莚に製するときは錦莞莚の如き緻密なるものを得、之を疊表に織るときは足觸能く耐久力に富み、而も其價額比較的低廉なるを以て備中表の名全國に普く、販路は全國に及ぶ。大正十三年の產額三、五二二、九七二圓にして、全國中第一、二位にあり。主產地は御津、都窪、吉備、兒島、淺口、岡山の各郡市である。

足　袋　遠く三百年の昔より既に備前足袋の名聲を博し大正十三年に於て九、〇四三、五七七圓を產出し、其種類は護謨底、繻子、木綿、ベッチン等にして、兒島、都窪、岡山淺口の諸郡市を主產地とす。

其　他　板紙は年額一八〇萬圓を產出し、薄荷又二六〇餘萬圓を出し共に全國第二位にあり。蒟蒻粉年產七五萬圓、麥稈眞田紐二〇〇萬圓内外、共に全國中一、二位を爭ふ。耐火煉瓦は和氣郡三石町を主產地とし其他兒島郡宇野町、苫田郡津山町等數ヶ所あり、年產百萬圓以上にして全國中第一位。

岡山市

岡山市は中國の大都會にして、縣治の中心地たり。即ち備前國の西南隅に位し、兒島灣頭旭川の河口なる三蟠港より北に溯ること約三里の所、御津、上道兩郡の間に介在し、東西一里二七町、南北一里二九町、一方里五二五の面積を有する地勢東北より西南に傾斜し、旭川は北より流れて市の中央

を南流して自ら市域を東西に劃す。即ち東を旭東、西を旭西と稱し旭西は漸次北西に高起し、旭東は東南に隆興する。

氣候は溫和にして寒暑甚だしからず、酷暑の候と雖も華氏九〇度内外を上下し、酷寒尙四一、二度を降りたることなく積雪の寸餘に及ぶことは稀である。

交通は水陸共至便にして、國道三線、縣道五線及市道九三里餘市内に縱橫する。水路は旭川の流路を利用し、本市以北に於ける該川沿岸地方、作州方面の貨物は中國鐵道と共にこの川を上下する所謂高瀨舟に依りて之を爲し並に材木は筏として流輸し、又四國、阪神地方並に市外海濱各地に通ずる和船の定繫所ともなる。

鐵道山陽本線は市の中央部に岡山驛を置き、更に此處を起點とするものに二線がある。一は市の西部を南進して兒島郡宇野港に達する宇野線、一は津山、總社兩町を結ぶ私設中國鐵道である。其他西大寺輕便鐵道、三蟠輕便鐵道並に市内に電氣軌道の敷設があり、又岡南の地に乘合自動車の便がある。

大正十三年末現在本市の現住戸口は二五、九八六戸、一一八、二四六人を算し、之を前年に比すれば戸數一一九、人口一、〇一一人を増し、更に十年前たる大正四年と對比せんか戸數に於て六、八二四、人口に於て二八、四九一人の増加を示した。今戸口を職業別に見るときは、

商業	八、五八九戸	三八、六五二人
工業	七、〇一六	三七、三三一
公務自由業	二、九七一	三、六二六

となり、交通業、農業、鑛業、漁業等の順序である。

市の物產には備前燒、熊野染、吉備團子、水飴、錦莞莚、味噌、罐詰、編笠、調布、足袋、醬油、紡績糸、綿織物、燐寸等がある。大正十三年の生產總額左の如し。

工產	四四、五九一、六二九圓	水產	一六三、四八一圓
農產	一、一七四、九七四	林產	八五、〇〇〇
畜產	七三一、八一〇	計	四六、七四六、八九四

小學校は尋常校七、併置校五、計一二校、二五二學級の設備を有し、一三、〇八五名の兒童を收容する。學齡兒童數は一六、七三六名にして、之が就學步合は男九九・四五、女九九・五一、計九九・四八の率を示した。

敎員は正敎員本科二五五名、專科二四名、代用敎員一八名計二九七名にして、月俸の平均は正敎員本科六六圓九七、專

科五六圓七九、代用教員四一圓三〇とす。

而して本市の教育費總額は經常臨時費計六〇五、九二〇圓にして一戸當負擔額二三圓三二、生徒又は兒童一人に對し三八圓四五を要する。尚市立のものに岡山商業學校、岡山工藝學校、第一專修商業學校、第二專修商業學校及幼稚園七と圖書館一がある。

其他本市所在各種學校は官立岡山醫科大學、第六高等學校を始め、縣立中等學校八校、附屬小學校二校及私立諸學校三六を算する。

大正十三年度市歳出入左の如し（決算）

一般會計	歳入	二、三〇一、四三八圓
	歳出	一、六〇二、九〇三
特別會計	歳入	八八七、六〇七
	歳出	七三五、九〇八

尚日本三公園の一たる後樂園は本市にあり、今より二百卅有餘年前に工事落成して、舊藩主池田綱政侯の經營に係るものにして、旭川の清流に瀕し、面積二七、〇一三坪を有し、其四圍は竹林を以て包繞す。

御津郡

本郡は備前國の西部に位し、東は岡山市及旭川を隔てゝ上道、赤磐、久米の三郡に相對し、西は上房、吉備二郡に、北は眞庭郡に界し、南部の一半は都窪、兒島兩郡に隣り、一半は兒島灣に臨む。地形南北に長くして九里三三町、東西に狹く六里一〇町にして面積二五方里餘を有する。

地勢南部は平坦にして沃饒なるも中部以北は山嶽繚繞して田園其間に介在し、數ヶ村を除くの外は林野多くして耕地狹少、水利に乏しく物貨の運輸等には不便である。殊に北部に至りては土地偏僻、峻嶮にして容易に步行し難き所あり、之を總稱して加茂郷と呼ぶ。

地勢叙上なるを以て河川は總て北に發して南流し兒島灣に注ぐ。其主なるものに旭川と其支流及笹瀬川等があり、旭川は通船里程十數里に及ぶ。

汽車は郡南の地に山陽、宇野の各線あり、又郡の東部を北行し、美作國津山に達する中國鐵道線がある。

氣候は夏時は攝氏二六、七度に過ぎずして南北大差なきも冬季に於ては北部は寒威凛烈、氷雪容易に融解せず、積雪尺餘に及ぶことがある。されど南部は降雪少く積雪寸餘に達することは稀である。

本郡現在の行政區劃は一町二五ヶ村とし、現住戸口一〇、九九二戸、五四、七三三人を有し、一戸當四人九八とある。

而して之が職業別戸數を見るに農家最多を占めて八、五〇九戸、商業、工業、漁業等順次相亞いで居る。從つて生産額の如きも農産物を第一位とする。大正十三年に於ける本郡の各種産額左の如し。

農産	六、五一八、六三二圓	林産	四三〇、〇七三圓
蠶業	三一〇、六七〇	工産	三、七二一、四五四
畜産	六五、六八六	計	一一、〇六六、六四〇
水産	三〇、一三五		

小學校は本校二六、分教場五、學級數一七六にして、在學兒童八、一一四名に對し教員數は正教員本科一四六、專科一五、准教員一四、代用教員一九、計一九四名である。

學齡兒童は總て八、七四四名にして、之が就學歩合男は九九・七〇、女九九・七四、計九九・七二の率を示した。

大正十四年度豫算教育費總額は一七九、三七六圓にして、總豫算の約四割に當り、又教育費一戸平均負擔額は一六圓三二錢、兒童一人當經費は二〇圓三五となる。尙實業補習學校は二四校、專任教員二五名とす。

赤磐郡

備前國の中央に位し、北は久米郡、南は上道郡に接し、東は吉井の大河を以て和氣、勝田兩郡に對し、西は旭の巨川を以て御津郡と境を爲す。其廣袤東西五里二一町、南北六里二五町、二一方里三四の面積を有して之を一町二三ヶ村に分つ

現住戸數は九、七二五戸、人口四四、三一一人を算し、其八割は農家を以て占め、爾餘の二割は順次商業、工業、交通業等を以て占める。從つて其生産額も農産物第一位にして工産、蠶業、林産、畜産、水産順次相亞ぎ、大正十三年の生産總額は九、〇四七、一四八圓に達した。

小學校は二四校と分教場八あり、學級總數一六八、兒童數七、〇二九名、教員總數一八四名の數を示し、正教員一人の平均月俸本科五七圓一七、專科三九圓四〇、准教員三四圓七五、代用教員四一圓とある。

教育費總額は一五三、七七七圓にして、町村費總額の四割一六に當り、教育費一戸平均額は一六圓三七、兒童一人當經費二一圓八七七とす。

和氣郡

備前國の東部に位し、梔島、曾島、鴻島、鹿久居島等を屬

島とし、總面積二四方里二二を有して行政上五町一三ヶ村に區劃する。而して其疆域北は英田、西は赤磐郡に接し、南面の一部は邑久郡に隣り他の一部は瀨戶內海に瀕し、東は兵庫縣と境する。

　鐵道山陽本線は郡の中央部を東西に貫き、私設片上鐵道は本線和氣驛に交叉して南北兩線に分れ、南線は本郡片上港に達し、北線は山田村に至り總て一一哩四を運轉する。

　戶口は九、七二一戶、四三、八四五人にして全戶數の六割餘は農を營み、一割二分は商業を以て占め、爾餘は漁業、工業の順位を常態とする。大正十三年の生產總額は九、七一八、四二五圓にして縣下第一三位にあり、其內譯は農產二、三二九、九五四圓、蠶業四五八、〇二九圓、畜產一三七、六一四圓、水產一、五五三、五六八圓、林產一、四〇三、九四七圓鑛產二六、七二八圓、工產三、八〇八、五八五圓とす。

　小學校は二四校と二分敎場あり、一五四學級にして、兒童七、二三九人を收容し、又學齡兒童八、〇三七人にして就學步合九九・七一を示す。敎員數一八一名、之が一人平均月俸は正敎員本科五八圓六一、專科三四圓〇六、准敎員三五圓二五、代用敎員三〇圓五四とす。

邑久郡

　本郡は縣の東南に位し、東は播磨灘に面し、北は和氣、赤磐兩郡に接し、西は吉井川を隔てゝ上道郡に相對し、南は兒島灣及內海を隔てゝ香川縣を望む。而して前島、犬島、長島黑島、黃島等の大小島嶼を領有し、海岸線の合計二六里二四町、面積一一方里二四に達する。

　郡內には玉葛山、大平山、四辻山、高松山、黑井山、高山等あるも海拔千尺に達せず、河川に千田川、千町川、大用水香々登川等あるも亦流域六里を出でず、只西部郡境を流るゝ吉井川は流程三四里、舟楫の便がある。

　本郡の氣候は大正十四年に於て氣溫最低攝氏四度七、最高同三〇度三にして全年の平均は一七度五であり、降水量の平均は八八一粍五を算す。

　交通狀況は陸路縣道郡內に縱橫し里道之に合するも、一線の鐵道もない。されど水門灣、鹿忍灣、牛窓港、長濱灣、知尾灣、虫明港等の港灣あり、一ヶ年の入港船舶虫明港は一、九四三隻にして特に牛窓港は一〇、四三〇隻、三三七、九四二噸に達して縣下有數の港灣である。

　本郡現在の行政區劃は二町一八ヶ村とし、現住戶數九、八

五九、人口五〇、五八二人にして、本籍人口一〇〇人に對し八四人强に當る。而して現住人口の職業別を見るに農業最多にして三五、〇四二人を占め、商、漁、工業等の順位にある。

大正十三年の生產額は農產六、三五九、五八五圓、蠶業一八〇、〇二三圓、畜產六七八、四七八圓、水產七七七、四二二圓、林產一二〇、二二三圓、鑛產二、四一二圓、工產二、七〇八、二二八圓、計一〇、八二六、三七一圓に達した。

大正十四年四月末現在の小學校數二三、分敎場一、學級數一七六、兒童數七、八六〇人、敎員數正敎員本科一五五、專科二〇、准敎員一一、代用敎員一三、計一九九名にして、正敎員の充實步合は八七・九四である。又學齡兒童は八、五一六人にして、其就學步合は九九・八二とす。

同年に於ける本郡敎育費總額は一七八、二二〇圓とし、一戶當負擔額一八圓一八、兒童一人當經費二二圓六七である。

上道郡

本郡は吉備國の一區劃にして、往古より上道郡と稱した。即ち縣の東南に位し、東は吉井川を隔てゝ邑久郡に對し、西は旭の巨川及岡山市を以て御津郡に境し、南は兒島灣を隔てゝ遙かに兒島郡を望み、北は一帶の山脈を以て赤磐郡に陸續する。其廣袤東西二里三一町、南北二里二五町、面積八方里一六を有す。

地勢は北部に隆起するも南部は平坦にして農耕に適し、吉井、旭兩川の水を以て灌漑する。其他の河川に百間川、砂川倉安川等あり、港灣には三蟠、九蟠兩港がある。其深さ干潮時に於て前者は二〇尺、後者は五尺、滿潮時に於て前者二六尺、後者一一尺とある。

本郡の交通狀態は至便である。水路に前記河川、港灣あり陸路に國縣道縱橫し、汽車は山陽本線の外私設西大寺鐵道は岡山市の東端に達し、三蟠鐵道は岡山市の南端より發して三蟠港間を運轉するものである。

行政區劃は一町二三ケ村とし、現住戶口一〇、五七〇戶、四七、八一六人にして、其約六割は農家を以て占め、爾餘の四割は商業、工業、漁業の順位を常態とする。

大正十三年の生產總額は一八、〇八〇、六六九圓に達して縣下第五位にあり、產額は工、農、蠶、畜產、水產の順序にある。而して產物の主たるものに米麥、梨、鷄卵、蠶絲、綿布及各種織物、和紙、板紙、セメント、酒、醬油等がある。

小學校は一九校にして一五四學級を有し、在學兒童一、〇七五人を收容する。學齡兒童は六、九六五人、就學步合は男九九・八六、女九九・八九、計九九・八四とし、兒童出席步合は尋常科九六・七一、高等科九五・五八を示す。

敎員は一八三名にして正敎員充實步合は九五・五〇に相當する。又月俸の平均は正敎員本科六三圓四五、專科二七圓四二、准敎員三七圓、代用敎員四二圓六〇である。

兒　島　郡

本郡は縣の南端兒島半島を郡域とし、六口島、石島、高島上水島等の大小二十數島の島嶼を領域として、面積一八方里〇九を有する。其疆域北は都窪郡及兒島灣を包みて邑久、上道御津の三郡と相對し、西方は淺口郡に境し、東及南は內海に臨み、遙かに香川縣と相對す。

山嶽の重なるものは金甲山、常山、福南山、瑜珈山、仙隨山、種松山等とし、河川には高梁川、鄉內川、加茂川、倉敷川、吉岡川、丙川、六間川等あるも郡內流程三里に達するものはない。

海岸線は縣下に於て最多を占め、本地二九里二三町、島嶼四里二九町、計三四里一六町に達して港灣に富む。卽ち宇野港、下津井港、八濱港、小串港、日比港、田ノ口港、下村港等を有し、就中宇野港は宇野線の終點にして四國との連絡船の發着所である。下津井港は下津井鐵道線、茶屋町驛に起り本港を終點とする。尙兒島灣は縣下の名灣なるも水淺くして船舶の碇泊に適する良港を有しない。

本郡現在の行政區劃は七町一五ケ村とし、現住戶口二四、七〇八戶、一〇六、五二八人にして、全戶數の約半數は農を營み、商業之に亞ぎ、工業、漁業等の順位にある。而して本郡の主なる物產は米麥、織物、糸類、足袋、酒類、醬油、魚類、鹽等にして、大正十三年の生產總額は四四、九七九、二六七圓に達し、縣下第二位にある。其內譯左の如し。

農產七、〇三二、六七七圓、蠶業二九、六八七圓、畜產二〇九、六一九圓、水產四、〇三五、九八二圓、林產一四八、三六五圓、鑛產九一六、四四七圓、工產三二、六〇五、四九〇圓。

小學校は公立三二、私立二、計三四校と分敎場八、學級數三四一、兒童一五、五七一人、敎員三八八人の數を示す。學齡兒童は一六、四四七人にして之が就學步合は九九・八二に當り、出席步合は尋常科九五・四一、高等科九五・九八に相當する。尙十四年四月末現在に於ける敎育費總額は三六八、〇五九圓にして、一戶當負擔額は一五圓九三に相當する。

都窪郡

備中國の東南に位し、吉備、御津、兒島、淺口の諸郡に圍まれ、高梁川は郡の西境を流れて內海に入り、吉備郡に源を發する笹瀨川は東境を流れて兒島灣に入る。面積八方里九〇を五町一四ヶ村に區劃する。

地勢は概ね平坦にして僅かに郡の中央部に小丘を見るのみ鐵道山陽本線は此麓を東西に通じ、宇野線は東南部に、又伯備南線は西部を北進し、更に國道三里三〇町、縣道二〇里、町村道四〇〇里餘郡內に縱橫し、交通至便である。

大正十四年國勢調査に依る本郡の戶口は一九、〇六九戶、八七、七八二人にして前回の調査に比し約五千人の增加とある、而して其生業は農業、工業、商業、交通業、漁業等の順位を常態とする。

本郡に於ける重要物產は米、小麥、藺草、疊表、莫蓙、花莚等にして、大正十三年の生產額は農產九、九一二、五四一圓蠶業二七、七四五圓、畜產一二五、〇五二圓、水產八七、七二一圓、林產八一、八四二圓、鑛產、三、二五九圓、工產三二、〇九八、五三七圓、計四二、三三四、六九八圓を算し、縣下第三位にある。

小學校に關する槪要左の如し。

校數二〇、學級數二七〇、在學兒童一二、四七八人、學齡兒童一三、七〇九人、就學步合九一・八〇、兒童出席步合尋常科九五・四二、高等科九五・七五、敎員總數三二〇名、正敎員充實步合八七・四〇、敎員月俸一人平均額本科正敎員五九圓八六、專科正敎員四〇圓五六、准敎員三七圓七二、代用敎員三二圓、敎育費總額二六三、七四七圓、一戶平均額一五圓〇八、兒童一人當經費二一圓〇五。

淺口郡

本郡は備中の南部、內海の沿岸に位し、南一帶の海に面する外は都窪、吉備、小田各郡と境を爲す。面積は一一方里八〇を有し、行政上七町六ヶ村に區別する。

地勢は郡の南北は高地を爲し、中央部及東部高梁川の沿岸は平坦にして農桑の業は此處に營まる。

最近の戶數は一九、七〇〇戶、人口一〇二、六一七人にして農家過半を占めて六七、六二九戶、商業之に亞いで一四、八六九戶、其他工業、漁業等の順位にある。大正十三年末現在に於ける生產總額は二三、六一六、二七一圓の巨額を算して縣下第四位にあり、其生產力は現住一戶當一、一九八圓、同一人當二三〇圓とある。

大正十四年三月末現在の小學校は三一校と三分敎場を有し學級總數三一三、兒童一五、〇三〇人、就學歩合九九・七八敎員一〇九人の數を示す。尙實業補習學校一七校あり。

小田郡

縣の西南に位置し、東は吉備、淺口兩郡に隣り、北は川上郡に、西は後月郡及廣島縣に接し、南は瀨戸内海に面し、片島、神島、高島、白石島、北木島、飛島、眞鍋島、六島等の諸屬島を隔てゝ遙かに香川縣と相對する。而して其廣袤東西五里九町、南北一二里一八町、面積一六方里五〇を有し、現在四町二一ヶ郡に分つ。

地勢南北に長くして兩端廣く、中央部に狹い。而して北部山脈は郡の北方に連亘して土地最も高峻を極め、南部山脈即ち阿部山脈は東西に連り其支脈は蜿蜒起伏して其一部は島嶼に及んで居る。地勢叙上の如くなるを以て河川は凡て東流し吉備郡に入りて高梁川に合する。其主なるものに小田川、尾坂川、川面川、小林川、吉田川等がある。

港灣には笠岡港、外浦港、富岡港、西濱港、金浦灣等あり鐵道は山陽線と井笠鐵道線、道路は國道一線外縣町村道域内に縱横し交通の便を爲して居る。

大正十四年國勢調査の結果本郡の戸數一七、八七六、人口八三、三七一の統計を得た。之を前回の調査に比すれば人口に於て四六二人を減じて居る。

本郡の主なる物産には米、麥、甘藷、石類、漁獲物、機械、製麥粉、綿絲、織物、蠶繭絲、酒類、麥稈眞田紐等があり、大正十三年の生産總額は一六、七八三、〇三七圓に達した。

小學校は三五校の外分敎場七あり、學級總數二八五にして一三、九六五人の兒童を收容する。學齡兒童は一五、三七七人、之が就學歩合は九九・五九を示した。

敎員數は三一六名、正敎員の充實歩合は七六・二七である尙大正十四年四月末現在の敎育費總額は二六七、八九九圓にして、一戸平均負擔額は一五圓八〇となり、兒童一人當經費は一九圓三五である。

後月郡

縣の西部に位し東及南は小田郡に接し、北は川上郡に隣り西は廣島縣深安、神石兩郡と界す。其廣袤東西三里三四町、南北五里一二町、面積九方里九五とす。

小田川は郡の北部山間に源を發して中央を南に貫流し、途中幾多の支流を合して高梁川に注ぎ、山陽國道は郡の南部を東、小田郡より入りて西、廣島縣に去り、出雲街道は山陽國道より分岐して郡の中央を北行し、廣島縣神石郡に通ずる。

鐵道井笠輕便線は郡南高屋驛より井原町を過ぎ笠岡驛に達して山陽線に連絡し、又高屋驛より西備線と連絡して福山市に至る。

而して北部諸村は山林多く、南部諸村は概ね平坦にして耕地多く、地味亦肥沃にして何れも農耕に適し、交通機關又備はるを以て商工業盛である。

本郡現在の行政區劃は四町九ケ村とし、戸數七、七七六戸人口三八、一七八人を算し、農家は全戸數の七割以上を占め次で商業、工業、交通業、漁業等の順に居る。物産の主なるものは米、蠶繭糸、織物、酒類等とし、大正十三年の生産總額は實に一二、七二七、三九四圓を算した。其内譯左の如し。

農産	二、〇七七、四九七圓	林産	二六三、八〇一圓
蠶業	一、三六八、一八五	鑛産	三、二七一
畜産	一四四、八〇〇	工産	八、八六四、六〇〇
水産	五、二四〇	計	一二、七二七、三九四

大正十四年四月末現在に於ける小學校數は一五校と分教場六あり、學級一三一を有して六、三六六人の兒童を収容する學齢兒童は男女計七、〇一五人にして、九九・八九の就學步合を示して居る。

教員は正教員本科一〇四、專科五、准教員一一、代用教員一五、計一三五人にして、月俸一人當平均は正教員本科五九圓一五、專科四一圓、准教員三六圓、代用教員三六圓三三の割合とある。尚本部の教育費總額は一一九、二八一圓である

吉備郡

本郡は備中國の東南部に位置し、東北一帶は山岳起伏連續して御津、上房兩郡に接し、西は峻山又は丘陵を以て川上、小田兩郡に、南は稍平坦にして淺口、都窪郡に界す。而して郡域二五方里三四を分ちて四町二七ケ村とする。

地勢西北部に高峻にして高瀧、正木、大平、大和、鷄足等の諸山は此地方に蟠屈し、何れも海拔一千尺以上のものである。隨て河川は總て南流し、加茂、高梁、小田、新本、槇谷足守の諸川ありて南部は一帶に田圃拓け、地味肥沃、五穀及藺草の栽培に適する。

本郡の交通は概して便利である。即ち國縣道及町村道は郡內縱橫に馳驅し、鐵道伯備南線は山陽線倉敷驛に分岐して郡

の中央部を西北行し、現在は本郡美袋驛を終點とするも近く延長して陰陽兩道連絡の機運にある。私設中國鐵道線は郡南を西進し、伯備南線西總社驛と聯絡し、又支線に稻荷、稻荷山間もあり、更に山陽本線は郡東南の一角を通過する。

現在戸口は一四、九六五戸、六七、二三〇人にして、職業別に見る時は農、商、工、交通業等の順位を常態とする。

大正十三年の生產額は農產六、四六二、五〇四圓、蠶業二九四、六〇六圓、畜產九三、四三八圓、水產一四、一五三圓、林產二三〇、三八二圓、工產四、一三〇、七四四圓、計一一、二二五、八二七圓を算し、縣下第九位にある。

小學校は三一校及分敎場一、學級數二四三、在學兒童一〇、九九五人、敎員二六四人の數を示す。而して兒童出席步合は尋常科九六・七七、高等科九五・九三、又學齡兒童就學步合は九九・八四とある。

大正十四年四月末現在の敎育費は總額二二四、四三一圓、一戸平均負擔額一五圓六九、兒童一人當經費二〇圓四一とす

上房郡

縣の中央西北部にあり、東は山嶽を以て眞庭、御津の二郡に接し、南亦山嶽を以て吉備郡と境を爲す。西は高梁川を隔てゝ川上郡に連り、北は佐伏川及一帶の山岳を以て阿哲郡と境し、面積一九方里八四を有して本縣全地積の二十五分の一に當り、現在一町一五ヶ村に分つ。

地形は略長方形をなし、二條の山脈東西に走りて自ら東西南北の四部に分れる。而して地質は古生層、秩父古生層第三第四紀層にして花崗岩、閃綠岩及石灰岩等各所に露出する。

山嶽の重なるものに大野呂、山王、神子、桝形、大和、矢倉、祇園、秋葉、大藏、鷄足等の諸山ありて何れも高さ千九百尺以上のものである。又河川には高梁、備中、宇甘、有漢佐伏、備中等の諸川がある。

縣道一三線、主要町村道三四線ありて車馬の交通便利なるも現在鐵道の寸影も見ない。されど陰陽兩道聯絡を目的とする伯備南線は目下工事中に屬し、已に吉備郡美袋驛に延長開業せるを以て近く郡南に敷設を見るに至るべく之が開通の曉に於ては本郡の享くる利便蓋し尠少ではあるまい。

大正十四年國勢調査による本郡の戸數は八、六二三戸、人口四〇、九五二人を算し、前回に比し增加せること一、三八五人である。而して職業別戸數は農業最多を占めて全戸數の約七割に達し、爾餘は商業、工業、漁業等の順位を以て占める

小學校は二〇校と五分敎場、一三八學級の設備を有し、在學兒童六、六六七人、敎員一四八人に達し兒童の出席歩合は尋常科九七・三九、高等科九七・三七、正敎員の充實歩合は八九・八四を示して居る。

大正十四年四月末現在に於ける本郡敎育費の額は一二七、二七六圓にして、町村費總額の三割八四に當り、又敎育費一戸當平均負擔額は一五圓四八、兒童一人當經費一八圓九〇である。

郡の主要物產には米、麥、蠶繭絲、葉煙草、酒類等があり最近の生產額年五百萬圓を突破する。

川上郡

備中國の西部に位し、廣袤東西七里一一町、南北五里三五町、面積二七方里三二を有して一五ヶ町村に區劃する。地勢概ね山岳にして平地に乏しく、成羽川は郡の中央を東流して高梁川に注ぐ。

縣、町村道は郡內に縱橫するも鐵路なく、伯備南線の延長工事完成迄は車馬と高梁、成羽兩川の水路とに依りて交通をなすのみである。

戸數は八、五八七、人口四三、六三七を算し、其職業は農業、商業、鑛業、工業の順位を常態とする。大正十三年の生產額は五、八四九、九九七圓に達し、農產第一位にして工產之に亞ぎ殊に採礦の利に富めるは縣下に冠たるものである。

阿哲郡

備中國の西北端に位置し全郡山嶽重疊して交通不便である即ち東は眞庭、上房兩郡に隣り、西及北は廣島、鳥取兩縣に界し、南は川上郡に接する。面積五一方里五七、一町一八村に區劃す。而して縣下の巨川高梁川は本郡四境の山間部に源を發し、中央に集まりて大をなし南下するものである。

現住戸口は九、六六七戸、四七、七九三人にして大部分は農を生業とし、之に亞いで商、工、漁、鑛業の順序である。

大正十三年の生產總額は六、八二六、二三九圓を算し之が內譯は左の如し。

農產二、九九一、九五三圓、蠶業二〇七、四九四圓、畜產一九五、九五一圓、水產一五、八七九圓、林產一、二七一、五一一圓、鑛產一、一六八、九〇〇圓、工產九七三、五五一圓。

小學校は四一校及分敎場五、學級一七三の設備を有し、在學兒童八、一八二、敎員全數二一一人を算す。又大正十四年四月末現在の敎育費總額は一七二、六〇〇圓である。

眞 庭 郡

美作國の西端に位し、面積五三方里三七を有して縣下最大の郡とす。其彊域東は苫田、久米兩郡に接し、西は阿哲郡に南は上房、御津二郡に隣す、北は中國山脈を以て鳥取縣と腹背を爲す。

地勢全郡高峻にして殊に北部に嶮岨を極め、毛無、蒜、金ヶ谷、耳スエ、津黑、擬寶珠、朝鍋鷲等の各山聳立し、旭、備中、新庄、目木、月田の諸川は北部に源を發して南流し、郡南地方に於て合流して大を爲し旭川となりて備前に入る。就中旭川は縣下の三大巨川の一にして、流程三七里餘に及び舟筏の便がある。地勢前述の如くあるを以て交通は南部に利あるも北部地方に至つては不便である。

國道一一里餘、縣道五一里、町村道三六二里に達し、車馬によりて運輸交通に便する。鐵道は現在省線の作備線一線あるのみ。即ち津山と本郡勝山間二四哩五の運轉に過ぎざるも更に延長して伯備南線と聯絡の豫定線なるを以て之が完成の上は蓋し至便なるは言を俟たぬ。

本郡現在の行政區劃は三町一四村とし、戸數一二、四六七人口五七、二四四を算し、其過半は農家を以て占め、之に亞ぐは商業、工業、交通業、漁業等である。而して郡の主要物産は米麥、葉煙草、蠶繭絲、清酒、木炭等とし、大正十三年の生產總額は九、九三四、〇五八圓に達した。

小學校數は二九校と一六分敎場を有し、學級一九一にして八、九五六人の兒童を收容し、尋常科九六・二二、高等科九七・〇四の出席步合を示して居る。

學齡兒童は九、七五六人にして九九・八三の就學步合を示し、敎員全數は二二一人にして正敎員充實步合は七三・八二とある。而して敎育費總額は一九八、八四五圓を算し、一戸當負擔額一六圓七五、兒童一人に對する經費は二二圓二〇である。

苫 田 郡

面積四七方里〇六を有し縣北の一部を占め、全域概して山嶽重疊し、其彊域東は勝田郡、西は眞庭郡に接し、南は久米郡に、北は鳥取縣と界す。而して北部は最高峻を極めて花知泉、乘幸、不溜、津黑、山乘、霞、入道、八本、大山等の諸山蟠崛起伏し、何れも三千尺以上の海拔を有する。

目木川、余川は郡の西部に源を發し、西南流して旭川に注ぎ、加茂、香々美、倉見、宮川、津川、横野等の各川は北より南に流れ郡南の地に合して一大巨川を成し吉井川となりて備前に入る。而して此等各川の流域に少許の平野を形成し、農耕は此處に營まれる。町村數は分て三町二八村とす。

大正十四年國勢調査による本郡現住戸口の概數は一五、八二五戸、七三、三二九人にして、女の男に超過すること八一七人であり、又前回の調査當時より增加すること人口八九五人である。今全戸數を職業別に見る時は農業五割五分、商業二割、爾餘の二割五分は工業、交通業、公務自由業等を以て占める。

郡の物産には米、麥、蠶繭絲、木炭、用材、薪炭材、足袋板紙、和紙、酒類、醤油、菓子等ありて年産千五百萬圓を突破する。大正十三年の生産額左の如し。

農産五、三八三、三一八圓、蠶業五、一二二、〇四二圓、畜産二二九、〇五八圓、水産三二、二六五圓、林産八九五、七七二圓、工産四、〇九五、一〇〇圓、計一五、七五七、五五五圓。

大正十四年四月末現在に於ける小學校は三六校、一一分教場ありて二八〇學級を有し、在學兒童一二、三八七人、敎員三二七名を算す。出席歩合は尋常科九六・四五、高等科九六・九九を示し、學齡兒童一三、一一五名にして之が就學歩合は九九・六七である。

同年四月末現在に於ける敎育費の總額は二八九、八九三圓に達し、町村費總額の四割七四六に相當し、又一戸平均負擔額は一九圓一六、兒童一人當經費は二三圓四一とある。

勝田郡

本郡は縣の東北部に位し、東は英田郡に、西は加茂川を以て苫田郡に界し、西南吉井川を隔てゝ久米郡に接し、北は那岐山脈に依りて鳥取縣八頭郡と境を爲す。廣袤東西六里一三町、南北八里七町、面積二五方里六五を有し、現在一町二二ヶ村に分つ。

地勢概して山地なるも域内に日本原野、奥日本野、小日本野、長野、西野、大ナル、黒川野等の原野あり、殊に日本原野は郡の北部、那岐山麓一帶の高原にして陸軍演習地として有名である。而して高嶽の主なるものに那岐、瀧、袴ヶ山、黒尾峠、高照峠、右手峠の諸山あり、亦河川には加茂、吉野梶並、瀧、馬桑、廣戸の諸川ありて北より南に流れ、郡の南端に於て諸川合流して大を成し、吉井川となりて備前國に去る。

道路は縣道三七里餘、町村道五三一里に達し、艀船諸車六千を超ゆるも現在鐵道は一線もなく不便であると謂はざるを得ぬ。

大正十三年に於ける現住戸口は一〇、〇四〇戸、五五、六六七人にして、内農業七、九一六戸、漁業一六戸、工業六三二戸、商業一、〇六二戸、其他四一四戸とす。

同年に於ける生産總額は七、一五七、三〇〇圓を算し、物産の主なるものに米、麥、茄、蠶繭絲、木材、和紙、酒類等がある。

小學校は二九校、一八七學級を有し、在學兒童八、九五二人、敎員一九五人を算す。而して學齡兒童就學歩合は九九・八七、正敎員充實歩合は七五・四〇を示した。

敎育費の總額は一六四、二六〇圓にして町村費總額の四割二七に當り、一戸平均負擔額は一六圓四九、兒童一人當經費は一七圓九六である。

英田郡

縣の東北端に位し、北は鳥取縣に、東は兵庫縣に接し、南は本縣和氣郡、西は勝田郡に隣す。地形東西に狹くして南北に長く、北部及南部は山野重疊し耕地に乏しい。

吉野川は郡の中央を貫流し、梶並川は郡の西部を南流し、林野町西南端に於て吉野川に合し、備前に入りて吉井川となる。沿岸一帶の地は田野開け耕作に適する。

縣道は兵庫縣より勝間田、津山を經て鳥取に通ずるもの郡の中央を東西に、又備前國より南北に吉野川に沿ひ鳥取縣に貫通し、概して交通運輸に便し、又林野町以西の吉野川は夏季を除くの外舟楫の便がある。

本郡現在の面積は二三方里四六にして二町一六村に分ち、戸數七、九八二、人口四一、四一二を算する。今戸數を職業別に見るときは農業六、〇九一、漁業四、鑛業一、工業四九七、商業九四八、其他四四一となる。

左に大正十三年の生産額を掲ぐ。

農産二、〇四二、七四六圓、蠶業一、二九六、一六六圓、畜産八九、六九四圓、水産九、八六七圓、林産五〇〇、四九四圓、工産八三三、〇六八圓、計四、七七二、〇三五圓。

小學校は二一校と一分敎場あり、一四五學級を有し、在學兒童六、六七一人、敎員一四六人を算する。兒童の出席歩合は尋常科九五・七八、高等科九五・七二、又學齡兒童は七、二〇〇人にして之が就學歩合は九九・七八である。

大正十四年四月末現在に於ける敎育費總額は一二九・六五

〇圓にして、町村費額の四割二四に當り、又之が一戸平均負擔額は一六圓四六、兒童一人當經費は一九圓四四とす。

久 米 郡

本郡は縣の稍中央に位し、東は吉井川を隔てゝ勝田郡に、東南は赤磐郡に接し、西南は旭川を以て御津郡に相對し、西は眞庭に、北は苫田郡に界する。其廣袤東西六里二四町、南北六里三二町、面積二五方里四一を二町二一村に分つ。

地形稍菱形をなし、域内概ね山地にして中央部高く。南北に向つて漸次低く、龍天、窗宮、大戸、二上、盛上、矢倉等の山脈各所に起伏し、東西に旭、吉井の二大川ありて細流を集め、平野は僅に北部及南部にあるのみである。而して地味山地は良好ならざるも平野部は稍肥沃である。

道路は國道一線ありて郡の中央部を縦貫北行し、縣道亦一〇線ありて縦横し、汽車中國鐵道線は國道に沿ふて南北に貫通し、津山、岡山間の交通を便にする。又北部を東西に通ずる備作線は津山勝山間二四哩五を運轉し、更に延長して伯備南線に連絡せんとして居る。叙上、本郡の交通狀況は概して良好なるに加へて旭、吉井兩川の舟楫の便あり、高瀬船上下して沼川地方旅客貨物の積送をなす。

大正十四年國勢調査に依る本郡戸口の概數は一〇、二四三戸四六、三三五八人にして、大正九年前回の調査に比較し、減少せること三六九人である。而して地勢上林業、養蠶、養鷄等を副業とする農業地であるが故に住民の過半は農を營み、商、工漁、鑛等順次相亞いで居る。

本郡の重要物產には米、麥、葉煙草、蠶絲、酒類、木材、木炭等があり、大正十三年の生產總額は五、七二〇、八一一圓を算した。其內譯左の如し。

農產二、七二四、六四九圓、蠶業一、一三一、九六七圓、畜產三六五、四〇三圓、水產二〇、四八四圓、林產三七〇、七二六圓、鑛產八、二〇七圓、工產一、〇九九、三七五圓。

小學校は三二校にして一七五學級を有し、在學兒童七、六四六人、敎員一九一人を算する。而して兒童の出席步合は尋常科九九・三六、高等科九七・三六、學齡兒童就學步合は男女平均九九・六九を示し、又正敎員充實步合は七三・三〇である。

大正十四年四月末現在の敎育費總額は一六九、八八二圓、之が一戸平均負擔額は一〇圓七三となり、又兒童一人當經費は二二圓二二である。

大正十五年七月十一日印刷
大正十五年七月十五日發行

東京市外松澤村松原六八二番地
發行人兼編輯人　及川安二

東京市小石川區戸崎町九十三番地
印刷者　大島恒次

發行所　地方自治研究會
振替口座東京七三〇九二番

地方自治法研究復刊大系〔第361巻〕

地方自治之研究〔大正15年初版〕

日本立法資料全集 別巻 1571

2025(令和7)年1月25日　復刻版第1刷発行　7771-5:012-005-005

編輯　及川安二

発行者　今井貴
稲葉文子

発行所　株式会社信山社

〒113-0033 東京都文京区本郷6-2-9-102東大正門前
Ⓣ03(3818)1019　Ⓕ03(3818)0344
来栖支店〒309-1625 茨城県笠間市来栖2345-1
Ⓣ0296-71-0215　Ⓕ0296-72-5410
笠間才木支店〒309-1611 笠間市笠間515-3
Ⓣ0296-71-9081　Ⓕ0296-71-9082

印刷所　ワイズ書籍

製本所　カナメブックス

printed in Japan　分類 323.934 g 1571　用紙　七洋紙業

ISBN978-4-7972-7771-5 C3332 ¥74000E

日本立法資料全集 別巻　**地方自治法研究復刊大系**

信山社

訂正増補 議制全書 第3版〔明治25年4月発行〕／岩藤良太 編纂
市町村制実務要書続編 全〔明治25年5月発行〕／田中知邦 著
地方學事法規〔明治25年5月発行〕／鶴鳴社 編
増補 町村制執務備考 全〔明治25年10月発行〕／増澤鐵 國吉拓郎 同輯
町村制執務要録 全〔明治25年12月発行〕／鷹巣清二郎 編輯
府県制郡制便覧 明治27年初版〔明治27年3月発行〕／須田健吉 編輯
郡市町村史員 収税実務要書〔明治27年11月発行〕／荻野千之助 編纂
改訂増補鼇頭参照 市町村制講義 第9版〔明治28年5月発行〕／蟻川堅治 講述
改正増補 市町村制実務要書 上巻〔明治29年4月発行〕／田中知邦 編纂
市町村制詳解 附 理由書 改正再版〔明治29年5月発行〕／島村文耕 校閲 福井淳 著述
改正増補 市町村制実務要書 下巻〔明治29年7月発行〕／田中知邦 編纂
府県制 郡制 町村制 新税法 公民之友 完〔明治29年8月発行〕／内田安蔵 五十野讓 著述
市制町村制註釈 附 市制町村制理由 第14版〔明治29年11月発行〕／坪谷善四郎 著
郡制注釈 完 再版〔明治30年6月発行〕／岩田徳義 著述
府県制郡制註釈〔明治30年9月発行〕／岸本辰雄 校閲 林信重 註釈
市町村新旧対照一覧〔明治30年9月発行〕／中村芳松 編輯
町村至宝〔明治30年9月発行〕／品川彌二郎 題字 元田肇 序文 桂虎次郎 編纂
市制町村制應用大全 完〔明治31年4月発行〕／島田三郎 序 大西多典 編纂
傍訓註釈 市制町村制 並ニ 理由書〔明治31年12月発行〕／筒井時治 著
改正 府県郡制問答講義〔明治32年4月発行〕／木内英雄 編纂
改正 府県制郡制正文〔明治32年4月発行〕／大塚宇三郎 編纂
府県制郡制〔明治32年4月発行〕／徳田文雄 編輯
改正 府県制郡制講義 初版〔明治32年4月発行〕／樋山廣業 講述
郡制府県制 完〔明治32年5月発行〕／魚住嘉三郎 編輯
参照比較 市町村制註釈 附 問答理由 第10版〔明治32年6月発行〕／山中兵吉 著述
改正 府県制郡制註釈 第2版〔明治32年6月発行〕／福井淳 著
府県制郡制釈義 全 第3版〔明治32年7月発行〕／栗本勇之助 森惣之祐 同著
改正 府県制郡制註釈 第3版〔明治32年8月発行〕／福井淳 著
地方制度通 全〔明治32年9月発行〕／上山満之進 著
市町村新旧対照一覧 訂正第五版〔明治32年9月発行〕／中村芳松 編輯
改正 府県制郡制 並 関係法規〔明治32年9月発行〕／鷲見金三郎 編纂
改正 府県制郡制釈義 再版〔明治32年11月発行〕／坪谷善四郎 著
訂正 市制町村制 附 理由書〔明治33年5月発行〕／明昇堂 編
改正 府県制郡制釈義 第3版〔明治34年2月発行〕／坪谷善四郎 著
再版 市町村制例規〔明治34年11月発行〕／野元友三郎 編纂
地方制度実例総覧〔明治34年12月発行〕／南浦西郷侯爵 題字 自治館編集局 編纂
傍訓 市制町村制註釈〔明治35年3月発行〕／福井淳 著
地方自治提要 全〔明治35年5月発行〕／木村時義 校閲 吉武則久 編纂
市制町村制釈義〔明治35年6月発行〕／坪谷善四郎 著
市町村制問答詳解 附 理由書 及 附属法令〔明治35年10月発行〕／福井淳 著述
帝国議会 府県会 郡会 市町村会 議員必携 附 関係法規 第一分冊〔明治36年5月発行〕／小原新三 口述
帝国議会 府県会 郡会 市町村会 議員必携 附 関係法規 第二分冊〔明治36年5月発行〕／小原新三 口述
五版 市町村制例規〔明治36年5月発行〕／野元友三郎 編纂
地方制度実例総覧〔明治36年8月発行〕／芳川顯正 題字 山脇玄 序文 金田謙 著
市町村是〔明治36年11月発行〕／野田千太郎 編纂
市制町村制釈義 明治37年第4版〔明治37年6月発行〕／坪谷善四郎 著
府県郡市町村 模範治績 附 耕地整理法 産業組合法 附属法例〔明治39年2月発行〕／荻野千之助 編輯
自治之模範〔明治39年6月発行〕／江木翼 編
改正 市制町村制〔明治40年6月発行〕／辻本末吉 編輯
実用 北海道郡区町村案内 全 附 里程表 第7版〔明治40年9月発行〕／廣瀬清澄 著述
自治行政例規 全〔明治40年10月発行〕／市町村雑誌社 編著
改正 府県制郡制要義 第4版〔明治40年12月発行〕／美濃部達吉 著
判例挿入 自治法規全集 全〔明治41年6月発行〕／池田繁太郎 著
市町村執務要覧 全 第一分冊〔明治42年6月発行〕／大成会編輯局 編輯
市町村執務要覧 全 第二分冊〔明治42年6月発行〕／大成会編輯局 編輯比較研究
自治要義 明治43年再版〔明治43年3月発行〕／井上友一 著
自治之精髄〔明治43年4月発行〕／水野錬太郎 著
市制町村制講義 全〔明治43年6月発行〕／秋野沆 著
改正 市制町村制講義 第4版〔明治43年6月発行〕／土清水幸一 著
地方自治の手引〔明治44年3月発行〕／前田宇治郎 著
新旧対照 市制町村制 及 理由 第9版〔明治44年4月発行〕／荒川五郎 著
改正 市制町村制 附 改正要義〔明治44年4月発行〕／田山宗堯 編輯
改正 市町村制問答説明 明治44年初版〔明治44年4月発行〕／一木千太郎 編纂
改正 市制町村制〔明治44年4月発行〕／田山宗堯 編輯
新旧対照 市制町村制 及 理由 初版〔明治44年4月発行〕／荒川五郎 著
旧制対照 改正市町村制 附 改正理由〔明治44年5月発行〕／博文館編輯局 編
改正 市制町村制〔明治44年5月発行〕／石田忠兵衛 編輯
改正 市制町村制詳解〔明治44年5月発行〕／坪谷善四郎 著
改正 市制町村制註釈〔明治44年5月発行〕／中村文城 註釈
改正 市制町村制正解〔明治44年6月発行〕／武知彌三郎 著
改正 市町村制講義〔明治44年6月発行〕／法典研究会 著
新旧対照 改正 市制町村制新釈 明治44年初版〔明治44年6月発行〕／佐藤貞雄 編纂
改正 町村制詳解〔明治44年8月発行〕／長峰安三郎 三浦通太 野田千太郎 著
新旧対照 市制町村制正文〔明治44年8月発行〕自治館編輯局 編纂
地方革新講話〔明治44年9月発行〕西内天行 著
改正 市制町村制釈義〔明治44年9月発行〕／中川健蔵 宮内國太郎 他 著
改正 市制町村制講義 附 施行諸規則 及 市町村事務摘要〔明治44年10月発行〕／樋山廣業 著
村制正解 附 施行諸規則〔明治44年10月発行〕／福井淳 著
改正 市制町村制講義 附 施行諸規則 及 市町村事務摘要〔明治44年10月発行〕／樋山廣業 著
旧比照 改正市制町村制註釈 附 改正北海道二級町村制〔明治44年11月発行〕／植田鹽恵 著
改正 市町村制 並 附属法規〔明治44年11月発行〕／楠綾雄 編輯
改正 市制町村制精義 全〔明治44年12月発行〕／平田東助 題字 梶康郎 著述

日本立法資料全集 別巻　**地方自治法研究復刊大系**

仏蘭西邑法 和蘭邑法 皇国郡区町村編制法 合巻〔明治11年8月発行〕／箕作麟祥 閲 大井憲太郎 譯／神田孝平 譯
郡区町村編制法 府県会規則 地方税規則 三法綱論〔明治11年9月発行〕／小笠原美治 編輯
郡吏議員必携三新法便覧〔明治12年2月発行〕／太田啓太郎 編輯
郡区町村編制 府県会規則 地方税規則 新法例纂〔明治12年3月発行〕／柳澤武運三 編輯
全国郡区役所位置 郡政必携 全〔明治12年9月発行〕／木村陸一郎 編輯
府県会規則大全 附 裁定録〔明治16年6月発行〕／朝倉達三 閲 若林友之 編輯
区町村会議要覧 全〔明治20年4月発行〕／阪田辨之助 編纂
英国地方制度 及 税法〔明治20年7月発行〕／良保両氏 合著 水野遵 翻訳
鼇頭傍訓 市制町村制註釈 及 理由書〔明治21年1月発行〕／山内正利 註釈
英国地方政治論〔明治21年2月発行〕／久米金彌 翻譯
市制町村制 附 理由書〔明治21年4月発行〕／博聞本社 編
傍訓 市町村制及説明〔明治21年5月発行〕／高木周次 編纂
鼇頭註釈 市町村制俗解 附 理由書 第2版〔明治21年5月発行〕／清水亮三 註解
市制町村制註釈 完 附 市制町村制理由 明治21年初版〔明治21年5月発行〕／山田正賢 著述
市町村制詳解 全 附 市町村制理由〔明治21年5月発行〕／日鼻豊作 著
市制町村制釈義〔明治21年5月発行〕／壁谷可六 上野太一郎 合著
市制町村制詳解 全 附 理由書〔明治21年5月発行〕／杉谷庸 訓點
町村制詳解 附 市制及町村制理由〔明治21年5月発行〕／磯部四郎 校閲 相澤富蔵 編述
傍訓 市制町村制 全 附 理由〔明治21年5月発行〕／鶴聲社 編
傍訓 市制町村制 並 理由〔明治21年5月発行〕／東條種家 編纂
市制町村制 附 理由書〔明治21年5月発行〕／狩谷茂太郎 著
市制町村制 並 理由書〔明治21年7月発行〕／萬字堂 編
市制町村制正解 附 理由〔明治21年6月発行〕／芳川顯正 序文 片貝正晉 註解
市制町村制釈義 附 理由書〔明治21年6月発行〕／清岡公張 題字 樋山廣業 著述
市制町村制釈義 附 理由 第5版〔明治21年6月発行〕／建野郷三 題字 櫻井一久 著
市町村制註解 完〔明治21年6月発行〕／若林市太郎 編輯
市町村制釈義 全 附 市町村制理由〔明治21年7月発行〕／水越成章 著述
再版増訂 市制町村制註釈 附 市制町村制理由 増補再版〔明治21年7月発行〕／坪谷善四郎 著
市制町村制義解 附 理由〔明治21年7月発行〕／三谷軌秀 馬袋鶴之助 著
傍訓 市制町村制註解 附 理由書〔明治21年8月発行〕／鯰江貞雄 註解
市制町村制註釈 附 市制町村制理由 3版増訂〔明治21年8月発行〕／坪谷善四郎 著
傍訓 市制町村制 附 理由書〔明治21年8月発行〕／同盟館 編
市町村制正解 明治21年第3版〔明治21年8月発行〕／片貝正晉 註釈
市制町村制註釈 完 附 市制町村制理由 第2版〔明治21年9月発行〕／山田正賢 著述
傍訓註釈 日本市制町村制 及 理由書 第4版〔明治21年9月発行〕／柳澤武運三 註解
鼇頭参照 市町村制註解 完 附 理由書及参考諸令〔明治21年9月発行〕／別所富貴 著述
市町村制問答詳解 附 理由書〔明治21年9月発行〕／福井淳 著
市制町村制註釈 附 市制町村制理由 4版増訂〔明治21年9月発行〕／坪谷善四郎 著
市制町村制 並 理由書 附 直接間接税類別 及 実施手続〔明治21年10月発行〕／高崎修助 著述
市町村制釈義 附 理由書 訂正再版〔明治21年10月発行〕／松木堅葉 訂正 福井淳 釈義
増訂 市制町村制註解 全 附 市制町村制理由挿入 第3版〔明治21年10月発行〕／吉井太 註解
鼇頭註釈 市町村制俗解 附 理由書 増補第5版〔明治21年10月発行〕／清水亮三 註解
市町村制施行取扱心得 上巻・下巻 合冊〔明治21年10月・22年2月発行〕／市岡正一 編纂
市制町村制傍訓 完 附 市制町村制理由 第4版〔明治21年10月発行〕／内山正如 著
鼇頭対照 市町村制解釈 附理由書及参考諸布達〔明治21年10月発行〕／伊藤寿 註釈
市制町村制俗解 明治21年第3版〔明治21年10月発行〕／春陽堂 編
市町村制正解 明治21年第4版〔明治21年10月発行〕／片貝正晉 註釈
市町村制講義録 第壱號-第弐號 合本〔明治21年10月発行〕／片貝正晉 註釈
市制町村制註釈 完 附 理由書 初版〔明治21年11月発行〕／綾井武夫 校閲 殿木三郎 註釈
市制町村制詳解 附 理由 第3版〔明治21年11月発行〕／今村長善 著
町村制実用 完〔明治21年11月発行〕／新田貞橘 鶴田嘉内 合著
町村制精解 完 附 理由書 及 問答録〔明治21年11月発行〕／中目孝太郎 磯谷群爾 註釈
市町村制問答詳解 附 理由 全〔明治22年1月発行〕／福井淳 著述
訂正増補 市町村制問答詳解 附 理由 及 追輯〔明治22年1月発行〕／福井淳 著
市町村制質問録〔明治22年1月発行〕／片貝正晉 編述
傍訓 市町村制 及 説明 第7版〔明治21年11月発行〕／高木周次 編纂
町村制要覧 全〔明治22年1月発行〕／浅井元 校閲 古谷省三郎 編纂
鼇頭 市制町村制 附 理由書〔明治22年1月発行〕／生稲道蔵 略解
鼇頭註釈 町村制 附 理由 全〔明治22年2月発行〕／八乙女盛次 校閲 片野続 編釈
市町村制実解〔明治22年2月発行〕／山田顕義 題字 石黒磐 著
町村制実用 全〔明治22年3月発行〕／小島鋼次郎 岸野武司 河毛三郎 合述
実用詳解 町村制 全〔明治22年3月発行〕／夏目洗蔵 編集
理由挿入 市町村制俗解 第3版増補訂正〔明治22年4月発行〕／上村秀昇 著
町村制市制全書 完〔明治22年4月発行〕／中嶋廣蔵 著
英国市制実見録 全〔明治22年5月発行〕／高橋達 著
実地応用 町村制質疑録〔明治22年5月発行〕／野田籐吉郎 校閲 國吉拓郎 著
実用 町村制市制事務提要〔明治22年5月発行〕／島村文耕 輯解
市町村条例指鍼 完〔明治22年5月発行〕／坪谷善四郎 著
参照比較 市町村制註釈 完 附 問答理由〔明治22年6月発行〕／山中兵吉 著述
市町村議員必携〔明治22年6月発行〕／川瀬周次 田中迪三 合著
参照比較 市町村制註釈 完 附 問答理由 第2版〔明治22年6月発行〕／山中兵吉 著述
自治新制 市町村会法要談 全〔明治22年11月発行〕／高嶋正蔵 著述 田中重策 著述
国税 地方税 市町村税 滞納処分法問答〔明治23年5月発行〕／竹尾高堅 著
日本之法律 府県制郡制正解〔明治23年5月発行〕／宮川大壽 編輯
府県制郡制註釈〔明治23年6月発行〕／田島彦四郎 註釈
日本法典全書 第一編 府県制郡制註釈〔明治23年6月発行〕／坪谷善四郎 著
府県制郡制義解 全〔明治23年6月発行〕／北野竹次郎 編著
市町村役場実用 完〔明治23年7月発行〕／福井淳 編纂
市町村制実務要書 上巻 再版〔明治24年1月発行〕／田中知邦 編纂
市町村制実務要書 下巻 再版〔明治24年3月発行〕／田中知邦 編纂
米国地方制度 全〔明治32年9月発行〕／板垣退助 序 根本正 纂訳
公民必携 市町村制実用 全 増補第3版〔明治25年3月発行〕／進藤彬 著

信山社